宁波海事志

（1996—2021）

宁波海事局　编

人民交通出版社股份有限公司

北　京

内 容 提 要

本书接续《宁波港监志》,上起1996年,下讫2021年,主要记录了宁波海事(海监)局在此期间的发展历程,包括体制与机构改革、水上交通管理、基础设施与综合管理、对外交流与合作、党的建设、队伍建设、处室办事机构及派出机构等方面内容。全书记述地域范围以宁波海事(海监)局业务管辖范围为界,记述事项范围为宁波海事(海监)局各阶段相对应的职责范围为限,坚持详近略远、详独略同、详主略次的编纂原则,突出宁波海事特色,反映时代特征,体现志书的"资政、育人、存史"作用。

图书在版编目(CIP)数据

宁波海事志:1996—2021/宁波海事局编. —北京:人民交通出版社股份有限公司,2023.8

ISBN 978-7-114-18794-0

Ⅰ.①宁…　Ⅱ.①宁…　Ⅲ.①海上运输—交通运输史—宁波—1996—2021　Ⅳ.①F552.9

中国国家版本馆CIP数据核字(2023)第091904号

审图号:浙S(2023)33号

Ningbo Haishizhi (1996—2021)

书　　名: 宁波海事志(1996—2021)
著 作 者: 宁波海事局
责任编辑: 陈　鹏
责任校对: 孙国靖　卢　弦　刘　璇
责任印制: 张　凯
出版发行: 人民交通出版社股份有限公司
地　　址: (100011)北京市朝阳区安定门外外馆斜街3号
网　　址: http://www.ccpcl.com.cn
销售电话: (010)59757973
总 经 销: 人民交通出版社股份有限公司发行部
经　　销: 各地新华书店
印　　刷: 北京印匠彩色印刷有限公司
开　　本: 880×1230　1/16
印　　张: 33.25
字　　数: 866千
版　　次: 2023年8月　第1版
印　　次: 2023年8月　第1次印刷
书　　号: ISBN 978-7-114-18794-0
定　　价: 300.00元

卷 首 图

▲ 2001 年 2 月 8 日，宁波海事局挂牌成立

▲ 2002 年 9 月 29 日，浙江省宁波市海上搜救中心成立

▲ 2019 年 9 月 13 日，宁波海事局入驻新综合业务用房

◀ 2007 年 9 月 13 日，交通部海事局常务副局长刘功臣（前排左二）在宁波海事局检查工作

▶ 2008 年 3 月 27 日，交通运输部海事局党委书记梁晓安（左一）视察宁波水上安全工作

◀ 2013 年 7 月 25 日，交通运输部海事局常务副局长陈爱平督查宁波水上交通安全生产工作

◀ 2017 年 7 月 11 日，交通运输部海事局局长许如清（前排右二）调研基层执法模式改革

▶ 2021 年 4 月 20 日，交通运输部海事局局长曹德胜（左三）视察宁波海事局

◀ 2017 年 8 月 21 日，“习近平总书记党风廉政建设重要论述漫画展”在交通运输部机关展览

◀ 2002 年 5 月 10 日，宁波海事局第一次工会会员代表大会召开

▶ 2004 年 2 月 13 日，12395 水上遇险搜救专用电话新闻通气会召开

◀ 2009 年 12 月 8 日，中国共产党宁波海事局第一次代表大会召开

◀ 2010 年 7 月 14 日，宁波海事局召开《宁波-舟山港核心港区深水航路船舶定线制》和《宁波-舟山港核心港区深水航路船舶报告制》新闻发布会

▶ 2016 年 3 月 30 日，宁波海事局召开“长三角区域率先实施船舶排放控制区”新闻发布会

◀ 2017 年 7 月 10 日，第三届国际港口管理机构圆桌会议在宁波召开

◀ 2018 年 7 月 23—27 日，国际海事组织海上保安区域研讨会在宁波召开

▶ 2018 年 7 月 27 日，交通运输部海事局治理内河船舶非法从事海上砂石运输工作现场推进会在宁波召开

◀ 2019 年 10 月 30 日—11 月 1 日，第十五届 M4 Seminar—基层海事业务交流平台在宁波举办

◀ 2021 年 4 月 20 日，交通运输部海事局全要素水上“大交管”工作推进现场调研座谈会在宁波召开

▶ 1999 年，宁波海事局开展“全国小型船舶安全管理联合检查行动”

◀ 2004 年 7 月 12 日，宁波海事局组织开展首次船员无纸化考试

◀ 2005 年 3 月 27 日，宁波海事局发放浙江省第一张船舶 IC 卡

▶ 2005 年 7 月 13 日，“海巡 113”参加交通部海事局组织的东海联合搜救演习

▲ 2009 年 9 月 4 日，国家海上搜救桌面演习暨东海搜救演习在浙江宁波-舟山核心港区海域举行

◀ 2012 年 2 月 12 日，宁波海事局受中国海上搜救中心委托，迎接在巴布亚新几内亚救助 29 名外籍落水人员的中远集团“中河”轮

▶ 2012 年 9 月 19 日，宁波海事局护航马绍尔群岛籍、当时世界最大的 LNG 船舶“扎尔加”（ZARGA）轮靠泊穿山港区浙江 LNG 码头

◀ 2014 年 10 月 30 日，“海巡 22”编队首次搭载直升机在宁波海域开展海空立体执法活动

◀ 2017 年 2 月 13 日，宁波海事局护航比利时籍 44 万吨级超大型油轮“泰欧”（TI EUROPE）抵靠宁波大榭实华原油码头

▶ 2017 年 5 月 8 日，宁波海事局第一批“最多跑一次”事项清单正式对外公布

◀ 2018 年 1 月 14 日，“海巡 22”参与“桑吉”轮事故现场警戒

◀ 2018 年 9 月 4 日，宁波海事局参与 2018 年国家重大海上溢油应急处置演习，“海巡 22”担任指挥艇和主观摩艇

► 2019 年 9 月 3 日，宁波海事局组织首批次外轮船长与渔民交叉登轮活动，正式建立“宁波沿海商渔安全协作对话平台”

◀ 2020 年 3 月 2 日，宁波海事局保障甬舟铁路金塘海底隧道测定海上钻探顺利复工

◀ 宁波海事局开展港口国监督检查

▶ 宁波海事局开展客船现场监管

◀ 宁波海事局保障宁波-舟山港汽车出口滚装作业安全

◄ 宁波海事局开展客滚船系固检查

► 宁波海事局组织船员实操考试

◄ 宁波海事局开展船上劳动伤害事故案例警示教育

◀ 宁波海事局对危险品装卸安全进行现场监管

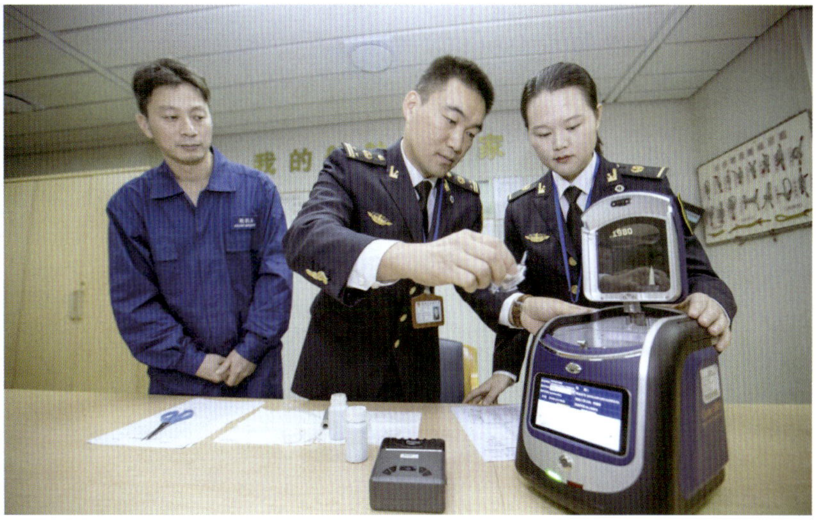

▶ 宁波海事局进行船用燃油含硫量快速检测

◀ 宁波海事局开展海事信用管理工作

◀ 宁波海事局使用 4G 执法记录仪开展内部执法监督

▶ 2001 年 7 月 1 日，宁波海事局举行首次党员安全执法日活动

◀ 2002 年 4 月，宁波海事局举行公开招聘海事工作人员录用考试

◀ 2007 年 6 月 29 日，宁波海事局举办第一届职工体育运动会

▶ 2007 年 7 月 11 日，宁波海事局首次举办“海事开放日”活动

◀ 2009 年 5 月 4 日，宁波海事局表彰首届十佳青年

◀ 2009 年 10 月 12 日，宁波海事局荣获直属海事系统职工岗位技能大赛港口国监督检查第一名

▶ 2011 年 9 月 17 日，宁波海事局荣获直属海事系统第一届 VTS 职工技能比武大赛团体一等奖

◀ 2011 年 12 月 20 日，宁波海事局荣获第三批“全国文明单位”称号

◀ 2012 年 10 月 19 日，宁波海事局荣获直属海事系统危险货物管理岗位技能竞赛比武团体第二名

▶ 2013 年 7 月 23 日，宁波海事局党组调研党的群众路线教育实践活动

◀ 2013 年 11 月—2014 年 7 月，宁波海事局吴永昭(前排右二)参加第十六批海军赴亚丁湾索马里海域护航

◀ 2015 年 8 月 11 日，宁波海事局开展政风建设大走访

▶ 2016 年 1 月 27 日，《家风》廉政主题剧获评直属海事系统廉政文艺作品一等奖

◀ 2016 年 11 月 30 日，宁波海事局荣获直属海事系统青年岗位创新大赛一等奖

◀ 2017 年 6 月 17 日，宁波海事局成功举办“家属开放日”暨“我的爸爸在海事第二季”活动

▶ 2018 年 3 月 26 日，首家浙江省“少年海事学校”落户宁波大榭开发区第一小学

▲2021 年 4 月 8 日，清廉浙江海事工作室落户宁波海事局

▲2021 年 6 月 25 日，宁波海事局组织党史学习教育“七一”专题党课

◀ 宁波海事局开展全员警示教育活动

▲ 宁波海事局组织半军事化队列会操

▲ 宁波海事局举办职工文化建设成果汇报演出

▶ 宁波海事局开展安全生产月广场宣传活动

《宁波海事志(1996—2021)》
编审委员会

《宁波海事志(1996—2021)》
编纂办公室

序

《宁波海事志(1996—2021)》终于呈现在读者面前,此书撷取了二十余载宁波海事机构历史中的一个个片段,系统汇集编著而成。在此,既要感谢全体修志人员的默默劳作、勤奋笔耕,更要感谢宁波海事全体干部职工和曾在海事工作过的老同志,是你们用实干的汗水一笔一画书写了这段历史。

位于东海之滨的宁波依海而生、凭海而立、因海而兴,海洋文化源远流长,在改革开放后走上快速发展的道路,逐步形成大中小泊位配套齐全的多功能、综合性现代化港口,全球第一大港展露雄姿、巍然屹立。向东是大海,在宁波这一滨海大都市形成、发展、繁荣的历史进程中,每一页都镌刻着海事人作出的难以磨灭的担当作为。

自《宁波港监志》完成编纂至今转眼已过二十余年,宁波海事机构几经变革,人员不断更迭,发展日新月异。我自青年时起便加入这支队伍,历经偏远台站、基层单位和机关,有幸与一代代海事人一起守护安澜、接续努力。在庆祝建局20周年大会上,我们作为宁波海事发展的亲历者和见证人,从感性出发,回顾了这段波澜壮阔的历史。但对于历史,既需要感性地认知,更离不开理性地呈现。按照志书20年一修的惯例,经充分酝酿研讨,于2022年3月正式启动《宁波海事志(1996—2021)》编纂工作。本书共计86万余字,在征集大量资料的基础上,纵述史实、横分门类,通篇以时间为脉络、事业为筋骨、事件为肌体,全面系统、图文并茂地反映了宁波海事机构发展的历史进程,客观记载了各项工作的发展情况,是具有鲜明时代特点和行业特色的部门志。

修志重在鉴古知今,昭示后人。志书的编纂过程,也是从历史发展进程中汲取经验智慧的过程。编写出版这部志书,为宁波海事事业发展提供了丰富、系统的历史资料,对我们认识宁波海事的历史和现状,探索海事现代化发展大有裨益,同时也为国内外专家学者研究宁波海上交通提供了鲜活的样本和详实的史料依据。

历史接力一棒接着一棒,事业发展一程接着一程。期望此书不仅能够存史,更可以通鉴而资治,使读者在赏心悦目之余,循前人奋斗的足迹,得到"承前启后,继往开来"之启迪。新的历史正在起笔,随着时代的前进,届时作为宁波海事的部门志书也将赓续不断,相信定会有更加辉煌的内容载入史册,代代相传。

是为序。

2022年12月

凡　例

一、本志坚持以马克思列宁主义、毛泽东思想、邓小平理论、“三个代表”重要思想、科学发展观、习近平新时代中国特色社会主义思想为指导，遵循辩证唯物主义和历史唯物主义，坚持实事求是的原则，客观、系统地反映宁波海事（海监）局1996—2021年发展的历史与现状，力求做到思想性、科学性和资料性的统一。

二、本志坚持详近略远、详独略同、详主略次的编纂原则，突出宁波海事特色，反映时代特征，体现志书的“存史、资政、育人”作用。

三、本志记述上限起于1996年，上接《宁波港监志》，下限止于2021年。为体现记述事项的连续性、完整性，部分内容适当上溯。

四、本志记述地域范围以宁波海事局业务管辖范围为界，记述事项范围以宁波海事局各阶段相对应的职责范围为限。

五、本志层次结构分为篇、章、节、目，按照“以类系事，事以类聚，类为一志”的原则设置。类的划分参照全国海事系统业务分类标准，兼顾现行宁波海事局部门管理体制。

六、本志采用述、记、志、图、表等体裁，以志为主。大事记以编年体为主，辅以纪事本末体。

七、限于篇幅，记述资料经考证入志，不注明出处。本志资料、数据主要采自档案、文献和统计资料，少部分资料采自海事刊物、海事网络及知情者提供的材料。

八、本志使用现代语体文和标准简化汉字，所用计量单位按现行的法定计量单位名称书写。

九、本志对机构、部门、社会团体、会议等名称或专用名词的书写，首次出现时用全称，重复出现时酌用规范简称。

目　录

第一篇　体制与机构

第二篇　水上交通管理

第三篇　基础设施与综合管理

第四篇 对外交流与合作

第五篇 党的建设

第六篇 队伍建设

第七篇 处室办事机构及派出机构

附 录

综　　述

中华人民共和国宁波海事局成立于2001年2月8日，为浙江海事局下属的副厅级建制分支局，前身为交通部宁波海上安全监督局（简称"宁波海监局"），对外称中华人民共和国宁波港务监督（简称"宁波港务监督"）。根据国家法律法规及上级授权，宁波海事局负责对辖区水域内的交通安全和防治船舶污染实施统一监督管理，同时承担浙江省宁波市海上搜救中心（简称"宁波市海上搜救中心"）办公室日常工作。

一、水上安全监管卓有成效

宁波海事局驻守全球第一大港——宁波舟山港。这里是中国南北海上通道和东部门户的必经之路，也是"一带一路"倡议和长江经济带、长三角一体化等国家重大战略叠加地，大型特大型深水泊位数量全国第一、货物吞吐量居世界港口之首，辖区周边海岛星罗棋布，岛际运输极为繁忙。为此，宁波海事局以守护水上一方平安、服务地方社会经济发展为初心使命，立足海事监管主责，不断探索深化海事监管模式改革和建立长效监管机制有效途径，严格客危桥渔监管，颁布实施《宁波水上安全监督管理规定》《宁波市海上搜救应急预案》等，推进建立"宁波沿海商渔安全协作对话平台""港口国-船旗国商渔安全信息传递机制""水工项目信用管理"等一系列安全监管措施，2008年以来，推进落实宁波舟山港核心港区深水航路船舶定线制和报告制，有效保障辖区水上交通安全秩序持续稳定。2017年，运用"依法执法、行政保障、科技手段、司法跟进、综合治理"等五方面手段，持续增强执法刚性，有效治理了砂石船严重违章行为。同时，实施以创建"无长期违章船舶辖区"和"无长期违章辖区"为目标的消违治本"两块牌子"工作机制，推动渣土承运船舶实行严格的市场准入和退出机制，清理了全部21艘内河无证残油接收船，将沿海300余艘休闲游钓船吊装上岸，推动辖区95%非法码头、宕口实现关停或去功能化，使辖区一批重点隐患和突出问题得到系统性和根本性破解，促使辖区全方位覆盖、全天候运行、反应快速、应急高效的水上交通安全监管和搜救系统基本建成。

宁波海事局发挥船舶安全检查技术优势，先后推出"开放式安检""广义港口国监督""港口国-船旗国"协作机制和"港口国监督远程复查机制"，积极参与全球区域性合作的港口国监督集中检查会战，归纳总结安检、港口国监督工作经验，编写出版《国内航行海船安全检查指导书》《国内航行海船安全检查缺陷处理指南》。加强对老旧船和危险品船的检验管理，加大对"四客一危"重点船舶的监管力度，以红黄牌监管机制强化航运公司分类分级差异化管理，推动辖区船舶现场安全监督管理和到港船舶质量持续提升。在全国海事系统内率先提出航运"本质安全"和"开放式"海事监管理念，并首先在船舶安全检查中实施，推进航运安全由"要我安全"的政府主导向"我要安全"的企业主导转变，促进航运本质安全。加大国内客船、危险品船公司安全管理体系审核力度，积极推荐参与安全诚信公司和安全诚信船舶的评选，促进宁波港航产业高质量发展。

本着安全发展、绿色发展的理念，宁波海事局持续深化船载危险货物监管和船舶污染防治工作，制定出台供油作业诚信管理、船舶残余油类物质接收作业诚信管理办法、危险货物集装箱开箱检查管理等一系列监管文件。联合地方相关部门，建立完善船舶水污染物转移处置监管制度，实现船舶水污染物接收、转运、处置的闭环管理。编制出台大型油轮监管、易流态化货物运输安全监管、溢油污染防控、船载集装箱安全监管、水上危化品运输专项整治重点船舶现场检查等手册指南。随着宁波舟山港的快速发展，辖区危险品船舶进出数量剧增，并向着大型化发展，危险品船舶进出港口数量和危险货物吞吐量分别增长6.4倍和5.8倍，油品、化学品吞吐量超过1亿吨，危化品数量的增长与船舶大型化趋势，使海上溢油风险不断增加。为此，宁波海事局组织编制实施了《宁波水域船舶污染事故应急预案》《宁波市防治船舶污染海洋环境应急能力建设规划（2016—2020）》，稳步推进溢油应急报警系统、溢油应急队伍建设，使自身应急能力大幅提升。截至2021年底，已形成以宁波国家大型船舶溢油应急设备库等政府力量为依托、以溢油应急服务专业力量为支撑、以港航企业社会力量为补充的“三位一体”应急反应格局，先后成功处置“大庆50”“佳丽海”等船舶污染事故。全面启动船舶大气污染防治工作，严肃查处船舶使用超标燃油行为，开展船舶燃油硫含量抽检和船舶大气污染现场检查，支持船舶使用岸电、液化天然气（LNG）等清洁能源，推进长三角水域船舶排放控制区建设。持续强化危险货物申报员、集装箱装箱检查员监管，创新船载危险货物集装箱远程开箱查验模式，提升集装箱载运监管效能。

2000年8月之前，宁波海监局承担浙江辖区船员培训、考试、发证等船员管理工作，浙江海事局成立后，调整为承担宁波市船员合格证培训、考试和发证管理，沿海三等和内河三类船员适任培训、考试管理等。1999年3月，宁波海监局试运行船员考试、评估和发证质量体系，2000年3月正式运行。2005年7月1日起，浙江海事局船员考试、评估和发证质量体系开始运行，宁波海事局相关体系纳入其中。2018年，宁波海事局完成船员管理17项体系内容全面修订，并纳入宁波海事局综合管理体系，同时采用计算机信息管理技术，使船员培训、适任考试、证件办理发放实现无纸化。为实施海事劳工条约，宁波海事局先后与宁波市有关部门、司法机构、船级社等建立了协调合作机制。

二、保障服务发展主动作为

多年来，宁波海事局全力支持服务保障国家战略和港口航运经济发展，认真落实宁波市政府关于口岸现场联合办公会议精神，全力支持港口配套工程、临港工业、桥梁隧道等民生重点工程建设。规范政务受理、窗口服务，简化办事流程，公开办事程序，实行首问责任制、24小时值班及节假日预约受理等，举办“海事开放日”活动。精准政策惠民，率先推出“最多跑一次”业务办理流程，在联合宁波人民广播电台推出的“海事之声”栏目中发布客船航行信息，为人民群众安全出行提供方便。全面实施“服务航运企业应对金融危机八项措施”，相继出台《宁波海事局促进宁波海洋经济发展若干意见》《宁波海事局助推宁波“港口经济圈”建设服务举措》《宁波海事局落实“六稳六保” 优化营商环境 助力复工达产的若干意见》，保障服务发展主动作为得到社会公认。

作为宁波市交通强国建设试点单位，宁波海事局深度参与宁波交通强国试点城市建设、浙江自贸区宁波片区建设，成功申报“构建大型船舶在港全过程安全管理体系，打造全国一流海事管理示范区”市级试点任务。按照国家关于取消有关水运涉企行政事业性收费政策要求，主动宣贯有关收费调整政策，保证免征措施落到实处。推出“一船多证一次通办”服务，实现跨分支局并联办理服务。该措施获评浙江省自贸试验区最佳制度创新案例。新冠肺炎疫情期间，宁波海事局积极推动口岸系统建立疫情联防联控机制，形成海事部门应对海港境外疫情输入防控工作的规范化样本。推行“抵港国际航行船舶健康码”，组织编译发放包括中文、英文、日文、韩文、阿拉伯文、意大利文6种语言的船舶防抗疫情操作指南，对载运重要民生物资、防疫物资、生产物资的船舶开辟绿色通道，施行优先编队、优先引航、优先进出港、优先锚泊和优先作业的“五优先”措施，保障港口物流运输顺畅高效。

三、执法模式改革持续推进

2001年2月8日，按照“一水一监、一港一监”海事模式的要求，在原宁波海监局的基础上，整合宁波市港航监督管理职能，宁波海事局成立；4月，镇海航标区成建制划转上海海事局；9月24日，宁波水上安全监督管理职能交接和人员资产划转工作圆满结束。2003年3月，根据上级关于干部人事制度和海事监管模式改革的要求，宁波海事局成立改革工作领导小组，通过调查摸底、制订方案，全面启动改革相关工作，在完成优化机构职能、内设部门和工作站点的同时，重点推进干部竞争选拔和职工岗位交流，实现了“精简人员，调整结构，提高人员总体素质”的目标。面对改革可能触及的既有管理模式和利益格局，在推进职工离岗退养、待岗分流过程中，宁波海事局坚持“以人为本”，做到“改革无情操作有情”，保障改革各项工作顺利推进。2004年，交通部海事局决定在直属海事系统实施海事执法管理模式改革，宁波海事局成为首批试点单位，在深入调查研究的基础上，周密制定实施方案，优化调整内设机构及部门职责，使海事监管力量和履职能力得到进一步增强，为海事执法管理模式改革全面开展积累了经验。2006年，交通部海事局印发《关于完善海事执法管理模式工作的意见》，明确宁波海事局为“经交通部海事局批准的较大的分支机构”。2012年，为适应宁波穿山港区、梅山保税港区发展需要，先后增设梅山海事处、穿山海事处2个派出机构。2013年，在海事系统助推国家实施“海洋强国”战略和融入海洋管理体制新格局的大背景下，直属海事系统启动核编转制和职能转变工作，宁波海事局出台定职能、定机构、定编制的“三定”工作实施方案，开展机构调整、理顺职责、干部配置、人员调配等工作。同时，修订相关工作程序标准和体系文件，整支队伍顺利实现从事业编制向公务员编制的转变。2017年，直属海事系统实施基层执法机构改革，宁波海事局进一步调整完善海事处职责定位、机构编制、机关与基层执法事权和基层行政党群工作责任，在基层综合执法模式改革方面取得预期成效。

四、海事合作交流影响扩大

宁波海事局发挥海事专业优势，拓展交流合作平台，主动与国际接轨，加强国际海事专业人才队伍培养，加大对于国际国内先进海事管理前沿课题的研究力度，积极参与国际海事组织（IMO）、亚太地区港口国监督谅解备忘录（简称“东京备忘录”）等组织的相关会议和活动，承办国际性、地区性会议与培训，撰写并提交《船舶能效规则港口国监督检查导则》等国际提案21份，转化落地6项国际标准，主导制定的2017年港口国监督检查标准在全球六大备忘录组织109个国家和地区实施，起草的《经修订的MARPOL73/78防污公约附则Ⅵ港口国监督指南》提案获IMO会议通过，编写的《远程港口国监督检查指南》在亚太21个成员国和地区实施，有效提升了海事话语权和国际地位。根据上级关于“安全畅通文明航区”创建工作的要求，与交通、海关、航标、船检、引航、港口生产企业、航运公司、船舶代理公司和水上水下施工作业企业等50余家单位，共同创建“安全畅通文明航区”并取得明显成效。与地方政府及相关部门协作，建立“46911涉水安全隐患综治机制”，发挥地方“平安考核”效能，实行重大水上安全工作联系报告制，赢得了地方政府的支持，水上安全治理的路子越走越宽。强化跨辖区海事机构之间的联动协作，研讨跨辖区水上安全管理机制，构建区域性海事监督管理协同发展格局。

五、监管设施设备迭代升级

宁波海事局围绕全面提升“通信监控、船舶飞机、防污处置、基础设施”四大保障系统水平，按照五年一编发展规划的节奏，稳步推进海事基本建设，资金投资力度逐步加大，各项海事监管基础设施设备规模、数量和质量稳步提升。海事基地、码头、业务用房等监管设施相继建成使用，船舶交管系统联网功能集成运行从早期“两站一中心”发展到“十五站一中心”规模，处置能力达1000吨级的国家级溢油应急设备库——宁波船舶溢油应急设备库建成运行，海巡艇数量日益增加，海事系统首制60米级“海巡113”、80米级“海巡22”相继入编，船艇装备朝着大型化、功能化、信息化发展。从早期的海岸电台、全球海上遇险和安全系统数字选择性呼叫（GMDSS DSC），到船舶交通管理系统（VTS）、甚高频（VHF）、自动识别系统（AIS）、闭路电视监控系统（CCTV）系统功能集成、深蓝智享监管服务平台（简称“深蓝智享”）和甬海e站内部综合管理平台（简称“甬海e站”）的应用，以及与宁波国际化智慧港口相适应、与智慧化城市相匹配的“智慧海事”建设的稳步推进，信息化、智能化管理水平迈上新台阶。

六、基层组织建设更加巩固

贯彻落实全面从严治党要求，坚持实事求是、与时俱进，认真履行党建责任，不断强化政治建设。建立健全党建工作机制，加强基层组织建设，增设宁波海事局直属机关党委。强化党员队伍管理，丰富党员活动，注重党建和海事业务的融合，充分发挥党组织对海事中心工作的政治引领和组织保障作用。加强思想政治工作和意识形态工作，深化党员干部理论教育，全面开展“三讲”教育、党的群众路线教育实践活动、“不忘初心、牢记使命”主题教育、党史学习教育等，常态化组织党员干部学习培训，提升队伍政治素质和理论修养。制定实施《基层党建工作规范化手册》和党建量化考核标准，推进基层党组织建设工作规范化，打造“追寻初心、锤炼党性”党建阵地。深入开展基层党组织“堡垒指数”星级管理，牢牢把握基层党组织的职能定位，深入开展精品支部建设，推动党建工作在见人、见事、见责任、见成效中落地。健全青工委组织，坚持党建带团建，搭建青年培养平台，积极组织“青年文明号”创建、青年志愿、“走在前列 青春先行”等活动，促进青年队伍素质和能力稳步提升。落实党风廉政建设“一岗双责”、廉政风险防控措施，编制《宁波海事局惩治和预防腐败体系工作手册》，强化多种形态监督，推进亲清海事建设，全面构建“不敢腐、不能腐、不想腐”反腐倡廉长效机制。工会组织积极发挥桥梁纽带作用，建立健全工会管理制度，建好“职工之家”，组织岗位练兵、技能比武、技术创新、立功竞赛、劳模培育，开展体育健身、职工汇演活动，激发了干事创业的活力。

七、职工队伍素质明显提升

坚持以人为本、人才强局的理念，以打造海事执法、青年队伍、综合管理、拔尖人才队伍等为重点，制定人才发展规划，加大人才引进和自主培养力度，积极开展机构及人员编制调整、人员招录、专业技术职务和职务职级管理，强化新录用公务员入职培养。组织半军事化训练，推进准军事化管理，相继实施海事职务（技能）等级标识、公务员职务职级。建立健全拔尖人才评价、选拔、培养和激励机制，坚持岗位交流、干部竞争，创新教育培训方式，打造专业研究团队、专业化工作室，使执法人员比例和素质明显提高。至2021年底，职工总数从2001年建局之初的547人发展至796人，年龄、学历、队伍结构趋于合理，一批优秀人才骨干入选中国海事领军人才库、中国海事专家委员会、国际海事研究委员会。

八、精神文明建设成果丰硕

坚持“党委统一领导、党政齐抓共管、职能部门相互协调、群团分工配合”的创建活动领导体制，深入开展“五讲四美”宣贯，制订出台文明单位达标考核办法等一系列创建制度，发布职工文明用语手册、文明守则，深入宣传全国劳模叶中央先进事迹，推进“三学一创”、文明执法示范窗口和文明单位争创，坚持“文化育人、典型引路、人才兴局、品牌强局”工作理念，积极推进“四型海事”（学习型、责任型、服务型、创新型）和“三化”（革命化、正规化、现代化）建设，根据交通运输部党组提出的“走在前列”工作要求，着力打造“1188 工程”（11 个引领型项目、8 个突破型项目、8 个保障型项目）。强化先进典型培树，完善内部综合荣誉评选表彰体系，组织“文明单位集体”“先进处室”“创新成果奖”“文明执法海事官”等评选。弘扬社会主义核心价值观、交通运输核心价值观和海事核心价值体系，融合交通行业文化、地方特色文化、海洋文化时代特色，形成以“甬潮”文化为引领，精卫、悦航、蓝丝带、锋韧为支持，基层海事处各具特色的“一总四支九特色”宁波海事特色文化品牌矩阵。

长风破浪会有时，直挂云帆济沧海。展望未来，宁波海事局将坚持以习近平新时代中国特色社会主义思想为指导，以海事队伍“革命化、正规化、专业化、职业化”四化建设为遵循，行稳致远，继往开来，加快打造“三个模范窗口”，高质量推进走在前列的新“1188 工程”，全力助推交通强国、海事现代化发展新格局和宁波现代化滨海大都市建设，奋力开创宁波海事走在前列发展新篇章。

大　事　记

（1996—2021）

1996 年

1 月 31 日，宁波海监局大榭开发区办事处挂牌对外办公。

3 月 27 日，宁波海监局大榭开发区办事处与宁波大榭开发区交通局签订《关于大榭港航管理业务委托宁波海上安全监督局大榭开发区办事处代管的协议书》。

4 月 18 日，镇海航标区机构设置确定，具体包括办公室、人事教育科、计划财务科、航标科、机务材料科、组织宣传科、纪检监察科、工会，以及行政事务管理站、船队、镇海航标站、定海航标站、岱山航标站、石浦航标站、嵊泗航标站、枸杞导航台、花鸟灯塔等下属单位。

4 月，邱云龙任宁波海监局党委书记兼副局长，董永芳任宁波海监局党委副书记兼纪委书记。

“五一”前夕，叶中央被中华全国总工会评为“全国重点宣传的优秀工人”，并赴京参加“五一”庆祝大会，受到中央领导人的接见。

5 月 7 日，宁波港务局轮驳公司为“金海藤”轮进行液货过驳作业，宁波海监局根据交通部《液货船水上过驳作业安全监督管理规定》批准办理了宁波港第一张液货过驳许可证。

5 月 20 日，在宁波市人民政府口岸办公室组织下，宁波海监局、宁波海关、宁波动物植物检验检疫局和中国银行宁波分行等 14 家涉外服务单位进驻北仑港区，开始联合办公。

5 月 22 日，印度驻沪总领事苏泊拉 · 马尼及其夫人参观大榭雷达站，并了解水域情况。

5 月，“甬监巡 33”动工建造。该艇长 31.0 米、型宽 6.8 米、型深 3.2 米、吃水 2.2 米、排水量 182 吨、航速 12.5 节、乘员 12 人、续航力 600 海里，航区为沿海航区。该艇由上海船舶研究设计院设计，江苏无锡船厂建造，至 12 月出厂。

6 月 21 日，宁波海监局对巴拿马籍“松鹤”轮作出禁止离港决定。这是宁波海监局滞留的第一艘外国籍船舶。

8 月 5 日，宁波海监局颁发《关于调整北仑锚泊点功能及制定相应规定的通知》。

9 月 24—25 日，《航标作业标准》修订专家讨论会在镇海航标区召开。11 月 15 日，修订工作完成，《航标作业标准》改名为《海区航标作业管理规则》。

9 月 28 日，宁波海监局港口国管理二级计算机网络远程工作站与交通部安全监督局（简称“交通部安监局”）北京工作站正式联网。

10 月 1 日，宁波海监局单边带（SSB）话台正式开放。

10 月 22 日，宁波海监局颁布实施《大榭浮桥水域安全管理规定》。

10 月 23 日，宁波海监局颁布实施《大榭水域（穿山港）船舶防台锚地划分及相应规定》。

11 月 1 日，宁波海监局 GMDSS 新工程、澥浦发信机房装修、微波铁塔基础勘探等土建项目开工。

11 月 18 日，宁波海监局颁发《关于上海航交所运作后船舶登记事项的通知》，对在上海航交所买卖船舶的登记作出规定,规范船舶登记工作。

12 月 5 日,镇海航标区嵊泗航标站成立。

12 月 16 日,中国首座无人值守灯塔——半洋灯塔在镇海航标区半洋礁投入运行。

12 月,“东海巡 12”被交通部评为学习“华铜海”轮先进集体。

1997 年

1 月 21—23 日,交通部、上海海监局组织对镇海航标区七里屿灯塔进行竣工验收,对唐脑山灯塔进行预验收。

5 月 8—11 日,交通部在宁波组织全国港口溢油应急培训和演习。宁波海监局派员参加授课并具体组织指挥溢油应急演习。本次演习共调用船艇 8 艘,近 100 人参加。

5 月,宁波海监局编纂的《孤岛守灯人》一书由宁波出版社出版发行。

5 月,邱云龙任宁波海监局局长兼监督长;董永芳任宁波海监局党委书记;高军任宁波海监局副局长,增补为宁波海监局党委委员;许弟恒任宁波海监局党委副书记兼纪委书记,增补为局党委委员。

7 月 30 日,宁波海监局在对青岛华星船务公司的“华宁”轮进行安全检查时,发现该轮存在严重缺陷,遂禁止其离港,责令在本港纠正缺陷。这是宁波海监局禁止离港的第一艘国轮。

8 月,镇海航标区花鸟灯塔被列为浙江省文物保护单位。10 月,被世界航标协会列为世界历史文物灯塔,载入世界百座历史名胜灯塔之列。

9 月 1 日,北仑监督站西区分站成立,并对外办公。

10 月 17 日,虾峙航道航标改造一期工程(桃花岛灯塔,下栏山、小双山灯桩改造工程)通过竣工验收。

11 月 10 日,由交通部组织的定海航标基地工程验收会在定海举行。

11 月 19 日,宁波海监局组织宁波港务局、宁波消防支队和宁波港公安局等单位在北仑港区举行首次海上消防救生综合应急演习,共出动船艇 10 艘,参演人员 150 人。

12 月 15 日,镇海监督站在镇海江南道头查处“嵊渔 10313”轮严重违章超载、违章搭客 99 人的重大事件。

12 月 18 日,宁波海监局梅墟监督站千吨级钢筋水泥浮码头工程及监督用房土建工程通过竣工验收。

1998 年

1 月 26 日,宁波市市长张蔚文一行视察北仑海域。

3 月 2—28 日,由中华全国总工会组织,镇海航标区花鸟灯塔主任、全国劳模叶中央赴朝鲜进行友好访问。

4 月 27 日,中华人民共和国港务监督局授予宁波海监局雷达操作与模拟器专业证书的考试发证资格。

6 月 29 日,由中共中央宣传部、国家广播电影电视总局、文化部推荐的重点国产影片《灯塔世家》在宁波市人民大会堂举行首映式。该片以镇海航标区花鸟灯塔主任、全国劳模叶中央为原型创作。

9 月 9 日 15 时 30 分,载重吨为 31.57 万吨的巴哈马籍超大型油轮“莫斯金”在宁波海监局全程护航下，顺利通过虾峙门航道，成功靠上北仑算山码头1号泊位，这是当时靠泊中国大陆港口最大吨位的营运船。“莫斯金”船长354.54米，船宽56.4米，本次实载原油23.4万吨，到港吃水为18.7米。

9月18日，驻交通部纪检组组长刘鄂莅临宁波海监局视察工作。

1999年

2月20日，宁波海监局启用VHF 16频道，并将VHF 21频道调整为GMDSS系统常规通信频率。

3月22日，宁波海岸电台数选值班台试开通GMDSS DSC通信业务。

4月21—22日，全国人大常委会《中华人民共和国海洋环境保护法》(修订草案)调研组在宁波进行了为期2天的调研活动，听取宁波海监局及宁波市有关部门的汇报，实地考察宁波北仑港水域。

5月15日，根据交通部海事局的授权，宁波港务监督在管辖范围内开展高级消防专业培训和客船、滚装船船员特殊培训的考试、发证工作。

7月2日，宁波海监局船队巡逻艇交接仪式在镇海监督站和宁波监督站码头举行。“甬监巡22”“甬监巡24”划归宁波监督站，“甬监巡23”“甬监巡25”划归镇海监督站。12—13日，宁波海监局船队队部搬迁至梅墟。除上述4条巡逻艇外，其余船艇集中靠泊梅墟码头。

7月6日，宁波海监局被中共浙江省委、浙江省人民政府命名为省级文明单位。

7月11—13日，交通部副部长、交通部海事局局长洪善祥，交通部海事局党委书记黄先耀一行到宁波海监局考察工作。

10月25日16时38分，“大庆50”轮(载重吨为16160吨)在宁波港金塘锚地先后与在附近抛锚的“向丹”轮和“明州12”轮发生碰撞，右舷3号边舱破裂，约40吨原油溢出，有20多平方千米水域受到不同程度的污染。宁波海监局迅速采取有效措施控制污染源，开展对事故附近水域油污的搜寻及清除，共出动船舶55艘次、人员720人次、车辆82辆次，使用吸油毡9.64吨、消油剂4.625吨以及稻草等其他物资。

10月30日凌晨，上海三岛轮船有限公司所属“京顺”轮从上海金山装载550吨液化气驶往浙江温州途中，左右压载舱通气管被风浪打断，导致压载舱进水，在杭州湾水域冲滩后沉没。2000年7月27日，“京顺”轮上的液化气成功过驳到“松台山”轮，11月7日，经水下探摸，沉船泥面以上残骸已完全切割清除完毕。

11月，何易培、周荣祥任宁波海监局副监督长，增补为宁波海监局党委委员。

12月29日，宁波海监局召开《中华人民共和国水上水下施工作业通航安全管理规定》宣贯会。该规定于2000年1月1日起施行。

2000年

1月21日，镇海航标区450兆赫有/无线集群通信系统通过交通部海事局的竣工验收。22日，有关专家对航标遥测系统进行技术鉴定。

3月，利比里亚籍30万吨级矿船“威射”轮因触礁造成3个舱室破损，在向世界多个港口请求救助未果的情况下，向宁波港发出救援请求。经科学论证，宁波海监局同意该轮的请求，并制定了周密的救助计划。20日，该轮安全靠泊北仑港。抢卸完所有货物后，于22日顺利离港。这次救援行动创宁波港救助大型船舶的历史记录。

4月10日,新建的150吨航标登陆艇交付镇海航标区使用,命名为"B-217"。

4月15日,中华人民共和国海事局批准,以虾峙门外29°42′12″N/122°32′42″E为圆心、半径1海里范围为原油过驳水域,并授权宁波海监局依法对原油过驳作业实施监督管理。

12月19日,交通部海事局批复宁波海事局内部机构设置为:通航管理处(值班室)、船舶监督处、危管防污处、船员管理处、法规规范处、办公室、人事教育处、财务会计处、计划基建处、党委工作部、纪检监察处、工会。

12月26日,经交通部海事局批复同意,宁波海监局调整宁波港七里、金塘锚地范围。

2001年

2月8日,宁波海事局正式挂牌成立。宁波市人民政府副秘书长林勇、浙江海事局筹备组组长邱云龙为宁波海事局成立揭牌。

3月15日06时20分,"浙定39092"轮在未办出港签证情况下,载17人(1名船员,16名乘客)从舟山沥港出发,航至甬江口门外三星码头对开水域约1000米处进水沉没,5人获救、4人死亡、8人失踪。

4月11日,宁波海事局和上海海事局签署宁波海事局镇海航标区交接协议,标志着宁波海事局镇海航标区交接工作圆满结束。

4月19日,宁波海事局与宁波市交通委员会召开第一次交接工作协调会议,成立了宁波水监体制改革联合工作小组。至9月29日,宁波水上安全监督管理职能交接和人员资产划转工作圆满结束。

4月,董永芳兼任宁波海事局党委书记,许弟恒任宁波海事局党委副书记兼纪委书记,高军、何易培、周荣祥、亓卫国任宁波海事局党委委员。高军任宁波海事局局长,何易培、周荣祥、亓卫国任宁波海事局副局长。

4—9月,宁波海事局在原宁波监督站和相关单位开展执法人员考任制试点工作。原宁波监督站14名执法人员全部通过了适任考试和考核,26名非执法岗位人员参加执法人员准入考试,23人通过,其中11人通过录用前考核,5人录用到执法岗位。

5月11日,交通部批准宁波海事局设立7个派出机构:宁波北仑海事处、宁波镇海海事处、宁波大榭海事处、宁波三江口海事处、宁波象山海事处、宁波鄞奉海事处、宁波宁海海事处。

5月21日14时,中海大连客轮公司所属"兴业1"轮在北纬29°43′、东经122°23′与一艘外轮发生碰撞,28名船员弃船逃生后被救。22日00时40分,漂移的"兴业1"轮在"东海巡12"等的护航下,被拖至条帚门悬山附近水域锚泊。宁波海事局顺利完成海上救助工作。

5月,宁波海事局第一本统计年鉴——《2000年度宁波海事局统计年鉴》汇编刊印。

6月8日,宁波海事局派代表参加镇海招宝山大桥通车典礼。

6月25日,宁波至上海客运航线停航。

7月1日,建党80周年纪念日,宁波海事局将这一天定为"安全执法党员活动日",该传统一直延续至今。

7月1日,海事系统同类巡逻船中性能最为优良的船型"海巡111"正式列编。该船总长46.1米,型宽6.8米,平均吃水1.65米,抗风力9级,最大航速26.4节,续航力500海里。

7月12日,宁波海事局组建成立海上执法机动大队,第一批配置17人,配有"海巡111"。

7月24日,交通部海事局常务副局长刘功臣到宁波海事局检查工作,并为宁波海事局题词:"依法行政、严格管理、热情服务、保障安全”。

7月27日，浙江海事局核批宁波海事局所属7个派出机构设置24个办事处。

7月，在浙江省纪念中国共产党成立80周年大会上，宁波海事局党委被浙江省委授予“先进基层党组织”荣誉称号。

8月2日、6日，宁波象山海事处和宁波大榭海事处相继挂牌成立。

8月16—19日，《中华人民共和国船舶法》（征求意见稿）审定会在甬召开。该征求意见稿获原则通过，这标志着交通部海事局委托宁波海事局承担的起草任务基本完成。

8月23日，浙江海事局核批宁波海事局7个派出机构内设机构设置和内设机构的人员编制数。各派出机构统一设置通航管理科（值班室）、船舶监督科、综合办公室、财务会计科。宁海海事处不设置内设机构。

9月7日，宁波海事局决定筹建政务受理中心，成立船舶检查站（隶属船舶监督处）。

9月10日，杭州湾大桥工程水上安全管理工作研讨会在宁波召开，决定成立杭州湾大桥工程水上交通安全管理领导小组及办公室。

9月11日，宁波宁海海事处挂牌成立。

9月，宁波北仑海事处被人事部、交通部评为全国交通系统先进集体。

10月起，宁波海事局为原海监局的410名在职职工及41名离退休职工办理了宁波市基本医疗保险。

11月，北仑山、大榭、峙头、虾峙、游山等5个雷达站船舶交通管理系统设备吊装完毕。12月12日，整个VTS系统通电运行。

11月16日，宁波海事局政务受理中心正式成立。

12月4日，宁波海事局完成首批职工住房货币补贴工作。

12月8日、18日、26日、28日，宁波北仑海事处、宁波镇海海事处、宁波鄞奉海事处、宁波三江口海事处相继挂牌成立。

2002年

1月1日起，宁波海事局使用计算机（金蝶软件）替代手工记账。

1月14日22时20分，“浙椒机236”轮在牛鼻山水道海域触礁，7名船员弃船逃生。宁波海事局成功将7名船员救至“海巡112”上。

2月1—2日，交通部副部长翁孟勇率领交通部华东片春运检查组在宁波和舟山检查水上春运安全工作。

3月22日02时15分，浙江省慈溪市慈平运务有限公司所属工程船舶“浙慈工2号”轮在杭州湾水域遇风浪沉没，船上23人落水、8人获救、15人失踪。

4月起，宁波海事局首次向社会公开招考录用具有甲类船长、轮机长适任证书的人员11名。

5月10日，宁波海事局召开第一次工会会员代表大会，选举产生中国海员工会宁波海事局（简称“宁波海事局工会”）第一届委员会。

5月21—22日，交通部部长黄镇东率交通部安全生产检查组一行在甬检查工作期间，到宁波大榭海事处、海上执法机动大队视察，乘坐“海巡111”考察港口建设情况。

6月19—24日，宁波海事局首次组织开展内河化学品船船员安全知识特殊培训，21名船员参加培训并考试合格。

7月16日,宁波市召开全市采运砂船整治工作专题会议。会上成立了采运砂船专项整治工作领导小组(领导小组办公室设在宁波海事局),并原则通过由宁波海事局起草的《宁波市采运砂船整治方案》。

8月5日,5万吨级科威特籍液化气船“气运蒙特拉”(GAS AL-MUTLAA)号顺利靠泊大榭英国石油公司(BP)液化气码头,为当时国内直接靠泊码头作业的最大液化气船。

9月28日,中国海上搜救中心在上海组织了一次大规模的综合海上搜救演习。宁波海事局“海巡111”代表浙江海事局参加演习。

9月29日上午,浙江省宁波市海上搜救中心(简称“宁波市海上搜救中心”)举行成立仪式。该中心办公室设在宁波海事局。

11月14日,交通部无线电管理办公室同意宁波海岸电台于12月1日0时起关闭474千赫、500千赫、4222千赫和8582千赫频率上的莫尔斯无线电电报电路。

11月26—28日,宁波海事局在宁波交通学校组织举办了首期黄砂船船员(内河四等加宁波地区)考试,115名船员参加。

11月,梁永铭任宁波海事局副局长,增补为中共宁波海事局党委委员。

12月16日,由5座雷达站和1个监控中心组成的宁波船舶交通管理系统通过验收,并正式对外运行。同日,大榭安全监督设施通过竣工验收并交付使用。

2003年

1月25日,交通部副部长翁孟勇率交通部春运工作检查小组检查舟山—宁波鸭白线车客渡安全情况。

1月29日,宁波市海上搜救中心正式开通“12395”水上搜救电话。

2月13日,交通部海事局党委书记何建中视察宁波大榭海事处,看望慰问“海巡111”全体人员,并题词:“树立安全新理念,展示海事新形象,跳出行业看行业,争当行业排头兵。”

3月12日,宁波海事局成立改革工作领导小组及办公室,正式启动干部人事制度改革。至11月底,该项改革顺利完成。

5月3日05时50分,“信盈”轮在金塘锚地与锚泊油船“明州25”轮发生碰撞,导致“信盈”轮机舱破损进水、主机失控和18名船员遇险。宁波海事局立即启动应急反应预案,“海巡111”将船上18名船员安全转移。经过驳减载,“信盈”轮险情得到控制,避免了沉船事故的发生。

7月18日,宁波海事局发布《宁波水上防台监督管理规定》。

11月25日21时20分,“浙嵊渔14208”轮在双礁触礁,船体破损进水,船上共有11人。“海巡1108”和“甬港消拖1”轮赶赴现场救助,11人被安全地转移至“浙嵊渔588”轮上。

12月1日,宁波海事局全面启动海事监管新机制。

2004年

1月7日,镇海安全监督设施工程通过竣工验收,并正式交付使用。

1月14—15日,交通部部长张春贤到宁波海事局检查春运安全工作,并乘坐“海巡111”视察宁波、舟山海域，还专程慰问交通部先进工作者、原镇海监督站站长陈根辛①。

4 月 15—16 日，交通部海事局党委书记何建中视察宁波海事局，并现场调研海事监管模式改革试行情况。

5 月 22—23 日，由国家环保总局、监察部、交通部、农业部等组成的联合执法检查组（东海区）乘坐“海巡 111”，对宁波市海洋环境污染防治和生态保护工作进行联合执法检查。

7 月 1 日起，宁波海事局全面推行海事行政许可，实现行政许可受理、审核、审批三分离。

7 月 12 日，宁波海事局首次利用电脑进行船员理论考试，实现船员考试无纸化。

7 月，宁波海事局改版后的宁波海事网页正式启用。

8 月 25 日，浙江省委常委、宁波市委书记巴音朝鲁乘坐“海巡 111”，专程考察北仑、大榭海域及沿岸布局。

8 月 26 日—9 月 12 日，宁波海事局承办交通部海事局 B 级安检员培训班，这是第一次在培训基地以外的直属局举办交通部海事局 B 级安检员培训班。

8 月，张燕峰任宁波海事局党委书记。

9 月 21 日，宁波海事局组织市海上搜救中心成员单位，在北仑水域举行了宁波市规模最大的一次海上搜救综合演习。

10 月 20 日，宁波海事局全面启用交通部海事局海事费收管理系统。

10 月 24 日，由交通部海事局和宁波海事局共同改建的“海巡 1101”“海巡 1102”“海巡 1104”3 艘 15 米级玻璃钢巡逻艇靠泊宁波三江口海事处码头。

10 月起，宁波海事局开通政务项目审批结果网上查询功能。

12 月 9 日，宁波象山海事处办公业务用房及工作船码头通过交通部海事局验收。

2005 年

1 月 1 日，国际航行船舶进出口岸网上申报系统正式启用。

1 月 5 日，60 米级巡逻船“海巡 113”交接列编。

3 月 8 日，宁波海事局组织召开《宁波海事局海事行政执法过错和错案责任追究实施细则》听证会。这是宁波海事局在探索完善重大管理事项科学决策机制方面的首次尝试。

3 月 27 日，宁波海事局发放浙江省第一张船舶 IC 卡，这标志着长三角船舶“一卡通”工程在浙江省内正式推广实施。

3 月 30 日，装载 28 万吨原油的比利时籍 44 万吨级超大型油轮“泰欧”（TI EUROPE）轮，在宁波海事局的精心组织和护航下顺利抵靠宁波大榭实华原油码头，创造我国沿海港口接卸超级油轮的新纪录。

4 月 15 日 01 时，“浙三机 310”轮在镇海甬江口与“建兴 18”轮碰撞后侧翻，7 名船员遇险。宁波海事局指派海巡艇迅速赶赴事发水域开展搜救，成功救出被困舱内的遇险船员。

6 月 15—16 日，浙江海事系统组织的首次海船船员丁类适任无纸化考试在宁波举行，90 人参加考试。

6 月，宁波海事局交管监控室被评选为“全国青年文明号”。

---

① 张春贤在甬检查春运。新浪网，https://news.sina.com.cn/o/2004-01-16/10131603284s.shtml.

8月6日深夜,“麦莎”台风影响期间,“海巡113”冒着10级大风成功解救白峰镇上宅村23名被洪水围困的村民。

10月26日,宁波海事局被中央精神文明建设指导委员会授予“全国精神文明建设工作先进单位”。

10月,周荣祥任宁波海事局局长。

11月14日,宁波海事局启用浙江海事局内部办公门户系统,收发文流转基本实现无纸化。

11月,政务办理短信告知平台开通。

12月6—8日,美国海军少将克雷格·博恩率领美国海岸警卫队海上保安巡访团来宁波进行海上保安交流活动。

12月11日05时25分,渔业辅助船舶“浙岭渔运272”轮(船上共有船员12名,渔民3名),在航经石浦港附近时触礁进水,时刻有沉没危险。宁波海事局“海巡112”前往事发水域,将15名遇险船员全部安全转移。

12月25日,宁波市委书记巴音朝鲁率四套班子领导乘“海巡113”考察象山港。

12月30日,鄞奉海事处办公业务用房和巡逻艇码头工程通过竣工验收,正式交付使用。

2006年

1月16日,在“海巡1109”监护下,巴拿马籍滚装船“海神”(KAIJIN)轮顺利抵靠宁波大榭港区。该轮全长195.54米,船宽28.80米,总吨41931,载重吨17183吨,是首艘靠泊宁波港的大型滚装汽车船。

1月20日,交通部副部长黄先耀检查宁波春运水上交通工作,并慰问基层海事工作人员。

3月15日,新版宁波海事局内网网站启用。

4月1日起,宁波海事局开始实施供油船信用分级监管制度。

4月5日,宁波海事局召开第一次综合技术业务专家库成员会议,正式启动综合技术业务专家库。

4月6日,“东方勇士2”拖轮拖带“勘探三号”石油钻井平台顺利抵达舟山六横船厂。这是当时进入宁波-舟山港最大的拖带船组,也是首次抵港的石油钻井平台。

4月28日,由宁波海事局制定的《宁波水域船舶污染事故应急预案》及修订后的《宁波市海上突发事件应急反应预案》经宁波市人民政府批准,正式颁布实施。

4月29日,交通部部长李盛霖莅临宁波北仑海事处,检查节前水上安全工作,并慰问一线海事执法人员。

5月,王宏生任宁波海事局副局长、党委委员。

6月2日,由宁波海事局和宁波市交通局共同发起,辖区50余家单位共同参与的宁波水域创建“安全畅通文明”航区活动启动。

6月6日,东帝汶海事边防警官一行在公安海警高等专科学校领导的陪同下,来宁波海事局参观学习。

7月4日,宁波海事局对靠泊在宁海强蛟码头的滞留船舶“信昌1”轮进行安检后评估,为引入安检后评估制度以来首次开展的评估工作。

8月1日,《宁波穿白水域通航安全监督管理规定》正式颁布施行。

8月10日,超强台风“桑美”影响期间,宁波海事局严格按照防抗台规程,落实各项防抗台措施,确保4000余艘进港避风船舶安全。

8 月 24 日 23 时，宁波海事局成功将 AIS 信号接入 VTS 系统，实现 VTS 监控屏幕同时显示雷达和 AIS 信号。

9 月 14 日，时任浙江省委书记习近平出席象山港大桥工程奠基仪式①。

9 月 16 日，交通部副部长徐祖远视察宁波象山海事处，并慰问一线海事执法人员。

11 月 20 日，宁波海事局海事调查官作为人民陪审员应邀参加“长安 115”轮与“豫周口货 336”轮碰撞事故的开庭审理，这是宁波海事局建局以来首次参与海事法院案件审理。

11 月 22 日，宁波海事局印发《宁波北仑矿石码头及周边水域船舶交通流组织方案》。

12 月 11 日，埃塞俄比亚籍“艾比 · 翁斯”（ABBAY WONZ）轮与舟山籍“浙普渔 72329”轮在浙江沿海发生碰撞后逃逸。宁波海事局通过技术手段，确定该外轮为重大嫌疑船，12 日赴大连登轮勘验调查，确定其为肇事方，依法进行事故调处。

2007 年

1 月 16 日，宁波海事局举办了辖区首期内河船员适任证书知识更新培训班。

1 月 22 日 22 时 21 分左右，在宁波金塘锚地锚泊的柬埔寨籍杂货船“诺贝尔”（NOBEL）轮与锚泊的中国籍工程船“四航奋进”轮发生碰撞。导致“诺贝尔”轮左倾并进水沉没，船上装载的原木漂浮于海面。宁波海事局启动应急预案进行事故处置，成功救下船上 19 名俄罗斯籍船员，组织打捞起漂浮的原木。

1 月，宁波海事局着手“打造责任链，编织安全网”系统工程建设，至 6 月完成《危险源标识报告》编制上报工作。

1 月，宁波海事局启用船舶移动签证设备。

2 月 6 日，交通部副部长徐祖远检查大榭舟山—宁波鸭白线春运工作。

3 月 9 日，宁波海事局推行“客运船舶开航前复诵制度”。

3 月 22 日，财政部、海关总署、交通部船舶吨税联合调查组到宁波海事局调研船舶吨税政策、收支以及船舶在港口需缴纳的各种税费等执行情况。

3 月 31 日 12 时 06 分左右，“鸿祥 5”轮在韭山列岛以东约 5 海里处与“盛安达 2”轮发生碰撞。“盛安达 2”轮沉没，13 名船员落水，其中 7 人获救、6 人死亡失踪。

3 月，大榭海事处处长王军被中华全国妇女联合会、交通部分别授予全国“巾帼建功”标兵和全国交通行业“巾帼建功”标兵。

4 月 12 日，宁波海事局推出“十分钟以内办结受理手续”承诺。

4 月 17 日，交通部人劳司副司长陈瑞生、交通部海事局党委书记梁晓安视察宁波三江口海事处，巡查甬江航道。

4 月 18 日，全球当时最大的 11000 标准箱（TEU）箱位集装箱船“爱玛 · 马士基”（EMMA MAERSK）轮首次抵靠宁波北仑第二集装箱码头。

4 月，宁波海事局联合宁波人民广播电台推出“海事之声”栏目。

4 月，胡其红任宁波海事局党委书记、副局长，周荣祥任宁波海事局党委副书记。

5 月 23 日 13 时左右，“浙普 16002”轮出港时与奉化江上的方桥发生触碰，导致桥梁倒塌，桥上 2 名

---

① 《象山港大桥工程正式奠基 阿不来提 · 阿不都热西提等出席仪式 习近平致辞》，《浙江日报》，2006 年 6 月 15 日第 1 版。

行人落水,其中1人获救、1人死亡,事故直接经济损失约200万元。

6月21日,交通部溢油应急清污能力建设问题调研组在宁波调研宁波-舟山港溢油应急清污能力建设。

6月26日15时40分,当时世界上最长的跨海大桥——杭州湾跨海大桥全桥合龙。交通部部长李盛霖参加由浙江省人民政府主办的大桥贯通仪式。

6月,宁波海事局首届职工体育运动会在宁波市第四中学体育馆开幕。

7月11日,为庆祝第三届"中国航海日",宁波海事局首次举办"海事开放日"活动。

7月20日,《宁波金塘七里锚地定点锚泊管理规定》对外颁布,并于7月31日起施行。该定点锚泊制度的实施,在国内尚属首次。

8月,徐承荣任宁波海事局党委副书记兼纪委书记。

9月6日,宁波海事局组织内河船舶船员和小型海船船员无纸化适任考试。这标志着宁波考点海船船员丁类适任考试、内河及小型海船船员适任考试实现无纸化。

9月13日,交通部海事局常务副局长刘功臣率领交通部"两防"督查组,对宁波市交通相关部门"两防"专项整治活动进行督查指导。

9月28日,宁波三江口海事处正式迁入新址办公(江北区人民路408号)。

10月10日,宁波海事局11个内设机构、8个派出机构、8个直属单位等机构设置,根据海事监管执法模式改革要求调整完成。

10月23日,由宁波北仑海事处承办的第三届海事处处长论坛在宁波北仑举办。宁波北仑海事处、青岛前湾海事处、上海外高桥海事处、深圳盐田海事处参加,秦皇岛东港海事处、厦门海沧海事处列席。

10月28日,交通部副部长黄先耀视察宁波海事局,并慰问一线执法人员。

12月9—21日,韩国群山港口国监督官来宁波海事局开展港口国监督业务交流。

2008年

1月10日,宁波海事局当时航速最高、首次装备舷内外一体化主机的巡逻艇"海巡1127"运抵镇海大件码头。该船最高航速达28节以上,在驾驶台操纵器控制下桨轴可以向左右和上下转动一定的角度。

2月22日,于2月17日在菲律宾吕宋岛西北70海里处遇险沉没的"金山"轮26名获救船员顺利返回宁波。宁波海事局受交通运输部副部长徐祖远的委托,前往长途车站迎接并慰问获救船员。

3月11日20时50分左右,"浙普01511"轮在舟山青龙门汀子山附近,与不明船舶雾航中发生碰撞,造成"浙普01511"轮侧翻倒扣海面,9名船员落水。宁波海事局启动应急反应预案,指派"海巡1108"赶赴事发水域展开搜救。经全力救助,2人获救、4人死亡、3人失踪。

3月27日01时15分左右,"勤丰128"轮与在建的金塘大桥发生碰撞,造成大桥箱梁塌落并压住肇事船,4名船员死亡。船体被困在建大桥桥区水域,严重威胁在建桥梁整体安全。宁波海事局配合交通运输部与地方政府开展应急抢险。4月6日,塌落箱梁被吊离,该轮被拖至船厂,现场应急抢险工作结束。

4月22日,宁波海事局船舶交通管理中心(简称"宁波VTS")实施"5班3运转"值班模式。

4月24日,浙江省委副书记、省长吕祖善,副省长金德水、王建满在宁波市委书记巴音朝鲁、市长毛光烈的陪同下,乘坐"海巡113"考察梅山保税港区开发建设情况。

4 月 24 日，宁波海事局危险货物申报、集装箱装箱单位诚信管理制度在辖区正式实施。

5 月 20 日，宁波海事局印发实施《宁波海事局客运船舶航行动态监控方案》。

5 月 22 日，2008 年北京奥运会奥运火炬在宁波传递，先后途经江厦桥、解放桥和杭州湾跨海大桥等地点。宁波海事局全力做好火炬传递期间的水上交通安全各项保障工作。

5 月 22 日，宁波海事局制定的《杭州湾跨海大桥水域巡航方案》《金塘大桥水域巡航方案》开始实施。

7 月 17—18 日，交通运输部副部长徐祖远率交通运输部水上交通安全调研组，在宁波考察调研集装箱危险货物谎报瞒报等事宜。

8—9 月，宁波海事局圆满完成辖区水域 2008 年北京奥运会反恐安保工作。

9 月 3 日，全国直属海事系统人事专项工作会议在宁波召开。

9 月 26 日，宁波海事局首届职工文艺演出《吉祥的港湾》在凤凰百花剧场上演。

9 月 26—27 日，交通运输部部长李盛霖在宁波检查水上安全工作。

11 月 9—20 日，根据中国海事局与韩国中央海洋安全审判院于 2008 年 5 月份签订的合作会议纪要的精神，韩国海事调查官到宁波海事局进行交流访问。

12 月 25 日，海事审验中心进驻宁波国际航运服务中心，开始对外运行。

2009 年

1 月 7 日，“台塑 4 号”轮靠泊宁波北仑台塑化工码头。这是自 2008 年 12 月 15 日开通海峡两岸直航以来，抵靠宁波港的第一艘来自台湾地区的直航船舶。

1 月 20—21 日，交通运输部副部长冯正霖到宁波检查春运安全工作。

2 月 1 日，宁波国际航运服务中心举行开业典礼。为配合宁波市政府“一站式”大通关的要求，宁波海事局安检站、审核办等部门陆续入驻。

2 月 16 日，宁波海事局成立象山港大桥工程水上交通安全监督管理领导小组。

2 月，胡其红任宁波海事局党组书记，周荣祥任党组副书记，徐承荣任党组副书记兼纪检组组长，梁永铭、王宏生任党组成员。

3 月 3 日，宁波海事局海事研究会成立。

3 月 4 日，“宁波海事局远程计算机终端考场项目”通过专家验收。7 月 21 日，宁波海事局全面实现船员考试无纸化。

3 月 26 日，西班牙驻上海总领事馆经济商务官员和 TRADEBE 公司驻华代表，就宁波港船舶污染物接收处置事宜，到宁波海事局进行调研。

4 月 1 日，《金塘大桥、西堠门大桥通航安全管理规定》正式实施。

4 月 10 日，“舟海晶 1”轮从宁波镇海开往舟山大浦口途中因主机故障失控。在宁波海事局的救助下，客船上的 82 名旅客、8 名船员转危为安。

4 月 14 日，宁波海事局印发《宁波海事局巡航搜救一体化试点工作实施方案》。这标志着宁波海事局巡航搜救一体化工作正式启动。

4 月 23 日，宁波海事局成立离退休人员管理办公室，并制订出台《宁波海事局离退休人员管理服务办法》。

5 月 4 日，宁波海事局召开纪念五四运动 90 周年暨首届“十佳青年”表彰会。

6 月 19 日,宁波海事局成功举办“2009 中国宁波港口国监督论坛”。

6 月 26 日,宁波海事局设立职工爱心互助“5 元钱工程”。

7 月 24 日,宁波海事局印发《梅山海事处机构设置与人员编制方案》,在梅山岛设立水上安全监管机构,对梅山岛周边及相关航道的水域安全实施统一管理。

8 月 10 日,宁波海事局开始实行甬江航行船舶动态报备制度。

8 月 13 日,3 艘 30 万吨级超级油轮“拉斐尔”(RAPHAEL)号、“亚洲进步 2”(ASIAN PROGRESS Ⅱ)号和“雷姆拉”(RAMLAH)号顺利通过虾峙门口外深水航槽,创宁波港超大型船舶同时进港记录。

8 月 20 日,宁波海事局与宁波海关签署业务交流合作备忘录,使双方在联络协调、信息共享、突发事件共同反应等方面的合作迈入实质阶段。

9 月 4 日,我国有史以来最大规模海上演习——2009 年国家海上搜救桌面演习暨东海搜救演习在浙江宁波-舟山核心港区海域举行。交通运输部部长李盛霖、浙江省省长吕祖善担任此次演习的总指挥。

9 月 18 日,利比里亚籍超大型油轮“弗朗特·佩吉”(FRONT PAGE)号抛锚过程中,与锚泊在虾峙南锚地的中国籍油船“长航先锋”轮碰撞。在宁波海事局的现场指挥救助下,两船船体无破损,未发生船舶污染水域事故。

9 月 21 日起,宁波海事局与宁波海关共同开发的《国际航行船舶出口岸手续联系单网上会签系统》开始试运行。

9 月,梁永铭任中华人民共和国宁波海事局局长、党组副书记。

10 月 26 日—11 月 10 日,宁波海事局对 VTS 系统进行升级改造,由原来的 ATLAS 9750 升级到 ATLAS 9760。

11 月 16 日,宁波海事局与宁波港集团共建平安畅通港区合作协议签字仪式暨第一次联席会议在宁波举行。

11 月 16 日,“马克”轮因寒潮大风影响致船舶走锚,触损在建中的金塘大桥。宁波海事局全力组织指挥搜救,12 名船员安全获救。

12 月 8 日,中国共产党宁波海事局第一次代表大会召开,选举产生中共宁波海事局直属机关第一届委员会。

12 月 9 日,大榭海事处处长王军被授予“全国交通运输系统先进工作者”荣誉称号,享受省部级先进工作者待遇。

2010 年

1 月 1 日,《2010 版行政执法程序规范及业务工作制度汇编》正式实施。

1 月 26 日,宁波海事局与宁波大榭开发区管委会深化合作共建平安大榭港区备忘录签字仪式在大榭举行。

4 月 14 日—11 月 15 日,历时 184 天的上海世博会落下帷幕,宁波水上“环沪护城河”安保工作完成。

5 月 1 日前夕,丁敏强被中华全国总工会授予“全国五一劳动奖章”的荣誉称号。

5 月 13 日,宁波市市长毛光烈一行乘海事巡逻船,视察象山港大桥建设施工现场。

5 月 27 日,宁波梅山海事处筹备组正式进驻梅山保税港区。

6 月 10 日，金塘大桥海上安保体系配套航标效能系统通过浙江海事局专项验收。

6 月 11 日，宁波市委书记巴音朝鲁视察宁波象山港大桥建设施工现场。

6 月 18 日 14 时 50 分，超大型油轮“凯兴”（NEW PROSPECT，载重吨：297934 吨）号在拖轮“甬港消拖 3”的护航下进入虾峙门航道，标志着虾峙门航道超大型油轮拖轮护航工作正式实施。

7 月 11 日 11 时 30 分，在“海巡 1109”的全程监护下，载货 302000 吨的超大型油轮“埃莱克特拉 · 荣耀”（ELEKTRA GLORY）轮成功靠妥大榭中油燃料油码头，成为当时抵达宁波港实际载货量最大的船舶。

7 月 21 日，宁波海事局撤销船员考试中心，设置监管三处，为内设机构。原先由监管一处承担的船员管理职能移交给监管三处。

8 月 1 日，宁波-舟山港核心港区船舶定线制正式实施。

8 月 26 日，“向珠”轮成功进靠梅山保税港区集装箱码头，成为该保税港区靠泊的首艘船舶。

8 月，李表康任宁波海事局副局长、党组成员，李树兵任宁波海事局副局长、党组成员。

9 月 1 日，中纪委驻交通运输部纪检组组长杨利民、交通运输部直属机关党委常务副书记梁晓安一行视察宁波-舟山港水上交通安全情况，并为宁波海事局作了“超越自我、勇立潮头”的题词。

11 月 18 日，宁波海事局和宁波市海洋与渔业局举行共建海上安全与救助联合机制备忘录签约仪式。

11 月 30 日，宁波海事局和宁波海关签署《宁波海关、宁波海事局关于集装箱危险货物查验协作办法》。该办法于 12 月 20 日正式实施。

11 月 30 日，浙江海事局宁波船舶溢油应急设备库工程开工建设。

12 月 1 日，宁波-舟山港梅山保税港区临时进港航道对外公布并投入使用。

12 月 17 日，宁波市委书记王辉忠一行乘坐“海巡 113”视察宁波海域。

2011 年

1 月 7 日，宁波市召开重大项目“会战攻坚”总结动员大会，宁波海事局被评为“2010 年度宁波市重点工程立功竞赛模范集体”。

1 月 10 日，宁波市委书记王辉忠一行水上巡视象山港，并视察宁波象山港大桥建设施工情况。

1 月 12 日，浙江海事局宁波海事监管基地工程通过竣工验收。

1 月 30 日，宁波市委副书记、代市长刘奇乘“海巡 113”视察指导象山港大桥水上施工现场。

2 月 14 日，宁波市委书记王辉忠一行赴宁波新江桥水域调研。

3 月 1 日，宁波海事局印发《宁波海事局执法督察音视频系统使用管理暂行办法》《宁波海事局现场执法全程录音实施暂行办法》。

3 月 16 日，宁波海事局会同中国船级社宁波办事处等单位对“浙桩 6 号”龙骨安放日期进行现场确认，这是宁波海事局首次对新建船舶建造重要日期进行确认。

3 月 23 日，浙江省委书记赵洪祝一行视察宁波国际航运服务中心和宁波海事审验中心①。

---

① 《赵洪祝在宁波舟山调研海洋经济发展示范区建设时强调 海洋是浙江发展优势所在希望所在》，《浙江日报》，2011 年 3 月 24 日第 1 版。

4 月 8 日，国务院总理温家宝一行视察宁波国际航运服务中心和宁波海事审验中心①。

4 月 14 日，交通运输部海事局常务副局长陈爱平视察宁波 VTS 中心。

5 月 5 日，宁波市重点民生工程“五路四桥”中的最后一桥——明州大桥顺利通车。宁波海事局副局长李表康作为宁波市劳模和宁波市重点工程立功竞赛“模范集体”代表出席通车典礼，并与宁波市市长刘奇一同为大桥通车剪彩。

5 月 20 日，宁波海事局召开海事行政执法廉政风险防控工作推进会，布置实施《宁波海事局海事行政执法廉政风险防控手册》。

5 月，宁波海事特色文化体系初步形成，确立了“航运更安全、海洋更清洁”的使命，“服务港航、奉献社会”的理念，“超越自我、勇立潮头”的精神和“接轨国际、走在前列”的目标。

6 月 2 日，宁波海事局出台《宁波海事局促进宁波海洋经济基础发展若干意见》，提出六大方面 28 条具体措施，得到宁波市主要领导批示肯定。

6 月 2—3 日，《中华人民共和国内河船舶船员适任考试和发证规则》实施以来的，由宁波海事局组织的首次内河船员考试在宁波工程学院举行。

6 月 25 日，宁波海事局庆祝首个“世界海员日”。

7 月 5 日，浙江省委副书记夏宝龙一行乘“海巡 113”视察指导象山港大桥水域②。

7 月 6 日，马来西亚海事局首席局长助理阿卜杜尔 · 萨马德 · 萨伊克 · 奥斯曼一行对宁波海事局进行友好访问，就船旗国管理与港口国监督等议题进行深入交流。

7 月 25—26 日，交通运输部副部长高宏峰率交通运输部港口建设费调研组，在宁波现场考察调研港口建设费征管工作，并召开专题座谈会。

7 月 25—28 日，亚太地区港口国监督谅解备忘录（简称“东京备忘录”）组织第 19 次港口国监督研讨会在新加坡召开，来自亚太地区 18 个国家和地区专家代表参会。宁波海事局丁敏强参会并作交流发言。

8 月 10 日，交通运输部海事局党组书记许如清视察指导宁波海事局党建信息化工作。

8 月 30—31 日，第七届海事处处长论坛在宁波举办，4 家海事处代表围绕“落实防污条例，促进海洋经济”的主题进行交流。

8 月 31 日，宁波市政府下发《关于印发宁波市海砂禁采暨建设用砂生产供应工作方案的通知》，全面禁用海砂。

8 月，宁波海事局党组被交通运输部授予“‘讲党性、重品行、作表率，树组工干部新形象’活动先进单位”荣誉称号。

9 月 17 日，直属海事系统第一届 VTS 职工技能比武大赛落幕，宁波海事局代表浙江海事局勇夺团体第一名。

9 月 17 日，福建省委书记孙春兰带领的福建省党政代表团一行莅临宁波国际航运服务中心，对包括海事审验中心在内的各口岸进驻单位工作开展情况进行考察指导③。

---

① 《温家宝在浙江考察时强调 努力实现今年经济社会发展目标 赵洪祝吕祖善等分别陪同考察》，《浙江日报》，2011 年 4 月 10 日第 1 版。

② 夏宝龙在宁波调研 强调增创新优势 实现新发展。浙江在线-浙江省委省政府门户网站，https://zjnews.zjol.com.cn/05zjnews/system/2011/07/07/017657292.shtml.

③ 《福建省党政代表团来甬考察 王辉忠刘奇等陪同》，《宁波日报》，2011 年 9 月 18 日第 1 版。

9月26日，宁波海事局第一艘12米高海况巡逻艇“海巡1119”交付使用。

9月，交通运输部海事局在全国海事系统内选拔海事业务和管理骨干赴澳大利亚开展交流活动，船舶安全检查站徐红儿入选。

10月1日0时起，宁波海事局接管辖区港口建设费征收工作。

10月13日，中央组织部副部长王秦丰一行莅临宁波国际航运服务中心，重点考察指导海事、海关等口岸查验单位“创先争优”活动开展情况。

10月17日，宁波海事局“智能化港口国监督检查移动执法及质量管理系统”（简称I-PSC①）首台样机交付使用，标志着宁波海事局I-PSC系统样机研发工作顺利完成。

10月，《宁波海事发展史》编制完成。

11月2日，中央国家机关工委副书记邵旭军到宁波海事局调研基层党建工作，并赴宁波镇海海事处检查指导。

11月4日，浙江海事局宁波船舶溢油应急设备库通过交工验收。

11月12日，宁波海事局完成海事核编考试、考核工作，全体干部职工顺利通过。

11月15日，2011年全国海事系统首届VTS工作会议在宁波召开，交通运输部海事局常务副局长陈爱平出席。

11月18日，宁波海事局船舶安检员培训基地授牌仪式暨安检员座谈会在浙江造船有限公司举行，标志着宁波海事局船舶安检员培训基地正式建成。

12月2日，宁波-舟山港条帚门航道通过交工验收。

12月20日，宁波海事局荣膺“全国文明单位”荣誉称号。

2012年

1月1日，宁波海事局《基层党组织建设工作规范化手册(1.0版)》正式启用。

1月5日，宁波海事局荣获“直属海事系统先进集体”荣誉称号，宁波镇海海事处荣获“全国海事系统文明执法示范窗口标兵”荣誉称号。

1月9—13日，IMO船舶能效措施工作组第二次会间会在英国伦敦召开，来自40余个IMO成员国、14个观察员组织的代表参会。宁波海事局周驰作为中国代表团成员参加会议并作发言。

1月11日，宁波郭巨海事处工作船码头及配套工程通过竣工验收。

1月19日，宁波海事局对“浙象818”轮进行现场丈量复核。这是自《船舶吨位丈量统一管理实施细则(试行)》实施以来，宁波海事局受理的首艘吨位丈量实船复核船舶。

2月2日，宁波市委副书记、市长刘奇到宁波海事局视察和指导工作。

2月6日，宁波海事局设立溢油应急设备库，归属监管二处管理。

2月12日上午，在巴布亚新几内亚成功救助29名外籍落水人员的中远集团“中河”轮靠上北仑港远东码头。浙江海事局局长、浙江省海上搜救中心常务副主任高军，宁波海事局局长、宁波市海上搜救中心常务副主任梁永铭等一行代表中国海上搜救中心宣读慰问信，赠送锦旗，颁发奖金。

2月21日，国际油轮船东防污染联合会(ITOPF)高级技术官亚历克斯·亨特就宁波辖区船舶污染应

① 港口国监督检查，简称PSC。

急处置等相关情况到访宁波海事局。

2月24日,宁波海事局成立宁波市海上搜救中心(宁波海事局)综合业务用房工程项目领导小组。

2月27日,新版海船船员系统/船员电子申报正式运行。

2月,宁波海事局政务微博正式运行。

3月1日,宁波辖区散装固体B组货物网上申报及审批正式施行。

3月6日,装载3000吨散装化学品对二甲苯的"永盛化8"轮在甬江口外七里屿南侧水域搁浅,经评估过驳卸载后成功脱浅,为宁波港首次散装化学品应急过驳作业。

3月14日,交通运输部在甬单位党建工作联席会召开。宁波海事局、上海海事局宁波航标处、浙江海事局第一巡查执法支队、中国船级社宁波办事处和东海救助局宁波基地等5家单位签署《党建工作联建协议》。

3月30日,宁波市发展和改革委员会批复同意宁波市海上搜救中心(宁波海事局)综合业务用房项目建议书,该项目正式立项。

3月31日,宁波海事局首次引入航运公司安全管理体系交叉内审新模式。

3月,赵青云任宁波海事局党组书记、党组成员、副局长。

4月1日,宁波海事局作为浙江海事局试点单位,启动海事(履约)管理体系试运行工作。10月15日,全面运行海事(履约)管理体系。

4月13日,"镇渡9"轮成为宁波辖区首艘成功安装免费AIS补助设备的客渡船,正式拉开宁波辖区补助设备安装工作的序幕。

4月20日0时起,船舶清污协议制度正式运行。

4月28日,"海巡117"正式列编。该船总长46米,设计吃水2.1米,设计航速16节。

4月,首条散化班轮"中化成都"正式开通,定点航线为台湾麦寮至宁波镇海。

5月7日,新版海船船员管理系统上线后,宁波海事局完成首期自主组织的海船船员适任考试。

5月16日,宁波实华原油码头有限公司45万吨泊位通过验收,正式对外开放。

5月19日,浙江省副省长毛光烈一行乘"海巡113"巡视象山港、六横岛等附近水域。

5月29日,浙江省委书记赵洪祝一行乘坐"海巡113"巡视象山港有关岛屿和沿岸开发建设①。

6月14—15日,交通运输部海事局党组书记许如清率水上交通安全监管督察组到宁波开展督查。

7月1日0时,宁波辖区船舶油污损害赔偿基金开征。

7月24日,宁波光明散杂货码头有限公司船舶污染海洋环境风险评估报告通过评审,这是宁波辖区首家完成船舶污染海洋环境风险评估报告的单位。

8月27日,交通运输部批复同意设置宁波梅山海事处和宁波穿山海事处。两家海事处均为宁波海事局派出机构,正处级。

8月29日,宁波市政协主席唐一军一行乘坐"海巡113"考察象山港海域,开展象山港区域保护和民主评议建设。

9月10日,宁波首场游艇驾驶员资格考试在宁海湾游艇驾驶员培训考试基地举行。

9月18日,宁波首份局校战略合作协议——《宁波海事局与宁波大学合作协议》签约仪式在宁波

---

① 赵洪祝在宁波调研 王辉忠陈加元刘奇等陪同。中国宁波网,http://news.cnnb.com.cn/system/2012/05/30/007335251.shtml.

举行。

9月19日，当时世界最大的Q-Max型LNG船舶“扎尔加”（ZARGA）轮靠泊宁波穿山港区LNG码头。

9月26日，浙江省委副书记、省长夏宝龙乘坐“海巡113”调研象山港及在建的象山港大桥①。

10月28日，象山港船舶交通管理系统工程象山角雷达站通过竣工验收。

10月30—31日，中国-东盟海事磋商机制第八次会议在珠海市召开，宁波海事局周驰受交通运输部海事局委派参会并作主旨发言。

11月8日，宁波穿山海事处正式入驻新业务用房。

12月13日，荒屿山雷达站通过竣工验收。

12月14日，宁波海事局首艘40米“钢-玻璃钢”混合结构海事巡逻船“海巡118”交付使用。该船总长41.1米，设计吃水1.6米，设计航速18节。

12月20日，宁波市第一支海上搜救志愿者队伍在象山成立。

12月29日0时，象山港大桥正式通车。

12月，穿山海事处巡逻艇码头通过竣工验收并投入使用。

12月，《宁波海事局非执法岗位廉政风险防控工作手册》印发实施，宁波海事局廉政风险防控工作实现全覆盖。

2013年

2月4日，宁波海事局《一周情况参阅》创刊发布。

2月5日，宁波海事局启动新版培训合格证和新版海船船员适任证书签发工作。

2月，宁波海事局编写的《〈经1978年议定书修订的1973年国际防止船舶造成污染公约〉（简称“MARPOL73/78”）附则V港口国监督检查典型案例》获交通运输部海事局认可，在全国海事系统推广。

3月7日，浙江省副省长梁黎明一行视察宁波海事局审验中心。

3月，宁波海事局向辖区船舶所有人发放首批船舶标识电子标签。

4月1日0时起，宁波海事局全面启动船舶船员协同管理信息化推广工作。

4月，宁波海事局与宁波港公安局签署《关于加强水上执法合作协议》。

5月15日，由宁波海事局和宁波电子口岸合作开发的国际航行船舶进出口岸网上预查验系统在宁波各进出口岸查验站点进行推广。9月25日，宁波海事局开始运行该系统。

5月17日，浙江海事局宁波船舶溢油应急设备库工程通过竣工验收。6月5日，设备库首次向公众开放。

6月1日0时起，由宁波海事局与宁波市电子口岸联合研发的港口建设费网上申报暨智能稽核辅助系统正式运行。

6月5日，宁波首支海上防污染志愿者队伍成立。

6月，亓卫国任宁波海事局调研员、党组成员。

6月，宁波海事局完成《船舶吨位丈量统一管理实施细则（试行）》实施以来的第一艘委托船舶的吨位丈量现场复核。

① 《观海 赶海 话海——千里海岸线·海洋经济发展调研组考察侧记》，《浙江日报》，2012年9月29日第1版。

7 月 12 日,浙江海事局第一巡查执法支队划转整合至宁波海事局。

7 月 20 日,马士基航运第一艘 3E[①] 级船舶、当时全球最大的集装箱船“马士基·麦金尼·默勒”(MEARSK MC-KINNEY MOLLER)轮首航宁波港。

7 月 25 日,国内当时规模最大、自动化程度最高、作业水深最深的 400 英尺(约 122 米)自升式钻井平台“海洋石油 942”从虾峙门拖航进至舟山亚泰船厂。

7 月 25 日,交通运输部海事局常务副局长陈爱平率督查组对宁波水上交通安全生产情况进行督查。

7 月,宁波海运股份有限公司和宁波经济技术开发区龙盛航运有限公司被评选为中华人民共和国海事局“安全诚信公司”,这是浙江航运企业首次获得该奖项。

8 月 12 日起,宁波海事局对 8 类 10 项共计 29 种船员业务申办时须提交的纸质申请材料实行减免。

8 月 22 日,浙江海事局首艘千吨级旗舰船艇“海巡 22”正式列编宁波海事局海巡执法支队。

8 月,宁波海事局建立并实施“开放式联合安检”机制,提升航运本质安全管理水平。

9 月 9 日,宁波海事局按照《交通运输部关于宁波海事局有关机构主要职责机构设置和人员编制规定的通知》运行新的工作职责,“三定”工作基本完成。

9 月 12 日,全国人大外事委员会副主任委员王晓初一行到宁波海事局,就制定海洋基本法开展立法调研。

9 月,根据上级统一部署,宁波海事局纳入公务员管理人员正式改革实行公务员基本工资制度。

10 月 7 日凌晨,第 23 号台风“菲特”给宁波带来强风和持续暴雨,城市严重内涝。宁波海事局启动防抗台风应急预案,迅速投入抗洪排涝工作,积极保障港口生产恢复和民众生命财产安全。

10 月 17 日,新建玻璃钢巡逻船“海巡 07132”正式列编。该船总长 26 米,型宽 4.4 米,主机功率 820 千瓦,设计航速 25 节。

10 月 17 日,“华厦 1”轮与“浙临渔 21285”轮在象山沿海发生碰撞事故,造成“浙临渔 21285”轮 4 人落水,其中 1 人获救、2 人失踪、1 人死亡。

10 月 30 日,“海巡 22”编队首次搭载直升机,在宁波海域成功开展大型海巡船艇海空立体执法活动。

10 月,宁波海事局在全局政务窗口引入“满意度测评系统”。

11 月 7 日,宁波海事局签发第一批非国际航线船舶油污保险证书。

11 月 8—10 日,首次由中国承办的世界 X-CAT 摩托艇锦标赛在梅山举办。

11 月 30 日,宁波海事局吴永昭随海军第十六批护航编队从青岛启航,赴亚丁湾索马里海域执行护航任务。

12 月 1 日,宁波海事局海事(履约)管理体系(1.1 版)正式运行。

12 月 5 日,宁波海事局发放最后一份“海员出境证明”,标志着海员出境证明签发工作正式结束。

12 月 6 日,集装箱船“秀美天津”轮与散货船“佳丽海”轮在定线制第 3 通航分道水域发生碰撞,造成“秀美天津”轮船首局部受损、“佳丽海”轮左舷 7 号货舱及邻近的机舱舱壁破损进水并导致部分燃油溢出的重大事故。

12 月 25 日,浙江海事局组织宁波海事局和舟山海事局在宁波对东浪咀雷达站进行交接,三方就商

---

① 3E 来源于三个基本设计理念:因大运量而产生的经济效益、能源上的高效和更加环保(Economy of scale, Energy efficient and Environmentally improved)。马士基希望这一系列的集装箱船不仅成为目前运营中的最长的货轮,也要成为运输每标准箱最为高效的货轮。

定事宜签订备忘录。东浪咀雷达站自2014年1月1日起，由宁波海事局管理。

12月30日，宁波海事局所属“精卫”“悦航”“蓝丝带”等3个海事服务品牌的版权登记申请通过国家版权局审核，并获作品登记证书。

12月31日，杭甬运河宁波段正式启动试通航。

12月，宁波海事局组织编写的《国内航行海船安全检查指导书》《国内航行海船安全检查缺陷处理指南》由人民交通出版社出版。

2014年

1月1日，“宁波海事局水上安全监管体系”正式运行。

1月1日，《船舶远程电子签证管理办法》试运行。

1月21日，宁波海事局完成首艘船舶远程电子签证的办理。

1月7日，东浪咀雷达站整体交接工作全部完成，宁波VTS“十站一中心”规模初步形成。

1月15日，宁波海事局与宁波市气象局签署气象信息共享与应用合作协议。3月，宁波市气象服务平台顺利接入宁波海事局内网平台。

1月28日，宁波海事局自主研发的“港口建设费跨舱单开票管理系统”正式上线运行。

2月，王宏生任纪检组组长、党组成员，杨卫强任副局长、党组成员。

3月1日，宁波海事局推出政务办理“绿色通道”，涉及通航、船舶、船员、危防等四大类共17项政务办理业务。

3月27日，宁波海事局官方微信公众号政务版及“海定波宁”微社区上线。

4月22日，《宁波辖区船员培训服务承诺》签字仪式在宁波大学海运学院举行，并向社会推出由宁波海事局、宁波大学、宁波工程学院联合编写的《宁波辖区船员培训服务标准》。

4月24日，宁波海事局与江北区人民检察院签订廉政风险防控合作机制备忘录，正式启动廉政风险防控合作机制。

5月9日，交通运输部副部长王昌顺到宁波海事局检查指导工作。

5月，宁波海事局将船舶载运危险货物定期申报许可权限下放至海事处，同时增加海事处定期签证和海事签证权限。

6月17—19日，巴黎备忘录组织第57次港口国监督研讨会在希腊雅典召开，宁波海事局派员参会并作交流发言。

6月30日，镇海—嵊泗客运航线正式停运。

7月1日，宁波海事局发布实施2.1版海事（履约）管理体系。

7月21—25日，东京备忘录组织第22次港口国监督研讨会在菲律宾马尼拉召开，宁波海事局派员参会并作主旨发言。

7月，宁波海事局联合宁波市电子口岸自主研发的“海事现场查验集装箱风险监控系统”开始试运行。

7月，宁波海事局正式推出《职工行为指引读本》。

8月1日，宁波海事局辖区所有申办单位和船员个人均可采用“无纸化”方式申请证书。

8月21日，宁波海事局与中国船级社浙江分社举行首次共建交流座谈会，并签署合作共建备忘协议。

8 月,宁波海事局捐献的一批港口展品和海事监管照片,被中国港口博物馆收藏。

9 月 3 日,宁波海事局印发《宁波海事局创新海事专业人才培养工作机制实施方案》,建立 2 个履约团队和 5 个专业化海事工作室。

9 月,由宁波海事局主编的中国首份海事通告在 China PSC 网站正式对外发布。

10 月 13 日,宁波海事局配置首台 EM 2040 多波束扫测系统。

10 月,宁波航运订舱平台“危险品查询系统”正式上线使用。

11 月 6 日 00 时 48 分,散货船“粤电 6”轮从东莞空载驶往秦皇岛途中,在渔山列岛东北约 17 海里附近水域与捕捞辅助船“浙台渔冷 32017”轮发生碰撞,导致“浙台渔冷 32017”轮沉没、3 人失踪。

11 月 11 日,峙北水上监控中心智能化项目通过验收。

12 月 4 日,宁波海事局开发的 IT 运维管理系统通过竣工验收。

12 月,《宁波海事局惩治和预防腐败体系建设工作手册》正式印发。

2015 年

1 月 1 日 0 时起,宁波海事局根据财政部、国家发改委通知要求,免征 100 总吨以下内河船和 500 总吨以下海船的船舶港务费和船舶登记费。

1 月 4 日,宁波海事局正式运行“海事现场查验集装箱风险监控系统”,危险品集装箱货报实行网上申报。

1 月 6 日,宁波海事局启动内河 1000 总吨以下干散货船舶最低安全配员证书换发工作。

1 月 23 日,宁波海事局签发浙江省《两港间航程不足 50 海里的客船船长和高级船员管理规定》实施后的宁波辖区首份短程客船船员证书。

1 月 27—28 日,宁波海事局首次运用自主研发的“宁波海事局规费征稽业务能力测试系统”,对港口建设费代收人员进行无纸化在线考试。

1 月,梅山保税港区正式对国际航行船舶开放。

2 月 10 日,宁波海事局全面实施国内航行海船电子签证。

2 月 12 日,浙江辖区首艘 LNG 燃料动力内河船舶在宁波水域完成改造。

2 月,宁波海事局正式推出《宁波海事局行政指导实施办法》。

2 月,宁波海事局全面下放辖区船舶吨位丈量复核、证书换发申请的受理权限和调整临时船舶吨位证书初审工作流程,并正式对外发布通告。

3 月,东京备忘录组织各成员方试运行《船舶能效规则港口国监督检查导则》,这是首个由中国主导制定的国际港口国监督技术标准。浙江省领导做出批示,对此给予高度肯定。

4 月,由宁波海事局具体承办的“交通运输部海事局港口建设费中转货物征管系统”上线试运行。

4 月,浙江省首期 GMDSS 限用操作员培训班在宁波大学开班。

5 月 27 日,大榭港区迎来全球首艘 LNG 混合动力集装箱船,即阿拉伯联合国家轮船公司(UASC)的“巴尔赞”(BARZAN)轮。该轮是全球第一艘入级挪威船级社(DNV GL)的绿色环保集装箱船。

6 月 8 日,“港口建设费代收单位信用管理系统”在宁波、舟山两地试运行。

6 月,宁波海事局编制完成船舶污染应急资源分布电子地图。

7 月 13 日,东京备忘录组织第 23 次港口国监督研讨会在斐济首都苏瓦召开,宁波海事局派员以《船船能效规则港口国监督导则》为题作主旨发言。

7 月 24 日，宁波-舟山港梅山港区 1 ~ 5 号集装箱码头工程通过竣工验收。

7 月 27 日，宁波海事局在辖区范围内开展船舶代理机构及从业人员诚信评选工作。

7 月，宁波海事局组织编写并向船员发放《船员维权指南》。

7 月，中国海上搜救中心对参与 2014 年海上搜救取得显著成效的社会力量进行奖励。宁波市海上搜救中心申报的 11 艘社会船舶获 19 万元奖励，单船最高奖励 3 万元。

8 月 24 日，由中粮集团和中国海运 2 家央企联合开辟的“中粮快航”航线在大榭招商国际码头正式开航。

8 月，宁波海事局向宁波市委、市政府报送宁波海事局助推宁波“港口经济圈”建设服务举措的报告，获宁波市委市政府领导批示肯定。

8 月，浙江海事局船舶油污损害民事责任保险或其他财务保证证书核发（海船）等 8 项国际航线船舶证书签发权限，下放到宁波海事局。

9 月 1 日，浙江宁波国际贸易“单一窗口”平台正式启用。

9 月 25 日，当时中国自主建造的最大集装箱船（18000TEU）“达飞郑和”抵靠宁波大榭港区。

9 月 29 日，宁波舟山港集团有限公司揭牌仪式在宁波环球航运广场举行，浙江省委书记、省人大常委会主任夏宝龙为宁波舟山港集团揭牌①。

9 月，王军任宁波海事局纪检组长、党组成员。

10 月，宁波市海上搜救中心申报的 2014 年及“灿鸿”台风影响期间社会力量参与的 13 起海上搜救行动，共获浙江省海上搜救中心 14.4 万元奖励，单船最高奖励 1.8 万元。

11 月 2 日，宁波海事局青年工作委员会及办公室成立。

11 月 3 日，宁波海事局、宁波市总工会交通运输工作委员会、宁波市交通运输协会签署宁波市海上劳动关系三方协调机制备忘录。

11 月 6 日，宁波海事局第一届人才库建立。

11 月，宁波海事局组织编写并向社会发放《船员在船劳动伤害案例集》。

12 月 1 日，宁波海事局“行政执法答疑平台”上线运行。

12 月 23 日，宁波舟山港石浦港区主航道一期工程进入正式施工阶段。

12 月 30 日，杭甬运河宁波段首个实质性项目——宁波城西港区必利盛物流配送码头开工建设。

2016 年

1 月 1 日，国内航运公司和国内航行船舶的安全管理体系审核发证权限由直属局下放至分支局。10 日，宁波海事局组织首次航运公司安全管理体系审核，17 日签发首份“符合证明年度签注”。

2 月，宁波海事局启动开放式海事管理项目“海事公开课”系列精品视频的制作。至年底，《宁波舟山港核心区船舶航行指南》《开放式安检》《商渔船碰撞事故防范》《船舶油污染防范与控制》和《“大为上船”——船员劳动伤害事故预防》等 5 个主题视频全部完成。

3 月 16 日，亚洲最大原油码头——大榭实华 45 万吨原油码头二期工程通过竣工验收。

---

① 《加快建设全球一流的现代化枢纽港 宁波舟山港集团昨正式成立 夏宝龙揭牌》，《浙江日报》，2015 年 9 月 30 日第 1 版。

4月1日起,宁波海事局开始对水转水运输货物只征收一次港口建设费,对水水中转的贸易货物免征国内出口港口建设费。

4月1日起,宁波海事局全面启动长三角水域船舶排放控制区实施工作,按照排放控制要求,对抵港的国际航行船舶开展检查。

4月,宁波海事局启动行政处罚结果全面对外公开制。

5月7日03时34分左右,马耳他籍散货船“卡特琳娜”(CATALINA)轮在象山南韭山以东约72海里水域与山东石岛籍渔船“鲁荣渔58398”轮发生碰撞,导致“鲁荣渔58398”轮沉没、14人死亡、5人失踪。2016年8月29日,外轮涉事船员被成功移送司法机关。2017年8月16日,涉事菲律宾籍二副一审判决获刑。这起案件成为国内首起由最高院指定宁波海事法院审判的海上刑事案件。

6月15日,宁波海事局发布实施《宁波海事局船舶行政强制扣押及涉嫌违反治安管理案件移送指导意见》。

6月17日,宁波海事局和宁波市港航管理局签署重要事项协商解决和联合执法协作机制备忘录。

6月,宁波海事局起草的《关于在全球范围内实施船舶能效PSC检查导则的建议》提案正式列入IMO会议议题。

7月,宁波海事局党组书记赵青云创作的《清风漫笔——习近平总书记党风廉政论述漫画解读》被宁波市委列为“两学一做”学习教育材料。9月6—18日,“清风漫笔——习近平总书记党风廉政建设重要论述廉政漫画展”在宁波美术馆展出。

8月1日,《宁波舟山港核心港区深水航路船舶定线制》和《宁波舟山港核心港区深水航路船舶报告制》开始施行。条帚门航道正式开通,并纳入船舶定线制管理。

8月8—12日,宁波海事局派员赴吉隆坡参加第13届国际VTS大会,选送的论文《基于E航海理念的船舶动态监控系统》被大会录用。

9月8日,宁波海事局圆满完成G20杭州峰会水上安保工作。

9月,宁波海事局组织开展“海事文化月”活动,发布“甬潮”宁波海事文化品牌。

10月8日,宁波海事局签发首份应用电子印章、电子签名的海船船员适任证书。

10月10日,新版宁波海事局中英文门户网站上线运行。

10月27日,宁波船舶溢油应急设备库研发的溢油应急设备模块化平台成功交付。

10月28日,宁波水域VTS扩建工程通过竣工验收,工程新建松兰山、南田、檀头山3个雷达站。是年,黄岩头雷达站、元山雷达站划归宁波海事局,从此宁波VTS形成“十五站一中心”规模。

10月31日,《宁波海事局行政处罚快办快结机制》正式施行。

10月,宁波海事局和宁波市气象局联合研发的“宁波海事气象”App上线试运行。

11月18日,交通运输部党组书记杨传堂到宁波海事局调研,听取了宁波海事局工作汇报。杨传堂书记肯定了宁波海事局在服务地方经济社会发展和民生改善、保障水上交通安全、提升国际影响力等方面所取得的成绩,并对做好海事工作提出三点要求,通过全局干部职工的共同努力,力争使宁波海事各方面工作都走在全国海事系统的前列①。

---

① 杨传堂在浙江调研时强调:抢抓机遇凝聚合力 服务海运强国建设。中华人民共和国中央人民政府网,https://www.gov.cn/xinwen/2016-11/21/content_5135589.htm.

11 月，宁波海事局完成宁波市电子政务视联网平台设备接入、安装和调试工作，并通过验收。

11 月，宁波海事局助推结对共建对象奉化市竹林村成功创建“宁波市文明村”。

12 月 6 日，宁波海事局全面推进内河船舶电子签证。

12 月 25 日，宁波海事局正式实现与宁波舟山港集团 CCTV 系统的跨平台对接。

2017 年

3 月 3 日，宁波海事局召集宁波海关、宁波出入境检验检疫局、北仑边检站对“艾肯·柏卡思”（IKAN BERKAS）轮开展宁波辖区首次国际航行船舶联合登临检查。

3 月 5 日，宁波海事局为浙江省首次以特种船载运方式出口渔船整船提供保障。

3 月 13 日，浙江省首个大型汽车滚装船专用码头工程——宁波舟山港梅山港区滚装及杂货码头工程在宁波通过竣工验收。

3 月，李表康任宁波海事局局长、党组副书记。

4 月 1 日，宁波市内河船舶进出港签证正式取消，由船舶电子报告制取代。

4 月 10 日，宁波海事局印发《宁波海事局关于加快推进“最多跑一次”改革实施方案》。全年分三批次发布群众和企业到政府办事“最多跑一次”事项清单，实现政务事项“最多跑一次”100% 办理。

4 月 12 日，当时全球最大集装箱船“三井成就”（MOL TRIUMPH）轮顺利靠泊大榭招商国际码头。该轮船长 399.9 米，宽 58.8 米，深 32.8 米，总吨 210678 吨，最大箱位数 20170TEU。

4 月 12 日，由宁波海事局起草的《海事政务办理服务规范》正式在海事系统内发文实施。

4 月 21 日，宁波市人民政府发布宁波市内河通航水域（第一批）的通告，这是宁波市首次批准并公布内河通航水域。

5 月 17 日，宁波海事局践行“港口国-船旗国”合作机制，促成利比里亚海事局首次发布宁波舟山港航行安全专题通函。

5 月 17 日，宁波市“三江夜游”项目正式开通。

5 月 28 日，北仑第一集装箱码头有限公司多用途码头正式对外开放，可满足 5 万吨级集装箱船、4 万吨级杂货船的靠泊需要。

6 月，黄燕品任宁波海事局副局长、党组成员。

7 月 10 日，宁波海事局派员参加东京备忘录组织第 25 次港口国监督研讨会，就 2017 年集中检查大会战作主旨发言。

7 月 13 日，宁波海事局发布《关于全面落实〈浙江海事局服务保障“5211”海洋强省行动工作举措〉的通知》，梳理了六大方面的 55 项具体任务。

7 月 27 日，宁波海事局完成首单港口建设费远程申报和电子支付业务。

7 月，宁波海事局全面布置开展砂石船常态化整治行动。截至年底，主要水域内三无砂石船已彻底清除，长期活动砂石船 90% 实现纳归管理。

8 月 1 日，按浙江海事局要求，宁波海事局现场综合执法工作机制开始运行。

8 月 1 日，宁波海事局综合管理体系文件试运行。

8 月 8 日，当时世界最大油船“泰欧”轮装载 37.6 万吨原油，再次靠泊宁波大榭实华原油码头，创造国内单艘挂靠油轮最大实载量、最大接卸量两项纪录。

8 月 21 日,宁波海事局党组书记赵青云创作的“习近平总书记党风廉政建设重要论述漫画展”在交通运输部机关开展。随后,其创作的廉镜漫笔系列作品受邀在济南、洛阳、台州、西安、深圳等地,以及交通运输部党校和人民出版社等多家单位展出。

8 月 26 日,宁波海事局党组书记赵青云创作的《廉镜漫笔——十八大以来党风廉政建设漫画解读》由人民出版社出版发行。

9 月 1 日,宁波市海上搜救中心“杭甬运河(宁波段)航道监控视频数据传输”项目通过验收。25 个监控点、42 路摄像机全面投入使用。

9 月 4 日,宁波海事局推动地方政府“平安考核”平台首次对一批涉水安全隐患做了专题通报。

9 月 5 日,宁波海事局发布《关于进一步加强近期商渔安全监管工作的通知》,并制作英文版相关资料,首次向抵港国际航行船舶全覆盖发送。

9 月 18—21 日,东京备忘录组织第 28 次委员会会议和第 11 次技术工作组会议(TWG)审议并通过了宁波海事局起草的 MARPOL 73/78 附则Ⅵ《港口国监督指南》提案。

9 月 27 日,宁波海事局正式印发《关于深入推进宁波海事局“走在前列” 的实施意见(2017—2020)》,“走在前列”工作全面铺开。

10 月 17 日,宁波海事局、宁波市港口管理局、宁波市环境保护局、宁波市海洋与渔业局、宁波市城市管理局联合出台船舶污染物接收、转运、处置联单制度。

11 月,宁波海事局首次成功申请宁波海事法院强制执行 2 起行政处罚案件。

12 月 1 日,宁波 VTS 象山沿海工作台试运行,管理覆盖区扩大到象山沿海部分水域。

12 月 8 日,宁波海事局制作完成《宁波沿海商渔船碰撞事故能量分布图》,并向抵港国际航行船舶全覆盖发送。

12 月 21 日,宁波海事局促成香港海事处发布浙江沿海船舶航行安全提示。

12 月 27 日,宁波舟山港成为全球首个“十亿吨”级大港,吞吐量连续 9 年位居世界第一。

12 月 28 日,宁波海事局牵头编制的《宁波市防治船舶污染海洋环境应急能力建设规划(2016—2020)》由宁波市人民政府办公厅印发。

2018 年

1 月 6 日,宁波海事局派“海巡 22”奔赴“桑吉”轮处置现场开展警戒和搜救工作。此后“海巡 22”连续 8 次奔赴现场,累计值守 95 天。

1 月 28 日,宁波海事局联合海关、检验检疫、边防 3 家口岸查验单位,对抵达宁波辖区的首艘活牲畜运输船“野牛速递”(BISON EXPRESS)轮开展联合登临检查。

2 月 6 日,宁波海事局 2 起非诉强制执行案件当事人因有履行能力而拒不履行生效法律文书确定的义务和违反财产报告制度,首次被宁波海事法院列入“全国法院失信被执行人名单”。

2 月起,中共中央办公厅《秘书工作》开辟清风阁专栏,连载宁波海事局党组书记赵青云创作的《廉镜漫笔》系列作品。

3 月 1 日,MARPOL 73/78 附则 V 2016 年修正案正式施行,宁波海事局为千余艘宁波籍船舶签发新版《船舶垃圾管理计划》。

3 月 20 日,宁波海事局首次对辖区一家未通过航运安全管理体系临时审核的航运公司签发《不予海事行政许可决定书》。

3 月 26 日，宁波市首家浙江省“少年海事学校”暨首个“水上交通安全教育基地”在宁波大榭开发区第一小学挂牌。

3 月，宁波海事局与宁波海洋环境监测中心实现潮汐潮流观测预报平台共享。

4 月 5 日，宁波海事局首次将无证驾驶商船船员雇佣方移送拘留。

4 月 19 日，宁波海事局在宁波与挪威船级社举行合作框架协议签署仪式。这是该船级社首次与海事主管机关签署合作协议，也是首次由海事系统分支机构与国际船级社联盟（IACS）成员建立战略性协作伙伴关系。

4 月 23 日，宁波海事局在全国海事系统首次以妨碍公务执行的罪名，将违法船员及船东移送行政拘留。

4 月 27 日，宁波海事局与宁波市人力资源和社会保障局、中国船级社浙江分社签署《〈2006 年海事劳工公约〉履约协作机制》。

4 月 28 日，《浙江省海港投资运营集团有限公司宁波舟山港集团有限公司宁波港域船舶污染海洋应急能力建设联防方案》顺利通过专家评审。

5 月 16 日，宁波海事局促成新加坡海事及港务管理局（MPA）发布宁波舟山港航行安全专题通函。

5 月，宁波海事局推出海事行政许可“宁波港地质勘察作业标准化”“宁波港水深扫测作业标准化”。

6 月 5 日，宁波舟山港穿山港区（北）扩大开放项目通过国家验收。

6 月 6 日，宁波海事局自主研发的“罚没款管理系统”上线试运行，支持海事罚款电子缴纳。宁波海事局由此成为海事系统内首家自主实现行政处罚全过程“最多跑一次”的单位。

6 月 26 日，宁波海事局与宁波市市场监督管理局建立燃油质量联合监管机制。

7 月 4 日，宁波海事局签发首本新版内河船舶最低安全配员证书。

7 月 31 日，宁波海事局正式承接辖区航海保障行政管理职责。

8 月 1 日，宁波海事局开发的“船旗国监督（FSC）智能辅助系统”上线，成为全国海事系统首个 FSC 智能辅助系统。

8 月 8 日，宁波海事局首次向社会公布《宁波海事局权责清单》，接受社会监督。

8 月 10 日，宁波水域第一艘气垫救援船“甬海搜 06”完成交接。

9 月 4 日，2018 年国家重大海上溢油应急处置演习在舟山举行。宁波海事局派出 5 艘船艇、2 架无人机、43 名执法人员参加演习，其中“海巡 22”担任指挥艇和主观摩艇。

9 月 28 日，宁波海事局起草的《MARPOL73/78 附则Ⅵ港口国监督指南》修订提案在 IMO Ⅲ分委会第 5 次会议讨论通过。这是该局起草的在 IMO 平台正式讨论通过的首个提案。

9 月，宁波海事局推广使用 4G 指挥控制系统，完成配套 4G 执法记录仪及视频采集器的购置。

10 月 1 日，以宁波舟山港为目的港的海船驶入长三角水域船舶减排要求升级，船舶应使用硫含量≤0.5% m/m（燃油质量百分比）的燃油。

11 月 1 日，宁波海事局组织召开船籍港智能化管理经验交流会，全国首个“互联网 +”船籍港管理智能平台正式亮相。

11 月 8 日，东京备忘录组织第 29 次委员会在杭州召开，宁波海事局提交的《关于实施远程复查机制的建议》推动东京备忘录组织将 PSC 复查机制修订纳入其常设工作组工作。宁波海事局受交通运输部海事局委托起草的《亚太地区港口国监督备忘录2017年集中检查大会战(CIC)报告》在会上顺利通过。

11月9日,全球最大的方便旗船舶登记国——巴拿马正式向悬挂该国国旗的船舶发布宁波舟山港域航行安全通告。

11月15日,全国首套"原油过驳远程可视化监管系统"在宁波舟山港北仑港区锚地正式投入使用。

12月7日,宁波海事局成立"法治服务团队"。

12月11日,宁波海事局注销宁波利佰达海运有限公司的安全管理体系"符合证明"以及该公司管理的9艘船舶的"安全管理证书"。这是宁波海事局首次撤销航运公司的安全管理体系资质。

12月17日,浙江省三门湾大桥及接线工程力洋港大桥增设永久禁航航标工程取得专用航标设置行政许可。这是交通运输部海事局航海保障职能调整后,宁波海事局审批通过的首个专用航标设置行政许可。

2019年

1月1日,浙江海事局电子政务服务网正式上线,"就近跑一次"政务服务改革全面铺开。3日,宁波海事局完成"就近跑一次"电子政务系统首单业务办理。

1月8日,国内首个20万吨级集装箱泊位——宁波舟山港梅山港区6号泊位通过交工验收。

1月16日,浙江省三门湾大桥及接线工程(宁波段)通车运营。宁波海事局历时4年保障该工程水上施工"零事故"圆满收官。

1月31日,宁波海事局首次运用"人脸识别"技术开展客渡船船员适任性监管。

1月,宁波海事局全面实行水上水下活动许可网上办理。

2月18日,宁波海事局首次开展"危险化学品水路运输从业资格证书"的签发工作。

2月19日,交通运输部海事局正式公布包括浙江省宁波、温州和台州部分内河水域暂定航区级别。

2月27日,宁波穿山海事处趸船浮码头工程通过竣工验收。

2月27日,宁波海事局党组完成直属党组织设置调整,将9个直属党总支调整为党支部,撤销24个二级党支部。

3月12日,宁波海事局"智能远程纠违方法"获得国家发明专利证书。

3月15日,宁波海事局正式成立"海丝工作室"。

3月21日,宁波海事局建立对抵港船舶和船籍港船舶红黄牌监管机制。

3月26日,宁波海事局与象山县委县政府举行涉海安全发展专题会商,并建立涉海安全管理联席机制。

3月27日,宁波海事局创新执法模式,成功实施首例"非接触式"违章案件查处,案件办理期限仅为1个工作日。

4月8日,《北仑山东侧水域船舶交通流组织方案》正式实施。

4月,宁波海事局编写的《国内航行海船安全检查指导书(第二版)》和《国内航行海船安全检查缺陷处理指南(第二版)》由人民交通出版社股份有限公司出版发行。

5月2日,甬舟铁路金塘海底隧道钻探工程正式启动。

5月10日,宁波海事局运用航运安全智控平台,实施全国首例电子化体系审核。

5月17日,宁波海事局正式实施政务办理预约服务制度。

5月21日，宁波海事局自主研发的“港口建设费自助缴费系统”通过项目验收，用户可通过手机App完成港口建设费远程申报和电子支付。

5月22日，宁波海事局正式启动实施“无长期违章船舶辖区”及“无长期违章辖区”的“两块牌子”创建工作。

6月5日，宁波海事局召开公务员职务与职级并行改革动员会，全面启动职务职级并行工作。

6月6日，交通运输部无线电管理领导小组签发的无线电相关证书权限下放至直属海事及其分支机构后，宁波海事局签发首本船舶电台执照和海上移动通信业务标识码证书。

7月26日，宁波海事局开展海事系统内首次由港口国、船旗国、验船机构、航运公司、船员五个方面举行的“开放式安检”。

8月12日，宁波海事局促成塞浦路斯船旗国主管机关向其旗下船舶和公司发布浙江沿海防范商渔船碰撞航行安全通函。

8月19日，杭甬运河宁波段过闸App正式投入使用。

8月，宁波海事局实现一线执法人员全部配备4G执法记录仪。

8月，宁波海事局正式向“信用宁波”平台输送海事信用信息。

9月1日，宁波海事局全面推行“船舶油污民事损害责任保险证书”和“残骸清除责任保险证书”全程网上办理。

9月3日，宁波海事局建立的宁波沿海商渔安全协作对话平台正式启动。

9月13日，宁波海事局正式入驻新综合业务用房。

9月20日，宁波市委书记郑栅洁一行乘坐“海巡0713”调研甬舟一体化进展。

9月20日，宁波海事局运用航运安全智控平台，对一艘运行安全管理体系的船舶实施全国首例远程视频电子化审核。

9月27日，全国人大常委会副委员长曹建明一行乘坐“海巡22”开展海上渔业发展调研①。

10月1日，《宁波海事局政务办理综合信用管理工作意见》实施。

10月3日，浙江省副省长高兴夫批示，肯定宁波海事局“一平台三传递五强化”商渔安全共治新模式。

10月10日，宁波海事局促成希腊船东协会向其成员发布浙江沿海防范商渔船碰撞航行安全通函。

10月17日，宁波海事局制定的《港口国监督远程复查导则》在东京备忘录组织第30次委员会会议上通过，并在亚太地区试运行。

11月1日，宁波海事局“深蓝智享”一期上线试运行。

11月5—6日，首届中国港口国监督国际研讨会在宁波召开。来自国内外海事主管机关、认可组织、航运组织、航运企业等40余名代表出席会议。

11月8日，宁波市委领导对宁波海事局报送的要情信息《外轮检查“宁波方案”将在亚太地区推广实施》做出“宁波海事局有担当，有作为”的批示。

11月14日，宁波梅山海事处新业务用房投入使用。

11月29日，宁波市防范商渔船碰撞联席会议正式建立。联席会议由宁波海事局牵头，宁波市农业

① 《全国人大在浙开展渔业法执法检查 曹建明率队》，《浙江日报》，2019年9月28日第2版。

农村局、宁波市应急管理局、宁波市交通局,以及象山县、奉化区人民政府组成。

11 月 30 日,宁波海事局主导开发的国际航行船舶联合登临检查工作信息系统,通过宁波市电子政务项目验收。

12 月 1 日,随着《宁波舟山港核心港区船舶交通组织实施暂行办法》实施,宁波舟山港核心港区船舶交通组织一体化进程正式开启。

12 月 12 日,虾峙雷达站新塔楼完成 VTS 设备移机搬迁,标志着新塔楼正式启用。

12 月 17 日,宁波海事局派员参加交通运输部海事局组织的中国代表团,赴利比里亚推动“一带一路”中利海事合作备忘录签署,并将宁波海事局商渔安全示范性工作纳入合作框架。

2020 年

1 月 1 日,宁波海事局“甬海 e 站”内部综合管理平台一期上线运行,实现内部经济活动网上办理和内控信息化。

1 月 23 日,宁波海事局首次实施省内跨区域船舶登记并联办理。

1 月,宁波海事局党组书记赵青云创作的《青锋笔谈:话说全面从严治党》由人民出版社出版发行。

2 月,宁波海事局推动宁波市实现国际航行船舶出口岸联系单全程网上会签。

3 月 1 日 0 时起至 12 月 31 日 24 时止,宁波海事局落实免征出口国外和国外进口货物港口建设费、减半征收船舶油污损害赔偿基金的政策,累计免征港口建设费 10.59 亿元,减免油污基金 751.45 万元。

3 月 3 日,宁波海事局组织编译中文、英文、日文、韩文、阿拉伯文、意大利文 6 种语言的船舶防抗疫情操作指南,并向抵港国际航行船舶发放。

3 月 9 日,宁波海事局对抵港国际航行船舶推行“抵港国际航行船舶健康码”。

3 月 18 日—4 月 11 日,宁波海事局妥善处置我国海港口岸输入新冠疫情首个案例——“古杰多·马士基”(GJERTRUD MAERSK)轮船员感染新冠肺炎事件,推动建立疫情联防联控机制,形成海事部门应对海港境外疫情输入防控工作的规范化样本,得到交通运输部领导的肯定。

5 月 27 日,宁波海事局通过交通运输部直播平台开展“守护海洋‘链’接世界”海事保障国际物流供应链安全畅通网上直播,观看人数达 202.2 万人次,累计点赞 90.9 万人次。

6 月 8 日,宁波海事局推动(MPA)发布宁波舟山港航行安全通函 2.0 版。

6 月 19 日,宁波海事局全面启动水上交通安全专项整治三年行动。

6 月,宁波海事局落实开展“首问负责 即问即办”服务机制。

8 月 13 日,宁波海事局“构建世界一流强港大型船舶全过程在港安全管理体系”成为宁波市交通强国建设试点任务,宁波海事局由此获“宁波市交通强国建设试点单位”授牌。

8 月 18 日,交通运输部部长李小鹏到宁波舟山港穿山港区调研,要求海事部门继续着力服务“六稳”,落实“六保”,切实服务好地方经济社会发展,全力确保水上运输安全稳定,加快建设交通强国①。

8 月 26 日,《宁波海事局 宁波海事法院 海船船员劳资纠纷调解和维权协作机制》在宁波海事局签订,标志着全国首个海船船员劳资纠纷调解和维权协作机制正式建立。

---

① 李小鹏在长三角地区调研时强调 合力打造交通运输更高质量发展先行区 内提质效外保安畅支撑服务新发展格局。中华人民共和国交通运输部,https://www.mot.gov.cn/zhuanti/liuwenliubao/dongtaixx/202008/t20200822_3454674.html.

8 月，宁波海事局全面推行国际航行船舶油污基金缴纳“零上门”服务。

9 月 21 日，宁波海事局首次受邀参加国际航标协会（IALA）VTS 委员会第 49 次会议，宁波海事局 VTS 值班长石世云带领 VTS 国际公约研讨工作专班全程参与负责 V-103《VTS 人员培训和认证标准》相关建议案和指南修订。

10 月 13 日，宁波海事局“深蓝智享”二期上线试运行。

10 月 16 日，宁波海事局完成全国首单船舶线上司法扣押手续。

10 月 21 日，全国首个以海事信用为基础的现代航运金融服务机制在宁波建立。

11 月 1 日起，宁波海事局实施海事政务“一船多证一次通办”服务。

12 月 1 日，经中华人民共和国交通运输部批准，中华人民共和国海事局发布的《公务船技术规则（2020）》和《公务船检验规则（2020）》开始施行。

12 月 3 日，宁波海事局完成宁波市首家游艇俱乐部现场核查及备案工作。

12 月 17 日，宁波海事局正式印发宁波海事局综合管理体系 2.0 版。

2021 年

1 月 6 日，宁波海事局与象山县人民政府签订《关于深化合作推进国家级宁波海洋经济示范区主体区建设协议》。

1 月 15 日，宁波梅山海事处和宁波三江口海事处被评为浙江省文明单位，宁波海事局实现省级文明单位全覆盖。

1 月，宁波海事局首创建立外部“不诚信行为”定期点名通报曝光制度，并被编入交通运输部党建工作领导小组办公室专报。

2 月 7 日，宁波海事局首次就体系外挂的船籍港船舶“代而不管”问题通报公司管辖地海事机构。

2 月 10 日，宁波海事局联合宁波市交通运输局印发《宁波市船舶和港口污染专项大排查大整改工作方案》，推动宁波市船舶港口领域生态环境治理持续改善。

2 月，李表康任宁波海事局党组书记。

3 月 8—9 日，东京备忘录组织以内部通函和新闻发布形式宣告，由中国牵头制定、宁波海事局具体承担的《远程港口国监督检查指南》获得通过，并于 4 月 1 日起正式在亚太地区 21 个成员国和地区实施。

3 月 31 日，交通运输部海事局在宁波组织开展国际航标协会（IALA）VTS 委员会第 50 次会议总结研讨会。

4 月 6 日，宁波海事局“甬海 e 站”内部综合管理平台二期上线运行。

4 月 8 日，清廉浙江海事工作室落户宁波海事局。

4 月 13 日，宁波海事局组织召开水上交通安全专项整治三年行动集中攻坚年工作专题推进会。

4 月 13 日，宁波市主要领导到宁波海事局调研指导工作，指出宁波海事局各方面工作“抓得实、抓得好”，做到了“四个有力”。

4 月 20 日，交通运输部海事局局长曹德胜在甬召开全要素水上“大交管”工作推进现场调研座谈会。

4 月 26 日，宁波海事局按照上级要求撤销规费征稽处，财务会计处和党组工作部（组织处）人员编制相应调整。

4 月 30 日，宁波海事局印发《中共宁波海事局党组关于构建亲清新型海事政企关系的实施意见（试行）》，为直属海事系统首家构建亲清新型海事政企关系的单位。

4 月，宁波海事局完成浙江沿海主要公共航路（宁波段）调整方案及相关属地政府、涉海部门意见征求。5 月，完成宁波段航路调整社会风险评估，并向宁波市委政法委备案。

5 月 24 日，宁波海事局部署开展“平安护航建党百年”水上交通安全风险隐患大排查大整治专项行动。6 月 21 日，组织召开专题会议，对 9 个方面重点工作进行再强调、再部署。

5 月，宁波海事局依托“港口国-船旗国”合作机制，推动 2021 版商渔防碰撞安全提醒发布至新加坡、巴拿马、丹麦等船旗国和国际独立油轮船东协会（INTERTANKO）。

6 月 2 日，宁波辖区首个领海基点 CCTV——渔山岛超视距 CCTV 投入使用。

6 月 16 日，宁波海事局被确定为海事系统模范机关建设试点单位。

6 月 21 日，宁波海事局完成大型锂电池储能系统安全适运评估研究，打通了宁波大型锂电池储能系统海上出运通道。

6 月 28 日，宁波海事局举行“光荣在党 50 年”纪念章颁发仪式，局党组书记、局长李表康为老党员代表颁发纪念章。7 月 1 日，42 名老党员的纪念章全部颁发完毕。

6 月 29 日，浙江海事局发布经修订的《宁波穿白水域通航安全监督管理规定》，自 2021 年 8 月 1 日起实施。

6 月 29 日，宁波海事局保障全国最大海岸滩涂渔光互补光伏项目——大唐浙江象山长大涂光伏项目成功并网发电。

7 月 22 日，宁波海事局印发《关于全面推进基层海事执法机构标准化建设工作的通知》，制定《基层海事执法机构标准化建设标准》（试行版）。

7 月 23 日，宁波海事局联合宁波银保监局发布《关于促进现代航运金融发展的通知》，明确支持世界一流强港建设，提供差异化航运金融服务等 10 个方面具体举措。

8 月 2 日，宁波海事局保障当时世界最大集装箱船舶“长范”轮安全挂靠梅山港区 6 号集装箱泊位。该船最大载箱量 23992TEU。

8 月 8 日，韩国海洋与渔业部以公告形式发布宁波海事局起草的宁波舟山沿海安全航行建议，正式建立“港口国-船旗国”合作机制。

8 月 16 日，宁波首个县级海上搜救中心——象山县海上搜救中心挂牌成立。

8 月 16 日，宁波海事局促成浙江省首个扣押船舶安全管理规定——《宁波市执法扣押船舶停泊安全管理规定（暂行）》发布。

8 月 18 日，宁波海事局船舶安检集中工作组获评第 20 届“全国青年文明号”。

8 月，黄岩任宁波海事局党组成员、副局长，王晓敏任宁波海事局党组成员、副局长。

9 月 1 日，宁波海事局全面贯彻实施新《海上交通安全法》。3 日，组织召开浙江沿海主要公共航路暨新《海上交通安全法》实施宣贯座谈会。

9 月 6 日，宁波海事局正式运行船籍港管理“十项机制”。

9 月 16 日，宁波海事局联合宁波市交通运输局发布《关于实施国内航行船舶“一船多证一次通办”跨部门联办的通告》，船舶所有证书办理实现一次通办。

9 月 23 日，宁波海事局派员参加国际航标协会 VTS 委员会第 51 次大会并作主题演讲。

10 月 16 日，宁波海事局商渔安全国际通函、商船安全自律联盟等工作经验被纳入《中华人民共和国海事局和利比里亚海事局海事合作谅解备忘录》。

10月18—22日，东京备忘录组织第32次委员会会议和第15次技术工作组会议以视频方式召开，宁波海事局派员代表中国参会。宁波海事局主导撰写的《港口国监督远程复查试运行评估报告》和《2022年STCW集中检查会战》2份提案获会议讨论通过。宁波海事局提交的《港口国监督远程复查导则》作为单独指南文件，被纳入东京备忘录发布的《港口国监督手册》。

10月22日，宁波海事局举办建局20周年庆祝活动。

10月29日，“浙江日报报业集团宁波海事局工作站”挂牌成立。

11月5日，宁波海事局正式印发“十四五”发展规划，明确“三个模范窗口”建设目标。同日，印发《关于发布实施“走在前列”“1188”工程项目(2021—2023)的通知》。

11月，宁波海事局完成东浪咀和穿鼻山VHF基站补点消盲工程，实现核心港区VHF全覆盖。

12月7日，宁波海事局签发首本海上公务船舶最低安全配员证书。

12月15日，宁波海事局完成新《中华人民共和国海上交通安全法》生效后首批灭失报废船舶国籍强制注销工作。

12月16日，宁波舟山港集装箱吞吐量突破3000万TEU，成为继上海港、新加坡港后，全球第3个跻身“超3000万TEU俱乐部”的港口。

12月23日，宁波市首个海上风电场——国电象山1号海上风电场(一期)工程建成投运。

第一篇　体制与机构

第一章　水上安全监督管理体制改革

20 世纪 90 年代,全国水监体制改革进入实施阶段。为理顺水上安全监督管理体制,按照上级有关要求和统一部署,2001 年 2 月初,开始宁波水上安全监督管理体制改革前期准备工作,成立工作小组,边筹建、边运转,理顺关系、积极协调、稳步推进,并与宁波市交通委员会签订宁波市水上安全监督管理体制改革的交接协议,先后完成宁波水上安全监督管理职能交接和人员资产划转工作。

1987 年 10 月 10 日,根据国务院《关于港口管理体制改革的会议纪要》精神,宁波港务监督和海岸电台从宁波港务局中划出,组建交通部宁波海上安全监督局,为副厅级机构,对外称中华人民共和国宁波港务监督,实行交通部与宁波市双重领导,以交通部为主的管理体制。

宁波海监局内设计划财务处、人事教育处、办公室(含审计)、组织宣传处,监督处、危管防污处、海务处、通信交管处、航标处,并下设直属船队、供应服务站。在航政管理一线设有北仑监督站、镇海监督站、宁波监督站、虾峙导航台、峙头导航台、大榭导航台以及海岸电台澥浦发信台、团桥收信台和中央控制室,监督站下设有北仑、镇海、梅墟、江南瞭望台。

1989 年 3 月 20 日,交通部海上安全监督局发布《关于划分海上交通管辖区的通知》,划定 30°40′ N 和 29°00′ N 之间的海区为宁波海上安全监督局管辖海区。

1998 年 6 月 18 日,为理顺和完善水上监督安全监督管理体制,使水上安全监督机构有效地履行职能,进一步适应社会主义市场经济需要,国务院批准了交通部机构设置方案,决定实施全国水上安全监督管理体制改革。为落实国务院关于机构改革调整职能、精简机构,压缩编制和加强执法监管部门的要求,交通部撤销原交通部安全监督局,在此基础上组建中华人民共和国海事局,作为交通部直属机构,并将对船舶检验的管理职能和对交通部直属水上安全监督机构的管理职能,划归中华人民共和国海事局。

1999 年 6 月 5 日,国务院办公厅转发交通部水上安全监督管理体制改革实施方案,全国水监体制进入改革实施阶段。该方案规定,在水监体制完成前,各海事机构仍使用“中华人民共和国 × × 港务监督”的名称,待新机构组建完成后,再以新名称对外执法。10 月 27 日,国务院办公厅印发《交通部直属海事机构设置方案》,规定了交通部在沿海、对外开放水域和跨省(自治区、直辖市)重要通航水域设置的水上安全机构的基本框架、职责、名称,明确直属海事机构在有关重要港口和水域设立分支机构,名称统一为“中华人民共和国 × × (地名或港口名)海事局”,规格原则为正处级,根据工作需要,也可为副厅级或副处级。

此次改革以“精简、统一、效能”为原则,在统一的领导体制下,明确界定中央与地方对有关水域的管理分工,实行“一水一监、一港一监”的管理体制要求,在同一水域、同一港口和同一地区,不得重复设立水上安全监督管理机构。经过这次改革,交通部与全国 19 个省(自治区、直辖市)完成了水上安全监督管理事权的界定和分工、机构人员的划转和交接工作,建立了与国际通行做法相一致的水上安全监督管理新格局,实现了直属海事机构和地方海事机构分工负责,在各自管辖的水域行使水上安全监督职权的新格局。水上安全监督管理体制改革后,在交通部直属海事系统垂直管理下,实施了一系列内部管理模式和管理制度改革，水上安全监督工作进行了多项制度创新和机制创新，逐步建立起分工负责、运转协调、行为规范、办事高效、执法统一的水上安全监督管理新体制，为海事机构转变服务职能奠定了坚实的基础。

2001 年，根据《交通部、浙江省关于在浙江实施水上安全监督管理体制改革的协议》和《关于浙江省水上安全监督管理体制改革有关人员资产划转的交接意见》，2 月初成立工作小组，启动宁波水上安全监督管理体制改革前期准备工作。4 月 19 日，宁波海事局与宁波市交通委员会召开第一次交接工作协调会议，成立宁波水监体制改革联合工作小组。4 月 25 日，经双方充分讨论协商，形成宁波水监体制改革有关管理职能交接和人员资产划转工作备忘录。随后联合工作小组分别与象山、宁海、奉化、镇海、慈溪、余姚、鄞县、北仑等县（市）、区的交通局和宁波市航运管理处进行洽谈，经过 5 个多月的磋商，于 9 月 29 日正式签订《宁波市交通委员会、宁波海事局关于宁波市水上安全监督管理体制改革的交接协议》，完成宁波水上安全监督管理职能交接和人员资产划转工作。

第二章　宁波海事局设置

宁波海事局机构级别为副厅(局)级,主要职责是负责对辖区水域内的交通安全和防止船舶污染实施统一监督管理,依法对进出口岸的中外籍船舶实施查验和监管,同时承担浙江省宁波市海上搜救中心办公室日常工作。

第一节　概　　况

一、基本概况

中华人民共和国宁波海事局是根据交通部《关于转发中央机构编制委员会办公室关于交通部沿海直属海事机构的分支机构设置的批复的通知》,在原交通部宁波海上安全监督局基础上,于 2001 年 2 月 8 日正式挂牌成立,系浙江海事局下属分支机构,副厅(局)级。截至 2021 年,宁波海事局设有内设机构 17 个,政务中心、船舶交通管理中心和海巡执法支队等 3 个处室办事机构,下设北仑、镇海、梅山、穿山、大榭、三江口、象山、鄞奉和宁海等 9 个海事处及后勤管理中心 1 个事业单位(图 1-2-1)。

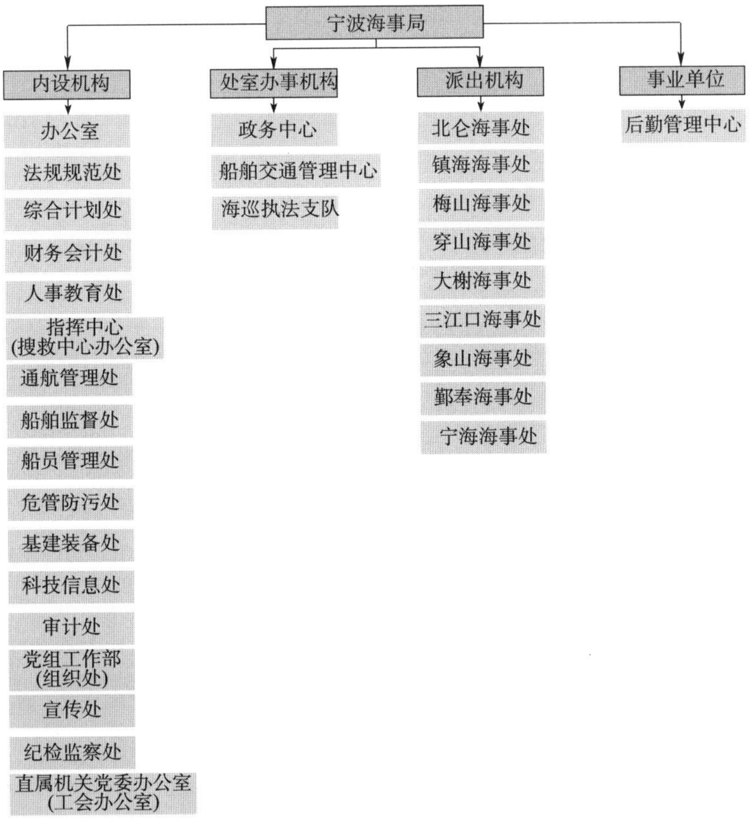

图 1-2-1　2021 年宁波海事局组织架构图

宁波海事局辖区范围主要包括宁波市行政区沿海及内河通航水域、虾峙门航道及相关锚地等水域。海岸线北起余姚市黄家埠镇，南至三门湾宁海县一市镇。内陆有甬江、余姚江和奉化江等7条主干航道，东钱湖、白溪水库2处库区（湖泊）水域，以及九龙湖、上林湖、梅湖3处习惯客渡运航线水域，内河通航水域里程共计200余千米。

二、历任领导任职情况

1996—2021年宁波海监局、宁波海事局历任行政领导和党委、党组领导分别见表1-2-1和表1-2-2。

1996—2021年历任行政领导一览表

表1-2-1

机构	任职	姓名	任期（起止时间）
宁波海监局	局长兼监督长	张仕钱	1987年10月—1997年5月
		邱云龙	1997年5月—2001年4月
	副局长	傅其昌	1987年10月—1999年1月
		邱云龙	1996年4月—1997年5月
		高军	1997年5月—2001年4月
	副监督长	傅其昌	1993年3月—1999年1月（兼）
		陈乾元	1993年3月—1999年11月
		何易培	1999年11月—2001年4月
		周荣祥	1999年11月—2001年4月
宁波海事局	局长	高军	2001年4月—2005年10月
		周荣祥	2005年10月—2009年9月
		梁永铭	2009年9月—2017年3月
		李表康	2017年3月—
	副局长	周荣祥	2001年4月—2005年10月
		何易培	2001年4月—2002年9月
		亓卫国	2001年4月—2010年8月
		梁永铭	2002年11月—2009年9月
		王宏生	2006年5月—2014年2月
		胡其红	2007年4月—2012年1月
		李树兵	2010年8月—2013年6月
		李表康	2010年8月—2017年3月
		赵青云	2012年3月—2021年2月
		杨卫强	2014年2月—2021年8月
		黄燕品	2017年6月—2023年3月
		黄岩	2021年8月—
		王晓敏	2021年8月—2023年8月

1996—2021年历任党委、党组领导一览表　　表1-2-2

机构	任职	姓名	任期(起止时间)
中共宁波海监局委员会	书记	宣誉凯	1990年4月—1996年4月
		邱云龙	1996年4月—1997年5月
		董永芳	1997年5月—2001年4月
	副书记	董永芳	1996年4月—1997年5月
		许弟恒	1997年5月—2001年4月
	纪委书记	董永芳	1996年4月—1997年5月(兼)
		许弟恒	1997年5月—2001年4月(兼)
	党委委员	张仕钱	1987年10月—1997年5月
		傅其昌	1987年10月—1999年1月
		陈乾元	1993年9月—1999年11月
		高军	1997年5月—2001年4月
		何易培	1999年11月—2001年4月
		周荣祥	1999年11月—2001年4月
中共宁波海事局委员会	书记	董永芳	2001年4月—2004年8月(兼)
		张燕峰	2004年8月—2007年4月
		胡其红	2007年4月—2009年2月
	副书记	许弟恒	2001年4月—2007年4月
		周荣祥	2007年4月—2009年2月
		徐承荣	2007年8月—2009年2月
	纪委书记	许弟恒	2001年4月—2007年4月(兼)
		徐承荣	2007年8月—2009年2月(兼)
	党委委员	高军	2001年4月—2005年10月
		何易培	2001年4月—2002年10月
		周荣祥	2001年4月—2009年2月
		亓卫国	2001年4月—2009年2月
		梁永铭	2002年11月—2009年2月
		王宏生	2006年5月—2009年2月
中共宁波海事局党组	书记	胡其红	2009年2月—2012年1月
		赵青云	2012年3月—2021年2月
		李表康	2021年2月—
	副书记	周荣祥	2009年2月—2009年9月
		徐承荣	2009年2月—2014年2月
		梁永铭	2009年9月—2017年3月
		李表康	2017年3月—2021年2月
	纪检组长	徐承荣	2009年2月—2014年2月(兼)
		王宏生	2014年2月—2015年9月
		王军	2015年9月—

续上表

机构	任职	姓名	任期(起止时间)
中共宁波海事局党组	党组成员	梁永铭	2009 年 2 月—2017 年 3 月
		王宏生	2009 年 2 月—2015 年 9 月
		李树兵	2010 年 8 月—2013 年 6 月
		李表康	2010 年 8 月—
		亓卫国	2013 年 6 月—2015 年 4 月
		杨卫强	2014 年 2 月—2021 年 8 月
		黄燕品	2017 年 6 月—2023 年 3 月
		黄岩	2021 年 8 月—
		王晓敏	2021 年 8 月—2023 年 8 月

三、历年职工人数统计

1996—2000 年宁波海监局职工人数、2001—2021 年宁波海事局职工人数分别见表 1-2-3 和表 1-2-4。

1996—2000 年宁波海监局职工人数统计表 表 1-2-3

年份(年)	职工总数	年份(年)	职工总数
1996	392	1999	421
1997	438	2000	427
1998	420		

2001—2021 年宁波海事局职工人数统计表 表 1-2-4

年份(年)	职工总数	年份(年)	职工总数
2001	547	2012	604
2002	556	2013	693
2003	556	2014	694
2004	494	2015	698
2005	506	2016	711
2006	512	2017	743
2007	529	2018	743
2008	549	2019	767
2009	586	2020	784
2010	587	2021	796
2011	589		

第二节　机构职责

2013 年 4 月 12 日，海事核编转制后，交通运输部印发《交通运输部关于中华人民共和国宁波海事局主要职责机构设置和人员编制规定的通知》，明确了宁波海事局为浙江海事局所属行政机构，副厅级，主要职责为：

（一）贯彻和执行国家水上交通安全、航海保障、船舶和水上设施检验、环境保护、海洋管理等方面的法律、法规和规章。

（二）按照授权，负责辖区内船舶登记工作；负责规定范围内船舶法定设备的操作性手册与文书审核签发工作；负责受理外国籍船舶和港澳地区船舶进入本辖区未开放水域或港口的申请工作，并上报上级海事机构。

（三）按照授权，负责辖区内船员和海上设施工作人员适任资格、培训、考试和发证工作，船舶服务簿发放及管理，船员专业与特殊培训管理及考试发证工作。

（四）负责组织辖区内船舶防台、水上搜寻救助工作；按照管理权限，负责辖区水上交通事故、船舶污染事故、水上交通违章案件的调查处理工作。

（五）按照授权，负责实施辖区内“港口国”管理、船舶安全检查、国际航行船舶进出口岸查验、强制引航监督、船舶载运危险货物及其他货物的安全监督、靠泊安全监督、防治船舶污染水域监督等工作。

（六）负责辖区内通航环境管理与通航秩序维护工作；按照授权，负责辖区内水上水下施工安全技术状况审核、锚地和重要水域划定港区岸线使用审核、航行警（通）告发布工作。

（七）按照管理权限，负责本局机关和所属派出机构的海事业务、法制、财务、资产、规费征收、基本建设、干部人事、劳动工资、计划装备、科技教育、党群和精神文明建设等工作。

（八）承办浙江海事局交办的其他事项。

第三节　机构编制及演变

一、中华人民共和国宁波海事局设立

2000年4月3日，交通部印发《交通部直属海事机构设置指导意见》，明确直属海事系统同一层次内设机构名称和职责基本统一，并根据不同层次海事机构职责，分别突出综合管理、业务管理、现场管理功能。其中，直属海事局内设机构分为基本处和选设处，基本处（室、部）为通航管理处（值班室）、船舶监督处、危管防污处、船员管理处、法规规范处、办公室、人事教育处、财务会计处、计划基建处、党委工作部、纪检监察处、工会办公室，共12个。选设处为船舶检验管理处、审计处、公安处、宣传处、技术装备处、航标处、测绘处（队）、通信处（站），共8个。分支机构内设机构分为基本科（室）和选设科，港口城市直属海事局分支机构一般只设基本科（室），其他直属局分支机构根据工作需要，可以增加部分选设科。基本科（室）为通航管理科（值班室）、船舶监督科、综合办公室，共3个。

2000年6月5日，国务院批准《交通部沿海直属海事机构的分支机构设置方案》，批准设立中华人民共和国宁波海事局，为副厅级分支机构。

2000年12月19日，交通部批准宁波海事局机关设置12个基本处（室、部），机关人员控制数83名，其中局领导干部职数5名、中层领导干部职数24名。

2001 年 2 月 8 日，交通部宁波海上安全监督局更名为中华人民共和国宁波海事局，正式挂牌成立。内设通航管理处（值班室）、船舶监督处、危管防污处、船员管理处、法规规范处、办公室、人事教育处、财务会计处、计划基建处、党委工作部、纪检监察处、工会等 12 个机关处室，北仑海事处、镇海海事处、大榭海事处、三江口海事处、象山海事处、鄞奉海事处、宁海海事处等 7 个派出机构，局船队、VTS 中心、后勤服务中心、职工技协办公室、通信站等 5 个附属机构。

2001 年 3 月 12 日，按照交通部《关于调整部分航标区行政管理关系的通知》，根据多年海区航标管理的实践经验和全国水监管理改革后的新形势，为加强海事机关航海保障管理职能，决定在原海区航标管理的基础上，航标区行政管理关系做部分调整。宁波海事局所属的镇海航标区成建制划转上海海事局，作为上海海事局的直属单位。宁波海事局和上海海事局自 2001 年 3 月 30 日至 4 月 10 日筹备交接工作，进行充分协商，2001 年 4 月 11 日在宁波海事局正式签订交接协议。

二、海事监管模式改革

2000 年 3 月 17 日，交通部海事局《关于深化水监体制改革实施海事系统规范管理的若干意见》指出，要理顺直属海事各级机构之间的关系，酝酿确定派出机构的设置，以及归并和管辖水域划分的方案，自此开展对海事监管模式改革的不断探索。

2003 年，浙江海事局试行海事监管模式改革，改革海事处监管业务运作模式和调整相应的机构设置，以建立符合各级海事机构职责定位的运作机制为目的，以海事处内设部门及其职能的调整和撤并办事处为切入点，实施海事业务静态和动态的分类管理，实现静态监管与动态监管的相互补充、协调运转。

2003 年 3 月，宁波海事局根据交通部海事局和浙江海事局干部人事制度和海事监管模式改革的总体部署和要求，按照“精简、高效、统一”原则，推进机构调整及岗位设置。

2003 年 4 月 16 日，交通部海事局党委决定，为便于工作开展，各直属海事局及济南、宁波海事局党委工作组增挂党委组织部牌子，不涉及机构编制和职责调整。

2003 年 5 月 21 日，宁波海事局制定《宁波海事局海事监管模式改革综合方案》，改革目标为进一步更新管理理念，合理配置、使用人力物力资源，调整内设机构与基层执法站点布局。

2004 年 2 月，宁波海事局发布海事监管模式改革配套文件，合理调整职能、内设部门和工作站点，建立与全面履行海事职能的要求相适应、与新的监管运作机制相协调的机构体制，保证监管资源得到有效运用，切实提高监管效率和效能。局业务管理机构设置保持不变，设有通航管理处、船舶监督处、危管防污处、船员管理处、法规规范处、办公室、人事教育处、财务会计处、计划基建处、党委工作部（组织部）、纪检监察（审计）处、局工会、信息办公室。直属单位设有交管中心、海上执法支队（船队）、机关后勤服务中心、政务受理中心。保留核批的 7 个派出机构设置不变。镇海、大榭、三江口、象山、鄞奉 5 个海事处，撤销原核批设置的“通航管理科”和“船舶管理科”，重新调整设置“海事管理科”和“执法大队”。北仑海事处保留原核批的“通航管理科”和“船舶管理科”设置不变；北仑、镇海和大榭 3 个海事处增设“危管防污科”。宁海海事处设置“执法大队”和“综合办公室”2 个内设部门；在原核批的 24 个办事处中，继续保留余姚、慈溪、奉化、东钱湖、强蛟 5 个办事处，改北仑海事处的西区办事处，大榭海事处的白峰办事处，三江口海事处的姚江、庄市办事处，象山海事处的西泽、鹤浦办事处等 6 个办事处为签证点。

通过改革，海事系统在规范管理、依法行政、优质服务、理念创新等方面取得了较好的成绩，有力地促进了我国航运经济的发展。宁波海事局各项海事监管资源配置合理、各项制度和程序日趋完善、执法工作流程设计较为科学、执法活动记录电子化程度持续提高，日常监管更加到位，监管手段不断丰富，执法人员主动执法意识明显增强，社会满意度持续上升，监管合力基本形成，有力促进了长效管理机制的建立。

三、海事执法管理模式改革

2004 年 4 月 5 日，交通部海事局印发《关于开展海事执法管理模式改革的指导意见》，在直属海事系统全面实施海事执法管理模式改革。该意见明确了实施步骤，要求各直属海事局 4—12 月选择部分机构试行海事执法管理模式改革，并于 2005 年后在直属海事系统全面实施。改革内容以优化资源配置、改善运作方式、理顺层级关系为切入点，重点整合、调整分支机构、派出机构及其内设机构、下设机构的设置。

根据上级改革精神和浙江海事局印发的《关于分支局内设机构改革的实施意见》和《关于印发完善分支局内设机构改革两项配套制度的通知》，在调查与研究的基础上，宁波海事局制定了执法管理模式实施方案，并根据改革后的内设机构，制订了各部门的工作职责和职位说明书。根据有关文件，明确宁波海事局执法支队（副处）、船舶交通管理中心（副处）为执法类机构，宁波海事局通信信息中心（副处）为社会公益类机构，宁波海事局服务中心（副处）为支持保障类机构。

2006 年 12 月 25 日，交通部海事局印发《关于完善海事执法管理模式改革工作的意见》，对直属海事系统分支机构、派出机构的内设、下设机构名称、职能和设置条件做了统一规范。其中明确宁波海事局作为“经交通部海事局批准的较大的分支机构”，其内设机构根据需要增设 1 至 2 个监管处，即监管二处（负责船舶载运危险货物管理、防止船舶污染管理）、监管三处（负责船员管理），还可根据需要设置人事教育处、装备与信息处，机关人员控制数量可适当增加，但最多不超过 50 名。

2007 年 8 月 28 日，为建立高效的内部运行机制，依法全面履行海事管理职能，提高海事监管效能，根据浙江海事局《关于宁波海事局机构设置及人员控制数和领导干部职数的批复》文件精神，宁波海事局印发《关于宁波海事局内设机构、派出机构等有关机构设置的通知》。该局设置 11 个内设机构，即指挥中心（总值班室）、监管一处、监管二处、督察处、办公室、人事教育处、财务处、装备与信息处、党群工作部（组织部）、纪检监察处（审计处）、工会，均为副处级，其中指挥中心（总值班室）下设交管监控室（正科级）。设置 8 个派出机构，即宁波北仑海事处（正处级）、宁波镇海海事处（正处级）、宁波大榭海事处（副处级）、宁波三江口海事处（副处级）、宁波象山海事处（副处级）、宁波鄞奉海事处（副处级）、宁波宁海海事处（正科级）、巡查执法支队（船队）（副处级）。设置 8 个直属单位，即政务中心（副处级）、船员考试中心（副处级）、船舶交通管理中心（副处级）、通信信息中心（与装备与信息处合署办公）（副处级）、服务中心（副处级）、船舶安全检查站（正科级）、审核办公室（正科级）、财务结算中心（正科级），其中船舶安全检查站和审核办公室委托监管一处管理，财务结算中心委托财务处管理。

2008 年 4 月 17 日，根据宁波海事局《关于设置宁波穿山海事处等机构的通知》，为加强辖区海事监管力量，提高水上突发事件应急反应处置和搜救效率，以适应穿山港区和梅山保税港区发展需要，宁波海事局增设宁波穿山海事处、宁波梅山海事处 2 家派出机构。

2021 年 4 月 26 日，浙江海事局印发《浙江海事局关于部分单位内设机构调整事宜的报告》和《浙江海事局关于调整部分内设机构设置的通知》，宁波海事局撤销规费征稽处。

海事监管理念的转变和运行机制的改革，使海事现场执法力度显著加强，海事监管水平和效能明显提升，依法行政、优质服务得到极大提高，在浙江航运经济、港口生产快速发展的情况下，辖区水上交通安全秩序有了较大改善，水上安全形势保持持续稳定。

四、海事核编转制

2010—2013 年，直属海事系统全面实施核编转制，实行政事分开、分类管理，行政机构干部职工整体纳入公务员管理，三级管理、四级架构的垂直管理体制得到进一步加强。

2010 年 5 月 25 日，中央机构编制委员会办公室发布《关于印发交通运输部直属海事系统人员编制和机构设置方案的通知》，批准设立中华人民共和国宁波海事局，副厅级，明确人员身份为国家公职人员，人员编制 811 名。

2010 年 12 月 31 日，根据宁波海事局《关于调整部分机构职责的通知》，宁波海事局决定进一步优化行政管理职能，提高办事效率，调整相关部门管理职责。基建工程职责从服务中心调整至装备信息处，基建工程科划归装备信息处管理。水上交通事故调查与处理职责从督察处调整至指挥中心，水工工程的安全审核职责从监管一处调整至指挥中心。海事审验中心为局直属单位，政务中心不再负责其业务领导。

2011 年 9 月 14 日，根据交通运输部《关于在部直属海事系统设立港口建设费征稽机构有关事宜的通知》精神，为进一步做好港口建设费征稽工作，宁波海事局发布《关于设立港口建设费征稽工作机构的通知》，设立规费征稽处。

2013 年 4 月 12 日，交通运输部印发《交通运输部关于中华人民共和国宁波海事局主要职责机构设置和人员编制规定的通知》，明确宁波海事局主要职责、机构设置和人员编制。其中，宁波海事局设置内设机构 18 个，包括办公室、法规规范处、综合计划处、财务会计处、人事教育处、指挥中心（搜救中心办公室）、通航管理处、船舶监督处、船员管理处、危管防污处、基建装备处、规费征稽处、科技信息处、审计处、党组工作部（组织处）、宣传处、纪检监察处、直属机关党委办公室（工会办公室）等，均为副处级。设置处室办事机构 3 个，包括政务中心、船舶交通管理中心、海巡执法支队等，均为副处级。设立派出机构 9 个，其中：正处级 4 个，分别为北仑海事处、镇海海事处、梅山海事处、穿山海事处；副处级 4 个，分别为大榭海事处、三江口海事处、象山海事处、鄞奉海事处；正科级 1 个，为宁海海事处。是年，宁波海事局后勤管理中心（事业单位，副处级）正式成立。

2013 年 4 月 25 日，浙江海事局印发“三定”实施方案，确定“三定”实施工作计划和任务安排。按照上级部署，宁波海事局成立“三定”工作领导小组，并明确分支机构、处室办事机构和派出机构及其内设机构的职责。编制岗位说明书，修订海事行政执法工作程序与技术标准、履约管理体系文件和廉政风险防控体系文件，开展干部调整等系列工作，于 7 月 1 日前全面完成。8 月 14 日，宁波海事局印发《关于授权政务中心承担海事政务办理事项的通知》，决定授权宁波海事局政务中心承担宁波海事局相关海事政务的办理工作。

五、基层海事执法机构执法模式改革

2016 年，按照交通运输部《关于印发直属海事系统基层执法机构改革方案的通知》要求，交通运输部海事局制定了《关于深化直属海事系统基层执法机构改革的实施方案》，目标是通过改革，促进基层执法机构职能定位更加清晰,内部职责分工更加科学,运行管理机制更加健全,执法资源配置更加合理,现场监管服务更加高效。同时进一步明确,2017 年上半年组织完成改革涉及的机构设置调整工作,进一步优化基层执法资源配置,2017 年底前基层完成配套制度和机制建设工作,现场监管综合执法模式基本形成。浙江海事局根据交通运输部和交通运输部海事局关于基层执法机构改革文件精神,印发《浙江海事局基层海事执法模式改革工作实施方案》和《关于建立浙江海事局现场综合执法工作机制的指导意见》,以建立现场综合执法工作机制为核心,全面推进基层综合执法模式改革。

2017 年 4 月 7 日,宁波海事局印发《基层海事执法模式改革工作实施方案》,部署开展基层海事执法机构改革工作,进一步优化职责定位和机构编制。按照浙江海事局《关于明确海事处主要职责机构设置和人员编制有关事项的通知》要求,编制海事处"三定"方案。根据浙江海事局《海事处内设机构岗位设置指导意见》,规范海事处内设机构、岗位名称和具体职责。按照浙江海事局《海事机构行政执法事权层级调整实施方案》和海事政务办理机制新要求,调整机关与基层执法事权层级,明确海事处(支队)执法事权。按照浙江海事局分类明确海事处行政党群工作任务和责任的规定,明确海事处行政党群工作要求,还原海事处现场管理的本质属性。

2017 年 9 月 21 日,为切实做好基层执法机构改革相关工作推进和配套机制建设工作,保障海事处内设机构和人员编制调整后现场综合执法机制有效运行,根据《交通运输部海事局关于浙江海事局基层执法机构设置和人员编制调整事项的通知》精神和要求,浙江海事局印发《浙江海事局关于宁波海事局基层执法机构设置和人员编制调整事项的通知》,对宁波海事局基层执法机构设置和人员编制进行调整。其中对大榭海事处、三江口海事处、象山海事处和鄞奉海事处等 4 个派出机构人员编制进行调整,同时对各海事处的内设机构、人员编制和领导职数进行调整,并进一步明确了海事处各内设机构的主要职责。

2020 年 2 月 28 日,为认真贯彻落实深化党和国家机构改革关于建立编制管理动态调整机制的精神,结合直属海事系统编制调整的需求实际,经中央机构编制委员会办公室同意,交通运输部决定在各直属海事局的编制总量内,对所属分支机构、派出机构编制进行调整,印发了《交通运输部关于直属海事系统编制调整有关事项的通知》。据此,宁波海事局人员编制调整为 803 名。

改革后,宁波海事局 9 家海事处共设 8 个综合办公室、4 个海事监管科、32 个海巡执法大队。其中,32 个海巡执法大队各自责任区域相对独立完整,避免责任区域重叠或者形成盲区,形成对重要监管区域的有效覆盖。海巡执法大队人员编制为 454 人,占海事处人员编制总量的 79.5%,执法力量向一线和现场倾斜。宁波海事局建立起职权清晰、运行顺畅、过程控制和管理闭环的现场综合执法工作机制,构建起区域对象全覆盖、辖区信息全获取、监管履职全到位、力量布局全适应、执法过程全掌控的现场综合执法模式,实现现场监管"全覆盖和有效履职"。

第四节　事 业 单 位

宁波海事局后勤管理中心是宁波海事局的下属事业单位,负责全局后勤管理和保障服务,以及所属经济实体的指导、检查和督促工作。根据交通运输部《关于中华人民共和国宁波海事局主要职责机构设置和人员编制规定的通知》和交通运输部海事局《关于宁波海事局有关机构主要职责机构设置和人员编制规定的通知》的精神,设立中华人民共和国宁波海事局后勤管理中心,为财政补助事业单位,副处级。

一、机构规格

2014年7月7日，根据《交通运输部海事局关于开展直属海事系统事业单位岗位设置工作的通知》的精神，宁波海事局印发《宁波海事局后勤管理中心岗位设置管理工作方案》，确定后勤管理中心为副处级单位，内设2个副科级机构，分别为综合办公室和业务科。

二、主要职责

后勤管理中心负责宁波海事局所属机构房产物业管理和设备、设施维修维护工作，负责车辆的运行管理工作，负责宁波海事局所属机构物资采购、保管及其他后勤服务工作，承担宁波海事局所属机构编制外用工的使用管理工作，负责后勤管理中心内部综合管理工作。

第三章　搜救机构设置

浙江省宁波市海上搜救中心是组织、协调和指挥宁波沿海水域船舶、设施和航空器等海难事故的搜寻救助、防抗台风和船舶大面积污染海域应急反应工作的领导机构。

第一节　浙江省宁波市海上搜救中心

一、机构概况

1988 年,根据国务院办公厅通知,中央机关在体制改革中撤销了全国海上安全指挥部。为继续做好海上搜救工作,经国务院、中央军委批准,1990 年在交通部设立中国海上搜救中心。沿海各省、自治区、直辖市海上安全指挥部也按国务院、中央军委 50 号文,改名为省、自治区、直辖市海上搜救中心。

2002 年 9 月 29 日,根据《关于成立浙江省宁波市海上搜救中心的通知》,为加强对宁波市搜救工作的统一领导和组织协调,浙江省宁波市海上搜救中心成立,共 19 家成员单位,设主任 1 名,常务副主任 1 名,副主任和成员若干。浙江省宁波市海上搜救中心下设办公室,办公室设在宁波海事局,设主任 1 名,副主任若干。

2015 年 11 月 6 日,根据宁波市人民政府办公厅《关于增补和更新宁波市海上搜救中心成员单位的通知》,为进一步完善宁波市海上搜救中心工作,浙江省宁波市海上搜救中心又增补 4 家单位为成员单位。

二、工作职责

(一)贯彻国家海上搜寻救助、船舶大面积污染海域应急反应和船舶防抗台等有关法律、法规、规章和方针政策,按照省、市政府和中国海上搜救中心、浙江省海上搜救中心的要求,统一领导全市海上搜救、船舶防抗台和船舶大面积污染海域应急反应工作。

(二)统一组织、指挥和协调我市所辖海域的海上搜救、船舶防抗台和船舶大面积污染海域应急反应行动,做好与毗邻市沿海搜救及船舶大面积污染海域应急反应的协调和配合工作。

(三)组织建立和完善全市海上搜救、船舶防抗台和船舶大面积污染海域应急反应保障机制。

(四)制定全市海上搜救、船舶防抗台和船舶大面积污染海域应急反应所需专业和社会资源的组织、动员、储备和调动方案,并会同有关部门组织实施。

(五)制定并组织实施全市海上搜救、船舶防抗台和船舶大面积污染海域应急反应预案、程序和工作制度,组织大型应急演练。

(六)组织交流和推广海上搜救、船舶防抗台和船舶大面积污染海域应急反应工作经验,表彰和奖励先进单位和个人。

（七）完成浙江省海上搜救中心交办的其他工作。

三、浙江省宁波市海上搜救中心办公室主要职责

浙江省宁波市海上搜救中心办公室负责中心的日常工作，实行24小时值守。其主要职责是：

（一）建立健全市海上搜救中心办公室的工作程序，并将中心工作开展情况及时上报省搜救中心。

（二）拟订市海上搜救中心搜救预案，并经市海上搜救中心核准后执行。

（三）负责组织市海上搜救中心的日常值班并检查督促有关单位、部门的值班工作。

（四）具体负责全市范围的海上搜救组织工作，完成省海上搜救中心指定的搜救工作。

（五）拟定全市海上搜救、船舶防抗台和船舶大面积污染海域应急反应所需专业和社会资源的组织、动员、储备和调动方案，并会同有关部门具体组织实施。

（六）拟订全市海上搜救、船舶防抗台和船舶大面积污染海域应急反应保障机制方案，并具体组织实施。

（七）组织拟订海上搜救和大面积污染海域应急反应的演习方案和演习的相关准备工作。

（八）组织海上搜救经验交流和人员培训。

（九）负责全市海上搜救、船舶防抗台和船舶大面积污染海域应急反应工作和技术信息的搜集和传递。

（十）负责筹备和承办市海上搜救中心组织召开的会议。

（十一）负责承办省搜救中心和搜救中心领导交办的其他工作任务。

第二节　县级海上搜救中心

为切实提高海上突发事件应急反应能力，最大限度地减少人员伤亡、财产损失和环境污染，维护社会稳定，宁波市政府于2020年11月11日下发《宁波市政府专题会议纪要》，要求筹备组建县级海上搜救中心，随后县级海上搜救中心相继成立。

一、象山县海上搜救中心

2021年7月7日，象山县人民政府印发《象山县人民政府办公室关于成立象山县海上搜救中心的通知》，明确领导机构与职责。8月16日，宁波市首个县级海上搜救中心在象山挂牌成立。11月8日，象山县海上搜救中心下发《象山县海上搜救中心应急事件反应预案》等4项制度。

象山县海上搜救中心是全县海上突发事件应急反应的领导机构，在县政府领导下，行使全县海上搜救责任区内搜救业务协调的职能，负责其搜救责任区内海上突发事件的组织、指挥和协调，有海事、应急管理、水利和渔业、港航等应急救助成员单位35家。县海上搜救中心主任由分管副县长担任，常务副主任由海事处处长担任，其他副主任分别由县海上搜救中心成员单位分管领导担任。县海上搜救中心接受市海上搜救中心业务指导，下设办公室，办公室设在象山海事处。

象山县海上搜救中心的主要职责为:制定县海上搜救工作有关规章制度,编制县海上搜救中心海上搜救预算;负责县海上突发事件应急预案的制定、运行、更新和管理;按照县海上突发事件应急预案的规定,协调辖区内的海上救援力量;承担县海上搜救应急值班和搜救组织、指挥、协调工作;承担船舶海上保安报警接收及联络工作;协调相关部门做好海上突发事件的善后处置工作;组织县海上应急演练和海上应急演习工作;组织县海上应急救援人员的安全知识、专业知识、新技术应用等方面的培训和海上安全知识宣传。

二、宁海县海上搜救中心

2021 年 7 月 7 日,宁海县人民政府印发《宁海县人民政府办公室关于印发宁海县海上搜救中心建设实施方案的通知》,明确中心功能定位、组织机构及职责分工。

宁海县海上搜救中心是全县海上突发事件应急反应的领导机构,在县政府领导下,负责全县辖区海域发生的海上突发事件救助的组织、指挥和协调工作,有海事、应急管理、水利、农业农村、交通等应急救助成员单位 25 家。县海上搜救中心主任由分管副县长担任,常务副主任由海事处处长担任,其他副主任分别由县海上搜救中心成员单位分管领导担任。县海上搜救中心接受市海上搜救中心业务指导,下设办公室,办公室设在宁海海事处。

宁海县海上搜救中心主要职责为:定期召开联席会议,统筹研究辖区海域发生的海上突发事件救助的组织、指挥和协调工作,提出有关政策建议;讨论解决海上搜救工作和船舶污染处理中的重大问题;组织协调重大海上搜救和船舶污染应急反应行动;研究确定联席会议成员单位在搜救活动中的职责。

第二篇　水上交通管理

第一章　通航安全

第一节　通航环境

宁波舟山港位处于亚热带季风气候区,东临太平洋,背靠欧亚大陆,全年气候温和,四季分明,雨量充沛,春季多海雾,夏季多台风。风速随季节变化较大,冬季多偏北风,夏季多偏南风。潮流多为往复流,涨落潮主流向与等深线走向基本一致,局部海区受地形影响,潮流略带旋转。宁波海事(海监)局辖区位于长江航线和沿海南北航线的T形交汇处,是我国南北海上通道和东部门户的必经之路,辖区内既有国际习惯航线,又有岛屿间的短途运输。随着港口建设的不断发展,辖区航道、锚地、航标等水上交通设施不断完善,水上交通日益繁忙,年均船舶进出港达80余万艘次,日均通行商船约5000艘次、作业渔船约7000艘次、大型超大型船舶进出港约100艘次。宁波海事局历来重视甬江、甬江口、金塘水道、虾峙门航道、象山沿海等重点区域的水上交通秩序维护,始终立足海事监管主责,全力保障水上交通安全。

一、管辖水域

(一)宁波海监局管辖水域

1995年,经交通部批准实施的《宁波水上安全监督管理规定》明确规定,虾峙门航道及相关锚地水域,由宁波港务监督实施统一监督管理。

1996年,浙江省人民政府办公厅复函交通部,明确同意由宁波海监局对虾峙门航道及相关锚地实施统一管理。据此,交通部安全监督局明确由宁波海监局对虾峙门航道及相关锚地进行统一管理。

2000年,宁波海监局水上安全管理范围为:29°N至30°40′N的东海海区。航标管理范围为:北起花鸟山灯塔,南至石浦港。辖区内分布着由18个大小港区组成的港口群,其中宁波港是辖区内最大的港口。

(二)宁波海事局管辖水域

2001年9月,《宁波市交通委员会、宁波海事局关于宁波市水上安全监督管理体制改革的交接协议》签订后,宁波海事局管辖范围扩展至象山、宁海、奉化、慈溪、余姚、镇海、北仑、鄞县等县(市)、区通航水域。大陆海岸线北起余姚市的横塘乡,南至三门湾的东岙乡,辖区岸线长度1372千米。境内有横贯宁波市区的甬江、余姚江和奉化江三大水系及可通航支流,有蓄水量超亿吨的大型湖泊、水库10余处,海区有大小岛屿630余个。

2002年5月30日,根据浙江海事局《关于明确各分支局管辖水域范围的通知》,宁波海事局管辖范围为:西自121°00′00″E以东,北自杭州湾①30°24′00″N/121°00′00″E,②30°33′00″N/121°30′00″E,③太平山灯塔沿大鹏山西岸，至捣栲山西南岸，至金塘岛西岸、南岸，④官山（30°00′00″N/121°55′38″E），⑤大猫岛螺头角灯桩，⑥29°56′00″N/122°10′00″E，⑦上溜网重山灯桩，⑧佛渡岛西岸，⑨温州屿西岸，⑩西磨盘灯桩，以上10点连线并向东延伸线（29°34′30″N）以西及以南水域；南自猫头水道①三山（87.2），②满山，③28°45′00″N/122°02′00″E，以上3点连线并向东延伸线（28°45′00″N）以北水域（图2-1-1）。

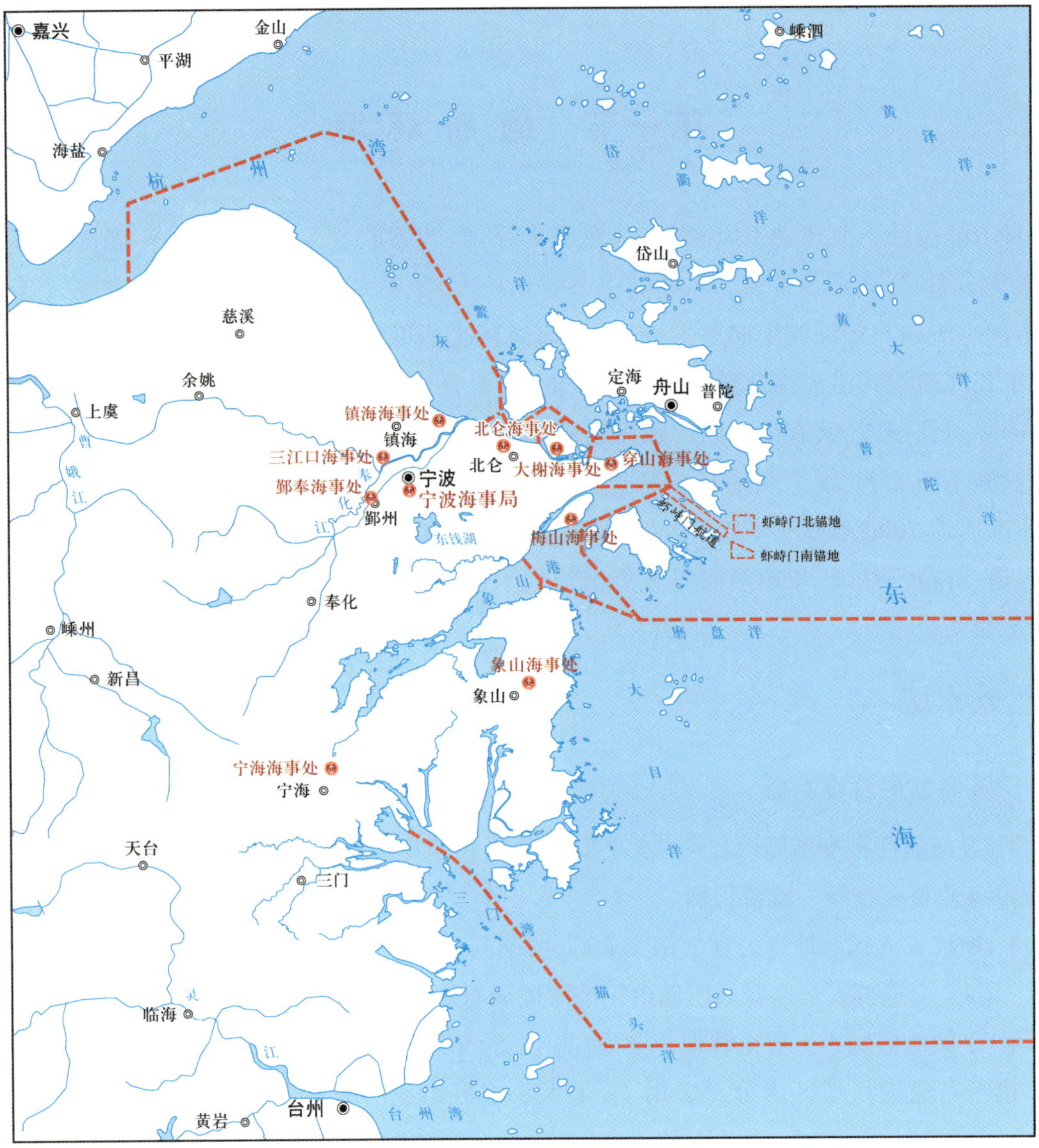

图2-1-1　2021年宁波海事局辖区示意图

2017年4月，宁波市人民政府发布公告，明确内河通航水域包括杭甬运河宁波段、奉化江等7条主干航道，东钱湖（特殊区域除外）、白溪水库库区航道水域，以及九龙湖、上林湖、梅湖3处习惯客渡运航线水域，共计通航里程200余千米（图2-1-2）。

图 2-1-2　2017 年宁波市内河通航水域范围示意图

二、通航要素

为积极推进全国通航环境管理系统建设，建立全面、准确、权威的通航环境资源要素库，宁波海事局自 2017 年 8 月以来，在全辖区范围内精心组织开展通航环境数据采集工作，历时近 4 个月，于 2017 年 11 月 14 日完成，并形成《宁波海事局通航要素手册》。根据该手册，宁波海事局辖区共有沿海桥梁 13 座、内河通航水域桥梁 60 座、水下管线 66 条、架空管线 47 条、码头 307 座、客运航线 45 条、船坞船台 44 座、进出港航道（航路）10 条、锚地 13 个（以及临时锚泊点 21 个）、引航员登离轮水域 5 个、CCTV 监控点 107 个（其中 42 个在建）。

截至 2021 年，宁波海事局辖区共有码头 228 座、泊位 332 个，其中万吨级以上泊位 109 个、10 万吨级以上泊位 36 个，主要航路 5 条、主要航道 10 条、锚地 23 个、VTS 中心 1 个、雷达站 15 个、CCTV 监控点 460 个、引航员登离轮区 15 个、内河通航桥梁 76 座、跨海桥梁 18 座、海上风电场 2 个、海上光伏发电场 1 个、海洋倾倒区 6 个、石油平台 19 个、渡口 20 个、客运航线 24 条、船坞 14 座、取排水口 20 座、跨海管线 61 条、跨江隧道 2 条、水下管线 54 条。

（一）港区

宁波舟山港港区见图 2-1-3。

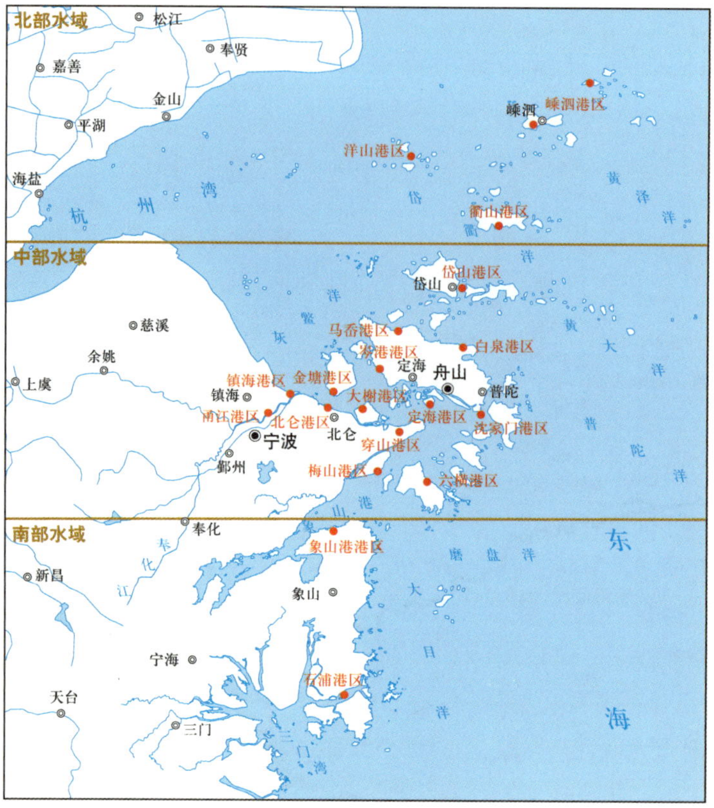

图 2-1-3 宁波舟山港港区图

宁波舟山港在长三角及长江沿线区域的大宗散货、集装箱运输中占据重要的枢纽地位，现已形成“一港四核十九港区”的格局。

宁波海事局业务管辖主要港区：

1. 甬江港区

位于甬江大桥与招宝山大桥之间的甬江水域，是宁波舟山港的一般港区，主要服务地方经济、临港产业和旅游客运发展。甬江港区现有 500 吨级以上泊位 110 余个。

2. 镇海港区

位于甬江招宝山大桥至甬江入海口两岸，是宁波舟山港的重要港区，以煤炭、成品油及液体化工品、杂货运输为主，兼顾内贸集装箱运输。镇海港区现有万吨级以上泊位 14 个。

3. 北仑港区

位于金塘水道南面，西邻镇海港区，东邻大榭港区，是宁波舟山港的主要港区，以集装箱、大宗干散货、原油、成品油及液体化工品、粮食和杂货运输为主，兼顾邮轮客运。北仑港区现有万吨级以上泊位 37 个、10 万吨级以上泊位 15 个、其中 10 万吨级集装箱泊位 9 个、10 万吨级矿石泊位 3 个、20 万吨级矿石泊位 1 个、30 万吨级原油泊位 2 个。

4. 大榭港区

位于大榭岛沿岸，按港区地理位置不同，有 A、B、C、D、E 五个港区组成，是宁波舟山港的主要港区，以集装箱、原油、成品油及液体化工品运输为主，兼顾临港产业发展。大榭港区现有万吨级以上泊位 22 个，其中 25 万吨级以上油泊位 3 个（包括 45 万吨原油泊位 1 个）。

5. 穿山港区

位于穿山半岛以北，是宁波舟山港的主要港区，以集装箱、大宗散货运输为主，兼顾液化天然气、成品油及液体化工品运输。穿山港区现有万吨级以上泊位 17 个，其中 15 万吨级集装箱泊位 9 个、26.6 万立方 LNG 接收站 1 座、15 万吨级矿石泊位 1 个、30 万吨级矿石泊位 1 个。

6. 梅山港区

位于穿山半岛南侧，象山湾口北侧，是宁波舟山港的主要港区，依托梅山保税港区，以集装箱运输为主，兼顾商品汽车滚装运输，发展保税物流功能。梅山港区现有 7 万—10 万吨级集装箱泊位 5 个，7 万吨级滚装杂货泊位 1 个。

7. 象山港港区

位于象山港内，是宁波舟山港的一般港区，主要服务地方经济、临港产业和旅游客运发展。象山港港区现有万吨级以上泊位 9 个。

8. 石浦港区

石浦港区位于象山石浦港内，介于象山半岛和东门岛、对面山、牛头山、尖洋岛、白玉湾岛之间，是宁波舟山港的一般港区，主要服务地方经济、临港产业和旅游客运发展。石浦港区现有 500 吨级以上泊位 38 个。港内除大毛屿附近水深 10 米以上外，其余水深一般在 5—10 米。

(二)航道

宁波海事局辖区主要航道有宁波舟山港核心港区船舶定线制航道、梅山港区临时进港航道、进甬江口航道、象山港进港主航道、石浦港附近航道、甬江航道等。

1. 宁波舟山港核心港区船舶定线制航道：其中包括 30 万吨级双向航道：航道宽 389—1200 米。条帚门主航道：总航程 38 千米，为 15 万吨级双向航道，航道宽 540—1000 米。条帚门支航道：总航程 6.4 千米，为 25 万吨级单向航道，航道宽 500 米。

2. 梅山港区临时进港航道：总航程 18.8 千米，为 10 万吨级双向航道，航道宽 500 米。

3. 进甬江口航道：总航程 6.9 千米，为 5 万吨级双向航道，航道宽 350 米。

4. 象山港进港主航道：总航程 79.3 千米，为 3.5 万吨级单向航道，航道宽 300 米。

5. 石浦港下湾门外航道：总航程 25.1 千米，为 5000 吨级单向航道，航道宽 200 米。

6. 石浦港铜瓦门航道：总航程 22.5 千米，为 1000 吨级单向航道，航道宽 150 米。

7. 石浦港内主航道：总航程 10.6 千米，为 5000 吨级双向航道，航道宽 200 米。

8. 甬江航道：宁波三江口至镇海甬江口，其中招宝山大桥下游航道宽 80 米，水深 7 米，通航 1 万吨级船舶；招宝山大桥至明州大桥航道宽 60 米，水深 4 米，通航净空高度 30.86 米，通航 3000 吨级船舶；明州大桥至白沙作业区航道宽 60 米，水深 4 米，通航净空高度 24 米，通航 1000 吨级船舶。

(三)航路

2021 年 8 月 30 日，浙江海事局发布关于调整浙江沿海主要公共航路的公告，自 2021 年 9 月 10 日起实施。其中涉及宁波海事局辖区的航路有外航路、东航路、西航路、西航路支线(鱼腥脑—金塘大桥—涂泥咀)、宁波舟山港核心港区进港航路(虾峙门口外深水航槽—虾峙门航道/条帚门航道—螺头水道—金塘水道)，见图 2-1-4。

图 2-1-4　2021 年浙江沿海主要公共航路示意图

(四)锚地

宁波海事局辖区主要锚地有23个。21个沿海锚地:七里锚地、金塘锚地、虾峙门北锚地、虾峙门南锚地、虾峙门口外矿船候潮锚地、虾峙门口外油船候潮锚地、虾峙门外原油过驳点锚地、象山港港外候潮锚地、条帚门外锚地、白礁水道避风锚地、石浦港4号锚地、石浦港5号锚地、石浦港6号锚地、石浦港7号锚地、石浦港8号锚地、石浦港9号锚地、石浦港港外锚地、石浦港引航锚地、北仑定点锚泊点9个锚位、佛渡水域9个临时锚位、宁海奉化三号锚地。2个内河水域锚地:姚江青林湾锚地、姚江青林湾2号锚地。

主要锚地详细如下:

1. 七里锚地:位于七里峙灯塔东北,为引航、待泊锚地。锚地面积13.7平方千米,底质为泥底及泥沙,水深6—10米。潮流为往复流,涨潮西北,落潮东南,流速2—4节,大潮汛时可达5节,西北至东北风6—7级时涌浪较大。七里锚地为定点锚泊,共设有23个锚泊点,为保障金塘大桥的安全,目前主要使用其中15个锚泊点。

2. 金塘锚地:位于金塘岛西面,为引航、待泊锚地。锚地面积5平方千米,底质为泥底,水深15—23米。潮流为往复流,涨潮西北,落潮东南,流速4—6节,水流外急里缓,能遮挡东北、东、东南诸方向大风,北风、西北风、西风时有巨浪侵入,涌浪较大。锚地共设有11个锚泊点,为保障金塘大桥的安全,目前主要使用其中9个锚泊点(图2-1-5)。

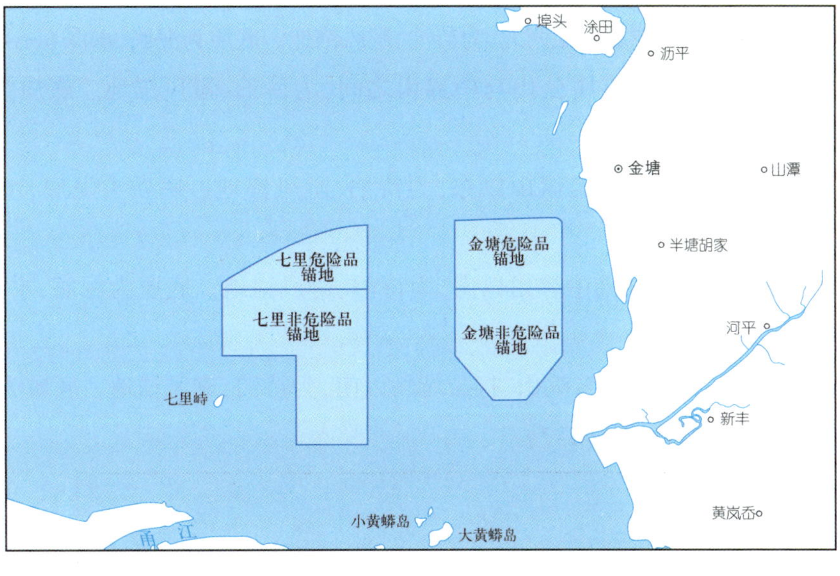

图2-1-5　金塘锚地、七里锚地示意图

3. 虾峙门北锚地:锚地面积15平方千米,为引航、待泊锚地。底质为泥底,水深16—26米。潮流为往复流,涨潮西北,落潮东南,流速2—4节。锚地避风条件较差,东风、东南风时风浪较大,常有涌浪侵入。

4. 虾峙门南锚地:锚地面积11.3平方千米,为引航、待泊锚地。底质为泥底,水深19—24米。潮流为往复流,涨潮西北,落潮东南,流速2—4节。锚地避风条件较差,东风、东南风时风浪较大,常有涌浪侵入(图2-1-6)。

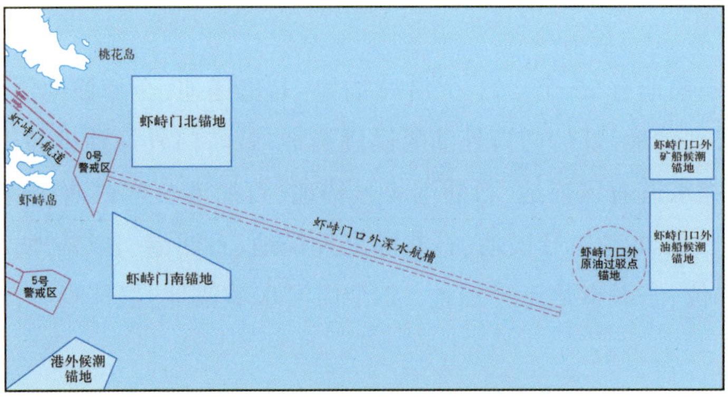

图 2-1-6　虾峙门及口外锚地示意图

5. 虾峙门口外矿船候泊锚地：锚地面积 4.12 平方千米，为引航、待泊锚地。底质为泥底，水深 28—30 米。潮流为往复流，最大流速约 3 节。锚地避风条件较差，东风、东南风时风浪较大，常有涌浪侵入。

6. 虾峙门口外油船候泊锚地：锚地面积 7.89 平方千米，为引航、待泊锚地。底质为泥底，水深 28—30 米。潮流为往复流，最大流速约 3 节。锚地避风条件较差，东风、东南风时风浪较大，常有涌浪侵入。

7. 虾峙门口外原油过驳点锚地：以 29°42′12″N/122°32′42″E 为圆心、1 海里为半径形成的水域，用于原油过驳。

8. 石浦港 4 号锚地：位于石浦港汰网屿以北，为待泊、避风锚地。底质为泥底，水深 10—30 米。潮流为往复流，流速 2—3 节。锚地遮蔽条件好，不受风浪、涌浪影响。

9. 石浦港 5 号锚地：位于石浦港黄胖礁西北，为待泊、避风锚地。底质为泥底，水深 6—8 米，流速 2—3 节。

10. 石浦港 6 号锚地：位于石浦港雷公山与中界山之间，为待泊、避风锚地。底质为泥底，水深 6—8 米。潮流为往复流，流速 2—3 节。

11. 石浦港 7 号锚地：位于石浦港老鼠山以东，为待泊、避风锚地。底质为泥底，水深 5—8 米，流速 2—3 节。

12. 石浦港 8 号锚地：位于石浦港中界山以南，为待泊、避风锚地。底质为泥底，水深 5—8 米。潮流为往复流，流速 2—3 节。

13. 石浦港 9 号锚地：位于石浦港金鸡山、打鼓峙岛以南，为待泊、避风锚地。底质为泥底，水深 6—12 米。潮流为往复流，流速 2—3 节（图 2-1-7）。

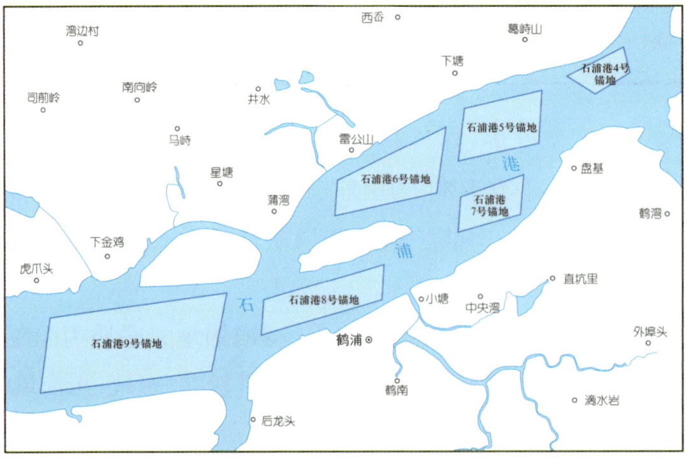

图 2-1-7　石浦港 4 号至 9 号锚地示意图

14. 石浦港港外锚地:位于石浦檀头山与牛头山之间,为待泊、避风锚地。底质为泥底,水深 5—7 米。潮流为往复流,流速 2 节,可供千吨级船舶避 6—7 级西北风和东北风,东风、东南风时风浪较大。

15. 石浦港引航锚地:位于石浦檀头山东面,为引航、待泊锚地。底质为泥底及沙泥,水深 8—10 米。潮流为往复流,流速 2 节,东风、东南风时风浪较大(图 2-1-8)。

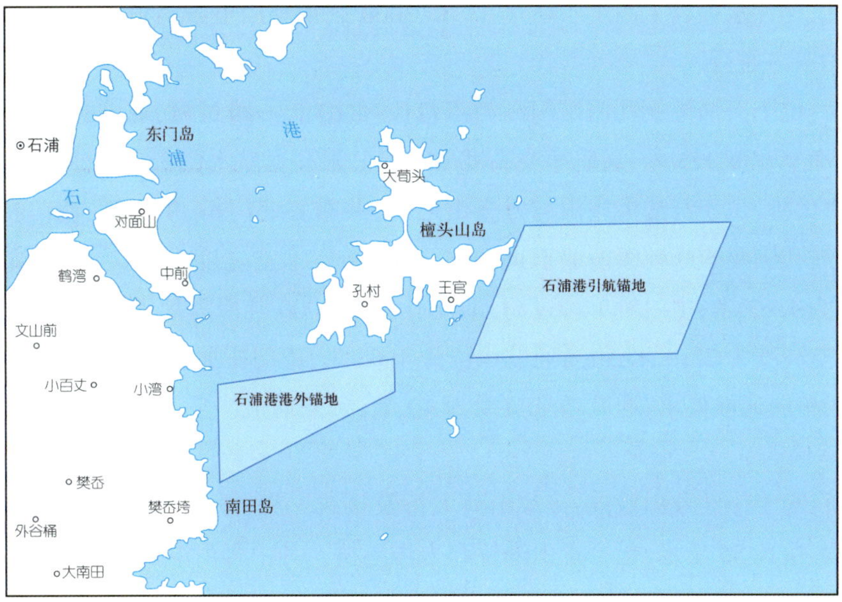

图 2-1-8　石浦港港外锚地、引航锚地示意图

(五)航标

2018 年承接航标行政管理职能后,宁波海事局对辖区航标情况开展全面梳理。截至 2021 年,宁波海事局辖区共有航标 482 个。按照航标类型划分为:桥梁标志(包括桥涵标等)205 个、灯浮 171 个、灯桩 48 个、AIS 航标 48 个、雷达应答器 8 个、导标 2 个。所有航标检查均纳入日常巡航计划,实现航标检查全覆盖。

(六)桥梁

宁波海事局辖区主要桥梁有:

1. 金塘大桥:位于金塘岛岛杵山与镇海新洪口之间,是舟山大陆连岛工程 5 座大桥(岑港大桥、响礁门大桥、桃夭门大桥、西堠门大桥和金塘大桥)中最长的一座,设计最高通航水位 3.28 米(85 国家高程基准),设置主通航孔、东通航孔和西通航孔 3 个通航孔。主通航孔及其对应的桥区航道允许 5 万载重吨及以下船舶双向通行,通航净空高度 51 米,通航净空宽度 544 米;东通航孔及其对应的桥区航道允许 500 载重吨以下船舶双向通行,或 500 载重吨及以上至 3000 载重吨以下船舶单向通行,通航净空高度 28.5 米,通航净空宽度 121 米;西通航孔及其对应的桥区航道允许 500 载重吨以下船舶双向通行,通航净空高度 17 米,通航净空宽度 126 米。

2. 象山港大桥:位于宁波市鄞州区山岩岭和象山县小蔚庄之间,设计最高通航水位 4.64 米(85 国家高程),通航净空高度 53 米,通航净空宽度 448 米。主通航孔位于 73 号主墩和 74 号主墩之间,双向通航 5 万吨级船舶。

3. 大榭公铁两用大桥:西起穿山村,东至大榭岛滨海南路,设计最高通航水位 1.68 米(黄海高程),通航净空宽度130米，通航净空高度22米。大桥中跨为通航孔，允许3000载重吨以下且水面以上高度不超过18米的船舶通行。

4. 大榭第二大桥：起点位于大榭岛环岛西路，沿管廊带空地跨越黄峙江，穿越炮台岗，终点位于老329国道节点，设计最高通航水位3.26米(85国家高程)，通航净空宽度290米，通航净空高度35.5米。大桥主跨为通航孔，允许水面以上高度不超过33米、3000载重吨以下载运危险货物的船舶或7500载重吨以下的其他船舶双向通行。

5. 铜瓦门大桥：位于石浦港铜瓦门东门岛与点灯山冈之间，一跨过海，通航孔满足3000吨级海船双向通航要求，通航净空宽度125米，通航净空高度23.6米，最高通航水位3.8米(85国家高程)。

6. 三门口跨海大桥：位于石浦港庵山与万金山之间，共布置北门桥、中门桥、南门桥3个通航孔。北门桥单跨过海，通航孔满足500吨级海船双向通航要求，通航净空宽度为150米，通航净空高度为20.6米，最高通航水位为4.63米；中门桥单跨过海，通航孔满足1000吨级海船双向通航要求，通航净空宽度为150米，通航净空高度为22.5米，最高通航水位为4.63米；南门桥通航孔位于20号—21号桥墩之间，满足300吨级海船单向通航要求，通航净空宽度为40米，实测通航净空高度为11.56米，最高通航水位为4.63米(85国家高程)。

7. 三门湾大桥：起于宁波象山戴港，接象山港大桥及接线工程，止于台州三门县六敖，接在建的台州湾大桥及接线工程，全长55千米，包含青山港桥和力洋港桥。其中青山港桥通航净高15米，通航孔净宽(单向)50米，满足300吨级杂货船单向通航。力洋港桥通航净高21.5米，通航净宽(双向)85米，满足1000吨级杂货船双向通航。

8. 招宝山大桥：位于甬江招宝山与金鸡山之间，设计最高通航水位2.13米(黄海高程)，通航净空宽度200米，通航净空高度32米，可双向通航3000吨级海船。

9. 清水浦大桥：位于甬江王家洋段，一跨过江，设计最高通航水位3.27米(黄海高程)，通航净空宽度200米，通航净空高度30.86米，可双向通航3000吨级海船。

10. 三官堂大桥：连接宁波市江北区与鄞州区，一跨过江，主跨跨径465米，设1个双向通航孔，桥孔通航净空高度21.1米，通航净空宽度135米，最高通航水位为2.7米(85国家高程)。

11. 中兴大桥：位于甬江庆丰桥下游约1.6千米处，一跨过江，通航净空高度21米，通航净空宽度135米，设计最高通航水位2.7米(85国家高程)。

三、通航环境管理

宁波海事局管辖水域覆盖宁波市内河、沿海水域，从姚江、奉化江水域到甬江口水域再到宁波舟山港定线制核心区域，水域面积大，覆盖范围广。历年来，宁波海事(海监)局严格履行对航道、锚地、航标设施的相应监管职能，坚持立足于重要航道、主要锚地、重点水域的交通秩序维护，同时加强制度完善和课题研究，保障辖区水上交通安全。

(一)管理规定

1995年10月23日，交通部批复《宁波水上安全监督管理规定》，于1996年1月1日起实施。该规定适用水域包括：宁波港区水域、大榭岛沿岸水域、虾峙门航道及相关锚地水域以及交通部授权主管机关管辖的海区水域。规定中明确了中华人民共和国宁波港务监督(交通部宁波海上安全监督局)是依据该规定实施统一监督管理的主管机关。

1996 年 8 月 5 日,宁波海监局印发《关于调整北仑锚泊点功能及制定相应规定的通知》。10 月 22 日,宁波海监局印发《大榭浮桥水域安全管理规定》。10 月 23 日,宁波海监局印发《大榭水域(穿山港)船舶防台锚地划分及相应规定》。

1997 年 9 月,在北仑山交管站试运行两年半的基础上,制定了《宁波港北仑港区水域船舶交通管理暂行办法》。

2000 年 12 月 26 日,经交通部海事局批复同意,宁波海监局颁布实施《宁波港七里、金塘锚地范围规定》。

2003 年 11 月 3 日,经浙江海事局批复同意,宁波海事局公布《宁波内河旅游交通安全监督管理规定》。

宁波穿白水域作为连通宁波、舟山的重要航道,历来是船舶通航的密集区域,海上交通事故风险大,2006 年 8 月 1 日,《宁波穿白水域通航安全监督管理规定》正式颁布施行。2012 年,宁波海事局启动第一次修订工作,2014 年 1 月 1 日,《宁波穿白水域通航安全监督管理规定》开始施行,2006 版同时废止。新规定扩大了适用范围、增加了桥区管理和安全保障章节,对桥梁业主、码头船厂单位的相应义务进行了补充。随着宁波舟山港区定线制二期的实施,宁波海事局于 2017 年启动对该规定的再次修订。新规定在分析近年穿白水域水上交通事故险情的基础上,对船舶高频守听、船岸信息流转、恶劣气象防抗、锚泊、防台等方面进行了补充和完善,特别增加了穿白水域南航道通航秩序的要求。2017 年 12 月 28 日,《宁波穿白水域通航安全监督管理规定》开始施行,2013 版同时废止。2021 年 6 月 29 日,浙江海事局以 2021 年第 4 号公告发布了经修订的《宁波穿白水域通航安全监督管理规定》,自 2021 年 8 月 1 日起实施,有效期 5 年,2017 版同时废止。

2007 年 7 月 20 日,《宁波金塘七里锚地定点锚泊管理规定》对外发布,于 7 月 31 日起施行。该规定明确了金塘锚地共设置 11 个船舶锚泊点(J1—J11),J1—J5 为危险品锚泊点,J6—J11 为非危险品锚泊点。七里锚地共设置 23 个船舶锚泊点(Q1—Q23),Q1—Q11 为危险品锚泊点,Q12—Q23 为非危险品锚泊点。规定对各锚泊点可供锚泊的船舶载重吨、使用锚泊点时的申请及报告等事项进行了明确,其中船舶定点锚泊在国内尚属首次。该规定的发布实施,对于规范锚地水域船舶锚泊秩序,充分利用港内锚地资源,提高船舶通航效率,防范水上交通事故,缓解船舶通航管理压力,具有十分重要的作用。2016 年 3 月 21 日,《宁波金塘七里锚地定点锚泊管理规定》对外公布并开始施行,2007 版同时废止。新规定在各锚泊点的位置及可供锚泊的船舶载重吨、使用锚泊点时的申请及报告等相关事项的规定上保持不变。

2008 年 7 月,浙江海事局对外出版发行《浙江沿海及主要港口航行指南》和《浙江沿海及主要港口航行示意图》。该航行指南和航行示意图详细介绍了浙江沿海及主要港口概况、水文气象、航路、锚地、助航标志、碍航物、港口服务及进出口航路航法及航行、停泊注意事项,收录了各主要港口相关管理规定和规章制度。2014 年浙江海事局启动修订工作,以课题研究的形式修订完成新版《浙江沿海及主要港口航行指南(2014 版)》和《浙江沿海及主要港口航行示意图(2014 版)》。新版补充更新了浙江沿海主要航路及主要港口、水文气象、助航设施、对外开放水域、港区航行指南、港口服务(引航代理、拖轮配备、医疗卫生、油水供应等 11 项内容)等内容。2017 年,浙江海事局组织对航行指南和航行示意图进行了再次修订,形成《浙江沿海及主要港口航行指南(2017 版)》和《浙江沿海及主要港口航行示意图(2017 版)》。

2009 年 4 月 1 日,《金塘大桥、西堠门大桥通航安全管理规定》开始施行。该规定明确了宁波海事局具体负责大鹏山西岸与岛杵山西岸连线以西的金塘大桥水域通航安全监督管理,舟山海事局负责大鹏山西岸与岛杵山西岸连线以东的金塘大桥水域和西堠门大桥水域的通航安全监督管理。

2012 年 10 月 1 日,《宁波海事局辖区能见度不良情况下船舶航行、锚泊和作业管理规定》开始实施,规定了在能见度不良蓝色、黄色、红色预警条件下船舶航行、锚泊和作业的要求,明确了相关单位的责任。原《宁波港船舶能见度不良时航行及锚泊规定》同时废止。

2012 年 12 月 28 日,《宁波象山港公路大桥通航安全管理规定(试行)》开始实施。该规定对大桥水域内船舶和设施的航行、停泊、作业等行为相关事项进行了明确。明确船舶通过大桥水域时,顺流航行不得超过 12 节,逆流航行不得超过 10 节。超大桥通航净空高度的船舶和长度超过 300 米的拖带船组禁止通过大桥。

2019 年 4 月 8 日,北仑港区《北仑山东侧水域船舶交通流组织方案》正式运行。该方案实施范围为北仑山东侧北一集司 1—6 泊位、海螺水泥码头、北仑山多用途码头在内的 10 万吨级大型集装箱、散货泊位群。北仑辖区(包括矿石及台塑码头周边水域、北仑山西侧水域、北仑山东侧水域)实现大型船舶交通流组织方案全覆盖。

(二)重点水域管理

宁波舟山港依托优良的港口自然资源优势,历经多年的发展,现已成长为世界级大港,在此过程中也逐渐形成了甬江口、金塘、虾峙门等数个船舶交通流密集区和险情事故多发区。宁波海事局以此为重点,充分履行海事监管职能。

1. 甬江港区水域

甬江港区在原宁波港区(甬江、余姚江、奉化江的交汇处“三江口”一带,系河岸港)的基础上扩展至内河港区,自宁波市中心三江口起至镇海招宝山大桥,港区内甬江航道长 22 千米。甬江作为宁波舟山港的发源地,近年来每年通行的船舶逾 10 万艘次。甬江航道承担着甬江沿线码头的煤炭、成品油、液体化工品、杂货、内贸集装箱运输以及市六区的城市建材和渣土泥浆运输。同时,作为宁波舟山港联通京杭运河、杭甬运河的纽带,甬江航道担负通江达海的使命。

2009 年 7 月 31 日,宁波海事局组织召开宁波甬江水上交通安全管理会议,甬江沿岸 40 余家码头单位、有关航运公司负责人以及宁波市港航管理局相关人员参会。会议明确从 2009 年 8 月 10 日开始,实行甬江航行船舶动态报备制度。是年,针对甬江航道船舶搁浅事故多发的局面,对甬江内不同等级码头区别确定控制要求,同时规范内部操作流程,加大 VTS 监控力度,全面规范甬江码头船舶航行作业行为。

2009 年 8 月 31 日,宁波海事局、宁波市港航管理局组织召开甬江庆丰桥至招宝山大桥航段安全管理咨询会议,就甬江通航安全和码头接靠船舶的申请事项组织专家咨询。由于甬江航道的变迁以及明州大桥至庆丰桥航段通航标准的调整,根据招宝山大桥至明州大桥航段水深情况以及宁波市《三江河段恢复性清淤工作方案》的实施,该航段有条件地通航 5000 载重吨以下船舶具有现实意义,且安全有保障。宁波海事局根据专家意见,经综合评估,甬江航道明州大桥以下水域 5000 载重吨以下船舶施行有条件通航。

2014 年 4—8 月,宁波海事局通过简化流程,有效服务和保障“甬江清淤”工程。该工程是宁波市“五水共治”重点项目、宁波市 2014 年应急工程、宁波市“治水强基”三年计划七大工程之一,实施范围为从姚江大闸开始经三江口至庆丰桥，全长5.8千米。

2014年11月，宁波海事局联合地方政府部门开展甬江、奉化江、余姚江水上餐饮、休闲经营专项整治，清理了一批影响通航安全和防洪排涝、破坏水生态环境、存在安全隐患的从事水上餐饮、休闲的各类船舶和浮动设施、构筑物。

2015年4—5月，为进一步掌握甬江航道水深通航要素，分析甬江水域冲淤影响，在主汛期前为宁波市"五水共治"深入开展提供支持，宁波海事局首次运用多波束探测设备，根据行业标准开展航道水深测量，建立了甬江航道主要通航要素数据库。

2016年9月5日，为确保宁波甬江行洪排涝、航道畅通和江堤安全，适应宁波城市发展与建设需要，宁波市海洋与渔业局、宁波市水利局、宁波海事局、宁波市港航管理局联合发文《关于禁止船舶进入甬江中心城区水域锚泊、冲滩的通告》。该通告规定在甬江中心城区水域内，除因航行、作业、应急需要外，禁止船舶在码头停泊水域以外的水域进行锚泊、冲滩或长期驻留。甬江中心城区水域是指常洪隧道保护区下游的江北路林水产交易中心码头与老杨木碶闸口连线（设禁止锚泊标志）的上游水域。

2018年3月，甬江庄市粮库码头至梅墟湾航段连续发生2起搁浅事故。宁波海事局分析事故原因，开展航标设置现场踏勘、需求评估、征求意见。8月25日，宁波海事局联合宁波航标处完成该航段"甬江5"航道右侧标设置，为甬江近25年来首次增设灯浮。是年，宁波海事局推动明州大桥至庆丰桥段水深维护工作，改善甬江航道通航环境。

2019年6月，作为宁波市"五水共治"和"治水强基"重大水利项目之一的三江河道清淤工程（甬江水域明州大桥至镇海电厂段）基本完工。宁波海事局在施工期间，建立了清淤作业与各码头疏浚作业协调机制，通过加强现场巡航巡查、强化信息安全通报，保障了项目的顺利进行。

2021年，针对近年来甬江航道多次发生碰撞、搁浅事故，甬江航道维护整治已迫在眉睫。为保障宁波重要通道航行安全，宁波海事局全力推动甬江航道拓宽整治。通过市政府相关会议专题汇报，与交通、港航、海港集团、设计等单位多次对接研究，推动"甬江航道维护整治工程"落地。该工程已于2022年启动，为首次对甬江航道梅墟湾段（三官堂大桥至明州大桥段）进行拓宽整治。按1000吨级海轮双向乘潮通航考虑，航道通航宽度为86米，底高程为-3.1米。

2. 甬江口及口外附近水域

甬江口水域系指招宝山大桥以下、甬江口北导流堤堤头灯桩与长跳嘴灯桩连线之间的甬江水域。口外附近水域主要指甬江口外附近船舶进出甬江水域，主要为七里锚地、金塘锚地至甬江口之间水域。甬江口水域作为船舶出海进江的必经区域，周边码头密集、通航环境复杂、船舶交通流量大、船舶交会避让频繁，加之甬江口水域空间狭窄，历年来为宁波舟山港核心港区事故高发区和海事重点监管水域。

2000年12月26日，为改善七里、金塘锚地水域通航环境，防止和减少锚地水域内船舶交通事故的发生，宁波港务监督《关于调整宁波港七里、金塘锚地范围的通知》对宁波七里、金塘锚地范围进行调整。七里锚地为以下6点连线范围内水域：①29°59′30″N/121°46′32″E；②29°59′30″N/121°47′27″E；③30°02′30″N/121°47′27″E；④30°02′30″N/121°45′36″E；⑤30°00′30″N/121°45′36″E；⑥30°00′30″N/121°46′32″E。金塘锚地为以下7点连线范围内水域；①30°00′00″N/121°49′04″E；②30°00′00″N/121°49′32″E；③30°00′30″N/121°50′00″E④30°02′00″N/121°50′00″E；⑤30°02′30″N/121°49′32″E；⑥30°02′30″N/121°48′36″E；⑦30° 00′30″N/121°48′36″E。2个锚地的北半部分水域（以纬度30°01′15″N为界）供相应吃水的危险品

船舶锚泊，南半部分水域供相应吃水的非危险品船舶锚泊。

2008 年，宁波海事局制定并完善《关于招宝山大桥以下甬江口水域船舶靠离泊要求》和《禁止化工区夜间靠离泊规定》，督促船舶严格落实，保障甬江口水域的水上交通安全。

2010 年 10—11 月，甬江口及附近水域局部水深变浅，导致深吃水船舶乘潮进江时发生多起搁浅事故。12 月，宁波海事局发布《关于宁波甬江口及附近水域近期连续发生多起船舶搁浅事故的通报》，向辖区有关单位提出甬江口及附近水域深吃水船舶安全通航建议，要求合理安排船舶靠离泊计划，严格控制船舶最小富余水深，发现浅点及时通报，进出甬江谨慎行驶。是年，针对搁浅事故暴露出的对甬江口违法倾倒、七里峙水域过度倾倒以及不合理围填海工程造成港区航道水深变浅的突出隐患，宁波海事局通过多种途径，向地方政府及相应主管部门通报，联合宁波港务集团加强对渣土泥浆船非法排放的监控，对每一艘船舶动态实施 AIS 航迹回放，发现问题及时查处，并通报城管部门和作业单位处理。

2011 年后，针对搁浅事故连续多发的状况，宁波海事局着力提升甬江口水域通航管理能力。2011 年 5 月，甬江航道应急疏浚完工后，宁波海事局提出保障甬江口水域船舶航行安全的“六项措施”，部署甬江口水域的长效管理。是年，采取航道应急疏浚、深吃水船舶吃水和靠泊时机审核等“十项措施”。2012 年 3 月，宁波海事局协调航标部门在七里峙南侧水域增设 3 处警戒标，甬江口水域船舶搁浅频发态势得到有效遏制。2021 年 6 月 9 日，宁波海事局推动航标部门在中柱门增设孤立危险物航标，降低了该水域穿越船舶与两侧危险品码头靠离泊船舶碰撞的风险。

至 2011 年，宁波招宝山大桥至甬江口水域已有不同等级泊位 18 个，其中油品和化学品码头 7 个。为合理、高效组织该水域船舶交通流，宁波海事局于 2011 年 9 月 8 日印发《宁波招宝山大桥至甬江口码头群船舶靠离泊组织方案》，尝试精细化通航管理模式，船舶靠离甬江下游码头群的秩序明显得到规范，当年未发生船舶靠离泊擦碰险情。

2012 年 2 月，甬江口水域疏浚工程开始进场施工。该工程位于甬江口外进出口航道与宁波镇海港区 17—22 号泊位港内水域连接区域，对船舶通航安全造成很大隐患。为此，宁波海事局通过提前部署，开展《宁波-舟山港镇海港区甬江口外水域疏浚工程安全须知》发放及宣贯工作，加强 VTS 与现场监管的联动，维护甬江口水域通航环境安全。2012 年 10 月工程顺利完工，航道水深达 12.8 米，可供 5 万吨级船舶航行，有效改善了甬江口附近水域的通航条件（图 2-1-9）。

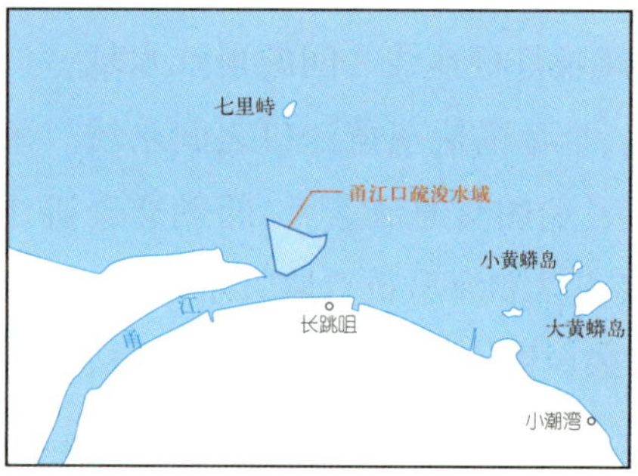

图 2-1-9　2012 年甬江口疏浚区域示意图

2013 年，宁波海事局制定出台《宁波-舟山港甬江口外西侧泊位群靠离泊组织方案》，明确了北仑第二港埠公司、镇海通用散货码头等泊位的安全靠泊标准。按照方案规定的交通组织原则，宁波海事局充分结合船舶交管 MIS（管理信息系统）数据库系统，合理安排船舶进出港靠离泊次序，避免甬江口水域高潮时段船舶拥堵现象，通过对船舶提供“点对点”信息服务、告知其他相关船舶动态、指令船舶控制船速保持安全间距等措施，避免大吃水船舶在甬江口附近交会，规范船舶靠离泊秩序。

2020 年 12 月 4 日，宁波海事局结合金塘水道至甬江口水域未实施船舶定线制、存在交通流量大、多航向交会、小型船舶众多等复杂通航特征，在交通组织管理优化、船舶航行航法以及船舶拖轮配合等方面，提出了金塘水道与甬江口附近水域交通流优化建议。

2021 年，宁波海事局创新推出甬江口水域通航安全格局重塑工程。经研究该水域船舶航行习惯、通航客观要素、船舶交通流数据，通过分流通航、错峰通行、功能区设置、协调机制建设等方法，从空间上合理分布船舶交通密度，时间上减少交通流峰值，解决了船舶港区待泊抛锚问题，促进了通航资源共商共建共享。该工程实施后，甬江口水域2021年仅发生4起险情，相较于2020年11起船舶擦碰事故、6起险情，数据大幅下降，同时促使镇海港埠公司码头作业效率提升42%，取得了水上交通安全和港口经济发展的双重效益。

3. 金塘水域

金塘水道位于灰鳖洋水域，是船舶进出宁波舟山港核心区域、驶往北方诸港的重要水上通道，金塘水域历来水文条件较复杂，来往船舶众多。2009年随着金塘大桥的建成通车，该水域的船舶交通进一步受限，同时由于金塘大桥距离金塘、七里两大锚地较近，附近的抛锚船舶对金塘大桥时刻构成了潜在威胁。为此宁波海事局通过巡航游弋、规则制定等手段，致力于保障金塘大桥的安全和周边水域的水上交通安全(图2-1-10)。

图2-1-10 巡航金塘大桥水域

2009年4月1日，《金塘大桥、西堠门大桥通航安全管理规定》正式施行。该规定实施前，宁波海事局通过召开宣贯会，明确了恶劣天气桥区禁航、船舶尺度吨级限制、引航免除申请等相关条款的适用条件和具体操作办法。同时督促大桥建设和管理单位对桥区航道和通航要素进行测量和核实，发布《关于公布金塘大桥、西堠门大桥桥区通航要素和助航标志的通告》并连同两桥管理规定，在《中国交通报》等权威媒体刊登，广泛进行宣传。是年，宁波海事局建立桥区水域巡逻艇游弋制度。

2009年，“11·16”船舶碰撞金塘大桥事故发生后，宁波海事局于11月26日下发《关于进一步加强桥区水域通航安全管理的通知》，提出相应的安全管理要求。同时为加强桥区水域的监管，2010年1月，宁波海事局对少数船舶未遵守桥区水域管理规定的违法案件向辖区航运公司和船舶代理单位进行通报，进一步强调安全管理要求。

2009年12月29日，宁波海事局探索金塘大桥水域监管模式，制定《金塘大桥水域海事监管工作方案》，上报浙江海事局。2010年1月，该方案获浙江海事局批复同意。宁波海事局按照方案，成立金塘大桥水域水上交通安全监督管理工作领导小组。方案明确加强对航运公司船舶触碰金塘大桥风险的宣传和教育，将《金塘大桥附近水域航行指南》的告知及船长收妥确认列入海事部门船舶进口岸申报和查验的必查内容。

2010年，宁波海事局继续推进金塘大桥安保工作，研究细化金塘大桥助导航设施和防撞系统建设、突发事件应急防范等安全管理措施和手段，6月10日，金塘大桥海上安保体系配套航标效能系统通过浙江海事局专项验收。7月27日，宁波海事局发布《关于调整金塘大桥桥区部分助航标志的通告》，对桥区部分助航标志进行调整。

2010年7月6日，宁波海事局发布《关于撤销宁波金塘七里锚地部分锚泊点的通告》，撤销《宁波金塘七里锚地定点锚泊管理规定》公布的J1、J2、Q1—Q5、Q8锚泊点。

2012 年 11 月 29 日，宁波海事局按照浙江省政府《关于加强舟山跨海大桥安全营运工作方案》的精神，召开金塘大桥非通航孔防撞方案专家咨询会，提出要明确防撞设施建设标准和防碰撞区域，建议扩大拦阻范围，增强防撞设施的可靠性。2013 年 12 月—2014 年 6 月，“金塘大桥非通航孔防撞试验段”项目基建工程完成。2014 年 8 月 5 日，实船阻拦试验在大桥西航道非通航孔水域开展，宁波海事局派主力船艇在现场警戒（图 2-1-11）。2017 年 11 月 26 日，金塘大桥非通航孔拦阻设施水上安装正式启动，拦阻设施设置在金塘大桥主通航孔、西通航孔两侧，长度共计 6006 米。其中主通航孔两侧拦阻设施共 4422 米，最大可拦阻 2.5 万载重吨、航速 4.0 米/秒的满载船舶；西通航孔两侧拦阻设施共 1584 米，最大可拦阻 1000 载重吨满载失控船舶。至 2018 年 7 月 25 日，金塘大桥非通航孔拦阻设施水上安装正式完工。该项目的完工，意味着浙江省政府于 2009 年制定的《关于加强舟山跨海大桥安全运营工作方案》中 12 项海上安全近（远）期措施全部完成。

图 2-1-11　2014 年金塘大桥非通航孔实船阻拦试验

4. 虾峙门及口外附近水域

虾峙门航道介于舟山桃花岛与虾峙岛之间，呈西北—东南走向，长 15 千米，宽 0.9—2.8 千米。虾峙门口外航道位于虾峙门水道以东水域，口外主要分布有虾峙口外深水航槽及相关锚地。虾峙门航道为大型船舶进出宁波舟山港核心港区的必经之路（图 2-1-12）。1993 年以来，交通部、交通部安全监督局、浙江省发文明确，虾峙门航道及相关锚地由宁波海监局实施统一监督管理，该航道及相关锚地水域通航秩序的维护，对宁波舟山港而言至关重要。尤其是 2008 年虾峙门口外深水航槽及锚地开通后，大型船舶进出宁波舟山港的数量与日俱增，宁波海事局通过规则制定、现场巡航、VTS 动态管理等措施，加强该水域的监管。

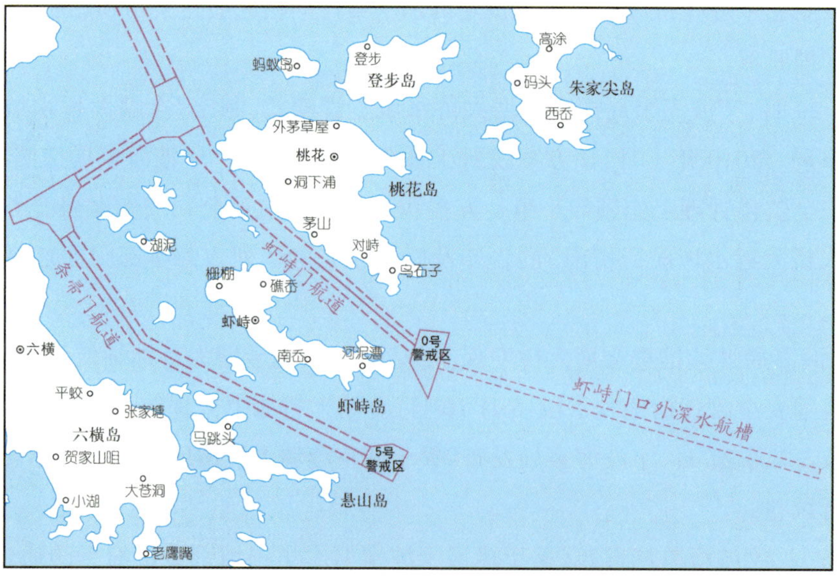

图 2-1-12　虾峙门航道及口外深水航槽示意图

1996 年，根据交通部、浙江省《关于研究落实开辟宁波港至美东航线集装箱班轮运输问题的会议纪要》的要求，宁波海监局向交通部报送《关于上报〈虾峙门航道及相关锚地管理办法〉的报告》。

1997 年，宁波海监局完成虾峙门航道桃花灯塔、下栏山、小双山灯桩的改造工程，改善了虾峙门助航条件，结束了大型船舶“虾峙门无夜航”的历史。

为适应宁波舟山两地到港船舶大型化的发展趋势，充分发挥大型原油、铁矿石码头的资源优势，降低运输成本，2007 年 5 月，虾峙门口外航道整治工程开始施工。工程按 30 万吨级航道建设，设计代表船型采用 30 万吨级原油船和 30 万吨矿石船，2007 年 12 月完工。这是我国第一条 30 万吨级人工航道。

2008 年 11 月 26 日，根据浙江海事局《关于启用虾峙门口外深水航槽及锚地的通告》，虾峙门口外深水航槽及锚地投入使用。深水航槽轴线全长 12 海里，其中人工挖槽长度 8 海里，有效宽度 390 米，通航底高程 -22.1 米（理论深度基准面），走向 286.8°～106.8°。启用虾峙门口外油船锚地、虾峙门口外矿船锚地，均为引航、待泊锚地。拟使用深水航槽的超大型船舶，其船舶所有人、经营人或代理人需在船舶抵达港口 72 小时前（航程不足 72 小时的，选在船舶开航时）报宁波 VTS 中心。

2008 年 12 月 2 日，浙江海事局印发《虾峙门口外深水航槽通航安全管理规定（试行）》并于同日起试行，规定深水航槽的船舶交通管理由宁波海事局负责，实施深水航槽维护作业报舟山海事局审批。2009 年，宁波海事局制定出台《超大型船舶使用航槽内部管理程序》，对船舶进出航槽实施全过程动态监控服务。

2010 年 8 月 1 日，宁波舟山港核心港区深水航路船舶定线制实施，虾峙门航道作为定线制的重要通航分道，渔船作业与商船航行之间的矛盾在捕鱼季节尤其明显。宁波海事局通过加强与地方渔业部门的沟通，加强对渔业船舶碍航作业的治理，经多方共同努力，虾峙门航道内渔船碍航现象得到明显改善。

2014 年 6 月 1 日，《虾峙门口外深水航槽通航安全管理规定》开始施行。规定由浙江海事局主管深水航槽通航安全管理工作。宁波海事局和舟山海事局按照分工，对深水航槽通航安全实施具体监督管理，宁波海事局负责深水航槽水域的巡航执法。拟使用深水航槽的进港超大型船舶，其船舶所有人、经营人或代理人应在船舶抵达港口 72 小时前（航程不足 22 小时的，在船舶开航时）报宁波 VTS 中心。宁波海事局在船舶使用深水航槽前一日 17 时前，确定超大型船舶通过深水航槽计划，发布航行警告等相关安全信息。原《虾峙门口外深水航槽通航安全管理规定（试行）》同时废止。同日，《超大型船舶使用虾峙门口外深水航槽海事监管工作程序》开始施行。宁波 VTS 中心根据《深水航槽使用报告》确定使用深水航槽计划，发布航行警告。宁波 VTS 中心每日向浙江海事局指挥中心报告深水航槽使用计划。超大型船舶通过时，宁波 VTS 中心对深水航槽实施临时交通管制（图 2-1-13）。

图 2-1-13　大型集装箱船舶进出虾峙门航道

2020 年 3 月，虾峙门口外 30 万吨级人工航道扩建工程开始疏浚施工。该工程是被列入交通运输部“十三五”规划的重点建设项目，是响应国家长江经济带战略、践行宁波舟山两港一体化共建、共享、共管发展机制实施的沿海高等级航道工程。通过对现有 30 万吨级航道拓宽增深，提升进出宁波舟山港超大型船舶的通航效率，充分发挥港口产能。其间，宁波海事局加强施工水域周边船舶动态监管，提醒过往船舶注意避让，保障疏浚工程顺利开展。

5. 象山沿海水域

宁波海事局辖区象山沿海海域南北跨度 49 海里，向东延伸至我国海域边界，近年来日均航行商船 800 余艘次、航行及作业渔船 3000 余艘次，商船、客船、渔船频繁交汇。同时相较于成熟港区完善的海事监管体系，象山沿海 CCTV 监控、VHF 信号覆盖范围有限，风浪流感知能力较弱，导致该水域事故险情多发。宁波海事局加强 CCTV、VHF 等监管基础设施建设，以浙江沿海主要公共航路调整公布为契机，着力重塑象山沿海通航秩序格局。

2014 年 3 月 4 日，宁波海事局促成宁波象山沿海水域新设 1 座孤立危险物 AIS 虚拟航标，标名：YI HE JIAO（谊和礁）。该虚拟航标依据宁波海事局 2012 年 12 月 15 日“谊和 6 号”轮触礁沉船事故调查后的评估成果设置，旨在从源头改善该水域通航环境，防范触礁事故再次发生。

2018 年，针对象山水域女英礁多次发生触礁事故险情，宁波海事局及时联系航标部门，研究在该水域设置虚拟航标事宜。2019 年 4 月，女英礁北、女英礁南灯浮设置完成。

2021 年 7 月 13 日，干货船“勇博 78”轮航经象山沿海抛露礁水域时发生触礁，导致该轮进水沉没。宁波海事局全面排摸该水域导助航设施布设、水深、实际交通流，经扫测探明抛露礁东西长约 110 米、南北宽度约 62 米、泥面以上高度约 3 米。宁波海事局及时对接航保部门，开展优化调整该礁石水域公共航标布设事宜。12 月 29 日，象山沿海抛露礁公共航标布设完成，新设置的 3 座孤立危险物标和 1 座虚拟 AIS 航标正式投入使用。

2021 年，宁波海事局在东西屿山、石浦港口外等交通密集水域和高风险水域设置“禁锚区”，在环石浦港外水域设置 3 个警戒区。是年，按照浙江海事局关于调整浙江沿海主要公共航路的公告，象山沿海共划定 3 条南北向推荐航路，按其位置由外向内分为外航路、东航路、西航路。外航路自外甩礁南下，经渔山列岛东侧水域驶出象山沿海。东航路自虾峙门深水航槽口外南下，经南韭山东侧、渔山列岛西侧驶出象山沿海。西航路自西磨盘礁西侧南下，沿牛鼻山水道往南驶出象山沿海。另外，象山沿海形成了一条自东西屿山南下小型船舶习惯航路，沿海小型船舶习惯航路（宁波段）北接宁波舟山港核心港区，南接三门湾，是 1000 吨级及下小型船舶南北往来的重要通道（图 2-1-14）。

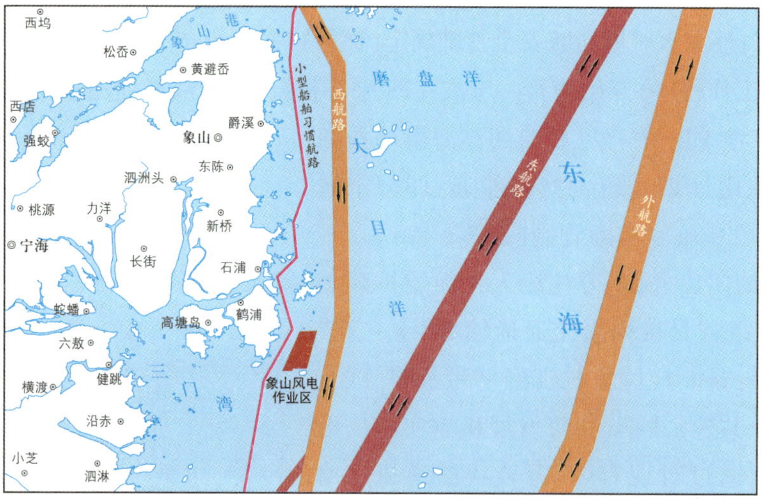

图 2-1-14　象山沿海航路推荐航法示意图

2021 年 12 月 9 日,宁波海事局推动象山沿岸小型船舶习惯航路 8 座虚拟 AIS 航标布设完成,首次实现了沿岸小型船舶习惯航路宁波段虚拟路标全覆盖(图 2-1-15)。虚拟 AIS 航标是基于 AIS 应用而产生和发展的新型航标技术,其原理是 AIS 基站将覆盖区内的航标信息实时动态地传递至用户船舶,并在能够接收 AIS 信号的电子海图等船载导航设备上显示,为用户船舶提供直观的可视化参考。

图 2-1-15　沿海小型船舶航路宁波段虚拟 AIS 航标布设示意图

(三)航标管理

1988 年 12 月 5 日,镇海航标区由上海海监局划归宁波海监局管理,宁波海监局设立航标处,与镇海航标区合署办公。1996 年 4 月,根据机构编制的批复,镇海航标区下设镇海航标站、定海航标站、岱山航标站、石浦航标站、嵊泗航标站、枸杞导航台、花鸟灯塔、行政事务管理站、船队。

20 世纪 90 年代,按照宁波海监局的内部机构设置,由内设机构航标处承担航标建设维护管理等职能。根据统计,1996 年起,宁波海监局的历年维护航标座天数、航标正常率、航标维护正常率均达到并超过了交通部颁布的相应标准(表 2-1-1)。

宁波海监局时期航标维护数据　　表 2-1-1

序号	年份(年)	航标维护座天	航标维护正常率	航标正常率
1	1995	—	100%	99.81%
2	1996	—	—	—
3	1997	69061 座天	99.93%	99.92%
4	1998	72254 座天	99.99%	99.98%
5	1999	71909 座天	99.99%	99.97%
6	2000	69747 座天	100%	99.99%

1996 年,宁波海监局在航标建设中坚持"科技兴航标"的方针,完成了有线、无线集群通信系统镇海基地站及大巨山无线电中转基地机房的通信机、中转机、铁塔等设备的安装调试,半洋灯塔和唐脑灯塔实

现无人值守，部分航标设备进行了更新改造，建成了定海航标基地。12 月 5 日，嵊泗航标站揭牌成立。12 月 16 日，我国首座无人值守灯塔——半洋灯塔在镇海航标区半洋礁正式投入运行。

1996 年 9 月 24—25 日，《航标作业标准》修订专家讨论会在镇海航标区召开。11 月 15 日，修订工作完成，改名为《海区航标作业管理规则》。

1996 年，为贯彻落实交通部、浙江省政府《关于研究落实开辟宁波港至美东航线集装箱班轮运输有关问题的会议纪要》精神，宁波海监局上报对虾峙门航道航标设施的改造方案，计划改造桃花岛灯桩、小双山灯桩、上溜网重岛灯桩、下栏山灯桩、洋小猫灯桩、黄牛礁灯桩。12 月 10 日，虾峙门航道下栏山灯桩、小双山灯桩改造工程开工。1997 年 10 月 17 日，虾峙航道航标改造一期工程（桃花岛灯塔，下栏山、小双山灯桩改造工程）通过竣工验收。

1997 年 1 月 23 日，镇海航标区七里屿灯塔通过竣工验收。是年，唐脑山、半洋灯塔改造工程以及定海航标基地通过竣工验收。

1998 年 10 月 1 日 0 时起，按照《关于做好关闭罗兰 A 导航系统工作的通知》要求，宁波海监局正式关闭罗兰 A 导航系统。罗兰 A 作为我国独立控制的海上无线电导航系统，始建于 1956 年，于 1976 年 10 月 1 日正式开放使用，至 20 世纪 90 年代，其定位手段相对比较落后，定位精度和可靠性比较差，已无法满足各方面的使用要求。

1999 年 2 月 1 日，镇海航标区东亭山灯塔改造工程通过竣工验收。

1999 年，宁波海监局加快“科技兴航标”步伐，航标智能化研究应用取得重大突破，利用集群通信系统开发航标实时遥测技术取得成功，同时大力推广应用“新能源、新材料、新光源”技术。

2000 年 1 月 21 日，镇海航标区 450 兆赫有/无线集群通信系统通过交通部海事局的竣工验收。

2000 年 12 月 18 日，镇海航标区普陀山灯塔改建工程竣工。灯塔主灯为 PRB-46MKI 型灯器，闪白 4 秒，灯高 74.7 米，射程 18 海里，钢筋混凝土塔身，采用太阳能供电。

2000 年，宁波海监局在航标管理上引入 ISO9002 质量管理体系，建立起航标质量管理体系，实行航标技术资料电脑管理，同时严格执行《海区航标维护质量考核标准》，加强航标巡检。

根据 2001 年全国海区航测工作会议和交通部《关于调整部分航标区行政管理关系的通知》精神，2001 年 4 月 11 日，宁波海事局和上海海事局在宁波海事局镇海航标区交接协议上正式签字，这标志着宁波海事局镇海航标区划归上海海事局的交接工作完成。镇海航标区成建制划归上海海事局，管辖水域为花鸟山灯塔至石浦港海域范围内的海上干线和甬江管辖区域，包括镇海、定海、岱山、嵊泗、石浦 5 个航标站总计有公用航标 170 处［其中灯塔 20 处、灯桩 105 处、灯浮 15 处、导标 15 处、立标 1 处、全球差分定位系统（DGPS）1 处、雷达信标 9 处、指向标 1 处、雾号 3 处等］。

2001—2018 年，宁波辖区航标行政管理、日常建设维护相关工作由航标部门负责，宁波海事局在日常监管中如发现航标异常，及时通报给航标部门。在航标建设中，宁波海事局立足海事监管职能，从保障船舶海上航行安全的角度，保持与航标部门的沟通合作。

2018 年 7 月 31 日起，根据《交通运输部办公厅关于深化航海保障管理体制改革的意见》和《交通运输部海事局关于航海保障行政职能调整有关事项的通知》，各海区航海保障行政管理职责由各直属海事局和相应分支海事局承担，宁波海事局正式承接宁波海事局辖区航海保障行政管理职责。按照专用航标分类规定，专用航标分为第一类航标和第二类航标。第一类航标是指灯塔和无线电导航台、无线电指向标等无线电航标。第二类航标是指灯桩（包括导标）、立标、灯浮标、浮标、灯船、雾号、雷达信标等航标。

职能调整后，宁波海事局权限为宁波辖区沿海水域（包括甬江口至庆丰桥）内一类专用航标初审和二类专用航标审批。是年，经全面梳理，辖区共386座专用航标全部归宁波海事局监管。

2018年12月17日，浙江省三门湾大桥及接线工程力洋港大桥增设永久禁航航标工程经过审批，顺利获得专用航标设置行政许可，这是交通运输部海事局航海保障职能调整后，宁波海事局审批通过的首个专用航标设置行政许可。

2020年，宁波海事局与航标部门建立联合检查工作机制，在专用标审批、效能验收、监督检查等方面优势互补，定期开展航标效能检查，提升专用航标监管效率，增强辖区航海保障能力。是年，宁波海事局推动解决了庆丰桥航标灭失、清水浦大桥航标缺失等遗留问题。

2021年1月19日，宁波海事局审批通过浙能嘉兴1号海上风电场配套航标工程第二类专用航标许可，首次在辖区引入电子围栏智能航标设备。

2018—2021年，宁波海事局审批通过第二类专用航标的设置、撤除、位移和其他状况改变许可共20项，包括新建航标91座、撤除14座、移位6座、状况改变2座。

（四）课题研究

历年来，宁波海事（海监）局注重对辖区通航环境的研究分析，通过开展各种课题研究，促进对辖区水域通航安全监管服务能力的提升。

1997年，宁波海监局组织大连海事大学，开展交通部重点科技项目——《超大型船舶通过虾峙门外浅水区域时富余水深的研究》。1998年6月27日，项目通过专家鉴定，课题综合分析了各种情况下超大型船舶下沉量的计算方法，在国内率先确定了超大型船舶通航浅水区富余水深的标准，通过编制通航预报软件建立动态管理系统，填补了国内空白。

2004年，宁波海事局开展重点航路、锚地水域事故和险情多发的对策研究，形成《防止宁波港锚地水域船舶发生碰撞事故的对策》研究报告。通过开展辖区交通流量分析与通航环境调查、重点通航水域秩序管理等研究，与大连海事大学合作完成了《宁波水域锚地设置发展规划研究报告》。

2013年，宁波海事局根据《浙江沿海及主要港口航行安全研究》课题要求，推进宁波港域航行安全研究工作，完成《宁波港水域航行安全研究报告》。

2014年1月1日，《宁波海事局重点水域通航安全监管手册》正式投入使用（图2-1-16）。该手册明确了重点水域的标明要求、监管方案制定时应考虑的因素及需涵盖的内容，提出了监管方案组织实施时需重点考虑吸纳的重点举措，为局职能部门和各基层单位制定和实施重点水域安全监管方案提供指导性意见。自2014年手册投入使用以来，辖区当年事故四项指标同比“三降一升”。

图2-1-16　宁波海事局重点水域通航安全监管手册

佛渡水道是纳入宁波海事局水上安全监管体系的首个局级重点水域，该水域是浙江沿海西航路的重要航段，具有通航格局复杂、船舶种类多、通航密度大和事故多发的特点。虾峙门西口及附近水域则是船舶进出宁波舟山港核心港区的主要通道。2015年1月29日，宁波海事局根据水上安全监管体系要求，对佛渡水道、虾峙门西口及附近水域2个局级重点水域的《通航安全监管方案》开展评估，针对佛渡水道梅山20万吨级进港航道建设、条帚门开通影响、梅山岛东北侧水深异常等10余项通航环境变化情况，提出方案完善建议，同时对虾峙门西口及附近水域监管方案进行完善。

2016 年 12 月 19 日，由宁波海事局和宁波市交通运输委员会联合开展的《奉化江、姚江及宁波三江口水域通航安全风险评估及对策研究》通过课题评审。

2017 年 7 月，宁波海事局编印《宁波海事局通航要素手册》，系浙江海事系统范围内首次由分支局组织编制。该手册整体体现了宁波沿海及内河桥梁、码头、水上水下管线等 11 类通航要素，做到数据准确、覆盖全面；以基层单位综合执法需求为切入点，以图片、表格、文字的形式，直观展示辖区通航要素资料和相关通航管理要求；对不同辖区特殊通航管理要求；规律性研究、事故特点和主要风险加以系统地分类提示，采用总册加海事处简本“1 + 10”的形式，提升在现场执法使用过程中的针对性和贴近度。

2018 年 3 月，宁波海事局与宁波海洋环境监测中心实现潮汐潮流观测预报平台共享，潮汐潮流预报可视化建设迈上新高度。预报平台可提供宁波辖区 19 个码头前沿和锚泊点的潮汐潮流精准预报，包括虾峙门口外、佛渡水道、穿山北港区、金塘水道的流场、浪场、风场预报，虾峙门航道和外干门航道的乘潮水位预报，宁波海域 72 小时海洋环境预报及海洋灾害警报。2020 年，宁波海事局完成潮汐潮流精准预报数据更新，保持微信潮汐流态系统可视化功能良好运行。

2020 年，根据长三角一体化发展部署和浙江沿海航路规划，宁波海事局参与浙江沿海主要航路调整、中国沿海通航功能区等研究，聚焦通航资源与海洋开发、商渔碰撞等热点问题，推动宁波舟山港航道、锚地资源统筹一体化发展。

（五）多波束测深仪应用

多波束测深系统是集水声技术、计算机技术、导航定位技术和数字化传感器技术等多种技术的高度集成系统，具有测量范围大、速度快、精度和效率高的优点。

2014 年底，为有效提升对辖区水下通航要素的感知能力，宁波海事局引入了 2 套多波束测深仪，即挪威康斯伯格（KONGSBERG）公司的 EM2040（固定式安装，最大测深 600 米，扫测覆盖角度 140°）和挪威诺比特（NORBIT）公司的 WBMS（移动式安装，最大测深 200 米，扫描覆盖角度 120°），分别安装于“海巡 0713”“海巡 07124”。是年，宁波海事局在海上实测过程中首次发现海底沉船（图 2-1-17）。

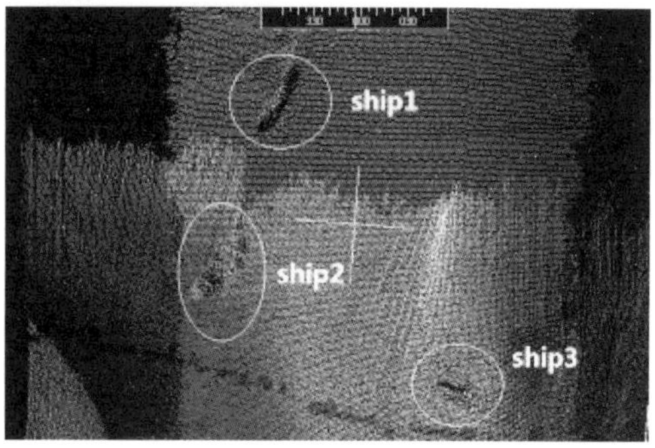

图 2-1-17　2014 年利用多波束设备在海上实测过程中首次发现海底沉船

2015 年 4 月 21 日—5 月 27 日，宁波海事局应用多波束系统分 2 个阶段开展甬江航道水域扫测工作，扫测航程 260 余海里，完成了甬江航道水深现场数据采集。是年，宁波海事局应用多波束测深仪，在 2 次海上事故调查中快速精确定位沉船位置，对事故的下一步调查起了重要作用。先后完成杭甬运河三江口航段、金塘大桥主通航孔北侧桥区航道、大榭穿白水道、北仑电厂码头、穿山千和环保码头前沿水域扫测。

截至 2018 年，宁波海事局共应用多波束系统完成扫测 29 次，扫测时间 77 小时，扫测里程 505 海里，在沉船应急处置、航道锚地水深变化核实和主动掌握辖区重点水域水深情况等方面发挥了独特作用，实现了海事监管从水上“千里眼”“顺风耳”到具备水下“透视眼”的能力提升，对有效防范船舶搁浅、走锚类事故险情的发生，起到了明显作用。

第二节　通航秩序

宁波海事局主要通过辖区船舶定线制和报告制的实施、航行通(警)告的管理和水上水下施工作业的监管,对引航机构及引航员活动的管理维护辖区通航秩序。

一、船舶定线制和报告制

船舶定线制是指定船舶在水上某些区域航行时所遵循或采用的航线、航路或通航分道的一种制度,是水上交通繁忙区域实施有效管理的主要手段,是对航路合理规划、有效利用的重要方法,也是改善水上船舶航行秩序和通航环境的重要措施。

2007年9月4日,中华人民共和国海事局印发《关于开展全国沿海船舶定线制研究规划的通知》,要求各直属海事局以事故多发区、通航密集区、海峡、重点水域、重点港口水域为重点,提出各辖区船舶定线制规划方案和实施计划,并对已实施的船舶定线制进行后评估。11月15日,宁波海事局牵头组织开展“宁波-舟山港”核心港区深水航路建设课题研究。

2008年1月1日,中华人民共和国海事局《建立和实施船舶定线制工作指南》开始实施。该指南对在定线制建立和实施过程中交通部海事局和直属海事局的职责、程序和要求进行了明确。

2008年,为进一步规范宁波-舟山港核心港区深水航路水域的船舶交通秩序,浙江海事局决定建设“宁波-舟山港核心港区深水航路船舶定线制”。3月,在定线制建设立项报告获交通部海事局批准同意的基础上,浙江海事局成立“宁波-舟山港核心港区深水航路船舶定线制”建设领导小组和工作班子,保障定线制建设的顺利进行。

2009年3月11日,宁波-舟山港核心港区深水航路船舶定线制设计方案专题论证会在宁波召开。浙江海事局、宁波海事局、舟山海事局、浙江海事局第一巡查执法支队、上海海事大学和特邀专家共20人参加会议。

2009年9月,由宁波海事局承担的浙江沿海事故、险情的统计分析和沿海水域事故、险情海图标绘等浙江沿海定线制课题研究工作顺利完成。

2010年8月1日,《宁波-舟山港核心港区深水航路船舶定线制》和《宁波-舟山港核心港区深水航路船舶报告制》(中华人民共和国海事局公告2010年第3号)正式施行。

《宁波-舟山港核心港区深水航路船舶定线制》东起虾峙门口外深水航路(由以下四点连线为中心线:①29°41′15.9″N,122°31′21.5″E;②29°41′33.3″N,122°30′15.6″E;③29°43′52.7″N,122°21′26.7″E;④29°44′17.6″N,122°19′52.2″E,两侧宽度各为195米,通航底高程 -22.1米,全长10.5海里的航道),途经虾峙门、峙头洋、螺头水道、金塘水道、横水洋、册子水道、西堠门等水域,全长50.61海里,由15个分道通航制、4个警戒区、1个环形道、1个深水航路及若干沿岸通航带组成。在通航分道分割线或分割带上,设置16个AIS虚拟航标助航。

《宁波-舟山港核心港区深水航路船舶报告制》为强制性船舶报告制,适用于使用宁波-舟山港核心港区船舶定线制的客船,外国籍船舶、设施,危险品船舶,拖带船队等操纵能力受到限制的船舶、设施,300总吨及以上的其他中国籍船舶。适用的地理范围为虾峙门口外深水航道、虾峙门、峙头洋、螺头水道、金塘水道、横水洋、册子水道、西堠门等水域(图2-1-18)。

图 2-1-18　2010年宁波-舟山港核心港区深水航路船舶定线制示意图

2010 年 7 月 10 日—10 月 30 日，为保证船舶定线制和船舶报告制的顺利有效实施，宁波海事局结合辖区实际，通过召开新闻发布会、宣贯会，利用媒体宣传等形式广泛开展宣贯。

2010 年 11 月 4 日，宁波海事局召开宁波-舟山港核心港区船舶定线制施行评估暨座谈会，对定线制正式施行 3 个月以来的运行效果进行评估，研究存在的问题和后续的推进措施。2011 年 4 月，宁波海事局开展宁波-舟山核心港区定线制措施实施成效评估模型课题研究，目的是客观评价和评估宁波-舟山港核心港区定线制实施以来取得的监管成效、安全畅通率和社会效益，探索建立定线制措施实施成效评估模型。

2011 年，我国沿海贯穿南北的主干航路、支线航路重要水域以及港口(区)已制定多项船舶定线制规划方案，部分已经实施并取得较好成效。交通运输部公布《全国沿海船舶定线制总体规划》和《全国沿海航路总体规划》，积极推进在我国沿海水域交通密集区、船舶汇聚区和事故多发区实施建立船舶定线制。浙江海事局在原定线制的基础上，开展宁波-舟山港核心港区深水航路船舶定线制二期建设，主要增加范围包括佛渡水道、条帚门航道、双屿门航道和条帚门航道东口航路。

2015 年初，宁波海事局组织开展宁波-舟山港核心港区深水航路船舶定线制、报告制管理规定二期的意见征求。

2015 年 9 月 29 日，宁波舟山港集团有限公司揭牌，“宁波-舟山港”改为“宁波舟山港”。

2016 年 8 月 1 日，《宁波舟山港核心港区深水航路船舶定线制》和《宁波舟山港核心港区深水航路船舶报告制》(中华人民共和国海事局公告 2016 年第 2 号)开始施行。2010 年版定线制和报告制(中华人民共和国海事局公告 2010 年第 3 号)同时废止。新版规定主要的变化如下：一是将条帚门航道和佛渡水域纳入船舶定线制管理，在佛渡梅山进港航道水域设置第 17、18 分道通航制和 6 号、7 号警戒区，并通过第 18 分道通航制与 1 号警戒区衔接，将该水域定线制纳入宁波舟山港核心港区深水航路船舶定线制中。二是对原定线制的通航分道和警戒区的设定进行调整，将 15 个分道通航制缩减至 12 个，将原来的第 2、第 3 分道通航制以及下篮山灯桩东南 2 海里处水域调整设置为双向航路，对 0 号、1 号和 2 号警戒区范围进行相应调整。三是定线制水域船舶报告线由 13 条缩减为 6 条。四是修订完善《宁波舟山港核心港区深水航路船舶定线制管理规定》，使之与新船舶定线制、报告制相匹配，并于同日实施(图 2-1-19)。

宁波舟山港核心港区深水航路船舶报告制为强制性船舶报告制，对船舶驶入核心港区、驶离核心港区，通过虾峙门航道、条帚门航道等航道水域，通过金塘大桥、西堠门大桥等沿海桥梁水域，发生事故、发现助航标志异常情况等情形的报告要求进行了明确规定，对报告制要求的工作频道和使用语言进行了规范。

2017 年 7 月 19 日，宁波海事局组织宁波舟山港集团、宁波及舟山引航站、宁波辖区主要航运企业和代理公司召开宁波舟山港核心港区深水航路船舶定线制和报告制实施一周年评估会。自 2016 年 8 月 1 日至 2017 年 7 月 1 日，虾峙门航道通航流量达到 44214 艘次，同比增长 24.7%；条帚门流量达到 5678 艘次，同比增长 107.5%；佛渡水道流量达到 104663 艘次，同比增长 66.5%；辖区船舶违章数量 141 艘次，同比下降 44.3%。

二、航行通(警)告

海上航行通告，是由国家主管机关以书面形式或通过新闻媒体及其他信息传递渠道，使用中文发布的一种长期性的航行安全信息，时限性较长。海上航行警告，由国家主管机关或者其授权的机关以无线电报或无线电话的形式，使用中英文发布的一种临时性、紧急性航行安全信息，时限较短。

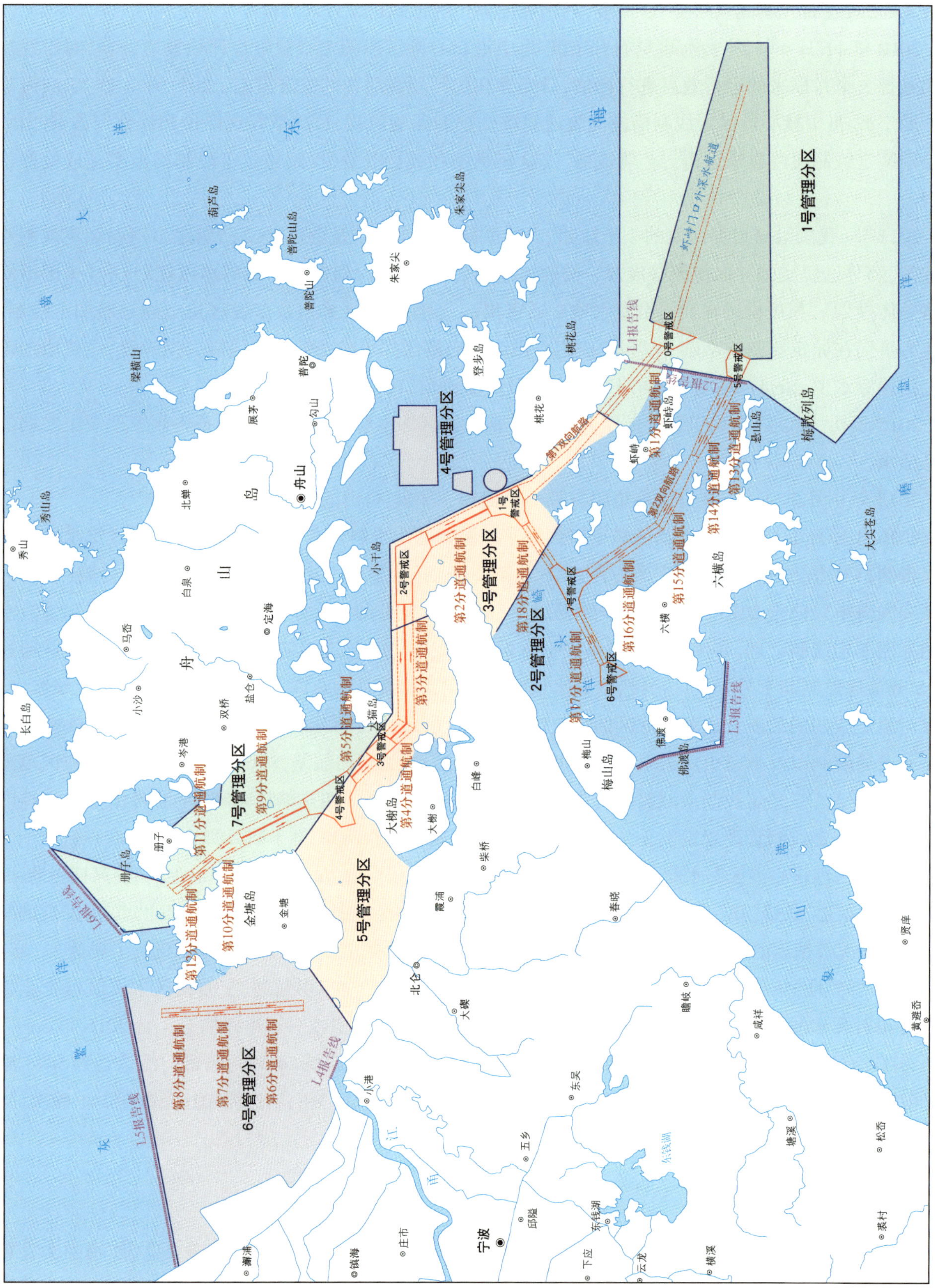

图2-1-19　2016年宁波舟山港核心港区深水航路船舶定线制和报告制及VTS管理区示意图

1993 年 1 月 11 日,《中华人民共和国海上航行警告和航行通告管理规定》发布,自 1993 年 2 月 1 日起施行。规定明确海上航行警告由国家主管机关或者授权的机关以无线电报或者无线电话的形式发布。海上航行通告由国家主管机关或者区域主管机关以书面形式或者通过报纸、广播、电视等新闻媒介发布。海岸电台负责并按照规定时间、频率和要求,播发海上航行警告。

1993 年 7 月 1 日,《中华人民共和国发布海上航行警告和航行通告管理办法》发布并施行。中华人民共和国港务监督局设航行警告总台,主管全国海上航行警告和航行通告的发布工作;天津、上海、广州港务监督设航行警告分台,主管我国沿海水域航行警告和航行通告的发布工作;大连、秦皇岛、天津、烟台、青岛、连云港、上海、宁波、温州、福州、厦门、汕头、广州、湛江、海南港务监督设航行警告台,负责本港台辖区航行警告和航行通告发布工作;未设置航行警告台的港务(航)监督,负责本港港区水域航行通告发布工作。明确规定航行通告使用中文发布;航行警告的发布,一般情况应使用中、英两种文字,分台、港台也可根据实际情况,仅使用中文发布。以往制定和颁布实施的航行警告、航行通告发布办法同时废止。

为规范我国沿海英文航行警告发布工作,1997 年 1 月 1 日 0 时起,《中华人民共和国英文航行警告标准格式》开始施行。

1996 年 12 月 12 日,中华人民共和国港务监督局发布《关于改进施工作业航行通告发布方式的通知》,明确自 1997 年 1 月 1 日起,凡施工作业期或碍航活动有效期超过 30 日(含 30 日)的,除仍应在当地主要报纸上刊登外,还须在《中国水运报》申请刊登。自 1997 年 3 月 1 日起,未向港务(航)监督约定航行通告的,各港务(航)监督可不再寄送。未有约定者可随时向当地港务(航)监督查询。

1997 年 6 月 1 日起,中央电视台在《商务电视》专栏播发航行通告,填补了我国利用电视发布海上安全信息的空白,增加了港务监督主管机关发布航行通告的手段,扩大了发布的覆盖面。

2001 年 9 月 25 日,中华人民共和国海事局印发《关于加强航行通告刊登发布工作的通知》,规定自 2002 年 1 月 1 日起,施工作业期或碍航活动有效期超过 20 日(含 20 日)的,其航行通告除在当地主要报纸上刊登外,还须在《中国水运报》申请刊登。

2003 年 1 月 1 日起,按照《关于调整中国沿海航行警告和航行通告发布体系的通知》,中华人民共和国海事局统一负责全国航行警告和航行通告的发布、管理工作。沿海航行警告和航行通告的发布工作采取“总台”“区台”“发布台”分级管理的模式,按一局一台的原则统一归口管理。航行通告由各直属局按《交通部直属海事系统各级海事机构主要职责分工的暂行规定》的要求,自行决定其管理方式。原则上由直属局及其所属的分支局发布,当地无分支机构的由直属海事局直接受理并发布航行通告。根据通知要求,宁波海事局海域管理范围内的航行通告由宁波海事局发布,并报浙江海事局备案。宁波海事局海域管理范围内的航行警告发布由宁波海事局受理,并按中、英文航行警告标准格式拟写,传真报浙江海事局审核,由浙江海事局编写识别码和统一的流水号后,传真上海海岸电台播发。

2008 年,交通运输部海事局制定发布《沿海航行警告发布管理工作程序》,明确了沿海航行警告发布管理工作相关要求和工作流程,使航行警告发布管理工作更加规范化、制度化、标准化,进一步改善了海上安全信息服务。1 月 25 日,浙江海事局发布《沿海航行警告发布管理工作程序》,对航行警告发布工作职责、工作流程、统计等事项做了明确规定。

2012 年 1 月 1 日 0 时起,按照《关于开通中华人民共和国海事局外网网站航行警告和航行通告专栏的通知》,所有新发布的航行警告和航行通告(包括中、英文警通告)均需按照要求,在中华人民共和国海事局中文网站“航行警告”“航行通告”栏予以公布。

2014年9月15日，交通运输部海事局印发《交通运输部海事局关于调整航行通告发布方式的通知》，决定改进航行通告发布方式，要求各级海事管理机构自2014年9月26日起，取消要求企业通过报刊发布航行通告的强制性要求，发布航行通告不得收取任何费用。明确了中华人民共和国海事局互联网门户网站（简称“中华人民共和国海事局网站”，网址：http://www.msa.gov.cn）是统一发布航行通告的官方网站。各级海事管理机构在以文件形式发布航行通告的同时，将航行通告通过中华人民共和国海事局网站向社会发布。各级海事管理机构结合辖区管理实际，可采取本单位网站发布、发送传真和邮寄、微信发布以及宣传栏张贴等方式，发布本辖区的航行通告。《关于加强涉水工程水上交通安全管理工作的通知》《关于改进施工作业航行通告刊发方式的通知》和《关于加强航行通告刊发工作的通知》同时废止。

2018年9月11日，交通运输部海事局印发《交通运输部海事局关于进一步规范海上航行警告和航行通告管理工作的通知》，明确航行警告和航行通告施行分级管理制定。交通运输部海事局主要负责制定有关法律、法规、规章草案和规范性文件，承担世界航行警告系统国家协调人职责以及涉及敏感水域航行警告和航行通告的核准。各直属海事局主要负责管理和协调辖区内航行警告和航行通告的发布，并承担或制定跨分支海事局辖区的航行警告和航行通告的发布工作。各分支海事局负责辖区内航行警告和航行通告的具体发布工作。通知明确了应当发布航行警告、航行通告的情形及应当使用的格式、用语。

2005年前，宁波海事局发布航行通告的形式以函寄为主，2006年开始，发布形式变得多样，以张贴、函寄、报刊、网络、传真为主，广播、电视为辅。2014年交通运输部海事局关于调整航行通告发布方式的通知发布后，航行通告为网络、传真两种形式（表2-1-2）。

2002—2021年宁波海事局航行通告发布历年数据统计表

表2-1-2

单位：次

年份（年）\项目	张贴	函寄	报刊	网络	传真	广播	电视	总计
2002	—	24	—	—	—	—	—	24
2003	—	49	—	—	—	—	—	49
2004	—	92	—	—	—	—	—	92
2005	—	118	36	—	—	—	—	154
2006	175	175	65	175	—	—	—	590
2007	261	261	142	261	—	—	—	925
2008	337	337	337	337	—	—	—	1348
2009	278	278	278	278	278	—	—	1390
2010	285	285	285	285	285	—	—	1425
2011	239	239	239	239	239	—	—	1195
2012	239	239	239	239	239	—	—	1195
2013	258	258	258	258	258	—	—	1290
2014	208	208	208	269	269	—	—	1162

续上表

项目 年份（年）	张贴	函寄	报刊	网络	传真	广播	电视	总计
2015	—	—	—	258	258	—	—	516
2016	—	—	—	250	250	—	—	500
2017	—	—	—	216	216	—	—	432
2018	—	—	—	299	299	—	—	598
2019	—	—	—	320	320	—	—	640
2020	—	—	—	349	—	—	—	349
2021	—	—	—	451	—	—	—	451

三、水工管理

海事机构对水上水下施工作业通航安全的管理，主要包括对工程影响通航环境情况进行安全评估和审核，对涉及通航安全的施工作业进行审批和现场监督，工程竣工通航安全验收，水上水下建筑物影响通航环境的日常监督等。

1998 年，宁波海监局通过严格审核施工方案，做好招宝山大桥、大榭跨海公铁两用大桥、协和石化码头、北仑集装箱码头围堤取沙等重要水上水下工程施工水域的安全监督工作，确保了工程的顺利进行和船舶航行的安全。

1999 年，宁波海监局保障地方重要工程项目招宝山大桥部分主梁拆除工程、大榭跨海公铁两用大桥工程、宁波至舟山海底光缆敷设工程、舟山至大陆引水工程和常洪隧道工程的有序开展。

2000 年 1 月 1 日，《中华人民共和国水上水下施工作业通航安全管理规定》开始施行。该规定对水上水下施工作业的资格、申请方式、许可证核发和监督管理等做出具体规定，明确水上水下施工作业符合通航安全要求的，由港务监督机构核发《水上水下施工作业许可证》。

2000 年，宁波海监局加强水上水下工程的审核和安全监督管理，保障招宝山大桥合龙和挂篮拆除施工、大榭跨海大桥工程、常洪隧道工程等水上水下重点工程的顺利进行。

2002 年，宁波海事局注重水工作业审批和现场监督的紧密结合，加强对施工水域和施工船舶的现场巡查，做好杭州湾大桥工程、穿山东口拦门礁炸礁工程的监管工作。

2003 年，宁波海事局专门成立课题组，就如何加强水上水下施工工程船监督管理，形成《加强对水上水下施工工程船舶监督管理的对策》研究报告。

2003—2004 年，宁波海事局探索实施项目管理机制，建立水上水下施工作业安全监督联系单及动态报告制度，建立了航道变迁和码头水深报告制度，通过实施抛泥作业跟踪管理和现场抽查防止挖泥船违章抛泥，确保了杭州湾跨海大桥、春晓油气田管线、北仑四期、五期国际集装箱码头、宁海国华电厂等一批重大工程建设的安全顺利进行。

2005 年，宁波海事局将信用管理机制引入水工管理工作，实行差别式管理，提高安全管理的效能。制定《宁波海事局〈通航环境安全评估报告〉评审工作程序》，并纳入宁波海事局行政执法程序规范。通过巡航检查和现场管理重点检查施工作业的审批情况、规章制度的遵守情况和作业船舶的安全状况，确保了工程施工的安全顺利进行。

2007 年 6 月 26 日 15 时 40 分，在宁波海事局的重点监管下，当时世界上最长的跨海大桥——杭州湾跨海大桥全桥合龙。

2008 年，宁波海事局优化水工项目的审核审批和现场监管，重点保障杭州湾跨海大桥通车运行、金塘大桥顺利合龙及其他 214 项水工工程项目的安全建设。

2011 年，宁波海事局强化重大水工约谈工作，制定发布了《关于进一步做好辖区重大水工工程约谈工作的通知》，明确约谈开展时机、要求和主要约谈的内容。是年，宁波海事局组织《中华人民共和国水上水下活动通航安全管理规定》的对内对外宣贯，确保了规定的施工安全主体责任、安全管理体系、施工警戒等内容有效实施。

2011 年 3 月 1 日，《中华人民共和国水上水下活动通航安全管理规定》开始施行。2016 年 9 月 2 日，经修正通过的《中华人民共和国水上水下活动通航安全管理规定》（中华人民共和国交通运输部令 2016 年第 69 号）开始施行。2019 年 5 月 1 日，《中华人民共和国水上水下活动通航安全管理规定》（中华人民共和国交通运输部令 2019 年第 2 号）开始施行。该规定明确由国家海事管理机构负责全国水上水下活动通航安全监督管理工作。其他各级海事管理机构依照各自的职责权限，负责本辖区水上水下活动通航安全监督管理工作。

2012 年，宁波海事局保障象山港大桥、大榭二桥、浙江 LNG 码头等省市重点工程建设。是年，宁波梅山水道抗超强台风渔业避风锚地工程开工建设，该工程为宁波市重点工程，总投资 19.3 亿元，历时 4.5 年，具有周期长、通航影响大、监管难度大等特点。为此，宁波海事局强化企业安全生产主体责任的落实，保障附近水域通航秩序和工程施工安全。

2014 年，宁波海事局开始对辖区内诚信度较高的 3 家疏浚作业单位的资质证书、施工船舶证书等材料实行“一次备案，按时更新，免于重复提交”的备案管理。2015 年，对此类疏浚作业单位的船员证书实行备案管理，进一步便利相对人。

2015 年 10 月，浙江海事局发布《浙江海事局涉水工程通航安全管理工作指导手册》。该手册对涉水工程建设流程进行了详细说明，对涉水工程立项、设计、施工、运营等阶段的通航安全管理工程业务提出了建设性指导意见，为涉水工程通航安全管理提供了工作指导和参考。是年，宁波海事局开展重点涉水工程通航管理全程指导，深度服务宁波市“五水共治”、轨道交通等民生实事工程建设。

2017 年 3 月，宁波海事局启动“疏浚作业施工方案标准化”工作。针对辖区码头的位置特点，将码头分为狭窄水域连片式、狭窄水域分散式、开阔水域连片式、正反 F 型、危险品码头、其他码头六大类，引导辖区主要疏浚作业单位成立联合工作组，结合施工船机确定不同类型码头的疏浚作业要求，邀请外部专家技术把关。2017 年 7 月，宁波海事局水工行政审批“疏浚作业施工方案标准化”模板正式运行，有效提高了审核一次通过率，大幅缩减了审批时限。

2018 年 5 月，宁波海事局推出海事行政许可“宁波港地质勘察作业标准化”和“宁波港水深扫测作业标准化”模板，实现全辖区“小型水工标准化海事行政许可”全覆盖。是年，宁波海事局积极响应省级行政审批综合受理系统建设，全面梳理水工行政许可受理要素并如期纳入系统。深度对接宁波市层面建设项目“最多一百天”改革，通航安全评估、通航安全核查等审批程序全面纳入建设项目基本建设程序“最多一百天”改革列表。

2019 年 1 月，宁波海事局全面实行水上水下活动许可网上办理。

2019 年 5 月 2 日，甬舟铁路金塘海底隧道钻探工程正式启动。

2019 年 12 月 20 日，宁波大榭开发区信源码头有限公司申办员取得大榭中油二期 5 万吨级油品码头工程通航安全技术参数备案书，标志着《中华人民共和国水上水下活动通航安全管理规定》生效施行后，宁波辖区首单涉水工程通航安全技术参数备案业务顺利完成。

2020 年 2 月 25 日，宁波海事局组织开展《甬舟铁路金塘隧道定测海上钻探 B2 区施工通航安全保障专题研究报告》远程技术评审会。评审会通过采用视频连线方式，身处多地的业主、施工单位、专家、施工船舶代表 23 人进行"面对面"的交流沟通。该评审会为宁波海事局组织召开的浙江辖区首个远程通航安全保障方案技术评审会，实现甬舟铁路金塘隧道海上钻探复工"零接触""零次跑"，受到业主、施工单位的好评。

2020 年，宁波海事局推出"就近申请、联合评审、一家许可、属地监管、结果互认"的"五维"水工管理模式，实现跨分支局辖区水工监管。利用新监管模式保障新奥 LNG 海底管道顺利完工，以及通苏嘉甬铁路跨杭州湾大桥地质勘探和浙能嘉兴 1 号海上风电场 220 千伏海底电缆敷设作业顺利开工。

2021 年，宁波海事局按照"五维"水工管理模式理念，指导通苏嘉甬铁路地勘省内首次成功使用"坐滩法"施工工艺，保障项目顺利完工。

重点项目保障

1996—2021 年，宁波海事局创新监管与服务保障并重，保障金塘大桥、象山港大桥、浙能嘉兴 1 号海上风电场等重大水工项目顺利实施。

1. 金塘大桥（2005—2009 年）

金塘大桥全长 26.54 千米，其中跨海段桥梁长 18.415 千米，由主通航孔桥、东通航孔桥、西通航孔桥、非通航孔桥以及金塘侧路上引桥、浅水区引桥、镇海侧引桥和滨海互通立交组成。2005 年 9 月开始施工，2009 年 12 月 25 日通车运营（图 2-1-20）。大桥南侧的金塘锚地、七里锚地为宁波舟山港的主要锚地，大桥施工作业水域离锚地近，水文条件复杂，周边船舶通航密度大。

图 2-1-20　金塘大桥

为确保金塘大桥施工期间的水上交通安全，2005 年 12 月，宁波海事局成立金塘大桥工程水上交通安全监督管理领导小组及领导小组办公室。明确现场监督管理以宁波镇海海事处为主负责实施，由通航管理处交管监控室负责施工水域的监控(图 2-1-21)。

图 2-1-21　2008 年宁波海事局巡航在建金塘大桥

2008 年“3 · 27 船碰在建金塘大桥事故”发生后,宁波海事局督促大桥指挥部落实以警戒提示为主的警戒监护船艇,实施大桥水域 24 小时值守。出台《关于进一步明确金塘大桥工程水上交通安全监督管理机构及其职责的通知》,进一步明确相关单位的职责。专门开辟 VTS 监控工作台,重点监控金塘大桥桥区水域通航秩序。5 月 22 日,宁波海事局制定的《金塘大桥水域巡航方案》开始实施。8 月 6 日,宁波海事局联合浙江省舟山连岛工程建设指挥部,组织开展“船舶误入大桥非通航水域现场应急联动演练”,以提高应急快速反应能力。是年,探索推行金塘大桥施工船舶准入制、预审制等制度,严格把关船舶适航关和船员适任关。制定《舟山大陆连岛工程金塘大桥工程水上交通安全监督管理实施方案》《金塘大桥工程水上交通安全监督管理现场检查须知》《金塘大桥工程水上交通安全现场监管内部督促方案》。

2009 年 11 月 26 日,宁波海事局下发《关于进一步加强桥区水域通航安全管理的通知》,针对金塘大桥水域的通航安全,向航运公司、船舶代理单位提出安全管理要求。

2. 象山港大桥(2008—2012 年)

象山港大桥位于浙江省宁波市象山港海域,是连接鄞州区云龙镇和象山县小蔚庄的跨海通道,全长 6.7 千米,2008 年 12 月 30 日,大桥动工兴建,2012 年 7 月 11 日合龙贯通,2012 年 12 月 29 日 0 时通车(图 2-1-22)。

图 2-1-22　象山港大桥

宁波海事局在大桥工程论证阶段为建设单位提供技术支持，提出采用柔性防撞设施的方案得到建设单位认可。2009 年 2 月 16 日，成立象山港大桥工程水上交通安全监督管理领导小组。大桥建设期间，推行《航经象山港大桥船舶承诺书》制度。通过执行施工船舶"准入制"，加强船舶安检、桥区水域巡航巡查（图 2-1-23）、预警预控。建立《信息定期通报机制》和《现场监管联席会议制度》，确保监管决策、施工动态、现场监管等信息实时互通。制定重点时段工作方案和应急预案并组织实操演练。制定《象山港大桥钢箱梁吊装海事监管流程》和《象山港大桥主桥钢箱梁吊装施工安全管理工作程序》，明确箱梁运输、现场吊装等各环节的监管举措。提前发布《关于做好钢箱梁吊装施工安全工作的通知》，确保箱梁吊装阶段的安全。

图 2-1-23　2012 年宁波海事局执法人员巡航在建象山港大桥

2011 年 8 月，台风"梅花"水上防台警报解除后，宁波海事局迅速出动巡逻艇，开展象山港桥区交通流疏导，确保大桥建设的有序恢复和水上交通秩序的稳定，仅一天时间，象山港大桥 3 家施工单位便恢复了正常生产秩序。

3. 三门湾大桥及接线工程(2014—2019 年)

三门湾大桥及接线工程起自象山县戴港，止于台州市三门县，接台州湾大桥及接线工程，全长 54.5 千米，其中三门湾大桥长 11.8 千米，2014 年 12 月 17 日，工程开工建设。2019 年 1 月 16 日，三门湾大桥全线通车。

三门湾大桥跨越宁波、台州两地，海事管理事权分属于宁波海事局和台州海事局，在宁波海事局辖区涉及 4 座桥梁。宁波海事局从工程预工可开始，通过参与海域使用论证、可研报告评审，就工程建设对水域通航所产生的永久性影响及施工期的通航安全保障等问题提出专业意见。2015 年初，宁波海事局对施工水域通航环境、砂石装卸区等进行全面巡航排查，对水上安全监管薄弱环节进行梳理分析。针对施工区域涉及部门众多的问题，宁波海事局成立由象山海事处、宁海海事处组成的"三门湾大桥及接线工程（宁波段）、宁海县三山涂促淤试验堤工程水上交通安全监管现场工作组"，负责工程水上交通安全和防污染现场监管工作。2015 年 5 月，宁波海事局为三门湾大桥及接线工程（宁波段）核发"水上水下活动许可证"，工程水上施工启动。是月，宁波海事局三门湾大桥及接线工程水上交通安全监管工作组正式入驻。7 月，宁波海事局组织施工单位开展避台工作，确定力洋港大桥提升式栈桥、崇搀门大桥拆除式栈桥的开启节点，配合地方政府有序组织 600 余艘渔船在"灿鸿"等台风期间，安全通过施工水域前往上游锚地避风（图 2-1-24）。

图 2-1-24　宁波海事局执法人员巡航在建三门湾大桥

2019 年 1 月 16 日，三门湾大桥及接线工程（宁波段）正式通车。宁波海事局历时 4 年保障该工程水上施工实现“零事故”。

4. 宁波甬江“直升机平台”吊装及出运作业

2014 年 1 月 6 日，由世界最大的铝制直升机起降平台制造商——挪威摩林铝业（Marine Aluminium）集团宁波有限公司生产的直升机起降平台大型设备，在宁波甬江内镇海五里牌大件码头成功吊装至驳船，通过甬江航道顺利出海（图 2-1-25）。

图 2-1-25　待吊装的直升机起降平台

平台设备上部平面直径 34 米，高度 6.9 米，为甬江内吊装并出运的综合尺度最大的大件设备。设备出运过程需占用航道水域，吊装及出运均实施交通管制，作业对潮位要求高、作业环节多风险点多、作业的时间节点要求高，需要协调的相关方众多。作业期间共有 1 艘浮吊船、1 艘驳船、2 艘警戒船（拖轮）参与，自 1 月 6 日 7 时开始，在海事、引航、港口调度部门、作业船组等单位的密切配合下，至 17 时驳船驶出甬江口，历时 10 小时。

宁波海事局指导作业单位完善作业方案，召开由资深引航员、船长、高级工程师组成专家组，评审作业方案及通航安全保障措施。作业前约谈作业单位，牵头组织上下游码头单位、水上运输单位及引航、港航、船舶代理等相关利益方做好安全宣贯。作业期间进行警戒及现场交通流组织，作业过程实施全程监控。宁波海事局通过后评估，提出在甬江这类交通流密集的狭窄航道内进行大件吊装，存在较大的水上交通安全风险，建议平台生产企业另行选择安全条件较好、水域开阔的海港码头进行吊装及出运作业，之后此类直升机平台改从其他码头出运。

5. 浙能嘉兴1号海上风电场(2019—2021年)

浙能嘉兴1号海上风电场工程位于杭州湾平湖海域，总面积约48平方千米，北临金山航道，西南侧为宁波-嘉兴港小型船舶习惯航路，工程参与施工船舶众多，施工期间对附近船舶航行影响较大。

2019年9月27日，该海上风电场开工建设。至2021年10月29日，浙能嘉兴1号海上风电场最后一台风机顺利吊装完成。自开工以来，海事部门组织专班人员全程跟踪项目进展，克服施工水域气象恶劣、吊装船舶资源紧张、疫情防控常态化等困难，开展通航环境现场维护、施工船安全检查、预警预控发布核查，采取远程船舶核查、现场警戒保障、滚动式隐患排查等方式，做好水上施工监管和保障，顺利保障高桩承台主体浇铸、海上升压站安装、风机吊装、220/35千伏海缆敷设等关键节点施工。宁波海事局在工程建设过程中，助推建设单位引入"电子围栏"技术，通过融合航标、声光、VHF、AIS、雷达等多种技术手段，为海上风电场增设"防护网"，成为省内首个利用"电子围栏"进行防护的海上风电项目(图2-1-26)。

图2-1-26　宁波海事局执法人员巡航浙能嘉兴1号海上风电场

6. 国电象山1号海上风电场(一期)(2020—2021)

国电象山1号海上风电场(一期)位于宁波市象山县南田岛东南海域，总投资约44亿元，安装41台6.2兆瓦风机。2020年11月6日，工程正式开工建设。2021年12月23日，风电场成功投运。

2020年，宁波海事局成立风电专班，全程保障项目各阶段需求，推动建立首个海上风电场联合执法与应急联动响应机制，在工程建设过程中持续开展水上施工安全知识进企业活动，创新应用"深蓝智享""海事之眼"、电子围栏等科技手段提升服务效能，保障防台、海上重大件吊装、"百船冲刺"重点任务顺利完成。期间共出动执法人员750人次，送教上门12次，船舶检查560艘次，水上巡航总里程约900海里。2021年，宁波海事局结合浙能嘉兴1号海上风电场建设经验，完成该风电场电子围栏综合导助航专题研究和评审，推动其采用"电子围栏"与航标结合的方式，通过物理和科技双重手段加强风电场防撞能力(图2-1-27)。

图2-1-27　宁波海事局执法人员巡航国电象山1号海上风电场(一期)

7. 象山国际水产物流配套通用码头(2020—　)

2020年9月27日，宁波市象山县石浦港首个万吨级码头——中国供销集团象山国际水产物流配套通用码头工程开工建设。该码头主要供远近洋冷藏船等船舶停泊、卸货、补给，设计年吞吐量约80万吨

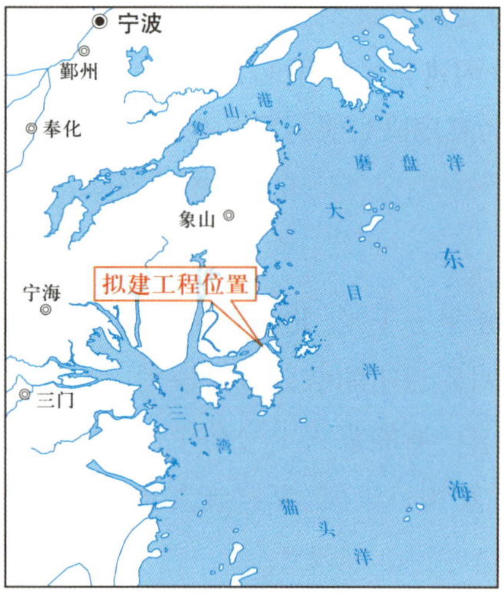

图 2-1-28　象山国际水产物流配套通用码头位置示意图

（图 2-1-28）。

工程施工水域客、商、渔船密集，通航环境复杂，施工对周边水域通航安全影响大。为保障工程顺利推进，宁波海事局成立专班团队，推出专班服务，优化审批流程，大幅压缩审批时间，仅 4 个工作日便完成许可审批。

四、引航管理

引航是指为了维护国家主权和保障船舶、港口和设施的安全，由国家专业引航人员引领船舶安全航行的行为。宁波引航站是统一实施宁波港域船舶引航的引航机构，对外代表国家行使主权，对进出宁波港域的外籍船舶实行强制引航，对内为进出宁波港域的中国籍船舶提供引航服务。

1995 年 10 月 23 日，交通部印发《交通部关于宁波水上安全监督管理规定》，1996 年 1 月 1 日起施行。该规定第十三条明确要求“外国籍船舶进出港、通过虾峙门航道和在港内航行、移泊时，必须由主管机关核准的相应等级的引航员引航”。

2000 年 4 月 29 日，交通部印发《交通部关于进一步加强引航管理的通知》，对引航机构的设置、引航工作的管理等做了明确规定。

2001 年 11 月 30 日，交通部印发《船舶引航管理规定》，2002 年 1 月 1 日起施行。该规定是我国历史上第一部关于引航的专门法规，明确海事管理机构的引航管理职责主要是贯彻执行有关引航的法律、法规、规章和政策，对引航实施安全监督管理，组织实施引航员培训、考试和发证工作等。

2005 年 11 月 24 日，交通部印发《交通部关于进一步加强引航安全管理的通知》，要求海事部门和行政管理部门要加强对引航的监督和管理，明确责任，提高认识，对不具备安全引航条件、忽视引航安全、违规引航行为以至造成引航事故的，要按“四不放过”的原则，对其责任人依法严肃处理。

2007 年 12 月 24 日，交通部发布《关于公布全国主要港口引航员登轮点的公告》，对全国主要港口 242 个引航员登轮点进行了调整和划定。

2008 年 2 月 13 日，交通部印发《中华人民共和国引航员注册与任职资格管理办法》，同年 5 月 1 日起施行。

2008 年 10 月 29 日，浙江海事局印发《浙江海事局引航安全监督管理规定》，于 12 月 1 日起施行该规定。强调了引航安全对于港口生产的重要作用，细化了引航计划申报、引航前准备工作、被引船船长与引航员的协作和交流等事项。

2011 年 1 月 28 日，交通运输部印发《关于切实加强引航机构管理的意见》，对加强引航机构建设，保持全国引航管理体制的统一性和完整性，保持引航队伍稳定和保障引航安全和服务质量等事项做了明确。

2012 年 8 月 3 日，交通运输部发布《关于公布全国主要港口引航员登/离轮水域的公告》，对全国主要港口 309 个引航员登/离轮水域进行了划定，明确了涉及宁波的 10 个引航员登/离轮水域。

2013 年 12 月 24 日，交通运输部印发《关于修改〈中华人民共和国引航员注册与任职资格管理办法〉的决定》，将《中华人民共和国引航员注册与任职资格管理办法》更名为《中华人民共和国引航员管理办法》，并对其中部分内容做了调整。

2021 年 2 月 26 日，交通运输部发布《关于公布引航员登离轮水域的公告》，对全国主要港口范围内的引航员登离轮水域做了重新核定，废止了之前公布的引航员登离轮水域的其他公告。

2021 年 9 月 1 日，交通运输部印发《船舶引航管理规定》，在原有规定基础上，将应申请引航船舶类型、内河航行船舶申请引航要求、落实引航安全主体责任等 24 项内容及条文序号和个别文字做了调整。1996—2021 年宁波引航艘次情况见表 2-1-3。

1996—2021 年宁波引航艘次统计表　　表 2-1-3

年份(年)	总艘次	年份(年)	总艘次
1996	4700	2009	25746
1997	4494	2010	27800
1998	4539	2011	29825
1999	5261	2012	29470
2000	5799	2013	29828
2001	6554	2014	28444
2002	8900	2015	28916
2003	11258	2016	27586
2004	13920	2017	28609
2005	17376	2018	28787
2006	19768	2019	28280
2007	22318	2020	28411
2008	25107	2021	29952

第三节　通航监管与服务保障

一、水域巡航管理

水域巡航的目的是维护水上通航环境和通航秩序，保障船舶、设施和人命、财产安全，防止船舶污染水域，维护国家主权和海洋权益。

1998 年 7 月 21 日，交通部宁波海上安全监督局印发《交通部宁波海上安全监督局海区、水域巡航检查实施方案》，对巡航检查区域、部门职责、巡航检查内容等事项做了明确规定。

1998 年 11 月 13 日，宁波海监局印发《船舶进出港签证、航政值班、海区港区巡逻检查专题会纪要》，明确宁波、镇海 2 个监督站正式开始执行港区巡航检查任务，并配备 1 艘巡逻艇停靠镇海，由北仑监督站和大榭办事处轮流使用，执行北仑港区、大榭附近水域巡航检查任务。

2001 年 3 月 2 日，中华人民共和国海事局印发《中华人民共和国海事局水上巡航管理办法》(试行)，对巡航水域范围、巡航的基本任务和主要内容、巡航工作计划、巡航工作报告等事项做了明确规定。

2001 年 7 月，宁波海事局成立海上执法机动大队，并配备当时全国海事系统中最先进的 45 米级高速巡逻艇“海巡 111”，主要承担对螺头水道、虾峙门航道及相关锚地等重点水域的日常通航秩序管理和水上突发事件的应急处置工作。

2003年5月15日，宁波海事局印发《宁波海事局水上巡航管理办法实施细则》，明确宁波海事局通航管理处统一归口管理、协调局属各海事处、海上执法机动大队的巡航工作，具体负责特殊巡航检查的组织实施，并对巡航工作的基本任务和主要内容、巡航工作计划、报告和总结等事项做了明确规定。

2008年5月21日，宁波海事局印发《杭州湾跨海大桥和金塘大桥水域巡航方案的通知》，对大桥水域巡航频度、巡航内容等事项做了明确规定。

2009年4月14日，宁波海事局印发《宁波海事局巡航救助一体化试点工作实施方案》，成立巡航救助一体化工作领导小组，对工作内容及职责分工、实施步骤等事项做了明确规定。

2011年1月25日，中华人民共和国海事局印发《中华人民共和国海事局水上巡航工作规范（试行）》，于2011年3月1日起施行，对各级海事管理机构职责、巡航内容等事项做了明确规定。

2014年12月20日，中华人民共和国海事局印发《中华人民共和国海事局水上巡航管理工作规定》，对各级海事管理机构职责、巡航计划、巡航内容、巡航要求等事项做了明确规定。同时，《中华人民共和国海事局水上巡航工作规范（试行）》废止。

2021年9月1日，宁波海事局印发《宁波海事局关于进一步加强海区巡航工作的实施细则》，进一步完善海区巡航工作机制，强化海区巡航有效覆盖，对巡航重点水域、分区分级覆盖、巡航工作任务等事项做了明确规定。

宁波海事局每年均制定年度巡航工作计划，明确年度巡航总体目标、巡航指标、巡航内容等事项，对重点水域、船舶、时段及航道、港池、锚地、施工现场、桥区、通航密集区等坚持重点巡航（表2-1-4）。

2001—2021年宁波海事局历年巡航情况表 表2-1-4

年份（年）	巡航次数（次）	巡航时间（小时）	巡航里程（海里）	出动执法人员（人次）
2001	2918	5213	50358	7387
2002	3243	7534.2	68293.5	13755
2003	3292	6856.8	65641	13001
2004	3735	10863	90446	15794
2005	4495	14417.2	121529.5	20954
2006	5106	15082	129383	16757
2007	5149	15792	130288	17533
2008	5489	17259	152501	18654
2009	5445	17421	138061	18545
2010	5287	18625	155204	18021
2011	5459	18064	152998	19369
2012	5020	35034	141514	12802
2013	5264	16981	132883	12746
2014	5125	18259.9	85449	16150
2015	5709	24945	137221	13674
2016	6072	30966	148053	14597
2017	5772	31110	142321	22370
2018	5569	27539	141778	15540
2019	5664	27868	145883	15027
2020	4825	19569	113856	12930
2021	5234	18426	123483	13870

二、内河通航水域划定

2002年8月1日,《中华人民共和国内河交通安全管理条例》开始施行。1986年12月16日国务院公布的《内河交通安全管理条例》同时废止。

2015年9月1日,《浙江省水上交通安全管理条例》正式实施。内河通航水域划定工作是实施《浙江省水上交通安全管理条例》的需要,也是浙江海事局部署的一项重要工作。为进一步厘清宁波市内河水域管理事权,是年,宁波海事局推进“宁波市内河通航水域划定”工作,系宁波市第一次正式对内河通航水域进行划定,在全国范围内尚无成熟经验和具体流程可供借鉴。

2015年10月,宁波海事局对全市内河水域进行调查摸底,结合《宁波市内河水网安全监管研究》课题成果和现有航道等级、通航安全保障条件,起草完成《宁波海事局内河通航水域划定报告》。是年,宁波海事局委托宁波大学开展《宁波市内河通航水域与非通航水域划分》课题研究,从学术角度科学评判,为水域划定提供了理论支撑。

宁波海事局经多次与宁波市交通委、宁波市港航管理局等行业管理部门沟通,于2016年5月形成通航水域划定建议。7月27日,完成对宁波市法制办、交通委、环保局等8家市级单位、部门的意见征求,10月初完成对鄞州、奉化、余姚、宁海等相关县级人民政府的意见征求,11月18—24日,完成社会公开意见征求,并通过宁波市地方法制办的合法性审查。

2017年4月21日,《宁波市人民政府关于公布宁波市内河通航水域(第一批)的通告》发布并施行(图2-1-29)。该通告由宁波海事局起草,经宁波市人民政府常务会议审议通过,以地方规范性文件的形式出台。该通告的出台,标志着宁波市首次以政府公告的形式,明确了内河通航水域范围,为有效厘清内河水域管理职责边界,保障内河通航水域水上安全提供了重要的法规依据。本次划定内河通航水域里程共计200余千米。具体范围包括:杭甬运河宁波段、奉化江等7条主干航道;东钱湖、白溪水库2处库区(湖泊)水域,以及九龙湖、上林湖、梅湖3处习惯客渡运航线水域。

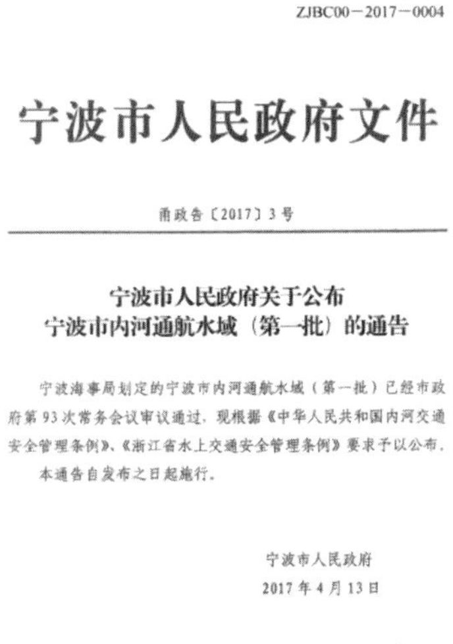
ZJBC00－2017－0004

宁波市人民政府文件

甬政告〔2017〕3号

宁波市人民政府关于公布
宁波市内河通航水域(第一批)的通告

宁波海事局划定的宁波市内河通航水域(第一批)已经市政府第93次常务会议审议通过,现根据《中华人民共和国内河交通安全管理条例》、《浙江省水上交通安全管理条例》要求予以公布,本通告自发布之日起施行。

宁波市人民政府
2017年4月13日

—1—

宁波市内河通航水域(第一批)

序号	内河通航水域名称	航道起点名称	航道终点名称
1	甬江	镇海口甬江入海处	宁波市区三江口
2	杭甬运河宁波姚江段	宁波市区三江口	与上虞市交界处的安家渡
3	五余线余姚城区段	陆山南岔口	兰墅桥北岔口
4	奉化江	宁波市区三江口	方桥三江口
5	东江	方桥三江口	西坞居敬桥
6	剡江	方桥三江口	江口立交桥
7	鄞江	奉化江横涨分洪桥	洞桥潘沙桥
8	白溪水库库区航道	叶岙游艇码头	森林公园游艇码头、大松溪游艇码头
9	东钱湖	除饮用水源一级保护区、军事禁区、渔业养殖区、沿岸各村庄自筑的防波堤以内水域、湿地保护区、龙舟赛事水域、陶公岛景区脚踏船水域、小普陀景区脚踏船水域、皮划艇水上活动等水域以及东钱湖旅游度假区管委会规划的水上娱乐水域、游泳水域之外的可航水域	
10	九龙湖	山庄后门码头至猴岛码头习惯客运航线水域	
11	上林湖	上林湖水库大坝至上滩头等习惯渡运航线水域	
12	梅湖	环梅湖习惯渡运航线水域	

主送:各区县(市)人民政府,市直及部省属驻甬各单位。

抄送:市委各部门,市人大办、政协办,宁波军分区,市中级法院、检察院,各人民团体、民主党派、新闻单位,各区县(市)卫星城市试点镇。

宁波市人民政府办公厅　2017年4月21日印发

—2—

图2-1-29 《宁波市人民政府关于公布宁波市内河通航水域(第一批)的通告》

2019 年 2 月 19 日，交通运输部海事局正式公布包括浙江省宁波、温州和台州部分内河水域暂定航区级别，明确规定宁波海事局辖区东钱湖、上林湖水库、梅湖水库、宁波九龙湖、白溪水库均为 C 级航区。

三、交通组织保障

（一）码头服务保障

2006 年 11 月 22 日，宁波海事局印发《宁波北仑矿石码头及周边水域船舶交通流组织方案》，并于 2011 年 7 月 21 日和 2015 年 2 月 10 日分别对该方案进行了修订，对北仑矿石码头及周边水域码头群船舶靠离泊计划安排及调整，矿石码头 1—6 号泊位，北仑第二港埠公司 3 号、4 号泊位船舶靠离泊条件和时机，船舶靠离泊计划的制订、审核和实施等事项做了明确规定。

2011 年 9 月 7 日，宁波海事局印发《宁波招宝山大桥至甬江口码头群船舶靠离泊组织方案》，通过合理、有效组织甬江下游水域船舶交通流，进一步规范船舶靠离甬江下游码头群的秩序，保障船舶航行及靠离泊作业安全。

2020 年 6 月，宁波海事局组织宁波舟山港集团、宁波引航站、宁波气象局等单位开展了《团雾影响期间精准交通流组织》课题研究，从“科学决策、精准实施、万无一失”的角度，对实施原则、实施前提、实施路径等做了细致研究。在雾情影响港区前，提前引领部分重点生产船舶至港内抛锚待泊，并根据专业的海上雾情预测和雾情实时变化情况，对满足安全航行要求的船舶实施“二次引航”，保证有序进出，提升港口运转效率。

（二）船舶交通组织服务管理平台

2019 年 12 月 1 日，船舶交通组织服务管理平台（交通组织一体化平台）上线运行。该平台由海事部门牵头，港口、引航、代理、航运公司、船舶等单位信息共享、协同合作，通过对计划的提前编排和科学分流，为每艘船舶安排进出港“专用时间”，既能提高船舶进出港通航效率，也能为航运企业业务办理及节约运营成本提供便利。同日，宁波海事局正式开展宁波舟山港核心港区船舶交通组织一体化工作。

自 2019 年 12 月至 2021 年年底，交通组织一体化平台累计发布并执行船舶进出港计划 180534 艘次，虾峙门航道和条帚门航道的进出港报告率维持在 99% 以上，主要航道的进港准点率超过 95%，累计减少船舶待港时间 6.9 万小时以上。

（三）浙江沿海公共航路

2001 年 12 月 14 日，浙江海事局发布《浙江海事局关于沿海主要公共航路、锚地的公告》，将浙江沿海公共航路根据船舶交通流量和通航船舶的种类分为 A、B、C、D 四个等级，并对每个等级航路的范围做了明确规定。

2021 年 8 月 30 日，浙江海事局发布《浙江海事局关于调整浙江沿海主要公共航路的公告》，对浙江沿海主要公共航路进行调整，自 2021 年 9 月 10 日起实施，目的是着力消除浙江海区航线纵横交错、船舶通航密集带来的商渔船碰撞事故多发隐患，适应浙江海洋经济发展新形势。浙江沿海 15 条主要公共航路呈“三纵六横”格局，即由北接上海、南连福建、自东向西纵向分布的“外航路”“东航路”“西航路”，和东西横向进出浙江港口、分布于“舟山北部、舟山中北部、舟山中部、宁波舟山港核心港区、台州湾、温州港及乐清湾”6 个港口密集区的进出港航路组成。此次航路调整，对商船习惯航路和渔业传统作业区重叠水域的航路进行了优化，在宁波象山沿海构建起了相对科学合理的航路和渔区界限，从源头上降低了商渔船碰撞风险。

(四)大型船舶在港全过程监管

宁波舟山港依靠深水、区位和实力优势，各类大型船舶、特大型船舶靠泊宁波舟山港的数量逐年递增。大型船舶具有尺度大、吃水深、操纵困难、装载货物多、储备燃油多等特点，对航道、锚地、码头等通航环境条件要求较高，一旦发生安全事故将造成巨大损失，可能危及整个港口的生产和周边海域的生态环境。宁波海事局从全过程管理角度，紧紧抓住管理与科技两条线，系统性提升对大型船舶在港航行、锚泊、靠离泊、稳泊、作业及应急等环节的风险管控能力。同时充分发挥交通、港口、引航、拖轮、航运公司、船级社、船代等行业力量，建立起大型船舶在港全过程监管机制。

自2018年起，宁波海事局依托核心港区海事现场监管力量和VTS中心，从时间、空间、对象3个维度对大型船舶实施在港全过程管理。通过完善主要航道港区水域超视距CCTV网络、布设核心港区水文气象监控网络、开发应用大型船舶信息化管理系统、协调重点航道水域布设专业应急拖轮等措施，实时掌控在港大型船舶动态，感知港区水文气象情况，并于第一时间做好应急处置，为大型船舶在港安全提供全过程立体化的保障。

2020年，宁波海事局协调组建大型船舶全过程在港安全管理团队，发布《宁波港域大型船舶全过程在港安全管理指南》，包含外部对象的刚性操作指南(Part A)、面向海事内部的监管指南(Part B)和港航企业生产经营安全操作指南(Part C)。

2020年1月，宁波海事局推动辖区码头单位建立大型船舶“码头船长”制度，建立规范的引航、拖轮、码头、代理在内的安全保障体系，共同做好船舶靠离泊稳泊安全、船岸界面管理、应急处置等具体事项。

2021年3月，宁波海事局联合宁波舟山港集团，建立运行“大型船舶管理服务平台”，建立海事、港口、引航、拖轮、代理便捷高效的信息互联互通渠道，综合考虑船舶大小、船舶危险系数、码头等级、船舶在港动态等情况，对大型船舶实施可视化分级管理。

四、杭甬运河发展保障

杭甬运河是国家高等级航道布局规划“二横一纵两网”中京杭大运河的一段，是国家规划建设长三角交通网的重要组成部分，也是国家主干航道的重点建设项目。运河西起钱塘江北岸的三堡船闸，途径萧山、绍兴、上虞、余姚，东至宁波，全长239千米，航道弯曲多变，水域内桥梁众多、通行高度低，渡船、砂石运输船、渔船航行其中，通航环境复杂。

杭甬运河宁波段(安家渡至甬江口)长94千米，其中，安家渡至蜀山船闸20千米，蜀山船闸至姚江船闸45千米，姚江船闸至三江口3千米，三江口至甬江口26千米。除姚江船闸至三江口段按五级航道标准建设外，全线按四级航道标准建设。截至2021年底，杭甬运河宁波段共有桥梁40座。

2013年12月18日，宁波市政府制定出台《杭甬运河宁波段试通航工作方案》，明确规定蜀山船闸至新江桥试通航300吨级船舶，其余通航500吨级船舶。12月28日，宁波市政府发布《关于杭甬运河宁波段试通航的通告》。12月31日，“鄞通顺210”轮顺利通过姚江船闸，实现了从宁波甬江待泊区至余姚安家渡的往返试航。

2014年10月14日，“浙越城货0006”轮自镇海港装载煤炭214吨，通过姚江船闸驶入姚江水域，目的港为绍兴。该轮的顺利通行，标志着杭甬运河宁波至绍兴货运航线正式开通（图 2-1-30）。

图 2-1-30　船舶通过杭甬运河姚江船闸

2015 年 6 月 15 日起，杭甬运河宁波段开展 500 吨级船舶通航测试工作。按照宁波市政府“逐步提升载货量、积累经验”的要求，测试分成 3 个阶段，船舶载货量逐步由 300 吨提升至 400 吨、450 吨、480 吨。

2015 年 12 月 30 日，杭甬运河宁波段首个实质性项目——宁波城西港区必利盛物流配送码头工程正式开工，并于 2018 年 12 月 28 日通过交工验收。该码头可为周边地区提供各类建筑材料的中转服务，降低运输成本，提升运输效率，对带动全市内河港口建设和内河航运发展具有重要意义。

2016 年 1 月 11 日，宁波市人民政府发布《关于杭甬运河宁波段通航的通告》，对宁波三江口特殊航段内（姚江船闸至三江口段）通航船舶尺度、水线以上最大高度、船舶限速等做了明确规定。

2017 年 2 月 27 日，杭甬运河宁波镇海至金华兰溪煤炭运输航线正式开通。

2017 年 3 月，宁波海事局研发完成船舶流量监测系统，并在运河镇海段安装测试成功。该系统可实现船舶交通流量流向的自动精确统计，直观展示当前航道区域内船舶流量信息，为水上交通管理提供可靠依据。

2018 年 9 月，宁波海事局印发《宁波海事局杭甬运河宁波段通航船舶监管工作指南》，主要对船舶安全检查的职责分工、重点检查内容、白名单管理制度等事项做了明确规定。

2018 年 9 月 17 日，宁波海事局印发《宁波海事局杭甬运河宁波段过闸船舶白名单制度实施方案》，明确规定了船舶航行航法要求、发放过闸免检单条件等事项。2020 年 6 月，宁波海事局对该方案进行调整，进一步优化白名单安全诚信管理制度，精简流程，减少拟过闸船舶报告程序，实现船舶过闸“最多报一次”，引导船舶加强自我管理。

2018 年 12 月 28 日，由属地政府牵头，宁波海事局与多部门联动，统一清理拆解姚江水域 114 处船屋，标志着栖身姚江 10 余载的“水上人家”，正式宣告“退场”。

2019 年 12 月 9 日，宁波市交通发展领导小组办公室印发《杭甬运河宁波段集装箱船舶通航方案》，对在杭甬运河宁波段范围内航行的集装箱船舶通航要求、相关单位主要任务及职责、应急锚位划定等事项做了明确规定。

2019 年 12 月 19 日，杭甬运河宁波段通航联席会议办公室印发《杭甬运河宁波段船舶通航联动应急方案》，对船舶通航过程中发生突发事件时各有关部门职责、日常联动、恶劣天气影响时的通航联动、船舶通航突发事件应急联动等事项做了明确规定。

2019 年 12 月 20 日，“天统 10”“天统 11”“天统 12”“天统 15”等 4 艘集装箱船舶从中马待泊区离泊，通过姚江船闸，杭甬运河宁波段集装箱船舶正式通航，该水域集装箱船舶通江达海成为现实。

2020 年 6 月，宁波海事局推出《杭甬运河宁波段甚高频（VHF）使用指导手册》，介绍了 VHF 使用方法和注意事项以及不同场景下的 VHF 标准通信用语，引导船员规范使用 VHF。

2020 年 12 月 1 日，专为杭甬运河宁波段量身定制的江海联运船“新金增 2”轮从舟山出港航行至姚江大闸，沿着杭甬运河宁波段向西航行，标志着杭甬运河宁波段正式告别了海船进不了江、江船出不了海的历史。江海联运船实现了内河和海洋之间的连续运输，提升了货物运转效率、减少了损耗。

自 2013 年底杭甬运河试通航至 2021 年 12 月 31 日，共有 105787 艘次船舶进出杭甬运河宁波段，货运量 2685 万吨（表 2-1-5）。杭甬运河宁波段的开通，对于构建浙江综合运输体系，增强宁波舟山港集疏运能力，缓解陆上交通压力，提高区域竞争实力提供了坚实保障。

杭甬运河历年通航船舶艘次及货物吞吐量　　表 2-1-5

年份（年）	通航船舶艘次（艘次）	货物吞吐量（万吨）
2014	141	1.65
2015	1018	20.1
2016	5276	129.75
2017	13316	323.92
2018	18649	469.05
2019	24957	616.87
2020	22376	569.6
2021	20054	554.06
总计	105787	2685

第四节　安全隐患治理

一、小型船舶管理

（一）渣土泥浆船监管

2009 年 11 月 4 日，宁波市人民政府发布《宁波市中心城区建筑渣土处置工作方案》，成立宁波市中心城区建筑渣土处置工作领导小组，建立联络员制度，负责部门间日常的联系和沟通。该方案细化了各相关部门的工作职责，制定了市级有关部门和各区政府（管委会）建筑渣土处置工作分解表。

2010 年 4 月 29 日，宁波海事局、宁波市城市管理行政执法局、宁波市水利局、宁波市交通局、宁波市海洋与渔业局、宁波市公安局联合发布《关于加强本市市中心城区建筑渣土（泥浆）水上运输处置管理工作的通知》，对控制临时中转码头数量、水上运输管理制度、建筑渣土（泥浆）成分等事项做了明确规定。

2011 年 6 月 1 日起，根据《舟山宁波建筑渣土处置管理工作第一次联席会议纪要》，宁波市建筑渣土开始用于舟山金塘北围填海工程消纳。

2013 年 4 月 26 日，宁波市中心城区建筑渣土处置工作领导小组办公室组织召开专题协调会，对 3 家开展建筑泥浆海洋试验性倾倒作业单位的运输船舶安装泥浆运输标识、AIS 安装规范、在甬江口高平潮前后各两个小时内通航限制等事项做了明确规定。

2013 年 5 月 17 日，宁波市人民政府办公厅发文明确了鄞州区李花桥 4 号码头渣土运输船舶的有关问题，原则同意按确保安全、稳步推进的工作原则，选择 3—4 艘 500 吨以下船舶状况良好、船员操作水平较高、熟悉奉化江航线的船舶进行试运行，经营业主按照海事部门的要求，在码头安装限高装置。

2013 年 11 月 25 日，宁波市中心城区建筑渣土处置工作领导小组办公室发布《关于进一步明确建筑泥浆运输处置工作职责的通知》，对各小组成员单位的工作职责做了进一步明确规定。

（二）内河船和采运砂船（简称“两船”）监管

20 世纪 90 年代以来，随着宁波及周边地区经济的迅猛发展，城乡建设规模不断扩大，黄砂的需求量也随之增加。由于海砂开采利润丰厚，受经济利益驱动，大量采运砂船开始聚集在宁波沿海水域进行营运作业。这些船舶多为无证非法开采，冒险航行、作业，严重影响了水上正常交通秩序和港口生产。对此，相关管理部门的打击、纳规管理的努力一直在进行。

2002 年 6 月起，宁波海事局在辖区范围内牵头开展采砂船专项整治工作。该项工作得到了宁波市人民政府的高度重视和大力支持，市领导多次听取汇报并专题研究。

2002 年 7 月 16 日，宁波市分管领导主持召开全市采运砂船整治工作专题会议，宁波市安全生产监督局、海洋与渔业局、国土资源管理局、港务局、公安局、交通局、边防支队及宁波海事局等 10 余家单位参加了本次会议。会上成立了采运砂船专项整治工作领导小组，办公室设在宁波海事局，原则通过由宁波海事局起草的《宁波市采运砂船整治方案》。

2002 年 8 月 2 日，宁波市人民政府发布《关于开展全市采运砂船专项整治工作的通知》和《宁波市人民政府关于严厉打击采运砂船舶违章作业和运输的通告》，决定在全市范围内开展采运砂船的专项整治工作，重点打击违章采砂和船舶无证营运，清理、取缔“三无”船舶。宁波海事局会同海洋、国土资源部门召集有关航运、港口专家划定采砂区域，严格审核审批采砂区域和采砂船舶，严厉打击非法无序开采、运砂船无证营运、超载航行等违法行为。至 2003 年 2 月底，宁波北仑、镇海港区以及峙头水域采砂作业得到了规范，采砂碍航情况基本消除。

2009 年 11 月，经宁波、舟山两市政府协调，宁波、舟山两地 118 艘采砂船纳规到舟山市瑞昌采砂有限公司统一经营管理，统一组织开展宁波、舟山沿海采砂作业生产。

2012 年 6 月 26 日，宁波海事局印发《宁波海事局全面落实砂石运输船安全监管长效机制实施细则》，成立全面落实砂石运输船安全监管长效机制工作领导小组，对长效机制实施的基本原则、内容等事项做了明确规定。

2015 年，宁波海事局起草《关于建议宁波-舟山核心港区全面禁采海砂的报告》，由浙江海事局专报浙江省委省政府，推动宁波-舟山港核心港区施行全面禁采海砂。

2016 年 G20 杭州峰会期间，宁波海事局联合北仑区政府及港航、公安等部门，共同研讨无证营运宕口整治，专题向舟山警备区联合行文，促使北仑杨公山砂场于 2016 年 7 月底关停。

2017年7月起，宁波海事局根据《交通运输部办公厅关于全面推进内河船舶非法从事海上运输常态化治理的意见》《交通运输部海事局关于强化内河船舶非法从事海上运输行为惩治措施的指导意见》等上级文件要求，坚持以结果为导向、以法律为准绳，创新实践了从执法、行政、科技、司法、综治5个角度发力的砂石船“五维治理”新模式。

2017年9月30日，宁波海事局印发《关于深入推进砂石船内河船常态化治理工作的通知》，重点查处“两船”无证、跨航区营运、配员不足、超载、标识不清、AIS/VHF不按规定安装使用、船舶未报告等违法行为，推动“两船”主动依法依规航行作业。经过10个月整治，宁波辖区非法参与海上运输作业内河船及“三无”砂石船基本消除，辖区长期运营的82艘砂石船实现100%纳规，超载、无证和配员不足等严重违章问题得到遏制。

2018年7月27日，交通运输部海事局治理内河船舶非法从事海上砂石运输治理现场推进会在甬召开，宁波海事局就“五维治理”做法和成效做了经验交流。

2020年10月21日，宁波海事局印发《关于切实加强小型船舶安全监督管理 督促落实安全主体责任工作的通知》，从深入推进“消违治本两块牌子创建工作”、深化“五维”治理机制推进“两船”整治常态化、全面开展小型船舶扫盲排查、推动建立小型船舶综合治理工作机制、持续开展小型船舶航法整治、继续深化开展砂石船安全检查等12个方面对小型船舶安全监管工作做了细致部署。

二、两块牌子

2019年5月22日，宁波海事局印发《“消违治本两块牌子”创建工作实施方案》，统一部署全局9个海事处正式启动实施“无长期违章船舶辖区”和“无长期违章辖区”的“两块牌子”创建工作。创建工作计划分为两个阶段，在第一阶段，以落实双重预防机制及现场综合执法为核心，以全面履职消除违章及属地联动治理隐患为抓手，推动辖区长期违章逐步消除。在第二阶段，以信息化建设与信用管理为导向，提升全宁波辖区水上安全监管常态化掌控力，为水上交通安全和地方经济社会发展提供有力保障。

2020年1月13日，北仑海事处、镇海海事处获评“消违治本两块牌子”创建第一批“无长期违章船舶辖区”。

2020年12月23日，梅山海事处获评“消违治本两块牌子”创建第二批“无长期违章船舶辖区”。

2021年9月9日，宁波海事局“消违治本两块牌子”创建工作机制获《宁波政法》简报刊登发表，在政法系统及平安建设相关单位间系统宣传推广工作经验。

2021年12月30日，穿山海事处获评“无长期违章船舶辖区”称号。

三、综合性安全管理

2012年7月24日，宁波市综治委公共安全专项组印发《市综治委公共安全专项组及成员单位工作职责》，明确宁波海事局作为市综治委公共安全专项组成员，负责海上搜救、船舶防台和船舶污染海域应急处置的组织、协调和指挥工作，组织相关应急专业知识的教育、宣传和培训工作。

2019年11月1日，宁波市反走私综合治理领导小组印发《宁波市反走私综合治理百日攻坚行动方案》，明确了全市反走私综合治理工作联席会议成员单位职责，宁波海事局是成员单位之一。

2020年4月，国务院安委会印发《全国安全生产专项整治三年行动计划》，明确了2个专题实施方案和9个专项整治实施方案。

2020年12月16日，中共宁波海事局党组建立问题隐患和制度措施“两张清单”，向中共浙江海事局党组报送《宁波海事局水上交通安全专项整治三年行动问题隐患和制度措施“两张清单”》。

2021 年 1 月 15 日，宁波海事局印发《中共宁波海事局党组 宁波海事局关于深入学习贯彻习近平总书记关于安全生产重要论述 进一步推进水上交通安全专项整治三年行动的通知》，要求局属各单位、部门深刻领会习近平总书记关于安全生产重要论述的核心要义、精神实质、丰富内涵，学深悟透习近平总书记关于安全生产重要论述，不断强化“从根本上消除事故隐患”的思想自觉和行动自觉，扎实推进水上交通安全专项整治三年行动落实见效，确保各项工作落到实处、取得实效。

2021 年 1 月 18 日，宁波市交通运输局和宁波海事局联合印发《宁波市交通运输局、宁波海事局关于开展全市水上交通安全整治专项行动的通知》，成立水上交通安全整治专项行动工作专班，主要对宁波港核心港区、杭甬运河、象山沿海水域范围内注册在宁波市的水路运输企业、船舶管理企业等所经营及开展安全与防污染管理的船舶以及休闲类船舶进行重点整治。

2021 年，宁波海事局深化“消违治本两块牌子”创建，实施“三清理”工作，违章查处量同比增长 70%，整治“三无船”① 99 艘、非法砂石装卸点 20 处，向司法机关移送人员 12 人次，涉水安全综合治理经验获《宁波政法》简报刊发推广。

第五节　船舶交通管理

船舶交通管理系统（VTS），是指为保障船舶交通安全，提高船舶交通效率，保护水域环境，由主管机关设置的对船舶实施交通管理并提供咨询服务的系统，它是海事机构实施水上交通秩序管理的重要手段。

一、宁波海事局船舶交通管理中心

宁波海事局船舶交通管理中心（宁波 VTS）是我国最早建成的 VTS 系统，承担辖区内水上交通动态的监控管理和通航秩序维护等工作。

1987 年 10 月，根据交通部港口管理体制改革要求，宁波港务局港务监督从宁波港务局划出，并在此基础上成立宁波海上安全监督局。

图 2-1-31　2002 年的宁波 VTS 监控室

1996 年 4 月，宁波海监局成立交管中心，内设综合科、技术科，下设北仑分中心，开展 24 小时倒班值班模式，主要负责与引航员、外轮的沟通协调，这也是宁波 VTS 监控室的前身。

2001 年 12 月，宁波 VTS 从北仑山雷达站搬入北仑海事大厦（图 2-1-31）。

2003 年 10 月，宁波 VTS 监控室划归通航管理处（值班室），交管中心负责台站管理和设备维护。

2007 年 12 月，通航管理处调整，宁波 VTS 监控室划归指挥中心（总值班室）。

① 三清理，即清理“无证船舶”、清理非法码头宕口、清理水上通航环境。三无船，即无船名船号、无船舶证书、无船籍港。

2008 年 4 月 22 日,宁波 VTS 开始运行“5 班 3 运转”值班模式。

2013 年 9 月 9 日,根据《中华人民共和国关于宁波海事局有关机构主要职责机构设置和人员编制规定的通知》,VTS 监控室与原交管中心合并,成立新的船舶交通管理中心。

2019 年 9 月 11 日,宁波 VTS 从北仑海事大厦搬迁至鄞州区宁波海事局新综合业务用房(图 2-1-32)。

图 2-1-32　2021 年的宁波 VTS 监控室

二、宁波 VTS 主要职责

根据《中华人民共和国关于宁波海事局有关机构主要职责机构设置和人员编制规定的通知》,宁波 VTS 主要职责为:贯彻执行国家有关海上交通法规和宁波港水上交通安全规定。负责辖区船舶交通管理有关规定的制定,并实施船舶交通服务及内部各项管理制度;负责 VTS 值班工作,适时开展交通组织和管制,对辖区可能出现的影响水上交通安全的异常情况提出预警预控,纠正船舶违章或报告局职能部门;参与辖区水域交通事故、污染事故及其他突发应急事件的处置,支持海难救助和水上联合行动;负责收集、评估、处理有关水上交通安全信息,对外提供信息服务;根据船舶、设施请求,提供船舶助航和安全咨询服务;参与编制辖区 VTS 系统发展规划,提出相关系统设备的技术改造、设备更新、项目扩建和设备维护的年度计划,并组织实施;参与 VTS 工程建设,协助做好设备的安装、调试和验收等工作;负责 VTS 设备的维护保养和更新报废技术鉴定工作。做好 VTS、DSC、VHF 等设备的管用养修,做好季节性及防台抗台工作;负责本单位资产管理、队伍建设、党群和精神文明等工作;负责船舶交通管理、设备管理等文件资料的整理,并按时做好存档移交工作;完成局领导交办的其他任务。

三、系统发展与监管沿革

(一)系统沿革

1994 年,宁波海监局北仑交管站进行二期改造,增加北仑山雷达站,改建大榭雷达站,并实现 2 个雷达站成功联网运行,在北仑设立了 VTS 分中心。1995 年 5 月 1 日,总投资 25 万美元,从挪威挪康公司(NOR-CONTROL)引进 VTS 系统并在北仑山交管站投入试运行,基本实现了当时宁波港主港区及进出港航道、锚地等水域的有效覆盖,形成“二站一中心”格局(图 2-1-33)。

图 2-1-33　20 世纪 90 年代运用的 NORCONTROL 系统

1999 年,宁波海监局改建原有 4 个雷达站,增加游山雷达站和 1 个 VTS 中心,形成“五站一中心”格局,覆盖甬江口、大黄蟒附近水域。

2002 年 1 月 13 日,宁波船舶交通管理系统设备通过交通部海事局组织的专家现场验收,系统投入试运行，同年12月16日通过了由交通部海事局、水运司和规划局组成的验收组的验收，正式对外运行。该系统引进德国ATLAS雷达设备，覆盖区域从“大黄蟒至涂泥咀”拓展至“北起大鹏山，南至虾峙门口外南北锚地”，总长约42海里。这是当时我国规模、技术、运行等方面较为先进的VTS系统。

2006年8月24日，宁波VTS系统成功接入AIS信号，实现监控屏幕可同时显示雷达和AIS信号，动态信息监管由“人工”走向“智能”。

2009年10—11月，宁波VTS系统升级改造，由ATLAS9750升级到ATLAS9760，系统处理能力由原700个跟踪目标提高到3500个，系统数据备份能力扩展到6个月。

2011年6月，宁波海事局新建大鹏山、穿鼻山2个雷达站，系统由荷兰赫梯人科技（HITT）公司（现萨博，即SAAB公司）集成，形成“七站一中心”格局，覆盖金塘大桥北侧及螺头水道附近水域（图2-1-34）。

图2-1-34　2011年宁波VTS值班室启用HITT系统

2012年3月19日，交通运输部海事局同意浙江海事局新建荒屿山雷达站和象山角雷达站，与宁波VTS原有的“七站一中心”融合，形成“九站一中心”的格局，宁波VTS有效覆盖水域扩大至象山港大桥附近水域。

2012年8月31日，宁波VTS结合工作实际进行创新设计完成了对VTS系统MIS管理信息系统子系统的技术改造。改造后的MIS可以对VTS值班过程中95%的值班事件进行记录，船舶动态流程管理由全人工改为半自动模式，自动化程度达80%，同时实现值班辅助和数据分析，减少约35%的高频通信量，自动生成多种报告。MIS改善了传统值班模式，为宁波VTS运行管理提供了有力的信息化支持。

2013年1月25日，交通运输部海事局同意浙江海事局新建松兰山、檀头山和南田3个雷达站，并实现与舟山VTS中心信息交换和数据共享，与宁波VTS原有的“九站一中心”融合，形成“十二站一中心”的格局。宁波VTS覆盖水域进一步扩大，实现了对象山沿海部分水域的有效覆盖。

2013年6月，受浙江海事局委托，宁波海事局启动VTS模拟器系统建设。宁波VTS首次引入船台设置，打造自有师资队伍，以真实案例为模型设置场景，构建了规范化运维体系，切实从硬件、师资、软件和运维等4个方面，对该系统进行完善。

2014年1月7日，东浪咀雷达站完成整体交接工作并划归宁波海事局，宁波VTS系统“十三站一中心”规模初步形成。至2016年，黄岩头雷达站、元山雷达站划归宁波海事局，宁波VTS形成“十五站一中心”规模，覆盖宁波舟山港核心港区、虾峙门口外深水航槽周边、象山港大桥水域及象山南部沿海水域。

2014年6月，宁波VTS组织开展了首场VTS模拟器场景培训，标志着VTS模拟器系统进入试运行阶段，成为继上海吴淞VTS模拟器系统之后，国内第二个VTS模拟器系统。9月，VTS模拟器通过验收。10

月，浙江海事局首期 VTS 模拟器岗位教师培训班在宁波举办，来自各分支局 VTS 中心总计 20 余名学员参与培训。

2017 年 12 月 1 日，宁波 VTS 象山沿海工作台试运行，管理覆盖区扩大到象山港以及象山沿海部分水域，宁波 VTS 由传统港口型 VTS 转变为新型“港口 + 沿海”综合型 VTS。

2020 年 9 月 7 日，VTS 信号接入宁波海事局“深蓝智享”系统，首次实现雷达跟踪信号在非 VTS 系统中的应用。

2020 年 11 月，宁波 VTS 完成东浪咀、穿鼻岛 VHF 基站补点消盲工程，实现核心港区 VHF 全覆盖。

2021 年 4 月，宁波海事局以游山雷达站为试点，完成首个 VTS 雷达站国产化改造，并在同年完成全部 15 个雷达站的国产化改造。

2021 年 5 月，VTS 信号全部接入“浙江海上智控平台”系统。该平台为交通运输部海事局“陆海空天”一体化水上交通运输安全保障体系及水上“大交管”改革试点项目，同时也是浙江省数字化改革的 28 个子跑道之一和“浙政安全”领域的重点应用。

（二）监管制度

1996 年 9 月，宁波海监局取得对虾峙门航道及其相关锚地统一管理的事权，遵循“一家管理、共同使用”的原则，制定《虾峙门航道及其相关锚地管理规定》，并报交通部批准组织实施。

2005 年 4 月 29 日，浙江海事局发布并实施《宁波船舶交通管理系统安全监督管理规则》，对 VTS 管理区域内船舶报告要求、船舶交通管理、船舶交通服务等做了明确规定。

2006 年 7 月 20 日，《宁波金塘七里锚地定点锚泊管理规定》经批复后正式对外颁布，并于 7 月 31 日起施行。金塘七里锚地船舶无序锚泊从此成为历史。

2009 年 4 月 1 日，浙江海事局印发《金塘大桥、西堠门大桥通航安全管理规定》，对大桥通航孔通航等级、通航要求、禁止事项等做出明确规定。宁波 VTS 依据此规定，监督通航船舶吨位及净高，禁止船舶在桥区水域内掉头、追越、横越等。

2010 年 8 月 1 日，“两制两规”①正式实施，对宁波-舟山港核心港区船舶定线制覆盖范围和需要遵守报告制的船舶类型、国籍、适用范围等做出明确规定。

2014 年 4 月 30 日，浙江海事局发布《虾峙门口外深水航槽通航安全管理规定》，并于 6 月 1 日正式实施，对拟使用深水航槽的申报时间、气象海况、报告要求、特殊规定等做出明确规定。

2016 年 8 月 1 日，新版“两制两规”正式实施，对原“两制两规”中关于船舶报告、船舶交通管理、船舶交通服务、注意事项等做了部分调整，将核心港区 VTS 管理区分为 7 个管理分区，条帚门航道正式开通并纳入船舶定线制管理。

2019 年 11 月 1 日，浙江海事局发布《宁波舟山港核心港区船舶交通组织实施暂行办法》，对核心港区交通组织应遵循的原则、申报途径及时间限制、变更要求及其他需要注意的事项做了明确规定。该暂行办法的出台，旨在保障宁波舟山港核心港区水域通航安全，提高船舶交通效率。

（三）重大工作

2019 年 12 月 1 日，宁波舟山港核心港区船舶交通组织一体化工作正式实施，配套船舶交通组织服务

① 《宁波-舟山港核心港区深水航路船舶定线制》《宁波-舟山港核心港区深水航路船舶报告制》和《宁波-舟山港核心港区深水航路船舶定线制管理规定》和《宁波-舟山港核心港区船舶交通管理系统安全监督管理规则》。

管理平台正式开始运行。该平台打通了宁波舟山两地海事、港口、引航等单位信息系统，实现两地多部门、跨行业的数据互联共享和工作有效协同，促成全港船舶交通组织计划的统一报告、统一组织、统一公布和统一执行，实现两地船舶交通组织计划、引航计划和码头调度计划的一体化申报、编排、公布和实施，甬舟两港一体化水平得到进一步提升。

2021 年 5 月起，宁波海事局全面开展核心港区小型船舶航法优化行动，绘制《宁波舟山港核心港区小型船舶推荐航法示意图》，标注了核心港区小型船舶推荐航线、通航要素等，并针对航路变更、险情应急、恶劣气象、航行要求等 4 方面内容，制定了 12 项具体操作指南，明确非定线制水域编队航行、定线制水域使用沿岸通航带行驶、狭水道靠右航行等一系列规范做法。

2021 年 9 月 10 日起，宁波海事局根据《浙江海事局关于调整浙江沿海主要公共航路的公告》，以“严管理、保通畅、构格局、控风险”为总体目标，通过多维创新、科技驱动，重塑象山沿海通航秩序格局。截至 2021 年年底，宁波沿海公共航路内未发生商渔船碰撞事故，商船在航路内各自靠右航行的格局已初步建立，船舶通行效率稳步提升。

2021 年 12 月 20 日，宁波海事局正式启动“VTS + 海巡艇”动态监管联动执法模式试点工作，充分发挥 VTS 全水域、全时段、全天候监控优势和海事处值班室信息化查违更高效、数据获取更便捷特点，通过建立信息共享机制，实时引导海巡艇处置违法违规船舶，有效解决巡逻艇“无目的”巡航、VTS 对可疑目标缺乏抓手、监管信息流转时效性差等问题。

第六节　水上交通事故调查和处理

作为全世界货物吞吐量最大的港口，2021 年宁波舟山港货物吞吐量达到 12.23 亿吨，连续 13 年稳居全球首位。南来北往各类商船穿梭其间，船舶交通流量大，同时宁波沿海渔船和渔场星罗棋布，商渔航路纵横交贯，船舶水上交通事故在宁波舟山港水域时有发生。为此，作为宁波舟山港水域范围内 2 家分支局海事管理机构之一，宁波海事局历年来为防范辖区船舶水上交通事故的发生，实现水上交通事故的规范高效调处，做了大量的工作。宁波海事局注重海事调查人才的培养、水上交通事故规律性的研究以及对航运公司与行业从业人员的宣传教育，充分发挥事故案例的警示作用。

一、调查处理程序变化及文件依据

1995 年 10 月 23 日，交通部以交安监发〔1995〕1006 号文批复《宁波水上安全监督管理规定》，并于 1996 年 1 月 1 日起实施。

1998 年 10 月 1 日，交通部安监局实施《水上交通事故肇事逃逸处理程序》。11 月 4 日，为加强对水上交通事故肇事行为的查处，规范肇事逃逸的调查处理，根据交通部安监局文件规定，宁波海监局印发《宁波港务监督水上交通事故肇事逃逸处理操作程序》。

1999 年 6 月 1 日，交通部海事局印发《关于明确涉外水上交通事故调查处理有关事项的通知》，要求各级海事机构在调查处理涉外水上交通事故时，严格按现行法律法规授权依法办事。

2000 年 7 月 28 日，宁波海监局印发《水上交通险情和紧急重大情况报告制度》。该报告制度对辖区发生需报告的水上交通险情和紧急重大情况进行了明确，共分为水上安全管理、航海保障、内部综合管理三类。

2001 年 3 月 16 日,交通部海事局印发《关于启动“水上交通事故调查处理文书格式”的通知》,发布了“水上交通事故调查处理文书格式”,自 2001 年 7 月 1 日起启用。2002 年 4 月 15 日,交通部海事局发布《关于启用“水上交通事故调查处理文书英文格式”的通知》,作为对海安全字〔2001〕146 号文的补充。

2001 年 6 月 1 日,中华人民共和国海事局颁布《水上交通事故调查处理结案管理规定(试行)》。11 月 28 日,根据有关国际公约、决议案和国内有关法律、法规、规章,中华人民共和国海事局发布《水上交通事故调查处理指南》。

2002 年 5 月,浙江海事局印发《关于规范水上交通事故调查处理工作的通知》,明确浙江海事局、分支局、海事处三级海事机构的水上交通事故调查处理权限,规范事故调查报告的形式,要求逐步公开海事调查结果。是月,宁波海事局印发《关于明确水上交通事故调查处理工作有关事项的通知》,明确宁波海事局通航管理处、海事处、机动大队的水上交通事故调查处理职责。

2002 年 12 月 19 日,中华人民共和国海事局印发《关于水上交通事故调查报告公开有关事宜的通知》,统一规定水上交通事故调查报告的公开时间、公开方式、公开权限、公开范围。

2003 年 12 月 31 日,中华人民共和国海事局颁布《关于进一步明确海事调查处理管辖权限的通知》,对海事调查处理管辖权限进一步明确,规定海事调查以辖区管辖为主。各海事管理机构辖区内发生的水上交通事故的协查和统计由辖区海事管理机构负责。海事调查、协查和统计的辖区为海人教〔2002〕161 号文所规定辖区中专属经济区以内的部分(含专属经济区)。

2004 年 2 月,宁波海事局组织开展水上交通事故现场取证工作调研,形成《水上交通事故现场调查取证指导书》,明确现场调查取证的基本原则、基本做法、应获取的证据材料。

2004 年 6 月 11 日,浙江海事局印发《关于进一步加强水上交通事故调查处理工作的通知》,自 2004 年 7 月 1 日起,涉外事故、一般等级及以上中国籍船舶事故,实行首席调查官负责制。是年,宁波海事局加强事故调查处理工作的督查,按照浙江海事局的要求,实行事故调查责任制和首席海事调查官负责制。针对海事调查处理工作中存在的问题和现有海事调查处理法律法规间存在的冲突,宁波海事局组织研究,召开专题会议,明确事故调查处理责权归属以及对事故责任人行政处罚的工作要求,推行事故责任认定书和事故责任重新认定制度,以及事故调查处理工作过错追究制度。

2005 年 12 月 28 日,交通部海事局颁布《海事调查官管理规定(试行)》,要求 2006 年 7 月 1 日以后未持证的海事调查人员,不能主持海事调查处理工作。2009 年 1 月 1 日,《海事调查官管理规定》开始施行,原《海事调查官管理规定(试行)》及《关于实施〈海事调查官管理规定(试行)〉的补充通知》作废。该规定明确了海事调查官的任职资格,规定海事调查官分为高级海事调查官、中级海事调查官和助理海事调查官三级,每一级分为涉外和非涉外两种,同时对每一等级调查官的调查权限进行了划分。一般等级及以上的水上交通事故,由负有管辖权的海事管理机构成立相应的事故调查组,指定调查组组长。事故调查实行组长负责制。

2005 年,宁波海事局印发《宁波海事局水上交通事故调查处理程序(试行)》,并纳入宁波海事局行政执法程序规范。

2006 年 3 月 30 日,中华人民共和国海事局印发《关于统一海事调查处理信息发布的通知》,对水上交通事故调查处理对外信息发布的人员、内容及程序提出了统一要求。

2007 年 1 月 1 日,《中华人民共和国内河交通事故调查处理规定》开始施行。该规定明确了内河交通事故的调查处理权限、事故发生后的报告时限及内容、调查的程序及内容、事故的处理等事项。交通部公布的《中华人民共和国内河交通事故调查处理规则》同时废止。

2007年4月4日，中华人民共和国海事局发文《关于启用内河交通事故调查处理文书标准格式的通知》，发布了“内河交通事故调查处理文书标准格式”，从2007年5月1日起启用。

2007年6月24日，交通部海事局印发的《水上交通事故调查结案管理规定》开始施行。该规定对结案管辖、结案程序等内容进行了明确。

2007年11月，为规范船舶碰撞事故调查中，油漆样品的取样工作，保证油漆样品证据真实、合法，交通部海事局印发《船舶碰撞事故调查油漆样品取样程序规定》，同时为配合该规定实施，使取样工作进一步科学化、合理化，编写印发了《船舶碰撞事故油漆样品取样指南》。

2008年1月11日，宁波海事局召开海事调查处理工作会议。2008年1月21日，下发《关于执行海事调查处理指导意见和考核办法的通知》。该通知包含《宁波海事局水上交通事故调查处理指导意见》和《宁波海事局水上交通事故调查处理工作考核办法》。

2008年6月30日，为充分发挥专家鉴定意见在事故调查处理中的作用，提高海事调查权威，宁波海事局印发《宁波海事局水上交通事故技术分析专家库管理办法》。该办法明确了专家采用聘任制，每届任期3年，以及选聘专家的条件及其职责。专家以专家组形式开展工作，实行组长负责制。专家组为非营利性、非法人机构，其成员系非专职人员。

2008年10月24日，中华人民共和国海事局印发《水上交通事故调查报告编写指南（试行）》，要求各级海事管理机构对2009年1月1日起发生的一般等级及以上的水上交通事故的调查报告，参照该指南编写。

2009年9月24日，交通运输部海事局发布《关于开展对船上安全操作过程中发生的人员伤亡事故调查的通知》，决定自2009年10月1日起，直属海事系统对中国籍船舶船上安全操作过程中发生的人员伤亡事故进行调查。

2010年1月1日，IMO《海上事故或事件安全调查国际标准和建议做法规则》第一和第二部分纳入SOLAS第XI章，强制实施。为做好履约工作，交通运输部海事局发布《关于执行IMO事故调查规则的通知》《关于做好实施IMO〈海上事故或海上事件安全调查国际标准和建议做法规则〉的通知》《涉外海上事故或事件安全调查管理规定》，要求各直属海事局做好实施工作。

2011年11月14日，交通运输部海事局发布《中华人民共和国海上船舶污染事故调查处理规定》，要求各级海事管理机构对造成中华人民共和国管辖海域污染的船舶污染事故，按该规定调查处理。

2012年1月1日，中华人民共和国海事局实施《水上交通肇事逃逸案件调查处理规定》。该规定适用于中国沿海水域及内河通航水域，对调查处理的管辖权限、调查程序及取证内容、肇事船舶的认定等进行了明确。《水上交通事故肇事逃逸处理程序》同时废止。

2012年9月28日，依据《国务院关于进一步加强企业安全生产工作的通知》等规定，交通运输部海事局制定实施《中华人民共和国海事局水上交通事故查处挂牌督办办法》，明确各级海事机构实行挂牌督办工作要求。

2013年2月1日，交通运输部海事局《水上交通事故调查处理简易程序规定》施行，经事故各当事方书面申请、海事管理机构认定，案情简单、事实清楚、因果关系明确的水上交通小事故，可按该规定开展调查处理工作。同日，交通运输部海事局事故调查分析系统正式运行，宁波海事局组织开展事故调查分析系统学习培训，指定专人负责，确保充分发挥事故调查分析系统的应有作用。

2013 年，宁波海事局印发《关于强化海事调查处理工作的通知》，从调查组的成立、调查计划的制定、调查取证的要求、事故报告的撰写、结案的申请以及海事调查队伍的建设等多方面进行明确。

2014 年 11 月 21 日，为进一步提高海事系统为社会大众提供信息服务的能力和水平，交通运输部海事局发布《关于做好水上交通事故调查报告公开工作的通知》，明确了公开内容、保密审查、公开时限、公开方式、公开职责、公开范围等事项。

2014 年 12 月 9 日，交通运输部海事局印发《直属海事系统行政执法事权层级调整方案》。该方案对事故调查权限进行了调整，明确了分支海事局负责调查或参与调查处理辖区内一般等级及以上水上交通事故，负责下属机构的事故调查报告的审核和结案核准，承担本单位调查的事故涉嫌刑事犯罪的案件移送工作。

2015 年 6 月 16 日，交通运输部海事局印发《中华人民共和国海事局关于浙江海事局行政执法事权层级调整的批复》，同意《浙江海事局关于调整部分海事行政执法事权层级的请示》中关于水上交通事故调查处理权限的层级调整，将死亡失踪 3—4 人及其他较大等级事故的调查权限由浙江海事局下放至分支海事局。

2015 年 10 月，浙江海事局印发《浙江海事局水上交通事故调查管理工作指导手册》。该手册的制定背景是 2015 年 1 月 1 日正式实施的《水上交通事故统计办法》，不仅对事故种类、事故等级进行了调整，而且将操作性污染事故、船员工伤事故等纳入水上交通事故统计范畴，同时交通运输部海事局对海事行政执法事权层级进行了调整。为明确浙江海事局各级海事机构的事故调查权限，规范海事调查行为，浙江海事局组织编写《浙江海事局水上交通事故调查管理工作指导手册》，旨在为海事调查官、海事执法人员从事水上交通事故立案、调查、原因分析、报告编写、结案以及海事签证、事故统计等事故调查工作提供指导和参考。

2016 年 2 月 23 日，中华人民共和国海事局印发实施《水上交通事故调查立案和结案管理规定》。该规定明确水上交通事故实行"谁调查，谁立案""谁立案，谁结案"的原则，对调查立案和结案的具体程序做了规定。《水上交通事故调查结案管理规定》同时废止。

2016 年 11 月 23 日，交通运输部海事局印发《水上交通事故调查报告编写指南》，要求 2017 年 1 月 1 日后发生的水上交通事故的调查报告按该指南编写。《水上交通事故调查报告编写指南（试行）》同时废止。

2019 年 12 月，宁波海事局印发《海事调查标准化实操指导手册》（2019 年版）。该手册是宁波海事局"走在前列"事故调查能力与事故预防能力"双提升"工程的拳头成果之一，也是海事调查业务领域首个系统性的标准化实操指导手册。手册编制设计具有"全流程、抓共性、重实操"的特点，通过挖掘历年典型事故调查经验，紧扣 8 种常见事故的类型特点，针对每种事故类型编制事故树思维导图，细化明确从调查启动到责任认定的全流程操作要点，中英文对照突出实用性和通用性。

2021 年 9 月 1 日，经 2021 年 4 月 29 日第十三届全国人民代表大会常务委员会第二十八次会议修订的《中华人民共和国海上交通安全法》开始实施，明确了海事管理机构进行事故调查时，事故涉及执行军事运输任务的，应当会同有关军事机关进行调查；涉及渔业船舶的，渔业渔政主管部门、海警机构应当参与调查。同时对事故调查时限做了更明确的规定。

二、事故统计及典型案例

（一）事故统计

2002年前，按照交通部颁布实施的《船舶交通事故统计规则》，水上交通事故分为碰撞、搁浅、触礁、触损、浪损、火灾、风灾、其他造成财产和营业损失或人员伤亡的交通事故等8类。船舶交通事故分为小事故、一般事故、大事故、重大事故4个等级。

2002年8月28日，交通部颁布《水上交通事故统计办法》（中华人民共和国交通部令2022年第5号），于2002年10月1日起实施。按照该办法，水上交通事故分为碰撞、搁浅、触礁、触损、浪损、火灾爆炸、风灾、自沉、其他引起人员伤亡或直接经济损失的水上交通事故，共9类。该办法对水上交通事故的范畴进行界定，并将水上交通事故按照人员伤亡和直接经济损失情况，分为小事故、一般事故、大事故、重大事故、特大事故5个等级。统计水上交通事故，按照《水上交通事故分级标准表》规定的具体分级标准进行。特大水上交通事故的统计，按照国务院有关规定执行。与原规则相比，新办法在事故种类中增加“自沉”事故，在事故等级中增加“特大事故”等级；与事故分级标准相对应的船舶吨位（功率）等级划分由原来的11个简化为3个，取消了以船舶沉没或全损作为确定事故分级标准的做法，并将直接经济损失额度标准做了一定幅度的调增；增加了对相关部门及人员虚报、瞒报、伪造、拒报、迟报事故统计资料的行政处罚条款。

2004年1月18日，中华人民共和国海事局印发《关于进一步加强水上交通事故统计工作的通知》，就事故统计具体操作和“一案一例”报告的内容、格式等提出统一要求。

2015年1月1日，《水上交通事故统计办法》（中华人民共和国交通运输部令2014年第15号）正式实施。该办法将水上交通事故分为碰撞，搁浅，触礁，触碰，浪损，火灾爆炸，风灾，自沉，操作性污染，其他引起人员伤亡、直接经济损失或者水域环境污染的水上交通事故，共10类。对事故等级的划分标准进行了重新调整，将水上交通事故按照人员伤亡、直接经济损失或者水域环境污染情况等要素，分为小事故、一般事故、较大事故、重大事故、特别重大事故5个等级。将直接经济损失100万元以下的事故统计为小事故，相较过去扩大了小事故的统计范围，小事故数量大幅增加。是年，宁波海事局对内部体系文件同步进行了修改。

2020年9月，根据《中华人民共和国海事局关于开展水上交通事故案例搜集整理工作的通知》要求，宁波海事局开展水上交通事故搜集整理工作。该工作涉及新中国成立以来至1998年的一般等级以上的海事案例。

2021年9月1日，交通运输部以2021年第23号令的形式发布实施修改后的《水上交通事故统计办法》。按照该办法，水上交通事故分为碰撞，搁浅，触礁，触碰，浪损，火灾爆炸，风灾，自沉，操作性污染，其他引起人员伤亡、直接经济损失或者水域环境污染的水上交通事故，共10类。该办法将水上交通事故按照人员伤亡、直接经济损失分为一般事故、较大事故、重大事故、特别重大事故4个等级，将水上交通事故按照船舶溢油数量、直接经济损失分为一般事故、较大事故、重大事故、特别重大事故4个等级。该办法明确了一般事故等级中没有造成人员伤亡且直接经济损失小于100万元的小事故（停航7日以上的搁浅事故除外）不纳入统计，按照交通运输部海事局的相关规定统计。

1996—2021年宁波海事（海监）局辖区事故统计见表2-1-6。

1996—2021 年宁波海事(海监)局辖区事故统计表 表 2-1-6

项目 年份(年)	事故总数(次)	重大事故(次)	大事故(次)	较大事故(次)	一般事故(次)	小事故(次)	沉船艘数(艘)	死亡失踪(人)	直接经济损失(万元)
1996	37	15	9	—	—	—	—	46	3565
1997	43	13	10	—	—	—	—	9	3064
1998	49	18	10	—	—	—	—	5	676
1999	—	—	—	—	—	—	—	—	—
2000	56	19	16	—	—	—	—	9	1527
2001	90	33	18	—	17	22	22	18	10025
2002	86	11	11	—	8	56	22	14	2377
2003	118	11	12	—	13	82	23	21	3337
2004	101	3	12	—	9	77	18	12	1329
2005	87	8	10	—	15	54	21	17	7179
2006	71	6	13	—	5	47	20	30	2338
2007	40	5	11	—	4	20	18	12	3554
2008	58	18	14	—	7	19	33	30	5468
2009	51	9	15	—	5	22	26	25	7015
2010	48	7	16	—	2	23	27	33	2520
2011	30	4	9	—	3	14	11	15	2009
2012	30	4	12	—	5	9	16	12	3022
2013	29	3	6	—	4	16	9	6	4434
2014	20	4	3	—	2	11	5	3	2580
2015	24	1	—	1	7	15	5	21	2049
2016	34	1	—	—	6	27	10	23	1856
2017	28	—	—	—	2	26	2	2	917
2018	37	—	—	2	5	30	11	14	3115
2019	34	—	—	4	4	26	10	19	3467
2020	49	—	—	—	6	43	5	2	3003
2021	27	—	—	1	3	23	5	6	949

说明:2002 年数据为按照 2002 年 10 月 1 日生效的《水上交通事故统计办法》(交通部令 2002 年第 5 号)进行统计。

(二)典型事故案例

1.“铁山”轮与“浙岱渔 06114”轮碰撞事故

1996 年 1 月 19 日 11 时 28 分,“铁山”轮与“浙岱渔 06114”轮在 30°33′5″N,122°25′5″E 发生碰撞,“浙岱渔 06114”轮沉没,10 人失踪,直接经济损失 150 万元。事故发生后,宁波海监局积极组织力量进行调处,并完成民事纠纷调解工作。

2.“凤兴”轮自沉事故

1996 年 4 月 10 日 21 时,福建省南安轮船公司所属“凤兴”轮(载重吨 1000 吨、装载 900 吨钢材)在浙江沿海西磨盘礁与泗礁之间海域遇风倾覆，11 人失踪，直接经济损失约 500 万元。

3.“向达”轮与“浙象渔 40135”轮碰撞事故

1999 年 5 月 28 日 2 时 42 分左右，巴拿马籍集装箱船“向达”轮从韩国釜山开往中国香港途中，在浙江沿海因疏忽瞭望，未使用安全航速，未采取有效的避让行为，与拖网作业的“浙象渔 40135”轮碰撞，造成“浙象渔 40135”轮沉没，船上 1 人死亡、11 人失踪。事故发生后，宁波海监局对该案进行及时调处，并开展民事经济赔偿纠纷调解，1999 年 6 月 18 日，在交通部海事局和宁波市政府的大力支持和指导下，宁波海监局顺利完成海事调查处理及民事赔偿纠纷调解工作。本次事故“向达”轮承担主要责任，“浙象渔 40135”轮承担次要责任。事后，双方签订了《海上交通事故民事纠纷调解书》。

4.“浙定 39092”轮自沉事故

2001 年 3 月 15 日 6 时 20 分，“浙定 39092”轮（24 总吨、120 马力，钢质）在未办出港签证情况下载运 17 人（1 名船员，16 名乘客）从舟山沥港出发，在航至甬江口门外三星码头对开约 1000 米处，因货移导致船舶左倾进水沉没，17 名落水人员中 5 人获救、4 人死亡、8 人失踪。

5.“浙慈工 2”轮自沉事故

2002 年 3 月 22 日 2 时左右，浙江泛华工程有限责任公司租用的慈溪市慈平运务有限公司所属宁波籍工程船“浙慈工 2”轮在杭州湾水域锚泊。因大风浪及杭州湾水域特殊的水文特点，短时间内风浪骤增，船员缺乏足够的应变能力，处置不当，造成“浙慈工 2”轮沉没，船上 23 人落水，其中 8 人获救、6 人死亡、9 人失踪。事故发生后，宁波海事局在浙江海事局的统一指挥下，全力组织搜救，开展海事调查及沉船打捞，第一时间成立调查组，快速查明事故原因。至 4 月 8 日凌晨，该船被成功打捞清除。该事故带来了深刻的教训，对后来水工项目前期工作开展过程中如何避免类似事故的发生，产生了深远的影响。

6.“诺贝尔”轮与“四航奋进”轮碰撞事故

2007 年 1 月 22 日 22 时 21 分左右，在宁波金塘锚地锚泊的柬埔寨籍杂货船“诺贝尔”轮与另一艘锚泊的中国籍工程船“四航奋进”轮发生碰撞，导致“诺贝尔”轮船体破损进水，并于 23 日 3 时 30 分沉没，船上装载的大量原木漂浮于海面。接到报告后，宁波海事局立即启动应急预案，进行事故处置，宁波港实施局部水域管制。在宁波海事局的指挥和协调下，19 名俄罗斯籍船员成功获救，历时 8 天将漂浮的原木清除完毕。

7.“勤丰 128”轮碰撞在建金塘大桥事故

2008 年 3 月 27 日 1 时 20 分，台州籍多用途船“勤丰 128”轮从镇海空载驶往天津途中，由于使用未经改正的海图，错误设计计划航线，违规穿越在建的金塘大桥非通航孔，与大桥发生触碰。事故造成 2 片总重量超过 3000 吨的大桥箱梁脱落并压制于“勤丰 128”轮上，驾驶室内的 4 名船员死亡，桥墩局部受损，船体被困在建大桥桥区水域，严重威胁在建桥梁整体安全。宁波海事局积极配合交通运输部与地方政府联合成立的事故调查和处理工作领导小组，开展应急抢险。至 4 月 6 日，塌落箱梁被吊离，该轮被拖轮拖至船厂，现场应急抢险工作宣告结束，转入后续事故调查阶段。由于宁波海事局处理措施得当，及时控制了事态的进一步扩大，有效防止了二次事故发生，确保了在建大桥的整体安全和社会稳定，受到交通运输部的表彰。

8.“秀美天津”轮与“佳丽海”轮碰撞事故

2013 年 12 月 6 日 9 时 34 分左右,韩国长锦商船株式会社所属集装箱船“秀美天津”轮(装载 805 TEU 集装箱货物)从宁波梅山驶往上海途中,与沿虾峙门航道进港航行的中远散货运输有限公司所属散货船“佳丽海”轮(装载约 67740 吨煤炭)在船舶定线制第 3 分道通航制进港船舶通航分道内能见度不良情况下发生碰撞,造成“秀美天津”轮船首局部受损,“佳丽海”轮左舷第 7 货舱及邻近的机舱舱壁破损进水并导致部分燃油溢出,无人员伤亡。

9.“萨纳加”轮与“浙三渔 00011”轮碰撞事故

2015 年 7 月 14 日 2 时 54 分左右,利比里亚籍集装箱船“萨纳加”轮从上海驶往厦门途中,在宁波象山沿海北渔山灯桩东北约 24 海里附近水域与中国三门籍渔船“浙三渔 00011”轮发生碰撞。事故造成“浙三渔 00011”轮沉没,14 名船员全部遇难。

10.“卡特琳娜”轮与“鲁荣渔 58398”轮碰撞事故

2016 年 5 月 7 日 3 时 34 分左右,马耳他籍散货船“卡特琳娜”轮从连云港驶往印度尼西亚途中,在宁波象山沿海南韭山岛东偏北约 72 海里附近水域,与山东石岛籍渔船“鲁荣渔 58398”轮雾中发生碰撞。事故造成“鲁荣渔 58398”轮沉没,船上 19 人中,14 人死亡、5 人失踪,构成重大等级水上交通事故。事故发生后,宁波海事局统筹全局力量开展调查,除了运用 VDR 读取、AIS 轨迹回放等技术外,还依托东海航保中心、上海海事局事故调查实验室和海洋渔业部门北斗系统服务器,通过船载 GPS、北斗定位系统所记录的数据,对事发时周围 13 艘船舶同时进行轨迹回放。同时通过对“卡特琳娜”轮开展水底探摸、坞内检查、船员反复询问印证等方式获得关键性证据。历时 3 个月,通过大量肇事排查、调查取证工作,该起事故于 2016 年 8 月 29 日发文结案,将外轮涉事船员成功移送司法。2020 年,该事故案例入选交通运输部海事局“十大典型海事案例”。

11.“极地精神”(POLAR SPIRIT)轮与“浙象渔 41020”轮碰撞事故

2018 年 9 月 30 日 22 时 23 分左右,巴哈马籍 LNG 船“极地精神”轮从上海空载驶往马来西亚途中,在宁波象山沿海南韭山东北约 56 海里处,与浙江象山籍渔船“浙象渔 41020”轮发生碰撞。事故造成“浙象渔 41020”轮沉没,船上 8 人中,6 人死亡、2 人失踪。

三、事故预防

(一)事故调查人才培养

2000 年 11 月 27 日,交通部海事局在 2000 年水上交通事故调查处理工作座谈会上,提出建立海事调查官制度,并提出海事调查官分级标准与资格条件,强调海事调查官实行考任制。2001 年 12 月 9—10 日,交通部海事局在杭州召开的第一次水上交通事故调查处理工作会上,再次要求各海事机构加大业务培训力度,逐步使事故调查人员具有船上工作资历,保持事故调查人员队伍的相对稳定,加快海事调查官队伍建设。

2003 年,宁波海事局成立课题组,就如何规范和提高事故的结案率,加强事故调查结果实际运用进行调查研究,形成研究报告《规范和提高事故的结案率 加强事故调查结果实际运用的对策》。

2004 年,宁波海事局就防止宁波港锚地水域船舶发生碰撞事故进行调查研究,形成调研报告《防止宁波港锚地水域船舶发生碰撞事故的对策》。通过对宁波港现有锚地状况、使用情况以及近2年来锚地水域内发生碰撞事故的原因进行研究，探索解决存在问题的有效途径。

2005年，宁波海事局完成《水上安全风险防控监管体系》《超大型油轮进出港及在港期间监管体系研究》等课题，着手研究浙北水域事故发生规律及监管应对措施。

2008年9月，为探索宁波辖区水上交通事故致因及潜在规律，宁波海事局对辖区近5年来水上事故开展规律性研究，完成《宁波辖区水上交通事故规律和对策研究报告》。是年，宁波海事局加强事故调查交流和事故后续管理，出台实施了《水上交通事故调查处理指导意见》。2008年，宁波海事局重大事故安全建议执行率达到100%。

2013年6月5日，《宁波海事局重点水域通航安全监管手册》开始试运行。该手册通过对历年大量事故案例的统计分析，标明了甬江口、佛渡水道、桥区水域等辖区7个重点水域，并制订针对性监管措施。该手册将辖区部分水域区分为局级和处级重点水域，明确了重点水域标明要求、监管方案制定应考虑的因素及需涵盖的内容，提出了方案实施时需重点考虑的举措，为重点水域安全监管方案在全局范围的实施，提供了指导性意见。

2014年3月，根据交通运输部海事局《海事调查官管理规定》和《浙江海事局海事调查官管理办法》的相关要求，宁波海事局组织开展2013年度持证海事调查官注册工作。是年，宁波海事局共有持证海事调查官43名，其中高级海事调查官5名，中级海事调查官18名，助理海事调查官20名。

为充分发挥优秀海事调查官专业水平，提升全局事故调查工作质量，创新事故调查人才培养机制，2014年9月，宁波海事局成立"365海事调查工作室"（以下简称"工作室"），以"传帮带"形式带动年轻调查官成长，以组织开展事故案例分析会、海事调查官知识更新培训等方法，提高全局海事调查官整体业务能力。是年，由工作室承担编制的《浙江海事局事故调查管理工作指导手册》获浙江海事局充分肯定。2015年3月，工作室2位成员被浙江海事局聘为首席海事调查官。

2014年12月11日，为促进海事调查官和污染事故调查官合并管理，进一步加强海事调查官队伍建设，宁波海事局首次组织召开海事调查官和污染事故调查官集中培训。来自局属各单位、部门的海事调查官、污染事故调查官30余人参加培训。

2016年2月24日，根据《交通运输部海事局关于公布2015年海事调查官注册名单及新增海事调查官名单的通知》，因核编转制、职能调整，原污染调查官经培训考核合格后，颁发相应海事调查官证书，并转任海事调查官。此后，海事调查官和污染事故调查官合并管理。

2016年12月，宁波海事局制作完成如何防范商渔类碰撞事故的《海事公开课》精品视频制作。这是宁波海事局首次以视频公开课的形式，开展商渔船碰撞事故防范工作。该视频公开课首次公布了多起重大事故的现场打捞、搜救画面，真实再现了事故场景，深刻分析了近年来多起重大典型案例，通过事故致因理论分析，结合人为操作习惯，系统梳理了8个方面的事故原因，从规范商渔船航行作业的角度，提出了17项行之有效的防范措施。2017年，宁波海事局充分利用政务窗口、海员培训机构、海洋渔业部门和新媒体平台，向广大从业人员推送公开课信息。

2017年，宁波海事局探索推进事故调查的"尖兵计划"，借助工作室平台，培养调查官尖兵，提升团队"高精尖"水平。为提升辖区商渔船碰撞事故防范水平，有效引导宁波沿海航行船舶远离商渔事故多发区、易发区，宁波海事局根据近10年来宁波沿海商渔船碰撞事故的统计，以正规船用海图为基础，结合航行轨迹分析，首次制作完成《宁波沿海商渔船碰撞事故能量分布图》。该图分别用蓝色、黄色、红色表示事故大小等级，直观呈现出不同级别的风险水域范围，为船舶航线设计提供了更加直观、有效的参考引导。12 月，宁波海事局通过船舶代理单位，面向抵港国际航行船舶全覆盖发送该图，受到船方及船舶代理单位一致好评。

2018 年 8 月，宁波海事局“365 海事调查工作室”编制完成《宁波沿海典型事故案例集（2013—2017 年）》。从 2019 年起，编制历年事故案例集，成为宁波海事局年度工作的一项内容。此后工作室相继推出《2018 年宁波沿海典型事故案例集》《2019 年宁波水上交通事故典型案例集》。2020 年，工作室编制完成《宁波海事局经典事故案例评析（2013—2018）》，通过对事故的案例的总结、分析，提升了对事故规律的认识。

2019 年 12 月，宁波海事局通过归纳总结典型事故类型，结合重点环节开展要点化、清单化处理，形成简明实用的首创性标准化成果——《海事调查标准化实操指导手册》（2019 年版）。

2020 年 4 月 23 日，宁波海事局推出包括海事调查在内的业务领域拔尖人才小班化培养实施方案。其中海事调查小班化培养依托工作室，意在集全局海事调查资源，对部分调查官通过集中调派、集中培训或定期研讨、资源保障等方式开展培养。对重点培养的骨干调查官总体上采用“721”培养法则，即通过 70% 的实战锻炼，20% 的传帮带，再加上 10% 的集中培训和自学，达到快速成长的目的。是年，宁波海事局组织小班化培训，开展案例交流和事故调查相关课题研究。小班化人才团队陆续参与象山“联航 7”轮自沉、镇海“众茂 3”轮触碰宁波冠保码头等多起事故的调查。

2020 年，宁波海事局组织海事调查人员翻译《MAIIF-Manual-国际海事调查官论坛调查手册》，学习国际海事调查知识，提高涉外事故调查能力。

2021 年 10 月 29 日，宁波海事局成功举办首届宁波市青年海上事故调查技能比武竞赛。本次比武作为 2021 年度“行行出状元”宁波市青年职业技能大赛系列活动之一，由共青团宁波市委员会和宁波海事局共同举办，比武个人第一名被授予宁波市青年岗位能手称号。是年，根据《宁波海事局关于成立船舶安检、事故调查、公司管理、动态监控等专项业务中心的通知》，宁波海事局成立了事故调查中心。

（二）警示教育宣贯

2011 年，宁波海事局编制了《2010 年水上交通事故教训案例集》，通过网络、板报、书册、宣传页等形式向公众宣传，开展事故案例进课堂、进公司活动，强化对船员的培训和教育。

“双进”活动是指典型事故案例进航运公司、进船员培训机构活动。该活动旨在督促航运公司落实安全生产主体责任，督促船员培训机构加强船员安全知识和技能培训，提高航运公司管理人员和船员的安全意识，提升安全管理水平和操作水平，有效减少和防范水上交通事故的发生，维护良好的水上交通安全形势。2017 年开始，宁波海事局成立一支海事调查经验丰富的宣讲团队，分类收集案例素材，汇总筛选具有代表性的典型案例，采取公司走访、日常监督、公司审核、登船检查等方式，开展安全知识宣讲，督促航运公司提高思想认识、落实安全生产主体责任、保障船舶航行安全。

2017 年，交通运输部海事局、浙江海事局相继印发《交通运输部海事局关于印发典型事故案例进航运公司进船员教育培训机构活动方案的通知》《浙江海事局关于印发典型事故案例进航运公司进船员教育培训机构活动方案的通知》对“双进”活动的开展进行部署。7 月 27 日，宁波海事局印发《宁波海事局 2017 年典型事故案例进航运公司进船员培训机构活动方案》，采取集中宣教、专题座谈、走访检查、互动交流、创新平台等多种活动形式，推进“双进”活动。全年共开展典型案例进企业宣传活动 45 次，覆盖航运公司230余家，管理人员500余人、船舶500余艘、船员2000余人，培训机构2家、学员400余人，发放宣传资料2000余份。

2018年"双进"活动中，宁波海事局通过全面梳理近5年的典型事故案例，精选6个大类40余个典型事故，推出《宁波沿海典型事故案例集》（2013—2017年），因地制宜开展典型案例送教，针对不同对象定制案例课堂，形成层次丰富的警示载体。全年共开展典型案例进企业宣传活动47次，覆盖航运公司183家，管理人员510余人、船舶500余艘、船员2500余人，培训机构2家、学员430余人。以制作完成典型事故案例集为基础，通过10余篇事故案例微信推送，形成覆盖"季节特点、风险特点、事故规律性特点"的推送模式，开展微信公众号典型事故案例推送10余次，发放宣传资料4400余份。

2019年6月，宁波海事局通过研究梳理2018年宁波辖区37件典型事故和40余件险情，完成《2018年宁波沿海典型事故案例集》编制。该案例集分为上篇和下篇，上篇《总体分析》对2018年宁波辖区总体安全形势及事故规律特点进行详细阐述，下篇《典型案例》包含28个典型事故案例分析成果。是年，宁波海事局通过微信公众号连载方式推送案例集，该项工作在2019年交通运输部海事局"双进"推进会上得到肯定。全年共开展各类典型案例进企业活动50余次，覆盖航运公司180家，管理人员900余人、船舶800余艘、船员3000余人，培训机构3家、学员500余人，精选典型案例素材40余个，编制典型事故案例集2期，微信推送典型案例50余篇，累计点击量逾10万。

2020年6月30日，宁波海事局对外推出一档聚焦水上交通事故预防的对话节目《调查显"危"镜》。这是一档关于水上交通事故分析预防的对话节目，每期分享一起典型事故案例，主持人与嘉宾围绕话题或案例开展即兴、多维度的讨论与交流，探讨分析事故防范等更深层次的问题。节目以日常聊天形式进行，谈话氛围轻松有趣，内容深入透彻。首期主题为"大型船舶在港事故防范"，后续又推出"深度对话——大型船舶在港事故防范""开渔节，商渔避碰需谨记"等热点专题，节目播出后获业内一致好评。

2020年，宁波海事局紧扣"宣传水上交通安全文化，营造文明交通安全环境"活动主题，开展"渔船船东船长面对面教育"典型案例培训授课，通过集中宣教、专题座谈、互动交流、文化沙龙、互登轮面对面交流、新媒体推送等多种形式，推进"双进"活动。全年覆盖航运公司740家次、培训机构11家次，培训管理人员2648人次、船员2190人次、渔民1794人次。

2021年，宁波海事局"双进"活动在总结吸取以往经验和成果基础上，结合"我为群众办实事"活动，从贴近需求的角度，通过集中宣教、现场培训、专题座谈、走访检查、互动交流、文化沙龙、互登轮面对面交流、新媒体推送等多种形式，持续营造文明交通安全环境。全年宁波海事局调动师资1200人次，开展警示教育700余次，媒体宣传报道50余次，发放宣传资料9000余份，覆盖航运公司1200家次、培训机构20家次，培训管理人员3980人次、船员4500余人次、渔民6700余人次，覆盖辖区全部航运公司342家、船员培训机构2家，首次实现"双进"警示教育全覆盖。

第二章　船舶监督

宁波海事(海监)局对船舶的监督管理业务,主要包括办理船舶登记、船舶安全检查、国际航行船舶进出口岸管理、国内航行船舶签证以及口岸管理等。

第一节　船舶登记

船舶登记是一艘船舶为取得一国国籍和悬挂该国国旗航行的权利,以及取得船舶所有权、抵押权、光船租赁权的对抗效力而需要办理的法律手续。船舶的登记国即船旗国。

一、法规依据

1995 年 1 月 1 日,《中华人民共和国船舶登记条例》正式生效,对船舶所有权、国籍、船舶抵押权、光船租赁等事宜做了详细规定。2014 年 7 月 29 日,根据《国务院关于修改部分行政法规的决定》进行修订,主要删去第七条第一款"中国籍船舶上的船员应当由中国公民担任,确需雇佣外国籍船员的,应当报国务院交通主管部门批准"和删去第五十三条中"擅自雇佣外国籍船员或者"。

1996 年 11 月 22 日,交通部、中华人民共和国港务监督局发布了《船舶登记监督管理办法(试行)》,公布了船舶登记机关名称及其登记范围,宁波港务监督局依法开展船舶登记业务。为适应水上安全监督管理体制改革后工作的需要,交通部海事局于 2000 年 1 月 27 日印发通知,决定自 2000 年 7 月 1 日起启用新版船舶登记证书。2005 年 8 月 23 日,交通部海事局发布《船舶登记监督管理办法》,自 2005 年 10 月 1 日起实施。2016 年 12 月 8 日,交通运输部发布《中华人民共和国船舶登记办法》,自 2017 年 2 月 10 日起实施,对登记一般规定、船舶所有权登记、船舶抵押权登记、光船租赁登记、船舶烟囱标志和公司旗登记、船舶国籍等多方面做了详细的规定。

2000 年 8 月 1 日,交通部海事局发布实施《船舶登记工作程序》。在此基础上,2003 年 7 月 3 日,交通部海事局发布《船舶登记工作规程》,自 2003 年 9 月 1 日起施行。2015 年 1 月 4 日,交通运输部海事局印发《船舶登记工作规程》,主要有简化船舶登记流程、明确船舶登记地点、细化抵押权登记、明确光船租赁登记适用的 3 种情形、首次规定司法协助执行程序等内容。为落实《中华人民共和国船舶登记办法》,交通运输部海事局组织对 2015 年版《船舶登记工作规程》进行修订,并于 2017 年 2 月 10 日颁布实施。

二、登记管理

1996 年 11 月,宁波海监局发布《关于上海航运交易所运作后船舶登记有关事项的通知》,对在上海航运交易所买卖船舶的登记工作做了规范。登记船舶范围为宁波辖区的国内航行船舶和整个浙江辖区的国际航线船舶。

2001 年 6 月 28 日,宁波海事局作为首批获交通部海事局授权的直属海事局分支机构,在辖区范围内开展船舶登记工作。登记船舶范围为国内航行船舶，并受理国际船舶登记。

2003—2005 年，宁波海事局根据船舶登记工作的重新授权和新证书换发工作有关要求，结合体制改革后船舶登记档案的交接，梳理有关工作，严格落实船舶登记审批要求，建立内部制约机制和船舶登记责任制，顺利通过了交通部海事局组织的船舶登记督察。

2013 年 11 月，宁波海事局系统性梳理和制定船舶登记类业务示范文本 11 套，对船舶业务办理过程中涉及的主要文书进行归纳和梳理，将示范文本送至象山、宁海两地海事业务窗口，供当地船东取用、参考，避免船东因理解偏差而造成不必要的来回奔波。

2015 年 4 月，宁波海事局发布《关于实施船舶登记简政便民措施的通告》，公开发布简政便民 10 项服务举措，简化船舶登记业务材料递交要求，明确船舶登记业务操作流程，提升行政审批办理效率。10 月，编制发放《船舶登记知识手册》，收集船舶登记领域各项规章制度，纳入船舶登记申请示范文本，简洁明了地告知申请人何时申请何种登记项目以及注意事项。

2015 年 10 月，宁波海事局贯彻落实国家取消有关水运涉企行政事业性收费的政策要求，全面细致落实各项基础准备工作，通过多种载体宣贯有关费收调整政策，明确相关免征细节，对于 10 月 1 日前已办结而尚未领证的船舶，逐一做好催交提醒，避免因“非税系统”升级改造而带来收费信息输入混乱，并修改“办事卡片”“触摸屏”“公开指南”等政务公开材料中有关收费调整内容。10 月 9 日，浙江造船有限公司拿到了“波邦 4017”轮的船舶临时国籍证书，该轮为宁波辖区首艘享受“临时登记费”和“国籍证书费”取消征收的船舶。2017 年 4 月 1 日起，包括船舶所有权登记、船舶抵押登记、船舶租赁登记、船舶登记项目变更等 4 项船舶登记费用取消或停征。

2020 年 1 月 1 日起，宁波海事局落实浙江海事局要求，辖区内船籍港变更、航线变更、船舶买卖等引起的新办船舶登记事项，允许跨分支局并联办理。对于船舶买卖交易，原船舶所有人向原船舶登记机关提交船舶注销登记申请时，买受人可以同时向新船舶登记机关提交船舶所有权登记申请、(临时)船舶国籍登记申请。对于安全诚信公司、安全诚信船长、海事信用等级为 A 级以上的，可同时申请容缺办理和多事项并联办理、并联审批，由专人负责协调，节省申请人的人力、时间成本。2020 年 1 月 23 日，宁波海事局办理“东红航 3”轮的船舶所有权证书，首次完成省内跨分支局船舶登记并联办理。

2020 年 11 月 1 日，宁波海事局推出“一船多证一次通办”服务，包括所有权在辖区内发生转移、抵押船舶转贷、光租合同期满续租等 7 种船舶登记常见情形。

2011—2021 年宁波海事局船舶登记业务量见表 2-2-1。

2011—2021 年宁波海事局船舶登记业务量统计表　　表 2-2-1

年份(年)	工作量(件数)	年份(年)	工作量(件数)
2011	1274	2017	846
2012	1178	2018	797
2013	1042	2019	890
2014	897	2020	756
2015	897	2021	1026
2016	826		

第二节　船舶安全监督

船舶安全监督,是指海事管理机构依法对船舶及其从事的相关活动是否符合法律、法规、规章以及有关国际公约和港口国监督区域性合作组织的规定而实施的安全监督管理活动。船舶安全监督分为船舶现场监督和船舶安全检查。船舶现场监督,是指海事管理机构对船舶实施的日常安全监督抽查活动。船舶安全检查,是指海事管理机构按照一定的时间间隔,对船舶的安全和防污染技术状况、船员配备及适任状况、海事劳工条件实施的安全监督检查活动,包括船旗国监督检查和港口国监督检查。

一、船舶现场监督

船舶现场监督,是指海事管理机构对船舶实施的日常安全监督抽查活动,是船舶安全监督的重要组成部分。船舶现场监督的内容主要包括中国籍船舶自查情况、法定证书文书配备及记录情况,船员配备情况,客货载运及货物系固绑扎情况,船舶防污染措施落实情况,船舶航行、停泊、作业情况,船舶进出港报告情况,按照相关规定缴纳相关费税情况等。船舶现场监督检查结束后,由2名海事执法人员签发《船舶现场监督报告》并由船长或者履行船长职责的船员签名。《船舶现场监督报告》1式2份,1份由海事管理机构存档,1份留船备查。

海事执法人员根据我国法律、法规和规章,运用专业知识,准确判断船舶是否存在缺陷,并判定发现缺陷的严重程度,提出合理的处理意见。可以提出的处理决定包括警示教育、开航前纠正缺陷、在开航后限定的期限内纠正缺陷等。船舶现场监督中发现船舶存在危及航行安全、船员健康或者水域环境的缺陷或者海事违法行为的,按照规定进行现场处置并开展调查处理。经调查船舶的确存在违法行为的,按照我国法律、法规和规章对其进行行政处罚或者采取相应的行政强制措施。在船舶现场监督检查中发现存在需要进一步进行安全检查的严重安全隐患时,启动船舶安全检查程序(图2-2-1)。

图2-2-1　执法人员开展船舶现场监督

2012年,宁波海事局通过严格开展船舶现场监督,进一步加大对砂石运输船、内河船、客渡运船舶等重点船舶的安全监管力度,严厉打击船舶配员不足、人证不符等违章行为,共检查船舶8415艘次,散杂货船检查率达到100%,其他类型船舶检查率达到50.4%,查处违法违规船舶36艘次,实施船员扣分232人次,累计扣485分,并通过"回头看"活动,进一步巩固整治成果。

2015 年，宁波海事局通过船舶现场监督等途径，深入开展“两船”、水上非法运输打击等整治活动，其间共开展船舶现场监督 3929 艘次，发现问题并督促纠正缺陷 5716 项。

2019 年 3 月，宁波海事局进一步加大对抵港低标准船舶打击力度，加强诚信分级管理，实施“红黄牌船舶监管机制”。对红牌船舶，实施到港必查，由安检集中工作组会同相关海事处开展严格的安全检查；对黄牌船舶，由抵港海事处开展严格的现场监督检查。

2019 年，宁波海事局推进值班室标准化和应急能力建设，利用值班室信息化手段优势，有效提升执法精准度和效率，加强局处联动与部门间联动。船舶现场监督检查数量与 2018 年同期相比，增幅达到 42.51%。

2020 年 10 月 20 日，宁波海事局启动航行安全专项治理活动，编制的船舶航行安全现场监督检查清单，在浙江海事局范围内推广实施。

客渡运船舶监督检查

客渡运船舶的现场监督检查，是宁波海事日常安全监管的重点内容之一。检查内容主要包括船舶证书与文书是否齐全有效、是否遵守恶劣天气的开航条件自律标准、核查船舶实际配员情况、旅客是否超载、船舶消防救生等应急设施设备是否即刻可用、“五项制度”的落实和执行情况、开航前复诵制度的实施情况和效果等。

1999 年 12 月 6 日起，为贯彻落实交通部《关于开展交通安全大检查的紧急通知》精神，宁波海监局组织开展对辖区内所有客（渡）船、高速客轮、客滚船进行全面的安全大检查。检查的重点为船员配备、航行、救生、消防、应急、通信等设备，以及救生、消防演习等。

2003 年 4 月 7—30 日，宁波海事局在辖区范围内，组织开展对客船的专项检查。其间，出动执法人员 316 人次，检查各类客船 137 艘次，查处缺陷 772 项，对存在严重缺陷、影响航行安全的船舶予以停航整改。

2004 年 1 月，宁波海事局开展客运船舶安全大检查，重点检查大榭至普陀山、白峰至鸭蛋山和镇海至嵊泗 3 条航线上的船舶，并会同舟山海事局，对该航线上的 20 艘船舶进行联合检查。其间，共出动检查人员 440 人次，检查渡口 49 个，检查船舶 189 艘，发现并督促纠正缺陷 646 项。

2006 年 12 月 12 日，宁波海事局对辖区舟山六横运输总公司所属郭巨至六横航线客滚船试行“开航前复诵”制度。

2007 年 3 月 9 日，借鉴“船舶车钟令、舵令”复诵程序，宁波海事局制定客运船舶“开航前复诵”程序，明确复诵内容，在辖区范围内推行“客运船舶开航前复诵制度”（图 2-2-2）。

图 2-2-2　镇海辖区客船开航前复诵制度准备会

2009 年 4 月 10 日，客船“舟海晶 1”轮从宁波镇海开往舟山大浦口途中因主机故障失控，在宁波海事局救助下，客船上的 82 名旅客、8 名船员转危为安。

2011 年 6 月 13 日，宁波海事局组织开展 2011 年镇海水域客船突发事故应急救援演习，在甬江镇海轮渡至招宝山航段水域举行，参演船艇 9 艘，参演人员近 200 人，演习共涉及水上安全警戒、人员救护、旅客疏散、船舶消防、船体破损应急堵漏、主机故障排查等7个科目。参演部门、人员、船艇之多,演习模拟过程之复杂,均创宁波港客船突发事故应急救援演习之最。

2011年9月8日,宁波海事局下发了《宁波海事局推进建立完善辖区水上客运安全“五项制度”工作实施方案》,在辖区范围内开展水上客运安全“五项制度”的实施工作,包括安全告知制度、客船开航前复诵制度、安全举报制度、安全隐患排查整改督察制度、应急救助协调制度。

2013年1月,宁波海事局推出水上安全监管体系《客运安全监管手册》,提炼和汇总针对客运监管的法规和文件,以公司、船舶、船员、航线四大风险要素为核心,层次分明,并且在全文后附上了各船舶索引表,方便执法人员查阅和使用。管理部分分为法定要求和建议监管措施,细化了各项监管建议,对指导实际工作十分有益。

2014年8月,宁波海事局编制印发《客渡运安全宣传册》。该宣传册由《客渡船事故案例分析》和《内河渡口渡船安全管理规定》两部分组成。

2016年6月,宁波海事局完成在航客船《单船检查手册》编制工作。该手册系统梳理船舶适用的技术法规和船舶基本要素,充分考虑客船的航线、载客数、吨位等实际情况,明确救生设备、消防设备等检查重点,根据上级监管要求和船舶的实际状况,及时做好动态更新,促进对客渡运船舶的精准监管。

2016年10月,宁波海事局贯彻落实交通运输部海事局《关于海上客运船舶恶劣天气限制开航的通告》精神,开展督促企业落实安全生产主体责任、帮助公司建章立制、加大现场检查力度等措施,推动辖区海上客运船舶全面建立实施恶劣天气限制开航措施,同时,召开辖区客运船舶恶劣天气限制开航相关要求宣贯会,来自辖区客运公司、宁波市港航管理局等单位的30余名代表参加会议。

2019年9月,宁波海事局推出水上客渡运综合监管“11234”工作机制。“11”指以浙江海事局客渡运安全监管“一规定一手册”为工作指导,将规定和手册的要求分解转化,形成《海事处客渡运安全监管自查自纠清单》和《局职能部门客渡运监管自查自纠清单》,明确局职能部门和海事处在客渡运管理监督中的事前、事中、事后各项要求,明确监管目标,压实监管责任。“2”指对客渡船监管工作履职情况实施“双验证”。各海事处和职能部门对2张清单中的事项进行自查自纠,对发现的问题整改措施制定及落实情况进行“双验证”,即逐一验证海事监管工作是否履职到位,逐一验证各级海事部门整改举措是否落实到位。“34”是结合辖区实际,制定四个客渡船安全监管工作机制、四种特色船型安检清单和“四个常态化”监管工作机制。其中四个客渡船安全监管工作机制包括“站高峰”机制、偏远站点巡查值守机制、交叉暗查机制和评估改进机制(即“四个机制”),突出重点环节和重点时段的客渡船现场监管力度。四种特色船型安检清单覆盖高速客船、滚装客船、内河客渡船和普通客船四种主要客渡船类型,突出不同种类客渡运船舶的不同检查项目,提高检查的针对性。“四个常态化”监管工作机制包括高管跟船常态化、企业自查常态化、集中检查常态化和“1+1+X”联合检查常态化,督促企业落实水上客渡运安全管理主体责任,同时通过传帮带、联合检查等形式促进海事、公司岸基、船员、船检等相关方检查水平的提升。

二、船旗国监督检查

船旗国监督检查是一国政府的海事主管机关,依据本国的法律对本国船舶实施的安全检查,确保所有悬挂本国国旗的船舶符合公约和法规的要求。船舶在一国登记,取得该国国籍并悬挂该国国旗航行的同时,必须接受该国管理,并受该国法律保护。在我国,对中国籍船舶实施安全检查的主要依据是《中华人民共和国船舶安全监督规则》及《中华人民共和国小型船舶安全检查规定》。

20 世纪 90 年代，中国国际航行船队因平均船龄偏大，船舶管理、船员素质、船舶安全状况整体水平较低，在接受国外港口国监督检查中屡遭滞留，且滞留数量呈逐年增加趋势。1996 年 3 月 25 日，中华人民共和国港务监督局和船舶检验局联合下发《关于对部分国际航行船舶实施开航前安全检查的通知》，要求各港务监督和船舶检验局联合以船舶安全检查的名义，对航经欧洲（巴黎备忘录）、美国、澳大利亚航线，船龄在 15 年及以上的船舶和在国外港口国监督检查中曾被滞留的船舶进行开航前检查。

1997 年 7 月 30 日，宁波海监局在对青岛华星船务公司的“华宁”轮进行安全检查时，发现该船存在严重缺陷，遂禁止其离港，责令“华宁”轮在本港纠正缺陷，这是宁波海监局禁止离港的第一艘国轮。

1997 年 11 月 5 日，交通部发布《中华人民共和国船舶安全检查规则》，自 1998 年 3 月 1 日起实施。该规则适用于中国籍 200 总吨或 750 千瓦以上海船、50 总吨或 36.8 千瓦以上内河船舶和进出中国港口（包括海上系泊点）的一切外国籍船舶。1998 年 2 月 19 日，宁波海监局召开宣贯会。

1997 年 12 月 29 日，中华人民共和国港务监督局发布《关于降低中国船舶在国外滞留率原则意见的通知》，提出了“1 年见成效，3 年改面貌”的“降滞脱黑”目标。1998 年 2 月 12 日，交通部印发《关于降低中国籍船舶在国外滞留率的若干规定》，对船公司责任、开航前检查、滞留情况报告、处理与处罚等做出具体规定。宁波海监局认真落实开航前检查的各项要求，严格执法，重点关注宁波开往美国、欧洲及澳大利亚航线的船舶，确保了开航前检查率 100%，连续保持经宁波海监局开航前检查的船舶在国外 100%“零滞留”。

2001 年 12 月 18 日，由宁波海事局承办的浙江海事局第一期安全检查员培训班开班，来自浙江海事系统的 40 余名安全检查员参加为期 10 天的培训。

2004 年 8 月 26 日—9 月 12 日，宁波海事局承办浙江海事局委托的交通部海事局 B 级安检员培训班，8 名同志承担 12 个课目的授课。来自浙江海事系统的 50 名学员参加培训，其中宁波海事局选派 17 名。

2006 年 7 月 4 日，宁波海事局安检后评估小组，对靠泊在宁海强蛟码头的滞留船舶“信昌 1”轮进行安检后评估，这是宁波海事局引入安检后评估制度后，首次开展评估工作。船舶安全检查后评估是指船舶安全检查监督管理部门组织评估小组，从规范性、符合性、合理性角度，对已实施安全检查的船舶进行信息系统数据的核查或进行现场审核，以确认检查工作是否符合有关法律、法规的要求，缺陷的描述和处理是否恰当，后续管理措施是否落实，检查过程中是否存在不廉洁行为，并对发现的问题进行处理和整改，以提高船舶安全检查质量，保持海事廉洁执法。2009 年 10 月 30 日，交通运输部海事局廉政建设典型经验座谈会在宁波召开，宁波海事局以“安检后评估机制”作为主题进行了交流发言。

2009 年 10 月 29 日，交通运输部发布新的《中华人民共和国船舶安全检查规则》，自 2010 年 3 月 1 日起实施。

2013 年 8 月，宁波海事局在直属海事系统内首创建立并实施“开放式联合安检”机制。这是一种通过企业自愿申请、协商检查日期的方式，由公司岸基管理人员、船员及海事安检员组成联合体，对企业抵港代表船实施联合安检的机制。

2013 年 12 月，宁波海事局组织编写的《国内航行海船安全检查指导书》和《国内航行海船安全检查缺陷处理指南》（简称《指导书》和《指南》）由人民交通出版社正式出版发行（图 2-2-3）。《指导书》首次提出由航运公司、船员和海事主管机关共同参与的“三位一体”的“大安检”概念，将传统“船舶安检”概念进行了延伸，对业界各方共同提升安全管理能力，具有较强的指导作用。《指南》根据涉及船舶安全检查的各类强制性规定和交通运输部海事局《船舶安全检查缺陷处理指导原则》的要求，结合宁波海事局船舶安检工作经验，将常见的1492项缺陷的代码、分类、描述、条款原文、条款解读、缺陷依据以及缺陷原则等进行分类汇总，对部分易引起歧义的条款进行详细阐述，融知识性、实用性、工具性于一体。2019年4月，2部图书经修订再版发行。新版《指导书》以《中华人民共和国船舶安全监督规则》为总体原则，增加《国内航行海船法定检验技术规则》近年来修正通报的相关要求。新版《指南》对老版缺陷库进行了重新梳理和完善，新增船舶体系系列缺陷，缺陷数据库增加到2300余条，描述更为精准。

图2-2-3 《国内航行海船安全检查指导书》和《国内航行海船安全检查缺陷处理指南》

2014年3月，宁波海事局启动船旗国监督检查（FSC）质量管理提升年活动，组织开展3次安检重点项目专项检查月活动，内容涵盖主推进装置及辅助机械、雾航安全、无线电设备、AIS设备和防污染设备等5个方面，严厉打击到港的低标准船舶。

2017年5月23日，交通运输部海事局颁布《中华人民共和国船舶安全监督规则》，2017年7月1日起实施。

2018年8月1日，宁波海事局开发上线“船旗国监督检查（FSC）智能辅助系统”。这是全国海事系统首个包含安检标准缺陷库、法规条款数据库、审批流程电子化、安检报告自动生成、安检统计分析等功能的船旗国监督检查智能化辅助系统。该系统可以实现安检人员通过移动终端，对已发现的安检缺陷实施快速选择和录入，大幅提升安检的速度和正确率。

2019年8月，宁波海事局编印《FSC重点检查项目口袋书》，聚焦船舶关键性设备的检查要点，具有极强的针对性和实用性。

2010—2021年宁波海事局船旗国监督检查数据见表2-2-2。

2000—2021年宁波海事（海监）局船旗国监督检查数据一览表 表2-2-2

年份（年）	总艘次	滞留艘次	年份（年）	总艘次	滞留艘次
2000	440	10	2003	—	—
2001	840	19	2004	1476	20
2002	837	27	2005	1404	39

续上表

年份(年)	总艘次	滞留艘次	年份(年)	总艘次	滞留艘次
2006	1558	39	2014	1371	49
2007	1607	71	2015	1227	26
2008	1775	78	2016	1230	42
2009	1735	30	2017	1993	118
2010	1514	—	2018	1501	40
2011	1349	63	2019	1316	54
2012	1267	57	2020	1626	90
2013	1232	33	2021	2342	149

三、港口国监督检查

港口国监督检查(PSC)是港口国对进入本国港口的外国籍船舶实施的检查行为,目的在于确保船舶的状况、设备、船员配备和操作符合其所适用的国际公约的规定和安全标准。港口国监督的一般方式是对船舶实施检查,发现船舶存在的缺陷,并要求船舶限期纠正。如船舶存在的缺陷严重危及船舶航行安全或海洋环境,可对船舶采取滞留措施,直至缺陷纠正。

1990 年 7 月 1 日,宁波港务监督作为全国首批具有对外轮安全检查资格的单位,正式展开对外轮的港口国监督检查工作。

1996 年 6 月 21 日,宁波港务监督对巴拿马籍“松鹤”轮做出禁止离港决定,这是宁波港滞留的第一艘外国籍船舶。

2001 年 9 月,宁波海事局船舶安全检查站正式成立,隶属于船舶监督处,成为开展港口国监督检查的专门机构。船舶安全检查站成立后,除代理船舶监督处行使指导各海事处船舶安全检查工作等部分机关职能外,主要承担抵港外国籍船舶的港口国监督检查、中国籍国际航行船舶(含须经开航前检查的船舶)及部分国内航行船舶、特种船舶的船旗国检查任务。

2007 年,宁波海事局船舶安全检查站使用自行开发的“船舶安检数据分析与绩效考核系统”,通过在港口国监督检查中输入船舶概况、证书信息、缺陷描述和缺陷处理意见,实现安检历史数据查询,关键性数据信息获取,月度、季度报表自动生成等功能。

2009 年 6 月 18 日,宁波海事局主办“2009 中国宁波港口国监督论坛”。该论坛围绕“提高金融危机下的船舶安全管理水平”这一主题,国内港口国监督专家、各大航运公司和世界知名船级社代表 70 余人展开交流和研讨,来自中海油运、中远集运、中国船级社、挪威船级社和宁波海事局等机构的 8 名专家代表做主旨演讲。论坛的举办,有助于提振航运业渡过危机的决心和信心,加深各界之间的理解。

2011 年 2 月,宁波海事局在全国海事系统内率先推行“广义港口国监督”的理念及工作模式。广义港口国监督,即港口国海事主管当局为保护本国港口在安全、防污染或保安方面的权益而采取的一系列综合性控制措施。通过制度化的方式,扩展对外国籍船舶监管的信息渠道来源,整合海事系统内部监管信息,将监督检查工作中所发现的与外国籍船舶相关的诸如污染违章、集装箱危险品积载隔离不当等事实作为依据,以港口国监督检查的形式,对有不良行为的船舶进行约束和处理,提高对外国籍船舶动态监控的主动性和针对性。是年,在全国海事系统内首创基于自主研发的"智能化港口国监督现场检查及质量管理系统"(I-PSC),实现了集标准缺陷数据库调用、多媒体现场取证、移动终端同步化全自动生成港口国监督检查报告及滞留报告、缺陷库版本自动升级、港口国监督检查数据库后台管理等多功能于一体的目标(图 2-2-4)。

2012 年 6 月,宁波海事局确立宁波港口国监督"精卫"品牌,以"精业兴航,卫国护港"为品牌目标,以"严格履约、技术精湛、服务优质、管理科学"为品牌要求。

2012 年,宁波海事局在广义港口国监督检查的基础上,开展针对不同船种的"阶段性集中大检查",即集中于某一特定船型,加大对某一类船舶的监管力度,提升到港船舶质量。2012 年度的"阶段性集中大检查",分别针对集装箱班轮及液货船展开专项检查。

图 2-2-4　宁波海事局执法人员开展广义港口国监督检查

2013 年 8 月,宁波海事局在全国海事系统内率先提出航运"本质安全"理念和"开放式"海事监管理念,并首先在局品牌业务——船舶安全检查中开展实践,"开放式安检"应运而生。这是指由公司岸基管理人员、船员及海事安检员组成联合体,共同对船舶实施联合安检。通过实施"开放式安检",安检执法本身已不再是直接目的,而是一种载体,将安检从海事主导的"最后一道防线"转变为帮扶公司、船员提升安全责任意识、职业素养及管理水平的"联合防线",推进航运安全由"要我安全"的政府主导向"我要安全"的企业主导转变,从而促进航运本质安全(图 2-2-5)。

图 2-2-5　宁波海事局开展"开放式安检"

2013 年 9 月,宁波海事局组建"宁波海事局船舶安检集中工作组",替代原先的宁波海事局船舶安全检查站，履行外国籍船舶港口国监督检查职责。

2014 年 9 月，交通运输部海事局唯一官方安检微信平台“China PSC”正式上线。该平台由交通运输部海事局授权，宁波海事局具体负责运维。通过及时跟踪公约发布和行业政策动态，总结分析典型案例，传递港口国监督检查标准、航运安全动态及法规资讯，“China PSC”逐步成为自媒体时代展示中国海事专业技术形象的重要阵地，并得到业界的广泛好评。截至 2021 年 12 月，粉丝数已突破 2.4 万人，多条图文信息浏览量突破 5 万人。

2014 年 10 月，由宁波海事局主编的首份《海事安检通告》在 China PSC 网站对外发布。《海事安检通告》针对 2013 年 1 月 1 日 MARPOL 公约附则 V 修正案生效之后，连续发生不满足公约要求导致滞留的多起案例，梳理检查中发现的缺陷，分析原因，并提出有关改进公司安全管理、船舶垃圾管理等方面的海事管理建议。

图 2-2-6　宁波海事局执法人员开展港口国监督检查

2016 年，辖区抵港的适检、应检目标船舶数量大幅增加，宁波海事局综合东京备忘录新选船机制、内部通报机制、广义港口国监督机制等，全面推出港口国监督“精准选船”工作机制，即在东京备忘录选船机制的基础上，结合辖区实际和阶段性集中大检查要求，精准选取目标船舶，实现重点目标船舶应查不漏（图 2-2-6）。

2017 年 9 月 1 日，宁波海事局主导制定的《2017 年船舶航行安全集中检查会战（CIC）问卷和导则》在全球六大港口国监督备忘录① 109 个国家和地区同时实施，这是首次由中国主导制定的港口国监督集中检查会战国际标准，也是中国海事由“规则执行者”向“规则制定者”角色转变的重要体现。

2017 年，宁波海事局推进“港口国—船旗国”协作机制建设。该机制通过船旗国向其所属船队发布宁波舟山港航行安全专题通函——《宁波舟山沿海水域防止商渔碰撞安全管理告知书》，从而提醒公司、船队、船长学习掌握宁波舟山港及附近水域复杂通航环境的特点，防止商渔碰撞等各类水上交通事故的发生，确保在该区域的航行安全。宁波海事局先后推动巴拿马、马绍尔群岛、利比里亚、新加坡、塞浦路斯、希腊等向悬挂其船旗的船舶发布宁波舟山港航行安全专题通函。2021 年，该机制已覆盖全球约 2.3 万艘商船，占全球商船总吨位的 58%。

2018 年 4 月 19 日，宁波海事局与挪威船级社在宁波举行合作框架协议签署仪式，这是该船级社首次与海事主管机关签署合作协议，也是首次由海事系统分支机构与国际船级社联盟（IACS）成员建立战略性协作伙伴关系。

2018 年，宁波海事局推出“港口国监督远程复查”机制。这是指实施港口国监督检查的机关在船舶提供了足以证明有关缺陷已按要求纠正的支持证据后（包括照片、视频、文件扫描件等电子证据），实施初查的检查员根据专业判断，不登临船舶，对船舶的缺陷纠正情况实施远程核查的工作机制。该机制打破了复查时间与地点的局限，实现了对“开航前纠正”重点项目的主动跟踪，有效督促船舶安全和环保隐

① 东京备忘录、巴黎备忘录、印度洋备忘录、比尼亚德尔马备忘录（南美洲）、黑海备忘录、阿布贾备忘录（非洲西部和中部）。

患整改,大幅缩短外轮在港受检时间,有效释放港口生产潜能。2019 年 11 月 8 日,宁波市委主要领导对此作出“宁波海事局有担当,有作为”的批示。

2018 年,直属海事系统大型油轮港口国监督培训基地落户宁波。2019 年 8 月 6—9 日,直属海事系统 2019 年大型油轮监管专题培训暨船舶安全检查员知识更新培训班在宁波举行,来自全国直属海事系统的 50 名学员参加。宁波海事局就大型油轮排油监控系统安全检查等方面进行授课交流,首次面向全国海事系统推出大型油轮三大类关键性设备检查指引。

2019 年,宁波海事局将“开放式安检”的参与方覆盖至船旗国,开展“五方会诊”(港口国、船旗国、验船机构、航运公司、船员),结合最新国际海事热点议题,交流做法、分享经验,促使各方对公约执行的理解更加准确,检查取得良好效果。2019 年 7 月 26 日,应法国达飞轮船船务有限公司(CMA CGM)的申请,宁波海事局会同 MPA、CMA CGM、DNV GL,对靠泊在宁波穿山辖区的新加坡籍集装箱船美总塞拉莱(APL SALALAH)轮开展“五方会诊”和“开放式安检”。

1996—2021 年宁波海事(海监)局港口国监督检查数据见表 2-2-3。

1996—2021 年宁波海事(海监)局港口国监督检查数据一览表　　表 2-2-3

年份(年)	总艘次	滞留艘次	年份(年)	总艘次	滞留艘次
1996	100	2	2009	246	23
1997	121	9	2010	285	23
1998	126	6	2011	502	41
1999	125	9	2012	503	28
2000	125	7	2013	463	28
2001	127	8	2014	380	38
2002	177	9	2015	478	31
2003	200	7	2016	487	43
2004	213	10	2017	415	23
2005	232	22	2018	468	25
2006	233	23	2019	475	22
2007	257	53	2020	55	0
2008	288	55	2021	272	3

港口国监督集中检查会战(CIC)

港口国监督集中检查会战(CIC)是各国海事机构按照 IMO 的要求,在全球区域性合作中开展港口国监督。除常规检查外,还针对某些特定项目,按统一要求集中一段时间开展重点检查活动。

1998 年 7 月 1 日—9 月 30 日,宁波港务监督参加东京备忘录开展的“实施《国际安全管理规则》”港口国监督集中检查会战。

1999 年 10 月 1 日—12 月 31 日,宁波港务监督参加东京备忘录“针对全球海上遇险与安全系统设备状态及其操作人员操作水平”港口国监督集中检查会战。

2002 年 7 月 1 日—9 月 30 日,宁波海事局参加巴黎备忘录、东京备忘录各成员和美国海岸警卫队(美国海事主管部门)同步开展“针对《国际安全管理规则》实施情况”港口国监督集中检查会战。

2003 年 9 月 1 日—11 月 30 日,宁波海事局参加东京备忘录开展的“散货船结构安全”港口国监督集中检查会战。

2004 年 7 月 1 日—9 月 30 日，宁波海事局参加东京备忘录组织开展的“实施《国际船舶和港口设施保安规则》”港口国监督集中检查会战。

2005 年 9 月 1 日—11 月 30 日，宁波海事局参加东京备忘录“船舶操作性要求”港口国监督集中检查会战。

2006 年 2 月 1 日—4 月 30 日，宁波海事局参加东京备忘录、巴黎备忘录各成员同步开展的“实施《73/78 防污公约》附则 I”港口国监督集中检查会战。

2007 年 9 月 1 日—11 月 30 日，宁波海事局参加东京备忘录、巴黎备忘录、黑海备忘录、印度洋备忘录及美国海岸警卫队联合组织的《国际安全管理规则》港口国监督集中检查会战。

2008 年 9 月 1 日—11 月 30 日，宁波海事局参加东京备忘录、巴黎备忘录、黑海备忘录及美国海岸警卫队联合组织的“《国际海上人命安全公约》第 V 章关于航行安全”港口国监督集中检查会战。

2009 年 9 月 1 日—11 月 30 日，宁波海事局参加东京备忘录、巴黎备忘录各成员同步开展的“救生艇降落装置”港口国监督集中检查会战。

2010 年 9 月 1 日—11 月 30 日，宁波海事局参加东京备忘录组织开展的“海运包装有害物质（海洋污染物）”港口国监督集中检查会战。

2011 年 9 月 1 日—11 月 30 日，宁波海事局参加东京备忘录、巴黎备忘录各成员同步开展的“结构安全和载重线”港口国监督集中检查会战。

2012 年 9 月 1 日—11 月 30 日，宁波海事局参加东京备忘录、巴黎备忘录各成员同步开展的“消防安全系统”港口国监督集中检查会战。

2013 年 9 月 1 日—11 月 30 日，宁波海事局参加东京备忘录、巴黎备忘录各成员同步开展的“推进设备和辅机”港口国监督集中检查会战。

2014 年 9 月 1 日—11 月 30 日，宁波海事局参加东京备忘录、巴黎备忘录各成员同步开展的“船员休息时间”港口国监督集中检查会战。

2015 年 9 月 1 日—11 月 30 日，宁波海事局参加东京备忘录、巴黎备忘录各成员同步开展的“船员熟悉掌握进入封闭处所”港口国监督集中检查会战。

2016 年 9 月 1 日—11 月 30 日，宁波海事局参加东京备忘录开展的“货物系固布置”港口国监督集中检查会战。

2017 年 9 月 1 日—11 月 30 日，宁波海事局参加东京备忘录、巴黎备忘录各成员同步开展的“航行安全”港口国监督集中检查会战。

2018 年 9 月 1 日—11 月 30 日，宁波海事局参加东京备忘录、巴黎备忘录各成员同步开展的“《73/78 防污公约》附则Ⅵ”港口国监督集中检查会战。

2019 年 9 月 1 日—11 月 30 日，宁波海事局参加东京备忘录、巴黎备忘录各成员同步开展的“应急系统和程序”港口国监督集中检查会战。

2020 年，因疫情影响，本年度的港口国监督集中检查会战推迟至 2021 年度开展。

2021 年 9 月 1 日—11 月 30 日，宁波海事局参加东京备忘录、巴黎备忘录各成员同步开展的“船舶稳性”港口国监督集中检查会战。

四、船检质量监督管理

船舶检验是保证船舶能够稳定安全运行的重点工作，做好检验工作的监督管理，是提高检验水平的有效途径。宁波海事局开展营运船舶检验质量监督检查工作，主要与船舶安全监督结合进行，在船舶安全检查中，按目标管理要求，实施船检质量监督检查。发现的缺陷如与船舶检验质量有关，应将船舶安全检查情况通报到船舶检验机构，并视情追究船舶检验机构责任。开展建造（改建）船舶检验监督管理工作，规范船舶建造和重大改建行为，避免“大船小证”情况的发生，促进航运、造船业的健康发展。

2010 年 9 月 21 日，交通运输部海事局印发《船舶建造重要日期记录管理规定》，要求从 2011 年 1 月 1 日起，各直属海事管理机构和各船舶检验机构负责具体实施新建或重大改建的 500 总吨及以上在中国登记和拟在中国登记的海船重要日期确认的管理。船舶建造重要日期确认分为第Ⅰ阶段和第Ⅱ阶段，第Ⅰ阶段是指新建船舶安放龙骨或处于相似建造阶段的日期，实施重大改建船舶的开工日期，第Ⅱ阶段是指船舶建造或重大改建的完工日期。

宁波海事局会同执行船舶检验任务的验船师与船舶所有人或定造人、船厂法定代表授权人，在船舶实际建造（改建）地于相应日期，四方共同现场实施确认本辖区内建造（改建）船舶的建造重要日期。

船舶吨位丈量复核是交通运输部海事局船舶安全技术中心和分中心在船舶建造和部分营运检验过程中，根据船检机构的申请，对船舶检验机构船舶吨位丈量确定的结果和船图一致性做进一步的核查，以确保船舶吨位数据的准确性，从而为签发船舶吨位证书提供依据（图 2-2-7）。2011 年 5 月 24 日，中华人民共和国海事局印发《船舶吨位丈量统一管理实施方案》，要求从 2011 年 9 月 1 日起，船舶吨位丈量工作由中华人民共和国海事局实施统一管理，国内航行船舶的“船舶吨位证书”由中华人民共和国海事局统一签发，国际航行船舶的“船舶吨位证书”授权中国船级社签发，各海事管理机构开展国内航行船舶吨位丈量复核工作。2016 年 1 月 22 日，交通运输部发布《船舶检验管理规定》，从 2016 年 5 月 1 日起，船舶吨位复核发证工作模式做出调整，中华人民共和国海事局不再签发船舶吨位证书，由负责检验的船舶检验机构或分支机构签发，海事管理机构不再对新建船舶进行全面吨位丈量复核，改为随机抽样检查。

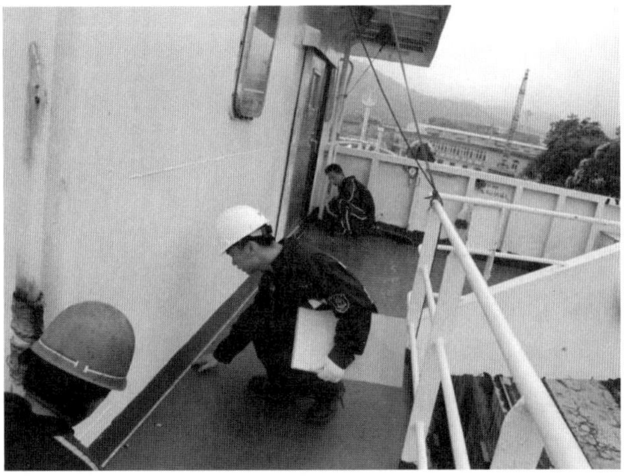

图 2-2-7　船舶吨位丈量现场

宁波海事局负责对两类船舶进行吨位丈量抽查，即辖区检验的 20 米及以上、拟在直属海事系统登记的新建国内航行船舶，以及在宁波海事局登记且处于“临界吨位”的20米及以上、持旧版船舶吨位证书的现有国内航行非入级船舶。

注册验船师考试

2001年4月23日，为加强对从事船舶、海上设施和船运货物集装箱检验人员（以下简称“验船人员”或“验船师”）的管理，提高验船师的专业技术水平，交通部发布《中华人民共和国验船人员适任考试、发证规则》。10月15日，交通部海事局印发《〈中华人民共和国验船人员适任考试、发证规则〉实施办法》。该考试规则第四条规定，验船人员必须取得相应类别、专业和等级的适任证书后，方可从事相应范围内的船舶检验工作，并承担相应的技术责任。该实施办法第二条规定，验船人员适任考试实行全国统一组织、统一管理、统一命题、分区考试，各船舶检验管理处依照主管机关确定的职责范围，负责实施本办法。

2010年，交通运输部、人力资源和社会保障部共同组织了第一次全国注册验船师资格考试。根据交通部海事局的统一部署，宁波海事局进行试卷筹备、考试组织等工作。10月24日，宁波考点2010年全国注册验船师资格考试在宁波大学海运学院结束。截至2021年，宁波海事局共组织注册验船师考试10次，参考人数706人（表2-2-4）。

2010—2021年全国注册验船师资格考试宁波考点参考人数一览表 表2-2-4

年份（年）	2010	2011	2012	2013	2016	2017	2018	2019	2020	2021
参考人数（人）	90	65	39	46	58	88	78	91	75	76

第三节　船舶签证、进出口岸管理

一、船舶签证

船舶签证是指海事管理机构根据船舶或者其经营人的申请，经依法审查，对符合船舶签证条件的，准予其航行的行政许可行为。宁波海事局船舶监督处总体负责实施船舶签证行政许可行为。船舶签证取消后，船舶报告制作为船舶动态管理的内容，由指挥中心负责船舶报告相关工作的管理。

1993年5月17日，交通部颁布《中华人民共和国船舶签证管理规则》。该规则在1979年交通部颁发的《船舶进出港口签证管理办法》以及1991年交通部颁布的《中华人民共和国船舶进出内河港口签证管理规则》的基础上，结合当时航政管理体制以及水上船舶运输的实际情况制定颁布。该规则明确适用范围为进出中国港口或在港内航行作业的中国籍船舶及其所有人、经营人和代理人，新设了船舶定期签证制度，适用于在港内航行和作业的各类船舶，明确中华人民共和国港务监督局统一管理全国船舶签证工作。统一了海船船舶和内河船舶签证管理，促进了江海联运模式发展。

2004年，为提高船舶签证的工作效率和质量，交通部海事局印发《关于发布〈船舶IC卡管理规定〉和〈船舶IC卡管理工作程序〉的通知》。2005年4月27日，浙江省第一张船舶IC卡在宁波海事局发放。IC卡具有船舶身份标识、船舶基本信息、船舶所持证书信息、安全检查等现场监督信息、进出港信息的存储功能和船舶签证管理等功能。

2007 年 5 月 31 日，交通部公布经修订的《中华人民共和国船舶签证管理规则》，自 2007 年 10 月 1 日起施行。1993 年交通部发布的《中华人民共和国船舶签证管理规则》同时废止。新版《船舶签证管理规则》进一步完善程序和签证簿管理，建立了诚信管理制度，充分运用现代化管理手段，减少了办理签证提交的材料。

2013 年 1 月 29 日，宁波海事局发布《关于公布宁波海事局辖区各签证点名录的通知》，共有签证站点 19 个，分别是政务中心、北仑海事处本部、镇海海事处本部、慈溪办事处、余姚办事处、大榭海事处本部、白峰签证点、三江口海事处本部、姚江签证点、穿山海事处本部、穿山客运码头签证点、象山海事处本部、西泽签证点、梅山海事处本部、宁海海事处本部、强蛟办事处、鄞奉海事处本部、奉化办事处、东钱湖办事处。

2013 年 12 月 31 日，交通运输部海事局发布《关于印发国内航行海船电子签证试运行实施方案的通知》，明确从 2014 年 1 月 1 日起，在国内航行海船（不含客船、客滚船、高速客船、旅游船以及按照规定应当办理现场签证的其他船舶）开展海船电子签证试运行工作。国内航行海船或管理公司可通过互联网或手机，自行申请办理航次签证。

2014 年 1 月 21 日，宁波海事局发布《关于明确船舶签证查验工作相关要求的通知》，明确船舶签证办理权限：跨海事处辖区航行作业的非宁波籍船舶和跨分支局辖区从事供油、供水、残油接收等特定作业的船舶，由政务中心具体负责办理；对于海事处辖区内航行作业的船舶和跨海事处辖区航行作业的宁波籍船舶，由相应辖区海事处具体负责；对于其他需协调的船舶或跨分支局辖区的固定航线船舶，由船舶监督管理部门根据实际情况统一协调。

2016 年 11 月 22 日，交通运输部海事局印发《关于实施国内航行海船进出港报告制度有关事项的通知》，中国籍国内航行海船在我国管辖水域内航行实施船舶进出港报告制度，中国籍国内航行海船签证制度自此正式取消。2017 年 3 月 22 日，交通运输部海事局印发《关于实施内河航行船舶进出港报告制度有关事项的通知》，对内河航行船舶以及进入内河航行的海船实施进出港报告制度。自此，实施多年的船舶签证制度全部退出历史舞台。

二、进出口岸管理

1995 年 3 月 21 日，国务院对外颁布《国际航行船舶进出中华人民共和国口岸检查办法》（中华人民共和国国务院令第 175 号），明确国家各口岸查验单位的权利及义务。进出中华人民共和国口岸的国际航行船舶及其所载船员、旅客、货物和其他物品，由港务监督机构、海关、边防检查机关、国境卫生检疫机关和动植物检疫机关负责对船舶实施检查。

1995 年 5 月 4 日，中华人民共和国港务监督局颁布《关于实施〈国际航行船舶进出中华人民共和国口岸检查办法〉有关问题的通知》，明确外国籍船舶办理进出口岸手续，应通过其船舶代理人向港务监督机构申请办理。中国籍航行国际航线的船舶办理进出口手续，应由船方或通过其船舶代理人向港务监督机构申请办理。船方应委托经交通部批准，有相应代理权的船舶代理人办理船舶进出口岸手续。该规定还对国际航行船舶进出中国口岸的条件、审批材料进行明确。

2013 年 9 月 25 日，为深化口岸通关作业无纸化，方便国际航行船舶代理办理进出口岸查验手续，提升船舶作业效率，宁波海事局开发上线的网上预查验系统正式运行。完成备案的国际航行船舶代理，通过宁波电子口岸网站向海事处提交电子查验材料，所有查验单证均在网上填报。

2019 年 1 月 1 日起，根据海关总署、交通运输部、国家移民总局《关于做好国际贸易“单一窗口”标准版应用推广工作的通知》，国际航行船舶进出口岸手续全部通过“单一窗口”进行网上申报。国际航行船舶进出口岸业务通过运输工具系统，向口岸联检单位进行“一单多报”，口岸联检单位审批结果通过运输工具系统反馈，不再要求提交纸质单证，实现船舶进出境通关“最多跑一次”。

2020 年 2 月，宁波海事局推动宁波市实现国际航行船舶出口岸联系单全程网上无纸化会签。船舶代理企业可通过国际贸易“单一窗口”标准版（船舶交通工具）网上平台，向海事、海关、边检等口岸查验部门一次性申请办理船舶出口岸手续。海关、边检完成相应审批后，审批结果通过平台自动反馈至海事部门，由海事部门完成最后的船舶出口岸手续审批。截至 2021 年底，宁波海事局累计为 3.1 万艘次船舶签发国际航行船舶电子口岸联系单（表 2-2-5）。

2010—2021 年宁波海事局签证及查验数据一览表 表 2-2-5

年份（年）	进出港签证（艘次）	查验（艘次）
2010	809576	19415
2011	763180	20741
2012	662773	20087
2013	701076	23738
2014	633674	19467
2015	633674	19467
2016	502977	17616
2017	—	24687
2018	—	21998
2019	—	24140
2020	—	22819
2021	—	22672

第四节　口岸管理

一、口岸开放

宁波海事（海监）局作为宁波水路口岸的主要行政主管机关之一，肩负着口岸水域的港口、航道、船舶的安全监督及水域防污染职责，对港区内通航安全条件、水上交通安全监管设施、口岸查验配套设施、防污染应急能力和港口保安条件等进行把关，为宁波口岸经济建设提供强有力的支持。

宁波港于 1978 年 11 月 4 日经《国务院关于宁波港开放问题的批复》、1979 年 5 月 24 日交通部《关于宁波港对外开放的函》批准，从 1979 年 6 月 1 日起正式对外轮开放。同时批准开放的还有自长江口嵊泗列岛与崎岖群岛之间水域进入宁波港的北航道及金塘、七里锚地。1979 年 8 月 22 日，首艘日籍外轮“湖山丸”抵达宁波港。

1984 年 1 月 21 日,国务院印发《国务院关于进一步加强口岸工作领导的通知》,改国务院港口口岸领导小组及办公室为国务院口岸领导小组及办公室。管理的范围由过去单一的港口口岸扩大到水陆空口岸。凡对外开放口岸的省、自治区、直辖市和口岸所在城市,先后成立了相应的口岸综合管理机构。

1995 年 3 月 16 日,中国正式加入《国际便利海上运输公约》,对口岸的建设和管理水平提出新的要求。3 月 21 日,国务院颁布《国际航行船舶进出中华人民共和国口岸检查办法》(中华人民共和国国务院令第 175 号),明确国家各口岸查验单位的权利及义务,以及为便利船舶进出口岸、提高口岸效能所应履行的职责,同时也明确了进出中华人民共和国口岸的国际航行船舶应严格执行办法规定的各项要求。175 号令的颁布,明确了港务监督机构在口岸管理及口岸查验工作中的地位和作用,代表政府实施国家主权方面的行政管理行为,包括审批外国籍船舶入境申请和颁发出港许可证、港口国监督等,执行国家颁布的法律、行政法规与交通部颁布的部门规章,以及我国已加入的国际公约。

1981 年 9 月 11 日,《国务院、中央军委关于舟山海区虾峙门航道对外开放问题的批复》批准虾峙门航道及相关锚地对外开放。

1993 年 3 月 22 日,浙江省人民政府《关于开辟石浦国轮外贸运输装卸点的批复》批准石浦外贸装卸点开放为二类口岸。

1997 年 12 月 17 日,浙江省人民政府《关于开辟象山黄避岙国轮外贸运输起运点的批复》批准黄避岙外贸起运点开放为二类口岸。

2002 年 10 月 17 日,国务院批复同意宁波港口岸大榭港区对外开放。2003 年 8 月 28 日起,正式对外开放。

2009 年,经海关总署发函确认,宁波港口岸开放的码头泊位包括了宁波老港区 9 个泊位、镇海港区 20 个泊位、北仑港区 34 个泊位和大榭港区 11 个泊位。

2012 年 3 月 2 日,国务院批复同意宁波口岸扩大开放梅山港区和北仑港区,同意在梅山港区设立正处级海事机构。2015 年 1 月 13 日,经国务院同意,交通运输部公告宁波港口岸(扩大开放梅山港区和北仑港区)正式对国际航行船舶开放。

2018 年 7 月 12 日,根据《国务院关于同意浙江宁波港口岸扩大开放的批复》,交通运输部发布《关于浙江宁波港口岸扩大对国际航行船舶开放的公告》,穿山港区(北)正式扩大对国际航行船舶开放。

到 2021 年 12 月,宁波港口岸对外开放的港区有北仑港区、镇海港区、梅山港区、穿山港区、大榭港区,对外开放码头泊位 109 个,其中包含对外临时开放或启用的穿山集装箱 1 号泊位,梅山港区 6 号、7 号泊位,石浦港区新港码头。宁波海事局在口岸开放过程中,按照浙江海事局要求,对港区内通航安全条件、水上交通安全监管设施、口岸查验配套设施、防污染应急能力和港口保安条件等进行把关。

二、反走私

宁波海事局作为宁波市反走私综合治理工作联席会议成员单位和宁波市反走私综合治理领导小组成员单位,主要职责是积极开展反走私综合治理工作,加强辖区海域巡逻监管,发现涉嫌走私情况及时通报缉私职能部门;配合开展涉嫌走私行为船舶的处置工作。

2020年3月20日，为有效打击走私违法犯罪活动，妥善解决走私涉案船舶的处置工作，宁波市反走私综合治理领导小组办公室印发《宁波市走私涉案船舶联合鉴定处置办法（试行）》，建立走私涉案船舶联合处置工作机制。该办法适用于宁波辖区范围内公安、海关、海警及其他单位扣押的走私违法犯罪涉案船舶联合鉴定工作，成员单位按照本办法规定，对船舶进行资料审核、实船勘验、集中讨论、联合鉴定、做出结论等行为，为扣押单位做出船舶处置决定提供支持。宁波海事局作为成员单位，负责船舶联合鉴定的计划制定、组织召集及具体实施。5月，应宁波海关缉私局申请、宁波市口岸办牵头、宁波海事局召集，联合鉴定小组在宁波三门湾内下加山公交站旁水域对第一艘联合鉴定船舶"辽大甘渔运18078"轮开展现场勘验。2020年5月—2021年12月，累计对宁波海关缉私局、宁波海警局扣押的29艘走私涉案船舶进行联合鉴定，为其中的20艘船舶出具了《船舶联合鉴定报告》。

三、海港口岸防疫

2020年，新型冠状病毒肺炎疫情暴发，海港口岸疫情防输入工作面临重大考验。3月3日，宁波海事局组织编译中、英、日、韩、阿、意6种语言的船舶防抗疫情操作指南并向抵港国际航行船舶发放。3月9日，宁波海事局对抵港国际航行船舶推行"抵港国际航行船舶健康码"。3月18日—4月11日，我国海港口岸输入新冠疫情首个案例——"古杰多·马士基"轮船员感染新冠肺炎事件在宁波发生，宁波海事局全程参与疫情的圆满处置，推动建立疫情联防联控机制，形成海事部门应对海港境外疫情输入防控工作的规范化样本。2020年—2021年12月，宁波海事局共协调处置宁波海港口岸22艘国际船舶、54名船员涉疫事件。

2020年9月24日，交通运输部、海关总署、外交部发布《关于加强国际航行船舶船员疫情防控的公告》，要求来华前一港口（地点）和来华到港前14日内更换船员的国际航行船舶，换班船员应在上船前3天完成新冠肺炎核酸检测，并持检测阴性证明登轮，核酸检测应在中国驻外使领馆指定的机构进行。宁波海事局按照要求，对2020年9月以后抵港的14401艘次国际航行船舶进行了摸排，发现并向海港口岸疫情防输入工作专班通报问题船舶240艘次。

2021年12月13日，国务院应对新型冠状病毒肺炎疫情联防联控机制综合组印发《关于进一步做好国际航行船舶船员疫情防控工作的通知》，针对计划在境内港口换班的国际航行船舶，航运公司或船员服务机构应当制定《新冠肺炎疫情防控期间船员换班离船计划》，船员本人进行相应的核酸检测，填写《船员船上健康记录登记表》，报换班地联防联控机制（领导小组、指挥部）明确的责任部门或机制同意后进行换班。

四、国际航行船舶代理管理

1995年国务院发布《国际航行船舶进出中华人民共和国口岸检查办法》，规定船舶进出中华人民共和国口岸需由船方或其代理人依照规定，办理进出口岸手续。同年中华人民共和国港监局发布的《关于实施〈国际航行船舶进出中华人民共和国口岸检查办法〉有关问题的通知》中，明确外国籍船舶办理进出口岸手续，应通过其船舶代理人向港务监督机构申请办理，船舶代理人应经交通部批准并具有相应代理权。2013年5月，国务院取消国际船舶代理业务审批，改为对中资国际船舶代理企业实施备案管理。根据2009年发布的《中华人民共和国水路运输服务业管理规定》和《国内船舶管理业规定》，2014年发布的

《国内水路运输辅助业管理规定》,县级以上人民政府水路运输管理部门是船舶代理机构的行业管理部门。

2012 年,中华人民共和国海事局发布《关于加强船舶进出港许可业务代理诚信管理的通知》,对辖区国际、国内航行船舶代理机构、个人进行备案管理。2014 年起,宁波海事局对辖区船舶代理机构实施诚信管理,编制了诚信管理评分流程,每年开展代理诚信等级评定,评选出 A 级诚信代理企业。2017 年统计显示,宁波辖区共有专门从事国际船舶代理的企业 34 家,专门从事国内船舶代理的企业 16 家,同时从事国内、国际船舶代理的企业 11 家。后因船舶签证取消,国内船舶代理业务明显衰减,国际船舶代理企业有所增加。到 2021 年,辖区从事国际船舶代理的企业有 38 家。

2013—2021 年宁波海事局 A 级诚信代理企业见表 2-2-6。

2013—2021 年宁波海事局 A 级诚信代理企业一览表　　表 2-2-6

年度	A 级诚信代理公司
2013—2014 年度	宁波船务代理有限公司 中国宁波外轮代理有限公司 宁波中远集装箱船务代理有限公司 宁波港东南船务代理有限公司 宁波联合国际船舶代理有限公司 宁波兴港国际船舶代理有限公司 宁波中海船务代理有限公司 上海新海丰集装箱运输有限公司宁波分公司 浙江远洋国际船舶代理有限公司
2014—2015 年度	中国宁波外轮代理有限公司 宁波思达国际船务货运代理有限公司 宁波港船务货运代理有限公司 象山海洁船务有限公司
2015—2016 年度	中国宁波外轮代理有限公司 宁波兴港国际船舶代理有限公司 宁波船务代理有限公司 上海新海丰国际船舶代理有限公司宁波分公司 宁波港船务货运代理有限公司
2016—2017 年度	中国宁波外轮代理有限公司 宁波船务代理有限公司 宁波港船务货运代理有限公司 宁波兴港国际船舶代理有限公司 五矿船务代理宁波有限责任公司 上海新海丰集装箱运输有限公司宁波分公司

续上表

年度	A 级诚信代理公司
2017—2018 年度	宁波船务代理有限公司 中国宁波外轮代理有限公司 宁波兴港国际船舶代理有限公司 宁波港东南船务代理有限公司 上海新海丰集装箱运输有限公司宁波分公司 宁波华港国际船舶代理有限公司
2018—2019 年度	中国宁波外轮代理有限公司 宁波兴港国际船舶代理有限公司 宁波港船务货运代理有限公司 宁波港东南船务代理有限公司 宁波华港国际船舶代理有限公司 宁波船务代理有限公司
2019—2020 年度	宁波船务代理有限公司 宁波港东南船务代理有限公司 宁波外代散杂货物流有限公司 宁波兴港国际船舶代理有限公司 上海新海丰集装箱运输有限公司宁波分公司 中国宁波外轮代理有限公司
2020—2021 年度	宁波船务代理有限公司 宁波华港国际船舶代理有限公司 宁波外代散杂货物流有限公司 宁波兴港国际船舶代理有限公司 宁波中远海运集装箱运输有限公司 中国宁波外轮代理有限公司

第三章　船员管理

船员管理系指海事机构对辖区船员的培训、考试、发证，船员适任能力、海事劳工条件以及船员培训、船员体检、派遣服务监督管理和船员权益维护等。宁波海事局根据授权，负责监督辖区船员培训机构、体检机构、船员服务机构以及海员证申办单位的日常活动，组织实施辖区船员考试和评估，签发权限范围内的船员管理相关证书，承担海事劳工条件检查、船员履职能力监督、船上培训监督以及船员权益保障等职责。

第一节　船员出入境管理

一、海员证

中华人民共和国海员证（简称"海员证"），是中国公民以船员身份出入中国国境和在境外通行使用的有效身份证件，颁发给在航行于国际航线的中国籍船舶上工作的中国船员和由中国有关单位派往外国籍船舶上工作的中国船员。

（一）海员证管理相关依据

1989 年 8 月 14 日，交通部颁布《中华人民共和国海员证管理办法》，规定海员因执行任务出境，由中华人民共和国港务监督局或其授权的港务监督办理出境证件和颁发海员证。宁波港务监督依照授权办理、签发浙江省范围内以及 6 家中央直属航运相关企业的海员证。

1996 年 10 月 22—25 日，《中华人民共和国海员证管理办法》修改研讨会在宁波港务监督召开，13 个沿海港务监督单位的代表出席会议。

1999 年 10 月 22 日，中华人民共和国海事局印发《关于加强海员证管理的若干规定》，要求海员证审批机构将其出具的《办理海员证批件》及时报备中华人民共和国海事局，逾期不得超过 3 个月；各申办单位不得易地办证或通过异地的申办单位办证，确需在其他海事机构申办海员证时，应当申明理由，征得原管辖海事机构的同意并报中华人民共和国海事局备案后方可办理；要求各申办单位将签订劳动合同的海员的名册纳入海员证管理系统管理。

1999 年 12 月 21 日，交通部实施因公临时随船人员申办海员证管理，由交通部出具《办理海员证批件》，宁波港务监督负责浙江省因公临时随船工作人员海员证的办理，此类海员证采用专用编号。

2001 年 4 月 10 日，根据水上安全监督管理体制改革进展情况，交通部海事局对海员证管理进行调整，宁波海事局海员证管理和签发管辖范围由原来的浙江地区变更为宁波市，所签发海员证编码仍为"HA"。宁波海事局审批、制作的海员证签发机关变为"浙江海事局"，并由浙江海事局盖章。

2006 年 9 月 29 日，中华人民共和国海事局对原《关于规范船员出境证件管理工作的规定》进行了修改，并发布《船员出境证件管理规定》，进一步明确了船员取得海员证应具备的条件、需提交的材料、有效期及延期事项，申办单位的条件，以及船员、申办单位、海事机构在海员证管理方面的责任等，规定海员证有效期最长不超过5年。宁波海事局严格按照《海事行政许可条件规定》，开展海员证的签发管理。

2007年12月19日，中华人民共和国海事局发布《临时随船人员申办海员证管理规定》，对因工作需要临时上船完成某一特定任务的人员给予办理海员证。2009年10月，宁波海事局为7位执法人员随船工作办理了“临时随国际航线船舶工作”海员证（1年期海员证）。

2019年2月5日，交通运输部发布新版《中华人民共和国海员证管理办法》，1989年海员证管理办法同时废止。11月12日，中华人民共和国海事局印发《〈中华人民共和国海员证管理办法〉实施办法》。2020年7月6日，交通运输部对该办法（交通运输部令2019年第4号）进行了修改，将办法中的“中华人民共和国海事局”修改为“交通运输部海事局”，减免了“船员适任证书”的材料要求，删除“船员服务簿”的相关内容。

（二）海员证签发

1989年以来，随着我国对出入境管理要求的变化和防伪及信息技术的进步，海员证先后经历了3次改版。2008年9月前采用的是1989版海员证式样。

2006年4月29日颁布的《中华人民共和国护照法》，规定公民以海员身份出入国境和在国外船舶上从事工作的，应当向交通部委托的海事管理机构申请中华人民共和国海员证。根据护照防伪性能的规定，2006年11月3日，中华人民共和国海事局印发通知，决定制作具有多项防伪技术的新版海员证，包括持证人照片在内的个人资料页以及机读识别码一次打印成形后，用热压转移膜技术取代原有贴照片塑封的方式。

2007年11月27日，为进一步规范海员证制作管理工作，中华人民共和国海事局印发通知，调整了海员证制作、发放过程中的管理制约措施，并印发了《海员证制作场所基本规范》。2008年10月1日，启用具有多项防伪技术的新版海员证（2008版），10月9日，宁波海事局签发第一本具有多项防伪技术的新版海员证。

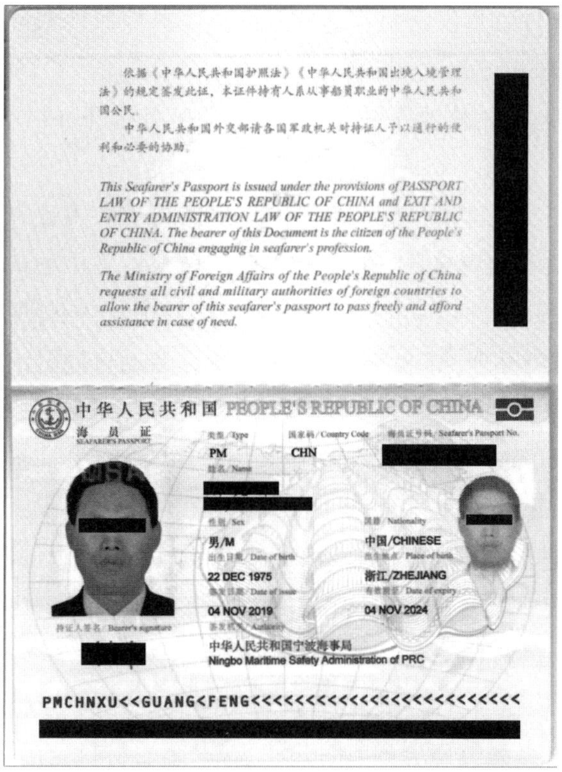

图2-3-1　2019版海员证式样

2019年12月5日，交通运输部海事局发布《关于做好新版海员证签发工作的通知》，自2019年12月20日起，正式签发启用新版“中华人民共和国海员证”（2019版），宁波海事局负责船员个人、申办单位的海员证申请材料的受理、审核、审批、核对、发放工作，海员证的制证工作统一由上海海事局承担。新版海员证首次增加了电子签名，并植入智能记忆芯片，达到了与我国电子护照同等的技术水平。2019年12月20日，宁波海事局签发首本新版海员证（图2-3-1）。

2020年3月6日，为支持新冠肺炎疫情防控期间企业复工复产，解决因受国外港口疫情管控措施影响，导致部分在船船员持有的海员证临近过期问题，交通运输部海事局发布《关于新冠肺炎疫情防控期间在船船员海员证签发工作的通知》和《新冠肺炎疫情防控期间在船船员海员证办理指南》，明确对疫情防控期间持有有效期不足6个月海员证的在船船员，可远程申请办理有效期1年的海员证。根据要求,宁波海事局采用纸质审核,审核后将相关信息发送至上海海事局,由上海海事局通过海员证紧急制证系统完成制证。3月10日,宁波海事局为浙江中浙海港航运有限公司所属船员签发首本远程办理的海员证。

1998—2021年,宁波海事局共签发海员证41447本,历年签发统计见表2-3-1。

1998—2021年海员证签发统计表　　表2-3-1

年份(年)	数量(本)	年份(年)	数量(本)	年份(年)	数量(本)	年份(年)	数量(本)
1998	5510	2004	896	2010	2069	2016	434
1999	3093	2005	743	2011	1418	2017	343
2000	7826	2006	372	2012	511	2018	351
2001	6697	2007	1019	2013	367	2019	348
2002	2746	2008	2106	2014	343	2020	480
2003	1083	2009	1921	2015	368	2021	403

(三)申办单位管理

海员证的申办单位,是指有资格为与其签订劳动合同或管理协议的船员,向海员证签发机关申请办理海员证的单位,由海员证主管机关授予"办理海员证编码"。宁波大学根据授权可为本校航海类专业毕业生办理海员证。

1996年12月底,交通部安全监督局公布第一批经重新审核的海员证申办单位名单及其编码。2002年11月1日,国务院作出取消第一批行政审批项目的决定,取消海员证申办单位、审批机构的资质审批要求。

2003年8月12日,交通部印发《关于公布已取消和改变管理方式的交通部行政审批项目后续监管措施的通知》,明确海员证申办单位、审批机构的资质审批取消后,采取备案审查的方式对申办单位进行管理,即海员证申办单位向海事局备案,由交通部海事局发文公布,海员证申办单位的海员证管理工作由签发机构负责监督检查。2015年3月1日起,根据直属海事系统行政执法事权层级调整的要求,海员证申办单位的备案工作调整至各海员证签发机关。

2011年5月18日,宁波海事局辖区的中国宁波国际合作有限责任公司、宁波市工艺品进出口有限公司获得"甲级船员服务机构许可证"。

2012年1月,中国宁波国际合作有限责任公司获得"海员外派机构资质证书"。

2014年12月2日,交通运输部海事局发布《关于个人申办海员证有关事项的通知》,明确自2015年3月1日起,国际航线海船船员、港澳台航线船员和国际河流段航线船员取消海员证单位申办限制,施行海员证个人申办。2015年3月2日,宁波海事局签发首本船员个人申办的海员证,截至2015年底,共发放个人申办海员证64本。

2015年3—5月,宁波海事局根据《中华人民共和国海事局关于进一步规范海员证申办单位管理的通知》要求,对辖区海员证申办单位开展资质情况核查和信息维护工作,对海员证申办单位的相关资质证书、资质有效情况的保持、近5年海员证申办和管理业务的开展情况进行核查,并重点就海员证管理、办理及使用情况的定期报备等进行了检查。

2016 年 4 月 15 日，交通运输部海事局发布《关于海员证申办有关事项的通知》，取消海员证申办单位备案管理，减免海员证申办体检合格证明和无法律、行政法规规定禁止出境的情形证明。

截至 2021 年 12 月，宁波地区共有海员证申办单位 13 家，其中远洋渔业运输企业 5 家（表 2-3-2）。

2021 年宁波地区海员证申办单位一览表

表 2-3-2

编码	单位名称	海员证	单位性质
—	宁波华洋海事服务有限公司	2521	甲级机构
H06	宁波海运集团有限公司	196	航运公司
H07	中国宁波国际合作有限责任公司	147	外派机构
H08	宁波大学	0	航海院校
H11	宁波市商轮有限责任公司	18	航运公司
H82	宁波联合远洋渔业有限公司	37	渔业
H83	宁波海丰远洋渔业有限公司	74	渔业
H84	宁波海之星远洋渔业有限公司	196	渔业
H85	宁波远洋运输有限公司	99	航运公司
H86	宁波银星海运有限公司	22	航运公司
H87	宁波太平洋远洋渔业有限公司	151	渔业
H88	宁波市丰华船务有限公司	35	航运公司
H89	宁波欧亚远洋渔业有限公司	125	渔业

（四）海员证监管

1996 年 6 月 20 日，针对部分单位或部门将海员出境任务批件变相商品化，或者通过为其他单位代为申请海员证而收取高额费用等违规现象，交通部印发《关于加强海员证管理工作若干问题的通知》，对海员证管理进行全面的整顿和规范。该通知统一了海员证批件名称和批件格式，明确了海员证批件的审批机构和相应权限，规定经营非商业性国际航行船舶的企事业单位申请办理海员证，以及非职业海员确因船上工作需要申请办理海员证，统一由交通部出具《办理海员证批件》。7 月，中华人民共和国港务监督局发布《关于规范海员出境证件管理工作的规定》，明确了海员证有效期、海员证申请条件、外派船员和临时随船工作人员海员证的办理、申办单位的资格、海员证批件和海员出境审查批件的办理等，对海员出境证件管理进行了全面规范。规定还明确了宁波港务监督办理海员证的业务分工和管辖范围为浙江省境内办理工商注册的航运单位。海员证编码为 HA。

1996 年 9 月 6 日，宁波港务监督召开“海员证管理工作会议”，浙江省 50 余家企事业单位参加。会议全面评估了辖区海员证管理和整顿情况，督促各海员证申办单位规范海员证申请、跟踪管理等工作。

1996 年 12 月，交通部发布《关于授权和公布第二批〈办理海员证批件〉的审批机构及审批权限的通知》。宁波港务监督权限为受理宁波市船公司出境船员、宁波市外派劳务船员的海员证批件，审批单位分别为宁波市人民政府和宁波市外经贸委。

2000 年 9 月 1 日，交通部海事局针对持伪造海员证、利用过期的海员证伪造延期签证、替换持证人照片、海员证申报材料造假、未按规定收缴海员证而被不法分子利用等违法行为，要求各海事机构和海员证申办单位加强对海员证的收缴管理和跟踪管理，通报了暂停或取消申办单位申办海员证资格的 7 种情形。自2000年下半年开始，宁波港务监督要求海员证申办单位每年1月30日和7月30日前，分别以书面形式报送海员证管理工作总结及《海员证管理情况统计表》，该项工作直至2016年取消海员证申办单位备案管理才宣告停止。

2001年6月1日，宁波海事局开始使用海员证管理信息系统，管理海员证的签发工作，实现交通部海事局与各海员证签发机关的计算机联网。该系统具有海员证信息查询、统计、数据上传、信息共享等功能。2008年10月1日，宁波海事局完成海员证管理软件安装、调试，海员证、出境证明签发工作实现电子化申报。2007年1月10日，中华人民共和国海事局印发《关于进一步加强船员出境证件管理的紧急通知》，要求各海事机构严格执行《船员出境证件管理规定》，开展一次海员证管理工作自查自纠活动，规范海员证工作程序和审查项目，堵塞漏洞，并密切关注海员证管理中的违法新动向。

2011—2012年，因浙江省象山县海运有限公司失去国际航线经营资质、中成宁波进出口有限公司无专职管理人员，无法满足海员出境证件管理要求，经报交通运输部海事局同意，宁波海事局取消了其海员证的申办资格。

2013年3—5月，宁波海事局根据《中华人民共和国海事局关于开展船员服务海员外派专项监督检查的通知》，制定专项监督检查计划及方案，督促辖区海员外派机构、航运单位、远洋渔业企业等海员出境证件申办单位做好自查。11月，宁波海事局对检查发现已不再满足《船员出境证件管理规定》要求的宁波市工艺品进出口有限公司，向交通运输部海事局建议取消该单位的海员出境证件的申办资格。12月17日，该单位海员出境证件的申办资格经交通运输部海事局批准取消。

2019年11月25日，宁波海事局组织辖区15家海员证申办单位，参加交通运输部海事局召开的《中华人民共和国海员证管理办法》视频宣贯。宁波海事局要求各申办单位全面梳理海员证持证情况，及时更新海员证，避免影响公司正常经营。

（五）渔业船员海员证管理

1999年10月22日，中华人民共和国海事局印发《关于加强海员证管理的若干规定》，进一步明确了在渔船上服务的海员（包括渔工），除了有申办单位编码的单位外，均由中华人民共和国海事局批准的海员服务中介机构代为申办海员证。

2011年，宁波海事局对监管中发现无法满足海员出境证件管理要求的宁波远洋渔业公司和宁波成开海洋渔业有限公司，上报交通运输部海事局取消其海员证申办资格。2016年4月—2017年6月，因相同原因，宁波太平洋远洋渔业有限公司、浙江省远洋渔业有限公司、宁波联合远洋渔业有限公司海员证申办资格被取消。

2013年2月1日起，为规范远洋渔业企业的渔业海员证管理，宁波海事局对远洋渔业企业申请海员证批件作出规定：赴北太平洋捕捞作业的渔工，可申请办理为期1年的海员证；赴南太平洋捕捞作业的渔工，可申请办理为期3年的海员证，基本遏制了渔工完成合同后拒绝交还海员证的现象。

2014年12月31日，中华人民共和国海事局发布《关于加强渔业船员海员证管理的通知》，自2015年1月1日起，宁波海事局对申办海员证的渔业船员开始实施信息采集。2015年2月28日，浙江海事局印发《关于加强渔业船员海员证管理的通知》，细化落实对渔业船员海员证的管理。1—3月，宁波海事局先后组织开展对辖区远洋渔业捕捞企业海员证管理的全面排摸，重点对渔业船员签约、解约信息报备，海员证动态跟踪、收缴以及海员证失控报告等工作进行检查。辖区6家远洋渔业公司的16艘渔业船舶共计拥有441本海员证，均低于批件核定船员总数120%的上限要求。

2015年3月6日，宁波海事局组织辖区6家远洋渔业公司召开渔业船员海员证管理法规宣贯和座谈，部署强化渔业船员信息采集、有效海员证数量控制、渔业船员海员证跟踪管理以及海员证管理档案建设等各项工作。通过船员信用管理系统，对拒不上交海员证或无法联系的船员进行跟踪管理，避免相关海员证的长期失控。

2017年5月，根据交通运输部海事局《关于进一步加强海员证管理的通知》要求，宁波海事局全面排摸辖区远洋渔业公司海员证申办和管理情况，走访宁波市海洋与渔业局，协商推进远洋渔业企业纳规管理。

2018年12月24日，宁波海事局召开辖区远洋渔业公司海员证管理座谈会，全面评估近几年渔工海员证管理情况，督促严格落实渔工海员证申办、跟踪和缴销管理，严禁代办和聘用其他单位申办海员证的渔工违规行为。

2020年4—5月，根据交通运输部海事局《关于加强远洋渔业船员海员证签发管理工作的通知》和浙江海事局《关于海员证自查督查工作要求》，宁波海事局对辖区3家远洋渔业企业海员证管理及海员证签发档案等开展督查。

近年来，在严格做好渔业船员海员证管理的基础上，针对辖区各远洋渔业公司面临的资金链紧张和渔工招募难等经营困境，宁波海事局先后推出海员证信息采集预约服务、“绿色通道”加急办理等举措，积极服务宁波海洋经济和远洋渔业产业发展。

二、海员出境证明

《海员出境证明》是中国海员前往免办入境签证、在境外办签证和只办理过境签证国家（地区）以及前往或经由香港、澳门登轮时，向中华人民共和国出入境边防检查机关申请验收的必备证明文书。《海员出境证明》与海员证同时使用。

1992年9月26日，中华人民共和国港务监督局与公安部边防局联合颁布《关于简化我国海员出境手续的通知》，授权宁波港务监督等17家航政管理机关签发海员出境证明。

1996年8月8日，《中华人民共和国港务监督局关于规范海员出境证件管理工作的规定》施行，明确了海员出境证明的办理要求，申办单位可凭有关海员证，向原先签发海员证的港务监督申请签发海员出境证明。

1999年11月17日，交通部海事局与公安部出入境管理局（简称“出入境管理局”）联合颁布施行《〈海员出境证明〉管理办法》，规定《海员出境证明》由中华人民共和国海事局与出入境管理局按照该办法共同管理。经授权办理海员证的海事机构是《海员出境证明》的签发机关，可以受理所有航运企业、事业单位《海员出境证明》申请，为持有有效海员证的海员出具《海员出境证明》。宁波港务监督负责浙江省范围内以及6家中央直属航运相关企业的《海员出境证明》的管理和签发。

2000年3月14日，中华人民共和国海事局和出入境管理局联合印发通知，公布新版《海员出境证明》的格式和填写规范，自2000年5月1日起统一启用，旧版《海员出境证明》于同年10月1日停止使用。根据《〈海员出境证明〉管理办法》的规定，5月15日，中华人民共和国海事局公布海事机构对有权签发《海员出境证明》的航运企业、事业单位的管辖划分，并要求有权签发《海员出境证明》的航运企业、事业单位到中华人民共和国海事局指定的海事机构申领空白《海员出境证明》，接受其监督管理。

2001年4月28日，根据水上安全监督管理体制改革进展情况，中华人民共和国海事局与出入境管理局对《海员出境证明》签发机关名单进行了调整。原签发《海员出境证明》的19个港务监督机构名称变更为海事机构名称，同时增加浙江海事局、四川省地方海事局为签发机关。宁波海事局制作的《海员出境证明》均由浙江海事局盖章。

2013年12月19日，交通运输部海事局发布《关于取消〈海员出境证明〉的通知》，自2014年1月1日起，不再办理《海员出境证明》。2013年12月5日，宁波海事局完成最后一份《海员出境证明》制作，结束《海员出境证明》签发工作。

第二节　船员培训

一、船员培训管理

为全面履行《78/95海员培训、发证和值班标准国际公约》，1997年11月5日，交通部发布《中华人民共和国船员培训管理规则》，船员培训分为适任证书考前培训、特定类型船舶船员特殊培训、船员专业培训、精通业务和知识更新培训、船上培训五类。该规则明确了中华人民共和国港务监督局是船员培训的主管机关，宁波港务监督具体负责浙江省（除浙江省港航管理局分管范围）船员培训的监督管理及考试、评估和发证工作。2009年、2013年、2017年和2019年，该规则先后经历多次修订。根据2019版规则，船员培训分为船员基本安全培训、船员适任培训和特殊培训三类。

1995年9月1日，《中华人民共和国海船船员培训管理办法》生效，宁波海监局对辖区内船员教育培训机构进行全面管理，向浙江水产学院宁波分院、宁波海洋学校、舟山航海学校、宁波交通学校颁发首期《船员培训许可证》。各院校在完成学历教育的同时，承担船员培训任务。

1996年7月，宁波大学专业培训船员“VHF通信、雷达观测与标绘和雷达模拟器、自动雷达标绘仪”合格证（简称“三小证”）的培训设施通过验收，成为浙江省第一家能够开展“三小证”培训的单位。

1997年6月16日，宁波海监局大榭办事处组织的辖区小型船舶船员首期培训班在大榭举行，报名参加培训的船员有30多人。这标志着大榭办事处小型船舶船员培训考试发证工作的正式开展。

1998年8月5日，中华人民共和国港务监督局颁布《关于STCW78/95公约过渡规定的实施办法》和《过渡期知识更新培训纲要》，对2002年2月1日全面强制实施《78/95海员培训值班国际公约》前的5年过渡期内，海船船员换发适任证书的培训、考试、发证工作作出了具体规定和安排。鉴于过渡期内需要参加培训的船员数量大、培训时间紧，宁波海监局主动送教上门，为辖区航运公司船员开展专业合格证知识补差培训和海船船员适任证书再有效相关知识更新培训，推动辖区航运公司船员完成证书过渡。

2000年10月13日，中华人民共和国海事局颁布实施《中华人民共和国海船船员船上培训管理办法》。宁波海监局严格按要求，做好船员船上培训（见习）管理工作，严格开展见习开封管理，组织开展航运公司船员管理年度检查，强化船上培训过程监督，压实辖区航运公司船员培训管理责任。

2000年，针对1999年渤海湾“11·24”海难事故情况，宁波海监局主动协调辖区内唯一具有客船、滚装客船特殊培训资格的舟山航海学校，开展客船、滚装客船特殊培训，并印发《关于做好客滚船船员特殊培训工作的通知》，同时安排了9期滚装客船船员特殊培训。根据交通部《关于客船和滚装客船船员任职资格有关事宜的通知》和交通部海事局《关于加强滚装客船船员特殊培训有关事项的通知》要求，协调舟山航海学校编制补充教材，组织开展滚装客船船员强化培训，至6月30日完成5期强化培训。截至11月底，基本完成对客船、滚装客船任职船员的特殊培训。

2001年，根据浙江海事体制改革工作安排，宁波海事局完成与浙江海事局有关船员考试的职权交接。针对管辖范围、职责的变更，为使公司、船员及时掌握船员管理新文件精神，宁波海事局举办了船员管理业务申办员培训班，辖区培训机构、航运企业、海员证申办单位相关人员参加。此外，还组织召开了由宁波大学、宁波交通学校等培训机构参加的专题会议，传达交通部海事局、浙江海事局相关文件精神，保障了船员管理工作的顺利过渡。

2002年6月19—24日，宁波海事局首次组织开展内河化学品船员安全知识特殊培训，21名船员经培训考试合格。

2003年，根据交通部海事局关于开展“船员培训质量管理年”活动的要求，宁波海事局全面加强了对各类船员培训的监督管理。5月27—30日，宁波海事局组织开展了对宁波大学海运学院的专项检查。8月6—8日，宁波大学和宁波高等专科学校（原宁波交通学校）2家培训机构通过浙江海事局专家审核组审核，宁波海事局全程参与。

2003年4—6月，应浙江省防治非典型性肺炎（简称“非典”）形势要求，宁波海事局暂停辖区船员培训新开班申请，同时加强对已开培训班的防疫检查。6月，经航运公司和培训机构申请，征得宁波市非典防治办公室同意后，陆续恢复培训开班。

2007年11月，《中华人民共和国内河船舶船员基本安全培训、考试和发证办法》生效，2008年4月，宁波工程学院按照要求开展首期内河船舶船员基本安全培训，共27名学员参加。

2008年8月，首期引航员大型船舶模拟器培训班在宁波大学开设，宁波大港引航公司8名引航员参加。

2008年春—2012年秋，宁波大学共招收二年制航海类学员（现职船员＋高中毕业生）671人，其中海船船舶驾驶专业414名、轮机管理专业257人。2011年秋，招收一年制海船驾驶专业学员27人。

2009年9月，象山国际海运职业技术学校取得船员培训资质，获得值班水手、值班机工等项目培训许可。

2011年12月27日，根据《STCW公约马尼拉修正案》，交通运输部印发《中华人民共和国海船船员适任考试和发证规则》（简称“11规则”），根据该规则和相关实施办法的规定，至2016年12月31日为“11规则”履约过渡期。在过渡期间，宁波海事局通过编制《海船船员过渡期培训换证指引》，广泛开展过渡期政策宣传，协调培训机构推出“一条龙”式补差培训等服务，保障相关船员顺利完成证书过渡。其间，共完成海船船员过渡期培训893期，培训人数达23271人次，签发新版海船船员适任证书6118本，新版合格证书12126张56996项。

2012年，宁波海事局推动辖区培训机构引入“定制培训”概念，将以往的统一培训转变为按需培训。对内河船舶和小型海船船员，在满足考试大纲要求的基础上，侧重将法规要求通俗化，以案例教育为主。对客渡运船员开展专项培训，讲理论、重实操，切实提高他们的操纵技能和应变能力。

2012年4月，浙江海事局辖区船员培训座谈会在宁波召开，浙江海事局、各分支局和浙江辖区10家培训机构参加。

2012年9月，浙江辖区船员服务工作座谈会在宁波召开，来自辖区的船员服务机构、海员外派机构、报备的航运企业和各分支局近90名船员管理人员参加会议。

2012 年 10 月 16—28 日,宁波海事局辖区首期船员“油船和化学品船货物操作基本培训合格证”培训在宁波大学举行。

2013 年 1 月,宁波海事局组织开展的《中华人民共和国海船船员适任考试、评估和发证规则》(简称“04 规则”)最后一期海船船员适任考试初考在宁波大学进行。

2013 年 5 月,公安海警学院暂停开展船员培训,最后一届学员的专业技能培训、三副/三管轮适任考试申请等工作依托宁波大学、宁波工程学院完成。

2014 年 4 月起,宁波海事局启动开展船员职业健康与事故预防相关课题研究,历时 3 年,先后推出《船员在船安全指引》《船员劳动伤害案例集》和《〈大为上船〉——船员职业健康与事故预防警示教育视频》,以多种形式展示船上常见的不安全行为及预防举措。

2014 年 4 月 22 日,宁波海事局与宁波大学、宁波工程学院共同签署《船员培训服务承诺书》,推出《宁波辖区船员培训机构服务标准》,积极保障学员在培训过程中享受应有服务。

2014 年,宁波海事局大力推行船员培训示范课程建设,与宁波大学、宁波工程学院创建大型船舶操纵、高级消防、救生艇筏和救助艇培训合格证等项目示范课程,拍摄视频教学片,以点带面推进培训质量的提高。根据小型船舶的特点和宁波周边水域的实际情况,编制涉及法规、通航、危防、船舶、船员等小型船舶船员视频教学课件,受到培训机构和船员的欢迎。

2015 年,为提升辖区渡船船员业务水平,宁波海事局主动动员培训机构,创新培训形式,丰富培训内容,采取送教上门和定制培训的模式,重点强化对消防、救生和急救的实船操作性培训。

2016 年,宁波海事局制定《宁波海事局船员服务(培训)机构“双随机”抽查机制工作方案》,建立双随机抽查“两库一单”(即检查对象“信息库”、执法检查“人员库”和抽查“事项清单”),利用信息化技术,实现“两库一单”的实时动态管理和检查对象、执法检查人员的随机确定,保证了“双随机”工作的公平、公正和客观。全年共开展服务机构“双随机”检查 11 次,培训机构“双随机”检查 2 次,共调派执法人员 41 人次。

2016 年,根据《交通运输部海事局关于实施〈中华人民共和国船员违法记分办法〉工作事项的通知》要求,宁波海事局选取交通便利的三江口海事处,作为船员违法记分培训点,并对外公布,在全国率先启动对违法记分满 15 分船员的培训工作,推动船员违法记分工作实现从记分、培训、考试、销分的闭环管理,为宁波地区航运公司及船员提供了便利。

2017 年起,根据“双进”工作部署,宁波海事局对海事案例进课堂活动进行系统化提升。除了定期做好船员职业健康与安全防护知识和水上交通事故案例的送教活动,还要求培训机构对在培学员开展常态化安全警示教育,提升船员的安全责任意识。

2018 年 9 月,针对采砂船船员持证不规范以及相关船员招聘难的问题,宁波海事局立足疏堵结合,协调辖区培训机构开办 3 期无证采砂船船员纳规培训,共培训 95 人,有效推进辖区无证采砂船船员的纳规管理。

2021 年 9 月 29 日,中华人民共和国海事局发文,认可宁波大学航海教育培训质量评估结果为“优秀”。该校全日制航海类专业本科学生可申请无限航区二副(含 GMDSS 通用操作员)、二管轮适任考试。同时等效认可该校二副(含 GMDSS 通用操作员)除《船舶操纵与避碰》以外的其他理论科目、二管轮除《主推进动力装置》以外的其他理论科目,以及基本安全培训、专业技能适任培训等考试成绩。

2021 年,根据“商渔共治”专项行动要求,宁波海事局将商渔船碰撞事故案例分析纳入船员培训课程，推进商渔隐患源头治理，并联合宁波市农业农村局，共同开展“商渔船防碰撞专题培训进船员培训机构”活动。培训对象除商船船员外，还扩展到航海专业教师群体。全年共联合开展4期专题培训，培训船员200余名。

截至2021年底，宁波地区共有船员教育和培训机构2家，获准开展的船员培训项目共36项。其中，海船船员培训项目30项，内河船舶船员培训项目6项。

二、质量体系管理

根据《STCW公约》规定，从事海员教育和培训的机构，以及船员考试、评估和发证机关，也要建立质量体系，由主管机关或其授权的机构进行定期审核，并将审核结果报给IMO。中国海员教育、培训、考试、评估和发证实行质量管理，包括船员教育和培训质量体系，船员考试、评估和发证质量体系，对海员教育、培训、考试、评估和发证全过程实现连续有效控制。

1997年10月9日，交通部安全监督局要求依据授权，开展海船船员考试、评估和发证工作的港务（港航）监督，应按照船员考试、评估和发证质量管理规则的规定，建立质量管理体系，并通过由中华人民共和国港务监督局组织的审核。宁波港务监督成为首批通过审核并取得《质量体系证书》的机构。

1998年11月11日，宁波港务监督成立了局质量管理领导小组和办公室，着手建立局船员考试、评估和发证质量体系。1999年3月1日起，宁波港务监督开始试运行船员考试、评估和发证质量体系，7月6—10日顺利通过了中华人民共和国海事局审核组对宁波港务监督的船员考试、评估和发证质量管理体系的外审。2000年3月14日，中华人民共和国海事局下发《关于河北海事局等9家单位通过中华人民共和国船员考试、评估和发证质量体系审核的通知》，对包括宁波港务监督在内的9家海事机构的船员考试、评估和发证质量体系予以认可，有效期至2002年3月14日。

2000年4月3—6日，宁波港务监督组成评审组，对辖区内宁波大学海运学院、舟山航海学校、宁波海洋学校和宁波交通学校等4家船员培训机构进行《中华人民共和国船员培训许可证》的年度审验工作。

2000年10月26日，根据船员考试、发证质量体系的要求，宁波港务监督组织宁波大学海运学院、舟山航海学校、宁波海洋学校、宁波交通学校和舟山港培训中心等5家船员培训机构负责人，在宁波大学海运学院召开第一次船员培训考试、评估结果评价会议。

2003年，国务院取消船员教育和培训质量体系审核的行政审批项目，交通部海事局对船员教育和培训质量体系实行质量控制管理（专家审核与行政监督相结合），船员教育和培训质量体系由交通部海事局认可的审核机构实施，审核结果通过交通部海事局汇总后报给IMO。年内，根据交通部海事局要求，宁波海事局组织开展“船员培训质量管理年”活动，全面规范船员教育培训体系运行工作。

2005年，交通部海事局开展对船员考试发证质量体系和教育培训质量体系的审核工作。7月1日，浙江海事局船员考试、评估和发证质量体系开始运行，宁波海事局相关体系纳入其中。9月19—20日，宁波海事局按计划完成质量体系内审。10月25日，交通部海事局船员考试、评估和发证质量体系审核组对宁波海事局体系运行情况进行现场审核。

2015年起，根据宁波海事局履约管理体系建设需要，宁波海事局全面启动船员质量管理体系的并轨运行工作，严格按照履约质量体系的结构，对现行船员质量体系进行了细化、合并和分解，共编写完成船员类履约体系须知文件20余项。2018年，根据宁波海事局海事执法模式改革、综合体系建设以及上级文件要求，完成对船员管理17项体系内容的全面修订，船员管理质量体系全面纳入宁波海事局综合执法体系并顺利开始运行。

第三节　船员考试发证

一、船员考试

1988 年 1 月 30 日，交通部安全监督局施行《〈海船船员考试发证规则〉实施细则》，规定 A 类船员适任证书实行全国统考。是年，开始海船船员全国统考工作。

1991 年 8 月 22 日，交通部安全监督局为了解决各地 B 类船员适任考试标准不一致的问题，从 1992 年起，B 类船员考试纳入全国统考的范围。1991 年 11 月 7 日，交通部安全监督局为进一步做好全国船员统考工作，实施统一组织、统一管理，采取统一试题、统一时间、统一评卷、分区考试的办法，在全国设立 6 个考区，宁波海监局管辖区域被纳入上海考区统一管理。到 2008 年 11 月 21 日，交通运输部海事局调整海船船员管理分工授权，劳动关系所在单位在浙江辖区内的海船船员、培训机构学员、学籍注册船员的教育、甲类海船船员考试、评估和发证工作，调整至浙江海事局及其分支局管辖。

1998 年 4 月 27 日，中华人民共和国港务监督局授予宁波港务监督“雷达操作与模拟器专业证书”的考试发证资格。

1999 年 5 月 15 日，根据交通部海事局《关于同意宁波港务监督开展高级消防专业培训、客船、滚装船船员特殊培训的考试和发证工作的批复》授权，宁波海监局开展高级消防专业培训和客船、滚装船船员特殊培训的考试和发证工作。

1999 年是按照《中华人民共和国海船船员考试发证规则》（简称“87 规则”）实行海船船员适任证书全国统考的最后一年，当年宁波海监局共举办 3 期统考。8 月 2—6 日，全国举行第 23 期海船船员适任证书统考，宁波海监局负责宁波大学、宁波海洋学校和舟山航海学校 3 个考点的统考组织工作，共 296 人参加考试。这是宁波辖区最后一期“87 规则”考试。

2000 年 1 月 10 日，交通部海事局根据《中华人民共和国海船船员考试发证规则》（简称“97 规则”），明确 2000 年度海船船员适任证书全国统考和实际操作评估工作安排，规定海船船员在申请适任证书考试前，必须通过规定科目的评估。8 月 1—4 日，根据中华人民共和国海事局有关海船船员适任考试工作的安排，宁波海监局组织了“97 规则”第一期海船船员适任考试全国统考，194 位考生参加考试。12 月 1 日起，按照《中华人民共和国海船船员适任考试、评估和发证规则》的要求，宁波海监局组织实施了为期 36 天的海船船员适任评估。

2004 年 7 月 12 日，宁波海事局在宁波大学首次利用计算机，进行了船员熟悉和基本安全专业的理论考试，从而实现了部分专业、特殊培训船员考试的无纸化。

2005 年 6 月 15—16 日，90 名考生参加了在宁波考点举行的为期 2 天的 2005 年浙江海事局第二期（总第九期）海船船员丁类适任考试，这是浙江海事系统组织的首次海船船员丁类适任无纸化考试。

2005 年，浙江海事局为宁波工程学院成教学院（原宁波交通学校）安装船员考试软件。6 月 1 日，辖区专业、特殊培训考试均实现无纸化。

2006 年 7 月 4 日，交通部海事局施行《海船船员适任计算机终端考试实施办法（暂行）》。8 月 23 日，交通部海事局明确了申请甲类和丙类海船适任证书的可参加计算机终端考试，乙类海船适任证书暂不实行。2007年9月6日，宁波海事局组织内河船舶船员和小型海船船员无纸化适任考试，标志着宁波考点海船船员丁类适任考试、内河及小型海船船员适任考试实现无纸化。2009年3月4日，“宁波海事局远程计算机终端考场项目”通过专家验收。7月21日，宁波考点的125名考生开始09090702期海船船员适任考试，标志着宁波海事局海船船员丙类适任证书无纸化考试的正式实施。至此，宁波海事局全面实现船员考试无纸化。

2010年8月，交通运输部海事局颁布《中华人民共和国内河船舶船员适任考试和发证规则》（简称“10规则”）及相关配套文件，适任证书的有效期从3年延长到5年，等级由原来的5个类别改为3个类别，放宽持证年龄限制，取消对船员学历的要求，取消适任证书知识更新培训。宁波海事局组织召开宣贯会，详细介绍持有内河三、四、五等适任证书的船员换取二、三类适任证书的条件及培训要求，督促各单位做好过渡期内河船舶船员的注册工作。

2011年2月18日，宁波海事局在海船船员适任证书法规更新培训考试中，首次进行了现场监考录像。

2011年6月2—3日，宁波辖区第201101期内河船舶船员适任考试和实际操作考试在宁波工程学院举行，共有18名船员参加。此次考试是“10规则”实施以来，宁波海事局组织的首次内河船舶船员考试。

2012年，为了实现船员适任证书的考、培分离，保证船员适任评估公正、公平，宁波海事局首次建立由海事执法人员、航海院校专业教师及航运公司海/机务管理人员共22名成员组成的专业船员适任评估员队伍。

2013年1月22日，宁波海事局推进评估员和考官队伍建设，选拔成立由资深业务骨干和业务青年组成的包含不同年龄层的专业考官队伍，完成首批船员考试考官适任人员推选。同时，还安排人员参加交通运输部海事局和浙江海事局组织的主考官培训和评估员培训。

2021年底，宁波海事局参照理论考场建设要求，推动辖区2家培训机构完成船员实操评估场地视频监控系统建设，船员适任现场评估与远程监督实现有效融合，船员评估工作的廉政风险得到有效管控。

二、证书签发

1997年11月5日，交通部按照《STCW公约》，发布并实施《中华人民共和国海船船员适任考试、评估和发证规则》，其原则要求略高于《STCW公约》。

1998年7月3日，交通部安全监督局就海船船员考试发证分工和授权有关问题，对各港务监督的分工权限进行了明确。2001年1月7日，交通部海事局根据水监体制改革的总体要求，对海船船员考试发证分工和授权以及考区划分进行了调整。

2001年5月10日，宁波海事局的乙类适任证书（原D类近洋航区船员适任证书）管理权限移交浙江海事局。

2001年11月，浙江海事局首次颁布《摩托艇船员培训、考试和发证办法（试行）》，2010年7月又对该办法行了修订。至2021年底，宁波海事局共签发摩托艇驾驶员证书2192本。

2002年6月10日，浙江海事局首次颁布《浙江海事局小型海船船员适任考试和发证办法》，并于2015年、2021年2次对该办法进行了修订。至2021年底，宁波海事局共签发小型海船船员适任证书955本。

2004年6月30日，交通部实施新的《中华人民共和国海船船员适任考试、评估和发证规则》，提升客滚船、液货船等特殊类型船舶船员的适任资格要求。

2006年，根据浙江海事局《关于开展船员证件申办情况专项检查的通知》要求，宁波海事局完成对辖区43家船员证件申办单位有关管理体系及制度建立、申办员配备、船员档案管理、证件申办情况等事项的现场检查。

截至2010年12月31日，宁波海事局共签发有效内河船舶船员适任证书421本。其中，持三等适任证书的船员85人，占辖区内河船员总数的20.1%；持五等驾机员适任证书的人员360人，占辖区内河船员总数的53.9%。

2011年5月26日，第一批依据"中华人民共和国内河船舶船员适任考试和发证规则10规则"换发的新版内河船舶船员适任证书，经由新版内河船员管理系统(单机版中创系统)制作完成。

2012年2月27日起，根据新版海船船员管理系统应用需要，宁波海事局启动船员基础信息采集和证书核对工作，在辖区设立10个固定采集点(分布于政务中心和海事处)和1个移动采集点(船员管理处)，对船员数量较大的企业进行预约上门采集。至10月1日止，全局共采集船员信息9918人，为船员信息全面电子化工作奠定了基础。

2013年2月5日，宁波辖区正式启动"11规则"海船船员适任证书和培训合格证签发工作。

2013年8月12日起，宁波海事局对8类10项共计29种船员业务申办时须提交的纸质申请材料进行减免，正式启动船员证书申办无纸化试行工作。

2014年6月19日，中华人民共和国海事局发布《关于公布第一批便利船员服务清单的公告》，自6月25日起，取消海船船员办证调档，实现海船船员培训考试与发证分离。据此，宁波海事局开始为异地参加培训考试的船员办理相关证书。

2014年，宁波海事局积极推进船员办证无纸化，根据《中华人民共和国海事局2014年船员管理简政放权清单》和《中华人民共和国海事局第一批便利船员服务清单》涉及的8项简政放权和8项服务船员的内容，制定了《宁波海事局关于进一步便利船员办证有关事项的通知》，先后2次减免船员类证书审批提交材料，免除船员管理系统中已有信息的材料递交，取消了海员出入境证明和海船船员适任证书转档，推出异地办证、证书邮寄等服务举措。8月1日，宁波海事局正式对辖区所有申办单位和船员个人推行"无纸化"方式申请证书。

2015年1月23日，宁波海事局为象山环海公司船员签发了未满500总吨客船二副适任证书，这是浙江省《两港间航程不足50海里的客船船长和高级船员管理规定》实施后，宁波辖区首本短程客船船员证书。

2016年10月8日，宁波海事局签发首本使用电子印章、电子签名的海船船员适任证书。

2017年，根据浙江省"最多跑一次"工作要求，宁波海事局依托完善的船员管理系统和船员办证无纸化前期工作，率先推出"最多跑一次"船员业务办理事项，并积极推进船员办证"零上门"服务。

2021年，根据交通运输部关于实施船员发证动态延伸核查的工作要求，宁波海事局进一步简化了船员证书办理流程，规范延伸核查流程，研究制定了以发证机关主动延伸核查替代由船员提供证据材料的模式，建立政务中心严格审核、海事处密切跟踪、职能部门强化督查的闭环管理机制，将船员发证延伸、船籍港管理、现场监管以及船员信用管理等工作进行有机融合，保证了船员证书签发工作的严肃性，船员发证效率进一步提高。

2000—2021年底，宁波海事(海监)局共签发各类船员适任证书共277873本(表2-3-3)。

2000—2021年宁波海事（海监）局签发船员证书统计表　　表2-3-3

证书种类	数量（本）	证书种类	数量（本）
海船适任证书	31502	内河适任证书	2573
海船培训合格证	180287	内河培训合格证	762
引航员适任证书	5510	摩托艇	2192
船员服务簿	21679	技术资格证书	524
海员证	32844		

三、船员履职监督

2002年7月11日，中华人民共和国海事局印发实施《中华人民共和国船员违法记分管理办法（试行）》，明确对实际操作检查不合格的船员实施违法记分1分的处理。

2004年6月30日，交通部印发《中华人民共和国海船船员适任考试、评估和发证规则》，明确海事管理机构在依法实施船舶安全检查时，可对船员进行实操性检查，对检查发现不合格的船员，情节严重的，可采取强制培训的行政措施。

2004年11月，宁波海事局编制《船舶操作性检查手册》，根据船员职务和船舶种类，对开展船员实操检查的检查项目、参考答案、评价标准等进行了统一和规范。

2007年9月1日，《中华人民共和国船员条例》施行，明确海事管理机构对船员实施监督检查时，应当查验船员必须携带的证件的有效性，并检查船员履行职责的情况，必要时可以进行现场考核。

2011年12月27日，交通运输部印发《中华人民共和国海船船员适任考试和发证规则》，规定海事管理机构应当对船员履行职责、安全记录等情况进行监督检查，加强对船员适任能力的监管。

2011年起，宁波海事局全面强化对船员履职能力的监督检查，仅2011年全局就开展船员实操检查2321人次，发现实操不合格船员497人次。

2013年，宁波海事局对《船员实操性检查须知》进行修改，加大对"四客一危"、施工作业船舶和渣土运输船舶等重点船舶的船员实操检查工作。

2015年5月，中华人民共和国海事局印发《船员现场监管手册（试用版）》。根据该手册要求，宁波海事局进一步规范和强化了船员履职活动的现场检查工作。

2015年10月23日，中华人民共和国海事局印发实施《中华人民共和国船员违法记分办法》，取消了对实际操作检查不合格船员的记分规定。

2019年，根据《浙江海事局关于进一步加强船员履职现场检查的通知》，宁波海事局印发了《宁波海事局关于进一步规范船员实操检查工作的指导意见》，将船舶配员和船员任解职检查纳入船舶现场监督检查的必查项目，对船员实操检查对象及检查项目的选择、实操不合格船员的处理及相关信息录入等工作作出了统一要求。

2021年3月11日，宁波海事局印发《船员履职能力提升工程2021年实施方案》，启动船员履职能力提升三年工程。通过深入推进船员综合素质提升"五进（进大纲、进教材、进课堂、进题库、进头脑）"工程、开展船上培训专项检查、船员实操检查以及船员安全法制教育等工作，进一步压实航运公司船员管理主体责任，督促引导船员提升履职能力和安全责任意识。

第四节 海事劳工条件检查

一、中国海事劳工履约概况

海事劳工履约是为了充分履行我国加入《2006 年海事劳工公约》的义务，确保海员获得安全的工作场所，保证其公平就业、体面劳动的权利，全面保障船员的各项合法权益，促进高素质船员队伍建设。

2001—2006 年，国际劳工组织（ILO）整合并修订了 60 多个涉及海事劳工权益保障的公约及建议书，充分借鉴 IMO 通过的其他海事领域公约的国际标准和要求，形成了《2006 年海事劳工公约》（MLC2006），并在 2006 年 2 月 23 日在日内瓦举行的第 94 届大会暨第 10 届海事大会上通过。2013 年 8 月 20 日正式生效。

《2006 年海事劳工公约》与 ILO 之前通过的其他涉及海事劳工权益保障的公约最大的不同点之一，在于引入 IMO 体系下的公约中普遍应用的“不予优惠原则”。该公约生效之后，悬挂未批准公约国家旗帜的船舶不能得到比悬挂批准公约国家旗帜的船舶更优惠的待遇。即使某一国家并没有批准加入 MLC2006，该国的船舶挂靠缔约国港口的时候，依然要按照 MLC2006 的要求接受检查。

2013 年 7 月，在 MLC2006 公约生效前夕，中华人民共和国海事局下发《关于中国籍国际航行船舶做好〈2006 年海事劳工公约〉履约准备工作的通知》，委托中国船级社对 500 总吨以上中国籍船舶检查并签发《海事劳工符合证明》和《临时海事劳工条件符合证明》。

2013 年，交通运输部和交通运输部海事局发布了《关于〈船员服务簿〉记载事项的公告》《中华人民共和国海员船上工作和生活条件管理办法》《关于船上膳食服务人员履行〈2006 年海事劳工公约〉有关事宜的通知》等一系列通知，并根据 MLC2006 的要求，对《国际航行海船法定检验技术规则》进行了修订。此外，交通运输部海事局针对公约中海员健康证明的体检标准制订标准，发布了《海员健康检查要求》（GB 30035—2013）。

2015 年 8 月 29 日，经中华人民共和国第十二届全国人大常委会第十六次会议审议通过，中国正式批准《2006 年海事劳工公约》。11 月 12 日，中国向 ILO 递交了批准 MLC2006 的外交文书。根据规定，该公约于 2016 年 11 月 12 日起对我国生效。

2016 年 9 月 29 日，交通运输部和人力资源社会保障部联合印发《关于履行〈2006 年海事劳工公约〉的公告》，要求各相关单位做好履约准备工作，遵守公约和我国劳动保障、海事管理的法律法规，保障船员合法权益，促进航运业健康发展。

2016 年 10 月，交通运输部发布《船员职业健康和安全保护及事故预防》（JT/T 1079—2016），对船员职业健康和安全保护及事故预防提出了相关要求。

2016 年 11 月 22 日，交通运输部和人力资源社会保障部联合印发《海事劳工条件检查办法》，明确国务院交通运输主管部门和人力资源社会保障主管部门在海事劳工条件检查工作中的负责领域，规范检查工作的程序和法律责任的处置。

2018 年 1 月，为畅通中国籍海船、外国籍船舶在船船员投诉渠道，规范海事管理机构处理在船船员投诉工作，交通运输部海事局印发了《中华人民共和国海事局在船船员投诉处理工作程序》。

2019 年，交通运输部海事局印发了《推进国内航行海船和 500 总吨以下国际航行船舶履行〈2006 年海事劳工公约〉实施方案》。按照该方案的要求，自 2020 年 5 月 1 日起，各直属海事局按照《海事劳工条件检查办法》的规定，对国内航行海船和 500 总吨以下国际航行船舶开展海事劳工条件检查。

二、船员权益保障

2013 年 2 月 27 日，宁波市第一医院、宁波市第六医院成为浙江省首批获得认可的海船船员健康体检机构。截至 2021 年 12 月，宁波海事局辖区共有宁波市第一医院、宁波市第六医院、宁波市康复医院和中国人民解放军联勤保障部队第九〇六医院共 4 家海船船员健康体检机构。

2013 年，宁波辖区船员培训机构先后开办 3 期船上厨师培训。到 2019 年 4 月，共发出 107 本船上厨师培训合格证明。此后，未再开展船上厨师培训。

2014 年，宁波海事局启动《船员在船安全指引》的编写，落实《2006 年海事劳工公约》中有关船员职业安全和健康及事故预防的相关要求。先后完成了《船员在船安全指引》和《船员劳动伤害案例集》的编写，共发放 3000 余册，并于 2017 年完成配套微电影《大为上船》的拍摄和推广。

2015 年 11 月 3 日，作为浙江省海上劳动关系三方协调机制的重要组成部分，宁波海事局牵头与宁波市总工会交通运输工作委员会、宁波市交通运输协会共同签订了宁波市海上劳动关系三方协调机制备忘录。

2016 年，宁波海事局作为主要成员，参与编制起草行业标准《船员职业健康和安全保护及事故预防》（JT/T 1079—2016）。

2017 年，宁波海事局与宁波市劳动监察支队就海事劳工履约和船员权益保障工作，建立常态化交流渠道。

2018 年 4 月 3 日，宁波海事局、宁波市劳动监察支队和中国船级社浙江分社签订了《2006 年海事劳工公约》履约协作机制。

2020 年 8 月 23 日，宁波海事局与宁波海事法院签订了《海船船员劳资纠纷调解机制和船员维权协作机制》，成为全国首个“行政-司法”协作的船员劳资纠纷调解机制。

三、海事劳工条件检查

2014 年，宁波海事局派员参加国际劳工组织培训中心在意大利都灵举办的《2006 年海事劳工公约》履约检查员及师资培训。

2016—2020 年，宁波海事局共有 43 名执法人员参加交通运输部海事局海事劳工条件检查员培训，并获得检查员资格。

2018 年 6 月，交通运输部海事局印发《关于开展海事劳工条件检查工作试点的通知》。宁波海事局联合宁波市劳动监察支队，对 7 艘船舶开展了海事劳工条件试点检查。

2020 年 1 月，宁波海事局下发《推进国内航行海船和 500 总吨以下中国籍国际航行船舶履行〈2006 年海事劳工公约〉实施方案》，对全局海事劳工条件检查工作进行部署，并通过线上直播，对辖区航运企业开展履约培训。

2020 年 5 月，受新冠肺炎疫情的影响，交通运输部海事局下发了《关于明确国内航行海船和 500 总吨以下国际航行船舶履行〈2006 年海事劳工公约〉相关工作事项的通知》，将检查的实施时间整体延后 1 年。

2021 年 5 月 19 日，宁波海事局开展了首次海事劳工条件检查。全年共开展检查 607 艘次，纠正缺陷 5254 项。

第四章　安全管理体系

航运公司及所营运船舶依据《国际船舶安全营运和防止污染管理规则》(简称《ISM 规则》)和《中华人民共和国船舶安全营运和防止污染管理规则》(简称《NSM 规则》)建立安全管理体系,船旗国主管机关对该体系进行审核,对通过审核的公司和船舶签发符合证明和安全管理证书。

第一节　安全管理规则

一、国际安全管理规则

《ISM 规则》经 1993 年 IMO 第 18 届大会 A. 741(18)号决议通过,1994 年 5 月《国际海上人命安全公约》缔约国大会通过该公约第Ⅸ章“船舶安全营运管理”,成为强制性规则。《ISM 规则》为船舶安全管理和营运及防止污染提供了一套国际标准,其核心理念是要求公司及其船舶建立、实施和保持符合标准要求的安全管理体系,并通过主管机关的认可。

二、国内安全管理规则

2001 年 7 月 12 日,交通部发布《NSM 规则》。该规则要求负有船舶安全营运和防止污染管理责任的公司建立并在岸上和船上实施结构化、文件化的安全管理体系,从而为船舶营运提供安全做法和安全工作环境,针对已认定的所有风险制定防范措施,并不断提高岸上及船上人员的安全管理技能,促进船舶切实履行强制性技术标准,最终实现保证海上安全,防止人员伤亡。

第二节　安全管理体系审核

一、国际航运公司及船舶的审核

1998 年,交通部安全监督局发布《关于实施〈国际船舶安全营运和防止污染规则〉的通告》(交通部安全监督局通告 1998 年第 1 号),自 1998 年 7 月 1 日起,对第一批船舶(即从事国际航行的客船、高速客船、500 总吨及以上油船、化学品船、散货船、液化气船、高速货船)及其船东或管理公司生效,非持有适用于本船的符合证明副本和安全管理证书的,港监机关将禁止其离境。

1999 年 5 月 20 日,交通部海事局发布《关于第二批国际航行船舶及其公司强制实施〈国际安全管理规则〉的通告》,所有 500 总吨及以上的中华人民共和国籍国际航行货船(油轮、液化汽船、散货船、化学品船和高速货船以外的货船,以下称“其他货船”)和移动式近海钻井装置,应在 2002 年 7 月 1 日前取得安全管理证书。营运上述船舶的公司应在 2000 年 7 月 1 日前取得符合证明,该符合证明的副本及安全管理体系文件，应在2000年7月1日前配备到“其他货船”上，否则不得离境。

2001年10月8日，交通部海事局为实施《ISM规则》，制定印发了《关于重新发布〈航运公司安全管理体系审核发证规则〉和〈航运公司安全管理体系审核发证程序〉的通知》，规范主管机关的审核发证行为，明确审核方和被审核方的权利、责任和义务。2015年3月5日，交通运输部海事局发布新版《航运公司安全管理体系审核发证规则》，原《审核发证规则》（2001）同时废止。新版规则进一步简化了审核发证环节，更加便利航运公司，减轻了企业负担。2016年2月5日，交通运输部海事局发布新版《航运公司安全管理体系审核发证程序》，原《审核发证程序》（2001）同时废止。新版程序进一步规范了航运公司、船舶安全管理体系审核发证工作。

二、国内航运公司及船舶的审核

2001年9月29日，中华人民共和国海事局发布《关于第一批国内航行船舶强制实施〈中华人民共和国船舶安全营运和防止污染管理规则〉的通告》，自2003年1月1日起对第一批适用船舶（即载客定额50人及以上跨省航行的客滚船、旅游船、高速客船和150总吨及以上的气体运输船、散装化学品船）生效。所有第一批适用船舶应在2003年1月1日前，取得安全管理证书或临时安全管理证书。营运第一批船舶的公司应在2003年1月1日前，取得符合证明或临时符合证明，并将副本配备到船。

2003年6月10日，交通部发布《关于〈国内安全管理规则〉对第二批船舶生效的通知》，《国内安全管理规则》自2004年7月1日起，对载客50人及以上所有跨省航行的客船（内河客渡船除外）和500总吨及以上的油船（港内作业的除外）生效。

2005年12月14日，交通部发布《关于中华人民共和国船舶安全营运和防止污染管理规则对第三批船舶生效的通知》，《国内安全管理规则》自2007年7月1日起，对500总吨及以上沿海跨省航行的散货船和其他货船生效。

2018年11月22日，交通运输部发布《关于〈中华人民共和国船舶安全营运和防止污染管理规则〉对第四批船舶生效的通知》，自2021年1月1日起（因新冠肺炎疫情影响，推迟到2021年6月30日），《国内安全管理规则》对下列船舶生效：

沿海载客定额50人以下跨省航行的客船（客渡船除外）及沿海省内航行的客船（客渡船除外）；

沿海150总吨以下气体运输船和散装化学品船；

沿海500总吨以下油船和500总吨及以上港内作业油船；

沿海500总吨及以上省内航行的散货船和其他货船；

内河3000总吨及以上散货船和其他货船。

第三节　航运公司管理

一、体系及非体系公司管理

随着《国际船舶安全营运和防止污染规则》对第一批船舶生效，1998年6月5日，宁波海监局代表交通部正式向宁波海运（集团）总公司颁发了“安全管理体系符合证明”，是宁波航运公司首次获得安全管理体系符合证明。

1999—2007 年，随着《ISM 规则》和《NSM 规则》对不同批次船舶生效，宁波海事（海监）局严格落实上级要求，认真开展辖区符合条件公司及船舶的审核发证工作，完成国际航行 2 批次、国内航行 3 批次的符合证明（DOC）和船舶安全管理证明（SMC）证书审核发放工作。

2005 年 9 月 1 日，浙江海事局发布《船舶安全信用评定与分级监管实施办法》，在浙江范围内开展航运公司和船舶安全信用等级评定和实施分级管理。宁波海事局严格执行上级要求，积极推进辖区航运公司及船舶安全信用等级评定工作，营造公平、公正的航运市场环境。该办法已于 2017 年废止，此项工作也不再开展。

2012 年 2 月 1 日，宁波海事局筹备组建了“服务港航企业讲师团”，以局内资深安检员、审核员、事故调查员以及海事法规员为主要师资力量，以企业需求为导向，针对辖区公司的航线、船型实际状况，为辖区港航企业送教上门，帮助企业提升安全管理水平。

2016 年 4 月 10 日，在宁波海事局的大力推动下，全国首个中小航运企业联合会在宁波成立，引导宁波中小航运企业开展有序竞争，实现良性发展，共同争取发展空间，维护自身利益。

2016 年 6 月 1 日，“航运公司安全管理系统”全面开始试运行，正式拉开航运公司安全管理数字化的序幕。为进一步促进系统优化升级，2016 年 8 月 18 日，交通运输部海事局在宁波召开“航运公司安全管理系统”集中办公会，来自交通运输部海事局、各直属海事局、软件开发公司和宁波地区航运公司代表共计 29 名领导和专家参加。会议深入探讨了系统实际使用中存在的问题以及相应的解决方案，为“航运公司安全管理系统”的优化升级奠定了坚实基础。

2018 年 11 月 12 日，全国首个“互联网 + 船籍港管理”平台在宁波上线试运行。该平台采用“政府引导 + 企业自主”的开发模式，海事端有公司体系数字化监控、船舶船员监控、安全通知公告、海事助航服务等功能，航运公司端具备智慧航企、船员服务、移动办公、机务管理等功能。此外，平台还提供船员培训、备件物料供应、油料供应、金融保险等第三方服务，以提升航运公司、海事主管机关和第三方服务机构的数字化治理水平为导向，助力形成共享、共赢的航运安全生态。

2020 年 6 月，宁波海事局正式推出船籍港管理“三重强化”机制，从局职能部门、基层海事处、局处联动三个方面，强化船籍港协同管理的长效机制，加大对航运公司的监管和帮扶力度，不断提高航运公司的安全管理质量。

2021 年 5 月 6 日，宁波海事局向辖区航运公司发布首期船籍港船舶《安全信息速递》，及时将宁波籍船舶发生的事故、险情、典型滞留缺陷等传达给各航运公司，督促辖区公司和船舶提升安全管理水平。截至 2021 年底，共发布 6 期。

2021 年 8 月 30 日，宁波海事局印发《关于建立运行船籍港管理“十项机制”的通知》，涵盖船舶建造、检验、登记、日常监管、公司管理、综合治理等船舶全生命周期重要环节，以分级分类思路，重点对在宁波登记的并在宁波辖区建造的船舶、新登记船舶，营运船舶，三无船，违规改建、长期停航、长期逃避海事监管船舶等监管对象逐一明确监管要求，利用船舶安全监督、公司和船舶审核、督促 CCS 加强检验、加强综合治理等手段，构建船籍港监管服务合力。

2021 年宁波辖区国际航行体系公司、国内航行体系公司以及 2011—2021 年宁波海事局审核业务量分别见表 2-4-1 ~ 表 2-4-3。

2021 年宁波辖区国际航行体系公司一览表

表 2-4-1

序号	公司名称	序号	公司名称
1	宁波海运股份有限公司	9	洲际船务(宁波)有限公司
2	宁波远洋运输股份有限公司	10	宁波乘海船舶管理有限公司
3	宁波力天海运有限公司	11	宁波华洋海事服务有限责任公司
4	宁波银星海运有限公司	12	协海船务管理(宁波)有限公司
5	宁波春泰航运有限公司	13	宁波稳建船舶管理有限公司
6	宁波天盛海运有限公司	14	宁波众盟航联科技股份有限公司
7	中国航油集团海鑫航运有限公司	15	宁波宏隆海运有限公司
8	宁波保能海运有限公司		

2021 年宁波辖区国内航行体系公司一览表

表 2-4-2

序号	公司名称	序号	公司名称
1	宁波北仑船务有限公司	26	宁波达羽船务有限公司
2	宁波北仑航运有限公司	27	宁波恒荣世纪海运有限公司
3	宁波慈龙新世纪船舶服务有限公司	28	宁波港供海运有限公司
4	宁波宁电海运有限公司	29	宁波甬洁溢油应急服务有限公司
5	宁波鑫发船舶服务有限公司	30	宁波乐洋海运有限公司
6	宁波甬旺航运有限公司	31	宁波大榭开发区嘉信海运有限公司
7	宁波众盟航联船舶管理有限公司	32	宁波大榭开发区顺行航运有限公司
8	宁波鑫乐船舶服务有限公司	33	宁波大榭开发区信诚拖轮有限公司
9	宁波锦汇船舶服务有限公司	34	宁波润华海运有限公司
10	宁波长鑫海运有限公司	35	宁波荆阳航运有限公司
11	浙江金涛港航工程有限公司	36	宁波绪扬海运有限公司
12	中交第三航务工程局有限公司宁波分公司	37	宁波海跃海运有限公司
13	宁波合众海运有限公司	38	宁波康鑫船务工程有限公司
14	宁波市镇海国海海运有限公司	39	宁波瑞鲲航运有限公司
15	宁波市镇海实华海运有限公司	40	宁波永正海运有限公司
16	宁波思杰海运有限公司	41	宁波宇凡海运有限公司
17	宁波天昊海运有限公司	42	宁波元顺海运有限公司
18	宁波天一海运有限公司	43	象山明福航运有限公司
19	宁波壹鼎海运有限公司	44	象山县海洋休闲旅游发展有限公司
20	宁波油港轮驳有限公司	45	象山县海运有限公司
21	宁波众茂海运有限公司	46	象山县汽车轮渡有限公司
22	宁波准兴海运有限公司	47	象山兴宁航运有限公司
23	浙江中浙海港航运有限公司	48	宁波吉航海运有限公司
24	宁波圣泽海运有限公司	49	宁波金明海运有限公司
25	宁波港龙海运有限公司	50	宁波东红航运发展有限公司

续上表

序号	公司名称	序号	公司名称
51	宁波益升海运有限公司	71	宁波市奉化鑫通达海运有限公司
52	宁波广通海运有限公司	72	宁波迈航物流有限公司
53	宁波恒达船务有限公司	73	宁波市恒兴船务有限公司
54	宁波市鄞州昌顺海运有限公司	74	宁波中洋运输有限责任公司
55	浙江振洋海运有限公司	75	宁波连悦船务有限公司
56	宁波宁丰海运有限公司	76	宁波市海曙友联船务代理有限公司
57	宁波百洋船务有限公司	77	宁波东海海运有限公司
58	宁波协港海运有限公司	78	宁波江海运输有限公司
59	浙江珑华海运有限公司	79	宁波市海洲船务有限公司
60	宁波东凯轮船运输有限公司	80	宁波祥鲲物流有限公司
61	宁波市明叶航运有限公司	81	宁波大唐海运有限公司
62	宁波大舟祥船舶管理有限公司	82	宁波浩海海运有限公司
63	宁波聚和物流有限公司	83	宁波耀航港口服务有限公司
64	宁波港通顺达物流有限公司	84	宁波金增海运有限公司
65	宁波市顺永基础工程有限公司	85	浙江国鑫航运有限公司
66	宁波锦德航运有限公司	86	宁波富鑫航运有限公司
67	浙江满洋船务工程有限公司	87	宁波同德海运有限公司
68	宁波市敬业船务有限公司	88	宁波航安建设工程有限公司
69	宁波顶盛船务有限公司	89	浙江军西海洋工程有限公司
70	宁波雷盛海运有限公司		

2011—2021 年宁波海事局审核业务量一览表　　表 2-4-3

年份(年)	公司审核次数(家次)	公司审核工作量(人次天)
2011	84	868
2012	69	736
2013	63	636
2014	61	638
2015	56	551
2016	60	542
2017	66	577
2018	72	653
2019	91	783
2020	99	828
2021	120	952

二、航运公司、船舶安全诚信管理

“安全诚信航运公司”和“安全诚信船舶”是目前交通运输部海事局向国内航运公司和船舶授予的最高荣誉称号，是展现船舶安全管理水平的重要指标。自从组织评选该活动以来，宁波海事局高度重视，发动和培育辖区航运公司及船舶积极参评，宁波籍船舶和公司分别于2002年和2013年首次获评“安全诚信船舶”和“安全诚信航运公司”荣誉称号。截至2021年12月31日，宁波辖区共有3家公司获评“安全诚信航运公司”，68艘船舶获评“安全诚信船舶”（表2-4-4、表2-4-5）。

2021年宁波辖区安全诚信航运公司一览表

表2-4-4

序号	公司名称
1	宁波海运股份有限公司
2	宁波宁电海运有限公司
3	宁波甬旺航运有限公司

2021年宁波籍安全诚信船舶一览表

表2-4-5

序号	船名	序号	船名
1	联合30	24	航海油11
2	新明州18	25	思杰16
3	新明州26	26	明州55
4	新明州76	27	明州59
5	新明州78	28	明州62
6	新明州80	29	明州78
7	新明州82	30	明州201
8	新明州86	31	明州202
9	浙海519	32	明州501
10	明州57	33	明州502
11	明州67	34	明州503
12	明州76	35	浙能1
13	富兴17	36	浙能2
14	富兴21	37	浙能5
15	富兴22	38	联合11
16	金亿18	39	联合17
17	北仑7	40	联合23
18	甬港消拖5号	41	新明州20
19	宁丰2	42	新明州22
20	宁丰6	43	新明州70
21	海鑫油603	44	新明州72
22	海鑫油616	45	金富星9
23	海鑫油618	46	金富星66

续上表

序号	船名	序号	船名
47	航海油 3	58	浙甬油 10
48	航海油 15	59	准兴 1
49	航海油 16	60	准兴 7
50	甬港消拖 3 号	61	伟勤
51	甬港消拖 6 号	62	宁丰 1
52	浙海 511	63	北仑 16
53	宏达海 88	64	东海 210
54	海鑫油 611	65	东海 215
55	新源春	66	绪扬 7
56	新源祥	67	绪扬 8
57	新春晓	68	绪扬 9

第五章　危险货物管理和船舶污染防治管理

宁波海事(海监)局危防工作主要分为危险货物管理和船舶污染防治管理。危险货物管理主要是对辖区船舶载运危险货物及其他货物的安全监督,具体工作包括船载危险货物申报管理、液货船装卸作业检查、集装箱现场检查及开箱查验、散装固体及易流态化固体货物安全监管等。船舶污染防治管理主要是防治船舶及有关作业污染监督管理和辖区船舶污染应急体系建设,具体工作包括防治船舶及其作业污染水域现场监督检查、推动制定和实施船舶水上污染事故应急计划、按职责开展船舶污染事故调查处理等。

第一节　危防管理法规规定

海事管理机构开展船舶载运危险货物及其他货物安全监督和船舶防污染监管所依据的国际公约和规则主要有:《1974 年国际海上人命安全公约》《国际海运危险货物规则》《国际散装运输危险液体化学品船舶构造与设备规范》《国际散装运输液化气体船舶构造与设备规范》《国际海运固体散装货物规则》《经 1978 年议定书修订的 1973 年国际防止船舶造成污染公约》及其 6 个附则,《国际油污损害民事责任公约》《国际油污损害赔偿基金公约》《1990 年国际油污防备、反应及合作公约》《2004 年国际船舶压载水和沉积物控制与管理公约》等。

国内法律法规及标准主要有:《中华人民共和国海上交通安全法》《中华人民共和国港口法》《中华人民共和国船舶载运危险货物安全监督管理规定》《中华人民共和国海洋环境保护法》《危险化学品安全管理条例》《防治船舶污染海洋环境管理条例》《中华人民共和国船舶污染海洋环境应急防备和应急处置管理规定》《中华人民共和国船舶及其有关作业活动污染海洋环境防治管理规定》《船舶水污染物排放控制标准》《2020 年全球船用燃油限硫令实施方案》等。

主要涉及的国家和行业标准主要有:《危险货物分类和品名编号》(GB 6944—2012)、《危险货物品名表》(GB 12268—2012)、《海运危险货物集装箱装箱安全技术要求》(GB 40163—2021)《固体散装货物海运安全技术要求》(GB 40558—2021)等。

1993 年 11 月 18 日,中华人民共和国港务监督局颁布《船舶载运外贸危险货物申报规定》,宣布自 1994 年 1 月 1 日起,以“船舶载运危险货物申报单”代替“船舶装运危险货物准单”,以“危险货物安全适运申报单”代替“危险货物申报单”,并对危险货物申报的内容、附送资料、申报时限做出明确规定。

1994 年 1 月,宁波港务监督印发《关于进一步加强宁波港危险货物运输安全监督管理的通知》,明确了船载危险货物出口时,船舶或代理人应在货物装船前 3 天向港务监督办理船舶载运危险货物申报。船舶进口或过境危险货物应在 3 天前(航程不足 3 天的应在驶离出发港前),向港务监督办理船舶申报。

1996 年 8 月 23 日,中华人民共和国港务监督局印发《关于加强危险货物申报管理工作的通知》和《危险货物申报员考核发证办法》,明确了内贸危险货物(GB 6944-86 和 GB 12268-90 中的危险货物以及散装油类、散装液态化学品和液化气)需办理危险货物申报。

1998 年 5 月 27 日,宁波海监局组织召开贯彻实施《73/78 防污公约》附则 V1995 年修正案的会议,23 家船公司派员参加。

1998 年 5 月 30 日,宁波海监局颁布《宁波港船舶残余油类物质清除管理办法》。

1998 年 6 月 18 日,宁波海监局召开宣讲贯彻《国际油污防备反应和合作公约》实施研讨会。

2000 年 3 月 17 日,宁波海监局召开执法人员学习贯彻《中华人民共和国海洋环境保护法》动员大会。3 月 24 日,召集有关港航单位、修造船厂、码头、代理公司召开宣贯会,宁波市政府和相关部门领导出席了会议。3 月 29 日—4 月 4 日,宁波海监局向全社会进行广泛宣传。

2004 年 2 月 26—27 日,交通部海事局在宁波组织召开《船舶载运危险货物安全监督管理规定》(交通部令 2003 年第 10 号)宣贯研讨会,来自全国海事系统的 55 名代表参加。

2006 年初,宁波海事局先后组织召开局内部和相关船公司、码头等单位实施《中华人民共和国防治船舶污染内河水域环境管理规定》宣贯会。

2006 年 3 月 21 日,按照浙江海事局《关于印发〈船舶安全信用等级评定与分级监管办法〉的通知》和宁波海事局《关于进一步实施公司船舶分级监管的通知》,制定下发《关于实施供油船舶信用分级监管的补充通知》,并专门召开会议贯彻实施。4 月 1 日起,辖区范围内启动供油船分级信用监管制度,对从事供油作业的船舶,实施海事执法信用分级监管。

2006 年 4 月 28 日,宁波海事局经过修订、完善,编制完成了《宁波水域船舶污染事故应急预案》,并经宁波市人民政府批准发布实施。

2007 年 3 月,宁波海事局制定《船舶载运危险货物集装箱的现场监管导则》,明确规定了集装箱监管的程序规范,以及检查的参考内容和格式。

2007 年 6 月 4 日,宁波海事局组织召开交通部《沿海海域船舶排污设备铅封管理规定》宣贯会,动员部署 2007 年限制船舶污染物排放专项行动。

2007 年 12 月,根据交通部海事局《船舶载运危险货物申报与集装箱装箱诚信管理办法》,宁波海事局负责起草《浙江海事局船载危险货物申报与集装箱装箱诚信管理实施细则》,对申报单位的备案登记、诚信等级评定、分级监管措施以及“两员”①的管理做了明确规定,该细则于 2008 年 1 月 1 日起实施。

2008 年 2 月,宁波海事局开展船舶载运危险货物申报与集装箱装箱诚信管理实施细则宣贯,并于 4 月 24 日起实施,对辖区从事危险货物申报的 88 家单位共 266 名人员进行了备案登记,实施分级管理。

2008 年 9 月,依据《船舶载运危险货物安全监督管理规定》《集装箱装运包装危险货物监督管理规定》《国际海运危险货物规则》以及《关于进一步加强水路公路危险化学品运输管理的通知》,宁波海事局配合浙江海事局起草制定《危险货物集装箱开箱检查管理办法》。该办法明确了应实施开箱检查的 7 种情形,以及开箱检查的具体程序要求。

2008 年 12 月 31 日,宁波海事局制定印发《关于正式启用海事危防类业务外网申报功能及 2009 年危防报表有关要求的通知》。

---

① 船载危险货物申报人员和集装箱装箱检查人员。

2008 年，宁波海事局制定了《宁波港船舶供油作业诚信管理办法》《宁波港船舶残余油类物质接收作业诚信管理办法》，将从业单位和人员纳入诚信管理。

2009 年 1—3 月，宁波海事局分别组织开展《2001 年国际燃油污染损害民事责任公约》及《MARPOL 公约》修正案的宣贯培训，修改完善《船舶海（水）上船舶修造作业许可和防污染管理工作程序》。

2009 年 2 月 6 日、27 日，宁波海事局分别组织辖区相关航运公司和船舶代理公司，对《2001 年国际燃油污染损害民事责任公约》进行宣贯。3 月 9 日，《2001 年国际燃油污染损害民事责任公约》对我国生效。

2009 年 11 月，宁波海事局与宁波海关共同编制《宁波海关、宁波海事局集装箱危险货物查验协作办法》。

2009 年 12 月 14 日，宁波海事局印发《宁波海事局船舶残余油类物质接收分级监管实施办法》《宁波海事局供油船舶备案和信用分级监管办法》，健全辖区供油作业单位、供油船舶以及船舶残油类油物质接收单位信用管理机制。

2009 年，宁波海事局根据《浙江海事局修造船舶水上交通安全和防污染监督管理办法》等上位法的规定，起草并实施《关于加强海（水）上船舶修造作业单位备案管理的通知》，引入了作业单位备案管理制度，细化并明确了修造船舶作业单位备案管理要求。

2010 年 2 月 25 日，宁波海事局组织召开宁波市《防治船舶污染海洋环境管理条例》宣贯大会，就条例相关规定进行宣讲和解读。宁波市沿海各县（市）、区人民政府，环保局，海洋与渔业局，主要航运企业，清污企业，港口经营人，修造企业等 71 家单位共计 120 余名代表参加。《防治船舶污染海洋环境管理条例》于 2009 年 9 月 9 日以国务院第 561 号令公布，2010 年 3 月 1 日起施行。

2010 年 3 月，宁波海事局完成船舶残余油类接收作业单位和首批船舶油料供受作业单位的备案和监管等级评定工作，开始在宁波海事局辖区对上述企业及其作业船舶开展分级监管。

2011 年 4 月 22 日，宁波海事局根据交通运输部海事局和浙江海事局关于执行《国际海运固体散装货物规则》的有关要求，制定并试运行《宁波海事局〈国际海运固体散装货物规则〉实施细则》。

2011 年 11 月 9 日，交通运输部发布《水路运输易流态化固体散装货物安全管理规定》。

2012 年 2 月 21 日，交通运输部制定并发布《水路运输易流态化固体散装货物取样和监装操作指南》。

2012 年初，宁波海事局举行清污协议宣贯会，发布《关于明确宁波辖区实施船舶污染清除协议有关事项的通知》。船舶清污协议制度于 4 月 20 日 0 时起正式实施。

2012 年 11 月 1 日，《宁波海事局辖区防治船舶垃圾污染海域监督管理暂行规定》正式实施。

2014 年 2 月，宁波海事局下发《关于进一步落实船舶清污协议制度的通知》，明确规定了船舶清污协议的签订与日常监管、污染应急反应中的处置等贯彻落实污染清除协议制度的有关事项。

2014 年 11 月 20 日，宁波海事局与宁波市河长制办公室联合印发《甬江、奉化江、余姚江水上餐饮、休闲经营专项整治行动方案》，助力“五水共治”。

2015 年 11 月，交通运输部下发《交通运输部关于印发珠三角、长三角、环渤海（京津冀）水域船舶排放控制区实施方案的通知》，以推进绿色航运发展和船舶节能减排为目的，划定船舶排放控制区水域，要求采取使用低硫燃油等措施，减少船舶在我国重点区域的大气污染物排放。

2015 年，宁波海事局推进《国际海运固体散装货物》第 02-13 修正案和交通运输部海事局《关于执行〈国际海运固体散装货物规则〉有关事项的通知》规定的执行,开展内部培训和对外宣贯工作。5 月 7 日,宁波海事局执行船舶载运 A 组、C 组固体散装货物报告制度。

2016 年 4 月 2 日,宁波海事局印发《宁波海事局关于落实船舶排放控制区监管工作的通知》。宁波舟山港作为长三角水域核心港区之一,率先执行船舶在靠岸停泊期间(靠港后的 1 小时和离港前的 1 小时除外)使用含硫量低于 0.5% m/m 的燃油标准。

2016 年 6 月 22 日,宁波海事局召开执行《1974 年国际海上人命安全公约》第Ⅵ/2 条 2015 年修正案(装货集装箱装船前重量验证要求)宣贯交流会。

2016 年,宁波海事局与宁波市港航局研究制定《危险货物、易流态化货物作业综合执法工作机制》,通过海事、港航联合开展船舶、港口服务业单位管理,强化散装液体危险货物作业,易流态化固体散装货物运输联合检查及其他方面的交流沟通。

2017 年 1 月,宁波海事局结合《国际海运固体散装货物规则》(简称《IMSBC 规则》)第 03-15 修正案的宣贯和实施,梳理《宁波海事局辖区固体散装货物名录》,推动名录建立。2 月 24 日,宁波海事局召集辖区主要货主、代理、检测单位和理货机构召开贯彻实施研讨会,要求严格按照《IMSBC》规则和《水路运输易流态化固体散装货物安全管理规定》名录中的“散装货物运输名称”接收报告,研究分析出运固体散装货物性状,评估辖区固体散装货物现状,修订完成辖区固体散装货物品名录。

2017 年 5 月,宁波海事局执行《交通运输部关于明确水路运输易流态化货物“Iron Ore”有关安全管理要求的公告》相关要求,避免易流态化货物被当作普通固体散装货物出运。

2017 年 10 月 17 日,《宁波海事局 宁波市港口管理局 宁波市环境保护局 宁波市海洋与渔业局 宁波市城市管理局关于实施船舶污染物接收、转运、处置联单制度的通知》(简称“联单制度”)发布实施。

2017 年 12 月 28 日,宁波市人民政府印发《宁波市防治船舶污染海洋环境应急能力建设规划(2016—2020)》。宁波市逐步建设形成“一一七十”应急能力格局,即一个船舶污染应急指挥中心,一支专业应急队伍,七艘应急清污船,十个应急设备库的多层次、立体化和专业化的海上溢油应急能力体系。

2017 年 12 月,《浙江海事局关于开展宁波舟山港船舶供受油、清舱作业监管一体化试点的通知》发布,宁波舟山港船舶供受油、清舱作业监管一体化试点工作开始实施。

2017 年,宁波海事局组织宁波港股份有限公司油港轮驳分公司、北仑海事处联合开展海上原油过驳船舶油气回收治理课题研究,并在原油过驳现场开展运行实验。

2017 年,宁波海事局编写完成《船舶违法排放大气污染物》《化学品洗舱水排放监督检查》《船舶残油、油污水排放现场监督检查》《液货船水上过驳作业现场检查》等示范教程和程序手册。

2018 年 3 月,宁波海事局组织召开《MARPOL 公约》附则 V2016 修正案实施推进会。

2018 年 7 月 25 日,交通运输部法制司、交通运输部海事局危防专家一行到宁波港域,开展固体散装货物安全管理相关立法调研。12 月 18 日,交通运输部海事局《固体散装货物海运安全技术要求》制订课题组来宁波开展现场调研。2019 年 3 月 1 日,《海运固体散装货物安全监督管理规定》实施。

2018 年 8 月,宁波海事局与宁波市市场监管局建立船用燃油质量联合监管机制,共同打击船舶使用不符合要求燃油、供油单位销售不符合要求燃油等违法行为。

2018 年 10 月 1 日,宁波海事局全面提升以宁波舟山港为目的港的海船驶入长三角水域的船舶减排要求，从排放控制区水域所有港口靠岸停泊期间升级到进入排放控制区即实施排放控制措施。

2019 年 8 月 16 日，宁波海事局编制下发《危险货物集装箱谎报、匿报违法行为处理流程的指导意见》。

2019 年 9 月，由宁波市交通运输局、宁波海事局、宁波市农业农村局、宁波市生态环境局、宁波市综合行政执法局、宁波市水利局联合制定的《宁波船舶水污染物转移处置联合监管办法（试行）》正式发布实施，“联单制度”同时废止。

2019 年 11 月，宁波海事局修订了《宁波、舟山海事局金塘大浦口集装箱码头试运营期间海事监管工作机制》，进一步明确了有关危险货物监管事项。

2020 年 9 月，宁波海事局召开《400 总吨以下内河船舶水污染防治管理办法》宣贯交流会，并推动其落地实施。该办法于 2020 年 10 月 1 日起执行。

2020 年 11 月，宁波海事局建立船舶硫氧化物减排简易评价体系。

2021 年 1 月，宁波海事局编制实施《船舶危险货物安全适运报告审核要点》《船舶载运危险货物进出港口申报审核要点》《船舶载运危险货物进出港口申报审批执法人员管理办法》。

2021 年 2 月 10 日，宁波海事局联合宁波市交通运输局印发《宁波市船舶和港口污染专项大排查大整改工作方案》，推动宁波市船舶港口领域生态环境治理持续改善。

2021 年 3 月 23 日，宁波海事局印发《贯彻落实宁波市第二轮中央生态环境保护督察反馈问题专项排查整改实施方案的通知》，按照问题的确认、跟踪、整改，对应实行“黑、红、绿”三色动态管理机制。

第二节　船舶载运危险货物监督

全国船舶载运危险货物的安全管理工作由交通运输部主管，宁波海事局负责本辖区船舶载运危险货物的安全监督管理工作。危险货物，是指国际海运危险货物规则和国家危险货物品名表上列明的，易燃、易爆、有毒、有腐蚀性、有放射性、有污染危害性等，在船舶载运过程中可能造成人身伤害、财产损失或者环境污染而需要采取特别防护措施的货物。船舶载运危险货物必须符合国家安全生产、水上交通安全、防治船舶污染的规定，保证船舶人员和财产的安全，防止对环境、资源以及其他船舶和设施造成损害。

一、申报管理与现场监督

1996 年 3 月，“鹿特丹散化”轮（载重吨 2.8 万吨）装载 1.03 万吨甲醇抵港，为当时镇海港区接卸的最大化工船。5 月 13 日，“竹源”轮装载 1550 吨液化气，首次靠泊白峰招商燃化码头卸气。

1996 年 7 月，巴拿马籍“阿凯迪亚”（ARCADIAMI）轮（载重吨 26 万吨、实载原油 22.73 万吨）自伊朗哈尔克岛出发，经新加坡于 7 月 30 日靠泊算山码头 1 号泊位，成为当时抵达宁波港实载量最大的油轮。

1998 年 6 月 9—11 日，宁波海监局会同宁波港务公安局，组织对宁波港危险货物码头开展联合检查。

1998 年 8 月 7 日，“东方龙”轮在镇海港区 9 号泊位完成 4200 吨液体硫黄卸载。这是宁波港首次接卸液体硫黄，镇海监督站全程监卸。

1998 年 8 月 17 日,22 年船龄的油轮“戴文”装载 8.2 万吨原油,靠泊北仑 20 万吨级矿石中转码头减载后,于 8 月 19 日靠泊镇海 17 号泊位完成卸油作业。其间,宁波海监局派出巡逻艇清理航道,为油轮全程护航。

1998 年 9 月 9 日,载货能力为 31.57 万吨的巴哈马籍超大型油轮“莫斯金”在宁波海监局全程护航下,顺利通过虾峙门航道,靠泊北仑算山码头 25 万吨级泊位,为当时靠泊我国大陆港口最大吨位的营运船。“莫斯金”轮长 354.54 米,本次实载原油 23.4 万吨。

2002 年 8 月 5 日,5 万吨科威特籍液化气船“气运蒙特拉”轮顺利靠泊大榭 BP 公司液化气码头,为当时国内直接靠泊码头作业的最大的液化气船,本航次从科威特载运液化气 44343 吨。

2004 年 6 月 20 日—7 月 20 日,宁波海事局落实交通部有关加强对“四客一危”船舶监督管理的要求,开展对船载危险货物集装箱的集中检查活动。

2005 年 3 月 30 日,装载 28 万吨原油的比利时籍 44 万吨级超大型油轮“泰欧”,在宁波海事局的精心组织和护航下,顺利抵靠宁波大榭实华原油码头,创造我国沿海港口接卸超级油轮的新纪录。

2006 年 5 月 10 日—8 月 18 日,宁波海事局开展危险品水上运输“百日会战”专项整治行动。7 月 1 日,宁波海事局结合专项活动,推动辖区所有散装化学品码头完成洗舱污水接收能力建设。

2006 年 8 月 12 日,宁波海事局成功处置“中海墨尔本”轮危险品集装箱事故,得到了宁波市政府的高度认可,初步建立了海事、安监、港口、环保等部门共同参与处置此类事故的协作机制。

2007 年 1 月 1 日起,危险货物申报和原油过驳业务统一在船载客货系统上录入,推进新版船载客货系统正式运行后与宁波电子口岸的衔接工作。是年,宁波海事局引进深圳拓欧力数码技术有限公司开发的“船舶载运危险货物管理与应急决策系统”,成功与宁波电子口岸对接,从此开启了集装箱货物订舱信息审核智能化时代。

2007 年 7 月,宁波海事局按照上级要求,全面开展船舶“防碰撞、防泄漏”工作,强化重点水域和重点船舶的管理,标识水上重大危险源,落实监管措施。

2008 年 5 月 15 日,宁波海事局开始实施国际航行散装危险品船舶进口岸预申报工作。

2009 年 2 月,宁波海事局开始使用船舶载运集装箱危险货物信息管理系统,该系统包含集装箱电子舱单自动导入、危险货物自动筛选、危险货物集装箱积载、隔离自动审核、集装箱船舶三维模拟、货主黑名单管理等功能模块。

2009 年 4 月 20 日,宁波海事局实施船载散装危险货物进港、出港网上申报,替代原有的纸面申报。6 月 1 日,实施包装类危险货物网上申报。

2010 年 7 月 11 日,载货 30.2 万吨的巴拿马籍超大型油轮“埃莱克特拉 · 荣耀”成功靠妥大榭中油燃料油码头,成为抵达宁波港实际载货量最大的船舶。

2010 年,宁波海事局批准开展烟花爆竹类集装箱水水中转业务,并反馈关于宁波港烟花爆竹集装箱水水中转风险评估报告的评审意见。

2011 年 8 月 7 日,宁波海事局印发《宁波海事局船舶污染和船舶载运危险货物违法行为举报奖励实施细则》,鼓励公众参与对船舶航行安全和水污染防治的监督和打击。

2011 年,宁波海事局推出《危险货物申报知识手册》,规范辖区水运危险货物申报和装箱行为。2013 年,宁波海事局对该手册进行更新,增加了关于散装固体货物申报、船舶油污损害赔偿基金征收等新开展的涉危业务办理及海事监管要求,补充了船载危险货物转运出口申报、内支线船舶经舟山大浦口短驳出运申报、七类危险货物申报注意事项等一系列申报程序及要求。2015 年，宁波海事局推出《危险货物申报知识手册》(3.0 版)，提升咨询服务功能。

2012 年 3 月 1 日，宁波辖区实施散装固体 B 组货物网上申报及审批。

2012 年 3 月，宁波海事局设计印制 500 份内容翔实、图文并茂的《国际海运危险货物知识宣传手册》，向地方外贸企业发放，向企业普及危险货物运输知识和法律知识。

2012 年 5 月 16 日，亚洲最大原油码头——宁波实华原油码头有限公司 45 万吨泊位正式对外开放。

2012 年 9 月 19 日，当时世界最大的 Q-Max 型 LNG 船舶“扎尔加”轮靠泊宁波 LNG 码头，宁波海事局圆满完成首艘大型 LNG 船舶进港安全保障工作。

2012 年，宁波海事局自主研发完成“海事现场查验集装箱风险监控系统”。该系统主要是通过数据整理、汇总和分析，计算集装箱查验风险系数，作为执法人员锁定现场查验目标箱的参考依据，填补该工作领域的空白。

2013 年，宁波海事局编制完成《船载集装箱安全监管手册》《大型油轮监管手册》《易流态化货物运输安全监管手册》和《溢油污染防控手册》。

2013 年，宁波海事局针对烟花爆竹集装箱瞒报谎报现象开展深入调研，对瞒报源头、瞒报途径、瞒报原因、瞒报危害进行详细分析，并形成专报，得到宁波市领导高度重视，并批示有关部门研究解决。宁波海事局下发《关于明确宁波港开展烟花爆竹水水中转业务海事监管要求的通知》，就货物种类、场站装箱、码头资质、运输船舶、运输流程、申报要求、信息传递、监管要求等做了明确规定。同时，加强与宁波港股份有限公司、烟花爆竹产地公司、贸易公司、船公司等单位的协调工作，推进“水水中转”工作的开展。2015 年 4 月，宁波海事局推动宁波港股份有限公司制定《宁波港水水中转烟花爆竹集装箱装卸作业方案》，开展应对“水水中转”烟花爆竹集装箱突发事件的应急演习。

2013 年，易流态化固体散装货物正式纳入危防管理范围，宁波海事局相应完善宁波港“码头代表制度”“码头巡视制度”“船岸安全检查表制度”和取样、检测等相关制度。7 月 1 日—9 月 30 日，宁波海事局按上级部署，开展“船舶载运易流态化固体散装货物安全管理季”活动。10 月 28 日，宁波海事局召集辖区从事含水矿产品装卸的码头经营单位、理货机构以及船方代表和主要责任船员，开展易流态化固体散装货物适运性简易检测方法现场演示教学。

2014 年 4 月 21 日，浙江海事系统首个易流态化固体散装货物样品库在宁波建成。样品库的建立，使现场执法人员能够更加直观地辨识货物，以便严格落实有针对性的监管要求，为货物的装卸、运输提供更加细致有效的服务，同时也能对货物、船舶的申报审批提供技术指导和支持。

2014 年，宁波海事局组织开展水上危化品运输安全专项整治活动。10 月，宁波海事局编制推出《液货船装卸作业船/岸安全检查指南》，联合宁波航运订舱平台有限公司搭建的“危险品查询平台”上线使用。

2015 年 1 月 4 日起，宁波海事局正式运行“海事现场查验集装箱风险监控系统”，危险品集装箱货报实行网上申报，政务中心与海事处之间开箱查验信息流转全部实现电子化。

2015 年 3 月，宁波海事局修订完善《宁波海关、宁波海事关于集装箱危险货物查验及船舶监控协作办法》。7 月 15 日，宁波海事局梳理关于联合宁波出入境检验检疫局开展集装箱危险货物检查的建议，推动开展为期 100 天的联合执法行动(图 2-5-1)。

图 2-5-1　宁波海事局开展危险品集装箱开箱检查

2015 年 11 月，宁波海事局开发 I-MSDS（化学品安全信息查询系统）应用软件，实现化学品安全信息在线查询。

2016 年 5 月，宁波海事局根据《交通运输部安委会关于深刻吸取天津港“8·12”特别重大事故教训集中开展危险品安全专项整治的通知》有关要求，结合夏季高温、雷暴、连续降雨等恶劣天气频繁的特点，开展水上危险品运输安全专项整治。5 月 16 日，宁波海事局开展宁波港域易流态化固体散装货物运输船舶集中检查行动。7 月 1 日，宁波海事局全面执行装货集装箱装船前重量验证情况相关检查工作。

2017 年 2 月 13 日，当时全球最大油轮“泰欧”抵靠宁波大榭实华原油码头。8 月 8 日，该轮装载 37.6 万吨原油再次靠泊宁波大榭实华原油码头，创造国内单艘挂靠油轮最大实载量、最大接卸量两项纪录。

2017 年 4 月 1 日，宁波海事局开展船舶载运危险货物安全综合治理专项整治活动。2019 年 7 月，宁波海事局组织开展船舶载运危险货物安全综合治理“回头看”。

2017 年 11 月 2 日，浙江省首个港口岸线“腾笼换鸟”项目——戚家山液体化工码头工程通过竣工验收。

2018 年 7 月 16 日，根据《浙江海事局关于改进宁波舟山港船载危险货物进出港申报管理工作的通知》要求，宁波舟山港港内船舶载运危险货物进出各港区，将由原来的申报审批调整为报告制度。

2018 年，根据浙江海事局统一部署，宁波海事局在北仑海事处、镇海海事处、梅山海事处、穿山海事处分别建立固体散装货物、散装化学品、危险品集装箱和 LNG 监管实训基地。

2019 年 2 月 18 日，宁波海事局首次开展“危险化学品水路运输从业资格证书”签发工作。5 月 22 日，宁波海事局首次在中国海事协同管理平台审批完成了通过“2019 年第一批船载危险货物申报员和集装箱装箱现场检查员从业资格考核”人员的申请，制作发放“危险化学品水路运输从业资格证书”，“两员”管理实现全程电子化。

2019 年，宁波海事局推动宁波港域危险货物集装箱泄漏处置能力建设，促成集装箱码头公司签订集装箱泄漏应急处置协议，完善应急处置程序。

2020 年 2 月，宁波海事局首次通过了宁波舟山港港作船舶 LNG 燃料加注作业审批。

2020 年 6 月 16 日，宁波海事局开展 2020 年水上危险化学品运输专项整治行动。7 月 15 日，宁波海事局编制《水上危化品运输专项整治重点船舶现场检查指南》。

2020 年，宁波海事局依托“深蓝智享”平台，建立“互联网 + 动态管控”的危化品船舶航行航路管理模式。是年,宁波海事局编写发布《船载危险货物集装箱远程开箱查验工作指南》。

2021 年 7 月,宁波海事局试行海事一网统管平台,办理船舶载运危险货物进出港口申报审批业务。

2021 年 9 月 4 日,宁波海事局共计完成辖区 475 名危险货物申报员和集装箱装箱现场检查员注册。

2021 年 9 月 24 日,宁德时代新能源科技股份有限公司和马士基(中国)有限公司相关业务代表到访宁波海事局,专门就大型锂电池储能柜在宁波进行海上出运事宜开展业务交流。

2021 年,宁波海事局建立健全《宁波海事局辖区危险货物水路运输企业网格化管理清单》,对辖区 47 家危险货物航运企业实施网格化管理,包括实时掌握辖区危险货物运输管理要素和基础数据,制订《危险货物航运企业、码头、从业人员清单》,梳理建立《宁波辖区危险化学品进出流向清单》。是年,宁波海事局编写《船舶载运易流态化货物现场监管检查指南》,形成以水分检测、船舶风雨密、货舱排水系统、装船作业、安全体系保障和应急能力为核心要素的"五关工作法"。

二、相关培训及重要会议

1994 年 4—5 月,宁波海监局组织举办了宁波港第二期危险货物申报员培训班。1998 年 4 月 7—10 日,宁波海监局组织举办了第三期危险货物申报员培训班,15 个单位 30 余人参加培训。1999 年 11 月 14—17 日,宁波海监局举办第四期危险货物申报员培训班,35 名人员参加培训,对原有申报员进行知识更新培训。

1998 年 11 月 26—27 日,宁波海监局会同宁波港务局组织召开宁波港液化气海上过驳可行性专家研讨会,交通部海事局以及航运、仓储等方面的有关专家出席会议。

2004 年 9 月 9—10 日,交通部海事局海事政策法规与发展战略研究中心调研组就《中华人民共和国港口法》《港口危险货物管理规定》《船舶载运危险货物安全监督管理规定》的实施情况到宁波海事局进行调研,实地考察镇海散装化学品码头和算山原油码头等重点危险货物码头。

2008 年 7 月 17—18 日,交通运输部副部长徐祖远率交通运输部水上交通安全调研组,在宁波就集装箱危险货物谎报瞒报等事宜考察调研。

2008 年 12 月 1 日,宁波海事局组织召开宁波港超大型油船安全管理座谈会,宁波港股份有限公司、中国国际石油化工联合有限责任公司、中国石油镇海炼化公司等 18 家单位参加会议。

2008 年 12 月 19 日,宁波海事局与中国海运集团油轮公司召开超大型油轮进出宁波港安全管理研讨会,就国际金融危机形势下,如何保障国家重点战略物资的运输、维护水上交通安全、确保超大型油轮安全进出宁波港等问题进行深入的交流和探讨。

2009 年,宁波辖区举办 3 期危险货物申报员、集装箱装箱检查员知识更新培训考核,共 191 人次参加。申报账户注册工作基本落实,辖区 88 家申报单位和 136 名申报人员开通账户。

2010 年 3 月 18 日,90 多家单位的 110 位申报员、装箱员完成危险货物知识更新培训。

2012 年 12 月 18 日,宁波海事局承办浙江海事局 2012 年危险货物申报人员及装箱检查员培训,近 100 名人员参加。

2013 年 7 月 25 日,宁波海事局开展易流态化固体散装货物水路运输安全监管对策分析,并于次日召开易流态化固体散装货物安全监管宣贯会,北仑出入境检验检疫局、宁波港集团、理货机构等 18 家相关单位参加会议。

2013 年 12 月 19—20 日,宁波海事局开展关于 2014 年 1 月 1 日对我国强制生效的第 36-12 版《国际海运危险货物规则》和“两员”知识更新培训。

2015 年 9 月 16 日,交通运输部海事局到宁波海事局开展船载危险化学品和易燃易爆物品安全整治专项监察及船舶污染事故应急处置损害索赔工作调研。

2017 年 2 月 24 日,宁波海事局召集辖区主要货主单位、货代、船代、检测单位和理货机构召开《IMSBC》规则第 03-15 修正案贯彻实施研讨会,就散装货物运输名称的识别和使用、易流态化货物含水率检测证明等问题进行讨论,并强调了相关要求和做法。

三、申报数据

2000—2021 年船载危险货物申报数据显示,进出宁波海事局辖区的船载危险货物呈逐年增长状态,2021 年的危险品船舶进出艘次和吞吐量分别是 2000 年的 6.4 倍和 5.8 倍。1996—2021 年船载危险货物进出港艘次和吞吐量见表 2-5-1。

1996—2021 年船载危险货物进出港艘次和吞吐量统计表　　表 2-5-1

年份(年)	危险品船舶进出港艘次	吞吐量(万吨)	年份(年)	危险品船舶进出港艘次	吞吐量(万吨)
1996	—	—	2009	34561	12663
1997	—	—	2010	39684	14402
1998	—	1800	2011	45400	19069
1999	—	—	2012	39330	23635
2000	7733	3723	2013	38720	21483
2001	8655	4170	2014	37884	19917
2002	11913	5076	2015	38885	19809
2003	14509	6743	2016	39065	18725
2004	17170	7477	2017	42424	20050
2005	16504	7173	2018	42447	19959
2006	27551	8062	2019	46420	19903
2007	29316	8648	2020	50796	20303
2008	30877	10544	2021	49226	21465

第三节　船舶防污染监督管理

随着航运业的空前发展和海洋开发的持续推进,船舶数量的日益增多。不断增加的船舶进出港艘次、复杂的船舶种类、频繁的装卸货作业等,增加了宁波水域船舶污染的风险。为了实现“让海洋更清洁”的工作目标,宁波海事局切实履行职责,坚持依法行政,不断推动船舶污染防治工作。船舶防污染监督管理主要包括船舶防污染证书签发以及防污染文书的签注备案、船舶防污染现场监督检查、涉污作业现场监督检查以及船舶污染事故的调查处理等。

一、船舶防污染现场监督

1996 年 6 月 4 日,宁波海监局、镇海炼油化工股份公司在算山油码头举行纪念“6・5”世界环境日活动，召开防止海洋污染座谈会，观看海上围油栏布放围堵作业和码头污水处理设施，并与船员开展座谈。宁波监督站、镇海监督站、大榭办事处分别对辖区油码头、船舶及修造船厂进行宣传检查活动。

1998 年 6 月 22—25 日，宁波海监局会同宁波市环保局、宁波市安委会、宁波市消防支队对沿海重点企业、油品和化学品、贮存和装卸设施开展环境保护联合大检查，提出加强教育、从严管理、严格执行操作规范、纠正缺陷、防止事故的要求。

1999 年 4 月 21—22 日，全国人大常委会《中华人民共和国海洋环境保护法》（修订草案）调研组一行 11 人，由全国人大常委会委员、环资委副主任委员张皓若带队，在宁波进行了为期 2 天的调研活动。调研组听取了宁波海监局及宁波市有关部门的汇报，实地考察宁波北仑港水域。

1999 年 6 月 16 日，全国人大常委会委员毛昭晰教授就《中华人民共和国海洋环境保护法》（修订草案）来甬听取宁波海监局意见，宁波海监局做专题汇报。

1999 年 11 月 21 日，由全国人大常委会法律工作委员会主任委员王维澄、全国人大常委会法制工作委员会副主任委员卞耀武率领的立法调研组，到宁波就《中华人民共和国海洋环境保护法》《中华人民共和国大气污染防治法》修改进行调研。22 日，调研组实地考察宁波沿海水域环境保护情况，组织召开座谈会，听取有关单位的情况汇报。宁波海监局汇报了海洋环境保护工作的开展情况，提出了对《中华人民共和国海洋环境保护法》的修改意见。

2000 年 7 月 6 日，宁波海监局和宁波市市环保局、宁波市海洋与水产局、航管处共同开展“环境千年——象山港碧海行动”。宁波海事局“东海巡 12”担任本次行动指挥船。

2003 年 6 月 5 日，宁波海事局组织拍摄了“6・5”世界环境日宣传及“防患于未然”专题片，通过宁波电视台向市民宣传防止海域污染、保护海洋环境的重要意义。

2004 年 5 月 22—23 日，由国家环保总局、监察部、交通部、农业部和全军环办组成的联合执法检查组（东海区），对宁波市海洋环境污染防治和生态保护工作进行联合执法检查。宁波海事局“海巡 111”承担水上交通任务。

2005 年 6 月 5 日，宁波海事局组织开展“绿色海港环保行”活动，对辖区主要危险品码头和进出港航道进行检查，在大榭实华码头举行船舶溢油应急演习。宁波市人大、政协、法制办、交通、环保、公安、安监以及宁波港务集团等单位参加。

2005 年 9 月 23—24 日，由国家环保总局、监察部、国家海洋局、交通部、农业部和全军环办 6 个部门组成的联合执法检查组抵达宁波，开展以“保护海洋环境，整治违法行为，维护群众环境权益”为主题的海洋环境保护专项执法检查。

2006 年 7 月 1 日—10 月 31 日，宁波海事局按照浙江海事局的统一部署和具体工作要求，在辖区深入开展了船舶及相关作业防污染专项检查。

2006 年 11 月 1 日，国务院法制办、交通部体法司、交通部海事局等组成的调研组，就《防治船舶污染海洋环境管理条例》在宁波开展立法调研。

2007 年 6 月 22 日，宁波海事局与中海油运召开以船舶安全、防污染为主要内容的安全管理座谈会。这是双方自 2006 年签订共保水上油品运输安全文明共建协议以来，首次召开的安全座谈会。

2007 年，宁波海事局以东钱湖、白溪水库、九龙湖、上林湖、四明湖等饮用水源和水上旅游风景区为重点水域，在辖区范围内开展了内河船舶污染物、废弃物零排放行动。开展宁波水域限制船舶污染物排放专项行动。至 8 月 25 日，宁波海事局对辖区全部 342 艘适铅船舶的排污设备实施了铅封，并研究公布了铅封船舱污染物接收处置方案。

2010 年 11 月 2 日,2010 年全国海事系统危管防污工作会议在宁波召开,来自交通运输部环保中心、各直属海事局、各省(直辖市)地方海事局共计 60 余人参会。浙江海事局、上海海事局、广东海事局、辽宁海事局的代表做交流发言。

2010 年 11 月 4 日,国际海事研究委员会危防分委会华东片区 2010 年度工作组会议在宁波顺利召开。会议由浙江海事局承办,来自华东及其他片区的近 60 位成员单位代表参加。

2012 年 2 月 22 日,宁波海事局与到访的中国检验认证集团代表开展首次工作交流,双方就实施协作,为海事危防执法深层化提供支持等事宜进行深入探讨。

2012 年 2 月,针对辖区无证残油接收船舶带来安全和污染隐患,宁波海事局下发《关于开展辖区内无证残油接收船舶专项整治活动的通知》,开展了为期 1 个月的非法残油接收行为专项整治活动,严厉打击非法从事船舶残油接收行为。

2015 年 6 月,宁波海事局根据《浙江海事局关于印发 2015 年船舶燃油质量专项检查活动实施方案的通知》要求,梳理宁波辖区供油单位的油品质量管理和供受油作业模式、燃油取样方式、油品质量检测单位资质及具体检测业务情况,开展燃油质量专项检查。

2016 年 9 月,历时 50 多天的宁波海事局 G20 峰会环境质量保障攻坚战圆满收官。其间宁波海事局共完成船载危险货物审批 3849 艘次,开展防污染检查 782 艘次,立案查处防污染类案件 26 起。开展排放控制区专项检查 521 艘次,处罚燃油硫含量超标船舶 1 艘次,检查易流态化固体散装货物船舶 15 艘次,纠正缺陷 183 项,滞留 3 艘次。

2016 年 9 月,宁波海事局开展船用燃油抽检评估及取样培训。2017 年 4 月,宁波海事局第一台燃油质检仪投入使用。2019 年 9 月,全局实现燃油质检仪全覆盖。

2017 年 8 月 22 日,宁波海事局联合宁波市环保局、宁波市交通委、宁波市港航局、宁波市城管局及宁波舟山港股份有限公司等部门和单位,赴台州开展船舶港口污染物联合监管机制调研。

2017 年 12 月 21 日,舟山光汇石油公司所属供油船舶“光汇 629”,在梅山国际集装箱码头 1 号泊位对香港籍“南非木兰杰”轮进行供油作业。这是宁波舟山港船舶供受油监管一体化试点工作开展以来的首次跨港域供油作业。

2017 年 12 月,宁波海事局全面推行《船舶污染物接收转运处置联单》,在辖区船舶污染物接收作业中得到正式应用。

2018 年 5 月 30 日,宁波海事局完成甬江 21 艘无证残油接收船清理工作。该类低质量船舶从事油污作业,易引起爆炸事故,安全隐患突出。2018 年初,宁波海事局联合宁波市“三江六岸”办公室、宁波市水利局、宁波市公安局和宁波市城市管理局等部门,开展对此类违法船舶的专项治理。

2018 年 6 月 4 日,为迎接“6・5”世界环境日,共同营造全社会污染防治的良好氛围,宁波海事局、宁波市港口管理局、宁波市环境保护局、宁波市海洋与渔业局、宁波市城市管理局等通过联合检查的形式,首次对部分船舶污染物接收处置相关单位及《船舶污染物接收转运处置联单》的执行情况开展现场联合检查,为进一步深入推进船舶污染物接收转运处置闭环管理打下基础。

2018 年 7 月 26 日,宁波海事局按照《美丽母亲河创建暨姚江水质提升攻坚行动方案》的要求,召开姚江水域船舶污染防治专项行动推进会,就进一步完善船舶污染物接收转运处置联单制度,建立船舶污染物接收转运处置联合监管协作机制等工作,明确了责任单位和推进落实要求。

2018年，宁波海事局根据交通运输部和浙江海事局关于开展长江经济带船舶污染防治专项行动的要求，发布《宁波海事局关于开展长江经济带船舶污染防治专项行动的通知》，通过强化污染源管理，加强船舶防污染现场监管，推进船舶污染物接收处置的船岸衔接，加大船舶污染应急能力建设等措施，持续深化辖区水域船舶污染防治工作，降低污染风险、减少污染排放。

2019年，宁波海事局分四个阶段，开展为期8个月的防治船舶水污染专项整治活动，全面贯彻党中央、国务院关于生态文明和美丽中国建设的新时代发展理念，以及关于打好污染防治攻坚战、推动长江经济带发展的部署。

2020年4月，宁波海事局启动供油船安全与防污染专项整治活动，明确5个大类12项工作任务，通过严格供油单位备案准入、严把供油船船舶报告核查、严控供油船航路航法动态、严厉船舶安全检查等监管举措，实现辖区供油企业走访、供油船安全检查全覆盖。

2020年7月，宁波海事局与中国船级社浙江分社启动研究课题《生活污水取样与检测标准导则研究》。

2021年4月，宁波海事局派员参加国际海事组织—挪威2050绿色航行替代燃料研讨会。此次研讨会专门面向中国，来自交通运输部国际合作司、交通运输部海事局及各直属海事局、大连海事大学，以及航运企业和航运组织的近50名代表参会。

2021年5月，宁波市生活垃圾分类办公室到访宁波海事局，开展船舶垃圾与城市生活垃圾分类有效衔接工作调研。

2021年6月，为了给平安护航建党百年提供坚实的安全保障，宁波海事局部署落实为期2个月的供油船安全与防污染集中整治活动。

2021年9月26日，宁波海事局在宁波市交通运输安全暨船舶和港口污染防治工作会议上，专题部署水上交通安全和防污染工作。

2021年10月，宁波海事局组织召开宁波舟山港核心港区船舶大气污染防治调研座谈会，推进宁波舟山港核心港区船舶大气污染物排放控制监测监管示范区建设。来自宁波舟山港股份有限公司、相关航运企业、上海海事大学等单位的代表参会。

2021年，宁波海事局联合宁波市交通运输局等部门，赴镇海、象山、宁海等县（市）、区开展“清港巡河”行动，采取“双随机”“四不两直”的方式进行专项检查。

2021年，宁波海事局与宁波市交通部门联合开展船舶和港口污染专项大排查大整改工作。重点围绕港口码头作业污染防治以及船舶污染防治两大块内容，自2月至12月份，分为自查自纠、督查整改、清零复查3个阶段予以推进，全面、反复、多渠道排查船舶港口生态环境问题短板，抓好问题整改，推动宁波市船舶港口领域生态环境治理持续改善。

二、船舶防污文书管理

为了防止船舶产生的污染物污染水域环境，国际公约、国内相关法律法规及船舶法定检验技术规则等，对适用船舶的污染物处理和排放等问题都提出了明确的要求，即船舶必须配备相应的防污染文书，授权主管机关应就相关证书文书的持有、执行、记录和保存等方面进行监督检查，对船舶涉污作业进行审批和报告接收管理。

2010年3月，宁波海事局根据《防治船舶污染海洋环境管理条例》的要求，推进实施船舶污染物接收处置情况月度备案、码头污染应急预案备案工作。

2013 年 11 月 7 日，宁波海事局正式签发第一批非国际航线船舶油污保险证书。

2013 年，宁波海事局开展《MARPOL 公约》附则 V 修正案生效及其国内化实施工作。为确保到港船舶和辖区内船舶垃圾管理工作及时符合公约要求，宁波海事局在 3 个月时间内，完成了上千艘船的《垃圾管理计划》和《垃圾记录簿》的换发工作。

2017 年，宁波海事局落实《中华人民共和国海洋环境保护法》修订后的新要求，取消了部分船舶防污染作业行政审批事项，涉及船舶在港区水域使用焚烧炉，船舶在港区水域洗舱清舱，使用化学消油剂冲洗沾有污染物、有毒有害物质的甲板，从事船舶水上拆解、打捞、修造等 5 个大项 16 个小项的业务。

2018 年 3 月 1 日，《国际防止船舶造成污染公约》附则Ⅴ2016 年修正案正式实行，宁波海事局为千余艘船舶签发新版《船舶垃圾管理计划》。

2002—2021 年宁波海事局防污染文书/证书核发签注和涉污作业审批/报告接收统计分别见表 2-5-2 和表 2-5-3。

2002—2021 年宁波海事局防污染文书/证书核发签注统计表　　表 2-5-2

项目(份) 年份(年)	油类记录簿	垃圾记录簿	货物记录簿	船上油污应急计划	船上垃圾管理计划	油污保险(CLC)	非持久性保险	燃油保险
2002	110	51	0	78	24	—	—	—
2003	128	49	0	74	27	—	—	—
2004	216	121	5	126	69	—	—	—
2005	270	260	1	155	365	—	—	—
2006	231	163	29	96	152	—	—	—
2007	324	164	0	149	151	—	—	—
2008	303	159	4	162	162	—	—	—
2009	234	153	7	165	143	—	—	—
2010	236	98	6	107	112	—	—	—
2011	64	24	1	89	94	—	—	—
2012	251	194	4	103	103	—	—	—
2013	244	679	7	97	793	16	98	24
2014	124	205	6	52	61	113	135	346
2015	96	33	6	61	59	104	131	335
2016	150	70	6	82	89	107	116	347
2017	178	75	2	85	83	107	121	410
2018	229	847	4	71	741	100	128	426
2019	340	250	3	74	93	118	134	463
2020	304	183	2	90	87	114	126	438
2021	253	187	9	82	82	114	116	462

2002—2021 年宁波海事局涉污作业审批/报告接收统计表 表 2-5-3

项目（份） 年份（年）	洗舱清舱驱气	压载水排放	洗舱水排放	残油接收处理	舷外拷铲及油漆	垃圾接收	生活污水接收
2002	—	659	—	—	—	—	—
2003	226	928	226	814	54	—	—
2004	167	1019	44	881	45	—	—
2005	169	1293	29	1076	53	—	—
2006	198	1386	—	1474	80	—	—
2007	188	1960	—	1504	70	—	—
2008	180	1816	—	1603	66	—	—
2009	188	1668	—	1451	51	—	—
2010	199	1535	—	1575	58	—	—
2011	180	1368	17	3234	63	10018	—
2012	143	878	9	3070	30	10322	—
2013	172	723	8	3046	15	10328	—
2014	179	1589	2	2184	17	3101	—
2015	219	1272	11	1503	8	2712	—
2016	233	1326	29	1530	8	3031	—
2017	193	1062	20	1877	11	4698	—
2018	210	935	21	3496	10	8114	—
2019	238	1882	3	3709	25	12079	2
2020	240	2313	1	4510	13	15671	257
2021	245	3353	4	4791	9	16703	430

三、原油过驳

随着全球经济的快速发展，对于能源的需求不断提升，与当前码头基础建设及水深条件的矛盾日益凸显。液货船水上过驳作业作为海运液货运输生产的一种有效替代方式，以其中转效率高、缓解码头作业压力、降低船舶运营成本的特点，得到有效应用。

宁波舟山港锚地油品过驳中转，始于 1988 年 9 月 1 日的利比里亚籍“高尔尼科”轮所载原油过驳。2008—2021 年，辖区水域共开展水上原油过驳作业 253 艘次，过驳原油 658.7 万吨，未发生跑、冒、滴、漏等溢油事故（图 2-5-2）。

图 2-5-2 原油过驳作业现场

1996 年 5 月 7 日,宁波港务局轮驳公司为“金海藤”轮进行液货过驳作业,宁波海监局按照交通部《液货船水上过驳作业安全监督管理规定》的要求,审核批准办理宁波港第一张液货过驳许可证。液货过驳作业现场见图 2-5-3。

图 2-5-3　液货过驳作业现场

1998 年 7 月 12 日,“宁河”轮开展虾峙门口外试过驳。1999 年 4 月 21 日,新加坡籍“弗朗特公爵”轮完成首次虾峙门口外外轮过驳。

2000 年 4 月 25 日,经中华人民共和国海事局批准,以虾峙门外北纬 29°42′12″N/122°32′42″E 为圆心、半径 1 海里范围为原油过驳水域,授权宁波海监局依法对原油过驳作业实施监督管理。

2009 年 8 月 20 日,宁波海事局印发《关于进一步加强宁波港原油过驳作业管理工作的通知》,明确过驳气象风力要求和船舶吃水超过 19 米时,油轮不得在北仑 7 号锚位进行过驳作业或过驳作业不予许可事项。

2010 年 3 月,宁波海事局对宁波港油港轮驳公司制定的原油过驳安全管理体系进行审核。

2012 年,宁波海事局分别与宁波大学、交通运输部规划研究院等科研院所合作开展了《海上原油过驳监管体系和信息化监管手段研究》《船舶污染事故区域应急联动体系研究》《船载化学品污染防控技术研究》3 个课题的研究。

2018 年,宁波海事局联合宁波舟山港集团油港轮驳公司,开展原油过驳远程可视化安全监管与油气回收课题研究,按照便携、安全、传输性能好的要求,具体研究了摄像头选型、布放点选址、海上数据传输、数据信号接入与平台化监控等问题。11 月 15 日,全国首套“原油过驳远程可视化监管系统”在宁波舟山港北仑港区锚地正式投用。

第四节　溢油应急能力建设和典型案例

船舶溢油应急能力建设是提高宁波港域应对船舶溢油事故的重要保障。宁波港域是我国沿海最为繁忙的水域之一,是中国大陆主要的集装箱、矿石、原油、液体化工中转储存基地,船舶密度大,各类大型船舶进出港口频繁,溢油风险大。长期以来,宁波海事局按照《中华人民共和国海洋环境保护法》《防治船舶污染海洋环境管理条例》《船舶及其有关作业活动污染海洋环境防治管理规定》《船舶污染海洋环境应急防备和应急处置管理规定》的要求,积极推进港口溢油应急能力建设,指导辖区船公司、码头单位编制船上油污应急计划、码头溢油污染事故应急预案，推动《宁波水域船舶污染事故应急预案》《宁波市防治船舶污染海洋环境应急能力建设规划（2016—2020）》的发布实施，开展宁波港域防治船舶污染海洋联防体建设，全面推进专业溢油应急队伍和志愿者队伍建设，辖区溢油监视监控设施逐步完善，辖区整体溢油应急能力逐年提升。

一、应急能力建设

1996 年 7 月 4 日，宁波海监局组织召开“水上溢油防治座谈会”。宁波市环保、水产、海洋等管理部门，港务、航运、石油化工、油运企业、保险公司、科研院校及港口专业清污队等单位参加。

1998 年 6 月 18 日，宁波海监局召开宣讲贯彻《国际油污防备、反应和合作公约》实施研讨会。该公约将于当年 6 月 30 日对我国正式生效，主要内容包括对油污事故的防备和作出反应安排以及国际合作。

2004 年 11 月 10 日，宁波海事局组织港航作业单位、科研部门、保险公司及溢油应急器材生产厂家等 30 余家单位，召开宁波港船舶溢油应急反应研讨会。

2005 年 10 月 21 日，宁波海事局编制《宁波水域船舶重特大溢油事故应急救援预案》（征求意见稿），上报宁波市人民政府。

2005 年 11 月 9—10 日，宁波海事局举办宁波水域船舶溢油应急培训班，辖区 50 多家码头单位和船舶代理公司的 70 余人和局相关人员参加培训。

2006 年 4 月 28 日，《宁波水域船舶污染事故应急预案》及修订后的《宁波市海上突发事件应急反应预案》，经宁波市人民政府批准正式颁布实施。

2007 年 6 月 21 日，交通部溢油应急清污能力建设问题调研组一行，在宁波调研宁波-舟山港溢油应急清污能力建设。6 月，宁波海事局编制《宁波市海上突发事件应急处置操作手册》《宁波水域船舶污染事故应急预案操作手册》，上报宁波市人民政府。

2010 年 12 月 2 日，由宁波海事局和交通运输部科学研究院合作开展的研究课题《宁波海域船舶溢油风险评估及控制对策研究》通过评审。这是宁波市防治船舶及其有关作业活动污染海洋环境应急能力建设规划的前期研究项目。

2013 年 2 月，宁波海事局启动编制《宁波市防治船舶及其有关作业活动污染海洋环境应急能力建设规划（2016—2020）》，该规划被宁波市政府列入宁波市强港工程和海洋经济工作重点之一。2017 年 12 月 28 日，该规划由宁波市人民政府办公厅发布。

2013 年 5 月 28 日，宁波海事局和交通运输部科学研究院共同完成的课题项目科技成果《船载散装液体危险化学品事故应急处置技术研究》通过中国航海学会组织的评审。

2015 年 9 月 9 日，交通运输部环保中心就宁波海上溢油应急设备库运行情况进行调研，对库内溢油物资进行取样抽检。

2016 年 10 月 27 日，宁波海事局研发的宁波海上溢油应急设备库溢油应急设备模块化平台成功交付。

2017 年 7 月 10 日，第三届国际港口管理机构圆桌会议在宁波举行。宁波海事局局长李表康围绕“大力推进港口防污染应急能力建设”发表主题演讲。

2018 年 4 月 28 日，《浙江省海港投资运营集团有限公司宁波舟山港集团有限公司宁波港域船舶污染海洋应急能力建设联防方案》通过专家评审，标志着宁波市防治船舶污染海洋环境应急能力建设迈出了关键性的一步。

2018 年 9 月 3 日,宁波海上溢油应急设备库根据浙江海事局指令,将库内部分溢油应急设备物资转运至舟山港综合保税区码头,全力配合 2018 年国家重大海上溢油应急处置实兵演习。此次转运的运送设备多、道路环境复杂、技术要求高,是设备库首次跨辖区转送应急物资。

2019 年 9 月 18 日,2019 年国际溢油应急研讨会在宁波举行,来自海内外共计 90 多家单位 200 余位代表参加,宁波海事局派代表参会并发言。本次会议开设专题报告会 48 场,吸引国内 11 家溢油应急相关单位进行技术展览和科普展览。其间,与会代表参观考察了宁波船舶溢油应急设备库。

2019 年 12 月 18 日,大榭港区防治船舶污染海洋环境应急联防体正式签约。

2021 年 8 月,宁波海事局派员参加《国家重大海上溢油应急能力发展规划(2021—2035 年)》专家咨询会,结合《宁波市防治船舶污染海洋环境应急能力建设规划》推进落实情况,从规划要求的衔接、应急资源管理与应用体系建设、相关单位承担责任要求等方面提出了建议。

二、应急计划与预案

(一)船上油污应急计划

《国际防止船舶造成污染公约》附则Ⅰ的 1991 年修正案(关于新增第 26 条),于 1993 年 4 月 4 日生效。中华人民共和国港务监督局于 1992 年先后下发了《关于做好船舶配备“船上油污应急计划”工作的通知》和《关于制备“船上油污应急计划”有关工作安排的通知》,1994 年下发了《关于颁发“船上油污应急计划申报和审批程序”的通知》,要求“在 1995 年 4 月 4 日以前,集中力量办好国际航线船舶配备《船上油污应急计划》工作;国内航线船舶配备《船上油污应急计划》有关工作,在此日期以后办理”。为推动公约顺利履约,由宁波港务监督牵头,会同浙江省港航监督局,以及舟山、温州、海门港务监督组成技术协调小组,统一协调推进相关工作。1993 年 12 月,宁波海监局要求各船公司所属 150 总吨及以上的油轮和 400 总吨及以上的非油轮在 1994 年 10 月前完成《船上油污应急计划》的编制工作,确定浙远公司、宁波商冷公司、海门海运公司、舟山普陀渔业(集团)海洋运输公司、舟山渔业公司为试点单位,率先开展工作。宁波海监局帮助船公司编制《船上油污应急计划》,同步开展计划的审核工作。《船上油污应急计划》备案是宁波海事(海监)局日常工作之一。

(二)宁波水域船舶污染事故应急预案

2005 年,为推进船舶污染应急反应工作,宁波海事局以宁波市政府制订突发公共事件应急预案为契机,向宁波市人民政府提出增补《宁波水域船舶污染事故应急预案》的建议并获得采纳,列入《宁波市突发公共事件总体应急预案》专项子预案。宁波海事局成立专门编制小组,全面评估宁波水域潜在污染风险,结合船舶污染事故应急处置的特点,编制完成《宁波水域船舶污染事故应急预案》,于 2006 年 4 月 28 日,由宁波市人民政府颁布实施。该预案适用于在宁波市行政管辖水域(简称“宁波水域”)内发生或可能发生的船舶污染事故的应急反应工作。临近水域发生船舶污染事件造成或可能造成宁波水域污染事故的,也适用该预案。陆域污染源造成水域污染事故的,参照该预案执行。预案明确船舶污染事故应急反应工作的领导机构,指挥、组织体系,工作内容和程序,并建立相应的保障体系。该预案是浙江省内第一个经地方政府发布的市级船舶污染事故应急预案。

2006 年 7 月 5 日,为保证《宁波水域船舶污染事故应急预案》的有效执行,快速、有序、高效地开展船舶污染事故的应急处置工作，宁波海事局编制《宁波水域船舶污染事故应急预案应急处置操作手册》，并建议宁波市政府办公厅将该操作手册作为《宁波水域船舶污染事故应急预案》的有效组织部分予以发布。

（三）港口、码头应急预案

经修订的《防治船舶污染海洋环境管理条例》于2010年3月1日起施行。2010年4月，根据该条例第十四条规定，宁波海事局下发关于推进条例贯彻实施工作的通知，指导督促港口、码头、装卸站的经营人以及有关作业单位，开展防治船舶及其有关作业活动污染海洋环境应急预案的制定或者修订工作，于2010年6月1日前完成预案备案初审，同时，加强预案演练的检查，督促有关作业单位按照应急预案定期组织演练，做好相应记录。

三、宁波市防治船舶污染海洋环境应急能力建设规划

根据《防治船舶污染海洋环境管理条例》第五条第二款规定，沿海设区的市级以上地方人民政府，应当按照国务院批准的防治船舶及其有关作业活动污染海洋环境应急能力建设规划，组织编制相应的防治船舶及其有关作业活动污染海洋环境应急能力建设规划。

2012年10月，宁波市政府决定由宁波市海上搜救中心（宁波海事局）负责《宁波市防治船舶污染海洋环境应急能力建设规划》的编制工作。2013年4月，宁波海事局成立项目组，交通运输部规划研究院中标承担编制工作。2013年7月，宁波海事局配合宁波市政府相关部门完成对规划大纲的意见征求，开展相关资料的收集汇总，推进规划的编制。项目组与宁波市应急办、宁波市发改委等市级有关部门多次沟通商议，结合《国家重大海上溢油应急能力建设规划（2015—2020）》《浙江省防治船舶及其有关作业活动污染海洋环境应急能力建设规划（2016—2020）》的相关要求，形成规划初稿，2014年4月通过专家评审。2015年11月、2016年10月，宁波海事局两次向市级有关部门、各区县（市）政府开展征求意见工作，共收到29条反馈意见。经研究后对将应急规划与港口日常作业进行有效衔接，减少重复投资等意见予以采纳。

2017年12月28日，宁波市人民政府办公厅印发《关于印发宁波市防治船舶污染海洋环境应急能力建设规划（2016—2020）的通知》。该规划遵循统筹规划、合理布局，整合资源、综合利用，科技先导、规范管理，立足当前、着眼长远的原则，包含规划基础、总体要求、建设任务、建设项目、保障措施5个方面的内容，其中建设任务着重从组织指挥、监视监测、应急队伍、物资装备四个方面提出了“一一七十”的针对性建设内容，并在《重点建设项目表》中详细列明建设内容和责任主体。

四、船舶溢油应急能力建设

（一）设备库建设

2009年上半年，宁波海事局配合交通运输部科学研究院调研国家溢油应急设备库规划建设，就建设宁波水域国家大型应急设备库提供详细的基础资料，并拟定设备配备方案。

宁波船舶溢油应急设备库位于宁波市白峰镇北部，穿白水域南侧，2009年7月10日由交通运输部批准立项，2010年12月开工建设，2011年11月4日交工验收，2012年3月投入使用，累计投资5200万元

人民币，占地面积1966平方米，按照《国家船舶溢油应急设备库设备配置管理规定》要求进行建设，属于大型国家设备库，综合清除控制能力为1000吨，应急服务半径350海里。宁波船舶溢油应急设备库由设备库、物料库和设备维修车间、应急训练场组成，库内配备溢油应急卸载、围控、回收、储运、溢油分散、吸附物资及配套设备共6个大类54种，配有2艘自航式收油机（“海特勤1”和“海特勤2”），1艘非自航甲板驳（“海特勤3”）（图2-5-4）。

图2-5-4　宁波船舶溢油应急设备库

2014年5月起，宁波海事局逐步探索并建立实施自行“管、用”和采购服务“用、养、修”相结合的管理模式，推动提高国家船舶溢油应急设备库的综合管理水平。该模式运行以来，国家船舶溢油应急设备库委托维保费用，较自行维保降低了约40%。

2016年10月27日，宁波船舶溢油应急设备库与欧森溢油应急环保技术有限公司共同研发的“溢油应急设备一体化平台”成功交付。该平台将包括收油机、卸载泵、动力工作站、相关管路和工具箱等大型组件在内的整套收油设备集成至一个模块平台，并通过自配的起重机完成全过程，形成“一体化平台”工作系统，有效解决了应急载运船对吊装设备的依赖，实现了“一次吊装、即可出动”，节省应急反应中的吊装时间成本约70%。

自2012年投入使用以来，宁波船舶溢油应急设备库已按上级要求，先后5次调运和使用设备物资参与污染事故应急处置，分别为：2013年10月12日，宁波镇海“绪扬11”油轮船厂爆炸事故，调运并使用了消油剂；2013年12月6日，“佳丽海”轮与“秀美天津”轮碰撞发生溢油事故，调运出库自航式收油机、轻便储油罐、收油网、吸油拖栏、大型螺杆卸载泵等物资；2014年11月12日，“建兴67”轮碰撞事故，调运出库中型收油机、防毒全面罩、消油剂、吸油拖栏、吸油毡、橡胶围油栏、喷油装置、防化服等物资；2018年1月，“桑吉”轮溢油应急处置，调运出库麦吉克高分子吸收剂、微普生物降解液、吸油毡、手持喷洒装置等物资；2021年5月，调配转运溢油应急物资支援山东青岛溢油应急处置，调运出库消油剂、吸油拖栏、吸油毡等物资。

宁波海事局另有1艘专业溢油（污油）回收船“海巡0715”，原名“海特111”，于2012年5月7日正式列编，总吨998吨，船长59.6米，设计航速13节，溢油回收舱容626立方米，造价为5855万元。船首能自动打开进行溢油回收作业，采用动态斜面的溢油回收技术，为当时国内技术最先进的溢油回收船之一。

（二）应急队伍建设

1997年5月8—11日，交通部安监局在宁波组织全国港口溢油应急培训。全国各港务监督及港务局有关人员近100多人参加此次培训（图2-5-5）。

图 2-5-5　溢油应急培训现场

1997 年 6 月 21 日，由交通部海事局和交通部综合规划司组成的交通部溢油应急清污能力建设问题调研组一行，调研宁波-舟山港溢油应急清污能力建设。

2011 年 10 月 27 日，宁波甬洁溢油应急服务有限公司成立。该公司作为宁波水域一支专业溢油应急队伍，主要从事宁波-舟山港的海上溢油应急防备和应急处置服务。公司配备专业溢油回收船、围油栏布放艇、溢油清除船、围油栏、卸载泵等专业溢油应急设备器材，并拥有一支由 40 余名人员组成的专业队伍。

2013 年 6 月 5 日，宁波市首支由 200 余名码头、船厂等单位的专业人员组成的海上防污染志愿者队伍成立（图 2-5-6）。该队伍目前按照不同港口区域划分为 9 支分队，共 271 人。

2015 年 9 月 2 日，宁波甬洁溢油应急服务有限公司和舟山海安溢油应急处理有限公司，在宁波举行宁波舟山港域船舶防污应急联动协作机制签字仪式，打造一体化海上溢油应急体系（图 2-5-7）。

图 2-5-6　海上防污染志愿者队伍成立

图 2-5-7　宁波舟山港域船舶防污应急联动协作机制签字仪式

2017 年 6 月 2 日，为检验和提升溢油应急志愿者队伍实战水平，促进码头应急能力、码头区域联防体、专业清污单位和溢油应急志愿者队伍建设，宁波海事局组织北仑、镇海、梅山、穿山、大榭、三江口、宁海、象山片区 32 名溢油应急志愿者组成的 8 支队伍，开展首届海上溢油应急设备操作技能比武。大榭片区的志愿者队伍获总成绩第一名。

（三）防污染应急联防体建设

1. 防污染应急联防体建设研究

按照《中华人民共和国船舶污染海洋环境应急防备和应急处置管理规定》《防治船舶污染海洋环境能力专项验收实施细则》（以下简称《实施细则》）和《港口码头溢油应急设备配备要求》（JT/T 451—2009）等法规规范要求，港口码头需要对船舶污染海洋风险进行识别和评估，并建立与其风险相适应的船舶污染事故应急处置能力。《实施细则》明确规定:“同一港口或者同一港区、作业区的码头可以自愿建立联防机制,实现应急设备资源的优化、整合和统一调配使用。”经过实践发现,由于污染事故联防机制的理论框架尚不明晰,建立的过程中还存在诸多的技术和管理问题。2011 年 11 月,宁波海事局联合交通运输部规划研究院开展研究,旨在建立联防体的理论框架,解决机制建立的关键问题,从而为宁波港域船舶污染联防体建设提供理论依据。2012 年 12 月,宁波海事局与交通运输部规划研究院编制完成《船舶污染事故联防体系建设研究报告》。该报告首次完整提出联防体系的理论框架、建立的模式及其适用条件和建立过程中存在的难题与解决方案。

2. 宁波舟山港集团有限公司应急联防体建设

2015 年 6 月、12 月,宁波港股份有限公司先后委托交通运输部水运科学研究院编制完成《宁波港镇海港区等七家码头联防体船舶污染海洋环境风险评价报告》《宁波港穿山港区联防区域船舶污染海洋环境风险评价报告》。

2016 年 5 月,宁波港股份有限公司委托交通运输部科学研究院编制完成《宁波港股份有限公司北仑港区码头船舶污染海洋环境风险评价》。

2017 年 7 月,宁波舟山港集团有限公司对下属码头联防体建设进行重新调整,在镇海、北仑、穿山、大榭港区船舶污染海洋环境风险评价的基础上,增加梅山港区的码头泊位,将宁波舟山港集团有限公司下属所有码头纳入新组建的联防体建设范围,重新评估规划。原先镇海、北仑、穿山、大榭联防体建设方案不再实施。

2018 年 4 月,浙江省海港投资运营集团有限公司和宁波舟山港集团有限公司委托交通运输部水运科学研究院编制完成《宁波港域船舶污染海洋应急能力建设联防方案》。该联防体的码头泊位范围包括宁波港域大榭港区、镇海港区及甬江口南侧岸线、穿山港区、北仑港区、梅山保税港区的共计 116 个泊位,联防的水域范围包括进出港船舶停泊水域、进出港航道、锚地以及与该联防体进出港船舶污染事故可能影响到的水域。联防体实行集团统筹管理和应急片区管理,按“一片一库一组”的模式,分成大榭、镇海、穿山、北仑、梅山 5 个片区开展应急工作。联防体的应急能力建设目标总共为 2000 吨。2021 年底,宁波港域联防体五大片区设备库建设完成,应急设备及物资已满足联防方案配备要求。情况见表 2-5-4。

2021 年宁波港域联防体五大片区设备库分布情况一览表　　表 2-5-4

序号	片区	应急库负责单位	地址	应急能力建设目标	面积(平方米)	要求面积(平方米)
1	大榭	宁波大榭信业码头有限公司(宁波缸套厂有限公司厂房)	宁波北仑大榭开发区东湖路 58 号	1000 吨兼顾化学品应急	1900	≥1600
2	镇海	宁波镇海港埠有限公司(902 号杂货仓库)	宁波市镇海区威远路 111 号	450 吨兼顾化学品应急	1000	≥1000
3	穿山	宁波北仑第三集装箱码头有限公司(工程部流机库)	宁波市北仑区纬七路与穿山大道交叉路口往西约 100 米	200 吨	607	≥600
4	北仑	宁波港北仑矿石码头分公司(原通用泊位工具库)	宁波市北仑区港区迎宾路 8 号	200 吨	600	≥600
5	梅山	宁波梅山岛国际集装箱码头有限公司(新建仓库)	宁波市北仑区盐田大道 365 号	150 吨	600	≥600

2020 年 12 月，宁波港域联防体首艘多功能溢油回收工作船“甬港联防一号”开始建造，于 2022 年 4 月完工并正式入列。该船设计总长 53.76 米，型宽 11 米，型深 5 米，主机功率 2648 千瓦，为专业浮油回收船，兼具应急指挥、监护警戒、交通、消防、搜救、红外夜视等多项功能，收油能力可达每小时 200 立方米。该船投产后，将作为宁波港域联防体的主力船舶，主要服务原油接卸量最大的大榭港区，兼顾北仑、穿山和梅山等港区，为整个宁波港域海上溢油应急提供重要保障。

3. 大榭港区防污染应急联防体建设

2015 年 9 月，宁波大榭开发区交通（港口）局委托交通运输部规划研究院，编制完成《宁波-舟山港大榭港区码头船舶污染海洋环境风险评价报告》，对大榭港区的码头船舶污染海洋环境风险进行评价，提出船舶污染海洋联防合作框架方案，对联防体的建立模式、设施设备的分摊比例、联防机构的组织结构及其职责等进行说明。但是，此方案最终未能落地实施。

2018 年，浙江省海港投资运营集团有限公司及宁波舟山港集团有限公司委托交通运输部水运科学研究院，编制完成《宁波港域船舶污染海洋应急能力建设联防方案》，将大榭港区的宁波舟山港集团有限公司码头纳入统一联防方案。位于大榭港区的宁波舟山港集团有限公司码头，退出《宁波-舟山港大榭港区码头船舶污染海洋环境风险评价报告》中的联防机构。

2019 年 9 月，宁波大榭石化有限公司、万华化学（宁波）码头有限公司、宁波百地年液化石油气有限公司、宁波利万新材料有限公司、宁波大榭开发区恒信燃料油品有限公司、宁波大榭开发区兴发码头有限公司、宁波大榭开发区永信港埠发展有限公司、宁波大榭开发区亚东散装水泥有限公司、中海油大榭石化共 8 家公司码头，联合宁波大学海运学院编制完成《宁波市大榭区域防治船舶污染海洋环境联防体建设方案》，制定共建方案管理模式和费用承担机制。

大榭港区防污染应急联防体总体应急目标为 288 吨，按照《港口码头水上污染事故应急防备能力要求》（JT/T 451—2017）、《港口工程环境保护设计规范》（JTS 149-1—2007）等要求配备设备，在宁波大榭建立设备库。联防体以外包服务的方式，委托宁波甬洁溢油应急服务有限公司具体运营。

2019 年 12 月 19 日，大榭港区防污染应急联防体正式签约，标志着宁波首家海上防污染应急联防体成立。

五、船舶溢油应急演习

为检验和健全、完善污染应急体制机制，进一步增强应急预案的可操作性，增强各单位部门间的协同作战能力，保证搜救力量在实战时动作协调一致，提升污染应急的实战水平和操作能力，宁波海事局常态化组织开展海上溢油应急演习，并积极参与全国大型综合性应急演习。

1997 年 5 月 11 日，交通部安监局在宁波组织全国港口溢油应急演习。该演习由宁波海监局承办并负责现场指挥，共调用船艇 8 艘，近 100 人参演。

2007 年 7 月 2 日，宁波海事局组织举行 2007 年大榭海域船舶污染事故应急演习，由海事、危险品码头、专业应急队伍等 7 家单位参加，参演人员 80 多人，船舶 8 艘。宁波市政府应急管理办公室、宁波市安全生产监督管理局、宁波市环境保护局、大榭开发区管委会等单位受邀观摩。

2010 年 11 月 2 日，2010 年宁波港散装化学品泄漏应急演习在宁波港镇海港区海域举办，模拟 3000 吨级化工品船在宁波镇海化工区 18 号泊位装载有毒易燃的化工品苯时，因船岸连接软管老化发生软管爆裂,导致大量苯泄漏入海。该演习实现“多部门参加、多科目演练、专业应急力量与社会力量结合”的目标,共动用海事执法船、专业清污船等船艇 13 艘,200 余人参演。

2011 年 6 月 9 日,大榭建港以来规模最大、联动性最强的一次专项船舶溢油应急联动演习,在大榭中油燃料油码头举行。宁波海事局、大榭开发区管委会等相关单位及大榭港区危险品码头单位负责人观摩本次演习。该演习模拟某油轮在中油燃料油码头 2 号平台装载原油时,输油臂船方接头突然断裂,导致原油直接泄漏到船甲板和海中,并发生火灾。该演习历时 1 小时,现场污染物基本得以清除,完成了消防控制、伤员救助、溢油围控清除等 7 个项目的演练。本次联合演习参演单位 14 家,参演人员 140 余人,动用船艇 10 艘次,使用吸油毡 1000 千克,模拟消油剂 300 千克、收油机 4 台,回收模拟污染物约 9 吨(图 2-5-8)。

图 2-5-8　2011 年船舶溢油应急联动演习

2014 年 12 月 23 日,宁波海事局组织的冬季夜间“无脚本”溢油应急联合演练,在北仑梅山水域举行。该演练由专业清污公司——宁波甬洁溢油应急服务有限公司承担六大演习科目,模拟在宁波梅山国际集装箱码头有限公司前沿水域发生船舶油污事故,针对夜间能见度不足,海面油污跟踪、围控困难等特点,进行相应场景与科目的演练。8 艘船舶和 70 名应急操作人员参演,并调用卸载泵、收油机、围油栏、喷洒装置等应急设备,完成溢油围控、回收、清除和燃油的应急卸载(图 2-5-9)。

图 2-5-9　2014 年冬季夜间“无脚本”溢油应急联合演练

2015 年 6 月 5 日,宁波海事局组织专业清污单位、水上消防单位、危险品码头等相关单位,在北仑正大码头前沿水域举行船舶污染消防大型联合实战演习,辖区 40 余家码头企业和船公司的代表到场观摩。

图 2-5-10　2015 年船舶污染消防大型联合实战演习

该演习模拟 1 艘船舶航经正大码头前沿水域时发生碰撞事故，导致 10 吨燃油泄漏入海，船体同时发生火灾。本次演习共出动应急人员 100 余人，船舶 13 艘，采取无脚本方式以贴近实战（图 2-5-10）。

2017 年 5 月 18 日，2017 年宁波市港口化学品船舶事故应急演练在镇海港区举行。宁波市政府应急办、镇海区人民政府和宁波舟山港集团等 28 家相关政府部门和港航企业参与并观摩。该演练模拟“江海”轮进甬江口途经镇海港区 15 号泊位前沿水域时，因舵机故障导致船舶失控，与该泊位正在装载甲苯的“甬化”轮发生碰撞，导致“江海”轮 2 名船员落水，“甬化”轮右舷 1 号货舱水线以上破损，部分危险品泄漏入海。本次演练参演单位 12 家，动用船艇 13 艘，消防、医疗、环境监测车辆 3 辆，人员近百人，圆满完成落水人员搜救、失控船应急拖带、危险货物消防预防、危险品船堵漏、污染物清除、中毒人员医疗救助、人员疏散撤离、警戒、污染区域环境监测等科目（图 2-5-11）。

图 2-5-11　2017 年宁波市港口化学品船舶事故应急演习

2018 年 5 月 24 日，宁波港域船舶溢油应急联合演习在大榭港区成功举行。该演习模拟“航海油 3”轮在大榭石化 3 号泊位靠泊过程中与他船发生碰撞，导致“航海油 3”轮右舷 1 号货舱水线以上破损，部分货油泄漏入海，船艄起火。本次演习共出动船艇 10 艘次，人员 160 余人次，圆满完成船舶消防、人员急救、危险品船堵漏和污染物清除等科目，检验锻炼了宁波市海上搜救中心各成员单位快速反应和协同作战能力。演习案例获宁波市 2018 年度突发事件应急演练案例评选一等奖（图 2-5-12）。

图 2-5-12　2018 年宁波港域船舶溢油应急联合演习

2019 年 5 月 31 日,宁波港域船舶溢油应急综合演习在宁波舟山港北仑港区举行。该演习模拟“宏油 17”轮在靠泊算山码头 7 号泊位过程中,与码头发生碰撞,导致燃油舱破损,部分燃油溢出,同时厨房发生不明火灾,船员在自救时发生人员受伤的综合性事故场景。本次演习共出动船艇 10 艘次,人员 100 余人次,圆满完成船舶消防、人员救助、海上溢油回收等 10 个演练科目(图 2-5-13)。

图 2-5-13　2019 年宁波港域船舶溢油应急综合演习

2020 年 9 月 28 日,宁波舟山港北仑港区船舶危化品泄漏应急综合演习在台塑码头举行。该演习模拟“舟通 28”轮在北仑台塑码头靠泊作业时泵浦出口管法兰裂开,导致部分对二甲苯溢出,同时,静电引发火灾,船员在自救时发生人员中毒的综合性事故场景。本次演习共出动船艇 10 艘次,人员 73 人次,完成船舶消防、人员救助、危化品泄漏围控、海上污染物回收等 10 个演练科目(图 2-5-14)。

图 2-5-14　2020 年宁波舟山港北仑港区船舶危化品泄漏应急综合演习

2021 年 6 月 2 日,宁波港域船载危化品泄漏应急综合演习在宁波镇海港埠公司举行。该演习模拟靠泊宁波镇海港埠公司 19 号泊位的“康发 87”轮装卸臂与船方管道连接法兰开裂,导致部分对二甲苯溢出入海,船舶实施自救时发生人员中毒的综合性事故场景。本次演习共出动船艇 12 艘次,人员 100 余人次,完成危化品泄漏围控、人员救助、海上污染物回收等 12 个演练科目。

六、应急处置典型案例

1996 年 6 月 14 日,“大庆 767”轮与在北仑水域抛锚的“甬油一号”轮相撞,造成溢油 5 吨的污染事故。事发后宁波海监局立即组织应急行动,设立现场指挥部,调集船艇 6 艘次,出动人员 30 余人,使用消油剂 1.5 吨、吸油毡 300 千克,在较短时间内成功地清除海面溢油。

1999 年 10 月 25 日 16 时 38 分,装载 14320 吨原油的中海(集团)油轮运输有限公司所属“大庆 50”轮,在宁波港金塘锚地起锚完毕准备前往镇海 17 号泊位靠泊时,先后与在附近抛锚的“向丹”轮和“明州 12”轮发生碰撞。“大庆 50”轮右舷 3 号边舱破裂,约 40 吨原油溢出,20 多平方千米水域受到不同程度的污染，其余2轮不同程度受损。宁波海监局接到事故报告后，迅速采取有效措施控制污染源，组织开展对事故附近水域油污的搜寻及清除工作。到10月28日，“大庆50”轮外溢的油污基本得到清除。此次清污行动共出动船舶55艘次，人员720人次，车辆82辆次，使用吸油毡9.64吨，消油剂4.625吨以及稻草等其他物资。

1999年10月30日凌晨，上海三岛轮船有限公司所属“京顺”轮从上海金山装载550吨液化气驶往浙江温州途中，左右压载舱通气管被风浪打断，压载舱进水，船体左倾32度后，在杭州湾水域30°24′00″N/121°09′00″E处冲滩，后侧倾90度沉没。11月18日，在宁波海监局协调下，全国救捞、船检、环保、消防及液化气等方面的相关专家在浙江嘉兴乍浦召开打捞方案专家论证会，确定初步打捞方案。2000年7月27日，“京顺”轮上的液化气成功过驳到“松台山”轮，10月20日，开始切割清除“京顺”轮，11月7日，经水下探摸，沉船泥面以上残骸已切割清除完毕。

2001年5月24日23时45分，装载约200吨苯乙烯的巴拿马籍“武俊”（WOOJONG）轮靠泊镇海14号卸货时发生冒舱事故，约1吨苯乙烯溢出入海。宁波海事局接报后，迅速实施水上警戒，组织回收清除污染物，及时地控制和消除了水域污染。

2004年7月7日16时30分，利比里亚籍集装箱船“丽春”轮在虾峙门口外锚地发生集装箱内货物泄漏。该货物为邻氯苯酚，属有毒危险品。宁波海事局迅速启动预案，采取堵漏抢卸措施。22时50分，在“海巡111”和“甬港消拖1”轮的监护下，该轮靠抵北仑二期6号泊位。泄漏集装箱经堵漏后被抢卸下船并运往危险货物专用堆场，成功完成排险。调查发现该批货物未办理危险货物出港申报手续，将邻氯苯酚当作普通货物运输。

2007年6月25日08时，马绍尔群岛籍油轮“普莱勒斯”（PRICELESS）号靠泊北仑算山2号泊位期间，因右燃料油舱内的压载管系排水管路锈蚀穿孔，导致约10.25吨燃料油泄漏入海，造成码头周边海域及沿岸约8千米岸滩污染。宁波海事局立即启动预案，成立两级指挥体系，调集辖区应急力量，开展应急和溢油清除行动。宁波海事局联系专业单位，在水下用充气气囊实施堵漏，协调码头进行货物抢卸作业，同时对右舱燃油进行紧急转驳，于6月27日完成右舱燃油转驳。到6月29日，货油卸油结束，海面油污基本得到清除，岸滩油污清除工作延续1个多月。2009年1月14日，“普莱勒斯”轮污染事故签署和解协议，标志着清污索赔工作完成。

2012年3月6日，装载3000吨散装化学品对二甲苯的“永盛化8”轮在甬江口外七里屿南侧水域搁浅，经科学评估，采取紧急过驳卸载措施（过驳940吨货物）后成功脱浅。这是宁波港在应急抢险条件下进行的首次散装化学品船过驳作业。

2013年12月6日，集装箱船“秀美天津”轮与散货船“佳丽海”轮在定线制第3通航分道水域发生碰撞，造成“秀美天津”轮船首局部受损、“佳丽海”轮左舷7号货舱及邻近的机舱舱壁破损进水，导致约175.6吨燃油溢出，部分燃油入海。宁波海事局立即启动应急预案，迅速开展对事故船的救助，采取堵漏、燃油转驳、溢油围控和货物抢卸措施，及时组织力量开展海上清污。海面溢油应急处置工作持续8天，共31艘船参加清污行动，投入应急人员1813人次，使用各类围油栏4220米、溢油回收和溢油分散剂喷洒装置32台。

第六章　应急指挥与搜救

海上搜寻救助是政府协调一切公共和私有资源,提供海上遇险监测和遇险通信服务,对在海上遇险的人员、船舶及航空器展开搜寻救助,确定其位置,并将遇险人员转移到安全地点的行动和过程。海上搜寻救助是国家应急救援体系的重要组成部分。

第一节　应急指挥与搜救机制

2002年9月28日,宁波市人民政府办公厅发布《关于成立浙江省宁波市海上搜救中心的通知》,决定成立浙江省宁波市海上搜救中心,同时设立宁波市海上搜救中心办公室。该通知明确宁波市海上搜救中心是组织、协调和指挥宁波沿海水域船舶、设施和航空器等海难事故的搜寻救助、防抗台风和船舶大面积污染海域应急反应工作的领导机构,并明确其主要职责如下:

(一)贯彻国家海上搜寻救助、船舶大面积污染海域应急反应和船舶防抗台等有关法律、法规、规章和方针政策,按照省、市政府和中国海上搜救中心、浙江省海上搜救中心的要求,统一领导全市海上搜救、船舶防抗台和船舶大面积污染海域应急反应工作。

(二)统一组织、指挥和协调宁波市所辖海域的海上搜救、船舶防抗台和船舶大面积污染海域应急反应行动,做好与毗邻市沿海搜救及船舶大面积污染海域应急反应的协调和配合工作。

(三)组织建立和完善全市海上搜救、船舶防抗台和船舶大面积污染海域应急反应保障机制。

(四)制定全市海上搜救、船舶防抗台和船舶大面积污染海域应急反应所需专业和社会资源的组织动员、储备和调动方案,并会同有关部门组织实施。

(五)制定并组织实施全市海上搜救、船舶防抗台和船舶大面积污染海域应急反应预案、程序和工作制度,组织大型应急演练。

(六)组织交流和推广海上搜救、船舶防抗台和船舶大面积污染海域应急反应的工作经验,表彰和奖励先进单位和个人。

(七)完成浙江省海上搜救中心交办的其他工作。

2003年1月29日,宁波市海上搜救中心正式开通“12395”水上搜救电话。

2005年5月,国务院办公厅颁布《国家海上搜救应急预案》,旨在建立国家海上搜救应急反应机制,迅速、有序、高效地组织针对海上突发事件的应急反应行动,救助遇险人员,控制海上突发事件扩展,最大限度地减少海上突发事件造成的人员伤亡和财产损失。

2006年4月4日,宁波市人民政府办公厅印发《宁波市海上突发事件应急预案》。该预案对宁波市海上搜救中心搜救责任区内发生的海上突发事件应急反应的组织、指挥和协调的工作原则、海上突发事件分类、组织机构与职责、预警和预防机制、后续处置等事项做了明确规定。

2007年6月,宁波海事局完成《宁波市海上突发事件应急处置操作手册》编制及上报宁波市政府的工作。

2017 年 11 月，中国海上搜救中心印发《海上搜救应急值守规范》，推进海上搜救应急值守工作的标准化、规范化建设，实现值守工作高效、规范、有序运行，及时妥善处置海上突发事件，最大限度地避免或减少海上突发事件造成的人员伤亡、水域污染和财产损失。

2020 年 6 月 30 日，浙江省政府办公厅印发《关于进一步加强水上搜救工作的通知》，提出到 2025 年浙江省基本形成全方位覆盖、全天候运行、全水域协调和响应迅速、处置高效的现代化水上应急处置体系，水上搜救能力全面提升，应急效率和处置效果达到全国先进水平。同时，该通知还对健全水上搜救机制体制、着力完善水上搜救规划和预案、推动水上搜救法规和标准体系建设等具体事项做了明确规定。2001—2021 年宁波市海上搜救中心水上搜救情况见表 2-6-1。

2001—2021 年宁波市海上搜救中心水上搜救情况统计表　　表 2-6-1

年份（年）	搜救行动（次）	获救人员（个）	获救船舶（艘）
2001	50	119	21
2002	84	212	33
2003	89	290	7
2004	119	391	93
2005	165	386	183
2006	128	444	117
2007	56	399	53
2008	94	725	86
2009	93	1267	89
2010	88	1078	78
2011	51	569	35
2012	50	488	34
2013	69	628	57
2014	73	603	53
2015	80	302	31
2016	55	521	46
2017	44	388	37
2018	56	391	34
2019	64	574	39
2020	32	306	29
2021	46	301	23

说明：表中数据不含商业救助。

第二节　救助力量与应急演习

一、救助力量

宁波市海上搜救中心按照专业救助力量与社会救助力量相结合、自救与互救相结合等方针，组织实施海上救助与应急工作。

宁波市域范围内的搜救力量主要有海巡艇、拖轮、渔政艇、港航巡艇、清污船、打捞船、救助船、社会志愿者救助力量等。

二、搜救应急演习

2004 年 9 月 21 日，宁波海事局组织宁波市海洋与渔业局、宁波港集团公司及宁波市卫生局等宁波市海上搜救中心成员单位，在北仑水域举行当时宁波市规模最大的一次海上搜救综合演习，海事、渔政及社会其他力量等共 13 艘船舶、1 辆 120 急救车及 200 多名工作人员参加。

2009 年 9 月 4 日，“多部委、海陆空、北京、杭州、宁波”同步进行、我国有史以来最大规模海上演习——2009 年国家海上搜救桌面演习暨东海搜救演习在浙江宁波-舟山核心港区海域举行。交通运输部部长李盛霖和浙江省省长吕祖善担任此次演习的总指挥，并分别在北京的中国海上搜救中心和杭州的浙江省海上搜救中心坐镇指挥。交通运输部副部长徐祖远，浙江省委常委、宁波市委书记巴音朝鲁，浙江省副省长王建满在宁波海上演习现场进行指挥、指导。国家海上搜救部际联席会议成员单位负责人在中国海上搜救中心总值班室参与桌面推演。国务院各部委、沿海 14 个省（自治区）的海上搜救机构领导、浙江省政府、宁波市政府的领导及浙江省群众代表共计 1000 多人观摩演习。

2019 年 6 月 9 日，宁波市海上搜救中心组织举行 2019 年度安全救助应急演习，宁波海事局、东海救助局宁波基地、宁波舟山港股份有限公司（含下属油港轮驳分公司）、宁波引航站、参演大型集装箱船所属公司、比利时博格德马丁公司上海代表处、志愿者队伍等多家单位参加。

2019 年 6 月 26 日，2019 年宁波市海上大型集装箱船防台应急演习在穿山港区举行。本次演习由宁波市海上搜救中心主办，宁波海事局和宁波舟山港股份有限公司承办，东海救助局宁波基地、北仑区 120 急救中心及北仑第三集装箱有限公司等单位协办。宁波市应急管理局、宁波市交通局、宁波市卫健委等 25 家单位到场观摩。

2019 年 6 月 27 日，2019 年宁波象山水上客运应急救助演练在象山县石浦港水域成功举办。宁波海事局、宁波市港航局、象山县应急管理局、宁海县交通局以及辖区水路客运企业等 11 家单位到场观摩。

三、搜救成果及典型案例

1999 年 3 月 5 日 06 时 49 分，宁波海监局接报：“森海 4”轮与“东港湾 18”轮（载重吨 4100 吨，装载柴油 4000 吨）在金塘锚地相撞，“东港湾 18”轮前舱进水。宁波海监局立即派出监督人员和“甬监巡 22”轮赴事故现场组织救助工作。08 时左右，“东港湾 18”轮在“甬监巡 22”轮和“消拖 1”轮的协助下，顺利靠上镇海 17 号泊位。

2002 年 1 月 14 日 22 时 20 分，宁波市海上搜救中心接报：“浙椒机 236”轮在牛鼻山水道海域触礁，7 名船员弃船逃生。宁波市海上搜救中心立即指派“海巡 112”赶赴出事海域，成功将 7 名船员救至海巡艇上。

2003 年 5 月 3 日 05 时 50 分，宁波市海上搜救中心接报：“信盈”轮在金塘锚地与锚泊油船“明州 25”发生碰撞，“信盈”轮机舱破损进水，船尾部下沉。宁波市海上搜救中心立即指派“海巡 111”赶赴事故现场，将“信盈”轮上 18 名船员安全转移，并采取过驳减载等措施，使险情得到控制。

2004 年 3 月 6 日 14 时 33 分，宁波市海上搜救中心接报：“东楚 29”轮（大冶水利航运公司所属，总吨 497，载重吨 950 吨）因主机故障，在 29°57.8N/121°57.3E 处触礁，船上 10 名船员遇险。宁波市海上搜救中心立即指派“海巡 111”和“海巡 1109”迅速赶赴现场，及时将 10 名船员安全救助上岸。至 22 时 32 分，该轮在“港拖 16”轮协助下成功脱浅。

2005 年 4 月 15 日 01 时左右，宁波市海上搜救中心接报：“建兴 18”轮在镇海甬江口 16 号化工泊位调头时，与进口的“浙三机 310”轮发生碰撞，造成“浙三机 310”轮当场侧翻，船上 7 名船员遇险。宁波市海上搜救中心立即指派“海巡 1101”“海巡 1104”“海巡 1110”等船舶赶赴现场开展搜救，并成功将遇险船员救出。18 日 18 时，“浙三机 310”轮被打捞清除，甬江航道恢复畅通。

2014 年 12 月 21 日 23 时 55 分，宁波市海上搜救中心接报：慈溪市伏龙山码头外 2 千米处，一艘小船搁浅超过 12 小时，船上 3 人遇险。宁波市海上搜救中心立即派员并协调东海救助局宁波基地赶往现场组织搜救，同时，通知慈溪市政府相关部门组织附近渔民及消防等力量迅速开展救助。08 时 08 分，东海救助局派出直升机“B-7346”前往现场，成功救起 3 名遇险人员。

2015 年 2 月 20 日 17 时 55 分，宁波市海上搜救中心接报：宁海籍休闲渔船“浙宁渔休 66031”轮在横山岛附近水域搁浅，船上共 11 人，其中旅客 10 人。宁波市海上搜救中心立即指派“海巡 07125”和峡山边防共同前往现场救助，同时通报宁海县政府，要求协调组织附近小渔船参与救助。18 时 47 分，10 名旅客全部安全转移至“海巡 07125”上。19 时 15 分，“浙宁渔休 66031”轮乘潮脱浅成功并靠泊宁海峡山码头。

2016 年 2 月 19 日 10 时 53 分，宁波市海上搜救中心接报：宁波籍干货船“汉陆 88”轮在象山港峡山水域驾驶台着火，船上 6 人遇险。宁波市海上搜救中心立即启动应急预案，指令“海巡 07125”前往现场组织开展应急处置，协调过往船舶“利安 368”“汉陆 168”“中国渔政 33211”前往救助，并协调宁海县水上应急消防救援队参与灭火。11 时 18 分，“海巡 07125”到达现场，成功营救 6 名遇险人员，随后船舶火灾被扑灭（图 2-6-1）。

图 2-6-1　2016 年“汉陆 88”应急处置现场

2017 年 7 月 24 日 00 时 35 分，宁波市海上搜救中心接报：舟山籍油船“元翔 16”轮在象山礁尾岛水域搁浅，船上 10 人遇险。宁波市海上搜救中心指派“海巡 07129”“甬港拖 9”前往现场开展应急处置。02 时 30 分，“海巡 07129”到达现场，成功营救 10 名遇险人员。06 时 39 分，“元翔 16”轮在海巡艇及拖轮协助下乘潮脱浅。

2019 年 3 月 28 日 03 时 41 分，宁波市海上搜救中心接报：广州籍多用途船“泰龙 198”轮在象山南韭山以西 3 海里处机舱失火，可能沉没，船上有 5 名船员。宁波市海上搜救中心立即指令“海巡 22”“海巡

0715”“海巡 0717”,并协调消防拖轮“协海之鲲”,前往现场实施救助。04 时 20 分,5 名遇险人员全部被安全转移至“海巡 0717”。09 时 43 分,“甬港消拖 5”轮将失火船舶上的明火扑灭。

2020 年 1 月 29 日 13 时 53 分,佛渡岛附近水域 2 人乘坐皮划艇时遇险,宁波市海上搜救中心接报后立即采取行动,联合港区派出所民警,指派正在附近游弋值守的“海巡 07008”奔赴搜救,利用海事专业知识科学确定搜寻范围和路线,最后于 14 时 25 分成功将 2 名求救人员安全救起。

2021 年 12 月 8 日 10 时 15 分,宁波市海上搜救中心接报:台州籍干货船“安泉州 188”轮于 03 时左右在象山下湾门航道外触礁破损进水后,抵达下湾门航道北侧冲滩,船上 5 人急需救助。宁波市海上搜救中心立即启动应急预案,指导“安泉州 188”船员穿好救生衣,按照应变部署积极开展自救,并指派“海巡 07120”前往现场救助。10 时 50 分左右,船上 5 人全部转移到“海巡 07120”,随即“安泉州 188”轮沉没。

第七章　法治管理

海事法治建设是海事管理工作的一项重要内容。宁波海事(海监)局以《法治政府实施纲要》为引领,不断完善法规制度框架,先后制定一系列符合辖区实际的海事规范性文件,参与省、市地方性法规和规章的制定,为辖区海事监管执法工作提供了较为完备的执法依据,行政处罚、行政强制、行政许可、行政检查、法制宣传等工作得到有序开展。

第一节　法规建设

一、海事规范性文件

完善海事法规体系是确保依法行政工作顺利开展的前提。1996 年以来,宁波海事(海监)局根据国家法律和上级文件,制定了一系列规范性文件,为保证海事执法工作的规范有序开展发挥了重要作用。

2010 年 7 月 1 日,交通运输部海事局颁布了《中华人民共和国海事局海事规范性文件制定程序规定》,自 7 月 1 日起,关于辖区内监管事项的规范性文件统一由浙江海事局发布施行,不再以分支机构名义对外发布。

1998 年 2 月 5 日,宁波海监局印发《宁波海监局规范性文件制定程序》,明确规定了规范性文件的制定原则、形式、计划和流程,提高了规范性文件的制定效率,保证了规范性文件的制定质量。

2003 年 5 月 8 日,宁波海事局印发《宁波海事局海事规范性文件制定办法》,在原《宁波海上安全监督局规范性文件制定程序规定》的基础上,进一步促进海事规范性文件制定工作的科学化、规范化、制度化。

2003 年 11 月 4 日,宁波海事局印发实施《宁波内河旅游交通安全监督管理规定》,旨在加强内河交通安全管理,维护水上交通秩序,保障人命、财产安全,促进水上旅游事业发展。

2006 年 8 月 1 日,《宁波穿白水域通航安全监督管理规定》正式颁布施行。2014 年 1 月 1 日,宁波海事局颁布了修订版《宁波穿白水域通航安全监督管理规定》。该规定对规范宁波穿白水域船舶航行、停泊、作业发挥了积极作用,有效维护了宁波穿白水域的通航环境,保障了该水域水上安全形势的持续稳定。后因该水域通航环境、船舶流通密度有所变化,宁波海事局先后于 2017 年、2021 年进行修订调整,上报浙江海事局审议后公布。

2007 年 7 月 31 日,宁波海事局印发实施《宁波金塘七里锚地定点锚泊管理规定》,旨在按照“安全有序、规范高效”的原则,合理安排,强化动态监控,切实加大对辖区船舶锚泊秩序的管理力度。

2010 年 6 月 3 日,宁波海事局推动中华人民共和国海事局发布《宁波-舟山港核心港区深水航路船舶定线制》《宁波-舟山港核心港区深水航路船舶报告制》(中华人民共和国海事局公告 2010 年第 3 号),同时,浙江海事局印发《宁波-舟山港核心港区深水航路船舶定线制管理规定》。定线制和报告制的实施,从制度上规范了宁波-舟山核心港区的船舶交通秩序，为船舶进出宁波-舟山港打造了一条安全、快捷的水上“高速公路”。2016年，随着宁波舟山港快速发展，条帚门航道和梅山进港航道相继建成并投入使用，核心港区船舶交通格局发生较大变化，宁波海事局推动中华人民共和国海事局修订发布关于《宁波舟山港核心港区深水航路船舶定线制》《宁波舟山港核心港区深水航路船舶报告制》，同时浙江海事局修订实施《宁波舟山港核心港区深水航路船舶定线制管理规定》。

2012年10月1日，宁波海事局施行《宁波海事局辖区能见度不良时船舶航行、锚泊和作业管理规定》，有效维护了宁波海事局管辖水域能见度不良时船舶航行及锚泊秩序，保障了水上交通安全。

2013年7月15日，宁波海事局施行《宁波海事局辖区水上防台监督管理规定》，进一步规范了辖区台风季节水上安全监督管理，维护了水域交通秩序，保障了船舶、设施和人命财产安全。

2014年6月1日，宁波海事局施行《虾峙门口外深水航槽通航安全管理规定》，全面加强虾峙门口外深水航槽通航安全管理，保障船舶、设施和人命安全及深水航槽畅通，防止船舶污染海域。

2016年8月1日，宁波海事局施行《宁波舟山港核心港区船舶交通管理系统安全监督管理规则》，进一步加强船舶交通安全管理，保障船舶航行安全，维护水域交通秩序，提高船舶营运效率。《宁波船舶交通管理系统安全监督管理规则》同时废止。

二、参与地方立法

1996年1月1日，宁波海监局贯彻实施交通部颁布的《宁波水上安全监督管理规定》，标志着宁波市水上交通安全迈入规范化、法治化监管的新阶段。

2004年11月1日，宁波海事局推动地方印发《宁波市河道管理条例》。该条例明确规定了交通、环保、海洋与渔业、国土资源、规划、发展计划、农业、海事等行政管理部门，应按照各自职责协同做好河道管理工作。

2011年9月1日，宁波海事局推动地方印发《宁波市建筑垃圾管理办法》，明确规定了水上运输建筑垃圾的路线、时间应由海事管理机构会同水行政主管部门、海洋行政主管部门、交通行政主管部门协商确定。

2013年2月15日，宁波海事局推动地方印发《宁波市东钱湖水域管理办法》，对湖区水工活动、涉水旅游运输、大型体育活动、游艇管理、水污染防治等的开展提供强有力的法制保障。

2015年9月1日，宁波海事局全力推进《浙江省水上交通安全管理条例》贯彻实施。该条例为浙江省第一部对水上交通安全进行系统规范的地方性法规，首次提出了大量与海事执法紧密相关的内容。

2017年4月13日，宁波海事局起草辖区内河通航水域划定并报宁波市人民政府公布《宁波市人民政府关于公布宁波市内河通航水域（第一批）的通告》，标志着宁波市首次以政府公告的形式，明确了内河通航水域范围，为有效厘清内河水域管理职责边界，保障内河通航水域水上安全，提供了重要支撑。

第二节　法制建设

一、法制机构

2013年以来，为深入贯彻落实《中共中央关于全面推进依法治国若干重大问题的决定》《国务院关于印发全面推进依法行政实施纲要的通知》《中华人民共和国海事局关于推进法治海事建设的意见》,宁波海事局成立了以局长为组长,其他局领导为副组长,相关部门负责人为成员的依法行政(建设法治海事)工作领导小组,加快推进法治海事建设。

二、法制机制

(一)行政处罚

1996年后,水上安全监督管理工作中的行政处罚所依据的法律法规经历多次重大调整:1996年10月1日起,《交通行政处罚程序规定》《中华人民共和国行政处罚法》施行;1998年10月1日起,《中华人民共和国水上安全监督行政处罚规定》施行;2003年9月1日起,《中华人民共和国海上海事行政处罚规定》施行。

1997年8月29日,宁波海监局印发《关于调整行政复议办公室成员和成立行政处罚听证委员会的通知》,决定成立"宁波海监局行政处罚听证委员会",保障当事人充分行使依法享有要求听证的权利。

1997年10月10日,宁波海监局印发《宁波海监局行政处罚听证程序实施细则》进一步规范行政处罚听证程序,保护当事人依法享有要求听证的权利。

1997年,宁波海监局根据《中华人民共和国行政处罚法》,修改完善宁波海监局《行政处罚程序规定》。

2001年,浙江海事局印发《关于规范行政处罚工作的通知》,明确海事行政处罚文书样式和各级海事机构的行政处罚权限。2001年9月29日,宁波海事局发布《关于规范局行政处罚有关事项的通知》,对行政处罚相关的行政处罚权限、处罚案件的移送、行政处罚文书、罚款收缴、涉嫌刑事犯罪案件的移送、备案、行政处罚档案管理及其他事项进行了明确规定。

2003年4月29日,宁波海事局制定印发《宁波海事局行政处罚文书立卷归档办法》,明确规定了行政处罚立卷、归档、档案管理的相关要求。

2004年1月15日,宁波海事局印发《关于明确海事行政处罚文书制作和使用有关事项的通知》,明确规定了处罚文书的使用、印制、案号、编号、文书填写等内容。

2010年4月7日,宁波海事局制定印发《宁波海事局轻微违法行为警告工作须知(暂行)》,明确规定了给予轻微违法行为警告的适用条件及实施程序。

2012年10月,宁波海事局编制印发《宁波海事局行政处罚指导手册》。该手册在全面梳理法律法规的相关规定和上级部门对行政处罚工作要求的基础上,对2012年交通运输部海事局和浙江海事局行政执法评议考核提出的最新要求进行了详细规定,对行政处罚工作中的疑难案例进行了深入分析。

2016年10月,宁波海事局创新推出行政处罚快办快结工作机制,形成了合法、规范、智能、高效的行政执法"宁波经验",通过实施"三减三优""层层催办"等举措,实现了调查取证快、内部处理快、案件执行快,常见行政处罚从原先的平均一个半月缩短到5天内办结。宁波海事局优化证据采集、违章纠正、处罚执行等环节,实施海事罚没款缴纳电子支付,畅通司法行政协作路径,有效提高现场调查的执法效率,解决了长期以来困扰基层的"执行难"问题。宁波海事局还根据辖区实际,形成了21项典型常见违法行为快办快结指南,实现常见违章行为查处格式化模板化,并首创行政处罚电子证据采集规范,明确规定了海事行政处罚电子证据采集和管理规则。

2019 年 3 月 27 日，宁波海事局创新执法模式，成功实施首例“非接触式”违章案件查处，案件办理仅耗时 1 个工作日。“非接触式”违章案件查处是指以海事信息化监管设备和业务管理系统为依托，针对特定违法行为开展违章船舶智能识别、案件证据电子采集、处罚信息远程告知，实现案件查处与当事人“零接触”的行政处罚新模式。12 月，宁波海事局推出“非接触式”违章案件查处指南，进一步规范查处流程。

2020 年 8 月，宁波海事局推行行政处罚“查处分离、集中办理”模式，在全面实施行政处罚快办快结机制的基础上，进一步优化行政处罚办理模式，包括设立行政处罚专职法制工作组、建立流转顺畅的内部工作流程，实现违章调查和处理的全面分离，违章处理更加规范高效。2011—2021 年宁波海事局行政处罚情况见表 2-7-1。

2011—2021 年宁波海事局行政处罚情况一览表 表 2-7-1

年份(年)	处罚件数(件)	金额(万元)
2011	1431	1217
2012	1194	803.7
2013	1059	626
2014	1390	789.7
2015	1610	984
2016	1840	1028.3
2017	3071	1628.8
2018	3803	1948
2019	4692	2583
2020	5604	3468.1
2021	6820	5881.5

(二)行政许可

2003 年 8 月 27 日，《中华人民共和国行政许可法》开始实施。2006 年 4 月 1 日，《中华人民共和国海事行政许可条件规定》施行，该规定从通航管理、船舶管理、船员管理、防污防危管理及其他海事行政管理等 5 个方面，分为 22 个大项、44 个小项，具体规范了海事行政许可条件。

2004 年 7 月 1 日起，宁波海事局按照《中华人民共和国行政许可法》和交通部海事局、浙江海事局贯彻实施意见的要求，在清理现行海事规范性文件、调整海事许可项目、规范行政执法程序等工作的基础上，全面推行海事行政许可，实现行政许可受理、审核、审批三分离，调整对各海事处的业务授权，并按规定实施行政许可。

(三)行政强制

2012 年 1 月 1 日，《中华人民共和国行政强制法》施行。行政强制执行是法律保障行政机关履行职责的措施和手段，依法用好行政强制执行，有利于加强海上交通安全监督管理，确保行政决定得到有效执行(图 2-7-1)。

图 2-7-1　2012 年宁波海事局开展《行政强制法》培训

2015 年，宁波海事局制定《宁波海事局关于涉嫌违法及非诉强制执行案件移送工作的指导意见》，明确规定了无证驾驶机动船舶及非诉强制执行案件移送的实施依据、适用情形、情节认定和办案要点。

2016 年 6 月 9 日，宁波海事局将涉嫌多起严重违章行为的内河甲板货船由梅山押解至北仑环海重工船厂，执行扣押船舶 30 日的行政强制决定。这是宁波辖区内对船舶实施的首例行政强制扣押。

2016 年 6 月 15 日，宁波海事局发布实施《宁波海事局船舶行政强制扣押及涉嫌违反治安管理案件移送指导意见》。

2016 年 9 月 20 日，宁波海事局完成"卡特琳娜"轮与"鲁荣渔 58398"轮碰撞事故涉罪案件刑事移送。2017 年 8 月 16 日，该事故涉事菲律宾籍二副一审判决获刑，成为国内首起由最高人民法院指定宁波海事法院审判的海上刑事案件。

2017 年，宁波海事局与宁波市公安边防支队、宁波海事法院等单位，围绕具体工作中涉及的法律适用、情节认定、文书送达等问题开展交流探讨，形成《宁波市边防支队关于明确无证驾驶机动船舶案件办理若干问题的通知》。

2017 年 11 月，宁波海事局首次成功申请宁波海事法院强制执行 2 起涉及砂石船违法行为，且处罚对象拒不履行行政处罚决定的行政处罚典型案件。

2018 年 2 月 6 日，宁波海事局 2 起非诉强制执行案件当事人，因有履行能力而拒不履行生效法律文书确定的义务和违反财产报告制度，首次被宁波海事法院列入"全国法院失信被执行人名单"，并被限制高消费行为。

2018 年 4 月 5 日，宁波海事局首次对无证驾驶商船船员雇佣方进行移送拘留。

2018 年 4 月 23 日，宁波海事局在全国海事系统首次以妨碍公务执行的名义，对违法船员及船东实施移送行政拘留。

2020 年 10 月 16 日，宁波海事局完成全国首单船舶线上司法扣押手续，标志着宁波海事法院与浙江海事局共同研发的全国首个船舶司法扣押在线办理平台正式启用，真正实现了船舶司法扣押的"零上门"。

至 2021 年底，宁波海事局共依法将 38 起拒不执行行政处罚决定的案件，向宁波海事法院提起非诉强制执行并得到受理。

（四）行政指导

2014 年 12 月，根据国务院《全面推进依法行政实施纲要》《交通运输部关于全面建设交通运输法治政府部门的若干意见》，浙江海事局印发《浙江海事局关于加强海事行政指导的意见》。

2015 年 2 月，根据上级文件精神，宁波海事局正式推出《宁波海事局行政指导实施办法》。该办法确立了法治部门牵头，局机关职能部门组织协调、监督指导，基层海事处和处室办事机构具体实施的工作机制，并明确具体职责分工。办法细化设定一般程序、简易程序和特别程序等 3 种行政指导流程及“安全建议、项目辅导、行为劝诫、事项提醒、信息公示”等 5 种主要指导方式，填补以往行政指导程序空白的缺陷，强化行政指导工作的针对性和可操作性。

至 2021 年，宁波海事局结合现场执法、政务办理、公司走访等日常监管工作，行政指导规范化水平显著提升。宁波海事局充分利用安全建议和项目辅导等行政指导手段，强化对地方政府和相对人的安全管理指导，切实提高了海事监管服务能力。

（五）信用机制

2018 年，宁波海事局推进海事信用信息数据库建设。按照“谁作出具体行政行为，谁负责信用信息采集录入”的原则，宁波海事局组织事故、安检滞留、规费征稽等 6 大类信用信息的集中采集和日常采集、维护，逐步建设海事信用信息数据库。

2019 年 8 月，宁波海事局正式向“信用宁波”平台输送海事信用信息，主动对接信用宁波建设领导小组办公室，将海事行政处罚、水上交通事故、诚信船舶等 7 类信用信息纳入“信用宁波”平台，同时作为信用宁波建设领导小组成员，深度参与宁波市社会信用体系建设。

2019 年 10 月 1 日，宁波海事局正式实施政务办理综合信用管理制度，根据各类申办主体在政务窗口办理业务的实际情况，对申办主体的信用状况进行综合评价，进行激励和惩戒。该制度确定“政务办理过程中弄虚作假的信息、通过不正当途径获取政务办理结果的信息、违规使用政务办理结果的信息”等 9 类失信信息，同时确定“积极履行政务信用承诺的、积极举报或配合查处政务失信行为的”等 4 类守信信息，并明确规定了信息采集、登记、评价、发布、修复等工作流程。

2020 年 10 月 21 日，宁波海事局与宁波银保监局签署《助力世界一流强港建设 打造现代航运金融服务合作备忘录》，在国内推出首个以海事信用为基础的现代航运金融服务机制，包括 7 个方面共 19 项具体举措，帮扶安全诚信公司和安全诚信船舶在信贷准入、还款方式、保险费率、船舶抵押等方面获得相应的优惠和便利。该备忘录明确规定了双方建立信用信息共享机制，合力推进航运企业风险管控等内容，共同营造诚信经营、安全发展的良好行业氛围（图 2-7-2）。

图 2-7-2　2020 年《助力世界一流强港建设 打造现代航运金融服务合作备忘录》签字仪式

2021年7月23日，宁波海事局联合宁波银保监局发布《关于促进现代航运金融发展的通知》，明确提出了支持世界一流强港建设，提供差异化航运金融服务等10个方面的具体举措。10月13日，宁波海事局协同宁波银保监局推出航运金融点对点精准服务，为宁波甬旺航运有限公司等4家信用良好的航运企业解决融资难问题。

三、法制队伍

（一）持执法证人员

2000年2月，根据《交通部关于深化部属单位人事制度改革意见》精神，交通部海事局在北京召开的直属海事系统工作会议上，决定在直属海事系统推行执法人员考任制，并确定先在上海海事局进行试点，主要对在职职工进行适任资格考试和综合测评，合格者签订执法岗位上岗协议。

2001年，交通部海事局决定扩大执法人员适任考试试点范围，于3月7日印发《关于海事系统执法人员考任制试点工作指导意见》，宁波海事局被列为扩大试点单位之一。该指导意见明确适任考试包括考试和考核2项内容，并针对不同对象制定符合实际情况的考试内容。适任考试内容分为政治常识与职业道德、基本法律法规、基本行政能力、相关专业知识和基本技能等4个部分。5月，交通部海事局明确规定海事执法人员适任资格考试分为录用考、适任考和晋升考3类。

2001年，宁波海事局开展执法人员考任制试点工作，包括起草执法人员考任制试点工作实施意见、试点工作实施办法、考试实施细则和考核实施细则等文件，按计划推进实施；同时，完成执法岗位准入、适任考试考前培训，根据试点系统和相关单位的工作情况及职工的实际需要，安排实施海事执法人员适任考、准入考考前辅导。试点单位宁波监督站14名执法人员全部通过适任考考试、考核，26名非执法岗位人员参加准入考，23人通过理论考试，5人被录用到执法岗位工作。

2002年2月4日，交通部海事局就执法人员考任制试点工作来宁波海事局检查调研。是月，宁波海事局首次向社会公开招考具有甲类船长、轮机长适任证书的人员，经考试、体检和考核等招聘程序，最终录用人员11名。

2002年5月28日，交通部海事局在直属海事系统全面推进执法人员考任制的实施工作，印发《直属海事系统实施执法人员考任制的指导意见》，对实施执法人员考任制的适用范围、基本内容、适任资格考试、竞争聘用（任）上岗等事项作出规定。该指导意见明确规定执法人员考任制主要包括适任资格考试和竞争上岗、择优聘用等内容，适任资格考试分为录用考、适任考和晋升考3类，适任考分为A、B2类。各直属海事局机关及分支机构机关的执法职位实行A类考试，科目为《海事基础》和海事《管理实务》，基层海事处等的执法职位实行B类考试，科目为《海事基础》和海事《职位技能》。各直属海事局机关及分支机构机关的综合管理职位参照执法职位管理，并实行A类考试，但《管理实务》内容应按职位不同有所区别。此外，交通部海事局还印发了《直属海事系统执法人员考任制适任资格考试大纲》。

2002年9月28日，交通部海事局印发《直属海事系统执法人员适任资格考试与培训工作实施细则》，对执法人员适任资格考试的培训内容、教材、学时、师资，适任资格考试的组织、试题、时间、补考等作出规定；鼓励直属海事系统非执法人员通过参加执法人员适任资格的培训和考试，进入执法职位从事执法工作；鼓励执法人员通过参加规定的考试，取得多个执法职位的适任资格。

2021年12月，宁波海事局持证执法人员数量达721名。其中，35周岁以下的执法人员占40%，

35—40 周岁的执法人员占 19.5%；40—45 周岁执法人员占比 5.6%，45—50 周岁执法人员占比 10%（图 2-7-3）。

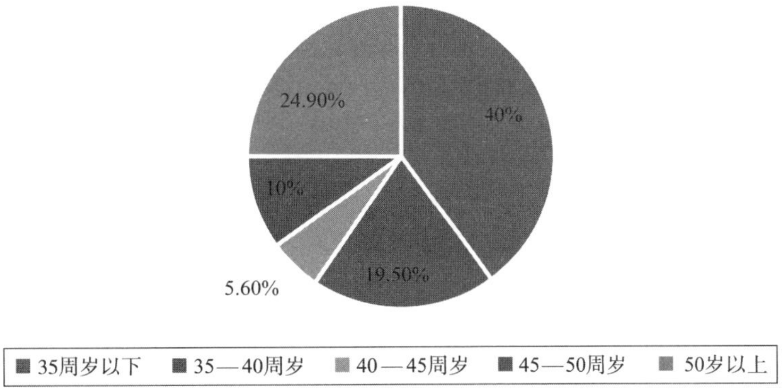

图 2-7-3 2021 年宁波海事局执法人员年龄段分布

本科以上学历执法人员占比为 90%，其中研究生以上学历占 23%。局机关执法人员和非执法岗位执法人员仅占 16% 和 6%，其余 78% 的执法人员均衡分布在 9 家海事处和 3 家处室办事机构。执法人员专业主要分为海事相关和非海事相关两大类，分别占比为 46.1%、53.9%。海事类专业中主要以航海驾驶、轮机工程和海事（航政）管理为主，非海事类专业中以管理类、法学类专业为主（表）。2010—2021 年宁波海事局执法人数见表 2-7-2。

2010—2021 年宁波海事局执法人数一览表

表 2-7-2

年份（年）	持证人数（人）	年份（年）	持证人数（人）
2010	421	2016	609
2011	441	2017	629
2012	451	2018	642
2013	480	2019	655
2014	534	2020	684
2015	601	2021	721

（二）督察员队伍

2011 年 7 月，宁波海事局印发《宁波海事局行政执法监督制度》，明确规定各执法单位、部门应配置 1 名督察人员。局机关各执法部门、各直属执法单位督察人员的职责包括配合相关新法律、法规的宣贯，配合参与局各项执法监督任务，组织开展所属部门具体业务的职能监督。各基层执法单位督察人员应承担对所属单位具体执法行为的指导及日常监督工作，协助局法制部门做好执法证申领和年审等相关管理工作，指导所属单位政务公开工作的落实情况，协助局法制部门处理对所属单位、执法人员违法或不当执法行为的举报或投诉等工作。

根据《中华人民共和国海事局海事行政执法督察管理办法》，督察人员分甲、乙两级。甲级督察人员可以监督全国海事系统的行政执法活动，乙级督察人员可以监督所属省级辖区的海事行政执法活动。2012 年 1 月，宁波海事局建立内部督察员队伍。2013 年，宁波海事局在原督察员队伍基础上，通过推荐、评估、考核，选拔了 20 名同志为乙级督察员，并推行以 AB 岗和督察员轮训机制为基础的“以老带新”培养模式，促进督察员整体素质稳步提升。

2016 年 3 月，宁波海事局推进督察员、体系管理员岗位职能整合，实现两员合一，初步建成高效化、精准化、专业化的法制管理骨干团队。

截至 2021 年底，宁波海事局共有甲级、乙级督察员 23 名，其中甲级督察员 4 名，平均年龄 42 岁，硕士研究生学历占比为 75%；乙级督察员 19 名，平均年龄 39.7 岁，40 周岁以下占比为 68%，硕士研究生学历占比为 26%，大学本科学历占比为 74%。

（三）法制工作组

2002 年，宁波海事局制定印发《宁波海事局兼职法规员设置办法》，明确规定兼职法规员的主要职责包括行政审批项目实施备案审核，对行政处罚、行政强制措施实行审核会签，验收行政处罚卷宗，对各项法律法规在辖区内的实施情况组织调查研究并提出相应的管理建议等。该办法还规定兼职法规员的任用实行推荐考任制，任职条件包括 45 周岁以下，大专以上文化程度，在执法岗位任职，经执法岗位培训合格，具有半年以上海事行政执法经历，无违法执法、违纪记录。

2004 年，宁波海事局在局属各海事处综合办公室设置法制主管岗位，各海事处配备兼职人员，协助法制主管履行职责。

2005 年 3 月 2 日，宁波海事局制定印发《关于海事处法制工作人员履行职责的通知》，设置两级法制岗位，建立健全法制工作人员履行职责工作机制，形成法制工作骨干队伍，做好行政预审、法制参考、上下传达沟通等工作。局机关设专职法制人员 1 名，各海事处、巡查执法支队设置法制主管和兼职法规员各 1 名。

2020 年 8 月 14 日，宁波海事局印发《宁波海事局关于印发推行行政处罚“查处分离、集中办理”模式实施意见的通知》，推动基层执法单位设立行政处罚专职法制小组，负责行政处罚集中办理。法制小组设在综合办公室，原则上不少于 3 人，个别安检数量较少的海事处可减少至 2 人。法制小组组长负责从事行政处罚决定审核，其任职资格需满足《海事行政处罚程序实施细则》的规定，其他成员优先由具备丰富现场执法或法制管理经验的人员担任。

（四）法治服务团队

2018 年 12 月 7 日，宁波海事局成立法治服务团队，由法规规范处归口管理。该团队以推进宁波海事局法治海事建设水平达到海事系统前列为目标，通过工作室培养，凝聚了一批素质精良的海事法律专业人才，引领全局依法行政工作的规范开展，推动解决海事依法行政和职能转变进程中遇到的执法疑难问题，培育浓厚法治氛围，助力法治海事建设进程。

宁波海事局法治服务团队自成立以来，在开展法治基础研究、指导基层规范执法、强化法治宣传教育、拓展对外法治交流等方面发挥了引领和骨干作用，助力宁波海事局法治海事建设水平达到海事系统前列。

（五）法律顾问

法律顾问制度是依法治国战略不断推进过程中推进“法治海事”建设的具体举措，有助于促进海事依法行政和实现海事治理能力现代化水平提升，提高决策科学化、民主化水平。受聘法律顾问主要参与重大行政决策合法性审查、海事法律法规体系研究和规范性文件审查、重大合同审查、疑难纠纷调处等工作。

2017 年 3 月 31 日，宁波海事局举行法律顾问聘任仪式，聘请来自宁波大学法学院、上海瀛泰律师事务所 2 家单位的胡正良、徐全忠、徐伟、王慧 4 位专家为宁波海事局法律顾问（图 2-7-4）。

图 2-7-4　2017 年宁波海事局法律顾问聘任仪式

2020 年 6 月 1 日，宁波海事局聘请北京炜衡（杭州）律师事务所毛利忠、徐润律师为宁波海事局法律顾问。

（六）公职律师

公职律师是国家行政部门设立的政府律师，属于本机关、本单位在编在岗的公职人员，主要负责办理本机关法律事务，以提高政府机构依法行政水平，在法律上维护国家利益。

截至 2021 年底，宁波海事局共有 2 名公职律师，另有 4 名法治工作骨干已通过公职律师岗前培训。

（七）海事研究会

2009 年 3 月 3 日，成立宁波海事局海事研究会，制定了《宁波海事局海事研究会章程》。海事研究会的主要任务是跟踪国际公约和技术规范的现状及发展动态，研究国际先进海事监管模式，根据辖区海事监管实际开展对策性研究，不断提高局海事安全监督决策能力和履约能力，提升整体海事监管水平。2010 年 4 月 2 日，海事研究会下设通航、船舶、危防、法制和综合 5 个研究小组，并设立特聘顾问，指导开展研究工作。2011 年，海事研究会会员队伍壮大至 112 人，研究小组从原来的 5 个扩充至 8 个，各研究小组组长分别由相关业务领军人才担任，推行“1 名组长 +2 名副组长 +3 名小组核心成员”的“1 +2 +3”管理办法，保障了各领军人才在其业务领域的引领与辐射作用。

四、普法宣传

为做好海事普法宣传工作，宁波海事（海监）局制定从“三五”（1996—2000）到“七五”（2016—2020）的法制宣传教育规划，针对《中华人民共和国行政诉讼法》《中华人民共和国安全生产法》《中华人民共和国海上交通安全法》《浙江省水上交通安全管理条例》等重要法律法规开展法制宣贯，不断充实执法人员海事法律知识体系，利用微信公众号、政务大厅、受理窗口、报刊栏、港口、渡口、码头等宣传阵地开展对外法制宣传，通过讲座、走访以及“12・4 法制宣传日”“6・5 世界环境日”“安全生产月”活动等形式，广泛宣传海上交通安全法规知识，主动为行政相对人提供法律咨询服务（图 2-7-5）。

图 2-7-5　普法宣传

1999 年，宁波海监局加强对港航单位和船员培训机构关于船员教育和培训质量管理规则、水上水下施工作业通航安全管理规定等公约、法规的宣传。同时，宁波海监局还加强对船员的水上交通安全法规宣传教育，针对小型船舶船员素质差、安全意识淡薄、处罚管理效果不明显的特点，增强宣传工作力度，印发《宁波水上安全监督管理规定》《95 年至 99 年 3 月宁波港区吸、运沙船事故汇编》等宣传资料 2000 多份。

2002 年，宁波海事局利用走访、分发宣传资料等形式，加强与当地政府和船舶单位的联系沟通，宣传《浙江沿海主要公共航路锚地公告》《内河交通安全管理条例》《海上滚装船舶安全监督管理规定》等水上交通安全法规，旨在提高广大船员及相关人员的水上交通安全意识。

2006 年，宁波海事局建立普法联络员制度，一般由各基层单位的综合办公室主任（或党支部书记、法规员）兼任，建立“综治普法”模块的电子台账。

2012 年 4 月，宁波海事局在官方微博和外网推出了“每周说法”栏目，向全局干部职工和社会公众发布法治动态信息，提供海事法规政策，结合典型案例以案说法。

2013 年 5 月，宁波海事局参加了由宁波市普法办和宁波人民广播电台共同举办的《法制时空》直播连线节目，向广大听众分析点评船舶触碰桥梁案例，介绍《宁波象山港公路大桥通航安全管理规定（试行）》，以案释法，普及桥区安全通航的法律法规知识。

2014 年 12 月 1 日，宁波海事局“网页版法规文库”正式上线运行，《宁波海事局法规文库网页运行维护办法》同日发布实施。该文库涵盖法律法规及规范性文件等共计 1490 篇，内容包含海事业务工作所需的所有标准专业类别，满足了执法人员日常执法工作的实际需求。

2011—2015 年，宁波海事局组织编写《船舶登记知识手册》《船员在船劳动伤害案例集》《船员维权指南》《PSC 典型案例特刊》等 60 多本专项手册，系统解决海事普法常见问题。

2017 年，宁波海事局利用微信公众号打造和推送《以案释法》专题栏目，至 2021 年 12 月共发布 47 期，点击量逾 18 万次。

2016 年 12 月 5 日，《“FS SANAGA（萨纳加）”轮与“浙三渔 00011”轮碰撞事故案例》获宁波市首届十佳“以案释法”典型案例提名奖。2018 年 12 月 4 日,“两船”系列违章案在宁波市第二届十佳“以案释法”案例评选中获得提名奖。2020 年 12 月 3 日,“外轮撞沉象山渔船案”获宁波市第三届十佳“以案释法”案例评选提名奖。

2019 年 11 月 27 日,宁波海事局制作的《尊崇宪法 为民护航》微视频入选浙江省“我与宪法”微视频征集活动优秀作品展。

2019 年 11 月 29 日,宁波海事局“服务港航企业讲师团”入选浙江省社会化大普法“六优”培育行动计划优秀普法讲师团名单。

第三节　执法监督

2001 年起,宁波海事局逐步建立健全内部日常行政执法监督制度,结合海事执法管理模式改革,形成事前、事中、事后全过程海事执法督察的有效机制,并通过聘请社会义务监督员,推行政务公开,广泛接受社会公众、新闻媒体、管理相对人的社会监督。

一、上级监督

上级监督实行对口检查机制,即交通运输部(交通部)海事局组织直属海事系统和部分地方海事局开展海事行政执法监督对口交叉检查。检查内容包括各项海事行政执法责任制度的建设和落实情况,海事行政许可、行政处罚和行政强制执行情况,海事行政执法政务公开情况等。

2001 年 6 月 4 日,交通部海事局印发《海事行政执法监督实施办法(试行)》。

2005 年 5 月 22—23 日,由驻交通部监察局和交通部海事局组成的检查组,对宁波海事局关于《中华人民共和国行政许可法》贯彻执行情况进行检查。

2007 年 11 月 5 日,以江苏海事局为组长单位,由江西省地方海事局、陕西省地方海事局组成的交通部海事局第五海事行政执法监督检查组,在宁波海事局检查指导海事行政执法工作。

2008 年 12 月 30 日,交通运输部印发《交通行政执法规范》。2009 年 5 月 7 日,宁波海事局制定《宁波海事局实施交通行政执法风纪等五个规范活动方案》,按要求开展对照自查,并于 6 月 8 日向浙江海事局提交自查整治情况报告。

2009 年 9 月 5 日,交通运输部海事局行政执法监督检查组在宁波海事局检查指导海事行政执法工作。

2012 年 6 月 12—13 日,交通运输部海事局考核工作组对宁波海事局开展 2012 年海事行政执法评议考核。

2013 年 7 月 15—16 日,交通运输部海事局考核工作组对宁波海事局开展 2013 年海事行政执法评议考核。

2015 年 8 月 6 日,交通运输部海事局考核组对宁波海事局机关、政务中心和北仑海事处开展 2015 年度行政执法评议考核。

2016 年 9 月 9 日,交通运输部海事局考核组对宁波海事局机关、政务中心和大榭海事处开展 2016 年度行政执法评议考核。

2017年9月8—9日，由交通运输部考核组对宁波海事局机关和北仑海事处开展2017年度行政执法评议考核。

2018年8月16—17日，交通运输部海事局考核组对宁波海事局机关、政务中心和北仑海事处开展2018年度行政执法评议考核。

2020年9月17—18日，交通运输部海事局行政执法评议考核组对宁波海事局机关、政务中心和北仑海事处开展2020年度行政执法评议考核。

根据交通运输部海事局关于开展行政执法评议考核的要求，宁波海事局精心准备，对于检查中发现的问题制定整改措施，对于涉及全局性的问题，进行统一规范。

二、内部监督

1997年6月，宁波海监局确立行政执法监督检查独立于执法部门的检查方式，改变了过去执法部门与执法监督部门不分离的情况，为加大监督检查力度，开展行政处罚监督检查工作创造了条件，有利于对日常行政执法工作的监督。

1998年6月25日，宁波海监局印发《宁波海监局行政执法监督检查程序规定》，规定由法律规章处具体负责实施行政执法监督检查工作，纪检监察处协助法律规章处实施行政执法监督检查工作，对违法、违纪的情况根据《中华人民共和国行政监察法》等规定进行处理，并明确规定行政执法监督检查的主要内容、主要形式和基本步骤。行政执法监督检查分为定期监督检查和不定期监督检查2种，其中定期监督检查于每年6月和12月进行。

1999年，宁波海监局制定印发《宁波海监局行政执法责任制实施办法》和《宁波海监局行政执法错案责任追究办法》，明确规定各执法部门的责任，制止和纠正违法或不当的执法行为，有效防止执法人员滥用权力以及失职和渎职行为的发生。

2002年7月10日，宁波海事局制定印发《宁波海事局海事行政执法监督办法》，明确规定法规规范处对局属各执法单位（部门）及行政执法人员的海事行政执法行为统一实施执法监督，各海事处兼职法规员在法规规范处指导下，对本处及其执法人员的海事行政执法行为实施日常监督，并规定海事行政执法监督的具体要求，推动《宁波海事局行政执法程序规范》的执行，对涉及全局43项行政执法行为进行系统规范。

2003年10月27日，宁波海事局制定印发《宁波海事局业务工作综合评价实施计划》，于2004年1月1日起按照交通部海事局制定的相关方法，开展业务工作综合评价。业务工作综合评价是客观测评各级海事管理机构业务工作的评价方法，能客观反映同一海事管理机构在不同时期以及不同海事管理机构在同一时期内业务工作数量、质量的差异。

2004年9月12日，宁波海事局制定适应于海事处的《基层海事处（执法支队）监管操作程序与须知》以及适用于局机关业务处室的《宁波海事局海事行政执法程序规范（2004版）》。2007年9月29日，宁波海事局修订该规范，将其分为3个部分：执法程序规范（局机关）、执法程序规范（海事处）和业务工作制度。2009年12月，宁波海事局再次修订该规范，共修订执法程序和制度26项，新增6项，进一步推进海事行政执法工作制度化、程序化、规范化建设。

2004年10月12日，交通部海事局制定印发《海事行政执法过错和错案责任追究暂行规定》。2005年，宁波海事局制定并落实《宁波海事局海事行政执法过错和错案责任追究实施细则》，对10起行政执法案件中涉及的多名执法行为不规范人员进行责任追究，这是首次对执法过错或错案实施责任追究。2008 年 4 月 25 日，宁波海事局研究制定了海事行政执法过错和错案责任追究简易程序，并纳入实施细则。

2005 年 12 月 8 日，宁波海事局制定印发《宁波海事局海事行政执法现场督查制度》，创新执法检查模式，实现由案卷检查向现场督查与案卷检查并重的方式转变，将业务指导、交流与调研融入现场执法检查，通过浙江海事综合业务门户系统，定期检查各项业务流程进展，逐步形成现场督查、违章通报、后续跟踪监督的闭环模式。

从 2008 年起，宁波海事局制定年度行政执法督察方案，量化执法督察指标，简化错案追究工作程序，强化外部执法监督，从而增强了执法督察的针对性和效果。2008 年平均错案调查时间由过去的 26 天缩短至 3 天，发现的执法过错和错案责任得以 100% 追究。

2009 年，宁波海事局实行每周内部自查、每月现场督察、每季度集中审核、半年度全面检查的模式，促进行政执法质量的提升。

2011 年 3 月，宁波海事局制定印发《宁波海事局执法督察音视频系统使用管理暂行办法》和《宁波海事局现场执法全程录音实施暂行办法》，实施海事行政执法全程录音，对音视频系统的使用和管理进行督察，要求各单位负责人每天对音视频进行抽查，抽查时间不少于 15 分钟，法规部门和纪检监察部门安排专人经常通过音视频进行监察，监察次数每周不少于 2 次，总时间不少于 30 分钟，并做好检查记录。

2011 年 7 月 21 日，宁波海事局制定实施《宁波海事局行政执法监督制度》，通过设立督查员制度，加强执法监督和重点工作督察，通过音视频监控系统、备案审查、网上抽查等方式，加强合规性督察。

从 2014 年第二季度开始，宁波海事局改变以往以定期督察为主、不定期督察为辅的传统督察模式，构建定期督察和不定期督察并重的模式，充分发挥不定期突击式督察灵活便捷的特点，集中督察范围，缩短督察周期，督察效率得到较大提升。

2019 年 4 月 28 日，宁波海事局开展“行政执法规范提升年”活动，加强基层执法单位法治组织保障能力建设，推动执法制度建设和培训工作，扎实推进“就近跑一次”政务服务改革，推进行政处罚快办快结工作常态化，加大行政强制工作力度，加快推进 4G 执法记录仪综合监控平台的建设应用，构建规范、高效、便民的海事行政执法新常态。

2019 年，宁波海事局实现一线执法人员 4G 执法记录仪全配备，建成现场综合执法智能指挥监控平台，基于执法音视频管理系统，实现实时监控定位、历史轨迹回放、集群通信、即时对讲等功能。同时，宁波海事局制定行政执法全过程管理工作制度，明确执法记录仪的配备管理、记录程序、音视频资料保存管理、监督检查等具体规范要求，实现执法全过程无死角、无盲区记录。

三、社会监督

（一）特邀海事行政执法监督员制度

2003 年，宁波海事局制定印发《宁波海事局特邀海事行政执法监督员实施办法》，采用单位推荐与直接选用相结合的办法特邀监督员，一般任期 2 年，届满后可以续任。特邀监督员对海事行政执法行为可以采用公开或者非公开形式进行监督，主要义务包括了解和反映宁波海事局有关部门、单位及执法人员贯彻执行法律法规、政策及遵守公开办事等各项制度的情况，反映、转达社会有关方面的意见和建议，配合对反映、转达、投诉、举报执法问题等有关事宜的调查核实。是年，宁波海事局特邀62名社会监督员重点开展对行政不作为与滥用职权等违法执法行为的监督。

2004年，宁波海事局召开首次特邀海事行政执法监督员座谈会和局行政执法工作座谈会，对外广泛听取管理相对人的意见，全面接受监督和评议，对内通过案例分析，公开点评和剖析各执法单位在行政执法工作中存在的问题，提出并落实改进措施。

2007年，宁波海事局完善特邀海事行政执法监督员制度，起草《行政效能监察办法》，针对各类投诉，尝试14日内回复制和来访限时接待制，建立争议处置快速通道，实现执法有理投诉、行政败诉“双零”目标。

2013年起，由纪检监察处公开聘请政风监督员，不再设置特邀海事行政执法监督员。

（二）政务公开

1999年，宁波海监局按照交通部海事局和宁波市政府的统一部署和要求，推行政务公开，通过制度上墙、执法内容登报等形式，向全社会公开行政执法各个环节，接受社会监督，提高执法透明度。

2001年9月27日，根据交通部海事局关于在全国海事系统推行政务公开的通知要求，宁波海事局印发《宁波海事局推行和完善政务公开实施方案》，重新组建政务公开领导小组，明确规定政务公开的目标和要求。是年，局机关在政务大厅内设置电视触摸屏、公告栏、宣传栏等，各基层海事处设置政务公开栏，将本机构的政务公开内容向社会公开。

2003年，宁波海事局制定《宁波海事局政务受理实施办法》，建立政务受理及行政审批项目定期通报制度，利用宁波海事局政府网站公示政务办理程序、条件、收费标准，印发政务公开指南和办事卡片，并开放政务大厅作为公共查阅点。

2004年，根据交通部海事局发布的《关于在全国海事系统全面推行统一政务公开的通知》和浙江海事局相关要求，宁波海事局完成《宁波海事局政务公开指南》的修订改版，实现政务办理结果网上公开查阅。

2006年，根据交通部海事局下发的《关于推行海事行政执法政务公开的通知》要求，宁波海事局公布经修订的《海事行政执法政务公开实施意见》和《宁波海事局政务公开指南（2006版）》，包含5个部分，25个大项55个小项的内容，2010年修订后增至27个大项68个小项的内容。

2008年11月5日，根据《中华人民共和国政府信息公开条例》，宁波海事局制定印发《宁波海事局政府信息公开制度》和《宁波海事局政府信息公开指南》，明确规定机关各处室及基层单位在政府信息公开工作中的职责和义务，具体规定公文类信息公开属性的认定程序、信息发布协调机制、保密审核以及信息发布程序、申请受理审核程序、费用见面程序等，成立政府信息公开工作办公室，落实和制定相关配套措施，在一楼政务大厅设立1个信息申请受理点和公共查阅点。

2013年11月25日，宁波海事局正式印发2013版《政务公开指南》，这是宁波海事局继2006版和2010版以来的第三版《政务公开指南》。本次修订以交通运输部海事局《海事执法业务工作流程》（第一部分）、《浙江海事局海事行政执法工作程序与技术标准（2012版）》、海事“三定”调整和新生效的法律、法规等为依据，对相应的政务项目进行了梳理调整。修订完成的新版《政务公开指南》共包括5个部分，27个大项，72个小项的内容。

2015年8月，宁波海事局正式印发2015版《政务公开指南》，在2013版的基础上，根据上级行政审批制度改革工作的统一部署和要求，取消了港内进行采掘、爆破等活动审批，海员出境证明签发等4项行政审批；新增了外国籍船舶进入或临时进入非对外开放水域许可、危险化学品水路运输人员资格认可、年度船舶定期签证等6项行政审批；并调整了大型设施、移动式平台、超限物体水上拖带、打捞或者拆除沿海水域内沉船沉物、水上水下活动许可和船员（引航员）适任证书核发等审批项目的实施权限。

第四节　政务事权调整

2001年9月7日，宁波海事局印发《关于筹建局政务受理中心的通知》，决定筹建宁波海事局政务受理中心，明确规定政务受理中心是局机关业务受理窗口，主要承担局海事行政审批、注册、登记、许可、核准、认证等业务项目的受理、初步审查、催办、反馈等工作，为管理相对人提供海事行政业务咨询服务。

2004年4月5日，交通部海事局印发《关于开展海事执法管理模式改革的指导意见》，分支机构设立政务中心，对外受理海事行政审批事项。

2008年3月25日，为更好地服务港口经济发展，经浙江海事局批复同意，在宁波国际航运中心设立宁波海事局海事审验中心，负责宁波海事局授权范围内的涉外海事审批查验及相关工作，有关业务受政务中心领导。

2011年11月14日，随着职能的调整，宁波海事局政务中心承接船舶定期签证、船员注册、防污文书审批等近10个项目，成为集受理、审核、审批、制证、发证于一体的综合性部门。

2013年5月13日，根据《中华人民共和国海事局关于宁波海事局有关机构主要职责机构设置和人员编制规定的通知》精神，设置宁波海事局政务中心，负责局机关承担的海事政务的统一受理工作，按照授权负责海事政务的审核、审批工作和证书、证件管理工作，负责海事政务协调和海事业务咨询服务工作，海事审验中心相关职能并入政务中心。

2013年8月14日，宁波海事局印发《宁波海事局关于授权政务中心承担海事政务办理事项的通知》，授权宁波海事局政务中心承担宁波海事局相关海事政务的办理工作。具体授权办理的海事政务项目和权限见表2-7-3。

2013年宁波海事局机关政务项目办理授权权限汇总表　　表2-7-3

一、通航类							
序号	政务项目	政务中心全程办理	政务中心仅受理	政务中心受理和初审	机关职能部门初审、复审	机关职能负责复审	备注
1	通航水域水上水下活动许可（许可）		√		√		
2	航道（路）划定审批		√		√		
3	锚地划定审批		√		√		
4	船舶进入或者穿越禁航区许可		√		√		
5	在港口水域内进行采掘、爆破等活动许可		√		√		

续上表

序号	政务项目	政务中心全程办理	政务中心仅受理	政务中心受理和初审	机关职能部门初审、复审	机关职能负责复审	备注
6	通航水域内沉船沉物打捞作业审批(许可)		√		√		
7	通航水域禁航区、交通管制区和安全作业区划定审批(许可)		√		√		
8	桥梁水上通航净空尺度审核		√		√		
9	架空电缆、船闸等跨海(河)建筑物水上通航净空尺度审核		√		√		
10	海事签证		√		√		
二、船舶类							
序号	政务项目	政务中心全程办理	政务中心仅受理	政务中心受理和初审	机关职能部门初审、复审	机关职能负责复审	备注
1	外国籍船舶进入非对外开放水域许可(许可)				√		分支局没有权限批准，作为归口管理部门，协调并向浙江局报告
2	宁波籍国内航行船舶国籍证书签发(许可)			√		√	
3	宁波籍国内航行船舶临时国籍证书签发(许可)			√		√	
4	宁波籍国内航行高速客船操作安全证书(许可)	√					
5	宁波籍国内航行船舶所有权登记			√		√	
6	宁波籍国内航行光船租赁登记			√		√	
7	宁波籍国内航行船舶抵押权登记			√		√	
8	宁波籍国内航行船舶烟囱标志、公司旗登记			√		√	
9	宁波籍国内航行船舶废钢船登记			√		√	
10	宁波籍国内航行船舶变更登记			√		√	
11	宁波籍国内航行船舶注销登记			√		√	
12	宁波籍国内航行船舶登记资料查询			√		√	
13	宁波籍国内航行船舶船舶名称核准			√			

续上表

序号	政务项目	政务中心全程办理	政务中心仅受理	政务中心受理和初审	机关职能部门初审、复审	机关职能负责复审	备注
14	宁波籍国内航行船舶识别号核准			√			
15	宁波籍国内航行船舶IC卡核发			√			
16	船舶重要日期确认		√		√		该业务属于二级审批,海事处现场确认
17	船舶吨位丈量复核				√		船舶监督处受理、审批及派工,海事处按照各自辖区现场丈量
18	公司《符合证明》签发(许可)		√		√		审核报告的审定和证书的制作均由浙江局执行;申请材料初审、复审、审核安排方案制定和审核报告批注在船舶处;审核受理、报告提交和证书发放在政务中心
19	公司《临时符合证明》签发(许可)		√		√		同上
20	船舶《安全管理证书》核发(许可)		√		√		同上
21	船舶《临时安全管理证书》签发(许可)		√		√		同上
22	公司《符合证明》年度签注		√		√		同上
23	公司《符合证明》换证		√		√		同上
24	公司《符合证明》有效性维持(适用于跟踪审核和附加审核)		√		√		同上
25	船舶《安全管理证书》中间签注		√		√		同上
26	船舶《安全管理证书》换证		√		√		同上
27	公司《符合证明》变更、增补和展期签发		√		√		政务中心负责材料受理和证书发放,船舶处负责材料初审、复审
28	船舶《安全管理证书》变更、增补和展期签发		√		√		政务中心负责材料受理和证书发放,船舶处负责材料初审、复审

续上表

序号	政务项目	政务中心全程办理	政务中心仅受理	政务中心受理和初审	机关职能部门初审、复审	机关职能负责复审	备注
29	国际航行船舶进出口岸审批	√					
30	台海两岸直航船舶进出口岸审批	√					
31	跨辖区船舶定期签证审批	√					
三、船员类							
序号	政务项目	政务中心全程办理	政务中心仅受理	政务中心受理和初审	机关职能部门初审、复审	机关职能负责复审	备注
1	船员注册（船员服务簿签发）（许可）	√					
2	船员培训合格证签发（许可）	√					
3	小型海船、摩托艇船员适任证书签发（许可）			√		√	
4	B类、内河船员适任证书签发（许可）			√		√	包括丙类、丁类
5	中华人民共和国海员证签发（许可）			√		√	
6	海员出境证明签发（许可）	√					
7	引航员注册（引航员服务簿签发）（许可）	√					
8	引航员适证证书签发（许可）（三级引航员）			√		√	
9	小型海船船员、摩托艇驾驶员、三级引航员适任证书考试核准	√					
10	船员专业技术资格证书签发（许可）	√					
11	船员档案迁移	√					
12	国内航行船舶最低安全配员证书签发			√		√	
四、危防类							
序号	政务项目	政务中心全程办理	政务中心仅受理	政务中心受理和初审	机关职能部门初审、复审	机关职能负责复审	备注
1	油污应急计划（海洋污染应急计划）	√					
2	垃圾管理计划	√					
3	程序与布置手册	√					
4	供油船定期申报	√					

续上表

序号	政务项目	政务中心全程办理	政务中心仅受理	政务中心受理和初审	机关职能部门初审、复审	机关职能负责复审	备注
5	船舶散装液体污染危害性货物水上过驳作业(许可)/船舶散装液体危险货物水上过驳作业(许可)		√		√		
6	港口、码头、装卸站以及从事船舶修造、打捞、拆解等作业活动的单位的防污能力的专项验收		√		√		
7	船舶所有人、经营人或者管理人以及有关作业单位防治船舶及其有关作业活动污染海洋环境应急预案审批		√		√		

2013 年 11 月 8 日,根据国务院《关于取消和下放一批行政审批项目的决定》要求,取消引航员注册审批。

2014 年 5 月 1 日,宁波海事局将船载危险货物定期申报、定期签证和部分海事签证业务下放到基层海事处。

2015 年 8 月,浙江海事局 8 项国际航线船舶证书签发权限下放到宁波海事局:①船舶油污损害民事责任保险或其他财务保证证书核发(海船);②垃圾管理计划;③油污应急计划;④污染应急计划;⑤程序布置手册;⑥挥发性有机化合物管理计划;⑦过驳作业计划;⑧消耗臭氧物质记录簿。

2017 年 1 月 20 日,根据浙江海事局下发的《关于签发残骸清除责任保险证书或其他财务保险证书有关事宜》精神,宁波海事局政务中心负责宁波辖区内登记的中国籍船舶(包括国际航行、国内航行船舶)“残骸清除责任保险证书或其他财务保险证书”的签发工作。

2017 年 5 月 17 日,浙江海事局下发《关于调整船员管理事权的通知》,将辖区无限航区海船普通船员证书的签发权限下放至宁波海事局。

2018 年 12 月 28 日,宁波海事局印发《宁波海事局行政执法事权层级划分表(2018 版)》,政务中心新增内河通航水域安全作业备案,国际航行船舶进出口岸查验,船舶名称核准,船舶在港区水域内安全作业备案,危险化学品水路运输人员(申报人员、集装箱现场检查员)资格证书核发,中国籍国际、国内航行船舶所有人、经营人或者管理人防治船舶污染海洋环境应急预案的备案工作,船舶污染物接收和处理情况备案等事权。

2019 年 2 月 21 日,宁波海事局印发修订版《宁波海事局行政执法事权层级划分表》,政务中心新增船舶国籍证书签发审批、船舶登记复审、船舶登记簿查询审批/登记档案查询审核、航行通(警)告申请受理、船舶建造重要日期确认受理、危险化学品水路运输人员(申报人员、集装箱现场检查员)资格认可等事权。

2019 年 2 月 27 日,根据《国务院关于取消和下放一批行政许可事项的决定》,船员服务簿的签发将不再作为行政许可事项,海事管理机构不再对船员服务簿签发进行审批,而是对通过船员适任证书核发审查的船员直接发放船员服务簿。

2019 年 5 月 1 日起，根据《中华人民共和国水上水下活动通航安全管理规定》，我国水上水下活动通航安全管理制度迎来重大变革，其中新增“涉水工程通航安全技术参数备案”和“维护性疏浚、清障等航道养护活动通报”两项业务。

2019 年 6 月 1 日起，根据交通运输部海事局下发的《交通运输部海事局关于调整水上无线电管理职能的通知》，无线电管理职能被调整到直属海事局分支机构。

2020 年 1 月 1 日起，浙江海事局辖区内船籍港变更、航线变更、船舶买卖等引起的新办船舶登记事项，允许跨分支局并联办理。对于船舶买卖交易，原船舶所有人向原船舶登记机关提交船舶注销登记申请时，买受人可以同时向新船舶登记机关提交船舶所有权登记申请和（临时）船舶国籍登记申请。对于安全诚信公司、安全诚信船长、海事信用等级为 A 级以上的，可同时申请容缺办理和多事项并联办理、并联审批，由专人负责协调，通过节省申请人的人力和时间成本，为申请人创造经济效益。

2020 年 1 月 16 日，宁波海事局发布《关于深入推进“就近跑一次”政务服务改革有关事项的通知》，政务事权进一步向政务中心归集。船舶建造重要日期确认、危险化学品水路运输人员（申报人员、集装箱现场检查员）资格认可、船舶压载水和沉积物管理免除证明核发、海员证核发、船员适任证书核发、摩托艇驾驶员适任证书签发和船舶最低安全配员证书核发，由政务中心全程办理；大型设施、移动式平台、超限物体水上拖带审批，打捞或者拆除沿海水域内沉船沉物审批，沿海水域划定禁航区和安全作业区审批，船舶进入或者穿越禁航区许可和船舶进行散装液体污染危害性货物水上过驳作业审批，由政务中心与职能部门会商办理；航行通（警）告、通航水域岸线安全使用许可和水上水下活动许可、第二类航标（灯桩、立标、灯浮标、浮标、灯船、雾号、雷达信标等航标）状况改变审批和航运公司安全营运与防污染能力符合证明核发，由政务中心与职能部门协同办理，形成“一站式”政务办理新模式。

第八章　规费征稽

规费是指经法律、法规授权，由政府有关部门对公民、法人和其他组织进行登记、注册及提供相关服务等收取的费用。海事规费是指海事部门在履行相关法律、法规过程中，向行政相对人收取的费用。规费征稽有两层含义：一是征收，即依照法律、法规收取相关费用；二是稽查，即对征收征稽的全过程进行检查、稽核，以保证规费征收的合法性、准确性，规费征稽是海事系统的传统业务工作。

第一节　征收职责沿革

在本志所述时间范围内，海事规费征稽相关业务逐步规范、渐进迭代，规费征收机构设置变化大，征收数量大幅增加，征收项目多有变更，征收程序不断规范，征收手段逐渐丰富，征收信息化水平大幅提升。1996—2011 年，宁波辖区海事规费征收的职责主要由财务处、政务中心、海事处及局职能部门履行。收费项目主要有船舶港务费、船舶更名或船籍港变更费、船舶国籍证书费、废钢船登记费、安检复查费等中央级设立的行政事业性收费。在此期间，宁波海事局负责收费的部门较分散，收费的规模也不大，稽查工作主要以内部自查的形式开展，主要收费项目及依据无大变化。从 2011 年开始，港口建设费、船舶油污损害赔偿基金等政府性基金陆续开征，规费征收的项目及依据发生了较大变化，收费规模大幅增加，同时上级对涉企收费的监管日趋严格。为做好各项政府性基金和行政事业性收费的征收工作，2011 年 9 月 14 日，宁波海事局成立规费征稽处，规费征收管理职责实现集中统一。

第二节　船舶港务费征收

船舶港务费是港务监督机构向船舶所有人或经营人收取的行政事业性收费，也是港务监督机构规费征收的主要费种，实行“收支两条线”管理。按照交通部、财政部关于港务费收支管理的规定，缴纳船舶港务费是船舶所有人、经营人的法定义务；向船舶所有人、经营人征收船舶港务费，是国家海事机构及其分支机构、派出机构的法定职责。新中国成立至 20 世纪 80 年代中期，船舶港务费作为港口收费项目之一，一直纳入《中华人民共和国交通部港口费收规则》进行管理。1986—1988 年，国务院决定进行港口体制改革，实行政企分开，港务监督机构成为独立的行政执法单位，并将船舶港务费从港口收费调整为行政事业性收费。

2013 年宁波海事局转行政编制后，船舶港务费和港务监督管理费征收工作从局财务处调整到局规费征稽处，根据职责要求，规费征稽处开展了船舶港务费定期结算备案工作，统一了船舶港务费结算的方式、途径和要求，规范了船舶港务费期结的催缴和征收工作；开展了船舶港务费稽查工作，进一步统一规范了船舶港务费开票、征收、缴交流程和要求，并建立了自查机制，定期开展自查，全面降低征管风险。

2014 年 1 月 1 日，宁波海事局开展船舶电子签证的规费征收研究，配合推进电子签证试运行工作，扩大船舶港务费定期结算范围，开展电子签证船舶定期结算的备案工作。同日，杭甬运河试通航，宁波海事局开展了内河船舶电子签证的规费征收研究。

2015 年 1 月 1 日，财政部、交通运输部推进规费减免政策，以助力航运企业发展，对 100 总吨以下内河船和 500 总吨以下海船免收船舶港务费和船舶登记费。

2015 年 8 月 17 日，财政部、国家发展改革委下发《关于取消有关水运涉企行政事业性收费项目的通知》，自 2015 年 10 月 1 日 0 时起，取消船舶港务费。宁波海事局按通知要求，落实规费清缴结算、资金上缴国库、票据汇缴核销、印章回收销毁等停征相关工作。

第三节　港口建设费征收

为适应港口政企分开的管理制度改革和新的发展形势，更加规范和有效征收港口建设费，充分发挥港口建设费的重要作用，2011 年 5 月，财政部和交通运输部联合发布《港口建设费征收使用管理办法》，对征收主体、标准、范围和用途进行了调整，征收主体转为海事部门，负责征收组织工作，同时降低征收标准，总体费率下调 20%，中央和地方实行八二分成，将港口建设费的支持重点转向沿海与内河港口航道、防波堤、锚地等公共基础设施建设及水运安全支持保障系统建设和维护等方面，并保留到 2020 年 12 月 31 日。2011 年 10 月 1 日，港口建设费开征。

根据《港口建设费征收使用管理办法》的规定，港口建设费的征收对象为经对外开放口岸港口辖区范围内所有码头、浮筒、锚地、水域装卸（含过驳）的货物。港口建设费的义务缴纳人是货物的托运人（或其代理人）或收货人（或其代理人）。港口建设费的具体征收标准为：国内出口货物每重量吨（或换算吨）4 元；国外进出口货物每重量吨（或换算吨）5.6 元。国内出口集装箱和内支线集装箱 20 英尺每箱 32 元，40 英尺每箱 48 元；国外进出口集装箱 20 英尺每箱 64 元，40 英尺每箱 96 元。20 英尺和 40 英尺以外的其他非标准集装箱，按照相近箱型的收费标准征收。鉴于辖区码头点多、线长、面广，且公共码头吞吐量大、管理较规范，私人货主码头小散杂多、管理较松散等特点，为便利征收、确保征收质量，宁波海事局决定港口建设费采取港口经营人代收、船舶代理代收和海事机构直收三者相结合的征收模式，设置海事直收站点 10 个（9 个海事处、1 个政务中心），确定代收单位 13 家（港口经营人 11 家、船舶代理 2 家），详见表 2-8-1、表 2-8-2。局属单位港口建设费征管工作由政务受理岗位负责。该征收模式确保了对辖区进出港货物监管的全覆盖，为保障港口建设费应征尽征、规范高效奠定了坚实基础。

宁波海事局港口建设费直收工作站点设立一览表　　表 2-8-1

序号	机构名称	直收站点名称	序号	机构名称	直收站点名称
1	北仑海事处	北仑处本部	11	象山海事处	象山处本部
2	镇海海事处	镇海处本部	12		西泽办事处
3		余姚办事处	13		石浦办事处
4		慈溪办事处	14	鄞奉海事处	鄞奉处本部
5	穿山海事处	穿山处本部	15		东钱湖办事处
6	大榭海事处	大榭处本部	16	宁海海事处	宁海处本部
7		白峰办事处	17		奉化办事处
8	梅山海事处	梅山处本部	18		强蛟办事处
9	三江口海事处	三江口处本部	19	政务中心	政务处本部
10		姚江办事处	20		审验中心

宁波海事局港口建设费代收工作站点设立一览表　　表 2-8-2

序号	代收单位	代收站点名称
1	宁波港股份有限公司北仑第二港埠分公司	宁波港股份有限公司北仑第二港埠分公司
2		宁波金光粮油码头有限公司
3		宁波大榭信业码头有限公司
4	宁波港股份有限公司北仑第二集装箱码头分公司	宁波港股份有限公司北仑第二集装箱码头分公司
5	宁波港股份有限公司油港轮驳分公司	宁波港股份有限公司油港轮驳分公司
6		宁波大榭港发码头有限公司
7		宁波大榭实华码头有限公司
8	宁波港股份有限公司北仑矿石码头分公司	宁波港股份有限公司北仑矿石码头分公司
9	宁波港股份有限公司镇海港埠分公司	宁波港股份有限公司镇海港埠分公司
10	宁波穿山码头经营有限公司	宁波穿山码头经营有限公司
11	宁波意宁码头经营有限公司	宁波意宁码头经营有限公司
12	宁波远东码头经营有限公司	宁波远东码头经营有限公司
13	宁波北仑国际集装箱码头有限公司	宁波北仑国际集装箱码头有限公司
14	宁波青峙化工码头有限公司	宁波青峙化工码头有限公司
15	大榭招商国际码头有限公司	大榭招商国际码头有限公司
16	宁波梅山岛国际集装箱码头有限公司	宁波梅山岛国际集装箱码头有限公司
17	宁波大榭中油燃料油码头有限公司	宁波大榭中油燃料油码头有限公司

2011 年 10 月，为推进港口建设费的规范化征收管理工作，宁波海事局制定了港口建设费征收管理、稽查管理、票据管理、资金管理、代收管理等各项征管工作制度。

2012 年 3 月，为减轻基层海事处工作负担，进一步提高征管工作效率，宁波海事局将代收单位电子舱单稽核职责调整至规费征稽处，并与宁波港股份有限公司签订代收协议，完成代收范围调整。

2012 年，宁波海事局开展课题研究《港口建设费征收的管理风险防范及监察机制研究》，提升控制和防范规费征收漏征及廉政风险水平。

2012 年，宁波海事局全年征收港口建设费超 12 亿元，规费征收总额超 14 亿元。

2013 年 6 月，为加强特殊货物港口建设费监管，宁波海事局建立了辖区码头减、免、缓征货物备案机制，中转、保税货物核销确认机制，以及超期箱管理机制。7—8 月，为提高代收工作质量，宁波海事局在系统内首创港口建设费代收人员培训、考核、发证的准入机制，开展了 2 期代收单位人员培训考试，为辖区 78 名考试合格的代收人员颁发了代收工作证。同年，深圳海事局、辽宁海事局、广州海事局、上海海事局、青岛海事局、芜湖海事局等多家单位，到宁波海事局开展规费征管交流调研。

2014 年 8 月，宁波海事局完善了跨省内支线集装箱的征收程序，梳理了跨省内支线存在的漏征问题，核算逃缴港口建设费的航次、箱量数额，对漏征的内支线集装箱港口建设费进行了补征。12 月，针对个别代收单位在票据保管中出现的问题，宁波海事局组织辖区代收单位召开了票据管理工作研讨会，提出了整改措施，要求强化财政票据管理，规范财政票据使用行为。同时开展票据库存盘点核对工作，强化对空白手工票据的管控和监管。同时，宁波海事局还组织修订了《宁波海事局票据管理办法》，统筹收费票据管理工作，细化规范规费征收单位票据的领用、发放、使用、保管、核销、作废、冲销等工作。

2015 年 7 月，交通运输部海事局颁布《海事规费稽查管理办法》，宁波海事局组织人员参与《浙江海事局规费稽查管理办法》的修订及港口建设费征管与相关海事业务融合的研究，对照该办法对辖区稽查相关内容进行了调整，对辖区所有直收和代收单位开展规费专项稽查，开创“电子巡航 + 港口建设费电子稽查”模式，有效提高了规费现场稽查的感知力、精准度和监管效能。7 月份、11 月份分别开展宁波海事局规费稽查人员培训，规费稽查从零起步，逐步走向规范化、精细化、系统化。

2015 年，宁波海事局开展课题研究《海事规费征稽服务机制研究》，系统梳理规费征稽在征管制度、征收环节、征收系统、资源配置等方面存在的问题，提出促进规费征稽“便捷高效、文明规范、安全可靠”的对策和建议。

2016 年 4 月，宁波海事局根据财政部和交通运输部《关于完善港口建设费征收政策有关问题的通知》要求，于 2016 年 4 月 1 日起减免水转水运输货物港口建设费。同年 7 月 1 日，上级单位实施海事非税收入票据改革，精简了海事非税收入票据种类，统一规范票据式样，按照上级单位要求优化票据管理流程，建立与财政部财政票据监管中心的数据交互机制，提高票据管理的电子化、信息化水平。11 月，交通运输部海事局发布《关于实施国内航行海船进出港报告制度有关事项的通知》，要求自 11 月 22 日起取消国内航行海船进出港签证，并实施船舶进出港报告制度。宁波海事局同步修订了港口建设费征收工作流程，细化港口建设费申报要求，强化港口建设费电子稽查，加强规费征稽事前、事后监管。

2016 年，应交通运输部海事局要求，为了推进《海上海事行政处罚规定》中规费征稽新罚则的应用，宁波海事局完成了交通运输部海事局课题《相关处罚措施在规费征管工作中的应用》，制定了《规费征稽行政处罚案例集》，为处理规费征稽相关违法违规行为提供了参考和借鉴。

2017 年 4 月，宁波海事局根据财政部、交通运输部印发的《港口建设费征收管理工作规程》要求，调整辖区征收工作程序，明确了退费相关要求，落实新规程规定。5 月，因宁波舟山港一体化，辖区有 5 家代收单位的公司名称、经营范围发生变化，宁波海事局及时应对，完成代收单位资质变更申请、系统调整、数据清理、账款核对、票据印章及委托代收证明收回等相关工作。9 月，根据海事处模改后机构设置、职能配置和人员编制等方面的调整，宁波海事局完成了规费征收、稽查工作流程的调整；完成规费现场稽查执法工作标准、流程制定，将规费稽查融入海事处现场执法信息管理、现场综合执法任务管理，并制定检查事项清单。同年 11 月，宁波海事局重新制定票据冲销流程，设计制作票据冲销申请模板，强化票据管理，并在浙江各分支局辖区进行推广应用。

2017 年，宁波海事局开展了课题研究《船舶报告制下船载货物缴费信息的采集与比对研究》和《海事监管模式改革下规费征稽机制构建的探索》，提出了国内航行海船进出港签证取消后，保障规费应征尽征的对策和建议。

2018 年 5 月，应交通运输部海事局要求，宁波海事局牵头起草《船员考试费等征收管理工作规程》，船员考试费征收管理模式被推广至全国海事系统。6 月，宁波海事局完成辖区《港口建设费代收工作指南》的编制和印发，明确代收单位内控制度建设等 9 个方面的具体工作要求，为代收人员规范开展代收工作提供了有效指导。该指南后来被多个系统内海事局用于参考借鉴（图 2-8-1）。

图 2-8-1　宁波海事局开展港口建设费代收工作现场检查

2019 年 6 月,根据《交通运输部海事局关于开展直属海事系统砂类货物港口建设费专项稽查的通知》,宁波海事局细化专项稽查工作内容和具体举措,开展辖区砂类货物专项稽查,强化对砂类货物水上运输的监管。10 月,为贯彻落实国家"放管服"和浙江海事局"就近跑一次"改革的工作部署,优化非税收入账户资金管理运行机制,宁波海事局完成非税收入账户的清理归并,建立了管理规范、运转顺畅、流程优化、核算高效的非税收入账户资金管理模式。11 月,为便利企业缴费,宁波海事局、台塑港务(宁波)有限公司、光大银行宁波分行创建辖区首个海事、企业、银行三方监管账户,辖区港口建设费资金解缴便利化取得新突破。

2019—2020 年,宁波海事局编写了《集装箱港口建设费征管理论与实务》《港口建设费代收工作指南》等 3 本业务指导书,规费征稽理论研究成果获得肯定。

2020 年,为做好新冠肺炎疫情防控工作,推动企业复工复产,促进外贸稳定发展,财政部和交通运输部发布《关于减免港口建设费和船舶油污损害赔偿基金的公告》,免征进出口货物港口建设费,自 2020 年 3 月 1 日 0 时起至 2020 年 6 月 30 日 24 时止执行。后来为进一步助力企业纾困,减免政策延长至 2020 年 12 月 31 日 24 时。2021 年财政部发布《关于取消港口建设费和调整民航发展基金有关政策的公告》(2021 年第 8 号),自 2021 年 1 月 1 日起,取消港口建设费。

第四节　船舶油污损害赔偿基金征收

根据《中华人民共和国海洋环境保护法》,2009 年 9 月国务院颁布《防治船舶污染海洋环境管理条例》(中华人民共和国国务院令第 561 号),其中第 56 条规定了油污基金的征收对象和管理主体。

2012 年 5 月,财政部、交通运输部共同出台《船舶油污损害赔偿基金征收使用管理办法》,对油污基金的征收、缴纳、使用和运作管理等内容做了具体规定。宁波海事局按照规定,于 2012 年 7 月 1 日起开征船舶油污损害赔偿基金。船舶油污损害赔偿基金的征收对象是在我国管辖水域内接收的从海上运输持久性油类物质货物(包括原油、燃料油、重柴油、润滑油等持久性烃类矿物油);对于在我国管辖水域内接收从海上运输的汽油、航空煤油等非持久性油类物质,以及在我国管辖水域内过境运输持久性油类物质,不征收船舶油污损害赔偿基金。征收标准为每吨持久性油类物质 0.3 元,不足 1 吨的以 1 吨计。其义务缴纳人是在我国管辖水域内，接收从海上运输的持久性油类物质货物的所有人或其代理人。缴纳人应当在向海事管理机构办理海运污染危害性货物适运申报手续时，按照船舶卸载持久性油类物质的数量及相关征收标准，及时足额缴纳船舶油污损害赔偿基金。

2014 年 4 月 16 日，交通运输部、财政部共同出台了《船舶油污损害赔偿基金征收使用管理办法实施细则》，结合油污基金运行的实际情况对《船舶油污损害赔偿基金征收使用管理办法》中的条款进行了细化。

2020 年 8 月，根据宁波舟山港油污基金征管工作实践，结合浙江海事局辖区海事信息化建设基础和管理相对人诉求，宁波海事局推出油污基金网上申报、缴费、查询信息化系统，打通浙江政务服务网和海事征稽平台的数据交换，实现油污基金的远程申报，新增油污基金缴讫证明的网上开具功能和跨区域业务查询功能，推动浙江海事局辖区征收信息共享。

2021 年 4 月规费征稽处撤销后，宁波海事局船舶油污损害赔偿基金征收工作由财务处接管。

第五节　罚没款征收

罚没款是指对违反海事相关法律、法规的行为和事实进行的处罚、没收款。根据有关规定，宁波海事局罚没收入 50% 缴入中央国库，50% 缴入地方国库。

1996—2013 年，罚没款征收工作主要由局财务处负责。1999 年之前，宁波海事局行政处罚与罚款收缴的机构为一体。2000 年之后根据《罚款决定与罚款收缴分离实施办法》的规定，宁波海事局在银行设置了多个代收点，实现了作出罚款决定的行政机关与收缴罚款的机构分离。2013 年，宁波海事局罚没款征收管理职责调整至规费征稽处，对罚没款进行了系统梳理，进一步完善了罚没款管理制度，创新了罚没款管理模式，减轻了基层对账压力。

2018 年 5 月，宁波海事局完成了海事罚没款管理系统研发，在直属海事系统内首次自主研发了罚没款电子支付平台，利用云技术支持海事罚没款微信、支付宝等移动支付，实现海事行政处罚罚没款缴纳“最多跑一次”，为行政处罚“快办快结”提供有力的支持。

2021 年 4 月规费征稽处撤销后，宁波海事局罚没款征收工作由财务处接管。

第六节　规费减免

根据《关于发布交通部水上监督收费项目及标准的通知》规定，海事系统代为国家征收的规费项目还有港务监督管理费，包括海事处理费、船员考试费、船舶登记费、水上危险货物监督管理费、海事复查费等行政事业性收费，是交通行业规费的重要组成部分。其中收费金额较大的，为船员考试费和船舶登记费。

根据国家“简政放权”的要求，为切实减轻中小企业负担，国家多次出台规费取消减免政策，其中涉及海事系统的规费取消项目主要有：

一、2013 年 8 月 1 日，根据财政部、国家发改委《关于公布取消和免征一批行政事业性收费的通知》的要求，取消了船舶证明签证费（海事签证）、船舶申请安全检查复查费、油污水化验费、海事调解费、浮油回收费、海岸电台无线电电报电话费。

二、2015 年 1 月 1 日，根据财政部、国家发改委《关于取消、停征和免征一批行政事业性收费的通知》的要求，免收了船舶港务费（对 100 总吨以下内河船和 500 总吨以下海船予以免收）、船舶登记费（对 100 总吨以下内河船和 500 总吨以下海船予以免收）。

三、2015 年 10 月 1 日，根据财政部、国家发改委《关于取消有关水运涉企行政事业性收费项目的通知》，取消了船舶港务费、特种船舶和水上水下工程护航费、船舶临时登记费、船舶烟囱标志或公司旗注册费、船舶更名或船籍港变更费、船舶国籍证书费、废钢船登记费。

四、2017 年 4 月 1 日，根据财政部、国家发展改革委《关于清理规范一批行政事业性收费有关政策的通知》要求，停征船舶登记费等 2 项中央级设立的行政事业性收费。宁波海事局船舶登记费包括船舶所有权登记、船舶抵押登记、船舶租赁登记、船舶登记项目变更 4 项费用。

第七节　规费征稽信息化

宁波辖区规费征管业务量大，货物种类复杂，征稽人力资源紧张，因此，宁波海事局高度重视规费征稽信息化建设，从规费征稽信息采集、数据处理、信息流转入手，三位一体构建规费征稽信息化建设体系。宁波海事局拓宽规费征稽信息数据采集途径，提高规费征稽系统数据分析处理能力，强化规费征稽信息共享和数据互通，持续推动征稽信息化水平走在直属海事系统前列。

2012 年 12 月，宁波海事局完成港口建设费集装箱跨舱单开票管理系统研发，将码头集装箱生产实时数据接入海事规费征稽平台，整合了港口生产数据和规费征收数据，在海事系统内首次实现了同一收货人跨不同码头、不同船舶、不同时期的舱单进行合并开票的功能，实现了集装箱征收的实时性与准确性，大大降低了港口建设费的征收成本，集装箱码头征收效率大幅提升（图 2-8-2）。

图 2-8-2　宁波海事局基层海事处规费征收窗口

2013 年 8 月，宁波海事局完成通关风险稽核管控系统研发，海事系统内首次实现港口建设费舱单的网上申报与审核，推动船代申报港口建设费"一次都不用跑"。

2014 年 7 月，宁波海事局完成港口建设费移动稽查系统研发，实现了港口建设费缴费信息的移动终端查询，极大提升了规费稽查效率和效果，有效降低了规费漏征风险。

2015 年 9 月，宁波海事局完成水水中转货物监管系统研发，实现中转货物网上自动核销，提高了宁波辖区中转货物征收核销的信息化水平，减少了海事处和代收单位的工作负担。

2016 年 4 月，宁波海事局开展了代收单位信用评估系统开发工作，全面系统规范了代收单位的代征行为。

2017 年 11 月，宁波海事局推进海事通关货物风险稽核管控系统二期项目，对系统顶层设计、系统架构、系统功能进行了全面升级改造，实现与宁波舟山港生产作业系统的无缝衔接，稽核比对效率进一步提升。

2019 年 10 月，宁波海事局完成港口建设费自助缴费 App 系统研发，推进了港口建设费网上申报和电子支付，将港口建设费申报支付从电脑端扩展到手机端，实现了移动申报与支付。

2011—2020 年宁波海事局规费收入情况见表 2-8-3。

2011—2020 年宁波海事局规费收入统计表

表 2-8-3

单位：万元

年度(年)	港口建设费	油污基金	港务监督管理费	船舶港务费	罚款	合计
2011	24213.37	—	372.13	36484.99	1233.00	62303.49
2012	100567.63	762.94	384.00	37467.05	876.00	140057.62
2013	110958.15	1628.15	307.75	39660.00	654.70	153208.75
2014	115576.32	1662.15	179.80	40317.20	799.11	158534.58
2015	114428.98	1724.75	39.87	31818.99	1041.37	149053.96
2016	110534.99	1710.33	49.05	—	1026.66	113321.03
2017	120959.33	1751.75	28.45	—	1570.52	124310.05
2018	123660.31	1736.20	51.65	—	1976.10	127424.26
2019	126351.83	1826.31	56.65	—	2604.43	130839.22
2020	25501.35	1053.41	27.40	—	3495.05	30077.21

说明：油污基金于 2012 年 7 月 1 日开征，船舶港务费于 2015 年 10 月 1 日起取消，港口建设费自 2020 年 3 月 1 日起免征，2021 年 1 月 1 日起取消。

第三篇　基础设施与综合管理

第一章　基建发展规划与建设

宁波海事(海监)局历来重视发展规划的编制,1996年以来,相继编制了《宁波海监局"九五"发展计划》《宁波海监局"十五"发展计划》《宁波海事局三年规划(2005—2007年)》《宁波海事局"十一五"基础设施发展规划》《宁波海事局"十二五"发展规划》《宁波海事局"十三五"发展规划》《宁波海事局"十四五"发展规划》。随着规划内容的逐步推进,各项目相继落地实施,宁波海事局的基础设施建设在规模、数量、质量上不断提升。

一、"九五"(1996—2000年)期间

1995年8月25日,根据《关于编制宁波口岸九五计划的通知》,交通部宁波海上安全监督局按照"九五"发展计划应与建设宁波现代化国际港口和水上交通运输事业发展相适应,与口岸开发开放以及和口岸查验单位协调发展相衔接的要求,在对宁波港安全监督管理现状及发展趋势进行调研和预测的基础上,编制并印发了《宁波海监局"九五"发展计划》。

"九五"发展计划的目标是逐步建立宁波港及所辖海区较为完善、先进的海上安全监督管理体系,全天候、全方位地发挥水上执法监督、航海保障服务和交通支持的综合功能,重点突出宁波港船舶交通管理系统的改造完善和新建泊位区(包括各货主码头)安全监管设施的配套建设。"九五"发展规划项目见表3-1-1。

"九五"发展规划项目表　　表3-1-1

序号	项目名称	主要建设内容
1	船舶交通管理系统改造工程	微波传输设备,终端显示器,测向仪,水文、气象设备,通信设备,VTS中心控制室
2	安全监督配套设施	
	游山液体化工泊位安监设施	办公用房200平方米,自动监测设备
	外游山成品油泊位安监设施	办公用房400平方米,危险品、油污水监测设备
	算山原油泊位区安监设施	办公用房400平方米,有无线通信设备
	穿山协和石化泊位区安监设施	办公用房400平方米,45米×9米巡逻艇码头1座
	大榭开发区安监设备	办公用房800平方米,45米×9米巡逻艇码头1座
	3400HP多用途巡逻艇	1艘
	4200HP高速巡逻艇	1艘

"九五"期间,交通部下达基本建设投资计划12317万元,其中基础设施投资9520万元,船艇投资2423万元。宁波海监局重点推进了宁波船舶交通管理系统工程、甬江沿线监督站(台)工程以及巡逻船艇的建造。

宁波船舶交通管理系统工程主要为新建北仑VTS中心,扩建北仑山雷达站,改建虾峙、峙头、大榭3个雷达站。

宁波海监局甬江沿线监督站(台)工程由常洪、梅墟、小港、江南站(台)4个分项工程组成,除小港监督站外,其他3个站(台)均配建1组千吨级巡逻艇码头和护岸、防汛堤等水工工程,总建筑面积约1555平方米。常洪监督站办公用房建筑面积540平方米,1994年12月26日开工,1996年10月1日竣工。常洪监督站配建码头(宁波海监局路林码头)位于甬江北岸,建设规模为2艘40米×9米×2.3米的钢筋混凝土趸船,分别于1995年1月、12月安装完成,项目于1996年10月竣工。梅墟监督站包括办公用房540平方米及1000吨级浮码头1座(40米×9米趸船1艘),于1997年6月2日开工,12月1日竣工。梅墟监督站码头于1997年7月12日开工,12月18日竣工。小港监督站398平方米,于1997年3月15日开工,8月30日竣工。江南瞭望台344平方米,于1996年12月17日开工,1997年6月23日竣工。宁波海监局甬江沿线监督站(台)工程于1998年3月通过竣工验收。

"九五"期间项目执行情况见表3-1-2。

"九五"期间项目执行情况 表3-1-2

序号	项目名称	执行情况	备注
1	船舶交通管理系统工程	1999年开工,至2000年底土建工程基本完成,进入预验收阶段	延续至"十五"
2	安全监督设施		
	甬江沿线监督站(台)工程	1998年3月通过竣工验收	
	北仑山交管站	1995年建成试运行,1997年10月正式投入运行	
	大榭安全监督设施	至2000年底,土建主体工程完成,进入内装修阶段,趸船制作完成,进入驳岸阶段	延续至"十五"
	镇海监督站	1999年完成建站前期工作	延续至"十五"
3	通信设施		
	海岸电台GMDSS DSC通信系统	1998年建成并试运行	
4	航标设施		
	定海航标基地	1997年完工	
	宁波灯塔工基地	2000年完工	
5	船艇		
	30米钢质巡逻艇	1艘,1996年12月建成("甬监巡33")	
	17米钢质巡逻艇	1艘,1997年7月建成("甬监巡34")	
	17米玻璃钢巡逻船	1艘,2000年8月建成("海监巡37")	
	20米玻璃钢巡逻艇	2艘,分别于1999年9月("甬监巡35")、2000年8月建成("甬监巡36")	
	45米钢质高速巡逻艇	1艘,2000年9月建成("海巡111")	
6	职工宿舍	购房2000平方米	

二、"十五"(2001—2005年)期间

"十五"发展规划具体目标是重点发展海事信息技术、网络技术、通信技术和数字处理技术,将VTS系统、GMDSS系统、DGPS系统、自动识别系统、自动海图显示系统和综合业务数据库融为一体,实现海事业务信息共享,业务管理工作网络化、自动化,为安全监督、航海保障提供技术支持,逐步形成以北仑港区

为中心，所辖区域安监设施布局合理的监管系统。实现对海区、港区、航道、锚地和桥区的有效监控。“十五”发展规划项目见表3-1-3。

“十五”发展规划项目表

表3-1-3

序号	项目名称	主要建设内容
1	船舶交通管理系统	
	游山雷达站	监控雷达、微波传输设备
	六横雷达站	监控雷达、微波传输设备、塔楼
	VTS信息网	信息传输设备、图解终端站
2	信息系统	
	宁波全水域信息广域网	网络控制中心、通信控制中心、网络操作平台、网络管理软件
	宁波水域电子海图系统	由扫描仪、数字化仪、绘图仪、微机CARIS工作站作为其硬件支持，由智能屏幕数字化系统、国际标准电子海图生成软件、电子海图属性输入软件、电子海图显示软件作为其软件支持
	业务评估系统	海上交通事故统计分析评估系统，海上溢油扩散预测及油污损害评估系统
3	通信系统	
	宁波水域VHF搜救通信网	虾峙、石浦等地设立VHF基站，建立与全国海事机构的数据传输链路
	宁波海区AIS	建设澥浦、虾峙、石浦AIS基站，形成宁波海事局辖区海域的链状分布
4	安全监督基础设施	
	北仑综合业务用房	业务用房5400平方米
	镇海监督站	业务用房1500平方米，1000吨级码头1组
	北仑东区监督站	业务用房1000平方米，3000吨级码头1组
	溢油应急中心	业务用房3000平方米，溢油监测、清除设备、通信信息设备
	船员考证微机考场	50台微机和网络、通信设备
	计算机模拟培训基地	计算机航海、轮机管理模拟器等
5	航标系统	
	嵊泗航标站	业务楼1000平方米
	石浦航标站	业务楼1000平方米
	老旧灯塔改造	南韭山、东福山、兄弟屿、花鸟、小龟山、菜花、太平、鱼腥脑、白节山、洛迦山
	航标遥控遥测网	集群中继转发台、微波传输、DGPS
	新能源灯源开发	太阳能、波浪、能冷光源、激光器
6	船艇	
	20米玻璃钢巡逻艇	1艘
	17米玻璃钢巡逻艇	1艘
	17米钢质巡逻艇	1艘
	59米钢质巡逻艇	1艘
	400吨巡检船	1艘
	120吨巡检船	4艘
7	后勤保障基地	业务用房2500平方米、维修设备

“十五”期间，宁波海事局在基本建设和船艇购置等方面取得了较大进展，相继建成了一批海事管理工作急需的基本建设项目，初步解决了海事体制改革后普遍存在的办公业务用房、巡逻艇码头严重欠缺和巡逻艇老旧等问题。巡逻船艇新建和改造8艘（2003—2004年改造15米级玻璃钢巡逻艇“海巡1101”“海巡1102”“海巡1103”“海巡1104”，2001年建造45米钢质巡逻船“海巡111”，2002年建造14米玻璃钢巡逻艇“海巡1122”，2003年建造11米玻璃钢巡逻艇“海巡1123”，2004年建造60米级钢质巡逻船“海巡113”），其中“海巡113”为宁波海事局研制开发的海事系统首艘60米级巡逻艇。镇海、象山、鄞奉等海事处的业务用房相继竣工启用，宁波VTS系统五站（虾峙、峙头、大榭、北仑山、游山）一中心（北仑交管中心）建设完成。船艇的更新建造和业务用房的相继使用，为海事监管工作的开展提供了有力的支持和保障。

镇海安全监督设施由交通部2001年2月2日批复工程可行性研究报告，征用建设用地2060平方米，新建业务用房建筑面积1369.78平方米，40米×9米趸船浮码头1座。业务用房于2002年4月29日开工建设，12月12日竣工（图3-1-1）。码头部分2002年4月19日开工，9月28日竣工。项目整体于2004年1月7日通过竣工验收，并正式交付使用。

大榭安全监督设施项目为新建业务用房和浮码头。2002年12月16日通过竣工验收。详见第三篇第二章第三节《重点基建项目》。

北仑监督站东区分站业务用房工程由交通部海事局2001年8月3日批准工程可行性研究报告，规模为874平方米。2001年宁波海事局完成购买（位于宁波市北仑区新大路与恒山路交叉口），2002年3月开始装修，5月施工完成，12月17日，工程通过竣工验收并正式交付使用。北仑海事处成立后，该场所作为其办公业务用房使用（图3-1-2）。

图3-1-1　镇海海事处办公业务用房（镇海安全监督设施）

图3-1-2　北仑海事大厦（北仑海事处办公业务用房、原交管中心所在地）

象山海事处安全监督设施位于宁波市象山县石浦镇，新建业务用房建筑面积1112.24平方米，40米×9米趸船浮码头1座。业务用房于2003年1月24日开工，9月12日竣工。码头部分2003年6月5日开工，12月18日竣工。2004年12月9日，项目整体通过竣工验收并交付使用。

鄞奉海事处安全监督设施位于宁波市鄞州区四明西路717号，征用建设用地面积3401平方米，新建业务用房1163.75平方米，为3层框架结构，码头岸线80米，新建36米×8米钢筋混凝土趸船浮码头1座，位于宁波市鄞州区钟公庙街道四明西路北侧。业务用房于2004年1月8日开工，12月18日完工，2005年4月18日交付使用。码头部分2004年4月27日开工，11月18日完工，2005年11月18日交付使用。项目整体于2005年12月30日通过竣工验收。

鄞奉海事处奉化办事处安全监督设施位于宁波市奉化区锦屏街道,新建业务用房333.03平方米,2层框架结构,2003年9月24日开工建设,2004年4月1日竣工,5月投入使用。

“十五”期间基本建设执行情况见表3-1-4。

“十五”期间基本建设执行情况　　表3-1-4

序号	项目名称	执行情况	备注
1	宁波船舶交通管理系统	1999年10月开工建设,2001年补建游山雷达站。2001年通过设备现场验收,2002年12月正式启用	“九五”延续项目
2	安全监督设施		
	镇海安全监督设施	2004年1月7日整体通过竣工验收并正式交付使用	
	大榭安全监督设施	2001年3月21日业务用房交付使用,2001年1月21日码头交付使用。2002年12月16日整体通过竣工验收	“九五”延续项目
	北仑监督站东区分站业务用房工程	2002年12月17日整体通过竣工验收并正式交付使用	
	象山海事处安全监督设施	2004年12月9日整体通过竣工验收并交付使用	
	鄞奉海事处安全监督设施	2005年4月18日业务用房交付使用,2005年11月18日码头交付使用。2005年12月30日整体通过竣工验收	
	鄞奉海事处奉化办事处安全监督设施	2004年5月投入使用	
	鹤浦签证点安全监督设施	业务用房260平方米,2004年5月份投入使用	
3	船舶		
	60米级巡逻船	1艘,2004年1月在黄埔船厂开工建造,12月完工,正式列编(“海巡113”)	
	45米级巡逻船	1艘,2001年竣工并投入使用(“海巡111”)	
	12米级钢质巡逻艇	2003年和2004年相继完成12米钢质巡逻艇改造为15米级玻璃钢巡逻艇4艘(“海巡1101”“海巡1102”“海巡1103”“海巡1104”)	
	14米玻璃钢巡逻艇	2002年接收14米玻璃钢巡逻艇1艘(“海巡1122”)	
	11米玻璃钢巡逻艇	2003年接收11米玻璃钢巡逻艇1艘(“海巡1123”)	

续上表

序号	项目名称	执行情况	备注
4	信息系统		
	网络	建成以局机关网络为中心，以7个海事处及船队基地等二级网络为基础的宽带广域网系统	
	网站	宁波海事局外网、内网网站建立	
	视频系统	建成局机关、VTS中心、7个海事处、1个船队基地共计11个视频会场的视频系统	

三、“十一五”（2006—2010年）期间

“十一五”发展规划的总体目标是逐步建立和完善宁波海区、港区和内河海事管理系统，提高海事管理系统的运行效率，建成全方位覆盖、全天候运行、反应快速的智能化和一体化监控和服务系统，建成一支能够执行水上高强度巡航和搜救任务的巡逻艇队伍，保证宁波海事管理系统具有充分的能力防止水上交通事故和船舶污染事故的发生、减少人命和财产的损失、保障水上交通的安全畅通，促进宁波市水运事业和港口经济的发展。“十一五”发展规划项目见表3-1-5。

“十一五”发展规划项目表　　表3-1-5

序号	项目名称	主要建设内容
1	监控系统	
	智能化监控中心	数据交换平台、大型数据库、AIS基站、通信及部分外设传感器等
	CCTV监控网	电视监控系统及监控中心室
2	船舶交通管理系统	建设大猫山、六横岛、园山雷达站
3	业务用房和基地	
	海事综合基地	巡逻艇码头、直升机停机坪、防污染器材库、后勤保障和业务用房
	溢油应急中心	溢油分析、信息工作站和器材库
	郭巨海事处	1200平方米业务用房
	局机关业务用房	5000—8000平方米业务用房
4	船艇	
	45米级巡逻船	1艘
	30米级巡逻船	2艘
	20米级巡逻船	2艘
	摩托艇	3艘

“十一五”期间，宁波海事局完成基础设施建设项目7个，投资1.38亿元，船艇类投资2580万元，信息化项目投资836.5万元。海事基础设施建设、船艇建设和信息化建设取得了突破性进展。

“十一五”期间，宁波海事局建成“海巡1128”等4艘海巡艇，新增“海巡1126”等3艘摩托艇，改建“海巡1115”等3艘巡逻艇，按时报废“海巡1105”等4艘巡逻艇。“十一五”末期，宁波海事局在航各型

巡逻船艇 24 艘,船龄从“十一五”初期的 14.5 年降低到 10 年左右。其间,宁波海事局重点开展了辖区 VHF 通信系统工程、浙北水域 VTS 扩建工程、宁波海事监管基地、宁波船舶溢油应急设备库、基层海事处业务用房等监管基础设施的建设。

浙江海事局辖区 VHF 通信系统工程,在宁波海事局辖区的建设内容为新建梅山岛、大金山 VHF 2 个岸台,改造澥浦发信台中的 VHF 岸台,新建宁波 VHF 控制分中心(位于宁波市北仑区),新建宁波搜救分中心(RCC)。工程于 2006 年开工建设,2008 年 8 月建成投入使用。

浙北水域 VTS 改扩建工程由浙江海事局组织实施,其中涉及宁波海事局辖区建设内容为改造现有的北仑山、大榭、峙头、虾峙、游山 5 个雷达站,新建大鹏山、穿鼻山 2 个雷达站,改造现有的北仑 VTS 中心。工程于 2009 年 10 月正式开工建设。2011 年 8 月 25 日,浙北水域 VTS 改扩建工程通过浙江海事局组织的交工验收。2012 年 10 月 22 日,浙北水域 VTS 改扩建工程通过交通运输部海事局组织的竣工验收。

宁波海事监管基地项目新建综合业务用房以及相应配套设施,建设 1 座固定码头和 2 座浮码头。工程于 2011 年 1 月 12 日通过竣工验收。详见第三篇第二章第三节《重点基建项目》。

宁波船舶溢油应急设备库项目新建溢油设备库房、辅助用房、维修车间、晾晒及训练场地、清洗水池等,购置船舶溢油应急卸载、围控、回收、储运设备和溢油分散物资及其他配套设备。工程于 2013 年 5 月 17 日通过竣工验收。详见第三篇第二章第三节《重点基建项目》。

三江口海事处业务用房位于宁波市江北区人民路 408 号(白沙公园北面,原宁波市白沙路小学操场位置),建设规模为建设用地 1341 平方米,新建 1232.66 平方米办公业务用房,为 4 层框架结构,在原码头位置(宁波市江北区白沙路 86 弄 1 号)新建 1 座 40 米 ×9 米趸船浮码头。业务用房 2006 年 7 月 23 日开工,2007 年 6 月 29 日竣工,9 月 28 日投入使用(图 3-1-3)。码头部分 2006 年 6 月 1 日开工,9 月 28 日竣工,10 月 20 日投入使用。

图 3-1-3　三江口海事处业务用房

宁海海事处工作船码头工程建设地点位于宁波市鄞州区象山港口门沙湾山嘴西侧,建设规模为建设 56 米 ×12 米固定式码头 1 座,后方陆域建设 3 层钢筋混凝土框架结构业务用房,建筑面积 420 平方米。2008 年 12 月项目通过竣工验收。2015 年 12 月,宁海海事处工作船码头及附属用房被鄞州区人民政府列入征收范围,2017 年 10 月,上述资产处置获交通运输部海事局批复。

宁波郭巨海事处工作船码头及配套工程由交通运输部于 2008 年 8 月批准建设,位于宁波市北仑区白峰镇沿海中线梅东渡口(斜对面),为钢混结构,建设内容为新建 40 米 ×9 米趸船浮码头 1 座及配套业务用房。工作船码头工程于 2009 年 12 月 28 日正式开工,2010 年 6 月 29 日建成(图 3-1-4)。业务用房工程于2010年8月12日正式开工，2011年1月9日通过主体结构验收，2012年1月11日通过竣工验收。

图3-1-4　宁波郭巨海事处工作船码头及配套工程（码头部分）

“十一五”期间项目完成情况见表3-1-6。

“十一五”期间项目完成情况　表3-1-6

序号	项目名称	完成情况	备注
1	浙江海事局辖区VHF通信系统工程	宁波辖区建成梅山岛、大金山VHF岸台、改造澥浦VHF岸台，新建宁波VHF控制分中心和宁波搜救分中心。2006年开工建设，2008年8月建成投入使用	
2	船舶交通管理系统		
	浙北水域VTS改扩建工程	改造北仑山、大榭、峙头、虾峙、游山雷达站，新建大鹏山、穿鼻山雷达站，改造现有的北仑VTS中心，2009年10月正式开工建设	延续至“十二五”
3	业务用房和基地		
	宁波海事监管基地	水工工程于2009年9月21日通过竣工验收，业务用房于2010年10月21日通过竣工验收	延续至“十二五”
	宁波船舶溢油应急设备库	2010年12月6日项目开工建设	延续至“十二五”
	三江口海事处业务用房	码头于2006年10月20日投入使用，业务用房于2007年9月28日投入使用	
	宁海海事处工作船码头	2008年12月通过竣工验收	
	宁波郭巨海事处工作船码头及配套工程	2012年1月11日通过竣工验收	延续至“十二五”
4	船艇		
	30米级巡逻船	新建1艘，2008年6月建成（“海巡1128”）	
	20米级巡逻船	新建3艘，2008年8月建成钢铝船1艘（“海巡1129”），2009年2月、2010年7月各建成1艘玻璃钢船（“海巡1124”“海巡1125”）	

续上表

序号	项目名称	完成情况	备注
	15米级玻璃钢巡逻艇	新建1艘,2008年1月建成("海巡1127")	
	10米级玻璃钢巡逻艇	新建1艘,2006年4月建成("海巡1126")	
	10米级钢铝巡逻艇	新建1艘,2008年1月建成("海巡1130")	
5	信息化系统		
	基础网络	构建了上联浙江海事局、向下覆盖所有海事处和办事处、横向连接电子口岸的高速可靠的基础网络平台,并逐步开展无线网络的应用	
	视频会议系统	建成两级架构的视频会议系统,配备高清视频会议设备2套、各海事处分会场的标清设备10套,建设标准高清视频会议室1间	
	网络设备	新增1台网络防护系统、2套磁盘阵列和多套应用服务器	
	船员远程考试中心	新建1个中心机房、3个考场,配备165台考试终端、1套远程监考设备	

四、"十二五"(2011—2015年)期间

宁波海事局"十二五"基本建设规划目标是加强科技应用,加快基础设施、船艇装备和信息化建设,推进海事管理现代化,满足巡航救助一体化、辅助决策智能化的要求。宁波海事基础设施建设向具备综合功能的指挥中心建设、VTS扩建、巡航救助一体化基础设施建设、保税区和运河管理区海事监管设施建设方向拓展,以满足港区扩大、航道锚地增加和内河运输恢复的需要,重点建设杭甬运河、梅山、东钱湖、象山港海事基础设施和宁波港南部水域的海巡基地。宁波海巡船队规模进一步扩大,形成高中低(高性能、一般和简易型船艇)、大中小(40米级及以上、20—30米级、20米级以下)搭配合理,船龄结构在8—11年之间,船种(钢质和玻璃钢船艇)构成适用,航区(近海、沿海、遮蔽和内河)比例协调,具备较强巡航救助一体化功能,具有快速能力的海巡船队,实现宁波辖区巡航搜救全覆盖、重点水域全天候覆盖。同时,宁波海事局继续加大对宁波海事科技信息化的建设力度,逐步推进与宁波国际化智慧港口相适应、与智慧化城市相匹配的"智慧海事"建设,充分发挥信息技术对海事管理的引领和支撑作用,实现宁波海事行政效率、监管和公共服务水平明显提高。"十二五"发展规划项目见表3-1-7。

"十二五"发展规划项目表　　表3-1-7

序号	项目名称	主要建设内容
1	新建VHF基站	在杭甬运河沿线新建3个VHF基站,用于运河水上遇险与安全通信
2	VTS系统	增设白石山、象山角、梅山、檀头山4个雷达站
3	基地码头设施	
	宁波南田岛海事监管基地工程	建设200×12米固定码头,配套用房2500平方米,预留直升机停机坪

续上表

序号	项目名称	主要建设内容
	梅山海事处工作船码头及配套工程	新建60米×9米趸船浮码头1组，配套设施征地6000平方米
	余姚（杭甬运河）海事监管码头工程	新建30米×6米趸船浮码头1组，配套设施征地2000平方米，建筑面积1200平方米
	东钱湖海事监管码头工程	新建30米×6米趸船浮码头1组，配套设施征地2000平方米，建筑面积1200平方米
	象山港海事监管码头工程	新建45米×9米趸船浮码头1组，配套设施征地2000平方米，建筑面积1200平方米
	宁波海事局综合业务用房工程	建成集水上安全监控、海上搜救决策、信息分析处理等于一体的组织、协调和指挥中心
	实践培训中心	建筑面积2500平方米，配备必要的设备设施
	PSC国际论坛中心	建筑面积5000平方米，配备必要的设备设施
4	船艇	
	40米级巡逻船	3艘
	30米级巡逻船	2艘
	20米级巡逻船	5艘
	15米玻璃钢内河巡逻艇	4艘
	12米救助艇	1艘
	10米以下摩托艇	2艘
5	信息化系统	
	海事移动办公网络	开展第四代移动通信网络（4G）和物联网技术的试点应用，建设覆盖主要通航水域、港口和船艇的海事移动办公网络
	信息安全防护体系	构建一套技术手段与管理手段相结合的全方位、多层次、动态发展的信息安全防护体系
	数据容灾备份中心	建设局异地数据容灾备份中心，并探索引进云计算等先进技术手段，切实保证海事业务数据安全
	信息平台建设	建设智能化监控指挥平台；完善内部事务管理平台；加快服务型外网平台建设；建成一个涵盖电子政务、公众服务多个领域的"一站式"海事电子政务平台
	信息化运维	探索自主管理和服务外包的运维模式
	流程再造课题	利用现有的信息技术和科技手段，对研究成果进行转化和应用

"十二五"期间宁波海事局共下达基本建设项目5个，利用自筹资金建设雷达站2座，改建新建船艇11艘，基本建设总投资3.47亿元。

"十二五"以来，宁波海事局相继完成辖区船舶交通管理系统的改扩建，完成宁波大型船舶溢油应急设备库工程的建设，持续推进海事处业务用房及配套监管码头设施的建设，同时在浙江海事局牵头下，相继建设完成浙北水域VTS改扩建工程和浙江海事局内河安全监管系统工程，基础设施保障能力得到进一步提升。

浙江海事局内河安全监管系统工程初步设计，于 2013 年 10 月 14 日获交通运输部海事局批复同意。工程分为 VHF 系统和 CCTV 系统两大架构，在宁波、台州、温州辖区建设 VHF 基站和 CCTV 监控点，新建 CCTV 监控信号接入浙江海事局现有 CCTV 监控系统，进行统一管理控制，形成浙江海事局内河安全监控系统。2014 年 9 月工程开工建设，2017 年 9 月 14 日通过竣工验收，有效弥补了浙江海事局内河辖区的 VHF 覆盖和重点码头、航道的 CCTV 监控盲区。其中宁波海事局辖区完成三江口海事处、城西港区、蜀山船闸、东钱湖办事处、鄞奉海事处 5 个 VHF 基站，蜀山船闸、丈亭、河姆渡、东钱湖游客集散中心、陶公山、兴宁桥游客码头 6 个 CCTV 监控点的建设。

宁波水域 VTS 扩建工程新建松兰山、檀头山、南田 3 个雷达站，钢筋混凝土塔楼高度分别为 30 米、15 米、15 米，在松兰山和南田雷达站同址建设 2 个 VHF 基站和 2 个气象台，3 个雷达站信号均传输至宁波 VTS。2012 年 11 月 21 日，项目工程可行性研究报告获交通运输部批复同意，2013 年 12 月开工建设，2015 年 9 月 16 日通过交工验收，2016 年 10 月 28 日通过竣工验收。

宁波象山港雷达站工程新建荒屿山、象山角 2 个雷达站，2012 年 4 月开工建设，9 月土建部分完成交工验收，2013 年 12 月气象设备完成交工验收。2019 年 12 月 20 日，宁波象山港雷达站工程项目通过竣工验收。

宁波穿山海事监管业务用房位于北仑区白峰镇白中长沙湾段 66 号，穿山集翔小区西侧、白中线南侧，由北仑区政府投资建设，2012 年开建，2015 年完成接收。

梅山海事处工作船码头及配套工程建设内容为浮码头 1 座及配套辅助用房，2018 年 6 月 14 日通过竣工验收。详见第三篇第二章第三节《重点基建项目》。

"十二五"期间，宁波海事局共完成船艇建造 11 艘，包括 80 米级钢质巡逻船"海巡 22"，60 米级溢油回收船"海巡 0715"，40 米级钢质巡逻船"海巡 0717"，40 米级钢玻巡逻船"海巡 0718"，30 米级玻璃钢巡逻船"海巡 07132"，20 米级玻璃钢巡逻船"海巡 07116"，20 米级钢质巡逻船"海巡 07112"，15 米级玻璃钢巡逻艇"海巡 07119""海巡 07120""海巡 07133""海巡 07134"。至"十二五"末，宁波海事局共配备各类巡逻船艇 32 艘，在役 28 艘。

"十二五"期间基本建设完成情况见表 3-1-8。

"十二五"期间基本建设完成情况　　表 3-1-8

序号	项目名称	执行情况	备注
1	浙江海事局内河安全监管系统	2014 年 9 月工程开工建设，2017 年 9 月 14 日通过竣工验收，在宁波海事局辖区新建 5 个 VHF 基站和 6 个 CCTV 监控点，基本实现宁波内河水域 VHF 安全通信全覆盖	延续至"十三五"
2	VTS 建设		
	浙北水域 VTS 改扩建工程	2011 年 8 月 25 日通过浙江海事局组织的交工验收，2012 年 10 月 22 日通过交通运输部海事局组织的竣工验收	"十一五"延续项目
	宁波水域 VTS 扩建工程	新建松兰山、檀头山、南田雷达站，2013 年 12 月开工建设，2016 年 10 月 28 日通过竣工验收	延续至"十三五"
	宁波象山港雷达站工程	新建荒屿山、象山角雷达站，2012 年 4 月开工建设，2019 年 12 月 20 日通过竣工验收	延续至"十三五"

续上表

序号	项目名称	执行情况	备注
3	设备库及监管基地		
	宁波海事监管基地	2011年1月12日通过竣工验收	“十一五”延续项目
	宁波船舶溢油应急设备库	2013年5月17日通过竣工验收	“十一五”延续项目
4	业务用房及码头		
	局综合业务用房	2015年顺利结项	
	宁波郭巨海事处工作船码头及配套工程	2012年1月11日通过竣工验收	“十一五”延续项目
	宁波穿山海事监管业务用房	北仑区政府投资建设,2015年完成接收	
	梅山海事处工作船码头及配套工程	2015年12月3日开工建设	延续至“十三五”
5	船艇		
	80米级	80米级大型巡航救助船1艘(“海巡22”)	
	60米级	60米溢油回收船1艘(“海巡0715”)	
	40米级	40米级中型巡逻船2艘(“海巡0717”“海巡0718”)	
	30米级	30米级玻璃钢巡逻船1艘(“海巡07132”)	
	20米级	20米级玻璃钢巡逻船2艘(“海巡07116”“海巡07112”)	
	15米级	15米级玻璃钢巡逻艇4艘(“海巡07119”“海巡07120”“海巡07133”“海巡07134”)	
6	信息化建设		
	网络	初步建成一套覆盖宁波海事局各单位机构的智能化数字网络	
	网络安全	建成较完整的网络安全体系	

五、“十三五”(2016—2020年)期间

宁波海事局“十三五”基本建设发展规划目标是到2020年,全面提升“通信监控、船舶飞机、防污处置、基础设施”四大保障系统,全面建成全方位覆盖、全天候运行、反应快速、应急高效的水上交通安全监管和搜救系统,努力实现宁波海事局基建装备设施保障现代化。“十三五”发展规划项目见表3-1-9。

“十三五”发展规划项目表 表3-1-9

序号	项目名称	主要建设内容
1	船舶、飞机及基地	
	巡逻艇建造(更新)工程	增配1艘60米级B型巡逻船,新配2艘40米级沿海巡逻船,新建2艘20米级沿海巡逻船,争取研发1艘60米高海况高速巡逻船。更新内河15米级及以下巡逻艇,淘汰原有10艘玻璃钢船

续上表

序号	项目名称	主要建设内容
	飞机建造工程	建设中型载人直升机、轻型载人直升机和无人直升机各1架，购置无人固定翼飞机及配套设备1套
	宁波海事局南田岛海事监管基地(快速反应基地)	建设一期工程，重点建设码头、综合训练场和停机坪，其余设施(库房)在2020年后建设
	宁波穿山海事处趸船浮码头工程	在穿山海事处北部辖区建设1座包括2只45米×10米混凝土趸船的浮码头
	宁波海事局杭甬运河海事监管码头及配套工程	在姚江新建1座30米×6米船浮码头，并在陆域建设简易码头值守业务用房
	宁波海事局象山港区南岸海事监管码头及配套工程	在象山港南岸新建1座60×9米趸船浮码头，在陆域建设简易码头值守业务用房
	宁波北仑海事处工作船码头工程	建设1座60米×9米浮码头，并在陆域建设简易的码头值守业务用房
	宁波海事局东钱湖海事监管码头及配套工程	新建1座30米×6米趸船浮码头，在陆域建设简易码头值守业务用房
	宁波海事局奉化海事监管码头及配套工程	新建1座30米×6米趸船浮码头，在陆域建设简易码头值守业务用房
2	船舶监控系统项目	
	宁波海事局VTS系统改扩建工程	进行功能升级和技术改造，在石浦港区水域及外海南北主要航道附近水域新建雷达站
	杭甬运河(宁波段)CCTV监控系统工程	在杭甬运河宁波段内各重点航道、码头、湾头、岔口、干支流交汇水域，以及大桥和渡口布设CCTV高清监控点
	穿山半岛CCTV监控系统改扩建工程	布设CCTV高清监控摄像头，实现对洋小猫水域、佛渡水道、螺头水道区域的监控
3	安全通信系统项目	
	宁波海事局VHF系统改扩建工程	增设老鹰咀、北渔山两个VHF基地，对内河盲区进行补点；根据技术发展进行设备升级改造
4	污染防治装备项目	
	船舶、飞机溢油监视监测设备配置	在40米级以上船舶和部分飞机上配置溢油监测雷达及视频影像装备
	溢油检测报警系统工程	在5万吨级以上港区油品运输泊位设置溢油监测报警系统，初步建成立体化溢油监视监控网络
5	海事信息系统项目	
	宁波海事局政务中心信息系统工程	包含政务中心(含稽征大厅)综合布线、叫号系统、显示系统、安防系统、空调系统等，以及政务办理综合管理系统
	宁波海事局信息化基础设施建设工程	包括综合布线系统、楼宇自控系统、安全防范系统、有线电视及卫星电视系统广播系统、信息发布系统、消防自动报警系统、计算机网络及通信网络集成系统等

续上表

序号	项目名称	主要建设内容
	宁波海事局海事综合执法、搜救指挥系统工程	建设宁波海事局海事综合执法、搜救指挥系统工程，包括海上搜救应急指挥系统、综合布线系统、计算机房及网络系统、安全防范系统、搜救综合会商系统、设备节能管理系统、配套设施系统
	海事无线多媒体指挥平台系统工程	以海事宽带移动多媒体通信系统为基础，构建海事无线多媒体指挥平台
	办公业务用房项目	开展宁波海事局综合业务用房装修，新建镇海、大榭、象山、宁海业务用房，建设梅山海事处工作船码头配套业务用房工程

“十三五”期间，宁波海事局积极推进基本建设和信息化项目建设，共下达基本建设项目8个，新增船艇3艘(20米级玻璃钢巡逻船“海巡07135”，10米级玻璃钢巡逻艇“海巡07136”“海巡07137”)，基本建设总投资3.165亿元。

宁波海事局通过改造沿海安全VHF通信，以VHF、VTS、CCTV等系统为主的通信监控系统在辖区近海水域和重点港口已基本实现连续覆盖，完成虾峙雷达站改造工程，雷达站安全运行性能不断提升。2套CCTV平台(中华人民共和国海事局电视监控系统和自建的海康威视平台)共建摄像头124个，初步满足了海事重点水域监管需求。宁波海事局以局新综合业务用房建设为契机，建设完成宁波海事局政务中心信息系统，实现快捷有效的对外政务信息服务，建设完成宁波海事局信息化基础设施建设工程，实现内部数据信息有效整合，并实现办公区域内智能化安全监管。“甬海e站”“深蓝智享”平台的逐步开发及试运行，提升了宁波海事局在海事业务监管、内部综合管理方面的信息化水平。穿山海事处、梅山海事处等海事处业务用房及码头的建成，改善了基层海事处执法人员的工作环境、提升了海事监管硬件水平。

穿山海事处趸船浮码头工程建设内容为趸船浮码头及配套管理用房，2019年2月27日项目竣工验收通过。详见第三篇第二章第三节《重点基建项目》。

“十三五”期间基本建设完成情况见表3-1-10。

“十三五”期间基本建设完成情况 表3-1-10

序号	项目名称	完成情况	备注
1	浙江海事局内河安全监管系统	2017年9月14日通过竣工验收	“十二五”延续项目
2	VTS系统		
	虾峙雷达站改造工程	2019年12月12日完成改造，新塔楼启用	
	宁波水域VTS扩建工程	新建松兰山、南田、檀头山雷达站，2016年10月28日通过竣工验收	“十二五”延续项目
	宁波象山港雷达站工程	新建荒屿山、象山角雷达站，2019年7月荒屿山雷达站供配电改造完成交工验收，项目整体于2019年12月完成竣工验收	“十二五”延续项目
3	信息化系统		

续上表

序号	项目名称	完成情况	备注
	CCTV 系统	建成 2 套 CCTV 平台（中华人民共和国海事局电视监控系统和自建的海康威视平台），共建摄像头 124 个	
	宁波海事局政务中心信息系统	2019 年 11 月 15 日通过竣工验收	
	宁波海事局信息化基础设施建设工程	2019 年 11 月 15 日通过竣工验收	
	甬海 e 站	2020 年 1 月 1 日正式上线运行，2021 年 4 月 6 日二期上线运行	延续至“十四五”
	深蓝智享	2019 年 11 月一期上线试运行，2020 年 10 月二期上线试运行	
4	业务用房		
	梅山海事处工作船码头及配套工程	2017 年 6 月 20 日完工，2018 年 6 月 14 日通过竣工验收	“十二五”延续项目
	穿山海事处趸船浮码头工程	2019 年 2 月 27 日通过竣工验收	
	宁波穿山海事监管业务用房	由北仑区政府投资建设，2017 年 12 月投入使用	
	梅山海事处业务用房	由地方投资建设，2019 年 11 月投入使用	
	局综合业务用房	2019 年 9 月建设完成并投入使用	
5	船艇		
	20 米级巡逻船	1 艘，2016 年 1 月建成（“海巡 07135”）	
	10 米级巡逻艇	2 艘，2016 年 1 月建成（“海巡 07136”“海巡 07137”）	

六、“十四五”（2021—2025 年）期间

宁波海事局“十四五”基本建设发展规划目标是到 2025 年，全面提升“通信监控、船舶飞机、防污处置、基础设施”四大保障系统，全面建成全方位覆盖、全天候运行、反应快速、应急高效的水上交通安全监管和搜救系统，努力实现宁波海事局基建装备设施保障现代化。

“十四五”期间规划投资估算 170670 万元，重点建设船舶及基地、VTS 系统设备设施、办公业务用房、智慧海事建设及绿色海事项目。“十四五”发展规划项目见表 3-1-11。

“十四五”发展规划项目表　　表 3-1-11

序号	项目名称	主要建设内容
1	船舶、飞机及基地	
	巡逻艇建造（更新）工程	抗风等级万吨级船艇 1 艘、巡航救助一体化大型船舶 1 艘、60 米高海况高速巡逻船 1 艘、60 米级钢制船艇 1 艘、专业清污船舶 1 艘、40 米钢制船艇 1 艘、30 米级钢制船艇 6 艘、20 米级钢制船艇 8 艘、合计更新船艇 20 艘

续上表

序号	项目名称	主要建设内容
	船舶智能救生设备	为海巡艇配备定制化船舶智能救生设备，规划每艘船艇配备智能动力救生圈、远距离多功能救生杆，“海巡22”配备便携式自主水下探测机器人等
	宁波南田海事工作船码头配套工程	在陆域配备直升机停机坪、机库，建设综合训练用房（直升机救助模拟、溢油设备操作训练、人员救生模拟训练）
	宁波海事局东钱湖海事监管码头及配套工程	新建30米×6米趸船浮码头1座，在陆域建设简易码头值守业务用房
	宁波余慈海事趸船浮码头工程	新建规模为30米×6米趸船浮码头和岸壁式码头各1座。在陆域建设配套码头用房2000平方米
2	智慧海事建设	
	CCTV监控系统	建立水上通航智慧监管系统，通过补点、更新CCTV摄像头
	智能感知设备建设	视情推进稳泊仪、潮流仪、能见度仪等海洋气象感知设备布点，形成封闭水域水文环境监测面。推进无人机和多波束扫侧设备配置5G模块，形成空中及水下立体感知数据链。更新执法记录仪
	安全监管服务平台	建设安全监管服务平台，包括远程辅助决策、现场查违纠违感知、大型船舶全过程在港安全监管等功能
3	VTS系统优化改造	更换15站雷达系统为新型固态雷达。建设VHF子系统，更新VHF收发机，增设VHF基站；建设VHF自动广播平台。建设数字化巡检及故障预警系统。更新升级中心交通显示系统、MIS子系统、记录重放子系统
4	绿色海事项目	
	船舶尾气排放监测系统	设置固定遥感站点，在现有条件的海巡艇上安装移动式遥感监测设备
	优化防污染应急能力建设	完善国家溢油应急设备库油品、化学品、LNG应急设施设备和应急物资的配备更新维护，优化应急设备管理格局
5	办公业务用房	根据条件和实际需求建设镇海海事处、大榭海事处、象山海事处、宁海海事处监管业务用房

第二章　基础设施建设

20世纪90年代,中国海事体制发生了重大而又深刻的转变。宁波海上安全监督管理系统经过“九五”期间的建设,在搜救指挥系统建设、船舶安全及防污系统建设、VTS系统建设、通信和信息系统建设、航标建设、船艇建设、后勤保障系统建设等各个方面取得了比较显著的进步。

进入21世纪后,宁波海事局成立,随即迎来飞速发展,同时也迅速进入基础设施建设的黄金时期。办公业务用房和巡逻船艇建造数量和质量高于前五年的平均水平,船舶交通管理系统和信息化建设面貌焕然一新,信息化条件下的应急反应能力进一步加强。一大批海事基础设施建成并投入使用,为宁波海事局辖区水上交通安全、通航环境改善和防止船舶污染提供了有力的支持保障。

伴随着“十一五”“十二五”“十三五”规划的逐步实施,宁波海事局抓住机遇、加快发展,海事基础设施建设、船艇建设和信息化建设不断迈上新台阶。构建全方位覆盖、全天候监控、快速反应的现代化水上交通安全监管和水上搜救系统的构想正在逐步实现。

第一节　基础设施概况

一、早期基础设施状况

“九五”初期(1996年),交通部宁波海上安全监督局配套基础设施状况较为薄弱,监督站布局与港口现有各泊位区和在建的泊位区不相匹配,给港方和船方办理有关手续和签证造成不便,难以提供高效的现场安全管理和监督服务。如北仑港区,虽然1996年前在宁波口岸的支持下,在北仑港区码头区域增设了联检、现场管理办公点,但仍落后于宁波港的快速发展,限制了水上交通安全监管部门为其提供全面、高质量、高效率的安全监督服务。北仑港区仍然未设巡逻艇码头,由远在10海里外的镇海监督站派船执行北仑港区的巡逻、护航任务(大型巡逻艇则需从宁波出发)。

“九五”初期,宁波海监局所属的安全监督站点偏少,部分安全监督设施在建设中。由交通部投资建设的小港监督站(计划办公用房面积400平方米)建设地址因国家建设资金到位较迟,1993年被小港开发区管委会用于商业用房的建设,导致无法开工。由北仑电厂出资,配套北仑电厂煤炭专用码头的港监业务用房仍未建成。宁波海监局大榭办事处仍无自有办公用房,而是由大榭开发区管委会与宁波海监局共同出资租用。

“九五”初期宁波海监局基础设施情况见表3-2-1。

“九五”初期宁波海监局基础设施情况一览表　　表3-2-1

序号	类别	详细状况
1	监督站	
	北仑监督站	办公用房面积503平方米

续上表

序号	类别	详细状况
	镇海监督站	办公用房产权属港务局所有，岸线前沿码头36米×9米1座，20×6米1座
	宁波监督站	办公用房面积996平方米，岸线前沿码头40米×9米1座，20×6米1座
	常洪监督站（在建）	办公用房面积400平方米，岸线前沿码头40米×9米1座
	梅墟监督站（在建）	办公用房面积400平方米，岸线前沿玛头40米×9米1座
2	船舶导航服务设施	
	北仑山交管站	配备从挪威引进的达到20世纪80年代先进水平的监控雷达、微波传输系统、船舶数据处理系统及VHF通信系统
	虾峙导航台、峙头导航台、大榭导航台	均配备有82年自英国引进的导航雷达，因未用微波传输系统形成雷达覆盖链，各个站的雷达信息不能集中使用，功能比较单一
	镇海信号台、宁波信号台、梅墟瞭望台、江南道头瞭望台	均以目力监控为主，有/无线通信设备较完善
	航标	管理海上干线公用航标134座，其中有人值守的灯塔12座、无线电指向标1座、无线电导航台1座、雾号3座，灯桩101座、灯浮13座、雷达应答器3座、港标41座
3	巡逻艇、航标艇	300吨巡逻艇1艘、250吨巡逻艇1艘、38吨巡逻艇1艘、12—18吨巡逻艇8艘、800吨中型航标船1艘、500吨油水补给船1艘、95吨航标艇1艘、75吨登陆艇4艘
4	危管防污设施设备	在局机关大楼设有化验室1座及防污化验设备，北仑监督站设有小型化验室1座及油水分析设备，镇海监督站配备有测爆仪等设备
5	通信设施	宁波海岸电台为宁波海监局管理，为三址式海岸电台，由中央控制室、澥浦发信台、团桥收信台组成。设有高频、中频和船辅电路，开放国防、国内水上常规通信、遇险安全通信和大众通信业务。局大楼内有200门程控交换机1台

2001年4月11日，宁波海事局镇海航标区完成划归上海海事局的交接，镇海航标区成建制划归上海海事局，包括镇海、定海、岱山、嵊泗、石浦5个航标站及所属相应灯塔、房屋、场地，在航航标工作船9艘及航标专用设备、仪器及其他设备、车辆等。

2001年9月29日，宁波海事局与宁波市交通委员会正式签订了《宁波市交通委员会、宁波海事局关于宁波市水上安全监督管理体制改革的交接协议》，宁波海事局接管了宁波市6个县（市）、5个区18270平方千米水域面积的安全监督管理职能，其中划转资产总额1294.85万元，包括原地方港航部门所属的部分办公业务用房及监管所用船艇10艘，宁波海事局的监管基础设施得到进一步充实。

2001年地方港航部门划归宁波海事局主要设施见表3-2-2。

2001 年地方港航部门划归宁波海事局主要设施一览表　　表 3-2-2

序号	部门	划转业务用房	划转船艇
1	宁波市航运管理处	—	运政艇 1 艘,1993 年 3 月购买
2	宁波市区航管所	中马路的宁波市区航管所办公用房进门南第一、二间,北第二、三间使用权划宁波海事局	港监艇 1 艘,船名“甬监巡 52”,16 米,1993 年购买
3	奉化市航管所	西坞办公用房 150 平方米,1984 年购置。江口站用房 45 平方米,1995 年购置	摩托艇 1 艘(DF530),1993 年购买。9 米港监艇 1 艘,1993 年购买
4	慈溪市航管所	地处南二环线慈溪市航管所综合楼 2 层 8 间,554 平方米,1995 年 12 月购置。西三老站房 2 间平房,40 平方米,1981 年 12 月购置	巡逻艇 1 艘,1991 年 6 月购买
5	余姚市航管所	余姚市航管所所部用房,位于北河沿路 46 号旁。办公楼主建筑面积 788 平方米,砖混结构,1988 年 12 月购置	10 米钢质船 1 艘,船名“港监艇 80”,1984 年 12 月购买。6.5 米钢质船 1 艘,船名“港监艇 83”,1992 年 12 月购买
6	宁海县航管所	位于城关镇正学路的城关新办公楼 1211.2 平方米。新办公楼附房 220 平方米	—
7	象山县航管所	位于石浦的象山县航管所所部办公楼第一、二层,1976 年 11 月购置	钢质巡逻艇 1 艘,1990 年 7 月购买,船名“浙甬监巡 10”
8	北仑区航管所	白峰站房及附属场地 446 平方米,1996 年 12 月购置。白峰港监艇码头 1 座,1997 年 12 月购置。郭巨新站房 2 楼及后场地 214 平方米,1995 年 12 月购置。郭巨老站房 209 平方米,1986 年 1 月购置	—
9	镇海区航管所	—	—
10	鄞县航管所	地处宋诏桥的鄞县航管所办公楼 942 平方米,1992 年 5 月购置。办公楼附属用房 5 间,1994 年 6 月购置。位于横山的横码航管站用房 10 平方米,1992 年 6 月购置	12 米的巡逻艇 1 艘,船名“港监艇 43”,1995 年 12 月购买。6 米的巡逻艇 1 艘,船名“港监艇 42”,1994 年 1 月购买

宁波海事局原机关大楼见图 3-2-1。

图 3-2-1　宁波海事局原机关大楼(2001—2019 年)

二、基础设施现状

从1996年起，经过20多年的发展，宁波海事局基础设施从办公业务用房，到船艇监管码头、监管基地、监管系统等方面实现了长足的发展，数量、规模、技术上均实现了跨越式提升。截至2021年，宁波海事局共拥有国家级船舶溢油应急设备库1座、海事监管基地1座、码头15座、泊位22个、岸线总长度1258米，雷达站实现"十五站一中心"的规模，拥有海巡监管船艇31艘，配置公务用车76辆，其中执法执勤用车66辆（一般执法执勤车63辆、特种专业技术用车3辆，见图3-2-2、图3-2-3）。

图3-2-2　宁波海事局执法车

图3-2-3　早期执法车辆

2021年宁波海事局监管基地与溢油应急设施情况、业务用房情况、海事监管码头情况、管辖雷达站情况和船舶情况见表3-2-3～表3-2-7。

2021年宁波海事局监管基地与溢油应急设施情况一览表　　表3-2-3

序号	名称	地理位置	规模	建成时间
1	宁波海事监管基地	北仑区白峰镇强峰路88号	综合业务用房2994平方米以及相应配套设施，120米×12米固定码头1座，40米×9米趸船浮码头2座	2011年
2	宁波船舶溢油应急设备库	北仑区白峰镇强峰路88号	溢油设备库房、辅助用房、维修车间及泵房2840平方米，综合溢油清除能力达1000吨	2013年

2021年宁波海事局业务用房情况一览表　　表3-2-4

序号	办公及业务用房名称	地理位置	建成时间
1	宁波海事局（宁波市海上搜救中心）业务用房	鄞州区东泰街31号	2019年
2	宁波海事局机关办公业务用房	江北区人民路355号	1990年
3	北仑海事大楼	北仑区新大路339号	2002年
4	宁海海事处办公业务用房（宁海县海上搜救中心业务用房）	宁海县正学路87号、宁海县气象北路208号	2001年
5	梅山海事处办公业务用房（产权为宁波梅山保税港区管委会下属单位所有）	北仑区梅山保税港区港城大厦B座	2017年
6	穿山海事处办公业务用房	北仑区白中线66号	2015年

续上表

序号	办公及业务用房名称	地理位置	建成时间
7	穿山海事处郭巨业务用房(项目实施名称为宁波郭巨海事处工作船码头及配套工程)	北仑区沿海中线	2012 年
8	郭巨签证点业务用房	北仑区郭巨新矸头	1995 年
9	大榭海事处办公业务用房	北仑区滨海南路 126 号	2001 年
10	三江口海事处办公业务用房	江北区人民路 408 号	2007 年
11	象山海事处办公业务用房	象山县石浦镇海宁路 4 号	2003 年
12	鄞奉海事处办公业务用房	鄞州区四明西路 717 号	2004 年
13	奉化办事处业务用房	奉化市茗山路 235 号	2004 年
14	镇海海事处办公业务用房	镇海区沿江东路 288 号	2002 年
15	余姚办事处业务用房	余姚市北河沿路 46 号	1983 年
16	慈溪办事处业务用房	慈溪市南二环东路 1016—1018 号	2017 年

2021 年宁波海事局海事监管码头情况一览表　　表 3-2-5

序号	码头名称	地理位置	岸线长度(米)	泊位数量(个)	泊位长度(米)
1	镇海海事处工作船码头	镇海区沿江东路	60.0	1	40
2	梅山海事处工作船码头	北仑区梅山岛	130.0	2	40
3	穿山海事处工作船码头(项目实施名称为宁波郭巨海事处工作船码头)	北仑区白峰镇沿海中线	60.0	1	40
4	穿山海事处趸船浮码头	北仑区白峰镇沙湾咀牛轭江内	114.0	2	45
5	大榭海事处工作船码头	大榭开发区南渡畅园	90.0	2	40
6	象山海事处工作船码头	象山县石浦镇渔港中路	90.0	2	40
7	鄞奉海事处工作船码头	鄞州区四明西路西侧	80.0	1	36
8	三江口海事处工作船码头	江北区白沙路 86 弄	80.0	2	40
9	三江口海事处姚江码头	江北区青林湾大桥旁	50.0	1	40、20
10	宁波海事监管基地码头	北仑白峰镇岠峙村	120.0	1	120
11	宁波海事局海事基地码头	北仑白峰镇岠峙村	40.0	1	40
12	宁波海事局常洪码头	江北区甬江街道路林市场	110.0	2	40
13	宁波海事局江南码头	北仑区小港街道红联	100.0	2	40
14	宁波海事局白峰码头	北仑区白峰镇舟山轮渡旁	40.0	1	30
15	奉化江口码头	奉化区江口村	34.0	1	26

2021 年宁波海事局管辖雷达站一览表

表 3-2-6

序号	雷达站名称	建成时间	海拔高度（米）	覆盖范围
1	大榭雷达站	1982 年	43	大榭周边水域
2	峙头雷达站	1982 年	50	螺头水道和峙头洋
3	虾峙雷达站	1982 年	49	虾峙门东口及以东水域
4	北仑山雷达站	1995 年	57	北仑港区、大榭岛西部及金塘水道
5	游山雷达站	2001 年	46	甬江口水域
6	大鹏山雷达站	2011 年	109	金塘大桥北航道及鱼腥脑事故多发区
7	穿鼻山雷达站	2011 年	183	大榭东北部码头及穿山港区
8	东浪咀雷达站	2011 年	122	笤帚门西口和佛渡水道
9	黄岩头雷达站	2011 年	100	双屿门水道
10	象山角雷达站	2013 年	72	乌沙山电厂以东与象山港大桥以西部分水域
11	荒屿山雷达站	2013 年	76	象山港大桥以东、青龙门、汀子门
12	元山雷达站	2015 年	170	笤帚门东口及其以东水域
13	松兰山雷达站	2016 年	73	象山沿海西航路及牛鼻山水道
14	檀头山雷达站	2016 年	159	象山沿海东航路
15	南田雷达站	2016 年	95.6	石浦港进港航道及其以东水域

2021 年宁波海事局管辖雷达站点位见图 3-2-4。

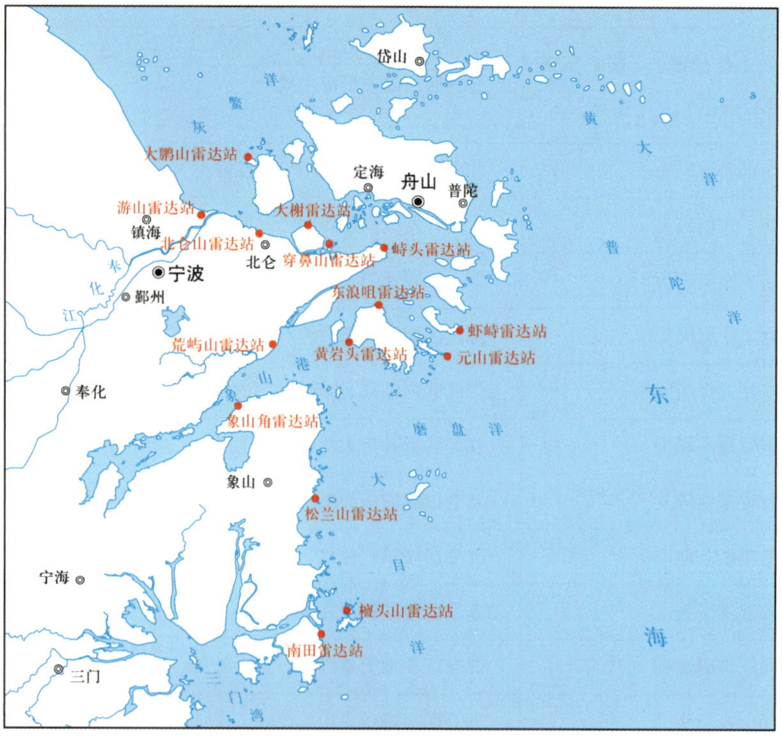

图 3-2-4　2021 年宁波海事局管辖雷达站点位示意图

2021 年宁波海事局船艇一览表

表 3-2-7

序号	船名	航区	级别	材质	主尺度(米)				排水量（吨）	设计航速（节）	建成时间（年）	备注
					总长	型宽	型深	设计吃水				
1	海巡 22	远海	80 米级	钢质	86.0	13.6	6.2	4.2	2320.00	18	2013	
2	海巡 0713	近海	60 米级	钢铝	61.2	9.2	4.5	2.2	459.00	25	2004	
3	海巡 0715	近海	中型	钢质	59.6	12.0	5.2	3.8	1685.30	13	2012	
4	海巡 0717	沿海	40 米级	钢铝	46.0	7.2	3.5	2.1	311.50	16	2012	
5	海巡 0718	沿海	40 米级	钢玻	40.4	6.8	3.2	1.6	174.70	18	2012	
6	海巡 07008	沿海	30 米级	钢铝	33.2	6.0	3.2	1.6	121.80	22	2008	
7	海巡 07102	内河	15 米级	玻璃钢	15.0	2.9	1.4	0.6	9.34	22	2004	停航待报废
8	海巡 07103	内河	15 米级	玻璃钢	15.0	2.9	1.4	0.6	9.34	22	2003	
9	海巡 07104	内河	15 米级	玻璃钢	15.0	2.9	1.4	0.6	9.34	22	2004	停航待报废
10	海巡 07105	遮蔽	30 米级	玻璃钢	26.0	4.4	1.8	0.8	32.00	25	2011	
11	海巡 07107	遮蔽	20 米级	钢质	17.0	3.8	1.7	0.8	23.00	16.2	1997	停航待报废
12	海巡 07108	沿海	30 米级	玻璃钢	26.0	4.4	1.8	0.8	31.82	21	1989	停航待报废
13	海巡 07112	沿海	20 米级	钢铝	22.5	4.5	2.4	1.2	45.34	21.3	2011	
14	海巡 07115	遮蔽	20 米级	玻璃钢	18.0	3.6	1.5	0.7	18.13	16.5	2008	
15	海巡 07116	沿海	20 米级	玻璃钢	18.9	5.8	1.8	0.8	29.30	25	2012	
16	海巡 07119	沿海	15 米级	玻璃钢	12.4	3.8	1.9	0.7	11.06	36	2011	
17	海巡 07120	沿海	15 米级	玻璃钢	12.4	3.8	1.9	0.7	11.06	36	2015	
18	海巡 07122	内河	15 米级	玻璃钢	14.0	2.8	1.3	0.5	8.45	17	2002	
19	海巡 07123	内河	15 米级	玻璃钢	10.7	2.2	1.1	0.5	4.00	18.4	2003	
20	海巡 07124	内河	20 米级	玻璃钢	18.0	3.6	1.5	0.7	18.13	22	2010	
21	海巡 07125	遮蔽	20 米级	玻璃钢	18.0	3.6	1.5	0.7	18.13	22	2009	
22	海巡 07128	沿海	30 米级	钢铝	33.2	6.0	3.2	1.6	121.80	22	2008	
23	海巡 07129	沿海	20 米级	钢铝	22.5	4.5	2.4	1.2	45.34	21	2008	
24	海巡 07130	内河	10 米级	玻璃钢	7.8	2.4	1.2	0.4	3.03	22.7	2008	
25	海巡 07132	沿海	30 米级	玻璃钢	26.0	4.4	1.8	0.8	31.80	25	2013	
26	海巡 07133	内河	15 米级	玻璃钢	14.0	2.8	1.3	0.5	8.50	26	2015	
27	海巡 07134	内河	15 米级	玻璃钢	14.0	2.8	1.3	0.5	8.50	26	2015	
28	海巡 07135	沿海	20 米级	玻璃钢	20.0	4.0	2.1	0.8	27.00	26	2016	
29	海巡 07136	内河	10 米级	玻璃钢	8.0	2.4	1.2	0.4	3.36	23	2017	
30	海巡 07137	内河	10 米级	玻璃钢	8.0	2.4	1.2	0.4	3.36	23	2017	
31	海巡 07127	内河	15 米级	玻璃钢	13.3	3.8	1.6	0.6	9.40	26	2008	停航待报废

第二节 基本建设项目管理

1999 年 4 月 23 日，交通部海事局印发《关于加强直属海事系统基本建设管理工作的若干规定》，要求直属海事系统认真贯彻国家及交通部有关基本建设的法规制度，严格规范基本建设程序，不得擅自简化手续。规定明确直属海事系统基本建设实行项目责任制和工程质量终身负责制。

1999 年 6 月 3 日，宁波海监局印发《宁波海监局计划、基建、统计管理办法》，内容包含基本建设管理办法，其中对基本建设项目按照工程建设不同阶段的执行要求进行了详细的规定。

1999 年 11 月，为规范 VTS 工程建设管理，宁波海监局制定《宁波 VTS 工程建设管理办法》。

20 世纪 90 年代，根据部门设置，宁波海监局基本建设项目由计划财务处负责实施。2000 年，宁波海监局对内部机构设置进行了调整，基本建设项目管理职能由新设立的计划基建处负责实施，主要包括局基建、码头项目的管理。

2001 年 1 月 1 日起，按照交通部《关于在交通基础设施建设中推行廉政合同的通知》及交通部海事局、浙江海事局相关要求，凡由国家计委、交通部和交通部海事局审批的可行性研究报告的项目，均应在签订工程建设项目合同的同时，与施工单位和监理单位签订《廉政合同》。

2005 年 3 月 25 日，交通部海事局印发《交通部直属海事系统基本建设管理办法（试行）》，对直属海事系统基本建设的五年计划及年度计划管理、立项管理、初步设计管理、施工图设计管理、工程招标与采购管理、工程竣工验收管理等做了具体规定，明确了在建项目实行年度建设项目考核制度，投资在 1000 万元及以下的建设项目由各直属海事局进行竣工验收。

2008 年，在建的宁波海事监管基地工程被列为 2008 年交通运输部重点督查的基础建设项目，受到交通运输部海事局、浙江海事局的重点关注。宁波海事局成立以局领导为组长、相关职能部门为成员的宁波海事监管基地项目组，通过明确工作纪律、职责分工和廉政要求等事项，首次创建了基建工程项目组管理模式，通过严格落实工程项目组工作职责、工程管理重大事项台账制和建设进度计划表，保障了海事监管基地各项工作的有序开展。

2010 年 12 月 31 日，宁波海事局成立装备与信息处，按照职责划分，基建工程职责调整至装备与信息处，基建工程科划归装备与信息处管理。

2012 年 8 月 21 日，宁波海事局印发《宁波海事局建设项目管理办法》，明确装备与信息处为局基建项目管理归口部门，负责基建项目工程可行性研究报告和初步设计编报等前期工作，以及基建项目的设计管理、实施管理和验收管理等工作。

2013 年 4 月，根据《交通运输部关于中华人民共和国宁波海事局主要职责机构设置和人员编制规定的通知》，宁波海事局综合计划处成立，项目管理前期工作由综合计划处负责，项目施工管理、验收管理由基建装备处负责。

从 2017 年开始，宁波海事局开展“塑造高效规范的项目建设流程”方案设计，形成基建项目全过程管理的流程图。宁波海事局结合局“一站式”平台的建设，将项目的形象进度、预算执行、招标投标、费用支付、合同会签、设计变更、验收会审、造价和财务审计等进行深度整合，实现信息化管理，形成高效规范的项目管理程序。

2020 年 2 月 1 日,《交通运输部部属单位基本建设管理办法》(交规划发〔2020〕8 号)开始实施。该办法适用于国家财政资金(包括专项建设资金)安排的部属单位履行职责所需的新建、改建、扩建等固定资产投资基本建设项目,但不包括船舶建造、飞机购置项目。《交通运输部部属单位基本建设管理办法》(交规划发〔2014〕188 号)同时废止。

2020 年,宁波海事局以"精品建造"和"精细管理"为切入点,构建现代化工程建设质量管理体系,并以南田海事工作船码头项目为试点,全力推进工程项目建设。

第三节　重点基建项目

一、VTS 工程建设

(一)VTS 建设一期

宁波船舶交通管理系统始建于 1978 年,为港口配套项目,由虾峙导航台、峙头导航台、大榭导航台组成,总投资 850 万元,土建面积约 1000 平方米,由英国雷卡(RACAL)公司提供港口雷达、收发机、操作终端等设备(图 3-2-5)。1982 年 12 月,虾峙、峙头和大榭 3 座导航台(雷达站)建成投入使用,标志着我国首个采用专用港口雷达的船舶交通管理系统正式诞生。

图 3-2-5　早期导航设备

(二)VTS 建设二期

1994 年 12 月 16 日,由交通部投资 106.58 万元人民币、25 万美元的北仑山交管站工程通过现场验收。北仑山交管站位于宁波市北仑区北仑山上,工程土建面积 406 平方米,同时新建北仑山雷达站,将大榭雷达站信号传输到北仑山雷达站,形成"两站一中心"(大榭雷达站、北仑山雷达站、北仑山交管站,见图 3-2-6、图 3-2-7)规模。1995 年 5 月 1 日,北仑山交管站工程投入试运行,1997 年 10 月正式投入运行。

图 3-2-6　大榭雷达站

图 3-2-7　北仑山雷达站

(三) VTS 建设三期

1998 年 7 月，根据交通部《关于宁波船舶交通管理系统工程可行性研究报告的批复》，交通部批复同意工程建设按照“四站一中心”的布局方案，即虾峙、峙头、大榭、北仑山 4 个雷达站和北仑 VTS 中心。新建北仑 VTS 中心（位于宁波市北仑区新大路与恒山路交叉口），扩建北仑山雷达站，改建虾峙、峙头、大榭 3 个雷达站，总投资 3600 万元。后在交通部海事局的支持下，为扩展宁波 VTS 覆盖水域，2001 年 8 月，交通部以《关于宁波船舶交通管理系统游山站工程可行性研究报告的批复》，同意利用游山信号台改建为游山雷达站，将游山雷达站与在建系统融合，形成“五站一中心”的总体规模，总投资增加至 4200 万元。2001 年 11 月，北仑山、大榭、峙头、虾峙、游山 5 个雷达站 VTS 设备吊装完毕（图 3-2-8 ~ 图 3-2-10）。12 月 12 日，整个 VTS 系统通电运行。2002 年 12 月 16 日，宁波船舶交通管理系统正式对外运行，“五站一中心”的规模形成。

图 3-2-8　峙头雷达站

图 3-2-9　虾峙雷达站

(四) VTS 建设四期

2008 年，交通运输部以《关于浙江海事局浙北水域船舶交通管理系统改扩建工程可行性研究报告的批复》，同意浙北 VTS 改扩建工程立项，工程总投资 5289 万元。其中，涉及宁波 VTS 的改扩建部分的投资为 2056 万元，主要建设内容为改造现有的北仑山、大榭、峙头、虾峙、游山 5 个雷达站，天线使用原德国阿特拉斯(ATLAS)雷达天线,雷达收发机更新为丹麦特尔玛(TERMA)设备。新建大鹏山、穿鼻山 2 个雷达站(图 3-2-11、图 3-2-12),雷达天线及收发机均为丹麦 TERMA 设备。改造现有的北仑山、峙头、虾峙、游山 4 个 VHF 基站,采用新西兰大吉(TAIT)设备。改造现有的北仑 VTS 中心,主要配置 2 套多传感器综合处理器设备、2 套 VHF 语音记录设备、1 套 MIS 信息管理设备、7 套交通显示终端、7 套 VHF 操作控制终端、7 套 MIS 操作终端等,系统集成商为荷兰 HITT 公司。

2011 年 8 月 25 日,浙北水域 VTS 改扩建工程通过浙江海事局组织的交工验收。2012 年 10 月 22 日,浙北水域 VTS 改扩建工程通过交通运输部海事局组织的竣工验收,宁波 VTS 系统形成“七站一中心”的规模。

图 3-2-10 游山雷达站

图 3-2-11 大鹏山雷达站

图 3-2-12 穿鼻山雷达站

(五)宁波象山港雷达站建设

2012 年 3 月 19 日,交通运输部海事局以《关于浙江海事局宁波象山港雷达站工程可行性研究暨初步设计的批复》,同意新建 2 个雷达站,与宁波 VTS 原有的“七站一中心”融合,形成“九站一中心”的规模,总投资为 1500 万元。主要建设内容为新建象山角、荒屿山 2 个雷达站,各配置 1 套丹麦 TERMA 公司雷达天线及双收发机,在象山角、荒屿山雷达站同址建设 2 个 VHF 基站、2 个气象站,在北仑 VTS 中心增设 2 套交通显示终端、2 套 VHF 操作控制终端、2 套 MIS 操作终端等。

2013 年 10 月 23 日,宁波象山港雷达站工程通过浙江海事局组织的交工验收。2019 年 12 月 20 日,宁波象山港雷达站工程通过竣工验收。

2014 年 1 月 1 日,东浪咀雷达站由舟山海事局移交至宁波海事局管理,同年,象山港雷达站建成投入试运行,至此,宁波 VTS 系统形成“十站一中心”的规模。

(六)VTS 雷达站天线改造

因峙头、虾峙雷达站的天线日渐老旧、故障频发,无法满足宁波 VTS 监管的日常使用需求,2014 年 3 月 10 日,交通运输部海事局以《中华人民共和国海事局关于宁波海事局 VTS 雷达天线改造工程建设方案的批复》,同意宁波 VTS 实施雷达天线改造工程,总投资 195 万元。主要建设内容为对峙头、虾峙 2 个雷达站的雷达天线进行改造,采用丹麦 TERMA 雷达天线和齿轮箱替换原德国 ATLAS 雷达天线和齿轮箱。2014 年 12 月 5 日,虾峙、峙头雷达站天线改造工程通过验收。

图 3-2-13　元山雷达站

(七)宁波水域 VTS 扩建

2012 年 11 月 21 日,交通运输部以《关于浙江海事局宁波水域船舶交通管理系统扩建工程可行性研究报告的批复》,同意宁波水域 VTS 扩建工程立项。工程新建松兰山、檀头山和南田 3 个雷达站,在松兰山和南田雷达站同址建设 2 个 VHF 岸台和 2 个气象台,3 个雷达站信号均传输至宁波 VTS。

2015 年 9 月 16 日,宁波水域 VTS 扩建工程通过交工验收。2016 年 10 月 28 日,该项目通过交通运输部海事局组织的竣工验收。同年,黄岩头雷达站、元山雷达站(图 3-2-13)由舟山海事局移交至宁波海事局管理。自此,宁波 VTS 形成"十五站一中心"的规模。

(八)虾峙雷达站改建

因年久失修、腐蚀严重,2018 年,宁波海事局启动虾峙雷达站改建工程。2019 年 12 月 12 日,虾峙雷达站新塔楼完成 VTS 设备移机搬迁,新塔楼正式启用(图 3-2-14)。

图 3-2-14　2019 年改建后的虾峙雷达站

二、宁波海事监管基地

为加强宁波沿海水域的水上交通安全监管,提高应急反应能力,2006 年 11 月 1 日,交通部批复宁波海事局监管基地工程项目工程可行性研究报告,同意由交通部投资 4600 万元,建设宁波海事监管基地及配套设施。

该项目位于宁波市北仑区白峰镇北部、长腰剑江南岸,建设规模为新建综合业务用房 2994 平方米以及相应配套设施,建设 120 米 ×12 米固定码头 1 座,40 米 ×9 米趸船浮码头 2 座。业务用房为 4 层钢筋混凝土框架结构,设计使用年限为 50 年。码头以千吨级巡视船为工程设计船型,固定码头工作平台为高桩梁板式结构,2 座浮码头趸船通过钢过桥连接,趸船通过 1 座钢引桥和 1 座栈桥与陆域连接。

业务用房工程于 2009 年 6 月 4 日开工,2010 年 9 月 20 日竣工,10 月 21 日组织交工验收,工程质量评定为合格。码头部分于2008年12月10日开工,2009年9月10日竣工,9月21日组织交工验收,工程质量评定为优良。整个工程质量评定为优良。

2011年1月12日,宁波海事监管基地工程通过交通运输部海事局组织的竣工验收。

三、宁波船舶溢油应急设备库

为有效应对船舶溢油突发事件,提高浙江海区溢油应急反应能力,根据《国家水上交通安全监管和救助系统布局规划》,交通运输部批复宁波船舶溢油应急设备库工程可行性研究报告,同意由交通运输部投资4920万元建设该项目。

项目位于宁波海事监管基地内,建设规模为溢油设备库房、辅助用房、维修车间及泵房2840平方米,晾晒及训练场地2900平方米,清洗水池300平方米,购置船舶溢油应急卸载、围控、回收、储运设备和溢油分散物资及其他配套设备。

2010年12月6日,宁波船舶溢油应急设备库工程开工建设。2011年11月4日,宁波船舶溢油应急设备库主体工程通过交工验收。溢油应急有关设备由交通运输部海事局统一组织招标采购,2012年5月设备全部到货,10月17日完成工程设备审计。

2013年5月17日,宁波船舶溢油应急设备库工程通过竣工验收(图3-2-15)。

图3-2-15 宁波船舶溢油应急设备库

四、宁波市海上搜救中心(宁波海事局)综合业务用房

为提升宁波海事服务经济社会发展的能力,提高辖区溢油监测、应急反应及海上搜救的能力,解决宁波海事局海上搜救、海事监管工作量增长迅猛,人员队伍不断壮大与原有业务用房条件落后、房间紧张、场地狭小,先进的信息化设备无法安装,难以满足海上搜救、海事监管和服务社会需要之间的矛盾,经报上级部门和宁波市地方政府部门,2013年1月,宁波市海上搜救中心(宁波海事局)综合业务用房项目可行性报告获批复同意。

宁波市海上搜救中心(宁波海事局)综合业务用房位于宁波市鄞州区东泰街31号,占地面积8408平

图 3-2-16　宁波市海上搜救中心（宁波海事局）综合业务用房

方米，主体结构形式为框架核心筒结构，建筑总层数20层。

2013年7月3日，宁波市海上搜救中心（宁波海事局）综合业务用房工程取得施工许可证。2013年7月12日项目开工建设，2019年4月17日建设完成。2019年9月13日，宁波海事局正式入驻新综合业务用房（图3-2-16）。

五、宁波海监局综合业务用房

1989年7月5日，宁波海上安全监督局上报的《宁波海监局综合业务用房扩初设计方案》获交通部工程管理司批复，同意综合业务用房选型，建筑面积4029平方米，其中业务用房1429平方米，航行警告台、船位报告台、海岸电台机房、中控室1500平方米，单身宿舍、物资仓库、车库、浴室1100平方米。

该工程采用框架结构，项目总投资为350万元。综合业务用房建设地址为江北区人民路，位于宁波港务局通讯站和宁波海监局宁波监督站巡逻艇码头之间，由宁波市房屋设计所设计，整体造型呈倒C型，共有6层，与楼群相连象征着一艘在海上安全航行的船舶，体现该楼具备的水上安全监督的业务性质与功能。工程由象山县第二建筑工程公司承建，于1989年8月开工，1990年11月通过竣工验收（图3-2-17）。

图 3-2-17　宁波海监局综合业务用房

六、宁波海监局大榭安全监督设施工程

为加强大榭水域的水上交通安全监督管理，根据交通部支持系统“九五”发展计划和大榭开发区港口办《关于宁波海监局巡逻艇码头使用岸线意见》及大榭开发区国土规划局《建设项目选址意见书》，宁波海监局开展大榭安全监督设施建设。2000年1月，宁波海监局大榭安全监督设施工程初步设计获交通部海事局批复，建设规模为建设总长为145.95米的码头，码头驳岸长150米，采用2艘40米×9米的钢筋混凝土趸船，顺岸布置组成1座千吨级浮码头，可同时靠泊2艘500吨级以下的船舶，东侧趸船设钢引桥2座，陆上建设综合业务用房及相应的配套附属设施，批复总概算1100万元。

大榭安全监督设施位于宁波大榭开发区畅园东南角，业务用房为4层砖混结构（局部框架），建筑面积1336平方米，于2000年6月18日开工，2001年3月8日竣工，3月21日通过竣工验收并交付使用（图3-2-18）。码头工程于2000年6月8日开工，2001年1月16日完工，1月21日通过竣工验收并交付使用（图3-2-19）。2002年12月16日，大榭安全监督设施通过交通部海事局组织的竣工验收。

图 3-2-18　大榭海事处业务用房(大榭安全监督设施)

图 3-2-19　大榭安全监督设施(码头)

七、梅山海事处工作船码头及配套工程

宁波梅山海事处于 2010 年进驻梅山保税港区,这是国务院正式批准的第五个、浙江省唯一的保税港区。随着梅山保税港区的逐步形成,梅山海事处的日常监管任务日趋繁重,海事船艇工作船码头的建设需求日益迫切。

梅山海事处工作船码头及配套工程位于宁波舟山港梅山港区东北部夹江作业区,梅山夹江凤凰山西侧至上梅渡客运站岸段,靠近梅山水道东北侧出口。工程可行性研究报告于 2014 年 4 月由交通运输部批复同意,建设规模为新建由 2 艘 40 米 ×10 米钢质趸船组成的浮码头 1 座,新建配套变电所及船员值班辅助用房。项目于 2015 年 12 月 3 日开工建设,2017 年 6 月 20 日完工,2018 年 6 月 14 日通过竣工验收。梅山海事处工作船码头及配套工程的建成,促进了梅山海事处辖区工作效率和服务水平的提升(图 3-2-20)。

a)

b)

图 3-2-20　梅山海事处工作船码头及配套工程

八、宁波穿山海事处趸船浮码头工程

宁波穿山海事处于2003年开始筹备，2008年8月25日挂牌试运行，2012年8月27日被交通运输部正式批复为宁波海事局正处级派出机构。穿山海事处配备有2艘巡逻艇，原停泊点距重点监管水域航程近20海里。为提高应急处置效率，提升现场监管服务水平，宁波海事局着手开展在穿山半岛海域附近建设海事工作船码头事宜。

2016年6月，交通运输部批复同意投资建设宁波穿山海事处趸船浮码头工程。该工程位于穿山港区沙湾咀牛轭江内，总投资约1443万元。趸船浮码头由2艘45米×10米钢筋混凝土趸船组成，包含3座撑杆墩和1座引桥，岸线总长114米，可同时停靠1艘26米和1艘41米的海巡艇，工程后方陆域预留地块内建设码头管理用房。项目于2017年10月16日开工，2018年11月19日完工，2019年2月27日通过竣工验收（图3-2-21）。

a)

b)

图3-2-21　宁波穿山海事处趸船浮码头

第三章　船艇建造与管理

宁波海事局成立前,船艇建造由宁波海监局船队负责。宁波海事局成立后,海巡艇向大型化、功能化、信息化快速发展,船艇建造和船艇管理职能由新成立的设备技术处负责实施。2002 年,设备技术处合并至计划基建处,船艇管理职责也做了相应调整,主要负责开发 40 米级和 60 米级钢质巡逻船,并建造"海巡 112""海巡 113",其中 60 米级巡逻船"海巡 113"作为交通部海事局的系列船型,成为主力船型之一。行政资金船艇建造权限自浙江海事局成立后划归浙江海事局,自筹资金船艇建造权限归宁波海事局。宁波海事局协助浙江海事局,先后完成 30 米级和 20 米级钢质巡逻船开发,其中首次建成的"海巡 1128""海巡 1129",成为海事系统主力船型。此后宁波海事局船艇管理部门随着机构设置数次调整。2019 年,宁波海事局成立基建装备处船艇工作组,负责全局船艇管理及自筹资金船艇建造工作。对船艇的"管用养修"历经多年,逐渐形成一套标准化的船艇管理模式。

第一节　船 艇 建 造

2000 年之前,宁波海监局的船艇主要是钢质巡逻船艇,其间先后建造了 12 米钢质巡逻艇 4 艘、40 米钢质巡逻船 1 艘、30 米钢质巡逻船 1 艘、17 米钢质巡逻船 1 艘。2000 年开始,交通部海事局为了节约维修成本、提高船艇航速,开始建造 30 米级以下玻璃钢巡逻船艇。"十五"至"十二五"期间,宁波港吞吐量首次突破 1 亿吨大关,宁波海事局迎来新的发展机遇,巡逻船艇建造也进入快车道,先后建造了 80 米级、60 米级、40 米级、30 米级等一批巡逻船艇。

1996 年 5 月,"甬监巡 33"动工建造。该船长 31.0 米,型宽 6.8 米,型深 3.2 米,吃水 2.2 米,排水量 18.2 吨,航速 12.5 节,乘员 12 人,航区为沿海航区,续航力 600 海里,自持力 3 个昼夜。该船由上海船舶研究设计院设计、江苏无锡船厂建造,1996 年 12 月出厂。

1999 年 9 月 29 日,由宜昌中交船业有限公司建造的"甬监巡 35"抵驶靠船队梅墟码头。该船总长 20 米,型宽 4 米,型深 2.1 米,吃水 0.76 米,航速不小于 19 节,续航能力不小于 200 海里,船体及上层建筑均采用进口玻璃钢材料。

2000 年 4 月 10 日,新建的 150 吨航标登陆艇交付镇海航标区使用,该艇被命名为"B-217"。

2000 年 8 月,"甬监巡 36""甬监巡 37"分别从湖北省宜昌市和江苏省兴化市顺利驶抵船队梅墟码头投入使用,两船船体均采用玻璃钢建造,航速分别为 19 节和 21 节。

2000 年 9 月 8 日,由武汉 701 研究所设计的 45 米级高速巡逻船"海巡 111",在广州黄埔造船厂开工建造。该船为宁波海事局研发的海事系统 45 米级首制船,钢铝结构,采用国外先进设备,总长 46.1 米,型宽 6.8 米,型深 3.558 米,平均吃水 1.65 米,排水量 175 吨,抗风力 9 级,总吨位 237.5 吨,在四级海况下能低速安全航行,满足一舱不沉制要求,最大航速 26.4 节,续航力 500 海里。2001 年 6 月 25 日("海巡 111")建造完工,7 月 1 日正式列编(图 3-3-1)。

图 3-3-1 “海巡 111”

2001 年 8 月 2 日，交通部印发《支持系统船舶购置招标投标管理办法（试行）》，规定购置单船预估价格达到 200 万元以上的，必须按照该办法进行招投标，交通部负责监督管理，并委托交通部海事局负责直属海事系统购置单船预估价格在 500 万元以下项目招投标活动的监督管理。

2001 年 8 月 10—11 日，“海事系统 60 米级巡逻船方案论证和需求分析座谈会”在宁波召开，海事系统有关单位和船舶设计单位等 10 家单位的 21 名代表参加。与会代表充分肯定宁波海事局和船舶设计单位所做的前期工作，认为该船型的开发，对于完善海事系统巡逻船舶发展的系列化，提高 50 海里区域海上巡逻执法效能，具有十分重要的意义。

2002 年 10 月 14 日，由宜昌中交船业有限公司建造的 14 米玻璃钢艇，在鄞奉海事处所辖的东钱湖正式投入使用。该船主尺度为 14 米 ×2.8 米 ×0.4 米，主机选用沃尔沃（VOLVO）进口主机，功率 108 千瓦，转速 1900 转/分钟，航速 28 公里/小时。

2003 年 11 月 2 日，由宁波海事局自筹资金改造的 15 米级玻璃钢艇正式交付使用。该艇是在原 12 米级钢质艇的基础上改建而成。改造后的玻璃钢艇总长 15 米，型宽 2.9 米，型深 1.35 米，设计吃水 0.57 米，设计最大航速 22 节，续航力约 200 海里。

2004 年 10 月 24 日，由交通部海事局和宁波海事局共同投入技改资金，委托江苏兴化市飞达玻璃钢有限公司改建的“海巡 1101”“海巡 1102”（图 3-3-2）“海巡 1104”3 艘 15 米级玻璃钢巡逻艇抵达三江口海事处码头。该型号巡逻艇为单底、单桨、单舵、单柴油机驱动的折角线型玻璃钢快艇，航区为内河 A 级，总长 15 米，型宽 2.9 米，型深 1.35 米，设计吃水 0.57 米，满载排水量 9.34 吨，最大航速 22 节，续航力 300 海里。

图 3-3-2 “海巡 1102”

2004年11月3日,由交通部投资、浙江海事局负责建造的60米级巡逻船“海巡113”在广州黄埔造船厂顺利下水。该船总长61.2米,型宽9.2米,总吨470吨,设计航速不低于25节,抗风力9级,自持力7个昼夜,续航能力1000海里,拥有完善的通信导航设施和舒适的生活设施,配备先进的油污分析仪、工作艇快速收放系统和UV搜索灯。2005年1月5日,“海巡113”正式列编,成为宁波海事局的新“旗舰”。该船是宁波海事局研发的海事系统60米级首制定型船,是适应海事监管现代化和扩大海区监管需要而设计研发的高性能新型船舶(图3-3-3)。

图3-3-3　“海巡113”

2008年1月,宁波海事局当时航速最快、首次装备舷内外一体化主机的巡逻艇“海巡1127”正式交付使用。“海巡1127”长14米,最高航速达28节以上,在驾驶台操纵器控制下桨轴可以向左右和上下转动一定的角度,机桨协调推进性能优良(图3-3-4)。

图3-3-4　“海巡1127”

2008年,宁波海事局巡逻船艇建设取得新进展,老旧船艇改造淘汰步伐加快,合计新建和改造巡逻艇7艘,是宁波海事局历史上新建船艇最多的一年。同年,宁波海事局配合浙江海事局组建由各分支局参加的监造小组,选派驻厂监造人员6人次,驻厂时间长达10个月,为打造优质海事船艇开创了船艇监造管理新模式。监造人员严把建造质量关,提出各种合理化建议数百条,为提高船艇建造质量发挥了重要作用。其中宁波海事局参与驻厂监造的“海巡1128”,无论是船艇外形美观性、舱室布局合理性、工作舒适性,还是设备安装质量、工作可靠性和可维护性,均较30米首制船有了大幅度提升。“海巡1128”驻厂监造组获交通运输部海事局、浙江海事局领导的肯定和表扬(图3-3-5、图3-3-6)。

图 3-3-5　准备下水的“海巡 1128”

图 3-3-6　“海巡 1128”

2011 年 2 月 23 日，交通运输部海事局印发《直属海事系统船舶建设管理办法（试行）》。该办法规定船舶建设分为建造项目和购置项目两类。直属海事系统船舶建设管理实行统一领导、分级管理。交通运输部海事局负责直属海事系统船舶建设的管理工作，组织系统内新型船舶的研发以及投资总概算超过 1000 万元的船舶建设项目的集中管理工作。各直属海事局负责本单位船舶建设的管理工作，编制上报船舶发展五年规划和年度计划，组织本单位船舶建设项目的实施工作。

2011 年 9 月 26 日，宁波海事局第一艘 12 米高海况巡逻艇“海巡 1119”正式交付使用。该船采用玻璃钢材质，船长 12.35 米，型宽 3.8 米，型深 1.87 米，最大航速达 36 节（图 3-3-7）。

图 3-3-7　“海巡 1119”

2012 年 1 月 12 日，“海巡 1116”交付使用。该船为玻璃钢巡逻船，长 20 米，抗风等级为 6 级，续航力 150 海里，用于快速应急反应和现场指挥（图 3-3-8）。

图 3-3-8　“海巡 1116”

2012年5月15日，宁波海事局自筹资金建造的大型海事巡逻艇“海巡117”正式列编。“海巡117”主船体为钢质，上层建筑为铝合金，总长46米，型宽7.2米，型深3.5米，设计吃水2.4米，满载排水量311.5吨，总吨293吨，净吨87吨，设计航速16节，主动力用2台KTA38-M2型进口高速四冲程柴油机驱动，单机功率895千瓦，并采用了较先进的通信导航设备(图3-3-9)。

图3-3-9 “海巡117”

2012年5月7日，当时国内最大的溢油回收船“海特111”列编宁波海事局，用于浙江沿海船舶溢油应急处置，具备每小时200立方米的收油能力。该船船长59.60米，型宽12米，型深5.2米，设计吃水3.8米，设计航速13节，续航力800海里，总吨998吨，由武汉南华高速船舶有限公司建造(图3-3-10)。

图3-3-10 “海特111”

2012年12月14日，宁波海事局首艘40米“钢-玻璃钢”混合结构海事巡逻船“海巡118”交付使用。该船总长41.1米，设计吃水1.6米，设计航速18节。

2013年8月22日，浙江海事局首艘千吨级旗舰船艇“海巡22”正式列编宁波海事局海巡执法支队。“海巡22”满载排水量2700吨，最大航速18.4节，续航能力5000海里，集巡航救助于一体，可航行于所有航区，填补了海事序列80米级船艇的空白。自从列编以来，“海巡22”顺利执行了一系列国家任务和重大险情救助任务(图3-3-11)。

图 3-3-11 “海巡 22”

2013 年 10 月 17 日，新建玻璃钢巡逻艇“海巡 07132”正式列编。该艇长 24.5 米，型宽 4.4 米，型深 1.8 米，主机功率 820 千瓦，设计航速 25 节。

2014 年 9 月 15 日，交通运输部印发《交通运输部部属单位船舶建造管理办法》。2020 年 2 月 1 日，交通运输部实施《交通运输部部属单位船舶建造管理办法》。该办法规定部属单位船舶建造管理实行统一规划、分级管理、分工负责的管理制度。交通运输部主管部属单位船舶建造工作，负责指导和监督部属单位船舶建造管理。部属单位和项目单位是船舶建造管理的实施责任主体。船舶建造项目分为新型船舶建造、定型船舶建造和船舶购置项目。2014 年印发的管理办法同时废止。

2017 年 5 月，宁波海事局完成 8 米挂桨机摩托艇建造并投入使用。该艇长 8 米，型宽 2.4 米，型深 1.2 米，吃水 0.4 米，设计航速 23 节，主机采用 YAMAHA F115AET 挂机，主要用于内河或湖泊水域巡航。

2018 年 8 月 10 日，宁波水域第一艘气垫救援船“甬海搜 06”完成交接。该船总长 6.6 米，船宽 2.08 米，型深 0.8 米，船体采用铝合金材料，为全垫升气垫船，主机采用 F1CE0481H-A 高速柴油机，额定功率 128 千瓦，由浙江省宁波市海上搜救中心出资购置，主要用于沿海水域救助。

2019—2021 年，宁波海事局无新船列编。

第二节　船艇配置

2001 年前，宁波海监局承担镇海航标区行政管理职能，因此宁波海监局配备有航标布设、巡检所需船舶。“九五”初期，宁波海监局共配备各类船艇 18 艘，包括 11 艘巡逻船艇和 7 艘航标船艇，其中：300 吨巡逻艇 1 艘、250 吨巡逻艇 1 艘、38 吨巡逻艇 1 艘、12—18 吨巡逻艇 8 艘，800 吨中型航标船 1 艘、500 吨油水补给船 1 艘、95 吨航标艇 1 艘、75 吨登陆艇 4 艘。

随着“甬监巡 36”“甬监巡 37”等的列编以及船艇的更新淘汰，截至 2000 年，宁波海监局共拥有巡逻艇 13 艘，即：“甬监巡 22”“甬监巡 23”“甬监巡 24”“甬监巡 25”“甬监巡 31”“甬监巡 32”“甬监巡 33”“甬监巡 34”“海监巡 35”“海监巡 36”“海监巡 37”“东海巡 11”“东海巡 12”（图 3-3-12—图 3-3-14）。

图 3-3-12　“甬监巡 24”

图 3-3-13　“甬监巡 32”“甬监巡 33”

图 3-3-14　“东海巡 12”

1999 年 7 月 2 日,宁波海监局船队 4 艘巡逻艇划归监督站管理交接仪式,分别在镇海监督站和宁波监督站码头举行。“甬监巡 22”“甬监巡 24”划归宁波监督站,“甬监巡 23”“甬监巡 25”划归镇海监督站管理。7 月 13 日,宁波海监局船队队部搬迁至梅墟,除上述 4 艘巡逻艇外,其余船艇集中靠泊梅墟码头。

进入 21 世纪后,浙江海事局、宁波海事局相继成立,2001 年 4 月,镇海航标区划归上海海事局,其中包括 9 艘船艇,分别为航标船艇“B-213”“B-215”“B-216”“B-217”“B-218”“B-219”“B-242”和 2 艘 S138 橡皮艇。

为统一浙江海事局所属船艇的名称,2001 年 8 月,根据交通部海事局《关于浙江海事局船舶命名的批复》,浙江海事局对所属船艇进行了更名。根据批复,宁波海事局 14 艘船舶更名为:“海巡 112”“海巡 111”“海特 1101”“海巡 1101”“海巡 1102”“海巡 1103”“海巡 1104”“海巡 1105”“海巡 1106”“海巡 1107”“海巡 1108”“海巡 1109”“海巡 1110”“海巡 1111”(表 3-3-1)。

2001 年宁波海事局所属船艇更名表　　表 3-3-1

序号	原船舶名称	新命名船舶名称
1	东海巡 12	海巡 112
2	新建 45 米船	海巡 111
3	甬监巡 33	海特 1101
4	甬监巡 22	海巡 1101
5	甬监巡 23	海巡 1102

续上表

序号	原船舶名称	新命名船舶名称
6	甬监巡 24	海巡 1103
7	甬监巡 25	海巡 1104
8	甬监巡 31	海巡 1105
9	甬监巡 37	海巡 1106
10	甬监巡 34	海巡 1107
11	甬监巡 32	海巡 1108
12	甬监巡 35	海巡 1109
13	甬监巡 36	海巡 1110
14	东海巡 11	海巡 1111

2001 年 10 月 25 日，根据浙江海事局《关于宁波海事局划转船舶命名的批复》，同意宁波海事局从地方划转的 10 艘巡逻船舶重新命名，分别命名为："海巡 1112""海巡 1113""海巡 1114""海巡 1115""海巡 1116""海巡 1117""海巡 1118""海巡 1119""海巡 1120""海巡 1121"。加上原先的自有船艇，至 2001 年底，宁波海事局共有船艇 24 艘。

2005 年 3 月 28 日，按照浙江海事局的指令，宁波海事局"海巡 111"移交温州海事局。

2006 年 12 月，交通部印发《海事船舶设备管理规定（试行）》，从 2007 年 1 月 1 日起施行。该规定明确了各类海事船舶船型、数量配置、服役年限的标准，以及其主要技术参数、性能指标和功能用途等，并通过船舶交通流量、事故次数、遇险人数、货物吞吐量、旅客吞吐量、危险品吞吐量等因素，明确水域风险程度测算方法，以及依据基本配置和水域风险程度测算海事船舶配置数量的方法。

2008 年 8 月，按照浙江海事局的指令，宁波海事局"海巡 1111"调拨至台州海事局管理使用（图 3-3-15）。

图 3-3-15 "海巡 1111"

2009 年 6 月，按照浙江海事局的指令，宁波海事局"海特 1101"借调至温州海事局管理使用。

在"十一五"期间，宁波海事局新建的 30 米、20 米高性能巡逻船艇相继交付使用，同时新建 17 米、14 米、7 米共 4 艘玻璃钢巡逻船艇，老旧船艇批量淘汰，新船艇得到及时补充，在航船艇由初期的 21 艘扩大到末期的24艘，船艇规模稳步扩大，总体性能得到大幅度提高。截至2010年，宁波海事局拥有各类巡逻船艇26艘。

2013年1月17日，浙江海事局印发《浙江海事局船舶更名表》，对所属船艇进行更名，宁波海事局所属30艘新船名确定（其中“海特1101”管理使用权归温州海事局，宁波海事局实际使用船艇为29艘），见表3-3-2。

2013年宁波海事局船艇更名表 表3-3-2

序号	用船单位	原船名	新船名	级别（米）	材质	建成时间（年）
1	宁波海事局	海巡112	海巡0712	40	钢质	1991
2	宁波海事局	海巡113	海巡0713	60	钢质	2004
3	宁波海事局	海巡117	海巡0717	40	钢质	2012
4	宁波海事局	海巡118	海巡0718	40	钢质	2012
5	宁波海事局	海巡1101	海巡07101	15	玻璃钢	2004
6	宁波海事局	海巡1102	海巡07102	15	玻璃钢	2004
7	宁波海事局	海巡1103	海巡07103	15	玻璃钢	2003
8	宁波海事局	海巡1104	海巡07104	15	玻璃钢	2004
9	宁波海事局	海巡1105	海巡07105	30	玻璃钢	2011
10	宁波海事局	海巡1106	海巡07106	20	玻璃钢	2000
11	宁波海事局	海巡1107	海巡07107	20	钢质	1997
12	宁波海事局	海巡1108	海巡07108	30	玻璃钢	1989
13	宁波海事局	海巡1109	海巡07109	20	玻璃钢	1999
14	宁波海事局	海巡1110	海巡07110	20	玻璃钢	2000
15	宁波海事局	海巡1112	海巡07112	20	钢质	2011
16	宁波海事局	海巡1113	海巡07113	15	钢质	1983
17	宁波海事局	海巡1115	海巡07115	20	玻璃钢	2008
18	宁波海事局	海巡1116	海巡07116	20	玻璃钢	2012
19	宁波海事局	海巡1117	海巡07117	10	玻璃钢	1994
20	宁波海事局	海巡1119	海巡07119	15	玻璃钢	2011
21	宁波海事局	海巡1122	海巡07122	15	玻璃钢	2002
22	宁波海事局	海巡1123	海巡07123	15	玻璃钢	2003
23	宁波海事局	海巡1124	海巡07124	20	玻璃钢	2010
24	宁波海事局	海巡1125	海巡07125	20	玻璃钢	2009
25	宁波海事局	海巡1126	海巡07126	10	玻璃钢	2006
26	宁波海事局	海巡1127	海巡07127	15	玻璃钢	2008
27	宁波海事局	海巡1128	海巡07128	30	钢质	2008
28	宁波海事局	海巡1129	海巡07129	20	钢质	2008
29	宁波海事局	海巡1130	海巡07130	10	玻璃钢	2008
30	宁波海事局	海特1101	海巡07131	30	钢质	1997

2013年7月12日，由于机构改革，原浙江海事局第一巡查执法支队撤销。该支队所属的60米级清污船“海特111”（新船名“海巡0715”）和30米级钢质巡逻船“海巡1198”（新船名“海巡07008”）划归宁

波海事局，宁波海事局使用船艇数量由原来的29艘（“海特1101”调拨给温州局，不计算在内）增加到31艘，其中3艘巡逻船艇停航待报废（“海巡07106”“海巡07126”“海巡07113”），实际在航船艇28艘。

截至2021年，宁波海事局在编船艇共31艘。其中，停航待报废船艇5艘，在航船艇26艘。

第三节　船艇“管用养修”

1995年9月18日，为使宁波海监局船舶设备处于良好的技术状态，节约设备维修费用，宁波海监局实施《交通部宁波海上安全监督局船舶扩大自修管理办法（试行）》，对船舶自修工作范围进行了明确。

1996年，“东海巡12”在参加全国学习“华铜海”管用养修检查评比中，获得总分第一名，被评为学习“华铜海”先进集体。

1998年8月28日，宁波海监局实施《交通部宁波海上安全监督局设备管理办法（试行）》。该办法规定的设备构成包括船舶、车辆、通信、交管、航标、陆用发电机组、消防、办公及生活保障的专用设备。

1999年8月5日，宁波海监局实施《交通部宁波海上安全监督局设备管理考核办法（试行）》。该办法适用于全局在编的船舶、车辆、机电、通信、交管、办公设备管理及计量与节能工作的考核。

2000年，宁波海监局通过开展船舶安全竞赛、技术比武等活动，提升船员技术，提高船员基础理论知识和实操能力，加强船艇使用管理。

2002年5月20日，宁波海事局为加强船艇修理管理，规范船艇修理程序，完善船艇修理制度，制定下发了《船艇修理管理办法（试行）》。

2005年4月7日，交通部海事局印发《关于加强直属海事系统船舶“管用养修”专项工作的指导意见》，并成立船舶“管用养修”专项工作领导小组。浙江海事局随后印发《关于印发加强直属海事系统船舶“管用养修”专项工作实施意见的通知》。6月13日，交通部海事局印发《直属海事系统船舶“管用养修”专项工作检查标准》，将船舶“管用养修”专项工作检查内容细化为26个标准项目。6月20日，宁波海事局相应印发《宁波海事局船舶“管用养修”专项工作方案》，并召开船舶“管用养修”专项工作视频会议，标志着专项工作正式启动。7月11日，宁波海事局印发《宁波海事局船舶“管用养修”专项工作实施计划》。7月18日，宁波海事局对照直属海事系统船舶“管用养修”专项工作检查标准，开展自查并上报。9月23日，宁波海事局印发《宁波海事局船舶“管用养修”专项工作奖励办法》。

2006年6月1日，《宁波海事局船艇质量管理体系》开始施行，率先在全国海事系统建立和实施船艇质量管理体系，促进了船舶管理精细化、规范化和科学化。同年，宁波海事局根据该体系的相关规定和评选标准，对船艇质量管理工作中成绩显著的船艇予以表彰。

2007年2月，宁波海事局完成船艇质量管理体系运行情况首次评估考核工作。

为进一步加强和规范船舶管理工作，逐步建立和完善船舶“规范化、制度化、标准化”的长效管理机制，2007年1月30日，交通部海事局实施《直属海事系统工作船舶管理办法》，自2007年4月1日起，正式启用中华人民共和国海事局《航海日志》《轮机日志》。该办法对海事系统工作船舶的各级管理职责、基础管理、技术管理、维护保养、修理等作出具体规定，明确将海事工作船舶的技术状况分为4类，规定了船舶完好率和适航率的考核方法。

2008年，为适应船艇修理采用国库支付，宁波海事局开始实行船艇修理三级管理机制，探索船艇修理管理新思路。船艇修理工程项目由船艇提出并负责监修,使用单位负责船艇修理工程的具体实施,局职能部门负责审核、跟踪、指导、监督。

2008 年,宁波海事局完成船艇质量管理体系的修订,修订后的船艇质量管理体系以体系统领全局船艇管理,设置了完整的工作程序和预案,覆盖船艇管理全过程,引导船艇管理单位和船员解决问题,弥补船员素质下降带来的不利影响。该体系建立了船艇每月自查自纠、基层单位每季内部考核、局每年全面考核三级考核机制,还建立了开航检查复诵制度和严肃值班制度,开展船艇操纵、设备操作、设备养护、故障排除和应急预案演练等活动,提高船员工作技能和体系执行力。

2008 年,宁波海事局主力船艇开始试点配备巡航搜救一体化设备,“海巡 113”卫星图像传输系统、“海巡 1128”微波图像传输系统安装并投入使用,强化了船岸信息沟通,为充分发挥岸基领导指挥和专家业务指导提供了通信平台。

2008 年以来,宁波海事局主力巡逻船艇陆续配备了 AIS、GPS、电子海图和带 DSC 功能的 VHF 设备,船艇助航导航和海上搜寻救助能力得到显著提高。30 米级以上巡逻船艇相继配备微光夜视仪和漂浮救生担架,“海巡 113”等 6 艘较大的船艇配置了救生圈气动抛投器等救生器材。

2009 年,“海巡 1128”船载无线综合指挥系统完成安装,在虾峙雷达站、峙头雷达站、游山雷达站增补微波传输设备,完成浙北辖区的无线链状覆盖,实现多船站对多岸基站的实时通信和整个网络内所有无线传输设备的管理。无线综合通信系统把岸上的信息接入点延伸到船上,提供了远程指挥、视频会议、视频监控、IP 电话等功能,实现了船与海事内网的互联互通。同年,宁波海事局推出船艇管理台账标准化,规范船艇质量管理。

2010 年,宁波海事局改进船艇质量考核方式,通过本单位回避、抽签等方式组成考核组,开展船艇年度体系运行考核,加强船员对船艇质量管理体系的理解和掌握。

2012 年,为规范船艇维修工作流程,防控廉政风险,宁波海事局探索船艇维修管理工作新模式,着手编制船艇询价书和技术规范等标准格式文书,研究推行船艇维修项目招投标制度。2012 年 8 月 21 日,宁波海事局发布《宁波海事局船艇修理管理办法》。该办法规定宁波海事局装备与信息处为船艇修理主管部门,海事处、巡查执法支队为船艇修理实施单位。

2013 年,宁波海事局开始施行船艇修理招投标制度,对维修金额达到限额要求的船艇修理项目,施行公开招标。

2019 年,宁波海事局通过编制船艇工作组职责手册,明确工作组、使用单位、船艇三方职责分工,强化船艇管理队伍建设,探索船艇管理工作组模式。以“海巡 22”“海巡 0713”2 艘主力艇为试点,推行船艇“管用养修”标准化管理。宁波海事局完善船艇配件物料管理模式,配件、物料、油料申请、存放、台账更加规范高效,同时科学调整船艇维修管理机制,船艇修理项目立项、审核、报价更加科学,修理质量、资金使用绩效明显提高。

2020 年,宁波海事局出台《宁波海事局关于进一步加强船艇管理工作的实施方案》。同年,宁波海事局通过修订《宁波海事局船艇管理办法》,细化明确船艇管理有关职责要求,形成标准化操作手册,进一步理顺船艇“管用养修”全过程,形成高效运转的“局职能部门—海事处—船艇”三级船艇管理模式。宁波海事局通过引入船艇修理第三方审核机制,规范船艇修理项目立项、审核、报价,提升船艇运维资金使用绩效,同时,倡导“绿色用艇”理念,贯彻使用经济航速,落实船艇节能降耗。推动船艇物资管理“精细化”,规范物料采购流程,缩短物料供应周期,全年核减非必要申请 2373 项,节省费用约 15 万余元。

2021年12月,宁波海事局船艇管理信息化平台“e船管”在“甬海e站”上线使用。“e船管”船艇管理信息化平台为“1+6+1”构架(1个信息数据库、6项船艇日常管理、1项辅助决策),功能齐全、管理高效、操作便捷。

2021年,宁波海事局在“海巡22”“海巡0713”“海巡0715”“海巡0718”“海巡07008”“海巡07128”7艘常用执法船艇上安装船载4G信号增强天线,提升执法船艇CCTV回传质量和信号覆盖范围。同时,更新迭代“海巡22”“和卫通”海洋宽带卫星船载端站设备,开展手机信号覆盖升级改造,实现了GSM900(2G)、CDMA800(2G)、FDD800(4G)、FDD900(4G)、FDD1800(4G)及部分5G频段的船内优化。同年,宁波海事局在“海巡0717”开展手持天通卫星电话及一体固定式天线式卫星电话测试。

第四章　信息化建设

宁波海事局历来重视海事监管业务与科技信息技术的融合发展,信息基础设施软硬件实力逐步发展壮大,多方位实现从无到有、由弱变强,在设施设备、网络架构、网络安全、视频监控、网站建设、系统开发等多个方面实现更新迭代,同时不断探索新产品新技术的应用,逐步实现数字海事、智能海事、智慧海事。

第一节　科技创新成果

1998 年 10 月,交通部海事局成立。交通部海事局成立后,每年安排直属海事系统开展有关科技项目的研究与开发,每年定期发布科技项目申报指南,公布海事科技项目的研究方向和研究专题,公开征集海事科技项目。各年度的科技项目研究方向和研究专题根据需要各有侧重、各不相同。宁波海事局在日常海事业务监管与服务中注重对科技项目的研究与投入,多次获得国家及省部级奖项。

一、国家级/交通运输部级/交通运输部海事局级

2011 年,交通运输部科学研究院与宁波海事局共同完成的“宁波海域溢油风险评估及控制对策研究”获中国航海学会科学技术奖三等奖。

2013 年,交通运输部科学研究院与宁波海事局共同完成的“船载散装液体危险化学品事故应急处置技术研究”获中国航海学会科学技术奖三等奖。

2019 年 1 月,宁波海事局与交通运输部科学研究院合作完成的“船载散装液体危险化学品事故应急处置技术研究”“宁波海域船舶溢油风险评估及控制对策研究”入选交通运输部 2018 年度交通运输重大科技创新成果库(重大科技创新项目)。

2019 年 3 月,宁波海事局“海事智能远程纠违方法”获得国家发明专利证书(专利号:ZL201610677529.6)。此项专利系宁波海事局一线执法人员结合工作实践,自行开发研制的电子巡航智能化监管系统。

二、浙江省级/浙江海事局级

2000 年,宁波海监局完成的“超大型船舶通过虾峙门外水域时富余水深的研究”获浙江省科技进步奖三等奖。

2011 年 12 月,浙江海事局公布 2010 年度优秀科技项目评选结果。其中,浙江海事局通航处、宁波海事局、舟山海事局参与的“宁波-舟山港核心港区深水航路船舶定线制设计研究”获一等奖;浙江海事局通航处、宁波海事局、舟山海事局参与的“VTS 对锚泊船监控课题研究”,浙江海事局危防处、宁波海事局参与的“拆船公约及其导则跟踪研究”,浙江海事局船舶处、宁波海事局参与的“船舶安全配

员研究”，宁波海事局完成的“宁波海域溢油风险评估研究”获二等奖；浙江海事局信息办、法规处、船舶处和宁波海事局参与的“海事电子政务分析与应用研究”，宁波海事局完成的“散装化学品泄漏应急行动方案研究”获三等奖；宁波海事局完成的“游艇安全管理”和“船舶机械故障类险情及对策研究”获鼓励奖。

2012 年 10 月 16 日，浙江海事局公布 2011 年度优秀科技项目评选结果。其中，宁波海事局完成的“港口国监督检查智能化现场检查及质量管理系统（I-PSC）”获三等奖，宁波海事局完成的“交管设备故障案例分析处理及设备管理系统的研究与开发”获鼓励奖。

2013 年 10 月 18 日，浙江海事局公布 2012 年度优秀科技项目评选结果。其中，宁波海事局完成的《〈国内航行海船重点项目安全检查指导书〉的编写、应用及推广》获二等奖；宁波海事局完成的“船载散装液体危险化学品事故应急技术研究”“船用舷梯”“国际航行船舶进出口岸网上预查验系统”和《船舶污染事故区域应急联防体系研究报告》获三等奖；浙江海事局船舶处、宁波海事局、舟山海事局参与的“强化管理提升浙江籍海船安全服务能力课题研究”和“客渡运船舶监管信息应用研究”获鼓励奖。

2014 年 11 月 28 日，浙江海事局公布 2013 年度优秀科技项目评选结果。其中，宁波海事局完成的“海上原油过驳监管体系和信息化监管手段研究”和《国内航行海船缺陷处理操作指南》获三等奖。

2015 年 10 月 29 日，浙江海事局公布 2014 年度优秀科技项目评选结果。其中，宁波海事局完成的“同时面向海事管理机构及航运公司的国内航行海船安全检查标准化研究及应用”获一等奖。

2016 年 12 月，浙江海事局公布 2016 年度优秀科技项目评选结果，宁波海事局完成的“基于我国航运业现状的船舶能效规则 PSC 检查标准及发展对策研究”获二等奖。

2017 年 12 月，浙江海事局公布 2017 年度优秀科技项目评选结果，宁波海事局完成的《MARPOL73/78 公约附则Ⅵ港口国监督导则》修订研究项目获二等奖，宁波海事局完成的“垂直极化天线在 VTS 系统及溢油监测中的应用研究”获三等奖。

三、宁波市级

2000 年 10 月，宁波海监局周力完成的“宁波海岸电台甚高频日记系统”获宁波市总工会职工科技创新三等奖。

2000 年，宁波海监局完成的“超大型船舶通过虾峙门外水域时富余水深的研究”获宁波市科技进步奖二等奖。

第二节　信息化基础设施

一、信息化发展历程

“九五”期间，宁波海监局坚持以科技进步为先导，重点发展海事信息技术、网络技术、通信技术和数字处理技术。至“九五”末，宁波海监局在信息化基础设施方面实现较大发展，但整体仍处于起步阶段。截至 2000 年，宁波海监局共有微型计算机 35 台，其中 586 型 29 台，占 82.9%。

1998 年 6 月 26 日，宁波海监局印发《宁波海监局无线移动电话管理规定(试行)》。

1998 年 12 月 28 日，宁波海监局印发《宁波海监局微机管理办法》。

“十五”期间，为适应海事管理现代化建设需要，宁波海事局信息化建设进入快速发展轨道，建成了用于图像、数据和语音传输的全局联网的计算机宽带网络，建成了全局视频会议系统和电话虚拟网络。由交通部海事局和浙江海事局统一部署的各类应用软件，如浙江海事局综合业务门户系统和办公自动化系统等，逐步启用推广。

2003 年，为强化信息化建设，宁波海事局专门成立局信息化办公室，改版设计宁波海事局网站，实现全局宽带联网。在此基础上，开通视频会议系统，完成水上安全监督信息系统一期工程中船员管理、船舶管理、通航管理、船舶签证等软件的安装和人员培训，并在基层海事处安装试用办公自动化系统(简称“OA 系统”)。

“十一五”期间，宁波海事局加强信息化制度建设，相继制定和出台《宁波海事局网站维护管理(暂行)规定》《宁波海事局信息系统管理办法》《宁波海事局计算机网络应急预案》《宁波海事局机房管理制度》等管理办法和规章制度，同时加大对基础办公网络和内部视频会议系统的建设投入，信息化建设、应用和管理日趋规范。“十一五”期间，宁波海事局逐步更新了主要网络设备和部分服务器，新增 1 套网络防护系统、2 套磁盘阵列和多套应用服务器，截至 2010 年，共配备服务器 18 台、存储设备 2 台、台式计算机(2005 年后配置)749 台、笔记本电脑 177 台。至“十一五”期末，宁波海事局构建了上联浙江海事局、向下覆盖所有海事处和办事处、横向连接电子口岸的高速可靠的基础网络平台，建成了两级架构的视频会议系统，配备高清视频会议设备 2 套、各海事处分会场的标清设备 10 套和标准高清视频会议室 1 间。由网络系统、安全设施、终端设备和系统软件构成的海事信息化基础设施体系建成并运行稳定。

2007 年，宁波海事局成立通信信息中心，负责全局的信息化规划和管理。至 2010 年，通信信息中心拥有一支由 7 名信息化专业技术人员、10 名兼职信息员组成的信息化建设和维护队伍。

“十二五”期间，宁波海事局改造中心机房、基层单位机房环境，提高运维效能。在中心机房增设环境监控系统，随时掌握机房运行情况，保证设备运行安全稳定。通过入侵检测、安全审计、身份认证、网络监理等系统的部署和策略调整，真正实现软硬件的集成和联动，提高网络的安全防御能力。至“十二五”末，宁波海事局建成了覆盖全局的智能化数字网络，网络设施布局更加完善，信息安全管理体系完成国家二级信息化等级保护备案。

2011 年 7 月，宁波海事局改革运维模式，成立阳光维保中心，以整体外包的模式引入专业机构实施全局范围的信息化维保，开通 24 小时保修电话，优化资源配置，提升运维效率。

2011 年 10 月，宁波海事局“综合办事平台”正式上线。

2012 年 8 月 24 日，宁波海事局印发《宁波海事局网络系统管理办法》，明确宁波海事局通信信息中心为网络系统的主管部门，各单位(部门)设兼职信息化管理员负责本单位(部门)网络系统的运行管理、用户管理和终端管理。同日，《宁波海事局兼职信息化管理员管理办法》生效。

2014 年 9 月 23 日，宁波海事局印发《宁波海事局信息系统推广应用管理办法》。该办法从职责分工、推广管理、运维管理、安全管理等方面落实信息系统的管理职责，明确工作要求，理顺信息系统管理流程。

2014 年，宁波海事局完成 IT 运维管理系统开发，开展日常管理工作信息化的全新尝试。基于信息技术基础架构库(ITIL)管理规范，设计了一套标准运维流程和 IT 服务管理方案，实现事件管理、资产管理、查询统计管理、接口管理等 ITIL 标准模块的需求分析和流程设计。增加机房巡检、设备巡检 2 个功能模块，涵盖 IT 服务管理的所有工作内容。该系统的应用缩短了工作人员的日常事务性工作时间，避免了重复劳动，提高了工作效率。

2015 年，宁波海事局新增、修订了《宁波海事局信息系统管理办法》《宁波海事局信息化项目管理办法》《宁波海事局信息化设备管理规定》《宁波海事局信息化管理考核办法》《宁波海事局网络系统管理办法》《宁波海事局科技工作管理办法》《宁波海事局兼职信息化管理员管理办法》《宁波海事局机房管理规定》《宁波海事局 CCTV 视频监控系统运行维护实施细则》等 9 项管理制度和办法，进一步规范了信息化工作。

“十三五”期间，宁波海事局利用新综合业务用房建设的契机，建设宁波海事局政务中心信息系统和信息化基础设施建设工程，推进“深蓝智享”“甬海 e 站”2 个平台建设，推广使用 4G 执法记录仪，提升全局信息化、智能化管理水平。至“十三五”末，宁波海事局实现了快捷有效的对外政务信息服务，并且，内部数据信息实现有效整合，办公区域内实现智能化安全监管。

2017 年 5 月 4 日，宁波海事局印发《宁波海事局信息化项目管理办法》。

2018 年 7 月 11 日，宁波海事局 IT 运维系统手机版正式上线。该系统基于企业微信号运行，包含故障申报和零星设备申领两大模块。

2019 年 8 月 21 日，交通运输部海事局印发《海事信息化一体化发展总体方案》。海事一体化信息平台总体框架由一体化运营管理体系、一体化应用平台、一体化数据资源中心、一体化基础设施云组成，实现“业务贯通、数据融合、资源整合”。按照方案，2019 年为夯实基础年，2020 年为全面实施年，2021 年为持续提高年。

2019—2021 年，宁波海事局以业务与行政“两平台一中心”的信息化建设为目标，陆续建成“深蓝智享”“甬海 e 站”平台，实施了局数据中心核心业务服务器虚拟化平台改造、扩容及核心交换机虚拟化改造。

二、中心机房建设

2012 年 12 月，作为信息系统安全等级保护整改的重要部分，宁波海事局机房改造工程通过项目验收。本次改造工程根据信息化登记测评中发现的不符合项，对电源系统、出入通道、部分线路走向进行了整改，增加指纹门禁登记、惰性气体灭火、温度湿度调节、机房动力环境监控、视频安防监控等系统。改造后的机房物理环境达到信息化安全等级保护要求（图 3-4-1）。

图 3-4-1　2012 年完成改造后的机房

2014 年,宁波海事局开展虚拟化软件在容灾备份系统中的应用实践。项目投资金额 56 万元,升级改造两台机架式服务器,购置磁盘阵列和 VMware 软件,利用虚拟化技术实现容灾备份。

2019 年,宁波海事局新综合业务用房投入使用,局综合办事平台、口岸业务平台等 6 个系统、33 个模块,共 48 台服务器和 10 余台存储设备迁入新机房,由 9 台服务器、20T 的存储设备组成的虚拟化平台构建完成。通过核心系统的虚拟化,平台性能更好、处理容量更大、等级更高、运营更安全,中心机房软硬件水平迈上新台阶(图 3-4-2)。

图 3-4-2 2019 年宁波海事局新机房

2020 年 4 月 18 日,宁波海事局完成机房核心交换机虚拟化改造,增配应用服务器集群物理服务器、存储设备。在零停机的情况下执行了办事平台、"深蓝智享"等重要系统的实时迁移和在线扩容,有效保障应用系统的运行和未来升级的需求。是年,规费征稽系统、稽核系统、船籍港管理系统、档案管理系统等虚拟化迁移工作完成。

三、CCTV 建设

2004 年,宁波海事局启动 CCTV 监控系统建设,当年建成的镇海海事处 CCTV 分中心为宁波海事局建设的第一个监控系统。2008 年,宁波海事局完成辖区 CCTV 总体布局规划方案,开展船载 CCTV 系统建设,充分利用现有资源,不断拓展外接监控点数量,监控范围不断扩大。至 2021 年,建成由内河、沿海固定监控点和海事巡逻船艇移动监控点组成的较完善的 CCTV 系统,监控范围覆盖辖区内沿海所有重点水域和内河主要航段。自建内河摄像头 51 个,自建沿海摄像头 18 个,为辖区 17 艘海巡艇配备了 CCTV 摄像头,自建所有摄像头均为高清,其中超视距摄像头 2 个;外接内河摄像头 4 个,外接沿海摄像头 364 个,外接摄像头中有超视距摄像头 33 个。

(一)沿海 CCTV 建设

2005 年,宁波海事局完成北仑、大榭海事处 CCTV 分中心建设。其中北仑海事处 CCTV 分中心接入算山码头、北仑电厂码头、金光码头、台塑码头、海螺水泥公司等 8 个外联单位监控点,大榭海事处接入实华码头、利万石化、三菱化学公司等 11 个外联单位监控点。

2009 年，浙江海事局实施 CCTV 监控系统一期工程建设，宁波海事局辖区建设宁波海事局监控中心及三江口海事处和象山海事处 2 个分中心，王家洋、三官堂等 14 个监控点、17 个摄像头，实现了与大榭海事处、北仑海事处、镇海海事处 CCTV 系统的整合。是年，宁波海事局 CCTV 监控中心接入交通运输部海事局 CCTV 系统。

2010 年，浙江海事局实施 CCTV 监控系统二期工程建设，宁波海事局辖区建设包括：大榭海事处辖区内的大榭雷达站、大榭原油码头、恒富船厂监控点，北仑海事处辖区的北仑山雷达站、峙头雷达站监控点。截至 2010 年，宁波海事局通过 CCTV 系统自建及共享，实现对甬江航道重点航段、核心港区主要码头等重点区域的实时监控（图 3-4-3）。

图 3-4-3　2010 年甬江航道重点航段实现 CCTV 监控

2016 年 12 月 25 日，宁波海事局实现与宁波舟山港集团的 CCTV 系统跨平台对接，初次对接共接入沿海及核心港务区摄像头 50 余路，扩大了辖区重点客运码头、锚地、航道的覆盖范围。

2016 年 12 月，按照浙江海事局 CCTV 视频监控运行项目的要求，宁波海事局完成元山雷达站、东浪咀雷达站、黄岩头雷达站、大鹏山雷达站、郭巨码头、海事基地 6 个 CCTV 监控点的建设。

2017 年 4—7 月，宁波海事局配合完成浙江海事局监管指挥系统 CCTV 设备高清改造项目在宁波的实施。先后完成了姚江船闸、三官塘、北仑山雷达站、铜瓦门大桥、三门口大桥南门桥等 14 个监控点，三江口、镇海、大榭、象山、鄞奉、北仑 6 个海事处监控分中心和局监控中心 CCTV 设备的现场改造和调试工作。

2017 年，宁波海事局 CCTV 自建和外接数量不断增加。接入宁波舟山港集团 CCTV 数量增加到 75 路，完成三星重工、青峙化工等 17 个单位的信号接入，自建 CCTV 监控点达到 116 个，其中数字摄像头 106 个、模拟摄像头 10 个，数字化率达到 90%。

2018 年，宁波海事局建设象山海洋渔业码头、荒屿山雷达站、檀头山雷达站 3 个超远距监控点。2019 年 4 月 2 日，上述 3 个高清监控点建设完成，提高了 CCTV 在沿海重要航道、重点水域的覆盖率。截至 2019 年，宁波海事局可用 CCTV 点位 270 个（自建 120 个、外接 150 个），其中黄岩头、北仑山等 8 个超视距 CCTV 有效可视距离达 5 海里，基本实现宁波舟山港核心港区和甬江下游航段全面覆盖、CCTV 全局组网视频直播（图 3-4-4）。

图 3-4-4　黄岩头超视距监控画面

2020 年 9 月，为解决两套监控平台并行的局面，宁波海事局开展 CCTV 系统整合，汇聚所有监控点位至宁波海事局 CCTV 监控平台，配套建设 CCTV 专网，形成以宁波海事局 CCTV 监控平台为中心，各海事处百兆光纤至中心的扁平化网络架构。升级平台软件，增加多点全景监控、运行情况运维统计等功能，提升监管效率。

2021 年 5 月，石浦港中界山岛超视距 CCTV 建设完成，有效视距达 10 公里，可对石浦港内船舶实现全覆盖监管。该超视距 CCTV 首次采用太阳能及蓄电池组组合供电方式，可完全实现独立供电，同时采用 4G 无线路由器，无须外接网络，充分满足无人岛屿超视距 CCTV 布点要点。

2021 年 6 月 2 日，宁波辖区首个领海基点 CCTV——渔山岛超视距 CCTV 投入使用。是年，宁波海事局共建成松兰山、中界山、牛鼻山、渔山岛 4 个超视距 CCTV 监控点，象山沿海水域视频监控范围得到大幅提升。

（二）内河 CCTV 建设

2004 年，宁波海事局组织实施镇海海事处 CCTV 分中心建设，建成游山信号台、招宝山大桥桥中两侧、镇海客运码头、镇海发电厂、江南瞭望台、永发码头等共 8 个监控点。自此，宁波海事局第一个 CCTV 分中心、第一批自建摄像头投入使用，并于当年逐步接入镇海化工码头、炼油厂成品油码头、永信码头、青峙化工码头等 6 个外联单位摄像头。

2014 年，宁波海事局配合开展浙江海事局内河安全监管系统项目（宁波段）的建设，完成东钱湖旅客集散中心、陶公山码头、兴宁桥游船码头、蜀山船闸控制楼、丈亭渡口、河姆渡渡口共计 6 个监控点 CCTV 设备安装。

2015 年，宁波海事局开展内河辖区 CCTV 高清化改造，完成三江口海事处辖区的甬新船闸监控点、三江口监控点，镇海海事处辖区的游山雷达站，鄞奉海事处辖区的舟宿夜江监控点、巡逻艇码头监控点共计 7 路摄像头改造。

2016 年，宁波海事局完成甬江下游原有招宝山大桥桥中两侧、镇海客运码头、镇海发电厂、江南瞭望台、永发码头共计 6 个监控点的高清改造。

2017 年，通过“搜救中心内河 CCTV 视频监控系统”项目的实施，宁波海事局完成对镇海、三江口、鄞奉 3 个海事处内河辖区 25 个监控点（新建 5 个，改造 20 个）、42 个摄像机的高清建设和改造。

2021 年 9 月 1 日，镇海海事处辖区东方电缆立塔超视距 CCTV 投入使用。摄像头安装于电缆公司立塔顶部，高度为 136 米；该监控点位于甬江出海口地理弯曲弧线内，距离甬江仅 300 米，可大角度俯视观测甬江航行船舶。

2021 年，经与大桥业主、设计及施工单位沟通对接，宁波海事局完成中兴大桥、三官堂大桥、新典桥 3 座市政重点桥梁 CCTV 监控点位的选址、安装、接入工作，进一步提高了对城区新建桥梁防碰撞的掌控力度。

（三）船载 CCTV 建设

2008—2009 年，宁波海事局在“海巡 113”轮“海巡 1128”安装图像采集和卫星通信设备，在峙头信号台、虾峙雷达站安装微波接收基站，通过多船多基站的传输模式实现 20 海里内无线上内网，数据传输快速、图像清晰，提高了船舶动态监管能力。

2013 年，宁波海事局在“海巡 0718”上成功搭建船舶与海事内网的视频会议网络系统，对沿岸固定监控点接入电信全球眼监控平台测试取得成功。

2016 年，宁波海事局建设“海巡 22”“海巡 0713”“海巡 0717”“海巡 07008”“海巡 07128”5 条船艇的 4G 视频监控系统，并接至 CCTV 监控平台。通过该系统，值班人员可实时全天候监控辖区重点船舶、重点水域。

2017 年，宁波海事局相继完成“海巡 0718”“海巡 07115”“海巡 07132”船载 CCTV 的建设。

2020 年，宁波海事局完成“海巡 0715”“海巡 07124”“海巡 07133”等 9 艘主力船艇船载 CCTV 安装调试。至此，宁波海事局实现辖区 17 艘主力船艇船载 CCTV 视频监控全覆盖，综合指挥能力、船舶交通组织和监控能力得到有效提升。

2021 年宁波海事局自建 CCTV 监控点统计情况见表 3-4-1。

2021 年宁波海事局自建 CCTV 监控点统计表 表 3-4-1

区域	位置	覆盖范围（千米）	是否超视距	是否高清	使用/接入时间（年）
内河	宁波大学上游	2	否	是	2016
	宁波大学下游	2	否	是	2016
	甬新闸监控点 1	2	否	是	2017
	甬新闸监控点 2	2	否	是	2017
	甬新闸（鹰眼）	3	是	是	2016
	必利盛物流	2	否	是	2017
	华生国际监控点 1	2	否	是	2016
	华生国际监控点 2	2	否	是	2018
	姚江船闸上游	2	否	是	2017
	姚江船闸下游	2	否	是	2016
	三官塘油库下游	2	否	是	2017
	三官塘油库上游	2	否	是	2018
	外滩大桥上游	2	否	是	2018
	外滩大桥下游	2	否	是	2018
	印洪碶闸	2	否	是	2018
	中马待泊区 1	2	否	是	2016
	中马待泊区 2	2	否	是	2018
	杨木碶下游	2	否	是	2018

续上表

区域	位置	覆盖范围（千米）	是否超视距	是否高清	使用/接入时间（年）
内河	杨木碶上游	2	否	是	2017
	甬江公园上游	2	否	是	2018
	灵桥上游	2	否	是	2017
	灵桥下游	2	否	是	2015
	河姆渡监控点	1	否	是	2016
	丈亭监控点	1	否	是	2014
	镇海电厂	2	否	是	2018
	远东冷藏	2	否	是	2017
	江南瞭望台	2	否	是	2017
	镇海客运码头	2	否	是	2018
	永发码头	2	否	是	2016
	江甬码头上游	2	否	是	2017
	江甬码头下游	2	否	是	2018
	招宝山大桥上游	2	否	是	2017
	招宝山大桥下游	2	否	是	2018
	建材码头上游	2	否	是	2018
	建材码头下游	2	否	是	2018
	甬江隧道北上游	2	否	是	2018
	甬江隧道北下游	2	否	是	2017
	蜀山船闸上游	2	否	是	2018
	蜀山船闸下游	2	否	是	2018
	镇海海巡码头	2	否	是	2015
	镇海海事海巡码头下游	2	否	是	2016
	江皓码头	2	否	是	2018
	舟宿夜江右侧转动	2	否	是	2018
	舟宿夜江左侧转动	2	否	是	2018
	鄞州二桥上游	2	否	是	2018
	鄞州二桥下游	2	否	是	2018
	兴宁桥上游	2	否	是	2018
	东钱湖旅游集散中心	2	否	是	2018
	鄞奉执法码头	2	否	是	2018
	郭巨客运码头	2	否	是	2018
沿海	大鹏山雷达站	2	否	是	2018
	游山雷达站（球机）	2	否	是	2016
	游山信号塔（全景）	5	是	是	2018
	杨公山石化	2	否	是	2018

续上表

区域	位置	覆盖范围（千米）	是否超视距	是否高清	使用/接入时间（年）
沿海	峙头雷达站	2	否	是	2018
	北仑山雷达站	2	否	是	2018
	宁波海事基地码头	2	否	是	2018
	大榭雷达站	2	否	是	2018
	乌沙山电厂	2	否	是	2018
	荒屿山航道	2	否	是	2018
	檀头山雷达站	2	否	是	2018
	海洋休闲码头	2	否	是	2018
	中石化码头监控点	2	否	是	2016
	三门口大桥南门桥监控点 1	2	否	是	2016
	三门口大桥南门桥监控点 2	2	否	是	2017
	铜瓦门大桥监控点	2	否	是	2015
	青峙第一石场码头	2	否	是	2017
	青峙第一石场码头（鹰眼）	3	否	是	2015
船艇	“海巡 22”	2	否	是	2016
	“海巡 0713”	2	否	是	2016
	“海巡 0717”	2	否	是	2016
	“海巡 07008”	2	否	是	2016
	“海巡 07128”	2	否	是	2016
	“海巡 0718”	2	否	是	2017
	“海巡 07115”	2	否	是	2017
	“海巡 07132”	2	否	是	2017
	“海巡 0715”	2	否	是	2020
	“海巡 07124”	2	否	是	2020
	“海巡 07133”	2	否	是	2020
	“海巡 07134”	2	否	是	2020
	“海巡 07108”	2	否	是	2020
	“海巡 07105”	2	否	是	2020
	“海巡 07129”	2	否	是	2020
	“海巡 07135”	2	否	是	2020
	“海巡 07112”	2	否	是	2020

（四）CCTV 新技术应用与探索

2013 年，宁波海事局开展海上视频图像传输系统应用课题的研究和试点工作，拓展海上无线网络技术的应用，研究在 3G 网络的环境下，在海事 CCTV 的基础上，充分利用电信全球眼的前端资源，在巡逻船艇上安装移动监控点，作为固定点监控系统的有效补充，以更有效地掌握通航信息，降低管理成本。

随着电子巡航监管模式的推进,原 CCTV 平台功能已无法满足使用需求,2015 年至 2016 年,宁波海事局推进建设新 CCTV 平台。新平台除具有查看、回放等基本功能外,还可提供抓拍、连续抓拍、紧急录像、3D 放大等功能,并提供与其他系统对接接口。新平台采用分布式部署模式,包括宁波海事局监控中心 1 个、海事处监控分中心 6 个(位于三江口、镇海、鄞奉、北仑、宁海、象山共 6 个海事处)。

为解决 CCTV 监控系统在视频清晰度、视频云台控制、智能分析等功能上的不足,2016 年,宁波海事局与杭州海康威视数字技术股份有限公司签署战略合作意向,在新平台上着手研究 CCTV 智能化模块的开发。在船舶流量分析、鹰眼全景检测、激光球航道检测等方面开展测试并形成技术方案,为后续视频智能化应用奠定基础。

2017 年,宁波海事局开展内河辖区 AIS-CCTV 联动系统建设。通过对 AIS 信号的解析,系统自动获取被跟踪目标船舶的位置信息和航速、航向等信息,智能控制单元实现 CCTV 摄像机、镜头、云台等对目标船舶的准确跟踪。是年,宁波海事局完成甬江公园监控点、杨木碶监控点、明州大桥下游(勤勇村)监控点、宁波大学监控点、江甬码头监控点、镇海引航站码头上下游(镇海巡逻艇码头)6 个监控点的 AIS 接收站安装。2018 年 11 月,AIS-CCTV 联动系统项目建成并交付使用。

2020 年 8 月,宁波海事局完成 CCTV 专网改造、数据中心机房至浙江海事局百兆 CCTV 线路的铺设和系统对接,提升了数据传输性能和安全性。

第三节　无线通信系统建设

20 世纪 90 年代,宁波海监局承担海上通信管理职能,宁波海岸电台设有高频、中频等莫尔斯无线电报电路,国际、国内水上常规通信、遇险安全通信和公众通信业务已对外开放,主要为监督、咨询和水上交通管理服务。宁波海事局成立后,推进图像、数据和语音传输的宽带网络系统建设,船舶交通管理系统日渐完善,并建设完成由 GMDSS DSC 系统组成的多通道通信系统。截至 2021 年,宁波海事局水上无线通信系统主要包括:船舶交通管理系统、VHF 系统、GMDSS DSC 系统、AIS 系统。

一、宁波海岸电台

(一)莫尔斯电报阶段

船舶遇险通信和水上安全通信,早期以莫尔斯电报为主要手段。该阶段主要设备为中频电路、高频电路,岸台由中控室(电传班)、收信台、发信台组成。

宁波海岸电台作为港口建设的配套项目,于 1976 年立项,1979 年建成;1979 年 8 月 20 日,经报国务院批准对外轮开放国际通信业务,11 月 8 日 9 时开机试投产。宁波海岸电台由澥浦发信台(位于镇海区澥浦镇石山头,占地面积 9990 平方米,生产用房 736 平方米)、团桥收信台(位于镇海区团桥村附近)和中央控制室(与有线通信宁波分站合一)组成。

1987 年 10 月 10 日,交通部宁波海上安全监督局(简称"宁波海监局")成立,海岸电台归属宁波海监局。宁波海岸电台职责是保障船岸遇险安全通信及日常船岸业务通信,承担辖区 A1 和 A2 海区的遇险

图 3-4-5　20 世纪 90 年代的宁波海岸电台

与安全通信任务；全天 24 小时提供国内外沿海通信、船舶动态、航行警（通）告、气象资料、海难呼救等服务（图 3-4-5）。

1996 年 10 月 1 日，宁波海监局单边带（SSB）话台正式开放。

2002 年 12 月 1 日 0 时起，根据交通部无线电管理领导小组办公室《关于同意关闭宁波海岸电台莫尔斯（MORSE）无线电报电路的批复》和浙江海事局《关于转发宁波海岸电台关闭莫尔斯无线电报电路批复的通知》，宁波海岸电台关闭莫尔斯无线电报电路 474 千赫、500 千赫、4222 千赫、8582 千赫，停止宁波海岸电台在上述电路上承担的遇险、紧急和安全通信任务及国际、国内公众（CP）通信任务的发射和守听工作。至此，宁波海岸电台莫尔斯电报电路完成历史使命。

（二）DSC 系统阶段

DSC 即数字选择性呼叫，是由微处理机、调制解调器、键盘控制器和显示器等组成的无线电通信终端设备。其功能是遇险报警呼叫、通信联络呼叫和值班呼叫，并可传送简单信息。在该阶段，海岸电台有中高频、VHF 收发设备，相比莫尔斯电报阶段，通信技术和自动化程度得到大幅提高。岸台由中控台（电传班、收信台）、发信台组成。

1996 年 11 月 1 日，宁波海监局 GMDSS DSC 系统工程、澥浦发信机房装修、微波铁塔基础勘探等土建项目开工。

1996 年，宁波海监局组织学习《中华人民共和国无线电管理条例》，对宁波海监局执行情况进行了自查，并对当前宁波地区无线电通信秩序混乱情况提出整改意见，联合宁波市无线电管理部门召开“加强宁波市水上无线电通信秩序管理的通告”发布会，也为 GMDSS DSC 的实施做好有关准备。

1997 年 4 月 8 日，根据《关于指配天津等 18 座海岸电台海上移动通信业务标识海岸电台标识的通知》，对天津等 18 座海岸电台用于 GMDSS 数字选择性呼叫值班台的海上移动通信业务标识海岸电台标识进行指配。其中明确交通部宁波海上安全监督局所管理的宁波海岸电台的标识为 004122400，呼号为 XSN，英文台名为 NINGBO RADIO，中文台名为宁波。

1997 年，宁波海监局推进 GMDSS DSC 系统建设，完成发信台铁塔塔基、发信机房接地、微波铁塔架设等基础工程，宁波机房的装修，以及宁波常规报房的安装、调试。就海岸电台设备引进、安装、布局、技术条件等事宜与中国交通通信中心签署了备忘录。

1998 年 1 月 12 日，宁波至澥浦的 480 路微波安装、调试完毕，正式开通。设备选用法国电信股份有限公司（SAT）产品。

1998 年 3 月 19 日，宁波海监局调整通信处（站）机构设置、人员编制。下午 2 时 28 分，中控台无线报房开通，团桥收信台同时关闭，宁波海岸电台由三址式改为二址式（由澥浦发信台、团桥收信台、中控台调整为澥浦发信台、中控台两址）。

1998 年 6 月 15 日，通信处（站）工程技术人员将从日本无线电公司（JRC）进口的 DSC 设备安装就位。12 月 16—19 日，由中国交通通信中心、交通部水运规划设计院及有关专家等组成的 DSC 系统设备验收小组对 DSC 系统进行试开通验收。是年，完成通信微波无线设备、DSC 收发设备及发信台常规设备的安装、调试，保障了宁波海监局 GMDSS DSC 系统的顺利开通。

1999 年 1 月，按照《关于关闭大连等 28 座海岸电台船舶辅助电路的通知》规定要求，交通部决定从 1999 年 2 月 1 日 0 时起关闭大连等 28 座海岸电台的船舶辅助电路，使用新的航务电报岸台传递方式，其中包括宁波海岸电台(XSN)。

1999 年 1 月 27 日，交通部无线电管理领导小组办公室印发《关于我国海岸电台在 1999 年 2 月 1 日以后仍继续担任现行的海上遇险和安全通信的值守工作和开放各类船舶通信业务的通知》，要求在 1999 年 2 月 1 日以后，我国各海岸电台仍将按原有规定继续在现行的 500 千赫、2182 千赫和 156.800 兆赫国际遇险、紧急、安全和呼叫频率上承担海上遇险和安全通信的值守工作，并将维持一段时间。各船舶电台与我国海岸电台间的通信工作，仍按原有规定执行。

1999 年 2 月 1 日，GMDSS 开始启用。

1999 年 2 月 20 日 0 时起，宁波海监局按照《关于指配宁波海监局 VHF 频率的通知》和《关于调整宁波港务局 VHF 频率的通知》的规定，正式接管 VHF 16 频道，并将 VHF 21 频道调整为 GMDSS DSC 系统常规通信频率。

1999 年 3 月，根据《关于大连等 11 座海岸电台试开通 GMDSS DSC 通信业务的通知》的规定，交通部决定从 1999 年 3 月 22 日 0 时起，大连、秦皇岛、烟台、青岛、连云港、宁波、温州、湛江、海口、八所、三亚共 11 座数选值班台试开通 GMDSS DSC 业务，并开始承担各台覆盖范围海域的遇险安全通信的值班工作。宁波海事局海岸电台 GMDSS DSC 系统开通运行。该系统由中频、甚高频收发设备、微波传输设备、搜救协调终端、国际数选值班台和中央控制台组成。GMDSS DSC 系统的业务开通，为海上人员和船舶安全提供了充分的通信保障，增强了宁波海监局履行国际海上人命安全公约、国际海上搜寻救助公约的能力。

宁波海岸电台 GMDSS DSC 系统包括以下设备：VHF 收发信机 3 套(用于 VHF70 频道、VHF16 频道和工作频道)；中高频全波段收信机 4 台、1 千瓦中高频发信机 3 台(用于中频 DSC 值守和遇险后续通信)；DSC 终端 8 套(用于值班人员操作使用收发信设备和进行船岸通信联络转接及辅助操作)及微波设备、机架(用于信号的变换传输)。

2000 年 10 月 23 日，宁波海监局 GMDSS DSC 工程通过交通部的初步验收。是年，宁波海监局发布《VHF、DSC 值守规章制度》《DSC 遇险值班日志》《遇险通信值守办法》，大力整治水上频道电磁环境，维护辖区正常的水上无线电通信秩序。

随着 GMDSS 的全面实施，船岸之间的通信联系已发生根本性的变化，莫尔斯电报电路已完成其历史使命，全国沿海的大部分小型海岸电台已相继关闭了莫尔斯电报电路，宁波海岸电台 GMDSS DSC 系统自 1999 年运行以来工作正常，在此背景下，2002 年 8 月 25 日，宁波海事局请示浙江海事局关闭宁波海岸电台莫尔斯无线电报电路。

2002 年 12 月 1 日 0 时起，宁波海岸电台关闭莫尔斯无线电报电路，此后，船岸之间的通信联系由 GMDSS DSC 设备承担。上述电路关闭后，原在上述电路上以莫尔斯无线电报方式播发的航行警告，自 2003 年 1 月 1 日起由宁波海事局拟写报文后，用传真方式报浙江海事局航行警告发布台统一对外发布。

2002 年，宁波海事局加强辖区水域遇险和安全通信值守，保证了 GMDSS DSC 系统的正常运行。全年共处理 DSC 遇险报警 149 次，用 VHF 播发航行通告 94 份。

宁波海监局时期收发电报/无线通话统计情况见表 3-4-2。

宁波海监局时期收发电报/无线通话统计表　　表 3-4-2

序号	年份(年)	收发电报量	无线通话量	备注
1	1995	97373 份，计 2957693 字	—	有线电报 65860 份，计 1941094 字，无线电报 31513 份，计 1016599 字
2	1997	59734 份，计 2148850 字	—	单边带电话通话量 2456 次，计 4413 分钟
3	1998	32617 份，计 963409 字	1173 次，计 3507 分钟	—
4	1999	17876 份，计 555685 字	4124 次，计 13235 分钟	—
5	2000	17527 份，计 549825 字	5067 次，计 16664 分钟	无线电报 6123 份，计 228075 字，有线电报量 11404 份，计 321750 字

说明：1996 年、2001 年、2002 年收发数据缺失。

（三）与 VTS 合并值班阶段

2002 年 12 月 16 日，具有“五站一中心”规模的宁波船舶交通管理系统正式对外运行。2003 年 9 月，经机构整合，原海岸电台撤并成立交管中心，下设虾峙雷达站、峙头雷达站、大榭雷达站、北仑山雷达站、游山雷达站、澥浦发信台 6 个工作站点。

2010 年，根据交通运输部海事局海事 DSC 系统应急改造项目统一部署，宁波 DSC 系统实施改造，投资 54 万余元，主要对软件和耳麦终端进行更新。2010 年 12 月 3 日，宁波 DSC 岸台升级改造项目完成，提升了船舶遇险报警成功率。作为 GMDSS 的重要组成部分，宁波 DSC 岸台主要实现宁波管辖水域海上遇险求救信号的接收及后续处理功能。

从 2000 年以来，宁波海事局收到 DSC 的报警数量呈逐年下降态势，其中 2000 年 13 次，2001 年 6 次，2005 年 3 次，2004 年、2006 年、2007 年各 1 次，另外每年都有不同数量的误报警。

截至 2015 年，宁波海事局海岸电台由发信台、收信台、中控台组成，发信台位于宁波市镇海区澥浦石山头，收信台和中控台均位于宁波市江北区人民路 355 号。电路由 1 路 DSC MF/HF/VHF 数选值班电路和 1 路 SSB MF/HF/VHF 工作电路组成。接收机数量为 4 台，品牌型号为 JRC NRD－840A，1997 年 12 月安装完成并启用。发射机数量为 3 台，品牌型号为 JRC－713BM，1997 年 12 月安装完成并启用，工作频段为 1.60/30 兆赫。收信天线 1 根，有源环型，工作频段为 2—16 兆赫，发信天线 3 根，2 根为倒 L 型，工作频段 2—18 兆赫，1 根为鼠笼型，工作频段为 2—12 兆赫。

2020 年 8 月 28 日，根据《交通运输部海事局关于做好涉及深化航海保障管理体制改革资产划分工作的通知》，宁波中高频通信设施设备拟由宁波海事局划转至交通运输部东海航海保障中心宁波通信中心（简称“宁波通信中心”）。2021 年 6 月 29 日，浙江海事局与交通运输部东海航海保障中心签署《涉及深化航海保障管理体制改革资产划分备忘协议》，拟通过调拨的方式将宁波中高频通信设施设备等由宁波海事局调拨至宁波通信中心。截至 2021 年底，该项工作仍在实施中。

二、VHF 通信系统

宁波海监局 VHF 系统固定网点由航政值班室、宁波监督站、宁波信号台、梅墟瞭望台、镇海监督站、镇海信号台、北仑监督站、北仑信号台、大榭导航台、峙头导航台和虾峙导航台组成,移动点由巡逻船艇上及监督员便携式 VHF 组成。经过多年的发展,作为水上安全监管的重要手段,宁波 VTS 系统集成了 VHF 通信子系统,有效保障了 VTS 覆盖水域内的水上遇险及安全通信。2005 年 4 月 7 日,交通部发布《全国沿海甚高频(VHF)安全通信系统总体布局规划》,提出统一规划、统一管理、填补空白、突出重点、逐步完善、分区实施的发展原则。2008 年以来,宁波海事局陆续实施了浙江海事局辖区 VHF 通信系统(宁波)、象山沿海 VHF 通信系统、内河 VHF 通信系统等工程,与宁波 VTS 系统 VHF 子系统相互独立、互为补充,有力保障了辖区水上安全监管工作。

(一)浙江海事局辖区 VHF 通信系统(宁波)建设

2008 年,浙江海事局组织建设辖区 VHF 通信系统工程。其中,宁波部分投资 322 万余元。建设内容包括:新建梅山岛 VHF 岸台,配置 2 套 VHF 收发设备;新建大金山 VHF 岸台,配置 3 套 VHF 收发设备;改造澥浦发信台中的 VHF 岸台,配置 3 套 VHF 收发设备(以上收发设备均为澳大利亚 SPECTRA 设备);新建宁波 VHF 控制分中心(位于宁波市北仑区),新建宁波搜救分中心(RCC)。

2008 年 8 月,浙江海事局辖区 VHF 通信系统(宁波)建成投入使用,极大拓展了预警预控信息的覆盖范围。

2021 年 6 月 29 日,宁波海事局根据上级有关航海保障管理体制改革资产划分备忘协议的要求,拟通过调拨的方式将浙江海事局辖区 VHF 通信系统宁波部分等设备调拨至宁波通信中心。截至 2021 年底,该项工作仍在实施中。

(二)象山沿海 VHF 通信系统建设

2012 年 3 月,象山沿海 VHF 通信系统(宁波市海上搜救中心重点建设项目)建成投入使用,投资 46 万元,新建北渔山、南韭山、石浦 3 个 VHF 基站及象山 VHF 控制管理中心。该项目的投入运行拓展了预警预控信息的覆盖范围,增强了对航经宁波沿海商船渔船发布信息的实时性。

(三)内河 VHF 通信系统建设

2012 年 12 月 12 日,交通运输部以《交通运输部关于浙江海事局内河安全监管系统工程可行性研究报告的批复》批复同意实施浙江海事局内河重点水域 VHF 通信及 CCTV 系统工程。上述系统于 2014 年 9 月开工建设,2017 年 9 月 14 日通过竣工验收,有效扩大了浙江海事局内河辖区 VHF 覆盖范围和重点码头、航道的 CCTV 监控范围。其中,宁波海事局辖区投资 253 万余元。建设内容包括:

(1)新建三江口海事处 VHF 控制管理中心,采用丹麦 IHM 设备。新建三江口海事处、城西港区联通基站两个 VHF 基站,采用新西兰大吉设备,信息传输至三江口海事处 VHF 控制管理中心。

(2)新建鄞奉海事处 VHF 控制管理中心,采用丹麦 IHM 设备。新建鄞奉海事处、东钱湖办事处两个 VHF 基站,采用新西兰大吉设备,信息传输至鄞奉海事处 VHF 控制管理中心。

(3)新建镇海海事处 VHF 控制管理中心,采用丹麦 IHM 设备。新建蜀山船闸 VHF 基站,采用新西兰大吉设备,信息传输至镇海海事处 VHF 控制管理中心。

(4)新建宁波海事局 VHF 操作终端,接入以上三个海事处 VHF 控制管理中心信号。

通过内河 VHF 通信系统的建设,宁波海事局基本实现了内河水域 VHF 安全通信全覆盖(表 3-4-3)。

2012 年宁波海事局内河 VHF 通信系统组成 表 3-4-3

终端	控制管理中心	基站
宁波海事局 VHF 操作终端	三江口海事处 VHF 控制管理中心	三江口海事处 VHF 基站
		城西港区联通 VHF 基站
	鄞奉海事处 VHF 控制管理中心	鄞奉海事处 VHF 基站
		鄞奉海事处东钱湖办事处 VHF 基站
	镇海海事处 VHF 控制管理中心	蜀山船闸 VHF 基站

2021 年 9 月 3 日，象山沿海 VHF 基站整合项目完成，同时象山沿海 VHF 系统整合并入宁波 VTS 系统。截至 2021 年，宁波海事局 VHF 通信设施设备包括：宁波 VTS 系统 VHF 子系统的 15 个基站 28 个收发信机，浙江沿海 VHF 通信系统宁波部分的 3 个基站 8 个收发信机，内河 VHF 通信系统宁波部分的 5 个基站 10 个收发信机。

第四节 通信网络建设

一、海事专网建设

1996 年 9 月 28 日，宁波海监局港口国管理二级计算机网络远程工作站与交通部安监局北京工作站正式联网工作，为宁波海监局首次接入至海事专网。

1998 年，宁波海监局完成与港口 EDI 中心相配套的节点建设，初步建成全局微机局域网，实现财会电算化，建立了规费征收电算化网络，信息系统建设取得较大进展。宁波海监局微机局域网采用服务器集群硬件系统，由应用服务器、数据服务器、主控服务器、远程服务器和代理服务器构成网络控制中心，采用调制解调器（Modem）、路由器、访问服务器构成通信控制中心，提供远程访问服务。

2004 年，宁波海事局对网络建设进行重点投资，完成局机关、7 个基层海事处和船队基地的局域网建设，为宁波海事局首次成规模搭建海事专网，实现内部局域网络（海事专网）、互联网、视频网络三网并行。通过 SDH 方式连接至浙江海事局和宁波市政府专网，实现与全国海事专网、地方政府专网的连接。

至 2010 年，宁波海事局构建了上联浙江海事局、向下覆盖所有海事处和办事处、横向连接电子口岸的高速可靠的基础网络平台，建成包括局机关、9 个海事处、审验中心在内的 11 个局域网 35 条链路。宁波海事局至浙江海事局的网络带宽扩至 8M，至各海事处的带宽扩至 4M 以上，原至各办事处的非对称数字用户线路（ADSL）连接正逐步替换成 2M 链路。

2010 年后，宁波海事局持续加大网络建设投入力度，优化网络布局，提高网络性能，强化网络管理，逐步建成了一套覆盖各单位机构的智能化数字网络。积极推进无线网络技术的应用，扩展无线网络覆盖范围，利用 4G 无线网络资源，配合移动执法终端、单兵装备等信息化设备，实现海事现场执法的通话、录音、拍摄、任务处置、信息查询等功能。

二、网络安全建设

2005 年，为了保障网络安全，宁波海事局实施安全隔离网闸项目，对网络安全系统进行改造。

2008 年,为加强外网安全管理,宁波海事局引入全新的网络行为管理设备——网络铠甲。使用先进的网络底层监控技术和多进程共享内存技术,在不影响网络运行效率和不改变现有网络配置的条件下,对内部人员使用外网进行全面有效的管理和控制。网络铠甲的引入规范了工作人员上网行为,提高了资源利用率,防止了机密信息外泄,提供了多种网络行为管理的解决方案。

2010 年初,宁波海事局针对网络多次受攻击和中病毒现象,着手开展网络安全防护工作。至年底,基本完成局机关中心机房的设备改造、线路梳理和供电线路改造,实现至各海事处主要链路的线路备份,完成各海事处 ADSL 线路及机房设备的改造。在内外网物理隔离的基础上,加强了计算机、网络及数据的保密和网络安全管理。

2011 年,宁波海事局继续推进网络安全改造,更新网络安全设备,引入桌面准入系统,实现资产、客户端安全和入网规范的智能化管理。通过信息安全管理的制度和技术防护方案的部署,实现业务信息系统的保密性、完整性、可用性。11 月,局网络安全系统改造项目通过验收。

2012 年 5 月,按照宁波市政府《关于抓紧落实信息安全等级保护工作任务的通知》和浙江海事局信息化工作会议"先试先行"的工作要求,宁波海事局成立信息安全等级保护工作领导小组。是年,宁波海事局通过开展系统分析确定系统安全保护等级,形成定级报告。

2012 年 8 月 30 日和 9 月 28 日,宁波海事局分别印发《宁波海事局网络系统管理办法》和《宁波海事局网络及信息安全应急预案》。

2012 年 11 月 27 日,为确保海事信息系统顶层设计有序推进,规范海事云数据中心建设和海事信息系统安全等级保护定级及整改工作,交通运输部海事局印发《海事云数据中心建设指导意见》《海事信息系统安全等级保护定级及整改工作指导意见》。

2013 年,宁波海事局率先在全国海事系统范围内实施完成计算机信息安全等级保护工作,取得信息安全等级保护二级备案证书。

2014 年,宁波海事局开展内外网数据交互安全性课题研究,重点解决移动办公的便捷性与安全性之间的矛盾。

2016 年 8 月,按照 G20 杭州峰会期间浙江海事局和宁波市网警支队对网站安全防范工作的要求,宁波海事局全面开展内外网站的安全改造。建立信息网络安全事件发现报告制度和特殊事件 24 小时值班值守制度,完善应急处置预案。升级服务器操作系统版本至 Windows Server2008(64 位),进行内外网 Web 服务和应用分离,先后完成了微信接口、微博接口、外网网站群、外网相关应用系统、内网各应用系统的重新开发和升级。升级防火墙,部署安全防护策略,开展安全监测,进行 24 小时全时段线上监测。

2016 年,宁波海事局在现有网络架构的基础上,以局业务用房建设为契机,探索研究对宁波海事局整体网络的升级改造,对网络架构进一步细化区分,整合网络安全监管手段,提高网络安全设备防护效能,对关键位置设备进行故障冗余设计,制定网络安全保障系统技术方案,提升宁波海事局网络运行整体水平。

2017 年 4 月 5 日,为加强宁波海事局网络安全和信息化工作,根据浙江海事局《关于成立网络安全和信息化工作领导小组的通知》,宁波海事局印发《宁波海事局关于成立网络安全和信息化工作领导小组的通知》,决定成立宁波海事局网络安全和信息化工作领导小组。领导小组办公室设在宁波海事局科技信息处,承担领导小组日常工作,检查督促领导小组决定事项的落实。

2017 年 4 月 13 日,交通运输部海事局印发《交通运输部海事局关于做好直属海事系统网络安全管理工作的通知》,要求全面实行网络安全等级保护制度,落实网络安全防护的必要措施,做好国家级关键信息基础设施的保护。是年，宁波海事局完成对内网核心网络设备的升级改造，在宁波海事局至浙江海事局出口链路上增设一台配置成透明模式的防火墙，防范 Java 反序列化等高危漏洞。为落实《中华人民共和国网络安全法》，按照交通运输部相关要求，宁波海事局组织开展系统运维人员的安全背景审查。

2018 年，宁波海事局完成“移动办公系统”等级保护工作。该系统以 89.53 分的成绩通过现场测评，顺利获得二级等级保护备案证明。是年，宁波海事局实施《宁波海事局网络安全管理办法》，并对原《宁波海事局网络安全事件应急处置预案》进行了修订。

2019 年，宁波海事局成立工作小组开展“宁波海事局基础网络系统”和“业务平台”的信息系统等级保护备案工作，获得“宁波海事局基础网络系统”二级等级保护备案证书和“业务平台”一级专家评审意见文本。

2020 年 10 月，内外网文件摆渡系统正式上线。该系统实现了网间及网内数据安全交换，同时对认证用户上传的文件进行病毒查杀和敏感性过滤（数据防泄露），并留下相关审计信息；对内外网传输的部分关键文件实行人工审批的方式，改变了用 U 盘进行数据拷贝的传统模式，保障网间数据传输的安全性。

2020 年，宁波海事局部署实施数据中心备份（火星舱）系统，对 VM 虚拟化平台中的 9 台服务器虚拟机、1 台服务器物理机设置备份策略，完成对文件、数据库和操作系统的备份。是年，宁波海事局部署实施核心交换机虚拟化改造，通过增加模块和策略调优，改进现有网络架构及设备配置，大幅度提高核心网络区域收敛性能，降低故障率。对网络安全设备版本和特征库进行普查，更换 VPN 设备，更新互联网区域入侵防御（IPS）特征库，控制互联网访问用户，提高远程互联的安全性。

2021 年，宁波海事局完成“深蓝智享”监管服务平台、基础网络等级保护二级的定级备案及测评工作，获得 VTS 系统等级保护二级备案证书。

第五节 信息系统建设

一、海事业务系统

20 世纪 90 年代末期，宁波海监局开发应用了办公自动化系统、船员证件管理系统和船舶签证系统，提高了安全监督工作效率。

2000 年，宁波海监局的软件应用处于起步阶段，使用的业务系统软件主要有交通部安监局的船舶登记管理、船员证书管理、船舶港口国管理等软件，同时自行开发了船舶进出口签证统计管理及其他小型软件，购买了法律法规查询软件、财务系统软件等，修改完善了宁波海监局签证管理软件并在局内推广使用。

2001 年，宁波海事局配合交通部海事局完成水上安全监督信息系统一期工程的设备安装、调试，开通了大榭海事处和梅墟船队基地的计算机信息远程工作站，在各海事处及主要办事处推广船舶签证软件系统的应用。

2004 年，宁波海事局自主研发小型船舶自动识别和动态管理系统并投入试运行，海事处日常业务管理系统开发完成并在鄞奉海事处投入使用。安装完成交通部海事局行政处罚系统、船舶费收系统和绩效考核系统,全面启用交通部海事局海事费收管理系统,开通政务项目审批结果网上查询功能,并在浙江海事局的统一计划和安排下,陆续安装完成船舶动态系统、通航管理系统、船员管理系统、船载客货系统、事故应急系统等各类系统。

2005 年 1 月 1 日,宁波海事局通过宁波电子口岸建设,启用国际航行船舶进出口岸网上申报系统。11 月 15 日,试运行“国际航行船舶进口岸申报审批程序”网上申报、审批模式。

2005 年,针对辖区小型船舶违章率和事故发生率高,现代化监控手段缺乏的状况,宁波海事局开发完成小型船舶自动识别和动态管理系统并在辖区水域推广应用。该系统的成功开发与应用,丰富了小型船舶的安全监管手段。

2005 年,交通部海事局船舶动态系统、通航管理系统、船员管理系统、船载客货系统、事故应急系统、行政处罚系统、绩效考核系统等相继投入使用。

2008 年,宁波海事局完成国籍证书到期提醒系统、危险货物预申报模块、业务受理系统开发并投入使用。

2009 年,浙江海事局组织开发的“客船动态监控系统”在宁波海事局全面推广应用,船员考试远程计算机终端考场通过验收并投入使用。9 月 21 日,宁波海事局与宁波海关共同开发的“国际航行船舶出口岸手续联系单网上会签系统”开始试运行。

2010 年,宁波海事局强化与口岸单位的合作和联系,船舶进口岸申报和出口联系单系统被列入宁波口岸系统的年度开发计划。至 2011 年,宁波海事局实现了与电子口岸和海关之间的部分业务数据共享,由地方政府支持开发的船舶进口岸申报、危货预申报、出口岸联系单等系统相继上线运行。

2011 年,宁波海事局开发国际航行船舶进出口岸预查验申报系统。2013 年 9 月,该系统正式上线运行。

2012 年 3 月 29 日,“宁波海事局移动执法系统”项目通过竣工验收。该系统基于安卓平台开发,是浙江海事局 Windows 版本移动执法系统的延续与补充,在系统功能、性能和操作便利性等方面得到提升,更加适合在平板电脑上运行,解决了移动执法终端选型单一的问题。

2012 年,宁波海事局加快推进港建费征管工作信息化进程,与宁波电子口岸共同研究开发通关货物风险稽核管控系统。2013 年 6 月 1 日,港口建设费网上申报暨智能稽核辅助系统正式运行。

2013 年 8 月,根据交通运输部海事局要求,海事 AIS 在线服务系统、电子海图在线服务系统在海事业务管理板块开设专题,正式投入使用。是年,宁波海事局积极推广应用浙江海事局的船员电子申报系统和网上行政许可,以船舶出口岸联系单、进口岸预申报、进出口岸预查验、船舶污染物接收报备、通关货物风险稽核管控等系统为核心的网上电子政务系统日趋完善。

2014 年 1 月 28 日,宁波海事局自主研发的港口建设费跨舱单开票管理系统上线运行。

2014 年 9 月 18 日,宁波海事局船籍港管理信息化系统上线试运行。

2014 年,宁波海事局推进“无纸化”通关,海事国际航行船舶电子查验系统、海事台湾直航船舶申报系统、海事现场查验集装箱风险监控系统 3 个项目通过专家评审并上线运行。

2015 年 1 月 4 日,宁波海事局运行海事现场查验集装箱风险监控系统,危险品集装箱货报实行网上申报,政务中心与海事处之间开箱查验信息流转实现全部电子化。

2015 年 4 月,港口建设费中转货物征管系统上线试运行。

2015 年 6 月 8 日,港口建设费代收单位信用管理系统在宁波、舟山两地开展试运行。

2015 年 9 月 1 日，浙江宁波国际贸易“单一窗口”平台启用。

2016 年 10 月，宁波海事局和宁波市气象局联合研究开发的“宁波海事气象”App 试运行，以此为核心的海上智慧气象预警系统初步建成。

2016 年，为提升宁波海事局港建费收取效率和加强航运公司体系管理，提高对外服务水平，通关货物风险稽核管控系统二期和航运公司审核发证网上申报服务系统于当年通过宁波市政府评审、立项，2017 年通过评审验收。

2016 年，宁波海事局自主研发完成船舶综合信息系统并在北仑海事处试运行。2017 年，对系统的权限、辖区码头和人员设置等模块进行升级，在全局推广使用。

2018 年 6 月 6 日，宁波海事局自主研发的罚没款管理系统试运行，支持海事罚款的电子缴纳，成为海事系统内首家自主实现行政处罚全过程“最多跑一次”的单位。

2018 年 9 月，宁波海事局完成 4G 执法记录仪及视频采集器的配置，推广使用 4G 指挥控制系统。

2018 年 11 月 1 日，宁波海事局上线运行国际贸易“单一窗口”标准版运输工具（船舶）系统。同日，宁波海事局组织召开船籍港智能化管理经验交流会，全国首个“互联网 +”船籍港管理智能平台正式亮相。

2019 年 2 月，宁波海事局行政处罚罚款、船员考试费收缴首次实现移动支付。

2019 年 5 月 21 日，宁波海事局自主研发的港口建设费自助缴费系统通过项目验收，用户可通过手机 App 完成港口建设费远程申报和电子支付。

2019 年 8 月，宁波海事局采购 4G 执法记录仪 240 台，扩容 23 套数据采集工作站，配置音响设备 41 套，实现一线执法人员 4G 型号执法记录仪全配备。是年，宁波海事局对可视化综合调度系统进行优化，采用北斗、GPS 和基站定位相结合的方式提升执法记录仪定位的准确性，优化上传视频分辨率，提升流畅度和清晰度，完善平台统计和考核功能。

2021 年，宁波海事局实施部署统一通信指挥系统，升级可视化综合调度系统 6.0 平台，实现语音通话、视频会议、4G 执法记录仪等多种应急指挥通信手段的融合。

二、行政综合系统

2000 年，宁波海监局完成了办公自动化软件的开发并投入试运行。是年，镇海监督站远程信息工作站的试点建设完成。

2003 年 12 月，宁波海事局邮件系统作为局外网网站的一个模块，正式投入使用，利用电子邮件形式在互联网上实现信息的及时快捷传递。

2003 年，宁波海事局借助中国电信“新视通”系统，以内部 SDH 专线为通道，建立了首套覆盖局机关、VTS 中心、海事处、船队基地共计 11 个会场的视频会议系统。为召开各种会议、职工教育等工作提供技术支撑，降低管理成本，提高工作效率。

2004 年，交通部海事局组织开发的工作人员绩效考核系统在北仑海事处、三江口海事处投入试运行。宁波海事局推广使用第一套办公自动化系统（OA 系统），主要功能有收发文、档案管理、工作计划、人员动态、会议管理、图书管理、个人信箱等。

2005 年 11 月 14 日，宁波海事局启用浙江海事局内部办公门户系统，局收发文流转基本实现无纸化。是月，宁波海事局政务办理短信告知平台开通。

2005 年,宁波海事局完成外网电子邮箱系统改造,升级邮件系统(Foxmail 邮件服务器),为全体工作人员分配以@ nbmsa. gov. cn 注册的大容量(50M)邮件信箱。

2006 年,宁波海事局调整内网网址、完善内网系统模块、推广新版 OA 系统应用、开通无线上网等,实现主要工作信息网上同步传输。

2008 年,宁波海事局开发宁波海事局电子台账系统,并在镇海海事处投入试运行,2009 年在全局范围正式运行。该系统涵盖业务、行政、党群等相关电子台账的建立和报表的报送,简化基层单位台账建立和报表报送工作,提高台账和报表的清晰性和可靠性,突出统计查询功能。

2008 年,宁波海事局开发宁波海事局效能管理系统,并于 2009 年正式启用。该系统包括任务管理、汇报页面、总结评估和统计分析等几个模块,充分体现任务执行环节,展示任务状态。

2010 年,宁波海事局启用即时通信软件(“大蚂蚁”)。与网易公司和宁波移动公司签署宁波海事局企业邮箱系统的开发协议,部署完成局外网邮箱系统。

2011 年 7 月,宁波海事局启用固定资产管理软件,确保使用部门、管理部门清晰掌握资产变动情况,减少资产账目错误的发生。是年,制作新增资产卡片 1000 余张。

2016 年 11 月,宁波海事局完成宁波市电子政务视联网平台设备接入、安装和调试工作,并通过验收。

(一)综合办事平台

2011 年 10 月,宁波海事局一站式登录的“综合办事平台”上线运行,建立“统一身份认证、统一信息发布、统一消息提醒”三大基础架构,完成内外网、触摸屏信息发布系统、网上教育学院等 13 个综合管理类系统整合。

2013 年,宁波海事局重点以综合办事平台为核心,拓展内部信息系统,开发招标管理系统、图书管理系统、海事值班系统、海事搜索引擎。

2014 年,宁波海事局对目标管理系统、招标管理系统等十几个应用系统进行升级改造,新开发法律法规文库、通用考试平台等 7 个应用系统,整合改版外网网站、微信微博等对外信息发布网站群,陆续完成“巾帼文明岗”外网站点、823890 服务热线、问题建议和工作督办系统、“China PSC”微信发布平台、法律法规文库等的开发。

2015 年,宁波海事局完成车辆管理、海事执法在线答疑库、船籍港管理系统二期、政务受理等系统开发。

2017 年,宁波海事局开发完成“网上培训课程库”和“两船整治模块”①2 个内部管理系统。

2018 年,宁波海事局对“综合办事平台”进行升级改造,完成 823890 综合服务、财务报销、合同会签、目标管理考核、问题建议和督办、走在前列专项活动等系统的升级。开发完成船舶安全检查标准缺陷库系统、公务用车派车系统。

2019 年起,宁波海事局着手开发建设内部综合办事平台——“甬海 e 站”。

(二)移动办公平台

2015 年,为拓宽信息化应用领域,提高办公效率,宁波海事局研究开发移动办公平台,分设公文处理、气象海况、法律法规、通知公告、电子邮件、通信录和办公助手等栏目。该平台的建设打破了办公区域

---

① 参与海上运输的内河船、砂石运输船。

和办公时间的束缚，实现公文批阅、新闻通知浏览实时化。是年，移动办公平台、危险品申报系统微信移动端、船舶综合信息应用系统作为宁波海事局移动办公和移动业务申报的试点项目进行了重点推进。

2016 年，宁波海事局推广应用基于微信企业号的宁波海事局移动办公平台，尝试局内部办公流程的移动化建设，将经济合同管理、签报、招标、费用报销 4 个系统植入移动办公平台，以提升海事移动办公能力，切实改善办公体验。

2017 年，宁波海事局根据《交通运输部海事局关于开展互联网网站整改工作的通知》要求，关停了互联网移动办公平台。

三、网站建设

2001 年，宁波海事局在宁波市政府网上开通了宁波海事网页。

2003 年 6 月，根据宁波市政府上网工程文件要求，宁波海事局着手建设外网网站，即宁波海事局首个对外公开的正式外网网站。

2004 年，宁波海事局对外网网站进行了改版建设，首次集成船舶进口岸网上电子申报、政务受理项目办理结果和船员考试成绩网上查询等海事业务工作。外网网站主要包括职责简介、组织机构、政务公开、局长信箱、海事法规、船员管理、海事调处、航行通告、电子资料库、海事政务受理审批查询系统、海事行政处罚结果公开系统、行政执法意见反馈卡管理等项目。通过建立后台数据库，为管理相对人提供船舶进口岸申报、船舶安检管理、公司诚信管理、黑名单船舶管理等网上申报、审批、查询、统计等功能。

图 3-4-6　2011 年改版后的宁波海事局内网主页

2005 年 12 月，宁波海事局开发首个内网网站，并于 2006 年 3 月 15 日启用。

2005 年，宁波海事局相继完成局计算机系统安全隔离网闸建设、宁波海事外网网站和邮件系统服务器移至局大楼机房，由托管改为自管。是年，宁波海事局自管的外网网站建成。

2006 年 9 月 22 日，《宁波海事网站维护管理（暂行）规定》发布实施，对网站信息更新、内网网站维护管理、外网网站维护管理做了明确要求。

2009 年底，宁波海事局对外网网站进行重新开发。2010 年 10 月 20 日，新版外网网站正式对外公开运行。是年，内网网站改造完成。

2011 年 10 月，宁波海事局全面完成服务型中、英文外网网站和管理型内网网站开发，在内网网站上线党建二级页面、网上教育学院、效能系统、督查督办、会议管理和图书管理等子系统（图 3-4-6）。

2012 年 2 月 28 日，宁波海事局印发实施《宁波海事局网站管理规定》。该规定明确：局内网是宁波海事局唯一的内部综合业务网站，网址为 http://198.16.192.36:8001；局外网是宁波海事局唯一的外网门户网站,注册域名为"www. nbmsa. gov. cn"(域名备案号:浙 ICP 备 05088636 号),在互联网上已建的专项业务系统从属于局外网;宁波海事局英文外网从属于门户网站,以纯英文形式对外发布信息。

2013—2016 年,宁波海事局致力于完善内部工作流程、提高工作效率、加强外部监督,持续完善内网各功能板块及综合办事平台各项子系统。利用"宁波海事局内外网改版建设"项目,于 2013 年、2015 年分别完成内外网站的改版建设和网站功能的进一步完善。

2016 年 10 月 10 日,宁波海事局新版外网门户网站正式上线运行,英文门户网站同时上线。

2017 年 5 月 20 日,宁波海事局根据《交通运输部海事局关于开展互联网网站整改工作的通知》要求,关停外网门户网站。配合浙江海事局建设新版外网网站,整理宁波海事局原外网数据,采用接口对接方式实现原宁波海事局网站信息在浙江海事局网站的集中展示。

2021 年,宁波海事局向交通运输部海事局提交三级域名(nb. zj. msa. gov. cn)的使用申请,并完成宁波市属地备案。

四、新媒体建设

2012 年 2 月,宁波海事局率先在宁波市范围内开通行政机关的官方微博,宁波海事局政务微博"@宁波海事局"正式运行。2014 年,"@宁波海事局"各项关键指标及总体影响力在全国海事系统、浙江交通运输系统及宁波本地政务微联盟中均名列前茅,荣膺 2014 年新浪浙江十大交通系统政务微博第一名。2021 年 2 月 7 日,宁波海事局官方微博入选交通运输部新闻办公室和微博联合评定的"2020 年度十大水运微博"名单。

2013 年 2 月,宁波海事局微信公众号"宁波海事"开通,通过多年建设,已形成较为完整的海事政务微信功能框架。2014 年 3 月 27 日,宁波海事局官方微信公众号政务版及"海定波宁"微社区上线。2014 年推出 15 项服务功能,形成涵盖辖区预警预控、客运动态、PSC 选船查询等具备海事业务特色的服务功能架构。2015 年,成功开发并运行危险品申报、移动版法规文库、码头潮汐潮流预报等服务功能。通过对危险品申报的开发、运行,对移动端政务服务的发展趋势进行针对性的探索和实践,实现了信息填报、附件上传、单据生成、审核查询等全过程的微信政务办理服务。2016 年,开发推出杭甬运河报备功能,实现航经杭甬运河宁波段相关船舶动态信息报告,对海事电子化、移动化监管进行了有效探索。借力海事系统政务微信"大矩阵"效应,将"幸福船员"微信平台中的证书信息、考试成绩、机构信息、申报进度等功能移植到"宁波海事局"微信平台,船员服务功能更加完善。

2016 年 6 月 5 日,《中国水运报》联合清博指数发布"中国水运行业微信传播力排行榜","宁波海事"政务微信连续位居排行榜榜首。"宁波海事"微信平台多次入选人民网舆情监测室"全国政务微信影响力排行榜"市政交通系统前十名,为海事系统最具影响力的政务微信平台。

第六节　数字化改革工作成果

2019 年以来,宁波海事局顺应时代潮流,不断推进数字化改革,助力内部综合管理事务、海事监管业务效率不断提升。

一、甬海 e 站

2019 年起，宁波海事局着手开发建设内部综合管理平台——“甬海 e 站”。至 2021 年，经过两期建设，“甬海 e 站”功能不断完善（图 3-4-7）。

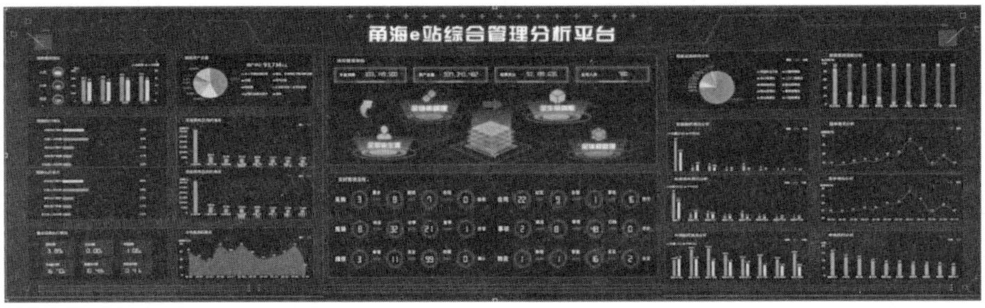

图 3-4-7 “甬海 e 站”综合管理分析平台

“甬海 e 站”整体呈现“12466”架构，即打造 1 个“一站式”平台，开发操作端和展示端 2 个子端，围绕“人、财、物、事”4 个要素，涵盖经济活动、综合事务、信息发布、服务保障、数据分析、办公辅助等 6 个版块，实现内部控制信息化、事前审批规范化、资金管控精细化、系统操作人性化、数据分析自动化、事项管理高效化等六大特质。

“甬海 e 站”采用行业内领先的、前瞻性的开发技术，运用全流程管理、全生命周期管控和大数据分析的开发理念，一期开发主要聚焦报销、采购、合同、物资、资产等经济活动类功能版块，实现经济活动网上办理和内控信息化。2020 年 1 月 1 日，宁波海事局“甬海 e 站”内部综合管理平台一期正式上线运行。

2019 年，“甬海 e 站”启动建设，2020 年 3 月，宁波海事局“甬海 e 站”内部综合管理平台数据分析模块上线运行。该平台数据分析模块基于互联网思维，运用大数据分析技术，对自 2020 年 1 月平台运行以来经济活动相关数据进行自动分析展示。大屏集中展示全局单据实时流转情况以及预算执行、固定资产、能耗支出、规费征稽、人员信息等内容；PC 端包括预算分析、资产分析和能耗分析等 3 个版块以及相关报表情况。7 月 10 日，上线运行内部管理“时效分析”功能版块，通过不断深挖内部管理数据，基于采购、报销、合同、物资、资产等管理活动数据的自动获取、分析，对全局单据流转、退单率和平均耗时等 3 个方面的内容进行分析展示。

2021 年 4 月 6 日，“甬海 e 站”二期上线运行，着力提升职工办事体验感和内部管理效能，增加船艇管理、车辆管理、个人平台优化以及目标考核、会议管理、请示报告事项管理类功能，优化数据分析，“人、财、物、事”协同管理架构更加成熟。

二、深蓝智享

2019 年至 2021 年，宁波海事局分三期开发完成“深蓝智享”。

2019 年，宁波海事局推进“深蓝智享”项目，开展底层架构的设计和相关系统数据接口的开发，协助搭建开发测试平台。11 月 1 日，“深蓝智享”一期上线试运行。融合部分海事监管数据、宁波舟山港船舶动态数据、电子口岸通关数据、AIS 数据，通过大数据挖掘分析和智慧监管功能模块设计，提升管理精准度，发挥大数据汇集融合优势。

2020 年 9 月 7 日，宁波海事局 VTS 信号接入“深蓝智享”系统，首次实现雷达跟踪信号在非 VTS 系统中的应用。10 月 13 日，宁波海事局召开上线发布演示会，“深蓝智享”二期试运行。项目二期开发融合并深度应用海事监管数据、港口生产数据、船舶航行数据、雷达跟踪数据和海陆空感知设备监控等五大数据源，实现“一船全景”数据比对分析、船舶异常行为自动捕捉及预警、非接触式执法全程电子化、智能化大型船舶全过程管理、全域海洋地理信息感知和突发事件应急处置辅助决策等功能。同时，实现局内网短信服务平台与“深蓝智享”的融合，完善预警预控的闭环管理，确保辖区船舶与船公司及时获取预警预控信息。

2021 年，宁波海事局着手开发“深蓝智享”三期项目，新增“一处全景”模块，便于基层海事部门实时掌握辖区监管对象动态变化，辅助执法人员智慧选船，现场执法人员在出勤时可以携带平板电脑，实时掌握辖区各项静动态数据。

至 2021 年底，“深蓝智享”一、二、三期开发完成，累计上线 6 大板块、23 个应用、58 个场景。

三、数字化航运服务平台

2021 年，“数字化航运服务平台”依托浙江海上智控平台的大数据和管理架构在宁波全新上线运行。

“数字化航运服务平台”采用“政府引导 + 企业自主”的开发模式，以提升航运公司、海事主管机关和第三方服务机构的数字化治理水平为导向，形成“三足鼎立”的共享、共赢的安全生态。航运公司端实现体系管理、船员管理、物料管理、机务管理、预警预控、移动办公等功能；海事端实现安全管理活动实时监控、线上审核、隐患排查线上核验反馈、船员履职监控、助航服务、安全信息实时推送、一船全景、一司全景等功能；平台立足航运产业链发展推出船员培训、航运金融、航运保险、备件物料油料供应等第三方服务功能。

“数字化航运服务平台”由初始的航运公司安全管理体系数字化模块逐步发展成为具有海事监管智能化、船员培训机构物料油品供应等第三方航运服务机构共同参与的综合性平台。截至 2021 年底，全国范围内已有 628 家航运公司和第三方机构加入该平台，包括宁波辖区 104 家体系公司、5 家船员培训机构、10 余家第三方服务机构。

第五章　综 合 管 理

综合管理是指对机关单位的内部行政事务的统筹管理。综合管理是宁波海事局各项工作的基础支撑与行政保障，主要包括体系制度、目标管理、规划编制、政务信息、外事管理、档案管理、建议提案等基础管理工作。

第一节　体 系 制 度

一、海事（履约）管理体系

2011 年 2 月 11 日，宁波海事局成立履约管理工作推进领导小组和工作组，积极应对 IMO 成员国审核机制强制化进程。

2011 年 4 月 15 日，开展以职责梳理、制度梳理为主要内容的宁波海事局履约管理体系建设内部工作梳理。

2011 年 9 月 7 日，交通运输部海事局印发了《海事履约体系管理标准》，以有效履行《中国海事履约规则》，规范履约体系的建立、实施和持续改进。

2012 年 3 月 27 日，编制宁波海事局海事（履约）管理体系文件。5 月 14 日，修订后的海事（履约）管理体系文件开始试运行，10 月 11 日正式运行。

2013 年 11 月 28 日，宁波海事局海事（履约）管理体系文件（1.1 版）生效实施。

2014 年 5 月 1 日，宁波海事局海事（履约）管理体系（2.0 版）生效实施。

2014 年 7 月 1 日，宁波海事局海事（履约）管理体系（2.1 版）生效实施。

二、宁波海事局综合管理体系

2017 年 4 月 7 日，宁波海事局印发《宁波海事局综合管理体系建设方案》，成立综合管理体系领导小组和工作小组，并明确体系建设模式、推进方式、建设步骤和时间安排，目的是规范宁波海事内部管理，提升行政管理效能，以“风险控制、关系顺畅、运转高效、自我完善、闭环管理”为管理目标，涵盖党务、行政、业务等各项海事管理工作，将原有海事（履约）管理体系一并纳入，建立形成系统、全面、高效的宁波海事局综合管理体系。

2017 年 7 月 31 日，宁波海事局印发《宁波海事局关于发布综合管理体系文件的通知》（即 1.0 版）。体系文件共包括 1 个管理手册、1 个职责手册、11 个程序文件、220 个须知文件、255 个工作流程图、若干支持性文件和记录样表。宁波海事局综合体系管理办公室每年开展一次体系内审，并通过目标考核、执法督察、政治巡察、党风廉政监督等监控方式对体系运行过程和结果组织实施各种检查、审核，确保各类综合管理活动严格按照体系文件规范运行。

2020 年 12 月 17 日，宁波海事局印发《关于发布综合管理体系 2.0 版文件的通知》，以提升海事综合管理体系文件内容的科学性、合理性,进一步明确管理方向、理清管理要素、完善管理机制,构建系统完备、科学规范、运行有效的内部综合管理制度体系。2.0 版文件共包括 1 个管理手册、1 个职责手册、23 个程序文件和 269 个须知文件。2.0 版本较 1.0 版本修改文件 52 项,新增 52 项,废止 16 项,整体围绕党的建设、海事履职、服务大局、行政管理的“四位一体”架构将 2.0 版本体系文件分为三级,一级文件包括管理手册和职责手册,二级文件包括核心保障、现代监管、精准服务、行政管理四大模块与体系运行模块的程序文件,三级文件包括须知文件、支持性文件及记录清单等,与一二级体系文件一一对应。

第二节 目标管理

目标管理是指根据宁波海事局发展规划、年度工作报告和上级部署,下达局属各单位、部门的年度工作目标,通过明确任务、责任、考核标准,对工作目标进行控制和考核的制度。

目标管理考核于每年年初由目标管理考核领导小组及考核办公室(简称“考核办”)牵头启动指标编制工作,各职能部门制定职责范围内的工作目标和考核标准,充分结合上级考核要求,征求全局意见建议进行完善优化并经局长办公会审议通过后发布实施。目标管理考核分为日常检查、半年检查和年终考核,考核结果分优秀、达标、不达标三个等次,与先进评比挂钩。

一、宁波海事局目标管理考核

1999 年 3 月 30 日,宁波海监局印发《宁波海监局目标管理暨文明单位考核实施办法》,对局目标管理暨文明单位考核的主管部门及职责、目标考核任务的制定、考核的原则和基本要求、考核标准、目标管理考核要求等事项做了明确。

2002 年 3 月 8 日,宁波海事局印发《宁波海事局 2002 年工作目标管理图和各单位(部门)目标管理个性考核表》,对各单位(部门)拟定的个性目标管理考核表进行综合平衡,以督促各单位(部门)按照考核标准和要求,切实履行好各自的职责。

2004 年 5 月 11 日,宁波海事局印发《宁波海事局目标管理暨文明达标考核实施办法》,对目标管理暨文明达标考核做了调整,包括共性目标考核、个性目标考核、专项目标考核和测评考核 4 个部分。目标管理暨文明达标考核的对象调整为局直属单位和局机关处室。

2012 年 2 月 15 日,宁波海事局印发《宁波海事局目标管理考核暂行办法》,成立考核办,以“实事求是、客观公正、公开透明、简便易行”为原则,建立科学的引导、规范、评价、激励机制,实施目标导向和结果导向,推进局各项工作任务的落实。办法明确了相应职责、目标任务和考核标准的制定、考核程序、考核结果的运用等事项。

2014 年 9 月 22 日,宁波海事局印发《宁波海事局目标管理考核办法》,目标管理考核包括个性目标考核、共性目标考核、专项工作和创新创优、测评考核 4 个部分,实行千分制量化考核。原《宁波海事局目标管理考核暂行办法》同时废止。

2018 年 4 月 18 日,《宁波海事局目标管理考核办法》正式纳入综合管理体系,将原须知文件中的“个性目标考核、共性目标考核、专项工作和创新创优、测评考核”修改为“结果类目标考核、过程类目标考核、综合测评”,将三类指标相关内容进行优化及明确,并于 10 月 22 日结合上级目标管理考核办法再次进行完善修订。年终目标管理考核与执法督察、体系审核统筹结合，通过自查、检查互评和评定三个阶段，考核结果经公示后报党政联席会审议通过。

2019 年，宁波海事局按照“规范、理顺、创新”工作思路，打破职能部门边界，优化精简指标分类，总结提炼执法规范、现场综合执法、违章查处、隐患治理、业务管理、应急管理六方面基层业务指标，增加并优化重点工作类指标设置，推行 5 项全局共性工作、4 项个性工作和 1 项兜底性工作的“5 +4 +1”重点工作新模式，推动全局各项工作任务落实落细。

2020 年，宁波海事局进一步强化目标管理考核和体系内审融合机制，有效区分结果类指标和过程类指标设置，编制形成过程类管理重点对照条目，引导各单位部门切实加强过程类管理的主动性和规范性。

2021 年，宁波海事局积极发挥“甬海 e 站”目标考核系统平台优势，实现线上自评和复评功能，做到考核全流程“晾晒”，督促各单位部门实时关注考核进度，加强薄弱环节工作推进力度，实现各项工作均衡发展。

二、浙江海事局目标管理考核

宁波海事局坚定“走在前列”战略目标，深化“四位一体”管理格局，对标“领跑者、样板区、示范窗口”目标定位，坚持“稳定、巩固、提升”的工作主线，对标对表浙江海事局年度目标任务安排，久久为功、持续发力，实现事业高质量发展。分别于 2011 年度、2012 年度、2014 年度、2015 年度、2016 年度、2019 年度、2020 年度、2021 年度荣获浙江海事局考核“优秀”等次。

三、宁波市目标管理考核

2012 年，宁波市组织开展目标管理考核评比，宁波海事局作为部省驻甬单位参与其中。

多年来，宁波海事局紧紧围绕宁波市委、市政府的各项决策部署，立足海事工作职能，努力发挥海事专业优势，有效保障水上交通安全，积极助推地方经济发展，高质量完成宁波市目标管理考核各项工作任务，分别于 2012 年、2013 年、2014 年连续三年获评宁波市目标管理考核优秀单位，2019 年度获评宁波市目标管理考核及“平安宁波”单项考核优秀单位，2021 年度获评宁波市绩效考评优秀单位。

第三节　规 划 编 制

宁波海事局坚持把加强顶层设计和坚持问计于民统一起来，在广泛发扬民主、最大程度凝聚共识的过程中，形成对未来五年海事事业发展内外环境的分析预判和对发展思路、主要目标、优先领域、重点任务的科学安排，持续引领宁波海事科学发展、走在前列。

一、发展规划

1995 年 8 月 25 日，宁波海监局印发《宁波海监局“九五”发展计划》。该计划依据宁波港及所辖海区 1996 年至 2000 年水上交通运输发展趋势和船舶交通安全监督管理的实际需求编制。“九五”发展计划的目标是：在与宁波口岸建设协调发展的基础上，逐步建立起宁波港及所辖海区较为完善的、先进的海上安全监督管理体系，全天候、全方位地发挥水上执法监督、航海保障服务和交通支持的综合功能，适应宁波市经济社会发展和水上交通运输发展的需要，从而有效地保障水运主通道的安全畅通，充分发挥宁波港作为沿海港口主枢纽的作用。“九五”发展计划着重解决安全监督设施特别是船舶交通管理系统的新建或改建，以及配套设施建设资金的解决方案，以形成高效率、高可靠性、监督服务手段完备的交通支持系统。

1999年，宁波海监局印发《宁波海监局“十五”发展计划(2001年至2004年)》。该计划指出，“九五”期间，随着港口的发展，宁波海监局搜救指挥系统建设、船舶安全及防污系统建设、VTS系统建设、通信和信息系统建设、后勤保障系统建设等也随之发展，取得了建成北仑港VTS分中心和甬江沿线三站一台、海岸电台GMDSS DSC系统进入试运行阶段、局域网建设和办公自动化软件推广应用、航标灯塔无人化改造和遥测遥控技术正式应用、新型高速巡逻艇投入使用、危管防污监督管理体系和溢油应急控制体系基本建立、档案管理工作达到国家二级标准，以及船员考试、评估和发证质量体系初步确立等发展成果。“十五”期间，宁波海监局面临的形势是：海事体制改革的进一步深化和安全监督管理工作任务的日益繁重。总体发展目标是：依靠科技进步，坚持可持续发展道路，通过“十五”发展计划的分阶段实施，逐步建成以信息技术为基础，安全监督、交通支持系统协调发展的全方位监控保障体系；实现装备现代化、管理科学化、法规系统化、执法规范化、应急快速化、与国际海事发展模式接轨的总体目标，以适应水运事业发展、海洋资源开发和维护国家海洋权益需要。

2005年7月，宁波海事局印发《宁波海事“一总三支持”规划》，共包含《宁波海事三年发展规划(2005年至2007年)》《宁波海事局三年人才发展规划(2005年至2007年)》《宁波海事局“十一五”基础设施发展规划(2006年至2010年)》《宁波海事局信息化发展规划(2005年至2010年)》。《宁波海事三年发展规划(2005年至2007年)》明确了建设交通海事、阳光海事、数字海事的“三个海事”，总体发展目标是：根据中国海事新的发展目标和争创“四个一流”的要求，加强交通海事建设，使宁波海事成为交通行业中纪律严明、执法规范、绩效最优的行政执法机构；开创阳光海事新路，使宁波海事成为口岸管理单位中政务公开力度最大和社会满意度最高的海事机构；加快数字海事发展，使宁波海事进入办公自动化、监控智能化和服务高效化的先进行列。主要任务是：构建完善的海事行政执法体系，提高有效监管和优质服务水平，坚持海事业务工作的协调发展，加快海事基础设施和信息化发展进程，深度开发利用海事人力资源，书写精神文明建设新篇章，保持党建工作的先进性等。

2011年6月，宁波海事局印发《宁波海事局“十二五”发展规划(2011年至2015年)》，总体思路是：实现一个目标(接轨国际、走在前列)、打造两块牌子(宁波海事监管和服务品牌、创建全国文明单位)、构建三大体系(安全监管体系、特色文化体系、党风廉政建设惩防体系)。“十二五”规划共有水上交通安全“四项指标”、海上人命救助成功率、运行船舶登记质量管理体系、打造安全检查品牌、一次溢油控制清除能力、海事执法严明规范等27项发展指标和“平安海区”“优质服务”“人才强局”“科技兴局”“规范提效”“政治保障”“典型培树”“廉政建设”八大工程，着力打造富有宁波海事特色的文化体系和监管品牌，加快建设全方位覆盖、全天候监控、快速反应的现代化水上交通安全监管系统。根据《宁波海事局“十二五”发展规划》，宁波海事局还印发了《宁波海事局“十二五”基建与信息化发展规划》《宁波海事局“十二五”精神文明建设工作规划》《宁波海事局“十二五”人力资源发展规划》等，更加有针对性地对基建与信息化、精神文明建设、人力资源发展等做了规划。

2016年5月4日，宁波海事局印发《宁波海事局“十三五”发展规划(2016年至2020年)》，并同步印发《宁波海事局“十三五”发展纲要》《宁波海事局“十三五”人力资源发展规划》《宁波海事局“十三五”党建和精神文明建设发展规划》《宁波海事局“十三五”基本建设发展规划》《宁波海事局“十三五”科技信息化发展规划》。宁波海事局"十三五"发展规划总体思路是：坚定一个目标（接轨国际、走在前列）、突出两大任务（保障水上交通安全、服务经济社会发展）、拓展三大体系（水上安全监管体系、政治保障体系、特色文化体系）、完善五项机制（更加安全便捷的交通保障机制、更加规范透明的行政执法机制、更加务实开放的公共服务机制、更加包容和谐的文化培育机制、更加科学系统的综合管理机制）。"十三五"发展规划共有水上交通安全"四项指标"、海上人命救助成功率、建立完善抵港船舶信息数据库和诚信数据库、队伍建设等16项发展指标和实现风险管控能力、海事服务成效、依法行政水平、人员队伍素质、综合管理效能、科技创新能力、思想政治素养、文化聚合效应显著提升八大任务。

2021年11月5日，宁波海事局印发《宁波海事局"十四五"发展规划（2021年至2025年）》。"十四五"发展的目标定位确定为"三个模范窗口"，即：交通强国一流海事的模范窗口，服务发展海事先行的模范窗口，基层海事治理现代化的模范窗口。"十四五"发展规划共有辖区沿海水域CCTV覆盖率、年均等级以上水上交通事故件数、违章智能查处率、应急力量到达现场时间、宁波港域溢油综合控制清除能力、培树全国劳动模范等24项主要发展指标，其中11项为顺承浙江海事局指标、13项为宁波海事局个性化、创新性指标。《宁波海事局"十四五"发展规划（2021年至2025年）》还提出了打造固本培元、全面从严的管党治党新气象，打造消违治本、多元共治的现场监管新局面，打造航路顺畅、源头夯实的人、船、环境、管理四要素新形态，打造严格规范、公信权威的法治海事新环境等10项主要任务。

二、走在前列

2016年11月，交通运输部党组书记杨传堂在宁波海事局调研时提出"力争使宁波海事各方面工作都走在全国海事系统的前列"的工作要求①。随后，宁波海事局将"走在前列"作为指导此后一段时期的发展纲领来谋划和推进。

2017年9月，宁波海事局印发《关于深入推进宁波海事局"走在前列"的实施意见（2017—2020）》，对"走在前列"工作做了系统部署和安排，推进11个"强优势"的引领型项目、8个"补短板"的突破型项目、8个"激活力"的保障型项目，设立23个基层项目示范点（试验田），督查督办和晾晒评比的工作保障机制基本成型。

2019年3月，宁波海事局发布调整优化"走在前列"项目实施意见，抓住制度、科技、能力三个"发力点"，评估优化升级"1188"工程，形成由11个制度创新型项目、8个科技支撑型项目、8个能力协同型项目组成的2019版"1188"工程。

2021年11月，宁波海事局印发《关于发布实施"走在前列""1188"工程项目（2021—2023）的通知》，延续"项目制"推进模式，提炼形成涵盖8个引领性、11个创新性和8个探索性项目共27个重点项目的新"1188"工程。

第四节　政 务 信 息

政务信息是经过收集、分析、加工和提炼，为各级领导掌握情况、科学决策、指导工作而提供服务的，

① 杨传堂在浙江调研时强调：抢抓机遇凝聚合力 服务海运强国建设，中华人民共和国中央人民政府网，https://www.gov.cn/xinwen/2016-11/21/content 5135589.htm.

反映政务工作及其相关事务的情报、情况、资料、数据、图表等的总称。宁波海事局政务信息工作以“降量提质，服务中心”为工作导向，实行目标管理责任制，对全局各单位部门分组分级开展考核，持续聚焦水上安全监管、服务保障地方经济发展，为各级领导全面掌握情况、科学民主决策、指导推动工作发挥重要作用。2011 年至 2021 年，共发布政务信息 4 万余篇、领导专报 300 余篇、海事快讯 2000 余条、一周情况参阅 400 余期。

1998 年 12 月 17 日，宁波海监局印发《宁波海监局政务信息工作实施办法（试行）》，对政务信息归口管理部门、各单位职责、信息报送等事项做了明确。

2000 年 7 月 20 日，宁波海监局印发《宁波海监局关于进一步加强和改进信息工作的通知》，对信息工作开展要求、办公自动化软件应用、信息质量提升等方面事项做了明确。

2006 年 8 月 21 日，宁波海事局印发《关于进一步加强政务信息工作的通知》，对 2006 年政务信息目标管理考核指标进行了调整。

2010 年 9 月 6 日，宁波海事局印发《宁波海事局政务信息工作管理办法》，对各部门工作职责、队伍建设等方面事项做了明确。

2012 年 3 月 1 日，宁波海事局印发《宁波海事局政务信息工作管理办法》，以进一步实现政务信息工作的规范化、制度化、科学化管理，政务信息工作实行目标管理责任制。该办法规定了局属各单位、部门各项工作职责、队伍建设、编报、考核和奖励等事项。原《宁波海事局政务信息工作管理办法》同时废止。

2015 年 12 月 15 日，宁波海事局印发《宁波海事局政务信息工作管理办法》，进一步完善考评制度、细化目标任务、拓展报送渠道、积极融入地方，逐步形成覆盖广、渠道畅、效率高、服务好，海事系统和地方党委、政府政务信息工作同步发展的工作格局。该办法于 2016 年 1 月 1 日生效，原《宁波海事局政务信息工作管理办法》（甬海办〔2012〕51 号）同时废止。

2017 年 3 月 1 日，宁波海事局印发《关于进一步做好政务信息工作的通知》，明确了“短实新”的政务信息写作文风，对政务信息工作机制、报送导向、主要任务等做了明确。

第五节　外事管理

1998 年 9 月 2 日，宁波海监局印发《宁波海监局外事工作管理规定》，对出国（境）人员管理、护照管理、对外交往等事项做了明确。

2003 年 5 月 9 日，宁波海事局印发《宁波海事局外事工作管理规定》，对出国（境）人员管理、证件管理、外事交往等事项做了明确。

2012 年 2 月 28 日，宁波海事局印发《宁波海事局外事工作管理规定》，并于 2013 年 7 月 30 日和 2015 年 1 月 8 日再次修订，目的是加强局外事工作管理，实现外事管理规范化、制度化、程序化。该规定适用于局工作人员因公出国（境）、对外交往及其他涉外公务活动，对出国（境）人员手续办理程序、证件管理、外事交往、外事保密、外事教育等事项的要求和归口管理部门等做出规定。

2017 年 8 月 1 日，《宁波海事局外事工作管理规定》作为须知文件纳入综合管理体系。2018 年 7 月 10 日，该规定删除了所有因私出国（境）相关内容，增加了外事保密要求，根据浙江海事局的规定，增加了涉及重大政治、敏感问题事项的报告要求。2019 年 5 月 13 日，增加外事交往中事前报备的内容，根据浙江海事局相关规定，调整了出国（境）人员回国（境）后提交报告期限和外事交往结束上报期限。

2001—2021 年，累计 140 余人次因公出国（境）开展涉外公务，涉及国家范围广泛，主要包括德国、荷兰、挪威、法国、英国、韩国、日本、美国、利比里亚等。

第六节　档 案 管 理

宁波海事（海监）局档案是指机关及所属基层，在从事海事管理、建设和科学研究等活动中直接形成的，对今后本局和社会有保存、查考、利用价值的各种文字、图表、声像等不同形式的历史记录。宁波海事（海监）局的文书、科技、财务、声像、磁盘、实物等档案实行集中统一管理。

一、档案业务建设

自 1987 年建局开始，设立了档案室和资料室，归属办公室管理，设专职档案员（兼资料员）1 名。1996 年因工作需要，调整为专职档案员、资料员共 3 名。

1997 年 5 月 27 日，宁波海监局印发《宁波海监局档案管理实施细则》。细则所称的档案是指宁波海监局在从事航政管理、航海保障党务行政管理以及其他各项活动中直接形成的对本局和社会有保存价值的各种文字、图表、声像及其他不同载体、不同形式的历史记录。局对党、政、工、团的文书档案、科技档案、专门档案（会计、干部、人事、保卫）、特殊文件档案，实行由局档案室集中统一管理，不得由各承办部门和个人分散保管，其中干部、人事等由专门部门使用的档案也集中存放于档案室，但在管理形式上可区别于其他档案，即：立卷、编号、钥匙保管由职能部门负责，利用档案时，通过档案室进行。文书档案坚持文书处理部门立卷制度，科技档案由工程、科研、设备项目的承办部门指派专人负责立卷，局属各单位负责本部门的文件处理和立卷工作。同时，细则也明确了文件材料的形成、归档、立卷宗的要求和归档时间、档案的保管及保管期限、档案的利用和借阅、档案的鉴定和销毁等事项。

1997 年 12 月 10 日，宁波海监局印发《关于印发〈宁波海监局档案管理办法〉等档案工作规定的通知》，对档案管理体制机构任务、档案干部的条件和职责、档案的接收、管理、利用等事项做了规定，明确了文件材料立卷归档工作的要求。

1997 年 12 月 11 日，宁波海监局印发《宁波海监局会计档案管理标准》，对会计档案的收集、整理、立卷等做了明确规定。

1997 年，宁波海监局着手开展档案达标活动，成立局档案工作达标升级领导小组和工作小组，制定出分“两步走”的办法，第一步是 1997 年提升硬件建设，第二步是 1998 年提升软件建设。1998 年底，宁波海事局档案工作目标管理达到国家二级标准。

1998 年 4 月 2 日，宁波海监局印发《宁波海监局关于下发〈档案人员岗位职责〉等制度的通知》，对档案人员岗位职责、档案借阅、档案保密、档案保管、库房管理、文件材料预立卷、档案鉴定和销毁、档案室“三参加、四同步”制度等事项做了进一步明确。

1998 年 4 月 2 日，宁波海监局印发《宁波海监局档案管理考核办法》，办法明确档案管理工作应列入领导议事日程和目标责任制、局发展规划和年度计划、局有关管理制度。文件材料的形成、积累、归档工作应列入有关人员岗位责任制，纳入有关工作程序和目标责任制，作为考核干部工作实绩的内容之一，并实行“三参加、四同步”管理。

2001 年 1 月,档案行业标准《归档文件整理规则》(DA/T 22—2000)实施,以“简化整理、深化检索”为宗旨,推行档案整理工作的改革,将过去以“卷”为单位改为以“件”为单位归档。此后,宁波海事局文书档案“卷”改“件”整理归档。

2012 年 8 月 1 日,宁波海事局印发《宁波海事局档案管理办法》。该办法规定,机关和基层单位所形成的档案由局档案室集中统一管理,不得由承办部门或个人分散保存。局档案室负责对各单位档案工作进行监督、检查和指导。办法对档案人员任职条件及相关职责,档案的接收程序、管理、保管期限、利用、督查检查等事项做了明确规定。该办法附加了《宁波海事局归档文件整理实施细则》《宁波海事局文件材料立卷归档实施细则》《宁波海事局科技档案分类编号实施细则》《宁波海事局文件材料归档范围和保管期限表》《宁波海事局不归档文件材料的范围》等 5 个文件,对纸质文件材料的整理、除文书文件材料之外需立卷归档的文件材料、科技档案分类编号、文件材料归档范围和保管期限、不归档文件材料的范围等事项做了规定。

2015 年 4 月 15 日,宁波海事局印发《宁波海事局档案管理办法(试行)》,明确宁波海事局档案分为五大门类,即文书档案类、海事科技档案类、专业档案类、特种载体档案类和干部人事档案类,对档案管理机构和任务、档案人员任职条件及相关职责、档案的收档和归档等事项做了明确。

二、档案硬件建设

宁波海事局持续加强档案管理软硬件建设,不断夯实档案管理基础,正式进驻新综合业务用房前,机关共设有 1 个档案库房,库房面积约 40 平方米。2019 年 9 月 13 日,宁波海事局进驻新综合业务用房,加大了对档案工作设施设备的投入,机关共设有 5 个档案库房,面积约 380 平方米,配置档案密集架 500.73 立方米、会计凭证柜 69.19 立方米,配备监控系统、火灾自动报警系统、除湿机等硬件设施,增大了档案库房归档容量,提升了库房安全防范能力。

三、档案信息化建设

宁波海事局按照统筹规划、分步实施、安全保密的原则,稳步推进档案信息化建设,如档案数字化管理系统,可快捷实现档案检索、利用、统计等。

2018 年 2 月 8 日,宁波市档案局印发《宁波市档案局关于公布 2017 年全市“规范化数字档案室”和市直单位“数字档案室”名单的通知》,宁波海事局获评“规范化数字档案室”。

2018 年 5 月 8 日,浙江省档案局发布《浙江省档案局关于公布 2015—2017 年通过档案工作目标管理省级认定单位的通报》,宁波海事局获评档案工作目标管理省一级单位。

2020 年 12 月 25 日,浙江省档案局印发《浙江省档案局关于公布 2020 年全省“示范数字档案室”名单的通知》,宁波海事局获评浙江省“示范数字档案室”单位。

四、档案开发利用

档案作为原始的基础性记录,具有巨大的开发利用价值,宁波海事局通过对档案信息、数据的深入挖掘和开发利用,不断发挥档案服务功能。为了便于查询利用,编制了多种实用有效的档案检索工具,充分利用档案信息化建设成果,做好档案借阅服务。近年来,宁波海事局档案室平均每年接待查档 150 人次,调阅档案400余卷(件)。

第七节 建议提案

2012年1月10日，浙江海事局发布实施《浙江海事局办理人大代表建议和政协提案规定》，对建议、提案的办理工作程序(包括主办件办理工作程序和协办件办理工作程序)、办理时限、办理答复件行文要求等事项做了明确。并于2017年7月1日修订实施新版《浙江海事局办理人大代表建议和政协提案规定》。

为保证人大代表和政协委员依法行使职权、履行职能，根据地方政府及《浙江海事局办理人大代表建议和政协提案规定》有关规定，宁波海事局本着积极主动、认真负责、高效务实的原则，规范及时做好意见建议反馈工作，积极主动与代表、市主办单位等沟通对接，高质量办理人大建议和政协提案，确保办理成效，提高代表满意度。

近10年，宁波海事局2位干部当选市人大代表、1位干部当选区政协委员，均认真行使了法定职权，提出的“推动我市水上休闲产业安全健康发展”等建议提案均取得良好成效。各海事处主要负责人通常作为各区县两会列席代表参会(表3-5-1)。

2010—2021年宁波海事局人大建议、政协提案统计表

表3-5-1

年份(年)	人大建议议案		政协提案		总计
	主办件	会办件	主办件	会办件	
2010	1	1	0	1	3
2011	1	3	0	2	6
2012	2	1	1	1	5
2013	0	1	0	2	3
2014	3	2	0	1	6
2015	0	1	0	3	4
2016	0	1	0	1	2
2017	0	1	0	1	2
2018	0	4	1	6	11
2019	1	7	0	3	11
2020	0	3	0	0	3
2021	2	2	0	3	7

第四篇　对外交流与合作

第一章　国际交流合作

为履行国际海事公约,提升海事机构监管水平,宁波海事局不断加强与国际性、地区性海事组织的联系与合作。主要参与 IMO、东京备忘录组织等国际组织的有关会议和活动,参与有关国际海事事务的讨论、研究、起草、跟踪工作,提交符合中国和国际海事管理实际的提案和建议,承办有关海事方面的国际性、地区性会议及培训班等。

第一节　海事国际履约

一、国际海事组织(IMO)

IMO 是负责海上航行安全和防止船舶造成海洋污染的政府间国际组织,是联合国的一个专门机构,其指定和通过的条约对缔约国具有强制性约束力。1989 年,中国在 IMO 第 16 届大会上首次当选为 A 类理事国。交通部代表中国政府参加 IMO 的会议和活动,中国海事局作为履行 IMO 公约的主要执行机构参与其中的有关会议和活动。宁波海事局从 2012 年起,重点参与了 IMO 下属的海上安全委员会、海洋环境保护委员会、便利运输委员会和综合履约分委会等有关会议和活动。

2012 年 1 月 9—13 日,IMO 船舶能效措施工作组第二次会间会在英国伦敦召开,40 余个 IMO 成员、14 个观察员组织的代表参会。宁波海事局周驰作为中国代表团成员参加会议并发言。

2016 年 7 月,宁波海事局起草的《关于在全球范围内实施船舶能效 PSC 检查导则的建议》提案在 IMO 履约分委会第 3 次会议上予以讨论。会议请示 IMO 海洋环境保护委员会(MEPC)指导应急响应分委会(PPR)和履约分委会两个分委会进一步审议。交通运输部海事局向东京备忘录申请由中国主导《MARPOL 73/78 附则Ⅵ PSC 检查导则》的全面修订工作,由宁波海事局为核心成员的浙江海事局 MARPOL/CIC 履约立约团队具体负责。2018 年 9 月 28 日,《MARPOL 73/78 Ⅵ港口国监督指南》修订提案在 IMO 履约分委会第 5 次会议上讨论通过。这是宁波海事局起草修订并在 IMO 正式讨论通过的首个提案。

2018 年 4 月 23—25 日,IMO 全球海运能效伙伴项目(GloMEEP)预防和控制航运和港口大气排放集中研讨在宁波召开。研讨前,宁波海事局承担与 IMO 就研讨材料收集、研讨日程制定、参会人员确定等方面具体协调工作。来自 IMO、国际港口联盟(IAPH)的 3 名国际讲师和来自全国港口的 30 余名代表就港口排放清单、减排策略等事项开展研讨。其间,宁波海事局选派师资围绕研讨主题,从“海事—人—船—港”、防止海运空气污染、排放控制区、实施港口国监督等角度详细介绍船舶能效领域履约立约工作。

2018 年 7 月 23—27 日,IMO 海上保安区域研讨会在宁波召开。交通运输部海事局代表、IMO 代表及来自亚太、印度洋、中东等区域的国家和地区代表和直属海事系统代表等近50人参会。IMO官员分享了综合技术合作方案的基本情况、SOLAS公约和《国际船舶和港口设施保安规则》(ISPS Code)的最新发展等信息，与会代表分享各自加强海上保安方面的实践和经验。宁波海事局就港口保安员培训发证、促进航运业网络安全、做好保安相关港口国监督检查等方面发表主旨演讲，分享中国在海上保安方面的技术和经验(图4-1-1)。

图4-1-1　2018年，IMO海上保安区域研讨会在宁波召开

2018年12月7日，宁波海事局《修订MSC.1/Circ.1331[①]以确保船舶登离船设施结构及其配件和附件在使用过程中的可靠性的建议》提案通过交通运输部海事局评审，向IMO设备安全分委会(SSE)提交。2019年1月，该提案正式列入IMO会议议题。

2019年4月8—12日，IMO便利运输委员会第43届会议在英国伦敦召开，宁波海事局赵烁作为中国代表团成员参加。

2019年10月17—18日，IMO 2020暨替代燃料专题研讨会在英国伦敦召开，宁波海事局尤亮作为中方参会代表团成员参会。

2021年4月26—29日，国际海事组织-挪威2050绿色航行替代燃料研讨会以网络视频形式召开。此次研讨会专门面向中国，交通运输部国际合作司、交通运输部海事局、各直属海事局、大连海事大学以及航运企业和航运组织近50名代表参会。研讨会介绍了船舶温室气体的种类和排放现状，回顾了IMO于2018年4月13日通过的MEPC.304(72)决议[②]确定的船舶温室气体减排初步战略的主要内容和减排目标。宁波海事局彭旭、尤亮参会。

二、东京备忘录

为改善和协调亚太地区港口国监督体系，加强亚太地区港口国监督的合作与信息交流，1993年12月1日，包括中国和中国香港在内的18个国家和地区的海事机构在日本东京签署《亚太地区港口国监督谅解备忘录》，成立了亚太地区区域性港口国监督组织，其秘书处设在东京，又称"东京备忘录"。从2011年起，宁波海事局，常态化参与该组织的港口国监督委员会、技术工作组、研讨会、CIC会间工作组、新冠

① 《登离船设施的构造、安装、维护和检查/检验指南》。

② 指IMO的第72届海洋环境保护委员会上通过《IMO船舶温室气体减排初步战略》的决议。

肺炎疫情特别工作组等有关会议和专家授课活动。

2011 年 7 月 25—28 日，东京备忘录港口国监督第 19 次研讨在新加坡召开，来自亚太地区 18 个国家和地区的专家代表参会。宁波海事局丁敏强作为中国代表团成员参会，并在案例讨论会上做交流发言。

2012 年 6 月 25—29 日，东京备忘录第 3 期港口国监督检查官专业培训班（STC3）在马来西亚吉隆坡举行，来自东京备忘录 18 个成员方和观察员当局的 19 名港口国监督检查官代表参训。宁波海事局徐红儿参加培训交流。

2012 年 12 月 28 日，宁波海事局正式向上级海事部门提交东京备忘录第 23 次会议提案草案。该提案主要针对船旗国与认可组织对船舶法定证书未实施有效控制的问题提出相关工作建议。该提案从检查现场取证、相关方互相尊重、申诉窗口期规定、相关证据提交、信息通报等方面明确了相关工作流程，并要求船旗国及认可组织对已失效船舶法定证书实施更为有效的控制。2013 年 1 月，《关于促进船旗国及认可组织对已失效船舶法定证书实施有效控制的提案》正式提交东京备忘录的港口国监督委员会第 23 次会议。

2013 年 1 月，宁波海事局组建《船舶能效规则港口国监督检查导则》研究团队，邀请中远、中海等大型航运企业，以及宁波远洋、宁波海运等浙江地区航运公司召开研讨会，以全面掌握我国船队的实际履约情况，为后续制定导则采集基础数据。2013 年 12 月，《船舶能效规则港口国监督检查导则》初稿基本完成，宁波海事局随即向海事系统、航运公司及船级社等业界各方广泛征求意见。2014 年 3 月，宁波海事局在修改完善后，将导则提交中华人民共和国海事局。2014 年 6 月，经过中华人民共和国海事局审定，《船舶能效规则港口国监督检查导则》正式提交东京备忘录。

2014 年 6 月 18 日，东京备忘录的第 5 期港口国监督检查官专业培训班（STC5）在宁波开办，东京备忘录成员代表、直属海事局代表和授课人员近 50 人参加了此次培训。本次培训课程主要包括消防安全规则、火灾探测和报警系统、固定二氧化碳系统及船员实操检查、惰性气体灭火系统、消防产品检验等内容（图 4-1-2）。

图 4-1-2　2014 年，东京备忘录的第 5 期港口国监督检查官专业培训班（STC5）在宁波举办

2014 年 6 月 17—19 日，巴黎备忘录第 57 次研讨会在希腊雅典召开，来自该组织秘书处、成员及其他备忘录的港口国监督检查官代表 50 余人参加会议。宁波海事局周驰受中国海事局委派，作为东京备忘

录选派的两名代表之一参加并做交流发言。

2014 年 7 月 21—25 日，东京备忘录第 22 次港口国监督检查官研讨会在菲律宾马尼拉召开，来自东京备忘录秘书处、成员方代表和观察员的代表共 50 余人参加会议。宁波海事局傅俊杰以中国海事局代表身份参加会议并做主旨发言。

2014 年 11 月，东京备忘录第 25 次大会在新西兰召开，《船舶能效规则港口国监督检查导则》作为中国的动议性提案向大会提交，并获得了原则性通过。东京备忘录还特意致信中国海事局，高度肯定该导则，并表示将大力支持后续工作。随后，东京备忘录同意由中国牵头成立专题工作组，推动该导则尽快在亚太地区实施。受上级委托，宁波海事局承担了专题通信工作组的具体任务，并在充分征集各成员意见的基础上对导则进行了修改完善。

2015 年 3 月 15 日，东京备忘录组织秘书处以《Note of Attention for PSC Officers》（港口国检查官通告）的形式向各成员国发布《船舶能效规则港口国监督检查导则》，在亚太地区开始试运行。至此，该导则作为首个由我国主导制定的 PSC 检查国际技术标准得以全面实施。4 月 2 日，浙江省主要领导对宁波海事局的专报信息《宁波海事局制定的〈船舶能效规则港口国监督检查导则〉成为 PSC 检查国际技术标准》作出批示，高度评价宁波海事局参与制定国际技术标准。

2015 年 7 月 13 日，东京备忘录第 23 次港口国监督研讨会在斐济召开，宁波海事局徐红儿出席，并以宁波海事局为主导制定的、东京备忘录已经试运行的《船舶能效规则港口国监督导则》为题作主旨发言。

2015 年 9 月，宁波海事局完成《2017 年亚太地区 PSC 集中大检查（CIC）标准》的制定，并通过交通运输部海事局正式提交至东京备忘录组织秘书处。该标准是首个由中国主导制定的区域性 PSC 集中大检查标准，用于亚太地区 19 个成员 2017 年的 CIC 大检查。

2015 年 10 月 2—8 日，东京备忘录第 26 次委员会会议和第 9 次技术工作组会议在马来西亚召开，来自 19 个成员的共 50 余名代表参加。宁波海事局张军伯参会。会上，由宁波海事局起草并向东京备忘录提交的《中国联合东京备忘录成员向 IMO 提交船舶能效规则 PSC 检查导则》及《关于 2017 年船舶航行安全集中大检查（CIC）活动检查问卷》提案，获得与会成员的一致支持，并正式审议通过。

2016 年 1 月，宁波海事局完成《2017 年集中大检查（CIC）导则》的修订工作，并由东京备忘录递交巴黎备忘录审议。

2017 年 3 月 2 日，东京备忘录组织秘书处与利雅得备忘录组织秘书处共同组织开展的港口国监督专家培训活动在阿曼举行，宁波海事局周驰受中国海事局指派完成授课任务。

2017 年 7 月 10 日，东京备忘录第 25 次港口国监督研讨会在上海举办，宁波海事局赵烁受邀参加并就 2017 年集中检查大会战做主旨发言。

2017 年 7 月 24—28 日，东京备忘录组织秘书处组织开展的港口国监督专家培训活动在泰国举行，宁波海事局赵烁受中国海事局指派完成授课任务。

2017 年 9 月 1 日—11 月 30 日，东京备忘录联合巴黎备忘录各成员开展航行安全集中大检查，由宁波海事局参与编写起草的问卷和导则成为本次集中大检查的技术标准。

2017 年 9 月 18—21 日，东京备忘录第 28 次委员会会议和第 11 次技术工作组会议（TWG）审议通过宁波海事局起草的《MARPOL 73/78 附则Ⅵ港口国监督指南》提案。

2018 年 7 月 9—13 日，东京备忘录第 26 次港口国监督研讨会在马来西亚兰卡威召开，来自东京备忘录组织秘书处、成员和观察员代表共 50 余人参加会议。宁波海事局王焱代表中国做《2017 年航行安全集中检查大会战(CIC)总结》主旨发言。

2018 年 11 月 8 日,东京备忘录第 29 次委员会在杭州举办,宁波海事局提交的《关于实施远程复查机制的建议》推动将港口国监督复查机制修订纳入东京备忘录常设工作组工作。同时,宁波海事局受交通运输部海事局委托起草的《亚太地区港口国监督备忘录 2017 年集中检查大会战(CIC)报告》在会上顺利通过。

2019 年 6 月 18—20 日,巴黎备忘录第 67 次研讨会在德国汉堡召开,宁波海事局金天骐作为东京备忘录唯一代表参加会议并做交流发言,详细介绍了由中国主导制定的 2021 年 STCW 集中检查会战问卷和导则进展及主要内容,就港口国监督远程复查的创新实践、港口国监督检查、人员培训等内容进行交流发言。

2019 年 10 月 17 日,宁波海事局制定的《港口国监督远程复查导则》在东京备忘录第 30 次委员会会议上通过并在亚太地区试运行(图 4-1-3)。11 月 8 日,宁波市委主要领导对宁波海事局报送的要情信息《外轮检查"宁波方案"将在亚太地区推广实施》作出"宁波海事局有担当,有作为"的批示。

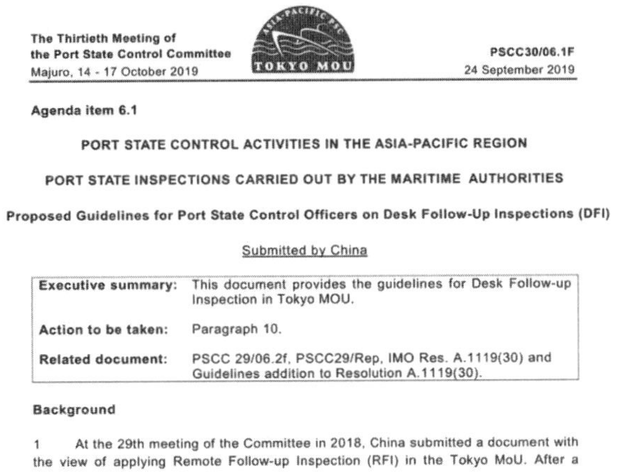
The Thirtieth Meeting of
the Port State Control Committee
Majuro, 14 - 17 October 2019

TOKYO MOU

PSCC30/06.1F
24 September 2019

Agenda item 6.1

PORT STATE CONTROL ACTIVITIES IN THE ASIA-PACIFIC REGION

PORT STATE INSPECTIONS CARRIED OUT BY THE MARITIME AUTHORITIES

Proposed Guidelines for Port State Control Officers on Desk Follow-Up Inspections (DFI)

Submitted by China

Executive summary:	This document provides the guidelines for Desk Follow-up Inspection in Tokyo MOU.
Action to be taken:	Paragraph 10.
Related document:	PSCC 29/06.2f, PSCC29/Rep, IMO Res. A.1119(30) and Guidelines addition to Resolution A.1119(30).

Background

1 At the 29th meeting of the Committee in 2018, China submitted a document with the view of applying Remote Follow-up Inspection (RFI) in the Tokyo MoU. After a

图 4-1-3 《港口国监督远程复查导则》

2020 年 10 月 18 日,宁波海事局主导及联合编写的《远程跟踪检查程序试运行结果报告》《2022 年 STCW 集中检查会战进展》《关于制定 COVID－19 或类似情况下港口国监督检查临时导则的提案》和《远程非接触式港口国监督检查情况介绍》等 4 份提案正式列入东京备忘录第 31 次委员会会议和第 14 次技术工作组会议议题。

2021 年 3 月 8—9 日,东京备忘录以内部通函和新闻发布形式宣告,由中国牵头制定、宁波海事局具体承担的《远程港口国监督检查指南》获得通过,并于 4 月 1 日起正式在亚太地区 21 个成员国和地区实施。

2021 年 10 月 18—22 日,东京备忘录以视频方式召开第 32 次委员会会议和第 15 次技术工作组会议,宁波海事局派员参会。宁波海事局主导撰写的《港口国监督远程复查试运行评估报告》和《2022 年 STCW 集中检查会战》2 份提案获得会议讨论通过,并将《远程复查导则》作为单独指南文件列入东京备忘录港口国监督手册。

三、国际航标协会

国际航标协会(IALA),是由从事航标服务的各国航标管理机构、航标生产厂商和咨询机构组成的一个非盈利性的、非政府间的国际性技术组织,致力于海上航标的协调一致,总部设在法国巴黎。其主要目标是通过相应的技术措施，促进助航设施的不断改进，保证船舶航行安全。宁波海事局从2000年起重点参与其下属VTS委员会有关会议和活动。

2016年8月8—12日，第13届IALA VTS大会在马来西亚吉隆坡召开，宁波海事局范志蔚参加会议，选送的论文《基于E航海理念的船舶动态监控系统》被大会录取。范志蔚就论文内容展开阐述，引发了与会代表的积极思考和讨论。

2019年12月20日，宁波海事局《VTS应对海上自主航行船舶的责任研究》入选IALA第十四届专题研讨会议论文集，并受邀代表交通运输部海事局参加研讨会海报展示环节。

2020年9月21日—10月15日，IALA VTS委员会第49次会议以网络会议的形式在全球同步召开，主会场设在法国巴黎，中国代表团参会主会场设在连云港，宁波海事局石世云受邀参加。这是宁波海事局首次受官方邀请参加国际性VTS大会，并参与提案修改，主要负责V-103《VTS人员培训和认证标准》相关建议案和指南的修订。

2021年3月10—31日，IALA VTS委员会第50次会议以网络视频形式召开，宁波海事局受邀参加。宁波海事局马春华参与运行组和培训组工作，主要负责“回顾和更新V-127（船舶交通服务运作程序）”“制定VTS话音通信短语/用语的指南”“制定VTS管理指南”3项任务。3月31日，交通运输部海事局在宁波召开IALA VTS委员会第50次会议总结研讨会。

2021年9月23日，IALA VTS委员会51次大会以网络视频形式召开，宁波海事局周驰发表《宁波舟山VTS——致力于实现更互联更综合的智能化应用》主题演讲。演讲主要以宁波舟山VTS为例，介绍中国VTS现代化建设成效，介绍宁波海事局“深蓝智享”平台、一体化交通组织平台在智能化与行业协同等方面的实践做法与成效，并针对后续VTS整合优化平台、强化感知、促进区域一体化等方面做了展望。

第二节 国际交流

一、大型会议

2011年4月1—8日，联合国气候变化大会在泰国曼谷召开，宁波海事局周驰以中国谈判代表团成员身份对涉及国际海运温室气体减排及其相关议题进行跟踪与讨论。

2012年10月30—31日，中国-东盟海事磋商机制第八次会议在广东珠海召开，来自中国海事局和东盟各国海事主管部门的60多位代表参加会议。宁波海事局周驰受交通运输部海事局委派参会，就MARPOL 73/78附则Ⅵ船舶能效措施相关履约情况作主旨发言。

2016年3月29日，东盟地区论坛绿色航运研讨会在浙江杭州召开，宁波海事局赵烁以MARPOL 73/78附则Ⅵ船舶能效规则PSC检查导则的有效履行为主题作主旨发言。

2017年7月10日，第三届国际港口管理机构圆桌会议在浙江宁波举行。国际港口管理机构圆桌会议是由MPA于2015年倡议发起的。该论坛旨在围绕全球领先港口的共同利益和普遍难题，讨论解决方案，分享先进实践，寻觅合作契机。宁波海事局局长李表康围绕“大力推进港口防污染应急能力建设”发表主题演讲，从宁波港口发展和危险品运输现状出发，介绍宁波港水域防污染应急能力建设经验，提出未来发展和国际合作建议。

2018 年 7 月 26 日，东亚峰会（EAS）促进人船港互联互通研讨会在浙江宁波举行，来自东亚、东南亚、南亚和中东地区的港口和海事主管机关高级代表及中外港航企业代表等共 50 余人参会。会议分享了航运和港口领域互联互通的最新政策和技术，意在通过“互联网 +”、大数据等新技术，促进区域航运的港口和船舶服务、主管机关监管等方面进一步加快融合联通，更好便利区域经贸发展（图 4-1-4）。

图 4-1-4 2018 年，EAS 促进人船港互联互通研讨会在浙江宁波举行

2019 年 9 月 17—20 日，2019 年国际溢油应急研讨会在浙江宁波举行。会议由交通运输部海事局、IMO 和国际石油工业环境保护协会（IPIECA）三方共同主办，中海油能源发展股份有限公司安全环保分公司、烟台海事局、浙江海事局、宁波海事局共同承办。会议的主题是“加强国际协同合作，提升溢油应急能力”，议题涵盖溢油风险评估与应急管理、溢油应急响应、“桑吉”轮事故应急处置和溢油污染损害赔偿等领域的研究和新产品技术的应用，开设专题报告会 48 场，并新增“海上溢油环境损害司法鉴定技术规范”开放式讨论。国内 11 家溢油应急相关单位进行技术展览和科普展览，面向公众进行溢油应急基础知识科普宣传。与会代表参观考察了宁波海上溢油应急设备库（图 4-1-5）。

图 4-1-5 2019 年，国际溢油应急研讨会在浙江宁波举行

2019 年 11 月 5—6 日，首届中国港口国监督国际研讨会在浙江宁波举行，来自巴拿马、新加坡船旗国海事管理机构、挪威船级社、中国船级社、石油公司国际海事论坛、马士基、达飞等 40 余名代表和直属海事系统 60 余名代表参加本次研讨会。聚焦港口国监督业务，中外海事主管机关、国际船级社、航运公司、行业组织等各方在会上围绕港口国监督和船旗国监督、港口国监督及船舶检验科技创新、面向未来的船

舶工业发展、主管机关实施2020限硫令及航运界应对思路和举措等主题开展讨论。交通运输部海事局分享中国港口国监督和船旗国管理情况、港口国监督典型案例，并就中国实施限硫令相关政策向业界做了宣贯。宁波海事局徐红儿等代表介绍港口国监督远程复查新机制运行和IMO海上自主船舶立法等政策热点。

二、交流活动

1996年5月22日，印度驻沪总领事苏泊拉·马尼及其夫人参观宁波海监局大榭雷达站，并了解水域情况。

2005年12月6—8日，美国海岸警卫队海上保安巡访团一行7人在海军少将克雷格·博恩的率领下来宁波进行海上保安交流活动，宁波海事局派员参加。

2006年6月6日，东帝汶海事边防警官尼尔森一行7人，在公安海警高等专科学校有关人员的陪同下，到宁波海事局参观学习，就船舶进出口岸监督管理等相关问题进行探讨。

2008年11月9—20日，根据中国海事局与韩国中央海洋安全审判院于2008年5月签订的合作会议纪要的精神，韩方派遣海事调查官到宁波海事局进行交流访问。双方就海事调查制度、技术、方法、海事调查官的管理制度，以及国际有关海事调查规定的理解及履行规定中遇到的问题等进行探讨。

2009年3月26日，西班牙驻上海总领事馆经济商务官员和TRADEBE公司驻华代表就宁波港船舶污染物接收处置事宜到宁波海事局进行调研，并就MARPOL 73/78相关要求、履约情况以及船舶污染物岸上处置等内容交换意见。

2011年7月6日，马来西亚海事局首席局长助理阿卜杜尔·萨马德·萨伊克·奥斯曼一行对宁波海事局进行友好访问，就船旗国管理与港口国监督等议题进行交流。

2011年9月，宁波海事局徐红儿作为中国海事局的5名代表之一赴澳大利亚开展为期5个月的交流活动。此次国际交流涉及港口国监督、海上搜救、船舶交通管理、船舶防污染、港口防污染、事故调查、危险货物管理、审核管理等多个方面。

2012年2月21日，ITOPF高级技术官亚历克斯·亨特就宁波辖区船舶污染应急处置等相关情况到宁波海事局交流访问。

2012年6月，波兰什切青海事大学教授卢西安·古奇马一行访问宁波海事局VTS，就水上交通安全开展学习交流。

2012年9月17日，宁波海事局石世云作为中国海事局的6名代表之一赴澳大利亚堪培拉开展为期3个月的交流学习。

2014年12月，宁波海事局石世云受邀参加印度尼西亚龙目海峡与巽他海峡VTS操作员能力建设培训交流。

2015年2月3日，ITOPF中国区联络官应晓旻一行就船舶海洋污染应急合作事宜到访宁波海事局。

2015年5月19日，韩国海洋警备安全教育院训练舰“巴达罗”（BADARO）号到访宁波，在宁波开展为期3天的访问活动。

2015年11月18日，丹麦海事局首席船舶检查官克纳高女士及丹麦大使馆海事参赞布歇先生一行到访宁波海事局，就港口国监督检查相关工作开展交流研讨。

2015 年 11 月 25 日,古巴港口发展及物流服务专题研修班考察团一行到宁波国际航运服务中心学习交流。

2016 年 3 月 23 日,利比里亚共和国海事局驻华首席代表叶波、亚太区技术经理洪以恒一行 4 人到访宁波海事局,就事故调查、港口国监督等开展业务交流。

2016 年 7 月 12 日,IMO 海上安全委员会主席、澳大利亚海事安全局航行安全及国际关系处处长布拉德・格罗夫斯先生到访宁波海事局,双方就海事监管工作开展交流研讨。

2017 年 6 月 22 日,MPA 航运处负责人加纳森一行 3 人专程到访宁波海事局。

2017 年 10 月 18 日,马绍尔群岛共和国海事处中国地区首席执行官陈明一行 2 人到访宁波海事局开展港口国监督业务交流。

2018 年 8 月 7 日,全球最大的化学品运输船运营商思多而特(STOLT TANKERS)亚洲船队总经理瓦伦丁斯・巴布格斯一行 4 人拜访宁波海事局,就危险化学品船舶安全监管开展研讨。

2019 年 7 月 10 日,MPA 局长柯丽芬女士到访宁波海事局,就 LNG 运输、限硫政策的实施、智能航运的发展等热点问题进行交流。

第二章　地方服务保障与合作

宁波海事（海监）局不断加强与地方政府及相关部门的工作联系、沟通，建立起广泛的区域协作、联动机制，实行重大水上安全工作与市委、市政府的联系报告制，赢得地方政府的支持，实现共同维护水上安全的目标，不断提升海事的关注度和影响力。

第一节　服务地方发展

一、服务重大水工项目

1996—2021 年，宁波海事（海监）局保障多个国家（地区）、省（自治区、直辖市）、市重点项目顺利开展，为社会经济发展作出了贡献（表 4-2-1）。

1996—2021 年宁波海事（海监）局保障的主要水工项目一览表　　表 4-2-1

序号	项目类型	主要项目	吨级（万吨）	开完工时间（年）
1	重大港口工程（36 个 10 万吨级及以上泊位，基本为 1996—2021 年建成）	北仑港区北仑国际集装箱码头 3 ~ 6 号泊位改建	10	2013—2014
2		北仑港区北仑山多用途码头	5	2007—2009
3		北仑港区中石化镇海炼化算山码头 1 ~ 2 号泊位	30	2012—2013
4		北仑港区北仑第二集装箱码头	10	2002—2003
5		大榭港区中油燃料油码头	30	2008—2009
6		大榭港区实华二期原油码头	45	2009—2010
7		大榭港区宁波大榭招商集装箱码头	15	2003—2010
8		穿山港区北仑四期集装箱码头 3 ~ 4 号泊位	15	2002—2004
9		穿山港区北仑五期集装箱码头	15	2004—2006
10		穿山港区浙江 LNG 码头泊位	15	2009—2012
11		穿山港区中宅矿石码头二期	30	2018—2020
12		梅山港区 6 ~ 10 号集装箱码头	20	2015—2019
13	重大交通工程（1996—2021 年完成建设近 60 座）	金塘大桥		2005—2009
14		象山港大桥		2008—2012
15		杭甬高速公路复线		建设中（2019 年开工）
16		三门湾跨海大桥		2014—2019
17		大榭公铁两用跨海大桥		1997—2001
18		大榭二桥		2009—2013
19		灵桥大修工程		2013—2016
20		招宝山大桥		1995—2001
21		明州大桥		2008—2011
22		通苏嘉甬高速铁路		2021 年处于地质勘探阶段
23		甬舟铁路		2021 年处于初步设计阶段
24		六横大桥		建设中（2021 年开工）

续上表

序号	项目类型	主要项目	吨级(万吨)	开完工时间(年)
25	重大清洁能源工程(建设规模超1000兆瓦)	国电象山1号海上风电场(一期)		2020—2021
26		浙能嘉兴1号海上风电场		2019—2021
27		象山大唐长大涂滩涂光伏项目		2021—2021
28	临港产业配套工程	穿鼻岛整体开发		开发建设中
29		穿山港区东方电缆临时码头		建设中(2021年开工)
30		中国供销集团石浦港通用码头(万吨级)	1	建设中(2020年开工)
31		象山港区象山港外干门作业区大中庄通用码头		2018—2020

二、服务口岸开放建设

1996年5月,为加强建设上海国际航运中心,加快发展宁波港国际集装箱运输业务,由宁波市人民政府口岸办公室组织,宁波港务监督、宁波海关、宁波动植物检疫局和中行宁波分行等14家涉外服务单位于5月20日进驻北仑港区开始联合办公。1997年3月3日,为贯彻实施《国际航行船舶进出中华人民共和国口岸检查办法》,根据宁波口岸检查机关北仑片联席会议精神,宁波港务监督进驻北仑联办船管厅,实施24小时联合办公。

2008年12月24日,宁波海事局与宁波市人民政府口岸与打击走私办公室共同召集辖区口岸查验、船舶代理、港务引航等单位召开“宁波海峡两岸海运直航口岸工作座谈会”,解答两岸海运直航的有关问题。宁波市人民政府台湾事务办公室、浙江海事局及各分支局代表出席会议。

2008年12月25日,宁波海事局海事审验中心进驻宁波国际航运服务中心。2009年2月1日,宁波国际航运服务中心举行开业典礼。为配合宁波市人民政府“一站式”大通关的要求,提高通关速率、降低通关成本,更好地服务港口经济发展,宁波海事局船舶安全检查站、体系审核办等部门陆续入驻。

2011年12月23日,宁波海事局与宁波经济技术开发区管理委员会签订《穿山北港区口岸开放合作协议》。宁波海事局支持穿山北港区的建设和开放,配合做好穿山北港区的对外开放准备工作,共同推进穿山北港区建设、开放和运行。

2012年,根据国务院关于同意浙江宁波港口岸扩大开放的批复,同意在梅山港设立正处级海事机构。2012年3月,宁波梅山海事处正式挂牌成立。2014年6月19日,宁波海事局与宁波梅山保税港区管理委员会签订《关于共同推进宁波梅山保税港区建设发展的合作备忘录》,按照“满足需要,适度超前,一次规划,分步实施”的思路,加强梅山保税港区海事基础设施和监管服务能力建设。

2014年8月6日,象山县人民政府副县长沈红屹在该县口岸部门负责人陪同下到访宁波海事局,就石浦港口岸开放事宜开展工作交流。2015年10月16日,宁波市人民政府口岸和打击走私办公室副主任郑剑侠、象保合作区管理委员会副主任张学军一行到宁波海事局就促进象山海洋经济发展开展工作交流。2019年3月26日,宁波海事局与象山县委县政府举行涉海安全发展专题会商,并建立涉海安全管理联席机制。2021年1月6日,宁波海事局与象山县人民政府签订《关于深化合作推进国家级宁波海洋经济示范区主体区建设协议》(图4-2-1)。

图 4-2-1 《关于深化合作推进国家级宁波海洋经济示范区主体区建设协议》签约仪式

三、保障重要物资运输

2008 年，全国 20 个省（自治区、直辖市）出现大面积的雨雪冰冻灾情，宁波海事局成立以局长为组长的电煤运输保障应急领导小组，研究制定针对性安全监管和服务保障措施，建立电煤运输情况通报制度，保障电煤船舶接卸，确保水上电煤运输畅通安全。宁波海事局和河北秦皇岛海事局建立保障电煤运输船舶安全合作机制，深化宁波—秦皇岛“电煤运输和谐航线”创建活动，推进“绿色通道”建设，联合制定《宁波、秦皇岛电煤运输船舶安全信用评定与分级监管实施办法》，共同开展电煤运输船舶专项检查活动。

2013 年 5 月，宁波海事局向市人民政府报送《宁波港危险货物集装箱出口订舱难现状及对策》专报，调研分析造成订舱难的主要成因；同时，为缓解危险货物集装箱订舱难的问题，提出建立与船公司、港口等部门的沟通协调机制，加强对海运集装箱危险货物知识的宣传和指导，规范代理业务量大的货代企业行业行为 3 条建议，获宁波市副市长王仁洲批示肯定。

2020 年，台风“黑格比”影响前夕，宁波海事局精准施策，开通 VTS 专台进行交通流组织，对 8 艘欧美航线大型集装箱班轮实施最迟拉离政策，协助抢装抢卸累计 19977 个集装箱，减少滞箱费用约 200 万元。防台警报等级降低后，于 8 月 5 日凌晨第一时间保障 13 艘欧美航线船舶优先进港装卸 28183 个集装箱。8 月 7 日，宁波市委主要领导对宁波要情信息《海事部门精准保障 4 号台风影响期间我市欧美航线外贸货物出运》作出批示，充分肯定宁波海事局依托专业优势，精准服务宁波外贸经济发展中的堵点问题的行为。

四、海事政务服务

（一）指南手册发放

1998 年 8 月，宁波海监局印发《宁波海监局政务指南》。

2011 年，宁波海事局首次刊印《危险货物申报知识手册》，2013 年 9 月刊印新版，并向辖区各涉危厂家、代理、申报及装箱人员发放，后于 2015 年、2018 年分别更新 3.0 版、4.0 版。

2013 年，宁波海事局整理编印《海船船员过渡期知识手册》，向广大船员和相关单位免费发放。

2013 年 11 月，宁波海事局首次发布船舶登记示范文本，并下放至相关政务窗口，供群众免费参考、取用。

2015 年，宁波海事局编印《危险货物申报知识手册》《船舶载运危险货物申报审批指南》《海船船员过渡期知识手册》《船舶登记知识手册》(图 4-2-2)等多本通俗易懂的便民资料，累计发放几千本。

图 4-2-2　《船舶登记知识手册》

2021 年 11 月 5 日，宁波海事局编印“海事政务一本通”系列知识手册。

(二)便民举措

2004 年 3 月 5 日，宁波海事局印发《宁波海事局海事行政执法便民措施》，制定了 22 项海事行政执法便民措施。

2005 年 11 月，宁波海事局政务办理短信告知平台开通。

2007 年 4 月 12 日起，宁波海事局推出“十分钟以内办结受理手续”承诺。即日起，申请办理政务项目的管理相对人在 10 分钟内就能办结单一政务项目受理手续。

2007 年 11 月 28 日，宁波海事局制定印发《海事政务办结期限缩短 20% 暨政务当场 30 分钟办结实施方案》，自 12 月 1 日起实施。

2009 年，宁波海事局推出“国际航行船舶预查验”“行政审批绿色通道”等 8 项便民利民措施，最大限度地支持航运生产。

2010 年 10 月起，宁波海事局充分利用网络平台，积极推进信息化服务，实行海事业务在线解答服务。

2011 年 10 月 31 日，宁波海事局制定《宁波海事局深入推进政务办理工作方案》，优化政务办理流程，提高政务办理效率，推进政务办理公开，提升海事服务形象。

2011 年，宁波海事局积极响应地方政府推行口岸“大通关”建设的号召，积极推进电子政务工作，在船舶管理系统、海船船员管理系统和浙江海事局网上政务平台的基础上，积极与宁波电子口岸联合开发船舶进口岸预申报系统、船舶载运危货进口岸预申报系统和国际航行船舶进出口岸网上预查验系统。2014 年以来，宁波海事局大力推广船舶远程电子签证系统。

2011 年，宁波海事局推出政务办理细节不退办机制和收存机制，促进行政审批效率提高。

2013 年 10 月，宁波海事局在全局政务窗口引入满意度测评系统，进一步规范窗口执法行为。

2014 年 3 月 1 日，宁波海事局正式推出政务办理“绿色通道”，涉及通航、船舶、船员、危防等四大类共 17 项政务办理业务。

2017 年 5 月 3 日起，邮政 EMS 入驻宁波海事局政务大厅，为办理海事政务的行政相对人提供办理结果邮寄服务（图 4-2-3）。

图 4-2-3　2017 年，邮政 EMS 入驻宁波海事局政务大厅

2019 年 2 月，宁波海事局与工商银行开展合作，更新升级行政处罚、船员考试费的收费 POS 机系统。该系统在原有收费只能依靠银行卡支付的基础上，加入了银联闪付、支付宝支付、微信支付等各种电子支付新功能，为相对人提供多种支付方式的选择。

2019 年 9 月 12 日，宁波海事局政务中心对 83 项海事政务事项正式实施无差别综合受理，启用叫号系统。

（三）海事政务办理服务规范

2015 年 11 月 4 日，交通运输部海事局印发《交通运输部海事局关于组织示范点开展海事“三化”示范建设工作的通知》，宁波海事局政务中心被认定为政务办理类海事“三化”示范建设示范点，承担相应示范建设任务。

2017 年 4 月 12 日，宁波海事局提炼总结的《海事政务办理服务规范》由交通运输部海事局发文在全国海事系统推广实施。是年，宁波海事局在全国海事系统政务服务培训班及多次直属海事局交流活动中对该规范进行授课讲解。

2018 年 11 月 30 日，《政务中心政务办理服务规范须知》被纳入宁波海事局综合管理体系，进一步细化海事服务标准机制，规范内部工作流程。

2020 年 12 月 17 日，按照统筹推进宁波海事局综合管理体系 2.0 版要求，修订《政务中心政务办理服务规范须知》，增加政务服务“好差评”相关内容，同时新增《宁波海事局政务办理“绿色通道”工作须知（政务中心）》等 10 项工作须知，进一步规范政务办理“绿色通道”、预约服务、一次性告知服务、双向邮寄服务等事项。

2021 年 12 月 3 日，对综合管理体系的《NB-XZ-ZW-01 宁波海事局政务办理服务规范须知》中涉及的首问负责制、一次性告知制、限时办结制度、AB 岗工作制、倒逼催办制、并联办理、“绿色通道”、预约服务等内容进行简化，推动海事政务办理相关服务规范更加科学合理。

（四）“就近跑一次”服务改革

2016 年底，“最多跑一次”改革在浙江首次被提出。它主要是通过“一窗受理、集成服务、一次办结”

的服务模式创新，让企业和群众到政府办事实现“最多跑一次”的行政目标。

2017 年 4 月 10 日，宁波海事局印发《宁波海事局关于加快推进“最多跑一次”改革实施方案》，全年分三批次发布群众和企业到政府办事“最多跑一次”事项清单，逐步实现政务事项“最多跑一次”办理 100%。

2018 年 4 月，在全面落实浙江省“最多跑一次”改革的前提下，浙江海事局提出“就近跑一次”的改革目标。

2018 年 10 月 1 日，宁波海事局试行“就近跑一次”政务办理新模式，推动政务事权不断向政务中心归集。

2019 年 1 月 1 日，浙江海事局电子政务服务网正式上线，“就近跑一次”政务服务改革全面铺开。22 项海事政务事项可以在浙江省内就近选择海事机构提交证书办理申请、提交原件进行核验、选择证书结果就近领取或者邮寄送达。

2020 年 1 月 1 日，浙江海事局对“就近跑一次”政务服务事项进行扩展和优化，新增船舶国籍证书核发、船舶名称核准、船舶识别号使用核准等 6 项“就近跑一次”服务事项，相对人可通过浙江海事局政务服务网办理上述业务。同日，宁波海事局印发《宁波海事局深化“就近跑一次”政务服务改革的实施意见》，推动全局政务事权进一步向政务中心归集，要求政务办理时限全面压缩 40%，实施政务办理重大事项和疑难问题会商机制，建立动静态协同办理机制，进一步精简申请材料，实行多事项并联办理，持续提升政务服务效能。

（五）政务办理综合信用管理和告知承诺制度

2019 年 9 月 27 日，宁波海事局印发《宁波海事局关于实施政务办理综合信用管理工作的意见》，自 2019 年 10 月 1 日起在宁波辖区正式施行政务办理综合信用管理。对政务办理主体评定实行等级制，共设 A、B、C 三级。A 级政务申办主体可以享受优先办理权等激励措施，C 级政务申办主体不享受宁波海事局对外公布的所有便民服务举措。

2020 年 3 月 6 日，宁波海事局制定印发《宁波海事局关于实施政务办理告知承诺工作的意见》，施行政务办理告知承诺服务，满足条件的 B 级以上申办主体可以用告知承诺书替代部分申请材料或免除原件核验。适用政务办理告知承诺事项共 51 个，事中事后按一定比例对其进行核查。

2020 年 10 月 29 日，宁波海事局修订并下发《宁波海事局关于实施政务办理综合信用管理工作的意见》，政务综合信用管理工作按照修订后的制度实施。

2021 年 10 月 15 日起，宁波海事局推出政务办理告知承诺服务升级版，在原先告知承诺 51 个政务事项的基础上增加为 80 个政务事项，适用告知承诺的证明材料范围也进一步扩大。

截至 2021 年底，宁波海事局共评出 A 级申办主体 154 家、C 级申办主体 30 家。2020 年办理告知承诺服务 6 万余件，2021 年办理告知承诺服务 11 万余件。

（六）“首问负责即问即办”服务机制

2020 年 6 月，宁波海事局落实开展“首问负责即问即办”服务机制，政务中心窗口设立首问专岗、专线，负责群众通过来电、来访以及 12345 政务服务热线转办的属于局职责范围内的咨询、办理、求助、投诉、建议等请求事项的受理登记及政务服务相关的答复、办理。

2021 年 7 月 21 日，《宁波海事局首问负责即问即办制度》正式施行，明确相关工作的职责分工、办理流程、办理时限和制度规范等内容，从制度层面规范完善首问负责工作，提升答办质量和效能。

2020 年首问专岗电话咨询 522 件，2021 年首问专岗电话咨询 1413 件。首问事项当场答办率达到

97.58%，一个工作日内办结率达98.21%。“浙里访”事项全部按期办结，群众满意率达100%。

（七）“一船多证一次通办”服务

2020年10月28日，宁波海事局发布《宁波海事局关于实施海事政务“一船多证一次通办”服务的通告》，自2020年11月1日起，宁波海事局对宁波籍或拟向宁波海事局申请登记的国内航行船舶实施“一船多证一次通办”服务，对申请人申请同一船的两个及以上具有前后置申办关系的政务事项，改变逐项按序申请、按序审批的模式，实施同时申请、同时收存、同步审查，实现一次通办。

2021年4月，宁波海事局会同港航、船级社共同研究制定了协同发证五项服务举措，建立跨部门协同政务服务模式。7月，进一步优化船舶抵押办理流程，提升船舶信息查询便捷度，建立航运企业抵押申请、登记、查询一站式服务。9月，与宁波市交通运输局共同制定了国内航行船舶“多证联办”服务举措，允许以告知承诺方式提前申办“临时安全管理证书”，允许容缺受理“船舶营业运输证”。

2021年10月13日，“一船多证一次通办”服务创新机制入选浙江自贸区第二批最佳制度创新案例。

截至2021年12月31日，宁波海事局已累计为395艘次船舶办理“一船多证一次通办”服务，总计1389项业务，船舶证书平均办结时限较法定办结时限压缩90%以上。

五、服务海洋经济发展

“十一五”期间，宁波海事局全面实施服务航运企业应对金融危机八项措施，指导和扶持地方航运发展，帮扶航运企业共克时艰。

2011年6月2日，宁波海事局专门研究出台《宁波海事局促进宁波海洋经济发展若干意见》，提出打造安全、畅通、便捷、绿色水上交通环境，服务海洋经济功能布局和“三位一体”港航物流体系建设，促进宁波临港工业和新兴海洋产业发展，服务象山海洋（海岛）综合开发试验区建设，提高口岸保障水平，提升宁波口岸环境和形象，加强海上综合保障体系建设等六大方面28条具体措施。宁波市委市政府主要领导对宁波海事局为促进宁波市海洋经济发展出谋划策、献计出力表示肯定。

2015年8月4日，宁波海事局向宁波市委、市政府报送《宁波海事局助推宁波“港口经济圈”建设服务举措》的报告，包括提升港口核心竞争力，增强港口辐射力，改善口岸通关环境，促进外向型经济发展，保障市政重点建设，提升城市功能优势，扶持航运业健康发展，改善行业发展环境，促进海洋新兴产业发展，服务市民安全便捷出行，构建海事科学监管体系，提高安全保障能力等6个方面30条具体举措。宁波市委主要领导批示肯定宁波海事局积极作为、善于创新、服务发展的工作举措。

2020年2月26日，面对新冠肺炎疫情形势，宁波海事局推出“助力复工十条”，包括重点物资保障“五优先”、水上交通保畅“全天候”、外贸船舶通关“无纸化”、重点工程复工“在线审”、海事证书业务“容缺办”、海船船员任解职“远程办”、政务事项办理“双向寄”、船载危货监管“零接触”、海事规费征稽“掌上办”、港航企业复工“精准帮”10项措施，全力服务保障宁波港航业复工复产。

2020年6月19日，宁波海事局向宁波市委报送《宁波海事局落实“六稳”“六保”优化营商环境助力复工达产的若干意见》，包括优化海事管理，落实海港疫情防控和海上运输保畅，主动靠前服务，助力重大项目加速开工建设，加强科技应用，提高港口物流服务效能，精准政策惠民，服务企业落到实处等4个方面12条具体举措。

2021年7月23日，宁波海事局联合宁波银保监局印发《关于促进现代航运金融发展的通知》，助力建设世界一流强港，围绕打造宁波舟山港支持新发展格局的战略枢纽、服务国家战略的“硬核”力量，充分发挥金融机构优化资源及配置、支持实体经济的功能，落实宁波国家保险创新综合试验区、普惠金融改革试验区建设工作任务，形成航运金融竞争新优势、发展新动力，逐步打造现代金融服务体系，全力支持宁波建设现代化滨海大都市。

第二节　合作共建

1998年7月30日，宁波海监局宁波监督站与宁波市渔政渔港管理处、宁波市公安局水上分局水巡大队举行确立共建关系、开展“文明甬江”活动签字仪式，当日组织对甬江开展联合检查活动。

2004年6月11日，为贯彻落实浙江省委“八八战略”，推进宁波、舟山港口资源整合和经济技术合作，根据两市签订的框架协议，决定成立宁波舟山经济合作协调小组。协调小组在两市党委、政府的领导下，负责两市在港口开发、基础设施建设及经济合作方面的沟通、协调工作。宁波海事局局长高军为协调小组办公室成员。

2006年3月，宁波海事局与宁波市人民政府口岸与打击走私办公室签订宁波口岸共建合作书，根据宁波市人民政府《进一步深化口岸“大通关”建设的若干意见》，加强协作和相互支持，坚持改革创新，优化监管模式，全面提高通关服务水平。

2009年4月14日，宁波海事局、宁波市港航管理局召开水上交通运输安全监管工作联席会议，建立健全海事与港航工作协调机制。2015年11月26日，宁波海事局与宁波市港航管理局共商船舶管理、危防管理和通航管理等职责交叉事宜，重点商讨宁波市内河通航水域划定工作。2016年6月17日，宁波海事局和宁波市港航管理局签署《海事、港航重要事项协商解决和联合执法协作机制备忘录》，就杭甬运河通航标准、水上非法运输联合整治、内河通航水域划定、水运企业及船舶安全监管、危险货物运输和防污染管理等13项重要工作事项达成共识。

2010年1月26日，宁波海事局与宁波大榭开发区管理委员会举行深化合作共建平安大榭港区备忘录签字仪式。

2010年11月18日，宁波海事局和宁波市海洋与渔业局举行共建海上安全与救助联合机制备忘录签约仪式，两局在协调配合、资源共享、事故预防、应急救助、执法联动、宣传报道等方面达成共识。

2010年11月30日，宁波海事局和宁波海关签署《宁波海关、宁波海事局关于集装箱危险货物查验协作办法》，该办法于12月20日起实施，并推广使用与宁波海关合作开发的国际航行船舶出口岸手续联系单网上会签系统，方便国际航行船舶快速进行出口查验。

2013年4月，宁波海事局与宁波港公安局签署《关于加强水上执法合作协议》，明确双方在共同打击水上涉嫌犯罪案件、联合治理水上违反行政管理案件的合作内容和方式。8月，宁波海事局与宁波港公安局召开涉爆案件处置协调会，并就案件移送、涉案财务交接等规范程序签订合作协议。

2013年4月10日，宁波海事局与宁波出入境检验检疫局、宁波市交通运输委员会共同签署《关于提高口岸监管服务水平共同推进国际强港建设合作备忘录》，明确三方在口岸基础设施建设与管理、信息化建设、“大通关”建设、联动执法和定期沟通等方面深化合作。2014年8月22日，宁波海事局与宁波出入境检验检疫局签订深化进出口危险品监管合作共建工作计划，10月8日，双方全面开展国际航行船舶出口岸手续联系单网上会签。

2014年1月15日，宁波海事局与宁波市气象局签署气象信息共享与应用合作协议。3月，宁波市气象服务平台接入宁波海事局内网平台。2015年3月3日，宁波市气象局与宁波海事局共商宁波沿海及港区气象信息监测、发布、预警等方面的共建合作事宜。2016年10月，双方联合研究开发的“宁波海事气象”App试运行。

2015年7月22日，宁波市海洋环境监测中心与宁波海事局就业务合作开展工作交流。2018年3月，双方实现潮汐潮流观测预报平台共享。

2015年11月3日，宁波海事局、宁波市总工会交通运输工作委员会、宁波市交通运输协会签署宁波市海上劳动关系三方协调机制备忘录，保障海员权益。

2016年12月1日，“宁波七里锚地人工维护项目”联合执法机制正式启动，宁波海事局、舟山海事局、舟山市港航管理局、舟山市海洋与渔业局、舟山市国土资源局、舟山边防支队、舟山市安全生产监督管理局、舟山群岛新区金塘管理委员会、项目业主等9家单位共同参与。

2018年4月27日，宁波海事局与宁波市人力资源和社会保障局、中国船级社浙江分社签署《2006年海事劳工公约》履约协作机制，旨在以宁波市探索发展自由贸易港为契机，进一步加强多方协作，维护船员的各项合法权益，促进地方海洋经济发展。机制包含联络协调机制、信息沟通反馈机制和培训机制等一系列便利履约工作开展的长效工作机制，为更好地履行《2006年海事劳工公约》的各项要求搭建了沟通交流平台。

2019年3月7日，浙江省高级人民法院和宁波海事法院一行到访宁波海事局，就涉罪司法移送及海事刑事案件管辖进行调研。2020年8月26日，《宁波海事局 宁波海事法院 海船船员劳资纠纷调解和维权协作机制》正式建立，标志着全国首个行政机关与司法机关协作的海船船员劳资纠纷调解机制在宁波建立。这一机制是宁波海事局与宁波海事法院基于双方专业优势，实现船员劳资纠纷公正、高效、快速处理的一种无偿行业调解机制，是对现有船员维权途径的一种机制化创新（图4-2-4）。

图4-2-4　2020年，《宁波海事局 宁波海事法院 海船船员劳资纠纷调解和维权协作机制》签字仪式

2019年11月29日，宁波市防范商渔船碰撞联席会议正式建立。联席会议由宁波海事局牵头，宁波市农业农村局、宁波市应急管理局、宁波市交通运输局，以及象山县、奉化区人民政府组成。讨论拟定了《宁波市防范商渔船碰撞联席会议重点目标任务清单（2019—2020）》等事宜。联席会议通过属地管理、行业监管和船舶主体责任落实三个抓手，深入推进涉海涉渔安全生产的系统治理、综合治理，有效防范商渔船碰撞事故。

第五篇　党的建设

第一章　党组织设置

宁波海事(海监)局党组(党委)坚持全面从严治党要求,坚决贯彻落实党中央、上级党组织的工作部署,加强领导班子自身建设,完善组织体系和党建工作机制,强化理论武装,充分发挥党组织的政治引领和基层党组织战斗堡垒作用,为维护辖区水上交通安全形势稳定,提高领导干部队伍、党员队伍、海事执法队伍素质提供了坚强的政治保障。

第一节　宁波海事(海监)局党组(党委)

一、宁波海监局党委

1987年10月5日,交通部政治部下发交政组字〔1987〕325号文,明确中共交通部宁波海监局委员会由宣誉恺、张仕钱、傅其昌3人组成,宣誉恺任局党委副书记,主持党委工作。10月10日,交通部政治部组织处徐秉铎宣布交通部宁波海上安全监督局领导班子组成人员名单。自此,中共宁波海监局党委成立。宁波海监局《关于上报〈宁波海监局领导班子工作规则(试行)〉的报告》第一章第二条规定:局党委对交通部党组和宁波市委负责,党的关系和日常工作接受中共交通部委员会和中共宁波市委的双重领导。

二、宁波海事局党组(党委)

2001年2月8日,中共宁波海监局委员会更名为中共宁波海事局委员会。

2009年2月9日,宁波海事局召开领导班子会议,交通运输部海事局宣布宁波海事局党委调整为党组、纪律检查委员会调整为纪检组的决定。"中国共产党宁波海事局党组"印章从2009年2月25日起正式启用。

第二节　直属机关党委

2009年4月15日,宁波海事局党组根据交通运输部人事劳动司《关于调整宁波海事局党的组织设置的通知》,下发《关于筹建中国共产党宁波海事局机关委员会的通知》,"中国共产党宁波海事局机关委员会"印章即日启用。

2009年11月5日,宁波海事局党组下发《关于成立中共宁波海事局直属机关委员会筹备工作领导小组的通知》,成立中共宁波海事局直属机关委员会筹备工作领导小组及相应工作机构。11月30日,根据中共宁波市直属机关工作委员会《关于同意成立中共宁波海事局直属机关委员会及召开党员代表大会的批复》,中共宁波海事局直属机关委员会成立,自发文之日起,启用"中国共产党宁波海事局直属机关委员会"印章。

2009 年 12 月 8 日，中共宁波海事局第一次代表大会召开（图 5-1-1），大会应到党员代表 102 名，实到党员代表 92 名。大会审议通过《中国共产党宁波海事局第一次代表大会选举办法（草案）》，并以无记名投票方式，选举产生中共宁波海事局直属机关第一届委员会委员。根据中共宁波市直属机关工作委员会《关于同意中共宁波海事局直属机关委员会选举结果的批复》，中共宁波海事局直属机关第一届委员会由徐承荣、冯成海、黄岩、宋金川、胡钢辉、于畅海、王晓敏等 7 人组成。徐承荣任书记，冯成海任副书记。直属机关党委办事机构为直属机关党委办公室（工会办公室）。截至 2021 年，宁波海事局共选举产生四届直属机关党委。

图 5-1-1　中国共产党宁波海事局第一次代表大会

2010 年 12 月 20 日，根据中共宁波市直属机关工作委员会《关于同意成立中共宁波海事局直属机关纪律检查委员会的批复》，中共宁波海事局直属机关纪律检查委员会成立，委员会由冯成海、焦军凯、胡铁军 3 人组成，冯成海任书记。

2012 年 5 月 29 日，中共宁波海事局直属机关第二次代表大会召开（图 5-1-2），大会应到党员代表 101 名，实到党员代表 97 名。经民主选举，产生新一届中共宁波海事局直属机关委员会和直属机关纪律检查委员会。6 月 19 日，中共宁波市直属机关工作委员会批复同意中共宁波海事局直属机关委员会和直属机关纪律检查委员会选举结果。直属机关委员会由徐承荣、梅星明、张志锋、黄岩、于畅海、胡卫立、戴土松等 7 人组成，徐承荣任书记，张志锋、梅星明任副书记；直属机关纪律检查委员会由梅星明、黄胜华、何章才等 3 人组成，梅星明任书记。2013 年 8 月 12 日，根据中共宁波市直属机关工作委员会《关于同意调整中共宁波海事局直属机关委员会副书记的批复》，同意戴土松担任中共宁波海事局直属机关委员会副书记。

图 5-1-2　中国共产党宁波海事局直属机关第二次代表大会

2016 年 6 月 14 日,中共宁波海事局直属机关委员会召开第三次代表大会,大会应到党员代表 115 名,实到党员代表 112 名。经民主选举,产生新一届中共宁波海事局直属机关委员会和直属机关纪律检查委员会。7 月 28 日,中共宁波市直属机关工作委员会批复同意中共宁波海事局直属机关委员会和直属机关纪律检查委员会选举结果。直属机关委员会由王军、潘如泉、陈贤、戴土松、胡钢辉、陈坚文、梅星明等 7 人组成,王军任书记,潘如泉任副书记;直属机关纪律委员会由潘如泉、毛素贞、胡振方等 3 人组成,潘如泉任书记。

2020 年 6 月 29 日,中共宁波海事局直属机关委员会召开第四次代表大会,大会应到党员代表 136 名,实到党员代表 133 名。经民主选举,产生新一届中共宁波海事局直属机关委员会和直属机关纪律检查委员会。7 月 8 日,中共宁波市直属机关工作委员会批复同意中共宁波海事局直属机关委员会由杨卫强、姜玮、马新红、郁微微、董迪、胡钢辉、钱英杰等 7 人组成,杨卫强任书记,姜玮、马新红任副书记;同意中共宁波海事局直属机关纪律检查委员会由马新红、黄耿、成瑛等 3 人组成,马新红任书记。2009—2021 年中共宁波海事局直属机关委员会主要领导任职情况见表 5-1-1。

2009—2021 年中共宁波海事局直属机关委员会主要领导任职表　　表 5-1-1

中共宁波海事局直属机关委员会	书记	徐承荣	2009 年 12 月—2012 年 6 月
	书记	徐承荣	2012 年 6 月—2014 年 2 月
	书记	王军	2016 年 7 月—2020 年 7 月
	书记	杨卫强	2020 年 7 月—2021 年 10 月
	书记	王晓敏	2021 年 10 月—
	副书记	冯成海	2009 年 12 月—2012 年 6 月
	副书记	张志锋	2012 年 6 月—2013 年 8 月
	副书记	梅星明	2012 年 6 月—2016 年 7 月
	副书记	戴土松	2013 年 8 月—2014 年 11 月
	副书记	潘如泉	2014 年 11 月—2020 年 7 月
	副书记	陈贤	2016 年 7 月—2020 年 7 月
	副书记	姜玮	2020 年 7 月—
	副书记	马新红	2020 年 7 月—
中共宁波海事局直属机关纪律检查委员会	书记	冯成海	2010 年 12 月—2012 年 6 月
	书记	梅星明	2012 年 6 月—2016 年 7 月
	书记	潘如泉	2016 年 7 月—2020 年 7 月
	书记	马新红	2020 年 7 月—

第三节　直属党组织

一、宁波海监局时期

1996 年 4 月 18 日,根据《关于宁波海监局机构编制调整后党组织设置的通知》,宁波海监局设置 1 个基层党委、2 个党总支和 9 个直属党支部。1 个基层党委,即镇海航标区党委,下辖镇海航标区机关党支部、船队党支部、镇海航标站党支部、石浦航标站党支部、定海航标站党支部、岱山航标站党支部、嵊泗航标站党支部、花鸟灯塔党支部、枸杞导航台党支部。2个党总支，即通信处（站）党总支和局机关党总支，其中：通信处（站）党总支下辖通信处（站）机关党支部、收信台党支部、发信台党支部，局机关党总支下辖机关第一党支部、第二党支部、第三党支部。9个直属党支部分别为：北仑监督站党支部、镇海监督站党支部、宁波监督站党支部、船队党支部、行政事务管理站党支部、北仑交管分中心党支部、宁波船检局党支部、局三产党支部、局离退休老同志党支部。5月3日，宁波海监局党委下发《关于设立中共宁波海监局镇海航标区委员会的通知》，设立中共宁波海监局航标区委员会，撤销原中共镇海航标区总支委员会。

1998年7月27日，根据《关于调整部分党组织设置的决定》，宁波海监局成立交管中心党支部，撤销北仑交管分中心党支部；成立机关第四党支部，隶属局机关党总支，撤销局三产党支部。

2000年10月25日，根据《关于成立行管站和技协（三产）联合党支部的通知》，宁波海监局撤销行政事务管理站党支部、局机关第四党支部，成立行管站和技协（三产）联合党支部。

二、宁波海事局时期

2001年4月11日，根据《镇海航标区划归上海海事局交接协议》，镇海航标区移交上海海事局，镇海航标区党委划归上海海事局党委管辖。

2001年8月3日，根据宁波海事局党委《关于宁波海事局机构设置的通知》，局机关设党总支，各派出机构、下属单位同步设立党组织，级别同行政机构一致。11月14日，根据《关于宁波海事局直属党组织设置的通知》，宁波海事局设5个直属党总支和10个直属党支部。5个直属党总支分别为：局机关党总支、北仑海事处党总支、镇海海事处党总支、鄞奉海事处党总支、通信站党总支；10个直属党支部分别为：三江口海事处党支部、大榭海事处党支部、象山海事处党支部、宁海海事处党支部、交管中心党支部、行管站和技协（三产）联合党支部、船队党支部、海上执法机动大队党支部，以及离退休老同志第一党支部、离退休老同志第二党支部。

2001年9月7日，根据《关于筹建政务受理中心的通知》，成立政务受理中心，并设置政务受理中心党支部。

2003年12月17日，宁波海事局党委下发《关于调整基层党组织设置的通知》，全局共设置4个党总支和10个直属党支部。4个党总支为：北仑海事处党总支（下设2个党支部）、镇海海事处党总支（下设2个党支部）、鄞奉海事处党总支（下设3个党支部）、局机关党总支（下设4个党支部）；10个直属党支部为：大榭海事处党支部、三江口海事处党支部、象山海事处党支部、宁海海事处党支部、海上执法支队（船队）党支部、交管中心党支部、机关后勤服务中心党支部、技协党支部、离退休及离岗退养人员第一党支部、离退休及离岗退养人员第二党支部。撤销通信站党总支及下属党支部、海上执法机动大队党支部、船队党支部、行管站和技协（三产）联合党支部。

2007年7月23日，根据《关于宁波海事局机构设置及人员控制数和领导干部职数的批复》，宁波海事局设政务中心，并成立政务中心党支部。

2007年10月26日，宁波海事局党委《关于中国共产党宁波海事局海上执法支队（船队）支部委员会等直属党组织更名的通知》，海上执法支队（船队）党支部更名为巡查执法支队（船队）党支部，交管中心党支部更名为船舶交通管理中心党支部，机关后勤服务中心党支部更名为服务中心党支部。

2008 年 12 月 1 日,根据宁波海事局党委《关于建立宁波穿山海事处筹备组党支部的通知》,成立宁波穿山海事处筹备组党支部。

2009 年 3 月 5 日,根据宁波海事局党委《关于建立宁波海事局海事审验中心党支部的通知》,成立宁波海事局海事审验中心党支部。

2009 年 4 月 27 日,根据宁波海事局党委《关于撤销技协党支部的通知》,撤销技协党支部。

2010 年 7 月 19 日,根据宁波海事局直属机关党委《关于同意成立中共宁波海事局梅山海事处筹备组支部委员会的批复》,成立宁波梅山海事处筹备组党支部。根据宁波海事局直属机关党委《关于同意成立中共宁波海安环保技术贸易服务有限公司支部委员会的批复》,成立宁波海安环保技术贸易服务有限公司党支部。

2010 年 7 月 20 日,根据宁波海事局直属机关党委《关于同意成立中共宁波海事局巡查执法支队总支委员会的批复》,成立巡查执法支队党总支。

2015 年 9 月 12 日,经宁波海事局直属机关党委会研究并报经宁波市直机关党工委和宁波海事局党组同意,明确直属机关所属基层党组织序列如下:局机关设党总支;处室办事机构设政务中心党总支、船舶交管中心党总支、海巡执法支队党总支;派出机构设北仑海事处党总支、镇海海事处党总支、梅山海事处党总支、穿山海事处党总支、大榭海事处党总支、三江口海事处党总支、象山海事处党总支、鄞奉海事处党总支,宁海海事处设党支部;后勤管理中心设后勤管理中心党支部,宁波海安环保技术贸易服务有限公司设宁波海安环保技术贸易服务有限公司党支部。

2019 年 2 月 27 日,根据《中共宁波海事局党组关于调整直属党组织设置的通知》要求,北仑海事处党总支、梅山海事处党总支、穿山海事处党总支、大榭海事处党总支、三江口海事处党总支、象山海事处党总支、鄞奉海事处党总支、政务中心党总支、海巡执法支队党总支等 9 个直属党总支调整为党支部。

截至 2021 年底,宁波海事局党组下辖:直属机关党委,机关党总支、北仑海事处党支部、镇海海事处党总支、梅山海事处党支部、穿山海事处党支部、大榭海事处党支部、三江口海事处党支部、象山海事处党支部、鄞奉海事处党支部、宁海海事处党支部、交管中心党总支、政务中心党支部、海巡执法支队党支部、后勤管理中心党支部,离退休第一党支部、离退休第二党支部、离退休第三党支部。

第四节　代管党组织

1996 年至 2021 年底,属于宁波海事(海监)局代管的党组织如下:

(1)中国船级社宁波办事处党支部。前身为中华人民共和国宁波船检局党支部,直属宁波海监局党委。1999 年 8 月,变更为中国船级社宁波办事处党支部。2012 年 12 月,中国船级社宁波办事处升格为中国船级社浙江分社,新成立机关党委,隶属浙江省直属机关工委,中国船级社宁波办事处撤销。

(2)东海航海保障中心宁波航标处党委。前身为宁波海事局镇海航标区党委,根据 2001 年 3 月 12 日《交通部关于调整部分航标区行政管理关系的通知》,宁波海事局镇海航标区隶属上海海事局,是年 4 月 11 日移交工作完成,按党组织关系属地原则,隶属关系调整为代管关系。2008 年 1 月 3 日,根据《交通部关于上海海事局镇海航标处更名的批复》,镇海航标处更名为宁波航标处。2012 年 10 月 15 日,交通运输部东海航海保障中心成立,宁波航标处隶属之。截至 2021 年底,东海航海保障中心宁波航标处党委下辖 12 个党支部。

（3）浙江海事局第一巡查执法支队党委。浙江海事局第一巡查执法支队党委成立于 2010 年 7 月 20 日，下设 2 个党支部。根据组织关系属地原则，为宁波海事局代管党组织。2013 年 6 月，浙江海事局第一巡查执法支队党委建制撤销。

（4）东海救助局宁波救助基地党总支。2006 年 5 月 19 日，东海救助局宁波救助基地党支部成立，依照党组织关系属地原则，为宁波海事局代管党组织。2015 年 3 月 30 日，东海救助局宁波救助基地党支部升格为宁波救助基地党总支，下辖 2 个党支部。

（5）东海航海保障中心宁波通信中心党支部。2018 年 8 月，东海航海保障中心宁波通信中心党支部成立。8 月 30 日，根据《中共宁波海事局党组关于宁波通信中心党组织关系隶属事项的复函》，宁波通信中心党组织关系隶属宁波海事局直属机关党委，为代管党组织。

第二章 组织建设

第一节 制度建设

宁波海事局党组(党委)高度重视党建工作制度化、标准化建设,紧密结合宁波海事工作实际,制定出台了一系列制度和管理办法。

(一)中共宁波海事局党组贯彻落实党中央重大决策部署和习近平总书记重要指示制度

2020年,为坚决贯彻执行党中央重大决策部署和习近平总书记重要指示精神,听党指挥、政令畅通、闻令而动、令行禁止,确保坚决做到"两个维护",中共宁波海事局党组制定《中共宁波海事局党组贯彻落实党中央重大决策部署和习近平总书记重要指示制度》,主要内容包括需要贯彻执行的党中央重大决策部署和习近平总书记重要指示精神的范围、贯彻落实的具体措施和主要方式、《贯彻落实建议书》的制定、督促检查的程序等。2020年12月16日,《中共宁波海事局党组贯彻落实党中央重大决策部署和习近平总书记重要指示制度》正式印发生效。

(二)中共宁波海事局党组工作规则

2019年,为认真履行中共宁波海事局党组职责,进一步规范和改进局党组工作,提高局党组工作制度化、规范化和科学化水平,中共宁波海事局党组制定《中共宁波海事局党组工作规则》,主要内容包括局党组的主要职责、组织原则、议事决策的程序及需要局党组讨论和决定的重大问题清单等。2019年9月4日,《中共宁波海事局党组工作规则》正式印发生效。

(三)中共宁波海事局党组巡察工作实施办法

2018年,为加强党的领导,强化基层党内监督,严肃党内政治生活,净化基层政治生态,推进全面从严治党向纵深发展、向基层延伸,中共宁波海事局党组制定《中共宁波海事局党组巡察工作实施办法》。主要内容包括巡察工作机构的主要职责和人员构成、巡察对象、巡察内容、巡察工作方式和程序以及巡察成果运用等。2018年9月20日《中共宁波海事局党组巡察工作实施办法》正式印发生效。

(四)中共宁波海事局党组理论学习中心组学习制度

2018年,为进一步推进中共宁波海事局党组理论学习中心组学习制度化、规范化,推动理论武装工作深入开展,提高领导干部的政治觉悟和政治能力,加强领导班子思想政治建设,中共宁波海事局党组制定《中共宁波海事局党组理论学习中心组学习制度》,主要内容包括党组理论学习中心组学习的重要意义和目的、主要学习内容、学习形式与要求、学习管理等。2018年9月20日,《中共宁波海事局党组理论学习中心组学习制度》正式印发生效。

(五)宁波海事局直属机关党委工作规则

2019年,为推进宁波海事局直属机关党委工作规范化、制度化,健全和完善内部工作制度和运行机制，中共宁波海事局党组制定《宁波海事局直属机关党委工作规则》，主要内容包括机关党委的基本职责和委员职责分工；机关党委的议事内容范围；机关党委的议事程序；机关党委的“三会一课”、双重组织生活、书记述职评议考核等制度；机关党委委员加强政治建设、思想建设、作风建设等方面的自身建设要求等。2019 年 3 月 29 日，《宁波海事局直属机关党委工作规则》正式印发生效。

（六）宁波海事局直属机关纪委议事规则

2019 年，为推进宁波海事局直属机关纪律检查委员会工作规范化、制度化，中共宁波海事局党组制定《宁波海事局直属机关纪委议事规则》，主要内容包括机关纪委的组织架构和任期；机关纪委会议的工作规则，包括议事范围、议事原则和议事方式、回避原则和保密要求以及党务公开和公文管理要求；机关纪委委员自身学习和履职尽责的工作要求等。2019 年 3 月 29 日，《宁波海事局直属机关纪委议事规则》正式印发生效。

（七）中共宁波海事局党组关于全面推进党支部标准化规范化建设实施意见

2020 年，为深入贯彻新时代党的建设总要求和党的组织路线，深入推进基层党建“四见”工作机制和党支部标准化规范化建设，确保党的路线方针政策和上级决策部署在基层落地，中共宁波海事局党组制定《中共宁波海事局党组关于全面推进党支部标准化规范化建设实施意见》，主要内容包括全面推进党支部标准化规范化建设的总体要求、主要内容和重点任务、保障措施等。2020 年 8 月 12 日，《中共宁波海事局党组关于全面推进党支部标准化规范化建设实施意见》正式印发生效。

（八）宁波海事局民主评议党员实施办法（试行）

2019 年，为发扬党内民主，强化党内监督，加强和规范宁波海事局民主评议党员工作，中共宁波海事局党组制定《宁波海事局民主评议党员实施办法（试行）》，主要内容包括民主评议党员的原则、范围、内容、考评方法和工作流程，对不合格党员的认定和组织处理以及组织领导和督促检查。2019 年 3 月 29 日，《宁波海事局民主评议党员实施办法（试行）》正式印发生效。

（九）宁波海事局党员教育培训管理制度

2019 年，为严格落实党要管党、全面从严治党要求，建设一支信念坚定、对党忠诚、担当作为、干事创业的党员队伍，中共宁波海事局党组制定《宁波海事局党员教育培训管理制度》，主要内容包括党员教育培训管理的归口管理、对象、主要内容、方式以及主要类型，明确党员每年参加教育培训（包括集中轮训、自学等）累计不少于 90 学时，并将党员学习情况纳入民主评议党员的重要内容。2019 年 3 月 29 日，《宁波海事局党员教育培训管理制度》正式印发生效。2020 年，根据《中国共产党党员教育管理工作条例》《2019—2023 年全国党员教育培训工作规划》等最新党内法规，中共宁波海事局党组对《宁波海事局党员教育培训工作制度》进行修订，并于 2020 年 2 月 28 日完成修订实施。

（十）宁波海事局党费收缴、使用和管理实施办法

2019 年，为规范宁波海事局党费收缴、使用工作，充分发挥党费的政治功能和教育功能，中共宁波海事局党组制定《宁波海事局党费收缴、使用和管理实施办法》，主要内容包括党费基数组成、党费缴纳比例、党费使用范围、党员教育培训活动主要形式等，2019 年 3 月 29 日，《宁波海事局党费收缴、使用和管理实施办法》正式印发生效。

第二节　党员管理和基层组织建设

一、党员队伍建设

宁波海事局(宁波海监局)党组(党委)按照“坚持标准、保证质量、改善结构、慎重发展”的工作方针,积极培养发展党员,认真研究确定党员发展计划,落实入党积极分子入党前的教育培训,不断提高发展对象的政治思想素质和业务能力水平,确保发展质量。1996 年至 2021 年,在职党员队伍由 171 人增至 684 人。其中,大专学历以上在职党员由 1996 年的 66.4% 增至 2021 年的 100%,文化层次明显提升;2021 年 45 岁及以下党员占在职党员总数的三分之二,年龄结构明显改善。

二、基层党组织建设

(一)编制《基层党组织建设工作规范化手册》

2011 年,根据党建工作管理制度化、程序科学化的要求,宁波海事局党组结合基层党建工作实际,成立专项课题组,编制完成《基层党组织建设工作规范化手册》1.0 版,主要内容包括党支部书记等 7 个基层党支部岗位职责、党建工作述职评议等 20 项主要工作制度和程序、“五好”党支部建设等 7 项重要专项工作。2011 年 11 月 9 日,召开基层党建规范化培训暨第四季度党建工作例会,开展手册的使用培训。2012 年 1 月 1 日,《基层党组织建设工作规范化手册》1.0 版正式启用。

(二)建设党员活动室

按照规范要求建设党员活动室,布置入党誓词、党员义务和权利、“三会一课”制度、发展党员流程等上墙内容,突出党建特色和宁波海事特色,庄重质朴。活动室内设置会议交流、入党宣誓、党员风采展示、党务公开、党建有声图书角等功能区块,配备电教设备和多块演示屏幕,整合线上线下党建资源,以满足新形势下党员日常学习教育需求,增强党员归属感和认同感,使之成为“追寻初心、锤炼党性”的重要阵地,充分发挥“教育党员、凝聚人心、服务党建”的作用。2017 年 5 月,宁波海事局直属机关党委下发《关于进一步加强党建活动阵地建设的通知》,本着“硬件设施有条件的整体建设到位,硬件设施不够完善的功能服务到位”的原则,按照“活动有场所、学习有资料、宣传有专栏、制度有规范、工作有台账,学习经常、活动经常、作用发挥经常”的“五有三经常”标准,规范建设党建活动传统阵地,创新突破新型阵地,把党建活动阵地打造成为理论学习平台、工作交流平台、监督评价平台、关心关爱平台、风采展示平台。

(三)评定基层服务型党组织创建星级

根据中共中央组织部《关于建立基层党组织晋位升级长效机制的指导意见》、浙江省委组织部《关于推行五星级管理深化基层服务型党组织建设的指导意见》和宁波市委组织部的有关要求,按照《宁波市市直机关基层服务型党组织星级管理办法(试行)》,自 2013 年首轮基层服务型党组织创建星级评定工作以来,宁波海事局直属机关党委及所属党组织(含代管党组织),对照《机关事业单位党组织星级评定参考标准》,广泛开展星级争创活动,不断增强党组织的创造力、凝聚力和战斗力。2013—2021 年宁波海事局基层服务型党组织创建星级评定情况见表 5-2-1。

2013—2021年宁波海事局基层服务型党组织创建星级评定情况一览表　　表5-2-1

年份(年)	基层党组织(个)	五星级(个)	四星级(个)	三星级(个)	二星级及以下(个)
2013	48	5	27	9	6
2014	61	8	32	14	7
2015	63	8	41	14	0
2016	66	7	55	4	0
2017	67	9	53	5	0
2018	67	7	28	32	0
2019	43	6	19	18	0
2020	44	9	17	18	0
2021	43	8	15	15	0

说明：以上基层党组织包含代管党组织。

（四）形成“四见”工作机制

为切实增强基层党组织的政治功能，有效提升组织力，推动全面从严治党向基层延伸，宁波海事局党组按照党的十九大提出的“党支部要担负好直接教育党员、管理党员、监督党员和组织群众、宣传群众、凝聚群众、服务群众的职责”定位，促使基层党组织把提升组织力建设作为重点工作。2018年10月11日，宁波海事局党组印发《关于基层党建“四见”工作机制的指导意见》，推动党建工作在见人、见事、见责任、见成效中落地，建立基层党组织建设“四见”工作机制。坚持政治性、系统性、融合性、精准性、实效性原则，突出政治功能，紧扣组织路线服务政治路线的根本原则，确保党的工作对基层组织的全覆盖，党的组织对党员的全覆盖。紧扣提升组织力重点，以有效发挥党支部组织功能和落实主体责任为突破口，全面带动党的六大建设。秉持聚焦大局、聚焦发展工作理念，坚持党建工作和海事履职融合发展。坚持精准施策，做到基层党建工作有主体、有载体、有职责，围绕具体人、具体事、具体责，由事及人，由人及责。

（五）建设精品支部

2015年以来，宁波海事局直属机关党委根据《中共浙江海事局党组关于全面加强基层党建工作的指导意见》和《浙江海事局“精品支部”培塑办法》，以“主动化服务、标准化管理、有形化阵地、品牌化建设”为主题，按照“规范化、效能化、信息化”要求，在全局直属党组织中开展“精品支部”培塑工作。制定下发《宁波海事局“精品支部”培塑工作实施方案》，明确“精品支部”培塑工作原则、培塑标准、申报程序和培塑管理等方面要求，把“精品支部”的创建作为提升党建工作水平、强化特色支部（总支）建设的重要载体，充分发挥“精品支部”示范导向和辐射带动作用。至2020年10月，宁波北仑海事处党支部、宁波海事局政务中心党支部、宁波穿山海事处党支部、宁波三江口海事处党支部先后被评为浙江海事局“精品支部”。

三、党员学习培训

2005年9月，宁波海事局党委组织开展党支部书记培训班，30名党总支、党支部书记和党务工作人员参加培训。

2012年5月，宁波海事局直属机关党委组织20名党员参加市直机关工委举办的新任党务干部培训。

2014 年 4 月，宁波海事局直属机关党委举办专兼职党务干部培训班。各直属基层党组织书记、副书记、委员、二级支部书记、机关支部书记以及党建联络员共 80 余人参加培训。

2015 年 5 月，2015 年度宁波市直机关新党员培训班开班，宁波海事局组织 2014 年批准转正的 27 名新党员参加培训。是月，宁波海事局组织专兼职党务干部专题培训。各直属基层党组织书记、副书记，二级支部书记、组织委员以及党建联络员共 60 余人参加培训。9 月，宁波海事局直属机关党委组织开展由各直属基层党组织委员、二级支部书记、党建联络员参加的专兼职党务干部培训，全局 80 余名专兼职党务干部参加培训。

2016 年 5 月，宁波海事局直属机关党委在镇海区委党校开展专兼职党务干部培训，100 余名党务干部参加培训。

2017 年 4 月，宁波海事局直属机关党委组织开展由各直属党组织书记、各海事处兼职纪检监察员参加的党风廉政建设“两个责任”专题培训。

2019 年 4 月，宁波海事局直属机关党委举办专兼职党务干部培训班，各直属基层党组织组织委员、宣传委员及党建联络员近 50 人参加。

2020 年 5 月 27 日，宁波海事局直属机关党委组织开展由各直属基层党组织及二级支部组织委员、党建联络员参加的专兼职党务干部培训。

四、党组织活动

1996 年 6 月，宁波海监局党委组织开展以“学党章、学理论”为主题的纪念中国共产党成立 75 周年系列活动（之后每年 6—7 月均组织开展建党纪念日系列活动）。

1998 年 6 月 25 日，宁波海监局召开 1997—1998 年度先进党支部、优秀共产党员表彰大会，6 个党支部和 5 名优秀共产党员受到表彰。

1999 年 6 月 30 日，宁波海监局党委举行入党宣誓暨“双争”先进表彰会，表彰 1998—1999 年度先进基层党组织和优秀共产党员，并举行新党员入党宣誓仪式。

2001 年 7 月 1 日，宁波海事局开展“安全执法党员活动日”活动。41 名执法党员对虾峙门航道及相关锚地、北仑水域、金塘锚地、七里锚地和甬江航道等重点水域的通航秩序进行专项检查。此后，每年的 7 月 1 日均组织开展“七一”党员执法活动，作为锤炼党性的重要载体。

2003 年 4—10 月，宁波海事局党委在北仑海事处党总支、鄞奉海事处党总支、局机关党总支组织开展创建“共产党员先锋岗”试点工作。

2004 年 11 月 22 日，交通部海事局“如何提高党委工作绩效”专题调研组来宁波海事局调研，通过访谈、座谈等形式了解宁波海事局党委工作的主要做法。宁波海事局党委做专题汇报。

2005 年 6 月，宁波海事局党委组织各直属党组织、上海海事局镇海航标处党委、船级社宁波办事处党支部等 14 支队伍参加党的基本知识竞赛。

2006 年 6 月 28 日，宁波海事局组织纪念建党 85 周年知识竞赛。

2007 年 6—7 月，宁波海事局党委组织开展由各直属党组织、上海海事局镇海航标处党委、船级社宁波办事处党支部等参与的建党 86 周年纪念活动，包括新党员宣誓、迎“七一”朗诵比赛、海事执法党员活动日、专题党日等。

2008 年 5 月 12 日，四川汶川发生强烈地震，宁波海事局广大干部职工慷慨解囊，为灾区群众捐款

140930 元。为此，全体党员交纳“特殊党费”344508 元。

2008 年 7 月 10 日，直属海事系统先进事迹报告会在宁波举办，来自全国海事系统的 7 名代表汇报了 10 年来海事系统涌现的典型事迹。

2010 年 7 月 30 日，宁波海事局召开庆祝中国共产党成立 89 周年暨“七一”表彰视频大会。各直属党组织主要负责人、上海海事局宁波航标处党委、浙江海事局第一巡查执法支队党委、中国船级社宁波办事处党支部、东海救助局宁波基地党支部等党组织负责人，全局 312 名党员参加视频会议。会议对“两优一先”单位和个人进行表彰。

2011 年 1 月，宁波海事局直属机关党委在 2010 年度宁波市直机关党建论文征集评选中获优秀组织奖。6 月，宁波海事局党组组织开展“传承红色记忆，唱响红色旋律”大型红歌赛活动；以“学习党史，增强党性，端正党风，清风正气”为主题，举行纪念建党 90 周年党史和廉政知识竞赛（图 5-2-1）。各直属党组织，以及上海海事局宁波航标处党委、浙江海事局第一巡查执法支队党委、东海救助局宁波基地党支部等 18 支代表队参加知识竞赛。6 月 30 日，宁波海事局召开庆祝中国共产党成立 90 周年暨创先争优表彰大会，对 2011 年度局“两优一先”单位和个人、6 个先进基层党组织、荣获局优秀共产党员和优秀党务工作者称号的 26 名先进个人进行表彰，并举行先进典型集体公开承诺仪式。

图 5-2-1　宁波海事局纪念建党 90 周年党史廉政知识竞赛

2011 年 8 月 10 日，交通运输部海事局党组书记许如清莅临宁波海事局视察，指导党建信息化工作。11 月 2 日，中央国家机关工委副书记邵旭军到宁波海事局调研基层党建工作。

2012 年 3 月 14 日，交通运输部在甬单位党建工作联席会召开。宁波海事局、上海海事局宁波航标处、浙江海事局第一巡查执法支队、中国船级社宁波办事处和东海救助局宁波救助基地等 5 家单位正式签署《党建工作联建协议》。自此，交通运输部在甬单位党建工作联建工作机制建立。

2013 年 12 月，宁波海事局直属机关党委下发《关于做好在职党员进社区开展志愿服务活动的通知》，要求全体党员到所在社区报到，根据社区和群众的需要及个人特长，积极为社区的群众办实事、办好事。

2014 年 4 月，宁波海事局直属机关党委组织开展“中国梦想，美丽宁波”微型党课比赛，来自 20 个直属党组织推荐的 23 份课件参赛。6—7 月，宁波海事局党组开展“迎七一 · 庆祝建党 93 周年”系列活动，组织参与“迎七一 · 学党史”大型网上党的知识竞赛、走访慰问老党员、困难党员和结对帮困、表彰大会等活动。9 月，宁波海事局直属机关党委开展社会主义核心价值观主题教育实践活动，组织“海事道德讲堂”“核心价值观在我心中”主题征文评选，“感动海事身边人身边事”微演讲比赛等活动。

2015 年 4 月，宁波海事局直属机关党委组织开展微型党课比赛，来自 20 个直属党组织和代管党组织推荐的 22 份课件参赛。7 月，宁波海事局各直属党组织和科以上领导干部围绕习近平总书记二十字好干部标准，结合“三严三实”专题教育，开展为期一个月的“好干部大讨论”活动。

2016 年 6 月，宁波海事局直属机关党委组织开展中国共产党成立 95 周年知识竞赛活动。各直属党组织、东海航海保障中心宁波航标处党委、东海救助局宁波基地党总支等 16 支代表队 67 名党员参加比赛。4—11 月,宁波海事局开展党组织关系集中排查活动。9—12 月,宁波海事局启动党费专项检查工作,共补交党费 338899 元。

2017 年 4—11 月,宁波海事局直属机关党委在各直属党组织和代管党组织中开展“百名党员上讲台”活动,共 38 份课件参加评选,其中 6 份课件获奖。8 月,宁波海事局直属机关党委在全体党员中开展党内法规知识竞赛。

2018 年 1 月,宁波海事局直属机关党委在全体党员干部中开展“开启新时代·踏上新征程”百题网上党员知识答题活动。2 月 2 日,宁波海事局直属机关党委发出《关于进一步加强网络党建阵地建设的通知》,要求各党组织组织全体党员和入党积极分子加强党员网络党建阵地学习教育,提高党员网络党建阵地参与度。

2018 年 3 月 14 日,宁波海事局根据交通运输部党组《在部属单位建立巡察制度的意见》要求,启动对局属单位巡察工作。2018—2020 年,完成对 10 家局属单位的首轮巡视,共发现问题 278 个。2021—2022 年,完成对 10 家单位“回头看”专项巡察,共发现问题 146 个,实现了党的十九大以来局属单位党组织“1 +1 式”全覆盖。

2018 年 7 月,宁波海事局直属机关党委组织开展“学党的十九大精神,争当走在前列先锋”党的知识竞赛活动。各直属党组织、东海航海保障中心宁波航标处党委、东海救助局宁波救助基地党总支的 18 支代表队共 90 名党员参加比赛。

2018 年 7 月 17 日,交通运输部海事局党组第一巡察组进驻宁波海事局,开展为期 10 天的政治巡察。

2019 年 7 月,宁波海事局直属机关党委组织开展党章党规党纪书面测试活动。

2019 年 9 月 9 日,交通运输部党组第一巡视组在宁波海事局召开巡视动员会,按照交通运输部党组第四轮巡视工作相关部署安排,开展对宁波海事局党组常规巡视工作。5—9 月,宁波海事局开展“新时代大学习　跟着总书记读好书”主题读书、评书、讲书系列活动。

2020 年 4 月 26 日,宁波海事局党组工作部、机关党委办,围绕交通强国建设、走在前列发展战略,开展“不负韶华,攻坚担当”党员干部责任大讨论。7 月,宁波海事局直属机关党委组织开展党务实操技能比武,各直属党组织、东海航海保障中心宁波航标处党委和东海救助局宁波救助基地党总支的 18 支代表队共 54 名党员参赛。

2020 年 11 月 30 日—12 月 4 日,浙江海事局党组对宁波海事局党组落实交通运输部党组 2019 年巡视反馈意见整改情况开展专项巡察。

2020 年,宁波海事局积极响应抗疫号召,组织党员捐款、献血,819 名党员合计捐款 8.43 万元,61 名志愿者合计献血 17300 毫升。

2021 年 3 月,组织开展“建功岗位讲奉献,我为窗口添光彩”承诺践诺活动。中共宁波海事局党组印发《关于“我为群众办实事”落实工作方案的通知》,推出 10 件“我为群众办实事”实事清单。

2021 年 4 月 15 日,宁波海事局到宁波樟村四明山革命烈士陵园开展“清明祭英烈”活动。4 月,宁波海事局直属机关党委组织开展“传承红色基因　谱写海事华章”党史知识竞赛。各直属党组织、东海航海保障中心宁波航标处党委、东海航海保障中心宁波通信中心党支部、东海救助局宁波救助基地党总支等 18 支代表队 90 名代表参加。

2021 年 6 月 2 日,中共宁波海事局党组印发《关于开展庆祝中国共产党成立 100 周年“七个一”系列活动的通知》。6 月 28 日—7 月 1 日,宁波海事局为 42 名老党员颁发“光荣在党 50 年”纪念章。

第三章　思想政治建设

1996—2021 年，宁波海事（海监）局党组（党委）深入贯彻党的路线方针政策，结合上级要求和本局实际，制订党组（党委）理论学习中心组学习制度，每年制订党组（党委）理论学习中心组学习计划、党支部学习计划、干部职工理论学习计划，明确学习要点和相关要求。通过中心组学习、处科级领导干部专题培训、“三会一课”、宣传栏、内网园地、参观交流和针对性培训等多种途径，加强领导干部和党员干部的政治理论学习，及时传达上级重要会议精神、领导讲话和重大工作部署，强化党员干部对马克思列宁主义、毛泽东思想、邓小平理论、“三个代表”重要思想、科学发展观、习近平新时代中国特色社会主义思想的学习领会，使广大党员掌握党的基本知识，深入了解党的基本路线和基本纲领，带领广大党员学深悟透党的创新理论，弘扬伟大建党精神，不断提高政治素养和思想理论水平。

宁波海事（海监）局党组（党委）紧紧围绕海事中心工作，扎实有效开展职工思想政治教育，不断提升干部职工的政治理论素养和思想道德水准，不断强化政治判断力、政治领悟力、政治执行力，增强“四个意识”、坚定“四个自信”、做到“两个维护”，深刻领悟“两个确立”的决定性意义。通过理想信念、职业道德、家庭美德、社会公德等的教育，组织各项专题教育和主题实践活动，大力弘扬以改革创新为核心的时代精神，弘扬社会主义思想。针对干部职工思想认识上的热点问题，开展有效的思想政治工作，定期研判干部职工思想动态，把握思想脉搏，将全局干部职工的思想和行动统一到党的路线方针政策和上级的决策部署上来，保证中心工作的顺利开展和职工队伍思想稳定。

一、“奉献于事业，服务于人民”主题活动

1996 年 9 月—1997 年 8 月，宁波海监局党委组织开展“奉献于事业，服务于人民”主题活动，教育广大干部树立正确的世界观、人生观、价值观，促进干部素质整体提高。1996 年 11 月 4 日，宁波海监局党委印发《关于在科以上干部中开展“奉献于事业，服务于人民”主题活动的通知》。活动内容主要包括两个方面：一是坚定信念，献身海监事业，做党的好干部；二是牢记宗旨，为民造福，当人民的好公仆。核心内容是讲政治、做奉献、办实事。活动对象是全局科以上干部，重点是领导班子和领导干部。活动分 4 个阶段进行，具体为准备发动阶段（1996 年 10—11 月）、教育阶段（1996 年 10—12 月）、对照检查阶段（1996 年 11 月至 1997 年 5 月）和整改提高阶段（1997 年 4—8 月）。

二、讲学习、讲政治、讲正气“三讲”教育

1999 年 7—9 月，按照党中央和交通部党组的部署，宁波海监局党委在处以上领导班子和领导干部中开展以“讲学习、讲政治、讲正气”为主要内容的党性党风教育（简称“三讲”教育）。重点围绕理想信念、全局观念、民主集中制、宗旨观念、廉洁自律等方面的问题开展教育整改。“三讲”教育分为 4 个阶段：思想发动、学习提高阶段，自我剖析、听取意见阶段，交流思想、开展批评阶段，认真整改、巩固成果阶段。全局 51 名中层领导干部参加“三讲”教育，其他干部参加“三讲”学习。在这一过程中，局党委成立“三讲”领导小组及办公室，制定《宁波海监局“三讲”教育实施方案》，组织开展了自学、外送培训、集中学习

和专题讨论相结合的理论学习，分别组织参加宁波市委、宁波市交工委组织的“三讲”教育学习。采取多种形式征求对局领导班子和成员的意见。先后召开15次座谈会，听取113人的意见；发放“三讲”教育征求意见表906份，共征求到100多条群众意见。局领导班子成员之间、局领导与分管部门负责人之间真心诚意地进行谈心交心，沟通思想，交换意见，并开展批评和自我批评。坚持认真整改，抓好落实。对群众提出的意见做到件件有落实，制定了51条整改措施，认真落实。

2000年3—4月，宁波海监局党委在局领导班子、宁波航标区领导班子和正处级以上领导干部中开展“三讲”教育回头看活动，制定《宁波海监局“三讲”教育回头看活动方案》和《宁波海监局“三讲”教育整改后续工作方案》。活动于2000年3月开始，分为以下3个步骤：认真组织学习，进一步提高思想认识；自看自查，进一步完善整改措施；通报整改情况，听取群众意见。局党委推出局务公开、重大事项公示制等规章制度，得到交通部“回头看”检查组的肯定。

三、“四项教育”活动

根据交通部海事局《关于在部直属海事系统行政执法队伍中开展“四项教育”的指导意见》，2001年6—11月，宁波海事局党委在执法人员中组织开展“四项教育”活动，即：“四个认识”的理想信念教育；“全心全意为人民服务”的宗旨教育；“依法行政、文明执法”的法治教育；“爱岗敬业、诚实守信、办事公道、服务群众、奉献社会”的职业道德教育。宁波海事局党委制定印发《关于在行政执法人员中开展“四项教育”的实施意见》《执法人员“四项教育”专题学习阶段实施计划》，明确基本原则和要求，将“四项教育”分为动员部署、专题学习、查摆问题、整改提高和总结验收5个阶段分步推进，引导广大执法人员规范执法行为，坚定全心全意为人民服务的宗旨，增强依法行政、文明执法的法律意识，提高爱岗敬业、诚实守信、办事公道、服务群众、奉献社会的职业道德水平。

四、“转变作风年”活动

2002年，宁波海事局党委开展“转变作风年”活动，努力塑造“廉洁、勤政、务实、高效”的执法机关形象，活动分为学习教育、查找问题、组织整改、评议验收4个阶段。以中层以上领导干部和局机关工作人员为重点，举办两期共113名副科以上领导干部参加的理论培训班，编印《转变作风年学习读本》，组织中层以上领导和机关干部完成10篇必读篇目的自学和一篇论文的撰写；组织召开民主生活会和自查会，开展征求意见活动，发出征求意见函1440份，召开座谈会29次，局领导带队走访23家单位，搜集各单位的意见和建议，召开专题会议研究制定整改措施，并面对面地向有关单位进行反馈；群众对领导班子及领导干部整改措施的满意率和基本满意率平均达到95%以上。

五、先进性教育活动

2005年1—6月，按照党中央和宁波市委的总体部署，根据《中共中央关于在全党开展以实践“三个代表”重要思想为主要内容的保持共产党员先进性教育活动的意见》，宁波海事局党委组织开展保持共产党员先进性教育活动，全局党员和委托代管的上海海事局镇海航标处党委、中国船级社宁波办事处党支部全体党员共464人参加，宁波市委先进性教育活动第八督导组进行直接指导。活动分学习动员、分析评议、整改提高3个阶段。活动中，宁波海事局党委抓好6个关键点，即：贯穿一条主线（学习实践“三个代表”重要思想和科学发展观），坚持一个原则（正面教育、自我教育为主），突出一个作用（党支部的组织领导作用），强调一个要求（边学、边查、边改），总结一套经验（完善党组织和党员队伍建设的机制），追求一个目的（提高党员素质，加强基层组织，服务人民群众，促进各项工作）。坚持先进性教育活动与水上安全监督管理工作，与执法为民、服务社会，与提高队伍综合素质，与党风廉政建设和行风建设的“四个结合”。组织广大党员学习胡锦涛同志《在新时期保持共产党员先进性专题报告会上的讲话》与浙江省委编印的《党员先进性与党的执政能力》《保持共产党员先进性与加强党的执政能力建设》等文件资料，下发《保持共产党员先进性教育读本》，全局所有支部完成40小时的集中学习，学习覆盖面达100%。组织先进性教育活动调研，发放问卷362份，开展17个项目的调查分析，组织各类座谈、访谈、走访等，向管理相对人发放征求意见表50余份，共征求到意见379条。编发《先进性教育活动简报》29期，出板报和宣传窗25期。开展民主评议、谈心谈话，累计谈心2638人次，人均谈心7.3次。群众对宁波海事局先进性教育活动的满意率为99.4%，市委督导组给予肯定。

宁波海事局党委总结活动经验，逐步建立基层组织建设长效机制，出台《领导干部管理办法》等管理制度。落实创建各项工作要求，抓好市级文明单位的复评工作，继续保持省、市文明单位称号。开展以贯彻中央领导重要批示为主要内容的党风廉政专题教育，制定出台建立健全教育、制度、监督并重的惩治和预防腐败体系实施办法，局行政执法和行风建设群众满意率达到95.63%。

六、“牢记党的宗旨，主动做好服务”主题实践活动

根据交通部海事局党委《关于开展牢记党的宗旨主动做好服务主题实践活动的意见》，2007年3月开始，直属海事系统开展“牢记党的宗旨，主动做好服务”主题实践活动。按照浙江海事局党委的总体部署，结合浙江省委开展的“作风建设年”活动，宁波海事局党委印发《关于开展牢记党的宗旨主动做好服务主题实践活动的实施意见》。活动分动员部署、深入学习、开展实践、总结评估4个阶段进行。活动期间，深化宁波—秦皇岛“电煤运输和谐航线”创建活动，推进“绿色通道”建设，制定《宁波、秦皇岛电煤运输船舶安全信用评定与分级监管实施办法》，开展电煤运输船舶专项检查。2008年，全国20个省（自治区、直辖市）出现大面积的雨雪冰冻灾情，宁波海事局成立了以局长为组长的电煤运输保障应急领导小组，研究制定针对性安全监管和服务保障措施，建立电煤运输情况通报制度，保障电煤船舶接卸，确保水上电煤运输畅通安全。各基层党组织成立“共产党员突击队”，保障电煤运输。宁波海事局党委发布系列为民服务举措，开通“海事之声”栏目，方便百姓便捷出行，推出《海事政务办结期限缩短20%暨政务当场30分钟办结实施方案》。支持帮助贫困学生和新农村建设，62名党员干部对294名湘西贫困学生进行捐助，捐资近10万元。

七、“强素质塑形象，为旗帜添光彩”主题实践活动

2008年4月—2009年3月，按照交通运输部海事局党委、浙江海事局党组的总体部署和要求，宁波海事局党委开展“强素质塑形象，为旗帜添光彩”主题实践活动，组织召开动员部署大会，成立以局党政主要领导为组长的主题实践活动领导小组，下发《关于开展“强素质塑形象，为旗帜添光彩”主题实践活动的通知》，将主题实践活动内容细化成50个小项，制定主题实践活动实施方案和推进表，局属各基层单位根据自身特点，制定具体实施方案。宁波海事局党委在局内网开辟贯彻党的十七大精神学习专栏，组织开展“创旗承诺”、党员服务群众社会主义核心价值观、海事核心价值、海事文化大讨论，举行学习党的十七大、党建知识等各类学习竞赛等活动，组织中心组学习、个人自学、党课教育、专题辅导、座谈讨论、副

科以上领导干部培训班。组织开展"我是党员我承诺""我是执法官我承诺"和"我是海事人我承诺"活动。通过下基层调研、开展问卷调查、召开党建工作座谈会等,解决职工关心的难点、热点问题。活动开展以来,宁波海事局行风问题有理投诉为零,行风评议群众满意和基本满意率达到 97.5%。汶川大地震后,全局干部职工捐款 14 余万元,党员交纳特殊党费 34 余万元。开展助学扶贫活动,62 名党员干部援助 156 名湘西贫困学生,捐资近 7 万元。出台应对金融危机的 9 项便民利民措施,帮助航运企业尽快走出困境。成功处置"3·27"船撞在建跨海大桥事故,受到交通运输部的表彰。制定出台《宁波海事局危险源标识指导意见》和《金塘、七里锚地定点锚泊管理规定》,启动辖区内河封闭水域船舶零排放行动,落实水工作业"项目制"和"跟踪督查制",试行船旗国质量综合管理机制,起草《行政效能督察办法》。

八、学习实践科学发展观活动

2008 年 12 月—2009 年 2 月,根据党中央、浙江省委和宁波市委的要求,宁波海事局党委成立深入学习实践科学发展观活动领导小组和 6 个活动指导检查组,研究制定《宁波海事局开展深入学习实践科学发展观活动实施方案》,为学习实践活动做好准备。2009 年 3 月 12 日,召开动员大会,全局党员干部和入党积极分子、离退休党支部书记及代管单位的领导参加,宁波市委指导检查组到会指导。

2009 年 3—8 月,宁波海事局组织参加第二批次实践科学发展观活动,全局共 560 名党员(包括上海海事局宁波航标处、浙江海事局第一巡查执法支队、东海救助局宁波基地的 162 名党员)和 12 名入党积极分子参加。活动分学习调研、分析检查、整改落实 3 个阶段进行,目标要求为党员干部受教育、科学发展上水平、人民群众得实惠。

活动期间,组织全局党员干部和副科以上领导干部开展学习实践活动集中辅导,共 1500 余人次参加。组织首届"十佳青年"评选活动,举办"十佳青年"事迹报告会。梳理制定 12 项规章制度,研究探索党委改党组后党建工作的新方式和新方法,选举成立直属机关党委。深化文明创建活动,加大宣传报道力度,全局共对外发稿 1324 篇。关心职工,成立离退休人员管理办公室,设立爱心互助"五元钱工程"。积极推进惩治和预防腐败体系建设,"八个零工作法"在全局推广应用。

组织开展"解放思想、形成共识""海事核心价值观""宁波海事科学发展大家谈""我是一名党员,我为海事发展做什么"等内容的讨论。围绕建立健全保障科学发展的海事监管体制机制,落实关系职工群众切身利益和解决行政相对人反映强烈的突出问题等开展调研,共制定课题 29 个,参加调研人员 129 人次。发放征求意见表 155 余份,征求到 6 个方面 18 条意见。针对查找出来的突出问题,结合宁波海事局工作实际,制定《宁波海事局学习实践科学发展观整改方案》,做到边整改、边总结、边公示。经活动满意度测评,总体满意度为 98%。

九、创先争优活动

2010 年 7 月—2012 年 11 月,根据交通运输部党组、交通运输部海事局党组和浙江海事局党组的总体部署,宁波海事局党组制定深入开展创先争优活动实施意见,开展以创建"五个好"先进基层党组织,争做"五带头"优秀共产党员,创建"四领先"党员示范岗,争做"五个强"优秀党务工作者为主要内容的创先争优活动。活动分为 4 个阶段:广泛发动,安排部署;全面争创,扎实推进;对标定位,晋档升级;系统总结,完善机制。主要方法为公开承诺、自我讲评、领导点评、群众评议、整改提高、评选表彰等。

开展以"组织怎么建、党员怎么干"为主要内容的大讨论,把思想统一到中央和上级党组织要求上来，理清思路，明确措施。在全局范围内开展基层党组织和党员队伍现状调研摸底工作，建立相应台账。按照一定比例，建立健全优秀党组织和先进个人资料库，实施动态管理。按照实施方案，通过开展党性教育、能力培育、岗位奉献、服务群众、亮牌示范和组织创新 6 项活动，全面推进争创活动。同时，做好创先争优活动的总结评估和评选表彰，确定党支部和党员典型示范，积极宣传先进典型的好经验、好做法。开展以比思想、比学习、比工作、比作风、比奉献、争先进为主要内容的“五比一争”活动，引导各党支部和党员对照先进典型，查找差距，制定跟进和赶超先进的具体措施。对照创先争优标准，着眼全面提升，使处于先进的党支部当好标杆、中间状态的规范提高、相对后进的改变面貌。

开展窗口单位“为民服务创先争优”和创先争优群众评议活动。全局接受评议基层党组织 32 个，接受评议党员 466 名，参加评议群众代表 807 名。完成创先争优活动总结评比，共表彰人民满意示范窗口 8 个、先进基层党组织 11 个、优秀共产党员 27 名、优秀党务工作者 9 名。

通过创先争优活动，宁波海事局取得了一系列的成果和荣誉，荣获第三批“全国文明单位”称号，被交通运输部党组评为“讲党性、重品行、作表率，树组工干部新形象”活动先进单位，获评“2011 年度全国海事系统先进集体”。镇海海事处获评“全国海事系统文明执法示范窗口标兵”，8 家基层单位先后被命名为创建“群众满意基层站所”先进单位。涌现“浙江省劳动模范”、交通运输部“金锚奖”、“直属海事系统优秀青年”等先进典型。

十、“三思三创”主题实践活动

2011—2013 年，宁波海事局党组结合宁波市委“思进思变思发展、创业创新创一流”的“三思三创”主题实践活动，制定下发《关于进一步深化创先争优活动的通知》和《宁波海事局开展“思进思变思发展、创业创新创一流”主题教育实践活动实施意见》，成立宁波海事局“三思三创”活动领导小组，在全局范围内开展“五找八问”大讨论，引导各级干部在解放思想中找误区、找标杆、找差距、找路径、找动力。结合宁波市“比学赶超”和海事系统“学树建创”“四比四创”实践活动，确定学习上海海事局、香港海事处两个先进的目标，制定赶超先进的举措。结合“三思三创”主题实践活动，推进“四型海事”建设，开设专题学习讲座，每周编制活动简报，营造活动氛围。开展“我的岗位我负责”系列活动，印发《我的岗位我负责承诺手册》。创新开展首届职工高考子女认知海事活动，普及航海科学知识，增强社会公众的海洋意识，构筑海洋国土观念。开展“说事解题献策”活动，梳理出 3 个重点破解难题，各基层单位根据实际提出共计 22 个需着力解决的难题。活动结束时，全局 3 个重点难题全部破解，基层单位自行确定的难题总体破解率达 95% 以上。

十一、“四型海事”建设学习实践活动

2012 年 10 月—2013 年 12 月，根据交通运输部海事局、浙江海事局部署和要求，宁波海事局制定“四型海事”建设学习实践活动实施方案和活动推进表，成立学习实践活动领导小组。本次活动分 3 个阶段分步推进：制定方案、动员部署，统筹推进、组织实施，考核评选、总结提升。目标要求为贯彻落实上级关于深入推进“四型海事”建设学习实践活动的各项要求，增强全局干部职工建设“四型海事”的使命感和责任感；内强素质、外树形象，打造具有系统影响力的行业品牌和形象；深化宁波海事核心价值体系内涵，形成人人树立“四型海事”理念、人人参与“四型海事”建设的良好局面，全面履行“三保一维护”职责，为推动海事实现科学发展打下坚实基础。

通过召开动员大会、印发活动简报、开设内网活动专栏、公布有关文件资料和领导重要讲话等，动员广大干部职工以积极饱满的热情投入到活动中。结合党建工作联系点制度，建立“四型海事”建设领导干部联系点制度，落实学习实践活动督导检查责任。组织开展“贯彻十八大精神，推进‘四型海事’建设”专题学习活动、“四型海事”我承诺活动和好形象、好品牌创建活动。举办微电影剧本创作大赛，陆续完成《风雨同行》《精卫》《等待》等微电影拍摄。推出《悦航》期刊，全力打造 VTS“悦航”品牌。梳理完善“四型海事”建设的相关制度。

活动期间，活动领导小组办公室结合基层调研、工作检查、走访慰问等方式，及时掌握全局活动情况，阶段性开展评估，发现存在问题，定期通报反馈，督促落实整改。通过开展活动，充分挖掘学习实践活动中发现和打造的亮点、品牌，挖掘身边的感人故事，集中展示干部职工在“四型海事”建设过程中的先进事迹和精神风貌。

十二、党的群众路线教育实践活动

2013 年 7—12 月，根据党中央和交通运输部安排部署，宁波海事局党组在全体党员、干部中开展党的群众路线教育实践活动，制定印发活动实施方案，明确活动指导思想、总体要求、目标任务和基本原则。活动目标任务是教育引导党员、干部树立群众观点，弘扬优良作风，解决突出问题，保持清廉本色，使党员、干部思想进一步提高，作风进一步转变，党群干群关系进一步密切，为民务实清廉形象进一步树立。宁波海事局全局 11 个党总支、36 个党支部、480 名党员参加了此次教育实践活动，交通运输部第五督导组对宁波海事局开展教育实践活动进行全程指导。

活动期间，围绕为民务实清廉主题，将教育实践活动与各项工作结合起来，以“除‘四风’、建‘三化’、建设群众满意的宁波海事”为活动载体，组织党员干部在落实“照镜子、正衣冠、洗洗澡、治治病”总要求中，把领导带头、学习教育、征求意见、查摆问题、边整边改、开门搞活动等贯穿于活动的全过程。通过“回头看”，做好每个环节的工作。宁波海事局党组坚持以整风精神改进领导作风，组织开好专题民主生活会，及时通报专题民主生活会召开情况，接受群众监督。宁波海事局党组坚持边学边查边改，针对查摆出来的问题，制定“两方案一计划”整改措施，共制定各类整改措施和建制计划 124 项，明确时间表与责任人。党组成员配套个人整改措施，处级以上干部按照规定进行自查和承诺，将解决群众意见与专项整治结合起来。推行“开放式船舶安全检查”、危险品集装箱“阳光”开箱等举措。围绕海事职能转变，对 66 项内部管理制度提出修改完善计划，重点完善了《宁波海事局会议管理规定》《宁波海事局车辆暨驾驶员管理办法》《宁波海事局党风廉政建设责任制检查考核办法》等制度。

十三、“三严三实”专题教育

2015 年 5 月，宁波海事局党组按照中央和各级党组（党委）的部署要求，根据《中共交通运输部党组“三严三实”专题教育工作实施方案》要求，制定工作实施方案及安排表，对照“严以修身、严以用权、严以律己，谋事要实、创业要实、做人要实”的要求，在全局中层以上领导干部中开展“三严三实”专题教育，其中学习培训扩大至科级以上领导干部、处级非领导干部和全体党员。“三严三实”专题教育分三个专题开展，分别为：严以修身，加强党性修养，坚定理想信念，把牢思想和行动的“总开关”；严于律己，严守党的政治纪律和政治规矩，自觉做政治上的“明白人”；严以用权，真抓实干，实实在在谋事创业做人，树立忠诚、干净、担当的新形象。传达落实上级精神要求，组织召开专题教育工作推进视频会，各级领导干部和党员参会累计达到 600 人次。局领导班子带头认真做好三个专题研讨学习、党性分析会和“不严不实”问题清单查摆建立。全局党员干部以各直属党组织为单位开展各类学习研讨96次，各支部书记上专题党课18次，参加学习人数达684人次，撰写学习材料341篇。结合专题教育，组织开展“如何成为好干部”大讨论，围绕习近平总书记提出的二十字好干部标准，深入开展“怎样是好干部”“如何成为好干部”的专题学习讨论，共收集相关意见建议200余条，提炼好干部举措70条，科级以上干部完成心得体会160余篇。

十四、“两学一做”学习教育

2016年4月—2017年12月，宁波海事局党组根据上级部署要求，组织开展“学党章党规、学系列讲话，做合格党员”学习教育(简称“两学一做”学习教育)，召开动员部署会，下发学习教育实施方案、计划表，同步开展阶段性督查。开展党章党规学习和系列讲话精神学习活动，组织开展党组中心组集中学习、专题研讨、中心组扩大学习，组织开展“两学一做”学习教育专题培训6次，202名党员干部参加培训。全局党员干部开展各类学习研讨196次，参加学习人数达492人次。开展调查研究，聚焦贯彻落实上级重大决策部署，聚焦影响人民群众获得感、幸福感、安全感的突出问题，聚焦影响和制约单位改革发展的重点、难点、关键问题，面向局内外召开座谈会12次，现场调研23批次。认真检视问题，按照交通运输部指导组把好“问题清单关、民生实事关、重大任务关”三关要求，从学习研讨中找差距，从调查研究中找问题，全面检视存在的问题。向局属各单位部门、20余家市直机关单位部门和港航企业、社会群众广泛征求意见建议。抓整改落实，对照查摆出的问题，按照主题教育期间、年底前完成和长期整改三个层面，明确整改措施和整改时限。坚持边学边改、即知即改，坚持问题导向，在全局范围内开展查补短板工作。其间，开展船籍港“扫盲”行动，编发《告船长安全管理建议书》2700余份，走访检查航运公司211家次，实施针对性监管52艘次。组织开展建党95周年知识竞赛、书记读书会等活动。细化落实党风廉政建设“两个责任”，制发负面言行提醒卡，推出廉政现场教育模块。认真开展党性分析，深刻剖析思想根源，全局12个二级单位领导班子、68名中层党员领导干部和424名普通党员按要求撰写党性分析报告开展党性分析。

2017年5月，按照上级部署，宁波海事局党组组织召开“两学一做”学习教育常态化制度化动员部署会，启动常态化制度化工作。制定下发实施方案，明确“五个坚持”总要求，即坚持以“学”为先，推动理论武装思想成为常态；坚持以“做”为本，推动践行“四个合格”成为常态；坚持以“改”为重，推动自我改进提高成为常态；坚持以“常”为要，推动支部建设成为常态；坚持以“长”为基，推动制度建设成为常态。

十五、“不忘初心、牢记使命”主题教育

2019年6—8月，按照党中央和上级党组统一部署，宁波海事局党组印发《中共宁波海事局党组关于开展“不忘初心、牢记使命”主题教育的通知》，明确主题教育的意义要求、目标任务和工作安排，成立以党组书记为组长的领导小组和五组巡回指导组。主题教育范围是全局各级党组织、全体党员尤其是中层以上党员领导干部。目标是理论学习有收获，思想政治受洗礼，干事创业敢担当，为民服务解难题，清正廉洁作表率。交通运输部党组第四巡回指导组进行指导。

组织领导干部学习《习近平关于“不忘初心、牢记使命”论述摘编》等书籍，学习习近平总书记关于“一带一路”建设、交通强国、安全生产、推动长三角一体化发展等重要讲话精神，重温总书记在浙江工作

期间关于浙江、宁波港口发展等重要指示精神,组织开展党章党规、党史新中国史、《习近平关于交通运输论述摘编》、交通运输部党组对宁波海事局“走在前列”工作要求等专题学习研讨,开展集中学习15次,组织和参加上级脱产专题培训6人次。领导班子围绕为基层松绑减负、象山港水域风险隐患排查治理、海事4G执法监督、游艇监管等课题进行调研,面向局内外召开座谈会12次,现场调研23批次,提出清单式举措46项;处级党员干部走访港航企业、辖区船舶,到兄弟单位做经验交流,解决各自调研课题,针对44个课题,提出312条举措建议。向局属各单位部门、20余家市直机关单位部门和港航企业、社会群众广泛征求意见建议,共征集到对领导班子意见建议43条;基层领导班子征求到意见建议112条。按照主题教育期间、年底前完成和长期整改三个层面,宁波海事局党组明确了147条整改措施和整改时限,各基层单位聚焦各自问题清单抓整改,共制定针对性整改措施495条。宁波海事局全局对照5个具体目标,制定形成90项重点工作任务。局属各党组织也结合实际制订条目式工作推进计划。五个指导组累计赴基层现场指导64次。国家级媒体刊发主题教育报道20余篇,微信公众号推送6篇,局属各党组织发布各类工作信息123篇。

十六、党史学习教育

2021年3—12月,按照党中央和上级党组统一部署,宁波海事局党组围绕“学史明理、学史增信、学史崇德、学史力行”和“学党史、悟思想、办实事、开新局”的目标要求,在全局范围开展由全体党员参加,特别是以处以上领导干部为重点的党史学习教育。交通运输部党组党史学习教育第四巡回指导组进行全过程指导。局党组对党史学习教育进行全面动员部署,组织召开党史学习教育动员部署视频会,制定印发实施方案,明确具体任务、推进举措和时间节点等各项要求,组建党史学习教育领导小组及办公室、巡回指导组,明确机构成员和工作职责。按照党史学习教育计划安排,组织开展专题学习,宁波海事局党组组织开展覆盖全体党员的专题培训、集中研讨,带领各级党组织和全体党员干部学习贯彻习近平新时代中国特色社会主义思想,学习贯彻习近平总书记在党史学习教育动员大会上的重要讲话精神、在庆祝中国共产党成立100周年大会上的重要讲话精神、党的十九届六中全会精神等。在省委党校四明山分校举办三期处科级领导干部党史学习教育专题培训班,165名领导干部和优秀青年代表参加培训。组织百余名退休党员学习参观大革命时期中共宁波地委旧址纪念馆、宁波建城1200年历史展览馆等地。其间,共为全局党员统一配发学习资料3600余本,各级党组织通过“三会一课”、主题党日等形式开展学习研讨300余次,讲授专题党课100余次,开展现场教学30余次,参加举办专题讲座5次。宁波海事局全局成立14个青年理论学习小组,局处两级开展青年理论学习小组学习活动100余次、各类青年志愿服务200余次。

宁波海事局党组坚持联系实际,开展党史学习教育,组织召开“我为群众办实事”航运企业座谈会,广泛调研,听取意见,形成局党组“我为群众办实事”项目清单10项、基层党组织“我为群众办实事”项目清单95项。部署开展“建功岗位讲奉献,我为窗口添光彩”承诺践诺活动,524名在职党员许下600余项个人承诺。

其间,宁波海事局党组深入开展各种形式的党史宣传和党史知识竞赛。共报送党史学习教育宣传简报69期,党史学习教育相关工作获交通运输部、交通运输部海事局简报收录近30条。行业媒体报道宁波海事局党史学习教育开展情况25次。组织党史知识竞赛,邵骏参加全国党史知识竞赛总决赛获优胜奖,娄沁沁代表交通运输部参加中央和国家机关青年党史知识大赛并获优秀个人奖。

第四章　精神文明建设

宁波海事（海监）局高度重视精神文明建设和文化建设，建立健全党组统一领导、党政齐抓共管、职能部门协调、群团组织分工协作、干部职工全员参与精神文明活动的领导体制与创建机制，深入践行社会主义核心价值观和海事核心价值体系，通过“三学一创”“四型海事”“三化”建设和“四化”建设，实现文明创建、文化建设双丰收。2011年、2020年两次荣膺“全国文明单位”，先后涌现出“全国五一劳动奖章”获得者、全国“巾帼建功”标兵、全国交通运输行业精神文明职工标兵、省市级劳动模范、中国海员建设工会全国委员会“金锚奖”获得者等先进典型。2015年起连续获评全国交通运输文化建设卓越单位。2021年，“甬潮”“悦航”荣获第三届交通运输优秀文化品牌。

第一节　文明创建

一、“九五”（1996—2000年）期间

在《宁波海监局“九五”期间精神文明建设工作规划》中，宁波海监局提出，要深入学习邓小平理论和党的十四大精神，以树立“公正、廉洁、服务、高效”的海监精神，塑造“严正、文明”的海监形象，争创省级文明单位，实现职工队伍素质、行业文明程度、综合管理水平显著提高的创建目标。

1996年，根据交通部《交通行政执法职业道德基本规范》和《宁波海监局“九五”期间社会主义精神文明建设规划》的要求，宁波海监局先后下发《关于〈宁波海监局‘九五’期间精神文明建设工作规划〉配套工程任务分解的通知》《宁波海监局职工文明用语手册》《宁波海监局机关创建文明处室活动方案》。8月8日，宁波海监局局长办公会研究决定，调整局精神文明建设领导小组（学习“华铜海”轮领导小组）为：邱云龙任领导小组组长，张仕钱、傅其昌、董永芳任副组长。小组成员为宣传处、办公室、组织处、人教处、工会、团委、纪检监察处、财会处、行管站负责人。

1996年“五一”前夕，叶中央作为中华全国总工会确定的12名“全国重点宣传的优秀工人”之一，应邀赴京参加“五一”庆祝大会，受到中央领导人的接见。5月10日，宁波海监局党委作出进一步开展向全国优秀工人叶中央学习的决定。7月，举办叶中央先进事迹报告会，组织干部职工与叶中央座谈交流（图5-4-1）。

图5-4-1　叶中央先进事迹报告会

1997年2月21日，宁波海监局印发《宁波海监局职工文明守则》《宁波海监局机关工作人员“五不十要”规范》，倡导遵章守纪、爱岗敬业、文明礼貌、公正执法。

1997年10月21日，宁波海监局召开文明示范“窗口”建设活动现场会，传达全国安监系统创建文明行业

会议精神，北仑监督站、镇海航标区白节灯塔和叶中央分别交流文明创建经验。会议明确，在全局范围内开展“三学”（单位远学青岛港，近学北仑监督站；集体远学“华铜海”，近学白节灯塔、“东海巡 12”；个人远学包起帆，近学叶中央）活动，将创建文明行业活动与“三学”活动有机结合，对下一阶段创建工作做了部署。

1997 年 6 月 24 日，宁波海监局印发《宁波海监局文明执法达标和文明单位、集体（班组）达标管理办法（试行）》《宁波海监局文明单位考核办法》，进一步规范文明达标标准、先进评比、命名、申报、考核、验收管理工作。

1998 年 8 月 28 日，浙江省创建文明检查组对宁波海监局创建省级文明单位工作进行检查验收。

1999 年 3 月，宁波海监局根据《全国交通系统创建文明行业实施办法（试行）》《全国水监系统文明达标标准及考核实施细则（航海保障）》的要求，制定下发《宁波海监局目标管理暨文明单位考核实施办法》，把文明达标活动与目标管理结合起来，把考核结果与干部任用、分配挂钩，做到年初有目标、年中有检查、年底有考核。

1999 年 9 月，叶中央作为百名全国劳模之一赴京参加新中国成立 50 周年庆祝活动，这是他第三次赴京参加国庆活动，宁波市委宣传部、市总工会和宁波海监局有关领导参加欢送仪式。

2000 年 6 月 20 日，宁波海监局党委下发《关于贯彻实施“五个一工程”的意见》，就“五个一工程”（培育一个单位、一个窗口、一个班组、一条船艇、一个标兵）活动的内容、基本条件、方法、要求进行全面部署。

“九五”期间，宁波海监局被授予浙江省文明单位、直属海事系统先进单位、全国海事系统文明达标单位等称号，“东海巡 12”轮获评“华铜海”式先进集体，通信处收信台荣获“全国交通系统通信服务先进单位”荣誉称号，北仑监督站荣获交通部水监局“文明执法示范窗口”、交通部水监局文明执法先进单位、全国海事系统“文明执法示范窗口”等荣誉称号，通信站中控台荣获通信系统服务先进集体、全国交通通信系统“文明示范窗口”、交通部“文明示范窗口”。镇海监督站站长陈根辛荣获中国海员建设工会全国委员会第五届特别“金锚奖”并被评为“优秀站长”、宁波市劳动模范。

二、“十五”（2001—2005 年）期间

在《宁波海事局“十五”精神文明建设工作规划》中，宁波海事局提出，深入学习贯彻邓小平理论，把握交通运输行业文明创建的特点和内在规律，深入推进“四型海事”建设，继续全面深入开展文明达标、“安全畅通文明航区”创建活动。

2002 年 3 月，宁波海事局根据《全国海事系统深入开展创建文明行业活动实施意见》等三个文件和浙江海事局的要求，印发《宁波海事局创建文明达标活动实施意见》等三个文件，明确 2002—2005 年文明达标活动要求，细化目标管理暨文明达标考核标准。

2002 年 11 月 8 日，宁波海事局召开创建文明行业工作会议，党委书记董永芳作了题为《认清新形势，明确新任务，开创我局创建工作新局面》的主题报告，总结“九五”期间创建工作经验，部署下一阶段创建工作，基层单位交流了创建活动经验（图 5-4-2）。

图 5-4-2　宁波海事局召开创建文明行业工作会议

2003年2月18日，宁波海事局党委下发《关于明确文明行业创建工作任务职责的通知》，要求创建文明行业活动坚持“党委统一领导，党政齐抓共管，职能部门协调组织，群团分工配合”的领导体制，成立局创建文明行业活动领导小组，下设办公室，挂靠在党委工作部。宁波海事局创建文明行业活动领导小组全面领导局文明行业创建工作，对创建工作的总体规划、工作方针、工作思路及重大事项进行研究和决策。宁波海事局创建文明行业活动领导小组办公室负责对全局创建工作的指导、协调和日常管理工作。

2003年4月2日，结合全国海事系统开展文明执法，创建“百佳”和十大执法标兵活动要求，宁波海事局党委下发《关于开展争当文明执法海事官活动的通知》。此后，文明执法海事官、文明执法标兵活动持续开展。2003—2019年，宁波海事局共评选表彰文明执法海事官136名、文明执法标兵34名。

2003年4月10日，《宁波海事局目标管理暨文明达标考核实施办法》施行，内容包括共性目标考核、个性目标考核、专项目标考核和测评考核4个部分，并采取一票否决制。2004年5月11日，局党委对该办法进行了修订。

“十五”期间，宁波海事局荣获全国精神文明建设工作先进单位称号，并3次荣获直属海事系统先进集体称号；北仑海事处荣获全国交通系统先进集体称号；通信处（站）荣获全国交通通信系统创建文明行业先进单位称号；鲁国钧、傅国潮荣获中国海员建设工会全国委员会“金锚奖”，李表康被评为宁波市劳动模范。

三、“十一五”（2006—2010年）期间

在《“十一五”精神文明建设工作规划》中，宁波海事局提出，坚持以邓小平理论和“三个代表”重要思想为指导，以科学发展观为统领，以推进和谐社会建设为方向，以深入学习实践社会主义荣辱观为主线，以“学先进、树新风、创一流”活动为载体，以创建“安全畅通文明”航区为重点，完善文明创建工作组织领导、目标规划、考核评价、奖罚激励、监督保障“五大体系”，实施先进典型培树、执法窗口建设、安全畅通文明航区创建、文明机关创建、海事文化建设“五大工程”，提出保持全国精神文明建设工作先进单位、浙江省文明单位，争取跨入全国文明单位行列的争创目标。

根据交通部海事局党委《关于全国海事系统开展“安全畅通文明”航区（航线）创建活动的意见》，2006年6月2日，由宁波海事局和宁波市交通局共同发起，航标、船检、引航、港口生产企业、航运公司、船舶代理公司和水上水下施工作业企业等50余家相关单位共同参与的宁波水域创建“安全畅通文明”航区活动正式启动（图5-4-3）。宁波海事局先后与秦皇岛海事局、中海油轮运输有限公司、上海华泰海运公司、宁波港集团等单位签订文明共建协议，与宁波海关、大榭开发区管委会、镇海炼化等政府部门和港航单位建立共建机制，全面开展共建活动。经过3年努力，局处两级共建单位发展到近200家。

图5-4-3 宁波水域创建“安全畅通文明”航区启动仪式

2006年11月，宁波作家汪卫兴深入海事系统采访后写成的报告文学《使命与大海同辉——走进中

国海事》由作家出版社出版发行。这是国内第一部描写海事工作和人物的长篇报告文学,部分章节采写了宁波海事局在防抗“麦莎”台风、VTS值班员成功处置30万吨级“伊朗诺阿”(IRAN NOAH)轮走锚险情及业务精湛的PSC检查官严把船舶安全关等感人事迹。

2007年7月11日,为庆祝第三届“中国航海日”,宁波海事局首次举办“海事开放日”活动,邀请市民参与港区巡航,了解海事工作(图5-4-4)。

图5-4-4　第三届“中国航海日”期间,宁波海事局举办“海事开放日”活动

2007年9月20日,宁波海事局召开精神文明建设工作会议。会议传达全国精神文明建设工作会议精神,总结交流“十五”精神文明建设工作经验,部署“十一五”精神文明建设工作。

2009年4月29日,经宁波海事局局长办公会议研究,局精神文明建设领导小组(创建文明行业活动领导小组)成员作出调整:胡其红任领导小组组长,徐承荣任副组长,成员为党群工作部(组织部)、纪检监察处、督察处、办公室、人事教育处、装备与信息处(通信信息中心)、财务处、工会、服务中心负责人,办公室设在党群工作部(组织部)。

2010年6月4日,浙江海事局在宁波举行仪式,为“全国五一劳动奖章”获得者丁敏强颁发奖章和证书。

“十一五”期间,宁波海事局先后荣获海事系统“安全畅通文明”航区、宁波市重点工程立功竞赛模范集体等称号,北仑海事处、镇海海事处荣获省级文明单位称号,所有基层海事处实现市级文明单位全覆盖,北仑海事处荣获全国海事系统文明执法示范窗口标兵称号,丁敏强荣获“全国五一劳动奖章”、获评“向杨庆文同志学习活动”先进个人,王军获评全国“巾帼建功”标兵、“全国交通运输系统先进工作者”,周驰荣获中国海员建设工会全国委员会第十二届“金锚奖”。李表康、王军、鲁国钧、丁敏强被评为浙江海事局建局十周年突出贡献人物。

四、“十二五”(2011—2015年)期间

在《宁波海事局“十二五”精神文明建设工作规划》中,宁波海事局提出,高举中国特色社会主义伟大旗帜,以邓小平理论和“三个代表”重要思想为指导,以科学发展观为统领,以“学先进、树新风、建和谐、创一流”“四型海事”主题实践为主要任务,坚持“文化育人、典型引路、人才兴局、品牌强局”理念,大力弘扬“超越自我,勇立潮头”的宁波海事精神,海事局进入全国文明单位行列、2—3家基层海事处争创省文明单位、1—2个局属单位进入交通运输部“十百千”工程行列、培树1—2名在全国海事系统有广泛影响的先进典型的创建目标。

2011年2月24日,宁波海事局党组下发《关于成立局文明创建专项工作领导小组和工作组的通知》,明确以全国文明单位为创建目标,局党组书记担任文明创建专项工作领导小组组长,其他局领导担任副组长,小组成员为机关各处、室、部负责人、局属各单位党政主要负责人,工作组设在党工部。

2012年2月27日,宁波海事局召开精神文明建设工作会议,全面总结精神文明建设工作成绩经验,明确下一阶段工作要求。会议表彰了在创建全国文明单位过程中涌现的先进单位、集体、先进个人以及

图 5-4-5　宁波海事局获评全国文明单位

对精神文明建设作出突出贡献的个人（图 5-4-5）。会议决定成立精神文明建设指导委员会，梁永铭任主任，王宏生、徐承荣、李树兵、李表康任副主任，张志锋任精神文明建设办公室主任。

2012 年 10 月 19 日，宁波海事局下发《深入推进“四型海事”建设学习实践活动方案》，全局上下开展动员实施、主题宣讲、深入实践，积极破解难题等活动，并完成《精卫》《风雨同行》《等待》等“四型海事”好形象微电影拍摄。

2013 年 3 月 28 日，浙江海事局文明创建工作现场推进会在宁波召开，宁波海事局在会上交流创建全国文明单位的经验。

2013 年 4 月，交通运输部党组对全国海事系统提出“三化”建设新战略部署。2014 年 2 月 28 日，《宁波海事局关于加强“革命化、正规化、现代化”建设的实施方案》下发，按照方案的要求，宁波海事“三化”建设正式拉开序幕。

“十二五”期间，宁波海事局获评全国文明单位、直属海事系统先进集体，大榭海事处、三江口海事处、象山海事处、宁海海事处获评浙江省文明单位，镇海海事处获评全国海事系统文明执法示范窗口标兵，黄林林获评全国海事系统“庆文式”标兵。

五、“十三五”（2016—2020 年）期间

在《宁波海事局“十三五”党建和精神文明建设发展规划》中，宁波海事局提出，深入学习贯彻习近平新时代中国特色社会主义思想，以“三化”建设为统领，深入践行“忠诚、和谐、开放、卓越”的宁波海事核心价值观，深化政治保障体系、特色文化体系建设，全力推进文明创建进程。

2016 年 11 月 18 日，交通运输部党组书记杨传堂来宁波海事局调研。杨传堂希望宁波海事局在已取得成绩的基础上，全面推进“十三五”规划实施，使宁波海事各方面工作都走在全国海事系统的前列①。

2017 年 4 月 25 日，宁波海事局举行“弘扬劳模精神，践行核心价值”主题劳模先进事迹报告会。宁波市劳动模范胡钢辉和汪三涵，全国无偿献血奉献奖金奖获得者陈贤德，全国海事系统“三化”好形象好品牌先进集体“蓝丝带”、直属海事系统优秀青年石世云、宁波市“三八红旗手”俞红燕、全国海事系统“庆文式”标兵周驰等先进典型代表作了先进事迹报告。

2018 年 8 月 30 日，宁波海事局党组下发《宁波海事局党组关于 2018—2020 年精神文明和文化建设重点目标任务的报告》，结合“十三五”党建和精神文明建设发展规划中期评估，提出 2018—2020 年精神文明和文化建设的重点目标任务，明确目标责任、创建时间节点，细化责任措施，全力推进争创全国文明单位、全国劳动模范、全国交通运输优秀文化品牌目标的实现。

2018 年 11 月 2 日，宁波海事局印发《宁波海事局内部综合荣誉评选表彰办法（试行）》，明确每年度

① 杨传堂在浙江调研时强调：抢抓机遇凝聚合力 服务海运强国建设，中华人民共和国中央人民政府网，https://www.gov.cn/xinwen/2016-11/21/content_5135589.htm.

组织开展“先进个人”“先进集体”“先进基层党组织”“优秀共产党员”“优秀党务工作者”评选表彰；每3年组织开展“十佳青年”“创新成果奖”评选表彰；每5年组织开展“‘××五’干事创业标兵”“‘××五’岗位能手”评选表彰，评选表彰周期与宁波海事局五年规划周期同步。

2018年12月28日，宁波海事局公布首届“创新成果奖”评选结果：①砂石船内河船宁波“五维治理”模式成效显著并在全国推广；②创新“港口国－船旗国”协作机制，有效保障辖区水域安全；③打造行业领先的宁波海事政务自媒体；④宁波海事局政务办理服务规范化建设成果在全系统应用实施；⑤构建综合执法模式下海事行政处罚新范本。

2019年1月24日，宁波海事局召开首届先进荣誉表彰大会，通报表彰了2018年度获上级和有关部门表彰的先进集体(66项)和先进个人(294人次)。

2019年8月19日，宁波海事局党组调整精神文明建设指导委员会成员：赵青云、李表康任主任，杨卫强、王军、黄燕品任副主任，成员为局属单位、机关部门主要负责人。工作职责是贯彻落实上级及地方党组织关于精神文明建设工作的重要决策和工作部署，研究制定局精神文明建设规划，审定年度精神文明建设工作计划，制定与精神文明建设相关的规章制度，定期总结、评估工作成效，指导开展精神文明建设和文化建设工作，研究解决全局精神文明建设工作中的重大事项和问题。委员会下设精神文明建设办公室，该办公室的日常管理工作由局宣传处承担。

2020年7月，在浙江海事局建局20周年宣传活动中，宁波海事局以“党旗高高飘扬”“守护水上安全”“维护国家主权”“贡献中国智慧”等为主题，制作彩图展板，并利用滚动屏、电视屏、微信、内网等载体全方位展示宁波海事局建设成果。

2020年8月13日，宁波市召开全面推进高水平交通强市建设动员大会，宁波海事局成为宁波市交通强国建设试点单位。宁波海事局围绕交通强国任务目标，以实际行动，积极为宁波建设世界一流的“硬核”海港保驾护航。

“十三五”期间，宁波海事局获评全国文明单位(机关)，穿山海事处、鄞奉海事处获评浙江省文明单位，宁波海事局PSC工作室获评全国交通运输行业文明示范窗口，政务中心、北仑海事处获评交通运输部海事“三化”好形象好品牌先进集体，汪三涵获评全国交通运输行业文明单位职工标兵和浙江省劳动模范，徐建红获评宁波市劳动模范。

六、“十四五”以来

宁波海事局以习近平新时代中国特色社会主义思想为指导，深入贯彻党的十九大精神，落实“四化”建设、海事系统“12395”工作思路，制定下发《关于印发“十四五”发展规划的通知》，明确坚持“走在前列”目标不动摇，积极争当浙江海事“领跑者、样板区、示范窗口”建设的“模范窗口”，各项创建工作有序推进。

2021年1月2日，宁波海事局发布建局20周年主题标志(Logo)(图5-4-6)。随后，相继组织开展了人物寻访、“十三五”干事创业标兵及岗位能手事迹短片展播、建局20周年主题文化作品展等一系列活动。

图5-4-6　宁波海事局建局20周年主题标志

2021年6月3日，宁波海事局组织召开2020年度先进荣誉表彰大会。会上共通报表彰各类荣誉340项（人次）［其中单位（集体）80项、个人260人次］，对9批次集体（个人）进行授予荣誉称号［其中单位（集体）30个、个人70人次（含标兵能手各10人）］，其中4位先进代表作表态发言。在表彰年度先进集体、先进个人的同时，会议还为“十三五”期间全局各个领域涌现出的干事创业标兵、岗位能手举行了荣誉颁授仪式，授予胡钢辉、戴东起、沈忠平、黄胜华、徐建红、汪三涵、董迪、周驰、徐红儿、马新红等10人“宁波海事局‘十三五’干事创业标兵”荣誉称号，授予王琳琳（穿山处）、李鹏（象山处）、艾辉、姚誉闻、刘青春、柴烨央、郇璟周、陶冶、尤亮、胡启雷等10人“宁波海事局‘十三五’岗位能手”荣誉称号，这是宁波海事局首次开展该项荣誉的评选表彰。

2021年10月22日，宁波海事局举办建局20周年庆祝活动。宁波海事局党组书记、局长李表康致欢迎辞，浙江海事局党组书记、局长何易培致贺词。活动中，播放了通过寻访单位发展的亲历者和见证者、记录宁波海事变迁历史的纪录片《变与不变》，并举行了建局20周年文化建设成果汇演。

2021年12月1日，宁波海事局召开党组会，研究调整精神文明建设指导委员会、办公室成员：李表康任主任，王军、黄燕品、黄岩、王晓敏任副主任；指导委员会下设办公室，王军任主任，办公室成员为宣传处、党组工作部、机关党委办公室主要负责人。

2021年底，宁波海事局组织第二届“创新成果奖”评选，“深蓝智享”海运安畅服务、“甬海e站”内部综合管理平台、“港口国监督远程复查”创新监管机制、“消违治本两块牌子”构建现代化水上安全综治模式、“亲而有度、清而有为”构建“亲”“清”新型海事政企关系、全国海事系统模范机关试点创建体系等8个项目荣获“创新成果奖”。

“十四五”以来，宁波海事局精神文明建设发展进入快车道，梅山海事处、三江口海事处获评浙江省文明单位，全局实现省级文明单位全覆盖，精神文明创建向着更高更深领域推进。

第二节　文化建设

宁波海事（海监）局高度重视海事文化建设，将文化建设作为引领事业高质量发展、增强单位凝聚力和软实力的重要抓手。宁波海事局成立以来，坚持文化育人、典型引路、人才兴局、品牌强局的思路，广泛深入开展社会主义核心价值观教育，组织宁波海事核心价值观大讨论和海事文化研究，深入挖掘文化内涵，构建“甬潮”海事特色文化体系，文化建设的氛围日益浓厚。

一、海事文化建设历程

（一）1987—2000年：草创制度、形成观念阶段

宁波海监局坚持海事文化与业务建设“两手抓、两手都要硬”的工作思路，开展“五讲四美”宣贯，建立健全海事业务、内部管理、党建工作等一系列规章制度，制定“爱岗敬业、忠于职守、服务社会、真诚奉献”的职工守则，弘扬劳模精神，有力推进了党员队伍、干部职工队伍的思想建设。组织创作的一批以叶中央事迹为原型的书籍先后出版，电影、影视、广播作品相继公映或播出，《宁波港监志》完成出版。参加首届全国水上交通安全监督管理知识竞赛、全国海监机构大演练等竞赛，均取得优异成绩。职工爱岗敬业、追求卓越、逢赛夺旗的传统初步形成，宁波海事文化底蕴自此奠定。

（二）2001—2014 年：明晰内涵、培育体系阶段

宁波海事局自成立以后，面对飞速发展的港口、航运经济形势，坚持围绕海事中心工作，认真开展理想信念教育，强化党政工团协作，文化建设规划进一步完善。对接国家战略和海洋经济发展大势，正式提出实现一个目标（接轨国际、走在前列）、打造两块牌子（打造宁波海事监管和服务品牌、创建全国文明单位）、构建三大体系（构建安全监管体系、特色文化体系、党风廉政建设惩防体系）的总体思路。2011 年，借荣获“全国文明单位”之东风，培育宁波海事特色文化体系，在深化精神、物质、制度、行为、安全、服务、人才、廉政等八大子文化体系的基础上，确立了使命（航运更安全、海洋更清洁）、理念（服务港航、奉献社会）、愿景（接轨国际、走在前列）、精神（超越自我、勇立潮头）和核心价值观（忠诚、和谐、开放、卓越）。同时，形成“‘七一’海事执法党员活动日”等党建文化制度，打造“精卫”“悦航”“蓝丝带”等一批系统内外有影响的 PSC、VTS、窗口监管服务品牌，完成《宁波海事》《宁波海事研究》《职工行为指引读本》编写，编印《宁波海事发展史》，促使共同价值遵循进一步统一，文化体系基本形成。

（三）2015—2021 年：打造品牌、推广提升阶段

2015 年以来，宁波海事局结合弘扬社会主义核心价值观、交通运输行业核心价值观和海事核心价值体系，融合“干在实处、走在前列、勇立潮头”的浙江精神和“诚信、务实、开放、创新”的宁波城市精神，整合行业、地域、人文等特色，于 2016 年 9 月的海事文化月正式推出“甬潮”整体文化品牌，发布品牌诠释、标识（Logo）、标识诠释、文化品牌视觉识别系统，逐步构建起以“甬潮”整体文化品牌为龙头、“精卫”“蓝丝带”“悦航”“锋韧”四大业务品牌为核心、海事处基层品牌各具特色的“一总四支九特色”三级“金字塔”形文化品牌体系。进入新时代，宁波海事局围绕社会主义文化强国建设目标，按照“规范、理顺、创新”的思路，更新文化阵地，丰富文化产品，推出形象宣传片、文化手册、文创及海事内外网站、微博微信等文化产品载体丰富多样。宁波海事局连续 7 年获评全国交通运输文化建设卓越单位，“甬潮”“悦航”获评交通运输优秀文化品牌，4 家基层单位成为浙江海事局基层海事文化建设示范点。

二、海事文化品牌体系

宁波海事局成立以来，从机关处室到基层单位，都结合自身监管服务和当地民俗特点，探索推出了不同层次、多种形式、内涵丰富的特色文化品牌，形成以“甬潮”整体文化品牌为龙头、“精卫”“蓝丝带”“悦航”“锋韧”四大业务品牌为核心、海事处基层品牌各具特色的“一总四支九特色”三级“金字塔”形文化品牌体系，业务品牌和基层品牌持续涌现，特色文化百花齐放。

（一）“甬潮”文化品牌

1. 品牌诠释

甬是宁波的简称。潮表示潮流、浪潮，蕴含着博大、进取、创新的品质，寓意时代的最前沿。

甬潮，从海事工作的职责、使命出发，紧扣宁波地域特色，紧跟习近平总书记“勇立潮头”的号召，契合“忠诚、和谐、开放、卓越”的品牌理念，彰显宁波海事人“超越自我、勇立潮头”的信心和决心。

2. 品牌标识

“甬潮”文化品牌标识，如图 5-4-7 所示。

3. 品牌标识诠释

图 5-4-7 “甬潮”文化品牌标识

标识中的蓝色代表海洋，三条白线代表海潮。标识内核中，风帆图案形似宁波的简称“甬”，体现宁波海事的地域特征。风帆和浪潮代表超越自我、勇立潮头的精神追求。

标识整体具有鲜明的地域特点、行业特色、时代特征，象征着宁波海事人坚定不移的理想信念、奋发有为的精神风貌、敢为人先的标杆意识、追求卓越的精神品质，同时寓意宁波海事事业一帆风顺。

4. 品牌价值理念体系

使命：保障水上交通安全，保护水域环境清洁，保护船员整体权益，维护国家海上主权和人民利益。

愿景：全力建设国内一流的经济执法系统和国际领先的海事管理机构。

理念：忠诚、和谐、开放、卓越。

精神：超越自我、勇立潮头。

（二）核心文化品牌

1. VTS“悦航—BON VOYAGE”

品牌诠释：法语固定词组 BON VOYAGE，意为“一路平安”“航程顺遂”，中文含义为愉悦、舒畅地航行，象征平安和顺利。

品牌标识（图 5-4-8）：标识主体是“宁波”的大写字母缩写“NB”，同时通过字母变形构成“VTS”三个字母，结合起来代表“宁波 VTS”。标识末端字母“B”的形似船首，一是代表宁波 VTS 主要服务对象是船舶和港航企业，二是象征宁波 VTS 乘风破浪、奋发进取。

图 5-4-8 “悦航”文化品牌标识

品牌口号：心泊大港，航悦五洲。

2. PSC“精卫—LEAD SAFETY”

品牌诠释：意为“三‘精’三‘卫’”：①精细，体系化、规范化、精细化的管理模式；②精湛，国际前列、国内领先的专业技术水平，素质高、能力强、劲头足、结构优的人才队伍；③精彩，渠道广泛、内容充实、态度友好、成效显著的业界交流；④卫国，维护国家主权；⑤卫港，保障辖区水上安全及海域防污染，积极引导外轮提升在港表现；⑥卫航，以优质服务助推航运业持续健康发展。

图 5-4-9 “精卫”文化品牌标识

品牌标识（图 5-4-9）：主色调为蓝色，寓意大海以及海事局作为航运安全的主管机关的行业背景；主形状元素为盾牌，一方面象征海事港口国监督工作守护水上安全、维护国家主权的职责，另一方面也形似昂扬的船首，象征推动业界不断发展；蓝色盾牌上淡蓝色的“甬”字，是宁波城市的简称，即代表宁波；金色的锚象征航海平安；盾牌上方的“LEAD SAFETY”为品牌愿景，五星象征国际前列、国内先进的宁波港口国监督高质量业务与管理水平;“精业兴航 卫国护港”八个苍劲有力的大字,直观展示了“精卫”品牌的名称,也融合了中国传统书法文化,使“中国风”跃然纸上。

品牌口号:精业兴航,卫国护港。

3.“海巡22”“锋韧—Forerun”

品牌诠释:锋韧,是英文单词Forerun的谐音,映射“海巡22”走在前列、忠诚勇敢的理念,勇立潮头、坚忍不拔的意志,冲锋在前、英勇顽强的作风,不畏艰苦、无私奉献的精神和追求卓越的品质。锋,指先锋、锋利,寓意走在前列、所向披靡、忠诚勇敢、敢于担当。韧,指坚韧、顽强,寓意坚忍不拔、顽强刚毅、坚守奉献、追求卓越。

品牌标识(图5-4-10):标识主体由图形、中文文字和英文单词三部分组成。图形中两个阿拉伯数字“2”代表“海巡22”,两个“2”组成一个船头形状,数字颜色左为浅蓝、右为深蓝,分别寓意水浅的沿岸港口、近海和水深的外海、远海;下面两条折线也是数字“2”的艺术呈现,组合在一起代表海浪,颜色寓意与数字相同;折线上的三条和四条竖线代表三江四海。整个Logo寓意“海巡22”在浙江沿海及外海水域维护国家主权、救助人命安全、保护航行安全和海洋清洁。

图5-4-10 “锋韧”文化品牌标识

品牌口号:航行使命,艇立大港。

4.宁波海事局政务中心“蓝丝带”

品牌诠释:“蓝”,海洋的主题色,象征守护蔚蓝海洋的神圣使命;“丝”,行云流水,寓意传承海上丝路“柔中含韧、开放包容”的精神;“带”,心形的丝带,寓意在团队核心力的牵引下,全体党员心心相系,勤于协作,引领窗口政务发展。

品牌标识(图5-4-11):标识主体是由颜色深浅不同的两种蓝色丝带形态的线条组成的抽象心形图案。其中,蓝色象征海洋,寓意海事工作与海洋和船舶有着密不可分的联系;丝带组成的心形图案寓意政务中心全体人员秉承“心系蓝海,情牵港航”的理念,为保障辖区水上交通安全贡献力量。整体Logo兼具海事特色、女性元素和时代气息。

品牌口号:心系蓝海,情牵港航。

图5-4-11 “蓝丝带”文化品牌标识

(三)基层文化品牌

宁波海事局各基层海事处结合自身特点,打造特色鲜明的文化品牌,形成百花齐放的文化建设氛围。基层单位文化品牌标识如图5-4-12所示。

a)北仑海事处　b)镇海海事处　c)梅山海事处　d)穿山海事处

图 5-4-12

e)大榭海事处　f)鄞事海事处　g)宁海海事处

图 5-4-12　各基层单位文化品牌标识

(四)文化建设成果

2012 年 12 月 31 日，宁波大榭海事处、宁波镇海海事处获评浙江海事局“基层海事文化建设示范点”。

2012 年 12 月 31 日，PSC“精卫”、VTS“悦航”成为首批浙江海事局文化品牌。

作品登记证书

No. 00136823

登 记 号：国作登字-2013-F-00136823

作品名称：蓝丝带　作品类别：美术作品

作　　者：中华人民共和国宁波海事局　著作权人：中华人民共和国宁波海事局

创作完成时间：2013年03月05日　首次发表时间：

以上事项，由中华人民共和国宁波海事局申请，经中国版权保护中心审核，根据《作品自愿登记试行办法》规定，予以登记。

登记日期：2013年12月30日　登记机构签章

中华人民共和国国家版权局 作品自愿登记专用章

图 5-4-13　“蓝丝带”国家版权登记证书

2013 年 11 月，宁波海事局获评“全国交通运输企业文化建设优秀单位”。

2013 年 12 月 30 日，PSC“精卫”、VTS“悦航”、政务中心“蓝丝带”三大服务品牌完成国家版权登记。图 5-4-13 为“蓝丝带”国家版权登记证书。

2014 年 9 月 30 日，宁波海事局获评全国交通运输文化建设优秀单位。

2015 年 1 月 13 日，梅山海事处成为第二批浙江海事局基层海事文化建设示范点，宁波海事局政务中心“蓝丝带”品牌成为第二批浙江海事局文化品牌。

2017 年 5 月 23 日，宁波海事局 PSC 工作室获评第三批浙江海事局基层海事文化建设示范点。

2019 年 11 月，“甬潮”文化品牌获评首届交通运输优秀文化品牌之“创新力文化品牌”。

2020 年 11 月，“甬潮”文化品牌获评第二届交通运输优秀文化品牌之“创新力文化品牌”。

2021 年 11 月，“甬潮”文化品牌、VTS“悦航”文化品牌获评第三届交通运输“优秀文化品牌”。

2021 年，“悦航”成为浙江海事局六大文化工程首个安全文化类重点建设项目。

2015—2021 年，宁波海事局连续 7 年荣获“全国交通运输文化建设卓越单位”称号。

三、海事文化阵地建设

(一)机关文化阵地

1. 宁波海事局文化室(2011—2019 年)

宁波海事局文化室位于宁波市江北区人民路 355 号宁波海事局原机关大楼 4 层，建筑面积 60 平方米，于 2011 年 1 月启动设计，当年 12 月建成布展。文化室展厅以蔚蓝色为主基调，借助图文板块、历年数据、珍贵照片，以时间卷轴为序，通过“缘深渊远”“今朝灿烂”和“展望未来”三个部分,展现数千年来宁波海事文化的积淀与历史厚重感,以及宁波海事人众志成城、继往开来的精神传承和宁波海事特色文化内涵。2014 年,围绕宁波海事精神、物质、制度、行为、安全、服务、廉政、队伍等八大文化子体系,文化室内涵层次更加丰富,突出宁波海事核心价值观和核心价值体系、“安全引领”“服务先行”“规范提效”“行为指引”“党旗飘扬”“人才强局”等内容(图 5-4-14)。

图 5-4-14　宁波海事局文化室

2. 宁波海事文化展厅(2019 年—　)

宁波海事文化展厅位于宁波市鄞州区东泰街 31 号宁波海事局新综合业务用房 5 层,总建筑面积 260 平方米,2018 年启动设计,2019 年 9 月建成投入使用。展厅采用文字图片、实物陈列、模型,结合声、光、电、3D 等技术效果进行全方位展示,共设有 128 块展板,有实物展品 166 件(含各类模型、奖牌)、照片 630 幅,配有大型投影模拟播放器。展厅以“海事梦”为主题,分“海”“事”“梦”三大版块,加上“荣誉室”,构成四大展区。“海”版块透过大纵深历史追溯,呈现千百年来先人们在探索海洋进程中形成的海洋文化、地域文化和历史文化,以及宁波海事文化源远流长的历史脉络。“事”版块讲述宁波海事践行社会主义核心价值观和海事核心价值体系,忠诚实践“三保一维护”神圣使命,勇当行业发展、服务社会“排头兵”的奋斗精神。“梦”版块呈现宁波海事人与时代同呼吸共命运“走在前列”的不懈追求。文化展厅是对干部职工进行社会主义核心价值观和海事文化、海事历史教育的场所,也是与系统内外开展文化交流的基地(图 5-4-15)。

图 5-4-15　宁波海事文化展厅

3. 宁波海事局职工图书室(2020 年—　)

宁波海事局职工图书室位于宁波市鄞州区东泰街 31 号宁波海事局新综合业务用房 7 层,建筑面积 283 平方米。截至 2021 年底,职工图书室共计有文学类、社会科学类、综合类、科技类、党群类藏书 7810 册。此外,各基层单位也建有小图书室,共计有图书 5048 册。

(二)基层文化阵地

宁波海事局处室办事机构和派出机构也根据自身条件,因地制宜,打造了各具特色的文化展厅、文化室、文化走廊。

1. “精卫”文化室、文化走廊

“精卫”文化室位于宁波市鄞州区昌乐路 266 号宁波国际航运服务中心办公楼 5 层,于 2016 年建成。采用图文展板加实物展示的形式,分“领导关怀”“内部管理”“创新管理”“国际视野”“历史进程”“荣誉展板”六大板块,详细记录“精卫”品牌创建历程,全面展示理念追求、文化内涵、团队建设、服务举措、社会效益等品牌建设内容。

“精卫”文化走廊位于宁波国际航运服务中心办公楼5层，建成于2016年，2020年底完成更新改造。走廊以图文展板形式，阐述“精卫”品牌新发展时期的“PSC＋四轮驱动”理念，展示了“精卫”品牌在人才培养、标准制定、服务港航、国际合作方面取得的成就，进一步丰富品牌的文化形象。

2.“蓝丝带”文化室、文化走廊

“蓝丝带”文化室位于宁波市鄞州区昌乐路266号宁波国际航运服务中心办公楼2层海事窗口，于2011年初步建成，2014年完成更新改造。文化室采用图文形式，分“风姿”“实干”“民本”“引领”“开拓”“璀璨”六大板块，详细记录“蓝丝带”品牌创建历程，全面展示理念追求、文化内涵、团队建设、服务举措、社会效益等品牌建设内容。同时，该文化室还兼有宁波海事局政务中心党支部的党员活动室功能。

“蓝丝带”文化走廊位于宁波市鄞州区东泰街31号宁波海事局新综合业务用房1层政务大厅，于2020年完成布展。文化走廊通过“丝路”“初心”“砥砺”“服务”“引领”“寄望”六大板块，展示宁波海事局政务中心新窗口、新举措、新队伍、新风貌，诠释和传递“蓝丝带”品牌理念与价值追求。

3.“锋韧”开放式文化展厅

“锋韧”开放式文化展厅位于宁波市北仑区强峰路88号海巡执法支队业务用房1层大厅。展厅前部分东西两侧，分别布设4米×6米电子显示大屏和浙江海事局辖区图灯箱，中部隔墙正反两侧分别展示“锋韧”品牌标识及其释义解读，后部分东起顺时针依次由“前言”“忠诚篇”“英勇篇”“卓越篇”“活力篇”“展望”六大模块组成。展厅西侧比邻“青年文明号”展室和汪三涵劳模工作室，三者构成“一厅两室”格局。此外，该展厅还与宁波海上溢油应急设备库、主力船艇一并组成海巡执法支队文化展示链。

4.北仑海事处文化展厅、文化走廊

北仑海事处文化展厅位于宁波市北仑区新大路339号北仑海事大厦2层，于2013年启动设计，2014年10月建成。展厅以“心碶”文化品牌为中心，以蔚蓝色为主基调，运用海洋元素，以时间卷轴为序，将前言、古港桨声、改革潮声、机构概况、历年数据、严格监管、优质服务、开放合作、领导关怀、党风廉政、历任领导、职工风采、展望等板块串联起来，全面展现北仑海事独具特色的文化发展风貌。

北仑海事处文化走廊位于宁波北仑海事大厦3～4层办公区走廊及楼道，按照上级关于开展廉政文化墙试点工作的要求，于2009年初启动设计，7月完成展板上墙。50幅宣传板全面展示北仑海事处全处人员自编的警言警语、廉政宣传画等内容，后期又在楼梯过道墙面增加廉政漫画。

5.镇海海事处文化室、文化走廊

镇海海事处文化室位于宁波市镇海区沿江东路288号镇海海事处业务用房3层东北侧，于2012年启动设计并建成。文化室展厅主题为“勇于担当、善打硬仗”；展厅主体通过展板、展柜和触摸屏，展示“全面履职勇担责”“攻坚克难勇亮剑”“崇尚荣誉勇争先”“勤学苦钻善学习”“嘉言懿行善服务”“凝心聚力善合作”和“领导关怀”七个方面内容；中部的展柜主要陈列历年荣誉奖牌。

镇海海事处文化走廊位于镇海海事处办公区走廊、楼梯、阅览室等公共空间，采用挂墙展板的形式展示“三勇三善”“廉政文化”“走在前列”等内容。镇海海事处文化室与文化走廊较全面地展示了镇海海事处20年来的发展历程、履职情况及队伍风貌,呈现了独具特色的镇海海事文化,展现了新时代镇海海事人“勇于担当、善打硬仗”的优良作风和“精业、勤业、乐业”的价值追求。

6. 梅山海事处文化展厅

梅山海事处文化展厅位于宁波市北仑区梅山保税港区港域大厦B座12层,于2019年7月启动设计,2020年建成。展厅围绕“精正”文化主线,从服务精准、执法公正、队伍精良、风清气正四个角度设计梅山海事处文化室主体,利用墙面展板、沙盘模型和荣誉展示台等形式布展。展板从“攻坚创业”“砥砺前行”“日新月异”三个角度展示梅山海事处发展历程,从“走在前列”“消违治本”“融入地方”等角度讲述核心业务,体现“服务精准、执法公正”品牌内涵,从“党性锤炼”“战斗堡垒”“履职尽责”“先锋模范”“精诚团结”“创先争优”“奉献社会”等角度诠释“党建引领、队伍精良”品牌内涵。展厅还设置廉政承诺墙、廉政作品展示区等区域,体现“作风优良、风清气正”的文化氛围。

7. 穿山海事处文化展厅、文化走廊

穿山海事处文化展厅位于宁波市北仑区白中线66号穿山海事处业务用房5层,于2019年启动设计并建成。展厅以蓝白色为主基调,主体部分依次由“初心篇”“使命篇”“卓越篇”“为民篇”等四大板块组成,通过图文展板的形式全面展示穿山港区及穿山海事处发展历程、监管特色及特色工作机制。展厅前侧设有沙盘,全方位展示辖区监管水域。展厅中部隔墙内侧陈列有奖牌、奖杯、船舶实物模型等11件,并配有图文展板展示干部职工风采、各类文明志愿活动等。

穿山海事处文化走廊位于穿山海事处办公区3~4层,按照“以人为本”“干事创业”的结构布局。3层设廉政文化墙,展示廉政漫画、警言警语、“明·心”廉政文化品牌等内容。4层设“走在前列”文化走廊,展示“走在前列”相关工作要求,通过“两廊一室”文化成果展示,诠释“心致海事、卓越为民”的价值追求。

8. 大榭海事处文化走廊

大榭海事处文化走廊位于宁波市北仑区滨海南路66号大榭海事处业务用房内,于2013年启动,围绕“和谐立处、服务先行”,展示海事处各项工作。2017年,推出“和”文化标识,在大榭海事处办公楼3层改建“和”文化墙、文化走廊。文化走廊分“乐学乐授奏人和”“建标建制享事和”“一堂一室畅心和”“无烟无尘通气和”“同心同德趋政和”五个板块,展示大榭海事处班子建设、队伍建设、组织建设、文化建设和环境建设等各方面工作成效,营造“和衷共济筑团结、创先争优树品牌”的浓厚文化氛围。2021年,“和”文化品牌内涵和外延进一步拓展,大榭海事处系统筹谋新建大榭海事处文化室。为适应新形势新要求,将“人和”“事和”“心和”“气和”“政和”五和调整为“政和”“事和”“人和”“气和”四和,将“和谐立处、服务先行”的理念融入党建工作、安全监管、队伍建设和党风廉政等方面。

9. 三江口海事处文化走廊

三江口海事处文化走廊位于宁波市江北区人民路408号,2011年启动,2012年建成。主要展示“明责力行、护宴三江”文化品牌内容,由4个楼层六大板块共40块展板组成。一层为文化品牌标识和基本情况简介,包括发展沿革、组织框架、人员情况等;二层以“护三江城、护三江船、护三江水”为脉络介绍

“护宴三江”主题板块，展示管辖区域图；三层为“明责力行”主题板块和职工风采展示区，重点介绍“明德有为、明法善为、明心乐为、明纪清为”主要做法和成效；四层为“展望未来”主题板块。

10. 象山海事处文化室

象山海事处文化室位于宁波市象山县起春路21号2号办公楼5层，于2019年建成。文化室展厅以蓝白色为主基调，主体部分依次由象山处辖区图、海潮品牌文化体系、业绩成就、职工风采、荣誉墙等五大板块组成，图文展板、辖区图展示了监管特色、监管职责。海潮品牌文化体系由海事核心价值体系、“溯潮思源”、“关切引潮”、海潮品牌文化释义等构成。业绩成就与职工风采则展示了丰富的图片。荣誉墙陈列有奖牌、奖杯等实物。文化室展示了文化建设成果，诠释了象山海事处“容如海、精于事”的核心理念追求。

11. 鄞奉海事处文化室、文化走廊

鄞奉海事处文化室位于宁波市鄞州区四明西路717号鄞奉海事处业务用房1层，于2013年2月建成。文化室内置有8块图文展板和16件实物，对单位概况、人员形象、辖区概况、文化品牌、荣誉表彰、职工风采等进行介绍，并陈列有职工摄影书画作品。文化室配备书柜、图书及阅览桌位，兼具图书室阅览功能，方便职工学习。

鄞奉海事处文化走廊建成于2015年3月，以图文造型设计展示两个品牌标识及内涵，即以“桥连江海、心系民生”为理念的“聚心·桥”整体文化品牌和以“知·廉·识·耻”为基本内涵的“舍·得”廉政文化品牌。设16块廉政文化展板，以“三责”“五慎”“四君子”为主题，展示“自身安全我负责，同事安全我有责，单位安全我尽责”“慎独、慎始、慎节、慎爱好、慎交友”以及“梅、兰、竹、菊”（并称“花中四君子”）等内容。

12. 宁海海事处文化室、文化走廊

宁海海事处文化室位于宁波市宁海县正学路87号宁海海事处业务用房内，2012年开始筹划，2013年将原4层职工活动室进行改建，于2014年建成。文化室以宁海海事处文化品牌“山海”为主线，打造“山止川行尽职责”“宁业精业兴海事”“静民笃行优形象”“求思克难勇担当”“实干有为焕新颜”“海纳百川绘馨缘”“致志争先尚荣誉”“远谋近视谱华章”等8个模块内容，集中展现宁海海事履职担当、奋进有为、争先克难、精诚团结等良好精神风貌。

宁海海事处文化走廊位于宁海海事处办公区，将警言警语、廉政承诺上墙，开展诚实守信和讲究社会公德、职业道德、家庭美德、个人品德的教育，营造廉政氛围。

（三）公共安全文化阵地

1. 中国港口博物馆的海事展区

中国港口博物馆位于宁波市北仑区港博路6号，建筑面积40978平方米，于2014年10月建成开馆。博物馆2号展厅主题为“现代港口知识”，陈列有宁波海事局提供的PPR-2吸油毡、固体浮子式PVC围油栏等海上防污染器材，大屏幕滚动播放宁波舟山港船舶进出港交通管理、海事CCTV监控场景，还设置有模拟船舶签证等系统，让参观者能身临其境地感受海事在维护船舶交通安全、防止和减少船舶交通事故以及保护水域环境免遭船舶污染中所起的作用。

2. 宁波市公共安全宣传教育基地的水上事故救援主题展厅

宁波市公共安全宣传教育基地展区位于宁波市鄞州区宁穿路1800号宁波科学探索中心4层A区内,于2018年1月25日向公众开放。展区内设有水上事故救援主题展厅,宁波海事局全程参与策划设计与施工。展厅配有图文板、显示器和七自由度平台。在志愿者的引导下,体验者可以穿上救生衣模拟水上旅行,感受海上作业遭遇风暴等危险场景。该展厅已成为开展水上交通安全教育、传播海事文化的基地(图5-4-16)。

图5-4-16　宁波市公共安全宣传教育基地的水上事故救援主题展厅

3. 少年海事学校

宁波海事局于2015年启动"水上交通安全知识进校园"工作,旨在向中小学生传播水上安全、海洋环保、海疆国土等知识,提升中小学生水上安全意识和海洋环保意识。自启动以来,各基层单位先后与宁波大榭开发区第一小学、梅山学校、宁波市行知实验小学、宁波市江北区中心小学等学校开展共建活动,积极创建"少年海事学校"。2018年3月,宁波大榭开发区第一小学成为宁波市首家浙江省"少年海事学校"暨首个"水上交通安全教育基地",该校内设有海事体验教室、海事文化走廊、海事书屋,并在退役船艇"海巡07109"艇上设有海事船艇教育基地。

截至2021年底,宁波海事局在各县市区建立专门教育基地8个,累计开展专门志愿服务93次,覆盖师生人数超过1万人。

(四)海事文化建设产品

1.《宁波港监志》

《宁波港监志》于1992年8月启动编纂,1997年12月由人民交通出版社出版发行。全志共40余万字,分八章,包括概述、水域管理、船舶管理、船员管理、航标管理、通信交管、危险货物装运管理、海上交通事故调查处理与海难救助等章节,卷首有序、前言、大事记,卷末附人物传略、宁波港港章及有关航政管理规范性文件。《宁波港监志》比较全面地记叙了宁波港自宋代设立市舶司至1995年约1000年间宁波港城发展和海事管理的历史变迁,是有关港口、海事管理的专业志书(图5-4-17)。时任交通部副部长刘松金为该志题写书名。

图5-4-17　《宁波港监志》

2.《孤岛守灯人》

《孤岛守灯人》由宁波海监局组织采写,宁波出版社1997年4月出版发行。该书收集整理有关宣传镇海航标区花鸟山灯塔主任、全国劳动模范叶中央先进事迹的16篇文章(图5-4-18)。时任交通部部长黄镇东作序,浙江省委副书记王金山等领导亲笔题词。

图 5-4-18 《孤岛守灯人》

3. 花鸟山灯塔

“世界历史文物灯塔”之一-镇海航标区花鸟山灯塔，位于舟山市嵊泗县花鸟岛，建于 1870 年，是中国舟山群岛最北端、长江口至太平洋航线上的特大型灯塔，被称为远东第一灯塔。塔身呈圆柱形，高 16.5 米，混凝土砖石结构，采用 2000 瓦卤素灯，使用牛眼透镜和旋转机组，透镜直径 1.8 米，为国内透镜直径最大灯塔，射程可达 24 海里。1997 年 8 月，花鸟山灯塔被列为浙江省文物保护单位。10 月，被国际航标协会列为世界历史文物灯塔，载入世界百座历史名胜灯塔之列。2001 年，被国务院列为第五批全国重点文物保护单位。

4.《灯塔世家》

1998 年 6 月 29 日，以镇海航标区花鸟山灯塔主任、全国劳动模范叶中央为原型人物而创作的影片《灯塔世家》首映式在宁波市人民大会堂举行。影片由中宣部、国家广电局、文化部重点推荐，宁波海监局全程参与拍摄。时任宁波市委常委、宣传部部长邵孝杰及叶中央在首映式上讲话。

5.《先进人物风采录》

2011 年 6 月，宁波海事局采集建局以来曾获得“优秀共产党员”和“先进工作者”、参加技能大赛赢得荣誉的先进人物群体的感人事迹，以先进典型荣誉、精彩生活瞬间并附个人感言，图文并茂，汇集成《先进人物风采录》，展现先进人物可亲、可敬、可信、可学的一面。

6.《职工行为指引》

《职工行为指引》是宁波海事特色海事文化体系的重要组成部分。宁波海事局于 2010 年启动“行为规范”策划工作，2011 年形成讨论稿，2012 年开展文化建设问卷调查，集思广益，形成《职工行为规范》初稿。经征求干部职工意见建议、邀请专家评审，并经局党政联席会议审议，于 2013 年 1 月 16 日公布《职工行为指引》。《职工行为指引》分忠诚履职、公正廉洁、开放合作和创新卓越 4 章，共 12 小节、48 个短句，全篇逻辑结构严谨，语言通俗易懂，内容贴近职工，蕴含底线思维和红线意识，概括了一名合格称职海事工作人员的基本要求。此后还精选优秀案例，增加故事配图，推出《职工行为指引读本》（图 5-4-19），先后于 2014 年 6 月、2016 年 3 月两次完成改版升级。

图 5-4-19 宁波海事局《职工行为指引读本》

7.《宁波海事发展史》

为了系统展现宁波海事历史沿革，宁波海事局于 2011 年初征集海事相关历史文物，启动海事文化系列丛书《宁波海事发展史》整理编撰工作，于 2011 年 10 月完成编写印制。《宁波海事发展史》分“缘深渊远”“今朝灿烂”“展望未来”三章，回顾了从远古的河姆渡口，经吴越句章古港创立，至宁波明州港、宁波舟山港崛起的漫长航海文明发展历程，重点记录新中国成立以来宁波海事开拓创新、实现跨越的历史瞬间（图 5-4-20）。

图 5-4-20　《宁波海事发展史》

8.《海事梦》文化手册

为展示新时代宁波海事风采，宁波海事局于 2019 年 9 月启动《海事梦》文化手册的编撰设计工作，2020 年 9 月完成印制。手册围绕“海事梦”主题，分“海”“事”“梦”三章及附录，回顾古越先民从河姆渡口出发，经历海上丝绸之路繁盛，到签订《南京条约》开放通商口岸，再到新中国成立、改革开放海事事业快速发展数千年沧桑历程，全面展示宁波海事锚定“两领先、一接轨”走在前列目标，全力保障服务全球第一大港——宁波舟山港，争当新时代全面展示中国特色社会主义制度优越性重要窗口“排头兵”，激扬海事情、共圆中国梦的精神追求（图 5-4-21）。

图 5-4-21　《海事梦》文化手册

第五章　党风廉政建设

宁波海事（海监）局坚持以马克思列宁主义、毛泽东思想、邓小平理论、“三个代表”重要思想、科学发展观、习近平新时代中国特色社会主义思想为指引，贯彻执行历次党的代表大会精神和中纪委全会精神，认真落实上级纪检监察机关和局党委（组）的工作部署及要求，以构建“不敢腐、不能腐、不想腐”反腐倡廉长效机制为主线，不断加强制度建设，构建惩治与预防腐败体系，常态化开展廉政警示教育，组织开展各类专项行动，着力构建风清气正的政治生态和“蓝色铁军”，坚决推进全面从严治党，为推动宁波海事高质量发展提供了坚强政治保证。

第一节　廉政警示教育

宁波海事（海监）局始终把廉政教育摆在重要位置，常抓不懈，常态化开展丰富多彩的“廉政教育月”活动，组织党员干部职工学习《中国共产党章程》《中国共产党党内监督条例》《中国共产党纪律处分条例》《中国共产党党员领导干部廉洁从政若干准则》《关于新形势下党内政治生活的若干准则》等党纪政纪条规，常态化组织开展违纪违法典型案例警示教育和廉政提醒，开展党纪政纪条规知识竞赛，组织集体廉政基地参观现场教育，邀请法院、检察院工作人员授课，不断提升干部职工廉政意识和拒腐防变的能力。

1996 年 9 月，宁波海监局编制印发《宁波海监局工作人员廉政手册》，组织参加中纪委举办的党纪政纪条规知识竞赛活动，购买竞赛题报 302 份。全局党员干部参赛率在 95% 以上，1 人获浙江省纪委奖、3 人获宁波市纪委奖。

1998 年 9 月 24 日，宁波海监局党委组织党纪政纪条规知识竞赛。北仑监督站获一等奖，宁波监督站、局机关获二等奖，航标区、镇海监督站、船队获三等奖。

1999 年 12 月，宁波海监局续编印发《宁波海监局工作人员廉政手册》。手册选编了 1995 年以来中共中央、国务院和中纪委监察部、交通部和浙江省宁波市及宁波海监局关于党风廉政建设方面的有关规定、实施意见以及违反规定的处理办法。

2000 年 8 月 20 日，宁波海监局印发《关于开展利用典型案例进行警示教育月活动的通知》，以胡长清、成克杰等重大典型案件为反面教材，并联系交通系统和宁波市发生的典型案例，集中一个月时间开展警示教育。这是宁波海监局首次以文件形式明确开展“警示教育月”活动，此后每年以不同主题常态化开展该活动。

2002 年，宁波海事局组织专兼职纪检监察干部和机关干部 63 人到宁波市预防职务犯罪教育基地黄湖监狱接受现场教育。这是宁波海事局成立以来首次组织开展此类现场警示教育。

2009 年 6 月，宁波海事局制定《宁波海事局建立健全惩治和预防腐败体系 2009—2012 年实施计划》，明确提出将反腐倡廉教育纳入党组织中心组学习、党课教育、干部政治理论培训、职工思想政治教育、执法人员岗位培训、新录用人员岗前教育等各类学习教育活动。

2010年4—6月，宁波海事局开展“严肃党纪政纪、规范从政行为”廉政专项教育活动。成立专项教育活动领导小组，胡其红任组长，梁永铭、王宏生、徐承荣、李表康任副组长。领导小组下设办公室，宋金川任主任，黄岩、冯成海任副主任。专项教育活动通过组织学习、对照摸排等形式查找廉政风险源、制订防控措施，完善防治腐败体制机制，提高干部职工廉政自律的自觉性。

2011年6月17日，宁波海事局举办纪念中国共产党成立九十周年党史廉政知识竞赛，北仑海事处获一等奖，局机关、镇海海事处获二等奖，浙江海事局第一巡查执法支队、梅山海事处、宁波海事局巡查执法支队获三等奖。8月5日，宁波海事局代表队在浙江海事局组织举办的“清风杯”廉政知识竞赛中获团体第一名。

2013年5月7日，宁波海事局组织处级领导干部赴浙江省第五监狱接受廉政现场警示教育，由2名因职务犯罪而服刑人员“现身说法”。

2014年，宁波海事局推出“廉政提醒日”制度，即由各单位自行确定每月相对固定的一日，通过专题廉政讲座、现场教育、警示教育、廉政座谈等方式，组织开展廉政专题教育。“廉政提醒日”制度施行以来，各单位结合各自工作实际，以多种形式开展廉政提醒教育。

2015年8月6—13日，宁波海事局开展“海事处长讲廉政”暨“廉洁公正我承诺”活动。9家海事处分3个片区分别组织执法人员代表作出廉政承诺，邀请辖区港航企业代表参加见证。各海事处处长以“海事清明、我们的责任”为主题讲述廉政党课。其中，梅山海事处处长胡钢辉党课录像被评为直属海事系统“海事处长讲廉政”优秀视频，以光盘形式在系统内发放推广学习。

2016年3月，宁波海事局推出一批廉政现场教育模块，并选取5家廉政教育基地——宁波市廉政教育基地、宁波市公安局廉政教育基地、北仑区检察院廉政教育基地、鄞州区法院廉政文化教育基地和国家廉政教育基地慈城清风园，结合情景教育、文化引领、案例教育等形式，组织干部职工开展更具针对性、警示性的警示教育活动。

2017年9月29日，宁波海事局举办“清风朗读者”廉政主题活动。北仑海事处《廉政家书》获一等奖，局政务中心《爱的呼唤》、三江口海事处《家风颂》、大榭海事处《父亲》获二等奖，鄞奉海事处《“知廉识耻”在我心》、镇海海事处《清廉夏荷之韵》、梅山海事处《我是你的藤椅》获三等奖。

2018年10月25日，宁波海事局举办“言清风、话廉洁”配音比赛暨廉政主题教育活动。宁海海事处《康熙王朝》片段获得一等奖，局机关《永远在路上》片段和小品《同学会》获得二等奖，镇海海事处《延禧攻略》片段以及穿山海事处、梅山海事处、局政务中心《人民的名义》片段获得三等奖。

2019年1月9日，宁波海事局组织中层以上领导干部50余人集体参观“宁波市党员干部违纪违法典型案例专题展”。

2019年4月，宁波海事局组织全体干部职工到宁波市法纪教育基地黄湖监狱开展警示教育活动，参观警示教育图片展，现场听职务犯罪人员深刻剖析其犯罪经历和思想根源。

2021年5月，在廉政提醒短信的基础上，优化拓展提醒方式，形成日常廉政教育提醒“5422”机制（即“说廉事、学廉史、话廉情、释廉案、倡廉风”的五大系列廉政作品，集“短信、图片、视频、微信”四种表现形式为一体的多元化廉政作品方式，固化每月发布两期的常态化廉政提醒制度，着力构建全体党组织、全员

图 5-5-1 《亲清》微视频

参与的局处联动和警示教育抓常抓细抓实的两大廉政教育格局）。

2021 年 6 月，由宁波海事局选送的 3 个廉政提醒作品在直属海事系统庆祝建党 100 周年“清廉海事”微视频大赛中取得佳绩。其中，《亲清》（图 5-5-1）和《如此送礼》分别荣获一等奖和优秀奖。2021 年 8 月，“5422”机制相关工作经验入选市直机关工委“八廉工作法”典型案例，宁波海事局还在宁波市直机关纪委书记培训班上作专题交流。

第二节　制度机制建设

宁波海事（海监）局始终坚持把权力关进制度的笼子，坚持党风廉政和业务工作融合发展、一体推进，不断健全权力运行的制约和监督体系，形成党风廉政建设责任制、惩防体系、廉政谈话制度、业务廉政同报告制度等防范机制，推进“不能腐”的制度建设，推动提升反腐败斗争制度化、规范化水平。

一、党风廉政建设责任制

1996 年 12 月 24 日，宁波海监局首次制定印发《宁波海监局党风廉政建设责任制实施办法》，明确各级党政组织的党风廉政责任、各级领导干部的党风廉政责任范围和内容。此后，党风廉政建设责任制成为开展党风廉政建设工作的一项基本工作规则。其中，实施办法第四章第十八条规定，基层党政组织每年应向局党委、行政和纪委报告一次本单位的党风廉政建设和执行党风廉政建设责任制的情况。宁波海事局成立后，党风廉政建设责任制专题报告制度不断得到规范、深化。

1999 年 7 月 5 日，根据《交通部直属海事系统党风廉政建设责任制实施办法》和宁波市交工委《关于实行党风廉政建设责任制的规定（试行）》，宁波海监局将《宁波海监局党风廉政建设责任制实施办法》修订为《宁波海监局党风廉政建设责任制实施细则》，对责任考核、责任书签订及责任追究的情形予以详细规定，首次明确提出局及各单位（部门）的党政正职为本单位（部门）的第一责任人。在 1999 年的工作会议上，局领导副职、监督长助理与宁波海监局党委书记、局长（监督长）签订“1999 年党风廉政建设责任书”；基层单位党政正职、机关各处（室）处长（主任）分别与党委书记、局长（监督长）或分管局领导签订“1999 年党风廉政建设责任书”。之后，党风廉政建设责任书的签订成为党风廉政建设的一项常态化工作。

2004 年，宁波海事局印发《宁波海事局党风廉政建设责任制实施细则》，将宁波海监局的相关内容调整为宁波海事局。

2012 年 6 月 27 日，根据中共中央、国务院《关于实行党风廉政建设责任制的规定》，宁波海事局印发新修订的《宁波海事局党风廉政建设责任制实施细则》。该细则首次提出要在逐级签订责任书的基础上建立完善党风廉政建设责任体系，实施定期报告、专题报告、限期整改 3 项制度，进一步加强对领导班子和领导干部执行党风廉政建设责任制情况的监督检查。

2012 年，宁波海事局首次单独印发《宁波海事局党风廉政建设责任制检查考核办法》，通过单位自评、现场考核、民主测评的方式,进一步规范对局属单位领导班子及其成员、局中层领导干部的党风廉政建设责任制考核。2014 年、2016 年、2019 年,宁波海事局先后 3 次对《宁波海事局党风廉政建设责任制检查考核办法》进行修订,将考核内容逐步细化为任务完成、民主测评、领导评价、上级考核等 4 个方面,对责任制考核采取定量与定性相结合的方式,将考核结果优化为好、较好、一般、差 4 个等次。

2014 年 11 月 21 日,根据《浙江海事局党风廉政建设责任制实施办法》,宁波海事局修订印发《宁波海事局党风廉政建设责任制实施细则》。细则将原办法中的直接领导责任修改为重要领导责任,首次将局属单位科队办负责人纳入适用对象,提出编制责任体系图。并明确实行定期报告、点题报告、限期整改、签字背书 4 项制度,首次要求局属单位每年两次向局党组、分管领导、纪检组全面汇报执行党风廉政建设责任制及履行主体责任情况。

2016 年 4 月,宁波海事局首次开展纪检组组长专题约谈,约谈对象为局属各单位部门负责人。此次约谈通过各单位部门负责人汇报、纪检组组长点评和提要求的方式,谈责任落实、重点工作、风险防控、问题建议等,督促各单位部门负责人严格履行第一责任人职责。此后,每年开展全覆盖的纪检组组长专题约谈,成为宁波海事局履行监督责任的一项有力抓手。2020 年,约谈对象拓展至局属单位领导班子成员、科队办负责人、党小组组长、工团组织负责人及青年职工代表。2021 年,以党组织为单元开展专题约谈,进一步突出约谈对象的党员身份意识。

2016 年 6 月 12 日,为认真贯彻落实中央和上级关于“各级党委要切实担负党风廉政建设主体责任、纪委承担监督责任”的要求,宁波海事局印发《中共宁波海事局党组关于贯彻落实党风廉政建设“两个责任”的实施意见》,明确局党组主体责任和纪检组监督责任清单,同时要求各级领导干部严格落实“一岗双责”,确保“两个责任”推进有力、执行到位。

2017 年 11 月 8 日,根据《直属海事系统党风廉政建设责任制实施办法》,宁波海事局修订印发《宁波海事局党风廉政建设责任制实施细则》。细则首次明确局党组对职责范围内的党风廉政建设负主体责任、纪检组负监督责任,局属单位领导班子对本单位的党风廉政建设负主体责任。细则规定实施业务与廉政同报告制度,要求局属单位领导班子至少每半年召开一次专题会议,定期分析本单位的党风廉政建设状况,进一步压实党风廉政建设主体责任。

二、惩防体系建设

2006 年 6 月 22 日,根据中共中央《建立健全教育、制度、监督并重的惩治和预防腐败体系实施纲要》,宁波海事局印发《宁波海事局建立健全教育、制度、监督并重的惩治和预防腐败体系实施办法》,明确此后 3 ~ 5 年建立健全惩治和预防腐败体系的指导思想、基本原则、总体目标和重点工作,提出构建教育、制度、监督“三位一体”、三者并重的惩防体系格局,并细化实施六个方面 91 条具体举措。

2009 年 6 月 26 日,为认真贯彻落实中共中央《建立健全惩治和预防腐败体系 2008—2012 年工作规划》和交通部海事局出台的《直属海事系统建立健全教育、制度、监督并重的惩治和预防腐败体系的实施意见(试行)》,宁波海事局制定印发《宁波海事局建立健全惩治和预防腐败体系 2009—2012 年实施计划》,明确近 3 年六个方面 26 项重点工作任务。

2011 年 5 月,宁波海事局在全体执法岗位实施《宁波海事局海事行政执法廉政风险防控手册》。2012 年 12 月,实施《宁波海事局非执法岗位廉政风险防控工作手册》。至此,廉政风险防控工作实现全覆盖。廉政风险防控是推进权力公开透明运行、健全权力运行制约和监督机制的一项重要实践,是惩防体系的重要组成部分。

2014 年 12 月，宁波海事局编制印发《宁波海事局惩治和预防腐败体系建设工作手册》，首次形成集教育、制度、监督、正风、考评、惩治为一体的惩防体系建设新格局，实现惩防体系建设和廉政风险防控有机融合。

2015 年 3 月 13 日，根据中共中央《建立健全惩治和预防腐败体系 2013—2017 年工作规划》，宁波海事局印发《建立健全惩治和预防腐败体系 2013—2017 年工作规划工作任务分解表》，细化分解 6 个方面 37 项具体措施。

2017 年 12 月，宁波海事局正式启动走在前列“构建‘不敢腐、不能腐、不想腐’反腐倡廉长效机制”工作项目，在海事系统率先配备 4G 执法记录仪，实现对海事现场执法的在线监督、实时定位、视频回放、全过程音视频记录，对强化廉政风险防控、构建有宁波海事特色的“三不”机制、深化健全惩防体系发挥有力的基础保障作用。2019 年 9 月，宁波海事局制定实施阳光执法公开机制、违规过问海事执法行为备案机制和海事执法作风纪律红黄牌警戒机制。

2020 年 3 月，根据交通运输部海事局关于进一步加强直属海事系统行政执法廉政风险防控工作的要求，宁波海事局组织廉政风险防控工作手册修订工作，形成《廉政风险防控措施一览表（行政执法部分）》《廉政风险防控措施一览表（综合管理部分）》，并将其纳入宁波海事局综合管理体系须知文件 2.0。

2021 年 11 月，宁波海事局启动新一轮走在前列“深化一体推进、标本兼治的‘三不’机制治理效能”项目，从构建全覆盖监督体系、完善全链条内控体系、健全全领域亲清生态体系、深化“三融合”廉政教育机制、持续推进“清风海事”廉政文化建设等 5 个方面全方位打造生态良好的新时代反腐倡廉工作新格局。

三、廉政谈话制度

1998 年 7 月 29 日，宁波海监局印发《干部廉洁自律谈话制度》，规定对上级领导或单位职工对干部廉政方面的问题有举报和反映的、在干部考察和年度考核中廉洁自律方面得分较低的、新提拔任用的等三类干部开展廉洁自律谈话。

2012 年 6 月 26 日，宁波海事局修订并印发《干部廉洁自律谈话制度》，规定在廉政方面有举报和反映的、在干部考察和年度考核中廉洁自律方面得分较低的、新提拔任用的等 3 种需进行廉政谈话的情形。此后，局主要领导、纪检组组长常态化开展新提任领导干部集体廉政谈话。

2014 年 11 月 18 日，宁波海事局印发《宁波海事局廉政谈话制度》，明确任职谈话、提醒谈话、诫勉谈话 3 种廉政谈话类型和每类谈话的时机、内容及具体程序等。

四、业务廉政同报告制度

2016 年 1 月，为进一步强化党风廉政建设“两个责任”的落实，宁波海事局实施业务廉政同报告制度，明确要求各单位部门将月度廉政报告录入局目标系统，报告内容包括廉政教育、作风政风建设、廉政风险防控、礼品登记等情况；要求主要领导在月度例会上报告重要廉政情况，包括日常监督中发现的违纪违规行为或线索、苗头性倾向性问题和需要汇报的重大情况。

2016 年 9 月，宁波海事局贯彻落实《浙江海事局业务与廉政同报告工作管理办法》，建立实施“党风廉政建设工作月度情况报告表”制度，主要涵盖学习传达上级党风廉政建设工作精神情况及礼品礼金上缴、拒收和退回情况等 8 个方面的内容。

五、廉政意见回复制度

2002 年，宁波海事局根据《宁波海事局党政领导干部选拔任用工作条例》，在考察党政领导职务拟任人选时，听取考察对象所在单位组织（人事）部门、纪检机关（监察部门）和机关党组织的意见。

2018 年 3 月，交通运输部海事局印发《直属海事系统纪检监察部门回复党风廉政意见工作实施办法》。2019 年 4 月，浙江海事局印发《浙江海事局纪检监察部门回复党风廉政意见工作实施办法》。宁波海事局按照上级文件要求，进一步规范廉政意见回复工作，对拟提拔任用、参加公务员遴选、重大表彰奖励等情况做好党风廉政意见回复。

六、廉政档案管理办法

2020 年 4 月，交通运输部海事局印发《直属海事系统领导干部廉政档案管理办法》。2020 年 7 月，浙江海事局印发《浙江海事局领导干部廉政档案管理办法》。宁波海事局按照上级文件要求，对直接管理的科级以上领导干部逐一建立领导干部廉政档案，主要包括领导干部基础信息和廉政信息两部分，用于客观反映领导干部履行党风廉政建设责任制及廉洁自律表现。

第三节　行风政风建设

宁波海事（海监）局贯彻落实党中央决策部署，准确把握风腐同源、由风变腐、风腐一体的特征，统筹抓好中央八项规定精神落实和反腐败斗争，坚持纠树并举深化行风政风建设，通过定期招聘政风监督员、开展政风建设“大走访”，积极参与创建群众满意基层站所（服务窗口），从制度上源头上防范外部“不诚信行为”，构建亲清新型海事政企关系，为宁波海事高质量发展提供有力政治保障。

1996 年 10 月 23 日，宁波海监局制定印发《关于在国内交往中收受礼品登记和处理办法》，明确可能影响公正执行公务、确因各种原因未能拒收礼品的登记上交的相关要求。此后，每年根据办法要求统计通报礼品礼金拒收及上交情况。

1997 年，宁波海监局建立“义务监督员联系制度”，首次从社会上聘请了 14 位党风行风义务监督员。

1999 年，宁波海监局制定推行“行政执法反馈卡”制度，便于群众或管理相对人通过书面形式对行政执法人员廉洁执法、公正执法和文明执法情况进行评议和监督。

2002 年，宁波海事局聘请 20 名行风监督员，首次组织召开行风监督员座谈会。会上通报“四项教育”后落实整改及效果评估的情况，以及开展“转变作风年”活动情况。此后，每年常态化组织召开行风监督员座谈会。

2003 年 10—11 月，宁波海事局按照交通部海事局党委《关于进一步规范海事执法行为加强行风建设的通知》要求，开展以规范执法行为、加强行风建设为主要内容的检查整顿，并制作发放“海事执法人员八项纪律卡”。

2006 年，宁波海事局开通 24 小时行风监督举报投诉电话。

2009 年 7 月，宁波海事局推行“行政执法信誉卡”制度。执法人员在实施海事行政行为后，主动提供并明示行政执法相对人当场填写或另行填写信誉卡后寄回，用于反馈执法行为和执法质量。

2009 年，宁波海事局开展“八个零工作法”活动，即“零错案执法、零推诿受理、零延误办理、零拒绝诉求、零距离沟通、零时间休息、零间断服务、零有理投诉”，力求达到交通运输部海事局提出的损害群众利益“零”容忍总体要求，实现政风方面的有理投诉为零。

2010 年，浙江海事局印发《浙江海事局工作人员礼品登记管理暂行办法》，经两次修订，2021 年印发《浙江海事局工作人员礼金礼品登记管理办法》。宁波海事局按照上级规定要求，进一步规范工作人员在公务活动中拒收或上交礼金礼品“两登记”管理工作，有效防控外部“不诚信行为”引发的海事廉政风险。

2011 年，宁波海事局根据交通运输部海事局在直属海事系统开展政风建设“大走访”活动要求，制定政风建设“大走访”活动实施方案，以上门走访、电话及网络回访、座谈交流、问卷调查、交叉走访、暗访等形式，走访宁波辖区到港船舶、港航企业、代理公司、政风监督员及海事基层站点等，了解海事执法人员文明执法情况、事项办理情况，听取对加强海事政风建设、创新海事科学发展的意见建议。此后，每年常态化开展政风走访（图 5-5-2）。

图 5-5-2　开展政风走访

2013 年 5 月，宁波海事局印发《宁波海事局政风监督员工作制度》，采用公开选聘、单位推荐和直接聘请相结合的方式向全社会公开招聘政风监督员 50 名。2013—2021 年，宁波海事局每年进行政风监督员（志愿者）的聘请工作，定期召开座谈会，开展明察暗访等交流活动，推动政风监督员（志愿者）高效履职，对海事人员工作作风、工作效率、服务态度、依法行政、公平公正和廉洁自律情况等进行全方位监督。

2013 年，宁波海事局颁布实施《关于进一步改进工作作风实施意见》，深入贯彻执行中央八项规定精神、交通运输部海事局“五个禁止”等要求，大力改进会风、文风，严控“三公”经费支出，开展公务用车整治和办公用房面积自查自纠。2014 年，完成公务用车和办公用房专项整改。

2007—2015 年，宁波海事局参与浙江省政府、宁波市政府组织的“群众满意基层站所（服务窗口）”创建活动，不断提升基层站所、服务窗口的规范化建设水平，落实作风建设长效机制。镇海海事处、宁波海事局政务中心 2 家单位获评浙江省“群众满意基层站所（服务窗口）”创建工作先进单位，三江口海事处、大榭海事处、北仑海事处、象山海事处 4 家单位获评宁波市“群众满意基层站所（服务窗口）”先进单位。

2016 年 3 月，宁波海事局按照浙江海事局制定下发的《浙江海事局防范外部“不诚信行为”引发海事廉政风险管理办法（试行）》，开展防范外部“不诚信行为”管理工作。2019 年 9 月，浙江海事局印发《浙江海事局外部“不诚信行为”管理办法》，规定海事工作人员在拒收礼品礼金的同时应登记上报，并向“不诚信行为”对象采取函告、约谈等处理措施。2021 年 7 月，交通运输部海事局在浙江海事局成功经验基础上，印发《防范外部影响海事廉洁执法工作规定（试行）》，明确外部影响海事廉洁执法行为的认定、处置、解除。宁波海事局按照上级文件要求，开展防范外部影响海事廉洁执法工作，从源头上防治利益输送、防范廉政风险。

2019 年 5 月，浙江海事局“不诚信行为”管理“两登记”工作第一届表彰大会在宁波海事局召开，宁波北仑海事处霞浦海巡执法大队获评优秀集体，姚建飞、金定苗、王雪峰获评优秀个人。2020 年，宁波大榭海事处榭东海巡执法大队获评优秀集体，李明、赵刚、钱英杰获评优秀个人。2021 年，宁波象山海事处渔山海巡执法大队获评优秀集体，杨华兵、金连军、张占武获评优秀个人。

2021 年 4 月 30 日，宁波海事局印发《中共宁波海事局党组关于深化宁波籍航运企业外部“不诚信行为”管理工作的通知》，依托船籍港管理和现场监管，严格执行外部“不诚信行为”管理规定，通过为期 1 年时间的集中治理，降低宁波籍航运企业在辖区范围内外部“不诚信行为”发生率，营造良好的航运营商环境和海事执法环境。首创外部“不诚信行为”定期点名通报曝光制度，并被编入交通运输部党建工作领导小组办公室专报。强化廉政业务融合推进，加大“红黄牌”船舶监管纳入力度，强化信用管理深度，推动干部职工形成“不收”“应登尽登”的自觉。

2021 年 4 月 30 日，中共宁波海事局党组印发《中共宁波海事局党组关于构建亲清新型海事政企关系的实施意见（试行）》，贯彻落实习近平总书记关于构建亲清政商关系重要指示精神，加快构建亲清新型海事政企关系，明确建立并实施海事政企交往正负面清单、深化“就近跑一次”政务服务机制、健全海事政企联系沟通机制、落实容错纠错机制、建立守廉激励和失廉惩戒机制、推进清廉海事执法单元和诚信港航企业创建等 6 项工作目标任务和工作要求，成为直属海事系统首家构建亲清新型海事政企关系的单位。2021 年底，“亲而有度、清而有为”构建“亲”“清”新型海事政企关系项目获评宁波海事局第二届“创新成果奖”。

2021 年 5 月 17 日，宁波海事局召开构建亲清新型海事政企关系宣贯会，辖区 41 家航运企业负责人代表到会，并与辖区近 450 家港航企业、码头、代理公司等单位签订了承诺书（图 5-5-3）。

图 5-5-3　与航运企业签订构建亲清新型海事政企关系承诺书

第四节 廉政文化建设成果

宁波海事局始终坚持把廉政文化建设融入党的建设和海事业务全过程，融入宁波海事“甬潮”文化品牌提档升级全过程，融入各基层单位海事文化子品牌建设的全过程，大力弘扬廉洁价值理念，持续营造学廉崇廉尚廉的良好氛围。廉政文化示范单位点多面广，廉政文化载体形式多样，为宁波海事高质量发展提供了坚实的文化支撑。

2011 年，宁波海事局北仑海事处、镇海海事处被宁波市纪委命名为“宁波市廉政文化进机关示范点”。

2015 年 6 月 24 日，廉政话剧《家风》在宁波大学林杏琴大会堂完成首次演出，共计 500 余人观看了演出。《家风》由宁波海事局职工自编自导自演，独立创作完成，以艺术手法展现海事“廉内助”吴惠芳关键时刻挽救“失足”丈夫孙正乾的故事。2015 年 12 月 17 日，《家风》荣获直属海事系统青年廉政文艺作品评选一等奖。

2016 年 6 月，宁波海事局编制印发“宁波海事局党员干部负面言行提醒卡”，从心止、言止、行止三方面入手，共包括 18 条主要内容。提醒卡印制成普通银行卡形状，便于党员干部随身携带、时时对照、互相提醒（图 5-5-4）。

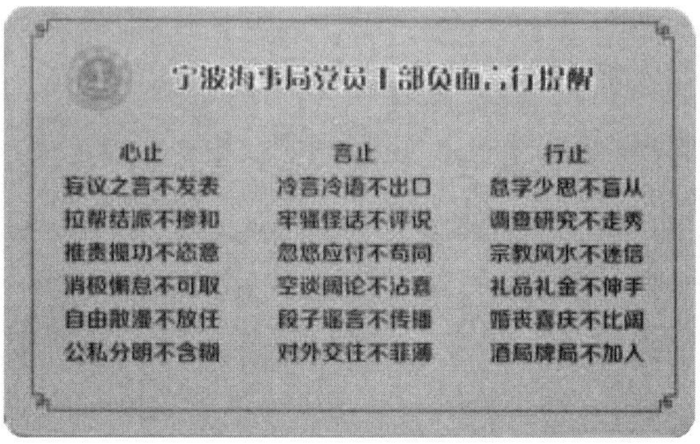

图 5-5-4　宁波海事局党员干部负面言行提醒卡

2016 年 7 月，《清风漫笔——习近平总书记党风廉政论述漫画解读》被宁波市委列为“两学一做”学习教育材料，由宁波市委统一印发，并在全市党政机关和领导干部中推广学习。9 月 6—18 日，“清风漫笔——习近平总书记党风廉政建设重要论述漫画展”在宁波美术馆举办。浙江省委常委、宁波市委书记唐一军带领四套班子成员参观学习，全市 200 多家单位部门、近 3 万人次分批次参观展览。2017 年 8 月 21 日，“习近平总书记党风廉政建设重要论述漫画展”在交通运输部机关开展。随后，受邀在济南、洛阳、台州、西安、深圳、交通运输部党校、人民出版社等多地多部门展出。

2017 年 5 月 23 日，宁波北仑海事处以“心碶”廉政文化品牌为引领，以“立碶于心、守廉于行”为核心理念，获评“浙江海事局廉政文化示范单位”。2019 年 12 月 31 日，宁波北仑海事处被交通运输部海事局党组确定为“2017—2018 年度直属海事系统廉政文化示范单位”。

2017 年 5 月 23 日，宁波梅山海事处以“精品引领、执法公正、精细管理、风清气正”为内涵的“精正”廉政文化品牌，获评“浙江海事局廉政文化示范单位”。

2017 年 8 月，《廉镜漫笔——十八大以来党风廉政建设漫画解读》由人民出版社出版。廉镜漫笔系列漫画作品由宁波海事局党组书记赵青云利用业余时间创作完成，历时 3 年多，合计 200 余幅，紧紧围绕习近平总书记系列讲话核心主线，内容涉及全面从严治党、“六大纪律”和“为官不为”等方面，既有对系列讲话精神的感悟表达，也有对群众所厌恶的、唾弃的官场现象的对照揭露。

2018 年 2 月 5 日，宁波海事局编制印发《作风建设规定摘编》，共梳理摘录从中央到宁波海事局的 28 项规定、办法。文件中的 131 条具体规定，囊括公务用车、公务接待、调查研究、学习培训等各方面要求，并附有对重点条款的解读（图 5-5-5）。

图 5-5-5　《作风建设规定摘编》

2020 年 1 月,《青锋笔谈——话说全面从严治党》由人民出版社出版。这是《廉镜漫笔——十八大以来党风廉政建设漫画解读》的姊妹书,由宁波海事局党组书记赵青云著作完成。该书从基层视角出发,紧密结合当前时政和社会热点,针对人民群众身边的官僚主义、形式主义现象,深刻解读了党的十八大以来习近平总书记关于全面从严治党系列重要讲话精神。

2021 年 4 月 8 日,清廉浙江海事工作室落户宁波海事局,浙江海事局党组纪检组组长王士锋揭牌,来自各分支局的 8 名纪检监察干部组成清廉浙江海事工作研究团队,集中开展打造清廉浙江海事建设的探索研究。

第六章　群 团 建 设

第一节　工 会 工 作

中国海员工会宁波海事（海监）局委员会自成立以来，按照《中华人民共和国工会法》《中国工会章程》及上级工会工作部署，推进工会组织自身建设，积极组织职工参与民主管理与监督，维护职工合法权益，开展群众性文体活动和比武立功竞赛，"职工之家"建设取得良好成效。

一、组织机构

（一）宁波海监局时期

1996 年 10 月 29 日，中国海员工会宁波海监局委员会举行第三次工会会员代表大会，选举产生宁波海监局工会第三届委员会，委员由胡绍松、沈仰石、于畅海、杨丽亚等组成，大会选举胡绍松为工会主席，沈仰石为工会副主席。

1996 年底，宁波海监局下设 9 个基层工会：镇海航标区工会、机关分工会、行管站分工会、通信处分工会、船队分工会、宁波站分工会、镇海站分工会、北仑站分工会、交管中心分工会，有工会会员 408 名。

（二）宁波海事局时期

2001 年 2 月 9 日，中国海员工会下发《关于交通部宁波海上安全监督局工会更名的批复》，同意"中国海员工会宁波海监局委员会"更名为"中国海员工会宁波海事局委员会"（简称"宁波海事局工会"），即日起启用"中国海员工会宁波海事局委员会"印章。

2002 年 5 月 10 日，中国海员工会宁波海事局委员会召开第一届工会会员代表大会，会议选举产生宁波海事局工会第一届委员会、经费审查委员会。5 月 27 日，中国海员工会浙江海事局委员会批复同意中国海员工会宁波海事局第一届委员会由胡绍松、周力、孙立蓉、朱瑞裕、林小曹、郑定华、陆机来、陆晓明、钱新成、贺建光、潘如泉 11 人组成，胡绍松任工会主席，周力任工会副主席，工会经费审查委员会由章仲德、叶志伟、王韶晨 3 人组成，章仲德任主任。

2005 年 9 月 22 日，根据宁波海事局党委《关于胡绍松同志职务任免的通知》，胡绍松不再担任局工会主席，工会工作由周力主持。

2007 年 12 月 7 日，中国海员工会宁波海事局委员会召开第二届工会会员代表大会，会议选举产生宁波海事局工会第二届委员会、经费审查委员会。2008 年 1 月 11 日，中国海员工会浙江海事局委员会批复同意中国海员工会宁波海事局第二届委员会由毛素贞、李成良、邹金祥、陆晓明、陈汉树、周力、范一龙、夏建红、钱新成、曹天华、楼小栋 11 人组成，周力任工会主席，工会经费审查委员会由叶志伟、宋金川、章仲德3人组成,章仲德任主任。

2011年4月20日,中国海员工会浙江海事局委员会批复同意中国海员工会宁波海事局委员会增(替)补工会委员、主席选举结果,增补戴土松、孙立蓉2人为中国海员工会宁波海事局第二届委员会委员,戴土松任工会主席。

2012年5月8日,中国海员工会宁波海事局委员会召开第三次会员代表大会,会议选举产生宁波海事局工会第三届委员会、经费审查委员会(图5-6-1)。5月28日,中国海员工会浙江海事局委员会批复同意中国海员工会宁波海事局委员会由丁益林、王培龙、王斌、孙立蓉、李成良、李鹏、沈安平、邹金祥、陈汉树、陈娆红、陈禅国、夏建红、曹天华、盛雪根、戴土松15人组成,戴土松任工会主席,工会经费审查委员会由毛素贞、章仲德、梅星明3人组成,章仲德任主任。

图5-6-1　中国海员工会宁波海事局委员会第三次会员代表大会

2014年12月25日,中国海员工会宁波海事局委员会召开会员代表大会,增(替)补选举工会委员、主席。2015年2月28日,中国海员工会浙江海事局委员会批复同意补选潘如泉为中国海员工会宁波海事局第三届委员会委员、工会主席。

宁波海事局根据中央机构编制委员会办公室《关于印发交通运输部直属海事系统人员编制和机构设置方案的通知》和《中华人民共和国工会法》中关于产业工会设置的原则,经请示,2015年9月,宁波市总工会直属基层工作委员会、宁波市委直属机关工会工作委员会分别批复同意中国海员工会宁波海事局委员会变更隶属关系,将原隶属宁波市总工会直属基层工作委员会调整为隶属宁波市委直属机关工会。

2017年7月13日,中国海员工会宁波海事局委员会召开第四次会员代表大会,会议选举产生宁波海事局工会第四届工会委员会、经费审查委员会。9月12日,经中国海员工会浙江海事局委员会批复同意,中国海员工会宁波海事局委员会由丁益林、王斌、方守建、严高波、严燕南、肖汉、邱海峰、张伟、林静、姜登运、夏建红、梅星明、曹海龙、韩刚、潘如泉15人组成,潘如泉任主席,工会经费审查委员会由毛素贞、胡振方、戴信晖3人组成,毛素贞任主任。

2020年11月12日,中国海员工会宁波海事局委员会召开会员代表大会,补选工会委员会委员、工会主席。12月2日,中国海员工会浙江海事局委员会批复同意补选姜玮为中国海员工会宁波海事局第四届委员会委员、工会主席。

1996—2021年工会历届主席、副主席及经费审查委员会主任任职情况见表5-6-1。

1996—2021 年工会历届主席、副主席及经费审查委员会主任任职情况一览表 表 5-6-1

<table>
<tr><th>工会名称</th><th>届次</th><th>选举时间</th><th>任职情况</th><th>备注</th></tr>
<tr><td rowspan="2">中国海员工会
宁波海监局委员会</td><td rowspan="2">第三届</td><td rowspan="2">1996 年 10 月 29 日</td><td>主席：胡绍松</td><td></td></tr>
<tr><td>副主席：沈仰石</td><td></td></tr>
<tr><td rowspan="11">中国海员工会
宁波海事局委员会</td><td rowspan="2">第一届</td><td rowspan="2">2002 年 7 月 5 日</td><td>主席：胡绍松</td><td>2005 年 9 月 22 日免职</td></tr>
<tr><td>副主席：周力</td><td>2005 年 9 月 22 日
主持工会工作</td></tr>
<tr><td rowspan="3">第二届</td><td rowspan="2">2007 年 12 月 7 日</td><td>主席：周力</td><td></td></tr>
<tr><td>经费审查委员会主任：章仲德</td><td></td></tr>
<tr><td>2011 年 4 月 20 日</td><td>补选工会主席：戴土松</td><td></td></tr>
<tr><td rowspan="3">第三届</td><td rowspan="2">2012 年 5 月 8 日</td><td>主席：戴土松</td><td></td></tr>
<tr><td>经费审查委员会主任：章仲德</td><td></td></tr>
<tr><td>2015 年 2 月 28 日</td><td>补选工会主席：潘如泉</td><td></td></tr>
<tr><td rowspan="3">第四届</td><td rowspan="2">2017 年 7 月 13 日</td><td>主席：潘如泉</td><td></td></tr>
<tr><td>经费审查委员会主任：毛素贞</td><td></td></tr>
<tr><td>2020 年 12 月 2 日</td><td>补选工会主席：姜玮</td><td></td></tr>
</table>

截至 2021 年底，宁波海事局下设局属基层工会 14 个：局机关分工会，北仑海事处分工会、镇海海事处分工会、梅山海事处分工会、穿山海事处分工会、大榭海事处分工会、三江口海事处分工会、象山海事处分工会、鄞奉海事处分工会、宁海海事处分工会，局政务中心分工会、交管中心分工会、海巡执法支队分工会和后勤管理中心分工会，共有工会会员 787 名。

二、制度建设

多年来，宁波海事（海监）局工会认真贯彻落实工会相关法律和系统内外政策要求，强化制度建设，先后制定《宁波海事局工会工作管理办法》《宁波海事局职工之家管理办法》等一系列规章制度，实现了制度化、规范化、标准化目标（表 5-6-2）。

2000—2021 年宁波海事（海监）局工会管理制度一览表 表 5-6-2

<table>
<tr><th>序号</th><th>制度名称</th><th>生效日期</th><th>状态</th></tr>
<tr><td>1</td><td>交通部宁波海上安全监督局公费探望住院职工的规定</td><td>2000 年 2 月 1 日</td><td>废止</td></tr>
<tr><td>2</td><td>宁波海事局局务公开实施办法</td><td>2006 年 8 月 31 日</td><td>废止</td></tr>
<tr><td>3</td><td>宁波海事局职工健康检查管理办法</td><td>2008 年 10 月 8 日</td><td>2014 年 12 月 5 日修订</td></tr>
<tr><td>4</td><td>宁波海事局离退休人员管理服务办法</td><td>2009 年 4 月 23 日</td><td>2014 年 12 月 5 日修订</td></tr>
<tr><td>5</td><td>宁波海事局职工爱心互助“5 元钱工程”实施办法</td><td>2009 年 6 月 26 日</td><td>废止</td></tr>
<tr><td>6</td><td>宁波海事局职工疗休养管理办法</td><td>2010 年 9 月 6 日</td><td>废止</td></tr>
<tr><td>7</td><td>宁波海事局职工慰问活动规定</td><td>2011 年 2 月 24 日</td><td>2014 年 12 月 5 日修订</td></tr>
<tr><td>8</td><td>宁波海事局工会工作管理办法</td><td rowspan="3">2012 年 6 月 26 日</td><td>2015 年 9 月 28 日、2017 年 7 月 31 日修订</td></tr>
<tr><td>9</td><td>宁波海事局职工活动管理暂行办法</td><td>2014 年 12 月 5 日修订</td></tr>
<tr><td>10</td><td>宁波海事局劳动模范、先进工作者管理暂行办法</td><td>2015 年 9 月 24 日修订</td></tr>
<tr><td>11</td><td>宁波海事局职工之家管理办法</td><td>2012 年 7 月 23 日</td><td>2015 年 9 月 24 日修订</td></tr>
</table>

三、工会活动

(一)劳动竞赛

劳动竞赛是工会组织依照职责开展的一项群众性经常性活动,宁波海事(海监)局工会围绕海事中心工作,积极引导职工开展劳动和技能竞赛、技术创新、岗位练兵,全力参与劳模先进培育和"巾帼文明"群体创建,营造岗位建功立业的良好氛围。

1. 安全优秀船舶、班组

1994年7月,宁波海监局积极参与中国海员工会全国委员会和交通部交通安全委员会联合开展的"全国水运系统船舶、班组安全竞赛"活动,并取得良好成绩。1998年11月10日,航标区"B-231"、巡逻船"东海巡12"分别被中国海员工会全国委员会、交通部交通安全委员会评为全国水运系统安全优秀船舶、安全优秀班组。

宁波海事局成立以后,工会组织继续深入开展船艇"管、用、养、修"和班组安全生产竞赛活动,积极参加各级组织的安全生产竞赛,船员的安全意识和技能进一步提高,"海巡113""海巡111""海巡22"相继荣获全国水运系统安全优秀船舶。

1998—2021年宁波海事(海监)局安全优秀船舶、班组获奖情况见表5-6-3。

1998—2021年宁波海事(海监)局安全优秀船舶、班组获奖情况一览表 表5-6-3

<table>
<tr><th>序号</th><th>单位</th><th>获奖名称</th><th>颁奖单位</th><th>表彰时间</th></tr>
<tr><td>1</td><td>航标区"B-231"</td><td>全国水运系统安全优秀船舶</td><td rowspan="4">中国海员工会全国委员会
交通部交通安全委员会</td><td rowspan="2">1998年11月10日</td></tr>
<tr><td>2</td><td>东海巡12</td><td>全国水运系统安全优秀班组</td></tr>
<tr><td>3</td><td>通监巡34</td><td>全国水运系统安全优秀船舶</td><td rowspan="2">2000年1月</td></tr>
<tr><td>4</td><td>洛伽山灯塔</td><td>全国水运系统安全优秀班组</td></tr>
<tr><td rowspan="3">5</td><td>甬监巡31</td><td rowspan="3">安全优秀船舶</td><td rowspan="6">中国海员工会宁波海监局委员会</td><td rowspan="6">2001年2月7日</td></tr>
<tr><td>甬监巡25</td></tr>
<tr><td>航标区"B-216"</td></tr>
<tr><td rowspan="3">6</td><td>航标区驾驶班</td><td rowspan="3">安全优秀班组</td></tr>
<tr><td>定海航标站维修班</td></tr>
<tr><td>菜花灯塔</td></tr>
<tr><td>7</td><td>海巡111</td><td>全国水运系统安全优秀船舶</td><td>中国海员工会全国委员会</td><td rowspan="2">2005年2月</td></tr>
<tr><td>8</td><td>海巡111</td><td>直属海事系统船舶、班组安全竞赛"安全优秀船舶"</td><td>中国海员建设工会海事局委员会</td></tr>
<tr><td>9</td><td>海巡113</td><td>全国"安康杯"竞赛优胜班组</td><td>中华全国总工会
国家安全生产监督管理总局</td><td>2008年1月1日</td></tr>
<tr><td>10</td><td>海巡113</td><td rowspan="3">2011年安全优秀船舶</td><td rowspan="4">中国海员工会浙江海事局委员会</td><td rowspan="4">2012年10月22日</td></tr>
<tr><td>11</td><td>海巡1101</td></tr>
<tr><td>12</td><td>海巡1128</td></tr>
<tr><td>13</td><td>大榭海事处危管防污科</td><td>2011年安全优秀班组</td></tr>
</table>

续上表

序号	单位	获奖名称	颁奖单位	表彰时间
14	海巡1119	2012年度特色班组	宁波市总工会直属基层工作委员会	2013年1月28日
15	海巡07109	2012年安全优秀船舶	中国海员工会浙江海事局委员会	2013年12月12日
	海巡0712			
	海巡07106			
16	海巡07122	安全优秀船舶班组		
17	海巡07124	2013年度特色班组	宁波市总工会直属基层工作委员会	2013年12月31日
18	海巡22	2013年度全国水运系统安全优秀船舶	中国海员工会交通运输部海事局委员会	2014年12月31日
19	海巡0718	2015年安全优秀船舶	中国海员工会浙江海事局委员会	2016年1月26日
20	海巡07108	2015年安全优秀船舶班组		
	海巡07112			
21	海巡22	2016年度安全船舶	中国海员工会宁波海事局委员会	2016年12月6日
	海巡0717			
	海巡07128			
22	海巡07125	2016年度优秀船艇班组		
	海巡07105			
	海巡07112			
	海巡07132			
	海巡07119			
	海巡07102			
	海巡07134			
23	海巡22	2017年安全优秀船舶	中国海员工会浙江海事局委员会	2018年1月3日
24	海巡07132	2017年安全优秀班组		
25	海巡22	2019年度安全优秀船舶		2020年1月12日
26	海巡0718			
27	海巡0717			
28	海巡07128			
29	海巡07112	2019年度安全优秀班组		
30	海巡22	2019年度全国公路水路行业班组、船舶安全生产竞赛先进集体	中国海员建设工会全国委员会 交通运输部安全委员会	2020年8月4日

2. 技能比武

海事工作具有较强的专业性、技术性，宁波海事局不断建立健全“传帮带”等一系列人才培养机制，在上级组织的各类技能比武中,发扬顽强拼搏的精神,勇夺第一,展示了宁波海事风采(详见参加技能比武竞赛类荣誉名录),同时,宁波海事局还自主举办一系列业务和综合技能竞赛,努力打造“蓝色铁军”。

2009 年 5 月 14 日,宁波海事局举办 2009 年职工技能大比武暨英语演讲比赛。11 月 20 日,举办 2009 年职工海事监管基本知识(技能)比武。

2011 年 7 月 21—23 日,宁波海事局举办船旗国监督检查(FSC)技能比武大赛。

2012 年 5 月 25 日,宁波海事局举办第二届技能比武(危防管理)大赛。

2012 年 11 月 28—29 日,作为浙江省暨宁波市第三届职工科技周的场外竞赛项目,由宁波海事局主办的宁波市巡航搜救(船员)技能比武分别在宁波大学和大榭穿白水域举行(图 5-6-2)。全市 13 支代表队参赛,巡查执法支队一队获得大赛团体一等奖。

图 5-6-2 2012 年宁波市巡航搜救(船员)技能比武大赛

2015 年 12 月 18 日,宁波海事局举办危险品防污染管理技能比武大赛。

2016 年 7 月 5—6 日,宁波海事局与共青团宁波市委联合主办宁波市首届青年海上搜救技能比武大赛,宁波市海上搜救中心成员单位、航运企业、航海院校、志愿者队伍等 13 支队伍的 59 名参赛选手参加,宁波海事局代表队荣获团体第一名、第二名。

2016 年 11 月 3 日,宁波海事局举办船旗国监督检查技能比武大赛。

2016 年 12 月 6 日,宁波海事局举办“职工好食堂”安全劳动竞赛。

2018 年 6 月 27 日,宁波海事局举办 2018 年海事现场执法技能竞赛。

2019 年 9 月 3 日,宁波海事局举办 2019 年船旗国监督检查技能比武大赛。

2020 年 7 月 24 日,宁波海事局举办 2020 年英语演讲比赛。

2021 年 6 月 9 日,宁波海事局举办危防管理技能比武竞赛。

2021 年 10 月 29 日,共青团宁波市委员会和宁波海事局共同举办宁波市首届青年海上事故调查技能比武竞赛,来自 9 个海事处和海巡执法支队的 10 支代表队 43 名青年执法人员参赛,梅山海事处获团队一等奖,宁海海事处、穿山海事处获团体二等奖。

3. 立功竞赛

宁波海事(海监)局积极主动融入当地经济社会建设,重点在服务保障宁波舟山港繁荣发展、促进航运经济和海洋经济中发挥关键作用。

1999 年 6 月 5 日,宁波海监局荣获 1998 年度宁波市重点工程建设先进集体。

2007 年 2 月 14 日,宁波海事局通航管理处获评 2006 年度宁波市重点工程建设先进集体。

2011 年 1 月 6 日，宁波海事局荣获 2010 年度宁波市重点工程立功竞赛模范集体，柴伟锋被评为“建设功臣”。

2012 年 1 月 3 日，郑华兴被宁波市总工会、宁波市人力资源和社会保障局表彰为 2011 年度宁波市首席工人。

2012 年 4 月 20 日，李瑛获评宁波市“五一劳动奖章”。

2013 年 4 月 28 日，宁波海事局指挥中心获评 2010—2012 年度宁波市模范集体。

2015 年 12 月 7 日，宁波市总工会表彰宁波舟山港“奋战 5 个月，突破 2 千万”立功竞赛活动先进单位与先进个人，穿山海事处、大榭海事处荣获立功竞赛优胜单位，镇海海事处危管防污科、大榭海事处政务受理科荣获立功竞赛优秀（班组）窗口，朱晓获宁波市“五一劳动奖章”，尹阳、胡钢辉、蔡明炜、顾中磊、楼永进获评服务标兵。

图 5-6-3　2016 年，北仑海事处荣获宁波市“五一劳动奖状”

2016 年 12 月 15 日，宁波市总工会表彰“宁波舟山港‘同舟共济保增长，奋力突破 9 亿吨’立功竞赛活动”先进单位与个人，北仑海事处荣获宁波市“五一劳动奖状”（图 5-6-3），俞甜荣获宁波市“五一劳动奖章”。

2017 年 1 月，宁波海事局荣获 2016 年度宁波市“开放型经济优秀服务奖”。

2017 年 2 月 14 日，通航管理处荣获 2016 年度宁波市重点工程建设先进集体。

2018 年 1 月 11 日，宁波市总工会表彰宁波舟山港年货物吞吐量首破 10 亿吨立功竞赛先进单位与个人，宁波梅山海事处荣获市“五一劳动奖状”，镇海海事处、海巡执法支队获评立功竞赛优胜单位，北仑海事处北仑山海巡执法大队、穿山海事处峙头海巡执法大队获评优胜班组，陈立勇、赵烁、张俊超、俞奇华获评服务标兵。

2019 年 1 月 16 日，宁波市总工会表彰浙江省海港“合力打好攻坚战、同心共筑强港梦”立功竞赛优胜集体与个人，穿山海事处荣获宁波市“五一劳动奖状”，大榭海事处、宁海海事处获优胜单位，三江口海事处江厦海巡执法大队、鄞奉海事处东钱湖海巡执法大队获优胜班组，马成义获宁波市“五一劳动奖章”，徐忆、刘维新、张敬民、王海祥、姚誉闻获管理标兵荣誉。

2020 年 1 月 10 日，宁波市总工会表彰浙江省海港“聚力高质量、建功新发展”立功竞赛优胜集体与个人，三江口海事处、象山海事处荣获立功竞赛优胜单位，穿山海事处“T”工作室、宁波海事局船舶交通管理中心马春华班组荣获立功竞赛优胜班组（窗口），金天骐、卢永平、邬璟周、邬亚永、姚建飞荣获立功竞赛标兵。

2021 年 2 月 8 日，宁波市总工会表彰浙江省海港“凝聚‘硬核’力量、争创优异成绩”立功竞赛先进单位与个人，大榭海事处获宁波市“五一劳动奖状”，马春华获宁波市“五一劳动奖章”。

4. 工人先锋号

“工人先锋号”是中华全国总工会开展的一项以“创一流工作、一流服务、一流业绩、一流团队”为内容的荣誉称号，鼓励职工辛勤劳动、创造性劳动，以提升业务管理水平。宁波海事局工会按照创建“工人先锋号”的要求，组织全局船舶、基层单位投身“工人先锋号”争创活动。2010 年以来，先后有 19 个集体被授予“工人先锋号”（表 5-6-4），其中，船舶交通管理监控室荣获全国交通建设系统“工人先锋号”（图 5-6-4）。

宁波海事局“工人先锋号”争创情况一览表　　表 5-6-4

序号	单位	荣誉名称	颁奖机关	表彰时间
1	海巡 113	2008—2009 年度“工人先锋号”	宁波市总工会直属基层工作委员会	2010 年 2 月 8 日
2	北仑海事处执法大队	2011 年度“工人先锋号”		2011 年 12 月 29 日
3	大榭海事处政务受理窗口			
4	海巡 112			
5	船舶交通管理中心监控室	2011 年度全国交通建设系统“工人先锋号”	中国海员建设工会全国委员会	2011 年 11 月
6	海巡 1125	2012 年度“工人先锋号”	宁波市总工会直属基层工作委员会	2013 年 1 月 28 日
7	北仑海事处危管防污科			
8	镇海海事处危管防污科			
9	三江口海事处执法大队			
10	海特 111			
11	北仑海事处政务受理科	2013 年度“工人先锋号”		2013 年 12 月 31 日
12	梅山海事处执法大队			
13	象山海事处政务受理科			
14	海巡 0718	2015 年度“工人先锋号”	宁波市总工会	2015 年 12 月 7 日
15	海巡 22	2016 年度“工人先锋号”		2016 年 12 月 15 日
16	大榭海事处榭南海巡执法大队	宁波市“工人先锋号”		2018 年 1 月 11 日
17	象山海事处渔山海巡执法大队			2019 年 1 月 16 日
18	北仑海事处新碶(算山)海巡执法大队			2021 年 2 月 8 日

图 5-6-4　船舶交通管理监控室荣获全国交通建设系统“工人先锋号”

5. 劳模先进创新工作室

为了激励弘扬劳动工匠精神，让专家型业务人才和国际海事领域的领军人物脱颖而出，自 2016 年 6 月始，根据交通运输部海事局党组《关于创建直属海事系统劳模先进创新工作室的通知》，宁波海事局工会牵头启动 PSC 工作组劳模先进创新工作室创建工作，建立健全涵盖工作职责、人员选拔标准等内容的一系列标准化工作机制，落实创建专项资金，2016 年，PSC 工作室在宁波市航运中心建成文化展厅，创建工作步入规范化、标准化轨道，PSC 工作室参与制定的《港口国监督远程复查导则》在东京备忘录第 30 次委员会会议上顺利通过。2018 年 10 月 17 日，中国海员建设工会全国委员会副主席曹宏伟、交通运输部海事局巡视员孙有恒为 PSC 工作室举行“直属海事系统劳模先进创新工作室”授牌仪式。2019 年 1 月 17 日，PSC 工作室被中国海员工会交通运输部海事局委员会命名为“劳模先进创新工作室”，成为全国第一家以港口国监督团队为创建主体的劳模先进创新工作室。

2019 年，“海丝创新工作室”创建工作启动，围绕“服务战略，走在前列”目标，深入分析海事服务经济社会发展贡献度指标，开展政策研究，收集、梳理、储备、展示宁波海事服务保障重大战略的系列举措及目的成效。是年，建成工作室成果展示中心。针对境外新冠肺炎疫情多发、高发态势，工作室于 2020 年 3 月 9 日在国内率先推出智能化“抵港国际航行船舶健康码”，精准指导防范港口船舶疫情处置，工作室研发的“深蓝智享”平台在全国海事工作会议和水上“大交管”工作推进会上作专题汇报。2020 年 12 月 28 日，“海丝创新工作室”获评第三批全国海事系统劳模先进创新工作室，2021 年 11 月 1 日，该工作室又获评第七批宁波市劳模工匠创新工作室（图 5-6-5）。

图 5-6-5　交通运输部海事局考评组对“海丝创新工作室”开展现场验收

6. 巾帼文明岗

宁波海事（海监）局工会组织认真贯彻落实《女职工劳动保护特别规定》（原为《女职工劳动保护规定》，2012 年废止）等要求，加强女职工劳动保护，关怀女职工群体健康，改善女职工劳动安全卫生条件，维护女职工合法权益。推进“巾帼文明岗”争创活动，强化组织落实，机制措施不断完善，先后涌现出全国“巾帼文明岗”、省市“巾帼文明岗”集体和全国“巾帼建功”标兵等先进集体与先进个人（表 5-6-5）。

“巾帼文明岗”先进争创情况一览表　　表 5-6-5

序号	单位	荣誉名称	颁奖机关	表彰时间
1	通信处中控台电传班	宁波市“巾帼文明示范岗”	宁波市妇女联合会	1998 年 3 月 1 日
2		宁波市“巾帼建功立业”先进集体		1999 年 3 月 1 日
3	通信处中控台电传班	宁波市“巾帼文明示范岗”		2000 年 3 月 28 日
4	通信站中控台无线话务班			2002 年 4 月 28 日
5	王军	全国“巾帼建功”标兵	中华全国妇女联合会	2007 年 3 月 1 日
6		全国交通运输行业“巾帼建功”行业标兵	交通部	

续上表

序号	单位	荣誉名称	颁奖机关	表彰时间
7	审验中心	宁波市“巾帼文明岗”先进单位	宁波市巾帼建功活动协调小组	2011 年 4 月 16 日
8	“蓝丝带”岗	宁波市“巾帼文明岗”	宁波市巾帼建功活动协调小组	2012 年 4 月 16 日
9	大榭海事处监管科	宁波市“巾帼文明岗”	宁波市巾帼建功活动协调小组	2013 年 1 月 13 日
10	政务受理中心	宁波市“巾帼文明岗”	宁波市巾帼建功活动协调小组	2013 年 1 月 13 日
11	“蓝丝带”岗	浙江省“巾帼文明岗”	浙江省巾帼建功和双学双比活动协调小组办公室	2015 年 2 月 16 日
12	夏建红	2014—2015 年度宁波市“巾帼建功”活动先进工作者	宁波市巾帼建功活动协调小组	2015 年 11 月 18 日
13	政务中心	全国“巾帼文明岗”	中华全国妇女联合会	2017 年 4 月 19 日
14	政务中心	宁波市“巾帼文明岗”创建20 周年最具影响力品牌岗	宁波市巾帼建功活动协调小组	2017 年 12 月 15 日
15	黄秋瑾	宁波市“巾帼建功标兵”	宁波市巾帼建功活动协调小组	2018 年 6 月 25 日
16	姚誉闻	宁波市“巾帼建功标兵”	宁波市巾帼建功活动协调小组	2018 年 6 月 25 日
17	VTS“悦航”信息服务队	宁波市“巾帼文明岗”	宁波市巾帼建功活动协调小组	2019 年 3 月 26 日
18	VTS“悦航”信息服务队	浙江省“巾帼文明岗”	浙江省妇女联合会	2020 年 6 月 3 日

(二)“职工之家”建设

宁波海事(海监)局认真落实上级关于加强“职工之家”建设的要求,建立健全职工民主决策和人文关怀机制,加强职工权益保护,加大“职工之家”的建设力度,努力改善工作生活条件和工作环境,把推进“职工之家”建设纳入党建工作重要内容,职工活动中心、职工书屋、图书室等相继建成,职工文化生活日益丰富(图 5-6-6)。定期组织优秀工会干部评选,关心关爱离退休职工、女职工、困难职工生活,推动暖心工作落地生根,激发干部职工创业干劲与热情。

图 5-6-6　职工运动会

2009 年 6 月 26 日,宁波海事局设立职工爱心互助“5 元钱工程”基金,制定《宁波海事局职工爱心互助“5 元钱工程”实施办法》,因身患重疾、遭受意外等导致生活困难的职工得到了精准帮扶。2012 年 7 月 23 日,印发《宁波海事局职工之家管理办法》,“职工之家”规范化建设得到进一步强化。经过多年建设，宁波海事局两级工会均达到了“先进职工之家”和“先进职工小家”建设标准。截至2021年底，先后荣获1个“模范职工之家”、2个“先进职工之家”、12个“先进职工小家”（表5-6-6）。

1996—2021年“职工之家”建设获奖情况一览表 表5-6-6

<table>
<tr><th>序号</th><th>单位</th><th>获奖名称</th><th>颁奖单位</th><th>表彰时间</th></tr>
<tr><td>1</td><td rowspan="3">宁波海事局</td><td>先进职工之家</td><td>宁波市总工会</td><td>2002年11月1日</td></tr>
<tr><td>2</td><td>2014年度模范职工之家</td><td>中国海员工会交通运输部海事局委员会</td><td>2015年5月13日</td></tr>
<tr><td>3</td><td>2015—2017年度宁波市直机关工会先进职工之家</td><td>宁波市直属机关工会联合会</td><td>2018年2月2日</td></tr>
<tr><td>4</td><td>大榭海事处</td><td rowspan="4">2005年度市直属基层工会职工小家</td><td rowspan="4">宁波市总工会</td><td rowspan="4">2005年1月1日</td></tr>
<tr><td>5</td><td>镇海海事处</td></tr>
<tr><td>6</td><td>北仑海事处</td></tr>
<tr><td>7</td><td>交管中心</td></tr>
<tr><td>8</td><td>三江口海事处</td><td>2010年宁波市职工中心示范点</td><td>宁波市总工会办公室</td><td>2011年2月14日</td></tr>
<tr><td>9</td><td>梅山海事处</td><td rowspan="4">2011年度职工小家</td><td rowspan="4">宁波市总工会直属基层工作委员会</td><td rowspan="4">2011年12月29日</td></tr>
<tr><td>10</td><td>三江口海事处</td></tr>
<tr><td>11</td><td>鄞奉海事处</td></tr>
<tr><td>12</td><td>宁海海事处</td></tr>
<tr><td>13</td><td>北仑海事处</td><td rowspan="3">2012年度先进职工小家</td><td rowspan="3">中国海员工会浙江海事局委员会</td><td rowspan="3">2012年12月31日</td></tr>
<tr><td>14</td><td>镇海海事处</td></tr>
<tr><td>15</td><td>大榭海事处</td></tr>
<tr><td>16</td><td>穿山海事处</td><td rowspan="4">2012年度职工小家</td><td rowspan="4">宁波市总工会直属基层工作委员会</td><td rowspan="4">2013年1月28日</td></tr>
<tr><td>17</td><td>象山海事处</td></tr>
<tr><td>18</td><td>海巡1198</td></tr>
<tr><td>19</td><td>海特111</td></tr>
<tr><td>20</td><td>穿山海事处</td><td rowspan="9">先进职工小家</td><td rowspan="4">中国海员工会浙江海事局委员会</td><td rowspan="4">2016年3月23日</td></tr>
<tr><td>21</td><td>象山海事处</td></tr>
<tr><td>22</td><td>宁海海事处</td></tr>
<tr><td>23</td><td>三江口海事处</td></tr>
<tr><td>24</td><td>海巡22</td><td>中国海员工会交通运输部海事局委员会</td><td>2018年1月17日</td></tr>
<tr><td>25</td><td>海巡0717</td><td rowspan="4">中国海员工会浙江海事局委员会</td><td>2020年1月12日</td></tr>
<tr><td>26</td><td>海巡0713</td><td rowspan="3">2021年1月14日</td></tr>
<tr><td>27</td><td>海巡1718</td></tr>
<tr><td>28</td><td>海巡07132</td></tr>
</table>

（三）文体活动

宁波海事（海监）局挖掘职工特长优势，组建职工兴趣小组，先后参加交通海事系统、口岸系统、地方组织的各类健身体育运动与竞赛活动,开展形式多样的文体活动,先后举办过四届职工运动会、五届职工文艺汇演,丰富了职工业余文化生活,展示了职工精神风采。

1. 职工健身

2001 年 5 月,由陈学斌、于畅海等 5 人组成的交通部海事系统桥牌队荣获全国交通系统第八届“公路所杯”桥牌团体赛第二名。

2004 年 10 月,以宁波海事局选手为主组成的浙江海事局代表队夺得交通部直属海事系统桥牌团体赛冠军。

2007—2015 年,宁波海事局每 3 年举办一次职工体育运动会,共组织四届职工体育运动会。2007 年 6—9 月,举办首届职工体育运动会,设 20 个项目,干部职工 600 余人次参赛。2010 年 4—8 月,举办第二届职工运动会,设 26 个项目,干部职工 500 余人次参加竞赛。2013 年 5—9 月,举办第三届职工运动会,设 10 余个项目,干部职工 600 余人次参赛。2015 年 5—9 月,举办第四届职工运动会,设 11 个项目,干部职工 500 余人次参与角逐(图 5-6-7)。

图 5-6-7　宁波海事局第四届职工运动会半军事化管理队列会操

2009 年 9 月 11 日,宁波海事局举办 2009 年“海事杯”职工乒乓球比赛。

2010 年,宁波海事局参加浙江海事局举办的半军事化管理队列会操暨职工运动会,荣获团体总分第一名和“最佳组织奖”。

2013 年 11 月 7—10 日,宁波海事局篮球代表队荣获浙江海事局首届职工篮球赛冠军。

2014 年 7 月 4 日,宁波海事局参加宁波市直机关第五届运动会广播体操比赛荣获一等奖。

2015 年 9 月 28—30 日,宁波海事局参加浙江海事局 2015 年职工运动会乒乓球比赛,荣获团体总分第一名。

2015 年,宁波海事局代表队参加当年度浙江海事局第二届职工运动会,荣获团体总分第一名。

2016 年 7 月 8 日,宁波海事局参加浙江海事局第一届职工足球比赛,荣获冠军。

2017 年 9 月 22 日,宁波海事局参加浙江海事局第三届“卓越杯”职工篮球赛,荣获冠军。

2. 文艺汇演

2008 年以来,宁波海事局发挥干部职工的才艺特长,组建职工文艺队,通过自编自导自演的方式,创作职工喜闻乐见的作品,并定期举办文艺汇演。截至 2021 年,共举办 8 场职工文艺演出,营造了快乐工作、健康生活的氛围。

2008 年 9 月 26 日，为庆祝新中国成立五十九年、改革开放三十年和宁波海事局成立八周年，首届宁波海事局职工文艺演出《吉祥的港湾》在凤凰百花剧场上演。

2009 年 1 月 18 日，宁波海事局举办以“欢乐、祥和、平安”为主题的迎春联欢会，让职工和家属在笑声中度过新春佳节。

2010 年 2 月 9 日，宁波海事局举办新春团拜会，干部职工表演了小品、诗朗诵、三句半、相声、山东快书、舞蹈等节目。

2011 年 1 月 20 日，宁波海事局举办以“快乐工作、幸福生活”为主题的 2011 年新春团拜会，全局职工欢聚一堂，共迎新春、共谋发展。

2012 年 1 月 18 日，宁波海事局举办新春团拜会，表演了相声、舞蹈、山东快书、情景剧、诗歌朗诵、京剧等节目。

2015 年 6 月 24 日，宁波海事局职工文化建设成果汇报演出在宁波大学林杏琴大会堂举行。

图 5-6-8　2019 年职工文艺汇演

2019 年 1 月 24 日，宁波海事局举办“勇立潮头竞风流，走在前列再启航”职工文艺汇演（图 5-6-8）。

2020 年 1 月 16 日，宁波海事局举办“同心前行、筑梦远航”年度职工文艺汇演。

（四）社会公益

多年来，宁波海事局工会热心公益事业，组织干部职工主动参与系统内外爱心公益活动，在无偿献血、慈善捐助、贫困助学、城乡结对等方面，助人为乐，积极作为，体现了社会责任与担当。

1. 无偿献血

1999 年以来，宁波海事（海监）局工会按照宁波市献血办统一部署，积极参与市民无偿献血活动。其中，“海巡 07015”轮机长陈贤德不仅自己参加无偿献血，而且动员身边人无偿献血。2005 年，陈贤德组建“红色力量”无偿献血志愿者服务队，其本人也多次荣获全国无偿献血奉献奖金奖（图 5-6-9）。

图 5-6-9　全国无偿献血奉献奖金奖获得者陈贤德

2. 慈善募捐

1996 年 7 月，宁波海事局组织开展为“交通部希望工程助学基金”捐款活动，单位捐款 5 万元，个人捐款 14301 元。

2008 年 5 月 12 日，四川省汶川县发生 7 级以上大地震，宁波海事局组织干部职工慷慨解囊，全局干部职工（含离退休职工）共捐款 141030 元，全体党员交纳“特殊党费”349408 元，捐衣被 920 件。

2010 年 5 月，宁波海事局组织干部职工为玉树地震灾区募捐，共计捐款 82290 元。

2014 年 1 月底，宁波海事局全体党员积极响应宁波市委、市政府的号召，助力“五水共治”，全局 20

个直属党组织及2家代管单位580余名在职党员共捐款95350元。

2003年以来，宁波海事局工会组织干部职工积极参加宁波市“慈善一日捐”活动，截至2021年底，共组织“慈善一日捐”17次，合计捐款657547元。

3. 城乡结对

从2004年开始，宁波海事局先后与奉化市大堰镇竹林村、奉化区大堰镇柏坑村、象山县高塘岛乡上江村开展城乡结对，通过指派农村工作指导员驻村帮扶，加强村级领导班子建设，助推村集体经济发展，累计投入资金和实物援助超百万元，先后建成海事路、海事林，完成村级公共设施改造，工会、共青团组织入村进户开展困难家庭结对（图5-6-10）。

图5-6-10　农村指导员在奉化市大堰镇竹林村开展乡村规划民居修复实地调研

2016年11月，竹林村成功创建“宁波市文明村”。2018年，宁波市脱贫攻坚任务提前完成。2019年7月，叶江被中共浙江省委办公厅、浙江省人民政府办公厅评为第十批省优秀农村工作指导员，是年8月，宁波海事局获评2018年度宁波市农村工作指导员工作先进单位。

第二节　青年工作

宁波海事（海监）局高度重视青年工作，坚持以党建带团建，通过建立健全青团组织，在海事监管与服务中，青年的生力军和突击队作用得到充分发挥。3个青年集体获评“全国青年文明号”，一批青年典型获得全国交通运输系统先进工作者、交通运输部系统优秀共产党员、海员工会“金锚奖”等荣誉。

一、组织机构

（一）青年工作组织

2015年11月2日，宁波海事局党组下发《关于明确宁波海事局青年工作委员会及办公室主要职责和人员组成的通知》。针对干部职工中青年群体比例较高的实际，成立青年工作委员会及办公室

（简称“青工委”），把加强青年工作列入党组工作的重要议事日程，明确领导职责，完善工作格局，并关注青年职工日常表现，主动给青年交任务、压担子、搭平台，进一步完善“传帮带”制度，要求基层党团组织成为反映青年思想状况和现实需求的主渠道，解决青年实际困难，同时要坚持党建带团建，指导同级团组织开展工作。王军为青工委主任，陈贤为青工委副主任，成员为张志锋、潘如泉、黄胜华、戴士松、沈忠平、张仁初、刘德平、钱仁德、于畅海、肖根连、张钧浩、陈坚文、姜玮、胡铁军、朱挺、何章才、钱英杰、吴伟军。

2016 年 4 月 25 日，宁波海事局党组下发《关于调整宁波海事局青年工作委员会组成人员的通知》。王军为青工委主任，陈贤、张志锋为青工委副主任；青工委办公室主任由陈贤担任，副主任为尹潇枭、杨鹏。

2020 年 5 月 28 日，宁波海事局党组下发《关于调整宁波海事局青年工作委员会及其办公室组成人员的通知》。青工委主任调整为分管青年工作的局领导，副主任为党组工作部主要负责人，青工委办公室主任为党组工作部主要负责人，成员为党组工作部、办公室、法规规范处、人事教育处、宣传处、直属机关党委办公室、局团委指定人员。

2021 年 3 月 16 日，宁波海事局青工委下发《宁波海事局青年工作委员会关于在党史学习教育中进一步加强青年政治理论学习的通知》，引导广大青年积极探索和创新学习形式和方法举措，学党史、强信念、跟党走，在党史学习教育中树立正确的党史观，坚定理想信念，提升政治能力，严明纪律规矩，为奋力推进宁波海事在加快建设交通强国的新征程中率先作为，实现“走在前列”战略目标，打造三个“模范窗口”贡献青春力量。

（二）共青团组织

1988 年 9 月 10 日，宁波海监局党委下发《关于设置中国共产主义青年团交通部宁波海上安全监督局委员会及下属基层团组织机构的决定》，共青团宁波海监局委员会成立。至 1996 年，共青团宁波海监局委员会下辖局机关、宁波监督站、镇海监督站、北仑监督站、船队、导航台和收发信台等 7 个团支部。

1996 年 8 月 13 日，共青团宁波海监局委员会下发《关于部分团组织机构重新设置的通知》，撤销原宁波监督站团支部、局机关团支部以及由通信处机关、行政事务管理站和宁波监督站团员组成的宁波片团支部，由机关党总统一领导。撤销原导航台团支部，成立由北仑交管分中心、大榭雷达站、峙头雷达站和虾峙雷达站团员组成的北仑交管分中心团支部，由北仑交管分中心党支部直接领导。

2004 年 2 月 19 日，共青团宁波海事局委员会下发《关于调整局属基层团组织设置的通知》，局属基层团组织调整为：第一团支部由局机关、信息办（通信处）、政务受理中心、三江口海事处、镇海海事处、机关后勤服务中心、技协的团员组成；第二团支部由北仑海事处、大榭海事处、郭巨海事处（筹）、交管中心、海上执法支队（船队）的团员组成；第三团支部由鄞奉海事处、象山海事处、宁海海事处的团员组成。

共青团宁波海事（海监）局委员会自 1996 年至 2021 年召开六次团员代表大会，产生六届共青团宁波海事（海监）局委员会。

1996 年 10 月 25 日，共青团宁波海监局第三次团员代表大会召开，经民主选举，产生共青团宁波海监局第三届委员会。根据1996年11月18日共青团宁波市委交通工作委员会《关于同意共青团交通部宁波海监局第三届委员会选举结果的批复》,共青团宁波海监局第三届委员会由王益军、张雨涛、梅星明、黄岩、戴土松等5人组成,梅星明任团委副书记。2002年5月,梅星明任团委书记。

2002年4月29日,共青团宁波海事局委员会第四次团员代表大会召开(图5-6-11),经民主选举,产生新一届共青团宁波海事局委员会。根据2002年5月10日共青团宁波市委交通工作委员会《关于同意共青团宁波海事局第四届委员会选举结果的批复》,共青团宁波海事局第四届委员会由邬亚永、张志锋、姜玮、梅星明、楼永进等5人组成,梅星明任团委书记,姜玮任团委副书记。2004年8月26日,根据甬海党〔2004〕49号文件,姜玮任团委书记。

图5-6-11 共青团宁波海事局第四次代表大会

2007年5月22日,共青团宁波海事局委员会召开第五次团员代表大会,经民主选举,产生新一届共青团宁波海事局委员会。根据2007年5月28日共青团宁波市委交通工作委员会《关于同意共青团宁波海事局第五届委员会组成人员的批复》,共青团宁波海事局第五届委员会由胡铁军、施滨峰、姜玮、郭凯、富野太等5人组成,姜玮任团委书记,胡铁军任团委副书记。

2011年5月10日,根据宁波海事局党组《关于胡铁军同志职务任免的通知》和共青团宁波市交通运输工作委员会《关于同意共青团宁波海事局委员会组成人员的批复》,胡铁军任团委书记。

2012年2月16日,共青团宁波海事局委员会第六次团员代表大会召开,经民主选举,产生新一届共青团宁波海事局委员会。根据2012年2月28日共青团宁波市交通运输工作委员会《关于同意共青团宁波海事局委员会委员组成人员的批复》,共青团宁波海事局第六届委员会由成瑛、刘超、庄则嫦、汪晓琦、杨鹏、贺巍巍、唐凤山等7人组成,成瑛任团委副书记(主持工作),贺巍巍任团委副书记。

2015年1月28日,共青团宁波海事局委员会第七次团员代表大会召开,经民主选举,产生新一届共青团宁波海事局委员会。根据2015年2月12日共青团宁波市委交通运输工作委员会《关于同意共青团宁波海事局委员会委员组成人员的批复》,共青团宁波海事局第七届委员会由尹潇枭、刘雅文、朱伟娜、陈永、张北杨、周宜航、黄山石等7人组成,尹潇枭任团委书记,陈永任团委副书记。

2018年4月9日,共青团宁波海事局委员会第八次团员代表大会召开,经民主选举,产生新一届共青团宁波海事局委员会。根据2018年5月10日共青团宁波市委交通运输工作委员会《关于同意共青团宁波海事局第八次代表大会选举结果的请示的批复》,共青团宁波海事局第八届委员会由王珂俊、尹潇枭、刘雅文、孙俊君、金连军、姜恒、郭增亮等7人组成,尹潇枭任团委书记。

截至2021年,宁波海事局团委下辖14个团支部:机关团支部,北仑海事处、镇海海事处、梅山海事处、穿山海事处、大榭海事处、三江口海事处、象山海事处、鄞奉海事处、宁海海事处团支部,局政务中心团支部、船舶交通管理中心团支部、海巡执法支队团支部、后勤管理中心团支部,有团员157人,团员中有党员46人,占比为29.3%。

二、工作职责

（一）宁波海事局青年工作委员会职责

（1）贯彻落实交通运输部、交通运输部海事局、浙江海事局和宁波海事局党组关于青年工作的重要决策和工作部署。

（2）审定青年年度或阶段性工作计划。

（3）定期总结、评估青年工作，研究解决青年工作中的重大事项和问题，制定与青年工作有关的规章制度。

（4）指导局属各单位开展青年工作。

（二）共青团宁波海事局委员会职责

（1）贯彻执行党和国家的方针、政策，落实上级关于团的建设和青年工作的要求，制定局团委工作的相关制度，认真开展共青团工作。

（2）加强团员和青年的思想政治工作，把思想政治工作贯穿所开展的全部工作。组织青年学习马克思列宁主义、毛泽东思想、邓小平理论、"三个代表"重要思想、科学发展观、习近平新时代中国特色社会主义思想，广泛开展党的基本路线教育、民主和法治教育，增强青年的民族自尊、自信和自强精神，树立正确的理想信念和世界观、人生观、价值观，进一步增强对中国特色社会主义的道路自信、理论自信、制度自信、文化自信。

（3）加强对青年工作的研究，认真履行共青团组织教育青年、管理青年、服务青年的职能，关心青年的工作、学习及生活，引导广大青年爱岗敬业、奉献青春。

（4）指导局属单位团组织加强团的思想建设、组织建设和作风建设。

（5）负责"青年文明号"及"岗位能手"创建工作的指导、复核和推荐。

（6）组织开展适合青年特点、具有时代特征、体现海事特色的各项活动。

（7）加强优秀青年培养，做好推优入党工作。

（8）开展优秀团干部、优秀团员等各类先进的评选、表彰、上报工作。

（9）完成领导交办的其他工作任务。

三、青年培养

（一）"活力八〇后——我为海事献青春"主题活动

2012 年 4 月 10 日，根据直属海事系统青年工作会议精神和交通运输部副部长徐祖远提出"为全面履职而行动"的要求，结合浙江海事局党组统一部署，宁波海事局党组下发《关于开展"活力八〇后——我为海事献青春"主题活动的通知》，活动分 3 个阶段实施。宁波海事局坚持对青年工作、团建工作的领导，先后组织青年骨干培训活动，动员青年职工积极参加海事国际交流及各类课题研究、青年读书会、青年论坛，推动青年在防台、春运监管、"五水共治"等活动中积极承担"急、难、险、重"任务，促进了优秀青年成长成才。

（二）“美丽青春献三化”三年行动

2015年7月30日，宁波海事局党组印发《宁波海事青年“美丽青春献三化”三年行动实施方案》，启动为期3年的青年培养计划。3年来，宁波海事局紧紧围绕“‘青春正能量·岗位我担当’——美丽青春献三化”行动主题，坚持党建带团建，强化党对青年工作的组织领导，搭建培养平台，完善工作机制，促进了青年素质和能力的提升。

（三）“走在前列　青春先行”三年行动

2019年1月18日，宁波海事局党组印发《宁波海事青年“走在前列　青春先行”三年行动实施方案》，团员青年紧紧围绕宁波海事“走在前列”战略部署，在巩固深化“美丽青春献三化”三年行动工作成效的基础上，实施“思想凝聚力、专业竞争力、创新活跃力、品牌影响力”“四力争先”工程，着力打造有理想、有定力、有能力、有活力的“蓝色铁军”先锋队，进一步展现了新时代宁波海事青年的新姿态、新面貌、新作为。

（四）“青年文明号”创建

“青年文明号”是以青年为主体，在生产、经营、管理和服务中创建的体现高度职业文明，创造一流工作成绩的青年集体、青年岗位和青年工程。1997年7月28日，宁波海监局党委下发《关于开展争创“青年岗位能手”和“青年文明号（岗）”活动的实施意见》，明确“青年文明号”争创活动目的、标准与评选要求，号召团员青年积极投身“青年文明号”争创活动。2003年8月8日，宁波海事局党委下发《宁波海事局“青年文明号”管理办法》，进一步规范“青年文明号”活动创建。截至2021年底，交管中心监控室、“海巡22”轮、船舶安检集中工作组3个集体获评“全国青年文明号”，“青年文明号”创建工作取得了明显成效（表5-6-7、表5-6-8）。

2001—2021年宁波海事局“青年文明号”创建情况一览表　　表5-6-7

序号	获奖单位	奖项	授予单位	时间
1	船舶交通管理中心监控室	宁波市“青年文明号”	宁波市“青年文明号、青年岗位能手”活动指导委员会	2001年4月5日
2		2003年度省级“青年文明号”	浙江省“青年文明号、青年岗位能手”活动组委会	2004年5月18日
3	海巡1106	2003年度宁波市“青年文明号”	宁波市“青年文明号、青年岗位能手”活动指导委员会	2004年5月9日
4	船舶交通管理中心监控室	“全国青年文明号”	共青团中央	2005年10月24日
5	海巡1101	2006年度宁波市“青年文明号”	宁波市“青年文明号、青年岗位能手”活动指导委员会	2007年6月12日
6	大榭海事处执法大队			
7	海巡1106	2006年度省级“青年文明号”	浙江省“青年文明号、青年岗位能手”活动组委会	2007年7月23日

续上表

序号	获奖单位	奖项	授予单位	时间
8	宁波海事局团委	十五周年宁波市“青年文明号”活动优秀组织奖	宁波市“青年文明号、青年岗位能手”活动指导委员会	2009 年 5 月 7 日
9	指挥中心	2008 年度宁波市“青年文明号”	宁波市“青年文明号、青年岗位能手”活动指导委员会	2009 年 7 月 30 日
10	海事审验中心	2009 年度宁波市“青年文明号”	宁波市“青年文明号、青年岗位能手”活动指导委员会	2010 年 9 月 7 日
11	镇海海事处监管科	2009 年度省级“青年文明号”	浙江省“青年文明号、青年岗位能手”活动组委会	2010 年 12 月 30 日
12	海巡 1101	2010 年度省级“青年文明号”	浙江省“青年文明号、青年岗位能手”活动组委会	2011 年 12 月 1 日
13	督察处	2011 年度宁波市“青年文明号”	宁波市“青年文明号、青年岗位能手”活动指导委员会	2012 年 11 月 26 日
14	船舶安检站	2011 年度宁波市“青年文明号”	宁波市“青年文明号、青年岗位能手”活动指导委员会	2012 年 11 月 26 日
15	北仑海事处执法大队	2011 年度宁波市“青年文明号”	宁波市“青年文明号、青年岗位能手”活动指导委员会	2012 年 11 月 26 日
16	象山海事处青年服务队	2011 年度宁波市“青年文明号”	宁波市“青年文明号、青年岗位能手”活动指导委员会	2012 年 11 月 26 日
17	海事审验中心	2011 年度省级“青年文明号”	浙江省“青年文明号、青年岗位能手”活动组委会	2012 年 9 月 18 日
18	海巡 0713	2012 年度宁波市“青年文明号”	宁波市“青年文明号、青年岗位能手”活动指导委员会	2013 年 11 月 22 日
19	政务中心	宁波市“青年文明号”活动开展二十周年最具影响力品牌	宁波市“青年文明号、青年岗位能手”活动指导委员会	2014 年 5 月 1 日
20	北仑海事处海巡执法大队	2013 年度省级“青年文明号”	浙江省“青年文明号、青年岗位能手”活动组委会	2014 年 6 月 17 日
21	船舶安检集中工作组	2013 年度省级“青年文明号”	浙江省“青年文明号、青年岗位能手”活动组委会	2014 年 6 月 17 日
22	政务中心	示范“青年文明号”集体	浙江省“青年文明号、青年岗位能手”活动组委会	2014 年 10 月 14 日
23	宁波海事局团委	突出贡献“青年文明号”活动组织单位	浙江省“青年文明号、青年岗位能手”活动组委会	2014 年 10 月 14 日
24	海巡 07008	2014 年度省级“青年文明号”	浙江省“青年文明号、青年岗位能手”活动组委会	2015 年 1 月 13 日
25	海巡 22	2014 年度宁波市“青年文明号”	宁波市“青年文明号、青年岗位能手”活动指导委员会	2015 年 7 月 10 日
26	海巡 07125	2014 年度宁波市“青年文明号”	宁波市“青年文明号、青年岗位能手”活动指导委员会	2015 年 7 月 10 日
27	海巡 0713	2015 年度省级“青年文明号”	浙江省“青年文明号、青年岗位能手”活动组委会	2016 年 3 月 11 日
28	穿山海事处政务受理科	2016 年度市级“青年文明号”	宁波市“青年文明号、青年岗位能手”活动指导委员会	2017 年 4 月 20 日
29	海巡 22	2016—2017 年度省级“青年文明号”	浙江省安全生产监督管理局 浙江省“青年文明号、青年岗位能手”活动组委会	2017 年 9 月 4 日
30	海巡 07125	2016—2017 年度省级“青年文明号”	浙江省安全生产监督管理局 浙江省“青年文明号、青年岗位能手”活动组委会	2017 年 9 月 4 日

续上表

序号	获奖单位	奖项	授予单位	时间
31	MARPOL/CIC 履约立约团队	直属海事系统先进青年集体	交通运输部海事局	2018 年 5 月 3 日
32	海巡 22	2017—2018 年度全国“青年文明号”	共青团中央、交通运输部	2019 年 6 月 10 日
33	穿山海事处海事监管科	2018—2019 年度省级“青年文明号”	浙江省“青年文明号、青年岗位能手”活动组委会	2020 年 2 月 20 日
34	大榭海事处榭南海巡执法大队			
35	船舶交通管理中心			
36	宁波海事局船舶安检集中工作组	第 20 届“全国青年文明号”	共青团中央	2021 年 8 月 18 日

2001—2021 年宁波海事局“青年岗位能手”争创情况一览表 表 5-6-8

序号	获奖名单	奖项	授予单位	授予时间
1	陈彦	2006 年度宁波市“青年岗位能手”	宁波市“青年文明号、青年岗位能手”活动指导委员会	2007 年 6 月 18 日
2	麻亚东	2007 年度宁波市“青年岗位能手”		2007 年 1 月 1 日
3	蔡明炜			
4	沈忠平	2009 年度省级“青年岗位能手”	浙江省“青年文明号、青年岗位能手”活动组委会	2010 年 12 月 29 日
5	周驰			
6	沈忠平	浙江海事局“青年岗位能手”	浙江海事局 共青团浙江省委员会	2011 年 4 月 28 日
7	叶倩			
8	郑华兴	交通运输部直属海事系统船舶交通管理系统(VTS)综合技能十佳岗位能手	中共交通运输部海事局党组	2011 年 10 月 31 日
9	李瑛			
10	黄林林			
11	马春华			
12	石世云			
13	蔡明炜	2011 年度宁波市“青年文明号”创建工作先进个人	宁波市“青年文明号、青年岗位能手”活动指导委员会	2012 年 1 月 10 日
14	郭凯	2011 年度宁波市“青年岗位能手”		2012 年 4 月 9 日
15	俞红燕	浙江海事局岗位能手	浙江海事局	2012 年 11 月 16 日
16	张婷婷			
17	左德华			
18	叶森林			
19	苏岑			

续上表

序号	获奖名单	奖项	授予单位	授予时间
20	黄林林	2011 年度省级“青年岗位能手”	浙江省“青年文明号、青年岗位能手”活动指导委员会	2012 年 9 月 18 日
21	左德华	直属海事系统危险货物管理岗位能手	中共交通运输部海事局党组	2012 年 10 月 29 日
22	林青涛	2013 年度省级“青年岗位能手”	浙江省“青年文明号、青年岗位能手”活动组委会	2014 年 6 月 17 日
23	傅俊杰			
24	丁涵池	2014 年度省级“青年岗位能手”		2015 年 1 月 13 日
25	李鹏(通航)			
26	董迪	2015 年度省级“青年岗位能手”		2016 年 3 月 11 日
27	张婷婷			
28	徐红儿	浙江海事局“岗位能手”	浙江海事局	2015 年 11 月 10 日
29	杜秉洲			
30	邵伟			
31	马见灵			
32	樊冰			
33	孙凯			
34	周才殊	宁波市“青年岗位能手”	宁波市海上搜救中心 共青团宁波市委 宁波海事局	2016 年 7 月 6 日
35	刘贺林			
36	唐宿强			
37	郭威	宁波市“青年岗位能手”	宁波市“青年文明号、青年岗位能手”活动指导委员会	2017 年 1 月 1 日
38	郭国勤	2016—2017 年度省级“青年岗位能手”	浙江省安全生产监督管理局 浙江省“青年文明号、青年岗位能手”活动组委会	2017 年 9 月 4 日
39	马成义	直属海事系统船舶交通管理岗位能手	中共交通运输部海事局党组	2018 年 10 月 18 日
40	姚誉闻			
41	杨强			
42	尤亮	2018—2019 年度省级“青年岗位能手”	浙江省“青年文明号、青年岗位能手”活动组委会	2020 年 2 月 20 日
43	陶冶	2020 年度宁波市“青年岗位能手”	宁波市“青年文明号、青年岗位能手”活动指导委员会	2021 年 1 月 20 日
44	李玉昌	2021 年宁波市青年海上事故调查技能比武宁波市“青年岗位能手”	宁波海事局 共青团宁波市委	2021 年 10 月 29 日

(五)优秀青年培育

1999 年 4 月 30 日,结合五四运动 80 周年纪念,宁波海监局组织优秀青年大学生评选活动,下发《关于表彰姚雪平等六名优秀青年大学生的通报》,姚雪平、戴土松、丁敏强、梅星明、王天利、梅建群 6 人获评优秀青年大学生。

2008 年 10 月 14 日,宁波海事局印发《争创"十佳青年"活动暂行办法》,明确"十佳青年"评选原则、范围、程序、标准。自 2009 年以来,宁波海事局共组织六届"十佳青年"、一届"优秀青年"评选,有 60 名青年获评"十佳青年"、5 名青年获评"优秀青年"(表 5-6-9)。

宁波海事局历届"十佳青年"和"优秀青年"一览表　　表 5-6-9

时间	届次	"十佳青年"名单	"优秀青年"名单
2009 年 5 月 4 日	第一届	石世云、叶倩、曲清泉、沈忠平、周驰、罗晓斌、宣波、施滨峰、楼永进、戴林伟	
2011 年 5 月 4 日	第二届	王树军、毛碧峰、叶倩、李锋、沙洋、张忠海、周驰、赵海丽、徐忆、廖克佳	
2013 年 5 月 28 日	第三届	丁涵池、王树军、刘景龙、张婷婷、林青涛、赵烁、徐建红、黄林林、董迪、蔡明炜	
2015 年 4 月 29 日	第四届	孔祥川、王鹏、石文钟、刘景龙、刘瑜、杨鹏、郑维廉、赵烁、富野太、董迪	
2017 年 6 月 9 日	第五届	叶森林、宋雷、张伟、张涵、陈瑞雪、郭威、高铸、樊冰、朱晓、梁川	刘培检、吴波、李建波、汪晓琦、姜山
2020 年 5 月 28 日	第六届	王洁、乐学林、吕潇、邬璟周、刘青春、张忠兴、金子港、姜恒、麻宏宇、梁帅	

2009 年 1 月 14 日,宁波海事局下发《关于表彰新世纪优秀大学生的通报》,叶倩、施滨峰、周驰、石世云、罗晓斌、曲清泉、宣波、戴林伟、张忠海、富野太 10 人当选"新世纪优秀大学生"。

2009 年 5 月 4 日,周驰获评直属海事系统"优秀青年"。

2011 年 5 月 5 日,沈忠平获评直属海事系统"优秀青年"。

2014 年 12 月 10 日,张婷婷、俞红燕、李瑛获评首届浙江海事局"十佳青年"。

2015 年,宁波海事局实施青年成长积分制,对青年进行成长量化考核,并评选"青年之星"。2018 年又出台《宁波海事局基层青年成长积分制管理办法》,进一步规范积分规则与使用。至 2021 年底,共评选出季度"青年之星"556 名、"成长之星"30 名、年度"海事之星"33 名。图 5-6-12 为宁波海事局举办"青年之星"定向越野活动。

图 5-6-12　宁波海事局举办"青年之星"定向越野活动

2016 年 5 月 9 日,李瑛获评直属海事系统十大杰出青年,赵烁获评直属海事系统"优秀青年",尹潇枭获评直属海事系统"先进青年工作者"。

2018 年 5 月 3 日,宁波海事局 MARPOL/CIC 履约

立约团队获评直属海事系统“先进青年集体”，徐建红获评直属海事系统“十大杰出青年”，朱晓获评直属海事系统“优秀青年”。5月9日，梁川、马春华、李海伟获评浙江海事局第二届“十佳青年”，“海巡22”青年先锋队集体获评优秀青年团队，张瑜获评优秀青年团队负责人。

2019年9月24日，宁波海事局“青年成长机制建设”项目获评直属海事系统“海青优品汇”优秀项目。

2020年4月27日，姚誉闻获评直属海事系统“十大杰出青年”，樊冰荣获评直属海事系统“优秀青年”。

2021年6月21日，姚誉闻、陶冶、梁帅获评浙江海事局第三届“十佳青年”。

（六）青年志愿者活动

宁波海事局组织青年团员发挥海事专业特长优势，积极参加宁波市青年志愿者活动，深入码头、企业、学校、街道、社区，开展“学雷锋”、主题团日、文明创建等活动。

2006年4月26日，宁波海事局团委与宁波港集团团委联合发起的“宁波海港青年携手平安行”活动启动仪式在大榭实华码头举行。

2011年12月14日，宁波海事局团委与宁波港股份有限公司团委在宁波油港轮驳公司举办“齐心构建安全网络，合力服务海洋经济”工作交流会，深化“海港青年携手平安行”活动。

2014年五四前夕，由宁波海事局团委、宁波海关团委、宁波港股份有限公司团委共同主办的纪念建团95周年暨“海港青年携手平安行”活动在宁波港股份有限公司油港轮驳分公司启动。宁波海事局介绍了“海之豚”青年志愿者服务品牌，播放了大榭海事处创省级“青年文明号”微电影《风雨同行》，3家单位结合“五水共治”，提出海港青年下一步活动目标。

2015年3月，宁波海事局团委“海事知识进学校志愿服务”项目获评“浙江省优秀志愿服务项目”。

2015年5月7日，宁波海事局、宁波海关和宁波港等口岸单位团委与宁波团市委携手举办“海港青年携手平安行”活动高峰论坛。

2019年以来，宁波海事局团委成立“宁波海事新时代文明实践志愿服务队”，定制专属队旗和志愿马甲，推进与地方志愿服务平台对接，在干部职工中广泛招募志愿者，累计注册484人，超过职工总数的63%，“水上安全知识进校园志愿服务”项目获评2020年宁波市新时代文明实践志愿服务大赛优秀奖。图5-6-13为团员青年参加“文明交通我先行”志愿服务。

图5-6-13　团员青年参加“文明交通我先行”志愿服务

(七)“互联网＋青年创意”大赛

2018—2020 年,宁波海事局青年先后参加三届浙江海事局“互联网＋青年创意”竞赛,均取得良好成绩。

2018 年 10 月 16 日,在浙江海事局第一届“互联网＋未来海事”青年创意竞赛中,宁波海事局获得一等奖(1 个)、二等奖(1 个)、三等奖(2 个)、优秀奖(1 个)。

2019 年 11 月 6 日,在浙江海事局第二届“互联网＋未来海事”青年创新创意竞赛中,宁波海事局获得最佳创新奖(2 个),最佳创意奖(3 个)(图 5-6-14)。

图 5-6-14　浙江海事局第二届“互联网＋未来海事”青年创新创意竞赛

2020 年 10 月 28 日,在浙江海事局第三届“互联网＋未来海事”青年创新创意竞赛中,宁波海事局分别获得创想组一等奖(1 个)、创想组和实践组二等奖(各 1 个)、创想组三等奖(2 个)和实践组三等奖(1 个),并获得优秀组织奖。

第六篇　队伍建设

第一章　干部管理

宁波海事(海监)局干部管理坚持党管干部原则和德才兼备标准,深入贯彻新时代党的建设总要求、新时代党的组织路线和干部工作方针政策,严格执行《党政领导干部选拔任用工作条例》《党政领导干部考核工作条例》等党内法规,坚持从严管理,落实党要管党、全面从严治党特别是从严管理干部的要求。坚持服务中心,建设忠诚干净担当的高素质专业化领导干部队伍。坚持依法依规,进一步推进干部工作制度化、规范化、科学化,为宁波海事局的健康发展提供坚强有力的组织保证。

第一节　干部管理权限

2000年4月7日,交通部党组确定直属海事系统部管领导干部职数,宁波海事局为5名,党组(党委)人数5名。

2003年1月11日,《交通部直属海事局领导干部管理办法》修订印发,明确宁波海事局副局长、党委副书记、纪委书记职务为交通部海事局党委直接管理的领导干部权限范围。

2003年1月19日,交通部党组印发《关于修订交通部管理的干部职务名称表的通知》,明确宁波海事局局长、党委书记为交通部管理的干部职务。宁波海事局副局长、党委副书记、纪委书记为需向交通部备案的干部职务。

2014年10月17日,宁波海事局党组印发《宁波海事局干部管理办法》,根据浙江海事局规定,明确局党组协助浙江海事局党组管理正处级单位正职和财务委派人员。受浙江海事局党组委托,管理内设机构、处室办事机构、派出机构和后勤管理中心的副处级干部;直接管理局内设机构、处室办事机构、派出机构和后勤管理中心的科级干部。

2017年7月3日,宁波海事局党组印发《宁波海事局干部管理办法》,根据浙江海事局规定,明确局党组协助浙江海事局党组管理正处级单位正处级干部(含同级非领导职务)和财务委派人员;受浙江海事局党组委托,管理局属派出机构的副处级干部(含同级非领导职务);直接管理局内设机构、处室办事机构的副处级干部(含同级非领导职务);直接管理全局科级干部(含同级非领导职务);直接管理宁波海事局后勤管理中心岗位等级管理八级以上职员。

第二节　干部选拔任用

1996年,宁波海监局对中层领导班子进行交流和调整,岗位调整面达81%,机关、基层交流面达24.7%,并开始尝试试用制、聘用制和助理制度。

1999年6月17—24日,巡查执法支队(船队)开展了“优化组合,竞争上岗,双向选择”和全面推行聘用制工作。

2000 年 8 月 9 日，在宁波海上安全监督局试点基础上，交通部海事局党委印发《交通部直属海事系统中层领导职务任期制暂行办法》和《交通部直属海事系统中层领导干部任前公示暂行办法》，明确各直属海事局中层领导职务任期为 3 年，任前公示时间为 10 天。

2001 年 3 月 12 日，交通部海事局党委、交通部海事局印发《关于直属海事系统深化干部人事制度改革的指导意见》，在直属海事系统推行以领导干部试用制、中层干部任期制、干部任前公示制、执法人员考任制、其他人员聘用制为主要内容的干部人事制度改革，建立符合海事系统特点的人才梯队。

2001 年 6 月 4 日，交通部海事局印发《交通部海事局机关非领导职务管理暂行办法》，对局机关科员、副主任科员、主任科员、助理调研员和调研员等非领导职务的初次任职、免职、晋职、降职等工作作出规定。

2003 年 2 月 25 日，交通部海事局党委印发《交通部直属海事系统中层领导职务竞争上岗工作暂行办法》和《交通部直属海事系统处级领导干部选拔任用工作暂行办法》，规定参加各直属海事局内设机构，分支机构，直属单位正、副职等中层领导职务竞争上岗的干部和处级领导干部选拔任用的资格条件和工作规范。

2003 年 3 月 12 日，按照交通部海事局关于直属海事系统深化干部人事制度改革的指导意见和直属海事系统干部人事工作会议精神，宁波海事局召开党政联席会议安排部署干部人事制度改革工作，同时成立改革工作领导小组及办公室，宁波海事局干部人事制度改革工作正式启动。经调查摸底、制订方案、组织实施、总结完善等 4 个阶段，至 11 月底改革工作完成。通过改革，原 60 名中层领导干部中，续任 49 名、调整到新的领导岗位 9 名，改任非领导职务 2 名；25 名科级领导在原岗位上续任，21 名同志竞争上科级领导岗位，15 名同志因机构调整或竞聘落选免去科级领导职务；69 名同志提出离岗退养，2 名同志待岗；岗位交流面达 25% 以上，基本达到“精简人员，调整结构，提高人员总体素质”的预期目标。

2013 年，宁波海事局按照中央和交通运输部党组在干部工作方面的最新精神，针对转为公务员单位后干部管理的新要求，开展干部管理制度的立改废工作，理顺干部管理机制。修改干部考核监督办法，打造干部考核评价体系，突出干部德的考核和实绩考核；探索干部能上能下标准，思考运用“末位淘汰”和“反向测评”等手段推动干部能上能下，形成领导干部退出机制；修改领导干部竞争性选拔办法，合理界定需要进行竞争性选拔的条件和情形，把竞争性选拔工作与组织委任等干部选任方式有机结合，在竞争环节中不简单以票取人、以分取人，提高干部选任工作的科学性。8 月 12—9 月 6 日，宁波海事局开展科级职位竞争性选拔，共选拔任用 11 位正科级领导干部和 21 位副科级领导干部，是建局以来至 2013 年规模最大的干部竞争性选拔。

2014 年 10 月 17 日，宁波海事局党组印发《宁波海事局领导干部管理办法》，按照《党政领导干部选拔任用工作条例》要求，明确选拔任用领导干部应当在核定的机构编制和职数限额内进行。提任副处级领导职务的，应担任正科级职务 3 年以上，一般应当具有两个以上正科级职位任职的经历。提任正科级领导职务的，应担任副科级职务 2 年以上；提任副科级领导职务的，应担任科员级职务 3 年以上。

2014 年 11 月 6 日，宁波海事局党组印发《宁波海事局后备干部管理办法》，贯彻执行干部队伍革命化、年轻化、知识化、专业化的方针，建立一支适应领导班子和领导干部队伍建设需要、能担重任的后备干部队伍。该办法适用于宁波海事局副处级及以下领导职位的后备干部的选拔、培养、管理和使用工作。2020 年 12 月 16 日《宁波海事局后备干部管理办法》废止。

2016 年,为进一步规范党组(党委)讨论决定干部任免事项议事规则和决策程序,中国共产党中央委员会组织部修订印发《党委(党组)讨论决定干部任免事项守则》,明确“凡提四必”,即讨论决定前,对拟提拔或进一步使用人选的干部档案必审、个人有关事项报告必核、纪检监察机关意见必听、线索具体的信访举报必查,坚决防止“带病提拔”。宁波海事局在干部选任工作中,坚持干部选任“凡提四必”原则,规范干部选任动议环节,坚持以党组会形式动议干部事项,在全体班子成员内充分酝酿讨论;做好拟任处级干部个人有关事项重点核查工作,比对结果不影响任职的再行召开党组会讨论研究;听取纪检组廉政鉴定意见,对廉政方面存在疑问或有不良影响的,终止干部选任程序,开展调查核实。

2017 年,宁波海事局持续完善干部选任程序,按照“凡提四必”要求,在拟任人选上会讨论前首次开展了针对拟提任人员的档案核查工作,重点审核“三龄两历”情况和档案是否存在涂改、矛盾等异常情况。

2018 年,突出干部选任的政治标准,注重发挥党支部对党员干部直接教育监督管理的基本职能和工作优势,宁波海事局首次试行党员干部考核考察党支部对其现实表现的审查机制,严把党员干部监督管理的第一关。

2020 年,宁波海事局制订容错纠错实施办法,首次明确诬告陷害澄清正名程序,办法规定了容错适用条件和范围、容错工作程序、容错结果运用、纠错工作要求等相关内容。

第三节　干部队伍教育

1996 年 9 月—1997 年 8 月,宁波海监局党委组织开展“奉献于事业,服务于人民”主题活动,教育广大干部树立正确的世界观、人生观、价值观,促进干部素质整体提高。

1999 年,根据交通部党组的部署,宁波海监局和航标区领导班子开展了“三讲”教育,其他干部参加了“三讲”学习。

2002 年,宁波海事局深入开展“转变作风年”“调查研究年”活动,突出以中层以上领导干部和局机关工作人员为重点,举办两期理论培训班,共 113 名副科级以上领导干部参加。

2004 年,宁波海事局举办两期以提高党的执政能力为主要内容的理论培训班。全年 150 余名科级以上干部分别参加了交通部人劳司、交通部海事局、浙江海事局、宁波市以及宁波海事局组织的各类培训,进一步提升领导干部的理论素养和领导能力。

2008 年 4 月,宁波海事局开展“强素质塑形象,为旗帜添光彩”主题实践活动,组织开展中心组学习、个人自学、党课教育、专题辅导、座谈讨论、副科级以上领导干部培训班等各类活动。

2009 年 3 月,宁波海事局组织开展实践科学发展观活动,活动分学习调研、分析检查、整改落实三个阶段进行,活动目标为党员干部受教育、科学发展上水平、人民群众得实惠。活动期间,全局党员干部和副科级以上领导干部参加。

2010 年,宁波海事局开展以创建“五个好”先进基层党组织,争做“五带头”优秀共产党员,创建“四领先”党员示范岗,争做“五个强”优秀党务工作者为主要内容的创先争优活动。宁波海事局与浙江大学联合开办“处级干部领导力提升”“科级干部执行力提升”“业务骨干创新力提升”等系列培训。

2011—2013 年,宁波海事局开展“五找八问”大讨论,结合宁波市委“思进思变思发展、创业创新创一流”的“三思三创”主题实践活动，制定下发《关于进一步深化创先争优活动的通知》和《宁波海事局开展“思进思变思发展、创业创新创一流”主题教育实践活动实施意见》，引导各级干部在解放思想中找误区、找标杆、找差距、找路径、找动力。

2013 年，宁波海事局开展党的群众路线教育实践活动，制定印发《关于深入开展党的群众路线教育实践活动实施方案》，教育引导党员、干部树立群众观点，弘扬优良作风，解决突出问题，保持清廉本色。活动期间，组织党员干部在落实“照镜子、正衣冠、洗洗澡、治治病”总要求中，把领导带头、学习教育、征求意见、查摆问题、边整边改、开门搞活动等贯穿于活动的全过程，党政主要领导带头参加活动，学在前、查在前、改在前，以一级带一级、领导来带动、层层抓落实的工作格局，保障教育实践活动扎实有序开展。

2015 年 5 月 27 日，宁波海事局印发《“三严三实”专题教育工作实施方案》，对照“严以修身、严以用权、严以律己，谋事要实、创业要实、做人要实”的要求，在全局中层以上领导干部中开展“三严三实”专题教育。专题教育期间，围绕习近平总书记提出的二十字好干部标准，开展为期一个月的“好干部大讨论”活动。

2016 年 4 月，宁波海事局实施干部成长“培鹰计划”，推出以开办“青年学苑”孵雏鹰、开展“挂职锻炼”育飞鹰、聚焦“储备力量”选精鹰为主要内容的“培鹰计划”，作为贯穿“十三五”干部队伍建设的一项系统工程，安排 30—50 名领导干部赴系统内外挂职锻炼。

2016 年 4 月—2017 年 12 月，宁波海事局组织开展“两学一做”学习教育，组织开展集中学习、专题研讨、专题培训等各项活动，进一步解决党员干部在思想、组织、作风、纪律等方面存在的问题。

2018 年，宁波海事局组织开展“学习贯彻十九大、走在前列求实效”党建知识竞赛，举办宁波海事局十九大精神专题轮训班，170 余名处科级干部赴复旦大学脱产学习，开展“牢记初心使命、勇于奉献担当”专题教育实践活动。

2019 年，宁波海事局开展“不忘初心、牢记使命”主题教育，组织党员干部开展理论学习、专题研讨、调查研究、检视问题、整改落实等活动，实现党员领导干部理论学习有收获，思想政治受洗礼，干事创业敢担当，为民服务解难题，清正廉洁作表率。主题教育期间，举办三期“不忘初心、牢记使命”主题教育培训班，150 余名处科级干部赴浙江省委党校参加脱产学习。

2020 年，宁波海事局坚持把“国家机关首先是政治机关”要求作为政治教育的首要，结合模范机关建设和政治机关意识教育，组织全局 170 余名处科级领导干部参加“强化政治机关意识，走好第一方阵”专题培训班。

2021 年，宁波海事局组织开展党史学习教育，围绕“学史明理、学史增信、学史崇德、学史力行”和“学党史、悟思想、办实事、开新局”的目标要求，在四明山革命老区举办三期处科级领导干部专题培训班，160 余名领导干部参加培训。

第二章　人力资源管理

人力资源管理是关于人力资源方面的计划、组织、指挥、协调、控制等一系列管理工作的总称。宁波海事(海监)局贯彻执行党和国家有关机构及人员编制、人员招录及管理、专业技术职务管理、职务职级管理、劳动工资、社会保障等方面的方针、政策、法规和规章,制定宁波海事局人事管理、工资管理等具体实施管理办法,建立科学设岗、竞争上岗、人尽其才、人尽其用的选人用人机制,为海事事业发展提供智力支持和人才保障。

第一节　人事管理

一、人员编制

1998 年,宁波海监局在通信和航标两个部门率先进行了劳动人事制度改革试点,引进激励竞争机制,实行奖勤罚懒、优胜劣汰。

1999 年,宁波海监局在海上执法支队(船队)开展了“竞争上岗、优化组合、双向选择”的人事用工制度改革,建立竞争激励机制。航标区围绕用工制度改革和航标巡检制度改革,对航标灯塔工作人员进行分流安置,对基层航标台站等单位进行双向选择,竞争上岗。

2000 年,为进一步深化宁波海监局人事制度改革,建立适应社会主义市场经济体制需要和单位自身特点的人事管理制度,拟定《宁波海监局全员聘用制试行办法》。

2001 年,宁波海事局挂牌成立,根据浙江海事局有关派出机构设置意见的通知精神和“三定”工作会议要求,按照“精简、效能、统一”的原则,制定宁波海事局派出机构、附属机构设置方案和下属海事处内设机构、办事处和基层单位机构设置及人员编制方案。是年,做好机关“三定”方案的核编工作。按照交通部海事局《关于中华人民共和国宁波海事局机构编制有关事项的批复》意见,根据各内设机构的工作职责,坚持突出海事业务工作,人员配置数向海事业务部门倾斜、强化宏观指导管理等原则,明确领导职数,合理设置岗位,完成机关定编工作,并制定机关工作职责和岗位说明书。

2011 年 11 月 12 日,宁波海事局完成海事核编考试、考核工作,全体干部职工全部通过。

2012 年 3 月,宁波海事局为规范内部人员管理,在整理汇总人事管理相关工作规则的基础上,印发《宁波海事局人事管理相关规定》《宁波海事局工作人员年度考核实施办法》。2014 年 11 月和 2016 年 3 月,在对原制度进行修改完善后,又先后印发《宁波海事局公务员考核实施办法》和《宁波海事局人事管理规定》。

2013 年 4 月 12 日,交通运输部发布《交通运输部关于中华人民共和国宁波海事局主要职责机构设置和人员编制规定的通知》,明确宁波海事局主要职责、机构设置和人员编制。人员编制为国家公职人员,纳入国家公务员管理。

二、人员录用

1999年4月9日，为落实第一次交通部直属海事系统工作会议关于控制进入、精简人员、调整人员结构的要求，交通部海事局印发《关于加强部属海事系统各单位人员调入管理的通知》，规定自发文即日起，冻结直属海事系统各单位人员调入权，由交通部海事局对直属海事系统人员调入实施统一管理，因工作需要确需调入个别人员，由交通部海事局统一审批。

2000年6月20日，交通部海事局印发《关于进一步加强部直属海事局人员调入管理的通知》，强调各单位人员调入实行逐级上报，统一审批，并明确接收军队转业干部、退伍军人、应届毕业生、录用和调入特别需要的紧缺人才，应向交通部海事局提交相关材料，以达到严格控制编制、按需进人的目的。

自2000年起，海事系统开始启动面向社会公开考试录用工作人员工作。2000年8月，交通部海事局启动直属海事系统2001年国家公务员录用工作，并于11月27日印发《海事系统2001年国家公务员录用考试实施办法》，对2001年直属海事系统国家公务员录用考试的组织工作和准备、报名、资格审查、笔试、面试、体检、考察、报批等作出规定，明确采用交通部海事局考试中心协调局、考试片区协调局、录用人员直属海事局分级管理模式。12月中旬，浙江考试片区协调局在指定地点受理报考直属海事系统人员的报名并进行资格审查。12月20日，交通部海事局印发《交通部直属海事局工作人员录用暂行办法》，自2001年1月1日施行。该办法对各直属海事局录用应届毕业生、社会在职人员和军队转业人员的计划、资格条件、录用、回避与处罚等作出规定；明确依录用人员不同，录用方式分考试录用和考核录用两种，录用考试包括笔试和面试，交通部海事局负责直属海事系统工作人员录用计划的审批和录用人员的审定工作，各直属海事局负责具体的录用工作和录用人员的管理工作。

2001年12月30日，交通部海事局印发《交通部直属海事局2002年公开考试录用工作人员实施方案》，其中明确提出要改革传统的人员选拔和录用制度，建立以“凡进必考、公开竞争、择优录取、民主监督”为主要内容的人员录用机制。同日，印发《交通部直属海事局公开考试录用工作人员面试实施细则（暂行）》和《交通部直属海事局公开考试录用工作人员体检实施细则（暂行）》。

2002年10月14—15日，交通部海事局在杭州召开首次直属海事系统干部人事工作会议。会议提出“十五”期间直属海事系统干部人事工作的主要任务是，调整结构，实行分类管理，推进领导干部任期制、新提干部试用制、执法人员考任制、其他人员聘用制和新进工人合同制五项干部人事制度改革，通过创新选人用人机制、干部监督管理机制、分配激励机制、分流转岗机制和社会保障机制，重点抓好直属海事系统两级领导班子建设、执法队伍建设和专业技术人才队伍建设，不断提高领导班子整体活力、提高行政执法水平、提高专业技术素质。

2002年，宁波海事局首次向社会公开招录11名甲类船长、轮机长充实执法力量，改善行政执法人员专业知识结构。

按照国家公务员年度录用工作安排和要求，交通部海事局每年面向社会组织公开招录工作人员，下达录用计划，印发实施方案或工作要求，审定公布录用名单。直属海事系统各单位受交通部海事局委托负责具体的录用考试工作，其中上海海事局一直承担具体协调工作。2004年后各项录用考试具体工作由各单位负责，不再设置片区协调局。2005年公开考试录用工作取消对招考对象的限制，不再区分应届毕业生和社会在职人员。

2006年12月23日，交通部海事局印发《直属海事系统考试录用工作人员办法》和《直属海事系统考核录用工作人员办法》,分别对直属海事系统考试录用担任主任科员以下非领导职务的工作人员和考核录用人员(不宜采取笔试录用的其他人员)的录用计划、录用条件、录用程序等作出规定;考试录用人员笔试是由国家公务员招录主管机关组织的考试,面试由交通部海事局统一组织,各直属海事局具体实施;考核录用人员主要指直属海事系统内部商调人员及持有船长、高级船员适任证书和验船师任职资格证书的人员,须通过各直属海事局的审查、面试、体检、考察、复审。

自2012年海事核编转制开始,海事工作人员身份全面转变为国家行政人员。人员招录全面通过国家录用公务员考试考录流程开展,规范有序、公开透明、科学高效的招录工作,为海事队伍建设奠定了坚实的基础。

2001—2021年宁波海事局招录人数统计见表6-2-1。

2001—2021年宁波海事局招录人数统计表 表6-2-1

年份(年)	人数	年份(年)	人数
2001	2	2012	33
2002	15	2013	72
2003	4	2014	17
2004	12	2015	17
2005	16	2016	40
2006	14	2017	57
2007	22	2018	33
2008	33	2019	41
2009	53	2020	36
2010	10	2021	23
2011	16		

三、职务等级标识

2008年,根据交通运输部海事局《关于直属海事系统实施海事职务等级标识制的通知》,决定在直属海事系统全面推行海事职务等级标识制。管理人员、专业技术人员及从事管理或专业技术工作的人员授予职务等级标识,其他人员授予船员及工勤技能标识,见习人员佩戴见习标识。职务等级标识共设六等十三级。

2008年11月,宁波海事局开始实施海事职务等级标识制,首次授予职务等级标识401人,授予技能等级标识95人。

2009年6月18日,宁波海事局首次爱党、爱国、爱海事升旗宣誓暨海事职务等级标识实施仪式在北仑海事大楼前举行。

2014年,为适应海事系统核编转制后工作需要,交通运输部海事局印发《关于直属海事系统海事职务等级标识调整有关事项的通知》,对职务等级标识资历起算时间、晋升降级复核标准等事项进行明确。

2019 年，宁波海事局制定《宁波海事局职工职业仪式实施办法》，包括新录用人员入职仪式、海事职务等级标识晋升仪式、领导职务晋升宪法宣誓仪式、荣誉奖励授予仪式、预备党员入党宣誓仪式、职工退休仪式等六类贯穿职工职业生涯的重要职工职业仪式的内容、形式及流程。

2020 年，为适应修订后的《中华人民共和国公务员法》中实行公务员职务与职级并行制度相关要求，交通运输部海事局修订了《交通运输部海事局职务（技能）等级标识制管理办法》。海事等级标识分为职务等级标识、技能等级标识、船员等级标识，其中职务等级标识又分为行政职务等级标识和技术职务等级标识。职务职级等级标识共设六等十四级。

海事职务等级标识制自 2008 年 11 月实施以来，对宁波海事局海事标准化、制度化管理的推进产生了深远的影响，增强了海事工作人员的责任心、归属感和荣誉感，提升了海事队伍的整体形象。截至 2021 年底，宁波海事局共有一级副总监 1 人，三级副总监 3 人，一级监督长 41 人，二级监督长 100 人，三级监督长 129 人，一级监督官 106 人，二级监督官 149 人，三级监督官 121 人，一级监督员 5 人，二级监督员 77 人。

四、职务职级并行

2017 年 8 月 16 日，宁波海事局印发《宁波海事局科级海事处公务员职务与职级并行制度工作实施方案》，按照中央关于深化干部人事制度改革的要求，在公务员法规定的制度框架内，保持现有领导职务和非领导职务晋升制度不变，建立主要依据任职年限和级别晋升职级的制度，发挥职级在确定干部工资待遇方面的作用，实行职级与待遇挂钩，实现职务与职级并行。

2019 年 6 月 5 日，宁波海事局召开公务员职务与职级并行改革动员会，印发《宁波海事局公务员职务与职级并行制度实施方案》，全面启动职务职级并行工作，对原非领导职务公务员和原县以下机关职级公务员职级套转，首次套转 531 人。后续每年制定实施方案，按要求开展职务职级并行工作。

第二节　专业技术职务管理

专业技术职务任职资格，是对专业技术人员的专业技术工作能力、水平和业绩的综合评价，表明专业技术人员具备担任某一专业技术岗位的技术水平和能力。

1996 年 3 月 18 日，交通部人事劳动司印发《交通部专业技术职务评聘工作有关问题的实施办法》，继续深化职称改革，建立激励竞争机制，实行专业技术职务任职资格评聘分开制度。

自宁波海监局起，宁波海事工程系列专业技术职务任职资格由交通部直属海监系统工程系列中级专业技术职务任职资格评审委员会评审。考虑水监体制改革后直属海事系统的新情况，2001 年 5 月，交通部海事局决定重新组建海事系统工程系列中级专业技术职务任职资格评审委员会。2002 年 4 月 26 日—5 月 14 日，浙江海事工程系列中级专业技术职务任职资格评审委员会成立，负责浙江海事工程系列中初级专业技术职务任职资格评审工作。2011 年，宁波海事局根据上级工作要求，启动离事归政海事核编转制工作。至 2011 年底，宁波海事局共有各类专业技术人员 370 人，其中取得高、中、初级专业技术职务任职资格的分别为 105 人、123 人、142 人。自 2012 年起，不再开展专业技术职务评审工作。

第三节　工资与社会保障

1999 年 9 月 18 日，交通部海事局印发《交通部海事局直属单位工资管理暂行办法》，对交通部海事局机关和所属单位的工资计划、工资统计、工资支付、津贴分配、工资审批、监督检查等作出规定，明确根据工资属地化管理原则，驻京外的各直属单位人员的工资经交通部或交通部海事局委托，由所在地政府人事（劳动）部门代为管理，执行所在地政府制定的机关和事业单位工资政策。

2001 年 5 月 16 日，交通部海事局印发《地方水监机构人员划转交通部海事局管理后规范工资和社会保险制度管理的意见》，明确划转人员暂统一执行事业单位工资制度。是年，宁波海事局根据浙江省人事厅《关于做好事业单位 2001 年正常晋升工资档次工作的意见》及《关于机关事业单位离退休人员增加离退休费工作的意见》，完成调资、调整工资标准、增加补贴的工作。10 月，宁波海事局为原海监局在职职工及离退休职工办理了宁波市基本医疗保险。

2002 年 3 月 8 日，交通部海事局印发《交通部海事局工资管理暂行办法》，其中增加“标准工资”一章，明确各单位分别按机关工资制度和事业单位工资制度的规定执行不同的工资标准。该办法进一步明确规定了直属海事系统的工资管理，按照交通部海事局“管总额、管审批、管监督”的原则，实行交通部海事局与交通部海事局委托地方政府有关部门双重管理、以交通部海事局管理为主的管理体制，以及交通部海事局委托地方政府有关部门代为管理各单位日常工资变动的审批等内容。

2006 年 7 月，宁波海事局落实国家第四次工资制度改革的有关精神，实施工资制度改革。原公务员待遇人员，按照人力资源和社会保障部、财政部关于公务员工资制度改革实施办法的通知精神，执行公务员工资标准；原事业待遇人员，按照人力资源和社会保障部、财政部关于事业单位工作人员收入分配制度改革方案的通知精神，执行事业单位工资标准；水上作业人员，按照人力资源和社会保障部、财政部、交通部关于交通部所属水上作业事业单位工作人员贯彻事业单位工作人员收入分配制度改革方案的实施意见，执行相应的工资标准。

2013 年 9 月，根据交通运输部海事局《关于直属海事系统改行公务员工资制度工作安排及有关要求的通知》和《浙江海事局改行公务员工资制度实施方案》的要求，宁波海事局制定改行公务员工资制度实施方案并组织落实，正式改行公务员基本工资制度。

2015 年 7 月，根据《国务院关于机关事业单位工作人员养老保险制度改革的决定》《关于做好部机关事业单位养老保险经办准备工作的通知》和交通运输部海事局、浙江海事局工作要求，宁波海事局成立机关事业单位工作人员养老保险制度改革工作领导小组，在国家有关部门和上级相关部署的基础上，组织并推进宁波海事局养老保险改革工作。自 2014 年 10 月，宁波海事局开始参加地方养老保险统筹。

第三章　人才培养

宁波海事(海监)局坚持以人才队伍建设为重点,坚持以人为本、人才强局的思想,通过制定人才发展规划、实施一系列人才培养举措、建立海事工作室等方式,在人才培养和队伍建设上取得了较好成绩,为水上安全监督管理工作提供了有力的支持和保障。

第一节　执法队伍

一、海事执法人员考任制

2000 年 2 月,根据《交通部关于深化部属单位人事制度改革意见》的精神,交通部海事局决定在直属海事系统推行执法人员考任制,并确定先在上海海事局进行试点,主要对在职职工进行了适任资格考试和综合测评,合格者签订执法岗位上岗协议。

2001 年,交通部海事局决定扩大执法人员适任考试试点范围,于 3 月 7 日印发《关于海事系统执法人员考任制试点工作指导意见》,宁波海事局被列为扩大试点单位之一。该指导意见明确适任考试包括考试和考核两项内容,并针对不同对象制定符合实际情况的考试内容;适任考试内容分为政治常识与职业道德、基本法律法规、基本行政能力、相关专业知识和基本技能等 4 个部分。是年 5 月,交通部海事局明确海事执法人员适任资格考试分为录用考、适任考和晋升考三类。

2001 年,宁波海事局开展执法人员考任制试点工作。宁波海事局起草了执法人员考任制试点工作实施意见、试点工作实施办法、考试实施细则和考核实施细则等文件,并依据文件精神按计划抓好实施。完成执法岗位准入、适任考试考前培训工作,按照局执法人员考任制领导小组的要求,根据试点系统和相关单位的工作情况及职工的实际需要,安排实施了海事执法人员适任考、准入考考前近一个月的辅导。试点单位宁波监督站 14 名执法人员全部通过适任考考试、考核,26 名非执法岗位人员参加了准入考,23 人通过了理论考试,5 名被录用到执法岗位工作。

2002 年 2 月 4 日,交通部海事局就执法人员考任制试点工作至宁波海事局检查调研。是月,宁波海事局首次向社会公开招考具有甲类船长、轮机长适任证书的人员,经考试、体检和考核等招聘程序,最终录用人员 11 名。

2002 年 5 月 28 日,交通部海事局在直属海事系统全面推进执法人员考任制的实施工作,印发《直属海事系统实施执法人员考任制的指导意见》,对实施执法人员考任制的指导思想和原则、适用范围、基本内容、适任资格考试、竞争聘用(任)上岗、组织领导、工作步骤等事项作出规定。该指导意见明确执法人员考任制主要包括适任资格考试和竞争上岗、择优聘用等内容,适任资格考试分为录用考、适任考和晋升考三类;适任考分为 A、B 两类,各直属海事局机关及分支机构机关的执法职位实行 A 类考试,科目为《海事基础》和海事《管理实务》,基层海事处等的执法职位实行 B 类考试,科目为《海事基础》和海事《职位技能》;各直属海事局机关及分支机构机关的综合管理职位参照执法职位管理,并实行 A 类考试,但《管理实务》内容应按职位不同有所区别,并印发《直属海事系统执法人员考任制适任资格考试大纲》。

2002 年 9 月 28 日,印发《直属海事系统执法人员适任资格考试与培训工作实施细则》,对执法人员适任资格考试的培训内容、教材、学时、师资,适任资格考试的组织、试题、时间、补考等作出规定,鼓励直属海事系统非执法人员通过参加执法人员适任资格的培训和考试,走上执法职位从事执法工作,鼓励执法人员通过参加规定的考试取得多个执法职位的适任资格。

2010—2021 年宁波海事局执法人数见表 6-3-1。

2010—2021 年宁波海事局执法人数一览表　　表 6-3-1

年份(年)	持证人数	年份(年)	持证人数
2010	421	2016	609
2011	441	2017	629
2012	451	2018	642
2013	480	2019	655
2014	534	2020	684
2015	601	2021	721

二、执法队伍教育管理

1998 年,宁波海监局举办四期水上安全监督执法岗位培训,开展《中华人民共和国水上安全监督行政处罚规定》学习。

2000 年,宁波海监局编制了《宁波海监局规范性文件汇编》,制定了执法评议考核制、执法责任制、错案责任追究制等程序性文件,加强执法人员培训和行政执法监督检查,健全内外监督机制,加强执法队伍行风建设和廉政建设。

2001 年,宁波海事局组织执法人员开展"四项教育"活动,即"四个如何认识",如何认识社会主义发展历史进程、资本主义发展历史进程、我国社会主义改革实践过程对人们思想的影响、当今的国际环境和国际斗争带来的影响的理想信念教育,"全心全意为人民服务"的宗旨教育,"依法行政、文明执法"的法制教育,"爱岗敬业、诚实守信、办事公道、服务群众、奉献社会"的职业道德教育。通过正面教育和自我教育,解决海事执法人员思想上和执法活动中存在的突出问题,树立与海事行政执法队伍任务相一致的职业理想、职业道德和职业作风。

2002 年 2 月 28 日,根据交通部提出的"建设交通行政执法队伍素质形象工程"任务要求,交通部海事局党委印发《关于加强直属海事系统执法队伍建设的意见》。该意见提出力争在三年之内使直属海事系统执法队伍建设取得明显成效,目标是:到 2004 年,直属海事系统执法队伍整体素质上一个台阶,实现海事执法人员的思想道德素质、文化业务素质、执法能力和执法水平、行风廉政建设水平明显提高,创新海事执法监督管理机制和海事行政执法手段,并提出 10 条具体措施;明确到 2003 年,45 岁以下在岗海事执法人员文化水平全部达到大专以上文化层次,开始实施执法人员轮岗制度,2004 年,执法机构行风评议社会满意率达到90%以上，基本实现执法队伍“三分开”，即行政执法与执法监督分开，行政审批与受理分开，违法调查与违法处理分开。

2003年，交通部海事局在全国海事系统开展海事执法“百优十标”评选活动，产生了10名“海事行政执法标兵”、100名“海事行政执法优秀工作者”，张钧浩获评“海事行政执法标兵”称号。

2004年6月，根据交通部统一要求，交通部海事局在全国海事系统开展“执法为民，服务社会”集中宣传教育活动，以学习贯彻《行政许可法》和国务院《关于全面推进依法行政实施纲要》为主题，进行海事执法活动的纪律作风整顿。

2004年，宁波海事局加大对执法人员教育培训的力度，全年共有12人完成大专学历教育，21人完成大学本科学历教育，9人参加研究生以上学历教育。全局122名45岁以下执法人员和综合管理人员通过市三级计算机应用能力培训考试。全局83.7%的执法人员取得大专以上学历，其中45岁以下执法人员，大专学历以上达到94.8%，基本实现执法队伍建设三年上台阶工作目标。

2005年，宁波海事局以开展创建“学习型组织”和“知识型职工”活动为契机，引导职工树立终身学习、终身教育的理念，全局实现大专学历以上人员达75%的目标。组织开展了水工管理、口岸查验等各类专项业务培训22期，海事调查、危险品管理和溢油应急反应知识等业务研讨6期，受训人员达1229人次。加快拔尖人才的选拔和培养，首次选送2名同志到世界海事大学深造。通过岗位交流，促进执法人员与船员间的互动学习，形成良好的学习氛围。

2006年，宁波海事局行政执法质量进一步提高，树立执法“三严”“三不”理念，以严密的监督机制、严厉的惩处措施和严肃的警示教育，促使执法人员“不敢”以身试法、“不能”行违法之事、“不想”非分之想，进一步规范海事执法人员的执法行为。是年，宁波海事局共有ISM审核员28名，安检人员92名，海事调查官37名，海事陪审员6名，海事执法队伍建设进一步得到加强。

2007年9月19日，交通部决定在全国海事系统开展“行政执法一面旗”建设。要求到2010年底，海事执法队伍整体素质和结构要适应海事又好又快发展的需要，以加快海事执法队伍能力建设为重点，以创新和完善海事执法队伍培养机制为手段，建设一支“政治合格、行为规范、办事高效、从政廉洁、结构合理”的海事执法队伍。是年，宁波海事局撰写的《完善执法督察机制，促进执法队伍建设》在交通部海事局直属海事系统惩防工作会议上进行交流，实现执法质量与执法队伍“双提高”。

2007年，宁波海事局修订《局海事行政执法程序规范》等相关配套制度，实现资源整合、流程优化，使组织机构设置更加科学、工作职责更加明晰、人员配置更加合理，促进行政执法能力进一步提高。

2009年，宁波海事局开展交通行政执法“五项规范”学习，提高规范执法意识，有效提高了执法人员素质，树立了海事执法良好社会形象。

2015年，海事监管顶层设计重心由事前向事中、事后转变，活跃在监管一线的“三员”（现场监督员、安全检查员和体系审核员）作用更为突显，宁波海事局以培养和建立“一专多能”的复合型现场监督员、“专、精、尖”的船舶安检员及体系审核员队伍为目标，开展“实施‘三员’能力提升工程，加强海事现场综合监管”的主题行动。

2017年，按照《交通运输部海事局关于印发深化直属海事系统基层执法机构改革实施方案的通知》要求，深入推进基层海事执法模式改革，宁波海事局印发《宁波海事局基层海事执法模式改革工作实施方案》,以海事"三化"建设为统领,深化"放管服"改革,优化职能定位、机构设置、资源配置和运行机制,完善基层执法模式,提升综合执法水平、现场监管效能和快速反应能力,推动宁波海事事业发展转型升级,为水上交通安全和宁波港口经济社会发展提供体制机制保障。

2018 年,宁波海事局完成现场执法检查指南编制工作,规范和指导海事现场综合执法,提高执法人员业务能力和执法效能。

2018 年 11 月,根据《浙江海事局关于印发〈浙江海事局现场综合执法能力评估实施方案〉的通知》精神和队伍建设实际,宁波海事局首次开展基层执法人员现场综合执法能力评估。制定印发《宁波海事局现场综合执法能力评估实施方案》,明确评估对象、评估内容等能力评估细则,进一步加强现场综合执法队伍建设,提升基层执法人员现场综合执法能力。通过开展现场监督,对能力评估现场进行抽查;开展案头审核,通过查看录音、录像资料,校对执法人员评估档案的方式开展评估动态监督,全面掌握评估工作开展情况。首次参评人员共 211 人,评估形成综合执法能力评估个人档案 211 份,评估录音、录像资料 213GB,全局平均分 90.11 分,执法人员均达到现场综合执法的资格准入条件。后续每年按要求制定实施方案,开展现场综合执法能力评估工作。

第二节 人才队伍

一、人才发展规划

(一)"十五"期间

宁波海事局队伍建设的基本思路是建设一支高素质的干部队伍和爱岗敬业、好学上进、行业风气好、专业结构及层次合理,适应海事事业发展需要的职工队伍。宁波海事局坚持按需施教、分级培训、讲究实效的原则,积极推进职工教育工作。同时继续深化劳动人事制度改革,建立"公开、公平、公正、择优"的竞争上岗机制和激励机制。至"十五"期末,全局队伍结构调整和人才引进培养双管齐下,海事执法人员和专业技术人员比重大幅上升,干部职工学历层次和知识水平得到提高,海事管理人员综合素质明显改善,海事执法和行政管理队伍朝着精干化和复合型方向发展。

(二)"十一五"期间

宁波海事局实施"人才兴局"战略,以"党政领导干部队伍、海事执法专业人才队伍、海事拔尖人才队伍"建设为重点,加大人才引进和自主培养力度,有效优化队伍的专业、年龄、学历等结构;推行科级领导干部竞争上岗,建立健全拔尖人才评价、选拔、培养和激励制度;积极开展半军事化管理,不断推进队伍正规化建设;实施新进人员集中培训,成立壮大海事研究会,人才成长环境得到明显提升。高级技术职称人员和硕士研究生分别达到 95 人和 82 人,较"十五"末分别增加 131.7% 和 447%,30 周岁以下青年增加 203%。

(三)"十二五"期间

宁波海事局坚持党管人才、协调发展、人尽其才的原则,培养和造就了一支与事业发展相适应的"规模适当、结构优化、作风过硬、素质优良"的人才队伍,队伍整体素质得到较大的提升,领军人才、拔尖人才比例大幅上升，人才综合竞争力显著增强，为宁波海事“接轨国际，走在前列”提供了卓越的人力资源保障。按照“四型海事”建设和“人才强局”的要求，努力提升人才管理的科学化水平，通过健全“选人、育人、用人、留人”四大机制，打造“领导干部队伍、海事执法队伍、拔尖人才队伍、青年队伍、综合管理和后勤保障队伍”五支队伍，加强对各类人才的开发、跟踪、培养和提升，最大限度地激发人力资源的创造力。实现人力资源总量稳步增长，结构逐步完善、五支队伍建设有序推进、人力资源管理机制不断健全、人力资源发展环境不断优化。

（四）“十三五”期间

宁波海事局坚持立足需求、以用为本，高端引领、整体推进，人文关怀、共同发展原则，深入践行“忠诚、和谐、开放、卓越”的宁波海事核心价值观，通过强化宗旨意识，完善“人员评价机制、人员培养机制、人员使用机制、人员激励机制”四项机制，深化“领导干部队伍、拔尖人才队伍、管理人才队伍、海事执法队伍、综合保障队伍”五支队伍建设，打造一支与事业发展相适应的“规模适当、结构优化、作风过硬、素质优良”的人员队伍，队伍综合素质明显改善，业务综合竞争力持续增强，人力资源质量和管理水平走在系统前列，为宁波海事深化改革、全面发展提供卓越的人力资源保障。

（五）“十四五”期间

宁波海事局积极适应海事发展新要求，建设形成具有宁波海事特色的队伍建设、人才培育和青年工作机制，促进干部队伍人岗相适、人尽其才。通过锻造忠诚担当、实干有为的领导干部队伍，结构合理、业务精湛的专业人才队伍，团结向上、充满活力的青年队伍，打造结构合理、路径清晰的队伍建设新架构，建设“作风过硬、素质优良、发展均衡、优势明显”的宁波海事蓝色铁军，为推动宁波海事治理体系和治理能力现代化建设提供坚实的智力支撑。

二、人才培养机制

2000 年 6 月 24 日，宁波海事局印发《宁波海事局滚动式英语人才库管理办法》，人才库由海事行政执法人员、专业技术人员、综合管理人员及其他符合入库条件人员组成，积极探索职工教育培训机制，提高海事专业人才国际交往能力。

2002 年 4 月 22 日，交通部海事局印发《直属海事系统拔尖人才（学术带头人）培养工作实施意见》，开始在直属海事系统实施拔尖人才的选拔、培养工作。该实施意见明确拔尖人才的培养以海事执法领域人才培养为重点，兼顾其他方面；要通过分层次、分类别、多渠道拔尖人才培养体系，建立“十、百、千”人才梯队，实现第一层次培养 20 名左右在全国海事系统内的拔尖人才，第二层次培养 100 名在各海事局内的骨干力量，第三层次培养 1000 名在各业务岗位上的青年后备人员。

2009 年，宁波海事局吸收全局各领域的业务骨干，成立海事研究会，通过创建期刊、成立研究小组、建立交流平台、挖掘海事管理经验和承担课题研究等措施，推进先进海事研究成果的实际应用。

2014 年 9 月 3 日，宁波海事局印发《宁波海事局创新海事专业人才培养工作机制实施方案》，以发现、培养、使用、凝聚优秀海事专业人才为重要任务，旨在经过三至五年的努力，基本建成以实用型专业人才队伍为基础保障、专家型专业人才队伍为发展支撑、拔尖型专业人才队伍为高端引领的金字塔型人才梯队。方案同时明确，建立 MARPOL、CIC 港口国监督履约立约研究团队、VTS 英才基地等 2 个履约团队和宁波海事政务自媒体工作室、365 海事调查工作室、开放式安检工作室、红树林工作室、通导系统运维创新工作室等 5 个专业化海事工作室，开展专业人才培养。

2015 年 7 月 20 日，宁波海事局印发《关于推进宁波海事局 2015—2016 年专业研究团队和专业化工作室建设的实施意见》，出台履约团队和工作室建设实施意见，确定重点培育的 MARPOL、CIC 港口国监督履约立约研究团队、“悦航”VTS 英才基地等 2 个专业研究团队和政务自媒体工作室、365 海事调查工作室、通航要素管理工作室、开放式安检工作室、红树林工作室、VTS 系统运维工作室等 6 个专业化工作室。

2018 年 12 月 10 日，宁波海事局成立法治服务团队，以推进宁波海事局法治海事建设水平处于系统前列为目标，引领依法行政工作规范开展，推动解决海事依法行政和职能转变进程中遇到的执法疑难问题，培育浓厚法治氛围，助力法治海事建设进程。成立海巡船艇管用养修团队，打造船艇管理“宁波样板”，以确保宁波海事船艇管理工作走在系统前列为目标，建立健全船艇“管用养修”优质管理体系，提升船艇“管用养修”工作标准化、精细化建设水平。

2019 年 3 月 6 日，宁波海事局印发《关于新录用人员 5 年跟踪培养计划实施方案的通知》，以新录用人员队伍建设为抓手，以青年人才培养为重点，明确新录用人员培养目标、培养路径，细化各项培养举措，厘清局处两层在新人培育中的职责任务，全面启动新录用人员 5 年跟踪培养计划。

2019 年 3 月 15 日，宁波海事局成立宁波海事局海丝工作室，以“服务战略，走在前列”为目标，通过《宁波市海上事务发展简报》等载体，开展政策研究，积极构建并实时更新服务国家、区域及省市重大战略对接事项清单，收集、梳理、储备、展示宁波海事服务保障重大战略的系列举措及目的成效，全面提升宁波海事社会贡献度和地方影响力。

2020 年 4 月 22 日，宁波海事局印发实施《2020 年业务领域拔尖人才小班化培养实施方案》，目标为在海事业务领域培养出一批站位一流、业务精通、技术领先、学术引领、具备系统影响力和国际竞争力的宁波海事拔尖人才，打造一支数量充足、结构优化、素质优良的宁波海事拔尖人才梯队，形成具有宁波海事特色的拔尖人才培养机制。

2021 年 1 月 22 日，宁波海事局发布《关于成立船舶安检、事故调查、公司管理、动态监控等专项业务中心的通知》，决定成立船舶安检、事故调查、公司管理、动态监控等 4 个专项业务中心，根据业务领域实际，确定战略目标，创新管理机制，推进业务工作发展、监管品牌创建和高端人才培育。

2021 年 2 月 1 日，宁波海事局发布《宁波海事局关于加强专业人才队伍集约化建设的实施方案》，明确专业人才集约化建设的总体要求、培养目标、具体举措和保障激励手段，以海事专业化工作室和拔尖人才小班化为抓手，积极构筑具备宁波海事特色的专业人才培育路径。培养目标以专业人才集约化培养为重点，建立宁波海事局专业人才队伍集约化建设机制，构筑具备宁波海事特色的专业人才培育路径。充分调动和全面统筹各业务领域专业优势资源，优化专业管理架构，搭建多元化平台载体，打造优质人才发展环境。经过三至五年的努力，形成一批具备国际竞争力、系统影响力的宁波海事专业人才，建设 1 ~ 3 个直属海事系统具有较高知名度和赞誉度的专业团队或优势业务监管品牌。

截至 2021 年底，宁波海事局共建有拔尖人才培育小班 5 个，小班核心成员 27 人；专项业务中心 4 个，中心常驻成员 48 人；海事业务工作室 10 个，工作室成员 169 人。

三、人才培育成效

2003 年 4 月 3 日，浙江海事局印发通知确定并公布浙江海事系统拔尖人才第二层次培养对象人选名单，宁波海事局张宏良、陈坚文、黄燕品等 3 人被确定为浙江海事系统拔尖人才第二层次培养对象。

2012 年 2 月 8 日，宁波海事局丁敏强、黄胜华等 2 人入选中国海事领军人才库首届入库人员名单。6 月 28 日，宁波海事局徐承荣、丁敏强、鲁国钧等 3 人被聘任为首届中国海事专家委员会委员。

2014 年，宁波海事局丁敏强、周驰、徐红儿等 3 人被聘为国际海事研究委员会港口国监督分委会专家组成员。

2015 年 3 月，浙江海事局印发通知并公布浙江海事局首席船舶安全检查官和首席海事调查官名单，宁波海事局周驰、徐红儿等 2 人入选浙江海事局首席船舶安全检查官，戴东起、潘永亮等 2 人入选浙江海事局首席海事调查官。

2015 年 9 月，宁波海事局发布《宁波海事局人才库管理办法》。11 月，宁波海事局第一届人才库正式建立，其中领军人才库 37 人，青苗园 22 人。是年，开展首席官和领军人才选送工作，宁波海事局入选浙江海事局首席安全检查官 2 人、首席事故调查官 2 人，入选浙江局领军人才库 24 人。

2016 年 8 月，浙江海事局印发通知并公布浙江海事局首席安全管理体系审核员名单，宁波海事局鲍志豪入选浙江海事局首席安全管理体系审核员。

2018 年 1 月，浙江海事局印发通知并公布浙江海事局首席 VTS 值班员名单，宁波海事局张斌入选浙江海事局首席 VTS 值班员。

2018 年 8 月，浙江海事局印发通知并公布浙江海事局首席船舶污染应急指挥官名单，宁波海事局杨卫强、陈一声等 2 人入选浙江海事局首席船舶污染应急指挥官。

第四章 职 工 教 育

宁波海事(海监)局高度重视职工教育培训工作,坚持按需施教、分级培训、讲究实效的原则,不断建立健全职工教育培训管理制度,制定实施教育培训管理办法,积极推进职工教育工作。同时创新教育培训方式,完善教育培训设施,加大教育培训投入,依托各级党校、行政院校和系统内部培训资源,多渠道、多方式开展职工专业技术培训和文化教育,培训范围不断扩大、培训人数逐年增加,有效促进职工队伍素质提高。

第一节 培训机制和制度

2002年起,交通部海事局对职工培训实行计划管理,每年下达年度培训计划,包括领导干部理论培训、海事业务和综合管理专业培训,其中船舶安全检查员培训、海事调查官培训、船舶法定检验质量管理体系审核员培训、船舶交通管理系统操作培训、航运公司安全管理体系审核员培训形成较为完善的培训体系和管理机制。

2005年3月25日,交通部海事局印发《交通部直属海事系统教育培训管理办法》,明确直属海事系统教育培训分为党政领导干部人才教育培训、海事执法专业人才教育培训和海事拔尖人才教育培训,其中海事执法专业人才教育培训分为在职人员国内学历(位)教育、任职资格培训、岗位培训、辅助技能培训、国外教育培训,规定一般职工每3年累计离岗培训时间不少于100个小时。

2012年3月13日,宁波海事局印发《宁波海事局教育培训管理办法》,职工教育培训坚持以人为本、联系实际、按需施教、讲求实效的原则,坚持培养和使用相结合的原则,不断创新教育培训方式方法,促进职工教育培训工作规范化、制度化,更好地提高职工队伍的综合素质和专业水平。至2021年底,《宁波海事局教育培训管理办法》先后经过了数次修订,教育培训体系进一步优化完善,教育培训工作的规范性得到持续提升。

第二节 培 训 成 效

宁波海事局根据干部职工的岗位特质、资格资历和发展需要,开展各级各类教育培训活动。通过集中授课、现场教学、现场模拟、专题讲座等多种形式,不断丰富培训方式方法,切实提升培训实效,持续提升职工业务素质和综合能力。

2005年起,宁波海事局积极选派优秀青年职工参与大连海事大学与世界海事大学合作举办的“海上安全与环境管理”学历教育项目。截至2021年,共有10人相继完成该项目培训任务,成功取得硕士学位。

2012年,宁波海事局根据浙江海事局全员培训深化年工作要求,首次组织开展全员培训班,全局220

名职工参与集中培训。2012—2017年，宁波海事局每年组织开展全员专题培训班，着力提升职工履职能力和水平。

2017年起，根据基层执法模式改革后执法人员综合执法能力提升需要，宁波海事局每年组织开展面向全体基层执法人员的综合执法能力集中培训活动。制定并持续完善综合执法能力培训课程库，创新业务模块专题培训、实船实训、执法场景体验教学等多种培训模式，实现理论知识与执法实务有效融合，切实提升培训针对性和实效性。截至2021年，共开展综合执法能力培训25期，参训人数逾1500人次。

宁波海事局持续选派优秀青年职工参与国际化人才培训，不断提升职工参与国际事务的能力和水平。2015年起，选派30余名职工参与IMO全球海运能效伙伴项目培训班、IMO会议谈判培训班、IMO热点问题高级研修班、国际海事履约及会议培训班、IMO预防和控制航运和港口大气排放培训班、IMO审核机制培训班等国际化培训项目。

第五章　荣　　誉

1996 年以来,宁波海事(海监)局围绕促进辖区水上交通安全形势稳定,全面履职,创新开拓,全力服务保障航运经济、海洋经济和国际港口城市高质量发展,精神文明建设成果丰硕,各类先进集体、先进模范人物层出不穷,曾荣获全国性集体荣誉 8 项、个人荣誉 8 人次,荣获省部级及直属海事系统先进集体 84 项、先进个人 118 人次。另外,40 次参加系统内外各类比武竞赛并荣获佳绩。宁波海事局获全国性荣誉先进集体、全国性荣誉先进个人、省部级及直属海事系统先进集体名录、先进个人名录和参加技能比武竞赛类荣誉名录清单详见表 6-5-1—表 6-5-5。

1996—2021 年全国性荣誉先进集体名录　　表 6-5-1

序号	受表彰单位	荣誉名称	颁奖单位	时间
1	船舶交通管理中心监控室	全国青年文明号	共青团中央	2005 年 10 月 24 日
2	宁波海事局	全国精神文明建设工作先进单位	中央精神文明建设指导委员会	2005 年 10 月 26 日
3	海巡 113	全国“安康杯”竞赛优胜班组	中华全国总工会、国家安全生产监督局	2008 年 1 月 1 日
4	宁波海事局	全国文明单位	中央精神文明建设指导委员会	2011 年 12 月 20 日
5	政务中心	全国巾帼文明岗	中华全国妇女联合会	2017 年 4 月 19 日
6	海巡 22	2017—2018 年度全国青年文明号	共青团中央、交通运输部	2019 年 6 月 10 日
7	宁波海事局	全国文明单位(机关)	中央精神文明建设指导委员会	2020 年 11 月 20 日
8	宁波海事局船舶安检集中工作组	第二十届全国青年文明号	共青团中央	2021 年 8 月 18 日

说明:本名录按时间顺序排列。

1996—2021 年全国性荣誉先进个人名录　　表 6-5-2

序号	姓名	荣誉名称	颁奖单位	时间
1	邱云龙	1999 年度享受国务院政府特殊津贴人员	国务院	2000 年 8 月 4 日
2	鲁国钧	2001 年度享受国务院政府特殊津贴人员		2001 年 6 月 1 日
3	王军	全国“巾帼建功”标兵	中华全国妇女联合会	2007 年 2 月 1 日
4	陈贤德	2006—2007 年度全国无偿献血金奖(特别奉献奖)	中华人民共和国卫生部、中国红十字会总会、中国人民解放军总后勤部卫生部	2008 年 12 月 8 日
5	丁敏强	全国五一劳动奖章	中华全国总工会	2010 年 3 月 31 日
6	陈贤德	2008—2009 年度全国无偿献血奉献奖金奖	中华人民共和国卫生部、中国红十字会总会、中国人民解放军总后勤部卫生部	2010 年 12 月 6 日
7		2010—2011 年度全国无偿献血奉献奖金奖		2012 年 12 月 20 日
8		2012—2013 年度全国无偿献血奉献奖金奖		2015 年 3 月 9 日

说明:本名录按时间顺序排列。

1996—2021 年省部级荣誉先进集体名录

表 6-5-3

序号	受表彰单位或集体	荣誉名称	颁奖单位	时间
1	宁波海监局	浙江省文明单位	中共浙江省委、浙江省人民政府	1999 年 7 月 6 日
2	宁波海事局党委	2000 年度先进基层党组织	中共浙江省委	2001 年 6 月 1 日
3	宁波海事局党组	交通运输部“讲党性、重品行、作表率，树组工干部新形象”活动先进单位	中共交通运输部党组	2011 年 8 月 1 日
4	宁波海事局	全国交通系统交通行政执法人员岗位培训工作先进集体	交通部	2001 年 3 月 1 日
5		水上危险品运输百日会战安全专项整治行动突出贡献单位		2007 年 1 月 12 日
6		全国交通行业抗灾保通先进集体		2008 年 1 月 1 日
7		全省春运工作先进单位	浙江省春运工作领导小组办公室	2016 年 3 月 28 日
8		全国水上无线电秩序管理专项整治工作先进集体	中共交通运输部海事局党组	2021 年 1 月 26 日
9	宁波海事局工会	2014 年度直属海事系统“模范职工之家”	中国海员工会交通运输部海事局委员会	2015 年 5 月 13 日
10	宁波海事局团委	突出贡献“青年文明号”活动组织单位	浙江省“青年文明号、青年岗位能手”活动组委会	2014 年 10 月 14 日
11	北仑监督站	全国水监系统文明执法示范窗口	交通部水监局	1997 年 12 月 1 日
12	北仑海事处党支部	交通运输部系统先进基层党组织	交通运输部办公厅	2019 年 6 月 27 日
13	北仑海事处	全国交通系统先进集体	国家人事部、交通部	2001 年 9 月 1 日
14		直属海事系统文明执法示范窗口标兵	中共交通部海事局党组	2006 年 4 月 11 日
15		2006 至 2007 年度全国交通行业精神文明建设先进集体	交通部	2008 年 1 月 1 日
16		全国交通行业文明示范窗口		2008 年 2 月 1 日
17		浙江省文明单位	中共浙江省委、浙江省人民政府	2009 年 2 月 7 日
18		直属海事系统廉政文化示范点	中共交通运输部海事局党组	2019 年 12 月 30 日
19		2020 年交通运输法治政府部门建设通报表扬的基层集体	交通运输部办公厅	2020 年 12 月 4 日
20		海事“三化”好形象好品牌先进集体	中共交通运输部海事局党组、交通运输部海事局	2020 年 12 月 31 日
21	北仑海事处海巡执法大队	2013 年度省级“青年文明号”	浙江省“青年文明号、青年岗位能手”活动组委会	2014 年 6 月 17 日
22	镇海监督站	2000 年水上统一执法行动先进集体	交通部安全委员会	2000 年 10 月 1 日
23	镇海海事处	浙江省文明单位	中共浙江省委、浙江省人民政府	2009 年 2 月 7 日
24		浙江省群众满意基层站所（服务窗口）创建工作先进单位	中共浙江省纪律检查委员会	2010 年 2 月 2 日
25		直属海事系统文明执法示范窗口标兵	中共交通运输部海事局党组、部海事局	2011 年 12 月 31 日
26	镇海海事处监管科	2009 年度省级“青年文明号”	浙江省“青年文明号、青年岗位能手”活动组委会	2010 年 12 月 30 日
27	梅山海事处党总支	交通运输系统先进基层党组织	交通运输部办公厅	2017 年 6 月 23 日

续上表

序号	受表彰单位或集体	荣誉名称	颁奖单位	时间
28	梅山海事处	浙江省文明单位	中共浙江省委、浙江省人民政府	2021 年 1 月 15 日
29	穿山海事处党支部	直属海事系统先进基层党组织	中共交通运输部海事局党组	2021 年 6 月 7 日
30	穿山海事处	浙江省文明单位	中共浙江省委、浙江省人民政府	2018 年 1 月 12 日
31	穿山海事处海事监管科	2018—2019 年度省级“青年文明号”	浙江省“青年文明号、青年岗位能手”活动组委会	2022 年 2 月 20 日
32	大榭海事处党总支	交通运输部系统先进基层党组织	交通运输部办公厅	2018 年 6 月 26 日
33	大榭海事处	浙江省文明单位	中共浙江省委、浙江省人民政府	2013 年 1 月 16 日
34		海事“三化”好形象好品牌先进集体	中共交通运输部海事局党组、交通运输部海事局	2021 年 5 月 25 日
35	大榭海事处团支部	省级先进团支部	共青团浙江省委	2018 年 9 月 1 日
36	大榭海事处榭南海巡执法大队	2018—2019 年度省级“青年文明号”	浙江省“青年文明号、青年岗位能手”活动组委会	2022 年 2 月 20 日
37	宁波监督站	“99 联合行动”先进集体	交通部海事局	1999 年 10 月 1 日
38	三江口海事处	浙江省文明单位	中共浙江省委、浙江省人民政府	2013 年 1 月 16 日
39				2021 年 1 月 15 日
40	象山海事处			2013 年 1 月 16 日
41	鄞奉海事处			2018 年 1 月 12 日
42	宁海海事处	保电煤等重点物资运输先进集体	交通部	2008 年 1 月 1 日
43		浙江省文明单位	中共浙江省委、浙江省人民政府	2013 年 1 月 16 日
44	政务中心党总支	直属海事系统先进基层党组织	中共交通运输部海事局党组	2016 年 6 月 28 日
45	政务中心党支部	交通运输部系统先进基层党组织	交通运输部办公厅	2020 年 6 月 28 日
46	政务中心	浙江省群众满意基层站所（服务窗口）创建工作先进单位	中共浙江省纪律检查委员会	2010 年 2 月 1 日
47		“示范青年文明号”集体	浙江省“青年文明号、青年岗位能手”活动组委会	2014 年 10 月 14 日
48		浙江省巾帼文明岗	浙江省巾帼建功和双学双比活动协调小组办公室	2015 年 2 月 16 日
49		海事“三化”示范建设政务办理示范点	交通运输部海事局	2015 年 11 月 4 日
50		海事“三化”好形象好品牌先进集体	中共交通运输部海事局党组、交通运输部海事局	2016 年 12 月 28 日
51	海事审验中心	2011 年度省级“青年文明号”	浙江省“青年文明号、青年岗位能手”活动组委会	2012 年 9 月 18 日
52	指挥中心	浙江省防台救灾先进集体	浙江省委“不忘初心、牢记使命”主题教育领导小组办公室、浙江省委组织部、浙江省委宣传部、浙江省人民政府防汛防台抗旱指挥部	2019 年 12 月 2 日
53	“海丝”工作室	全国海事系统劳模先进创新工作室	中国海员工会交通运输部海事局委员会	2020 年 12 月 28 日
54	船舶交通管理中心监控室	2003 年度省级“青年文明号”	浙江省“青年文明号、青年岗位能手”活动组委会、浙江海事局	2004 年 5 月 18 日
55		2011 年度全国交通建设系统“工人先锋号”	中国海员建设工会全国委员会	2011 年 11 月
56	船舶交通管理中心	2018—2019 年度省级“青年文明号”	浙江省“青年文明号、青年岗位能手”活动组委会	2020 年 2 月 20 日

续上表

序号	受表彰单位或集体	荣誉名称	颁奖单位	时间
57	通信处(站)	创建文明行业先进单位	全国交通通信系统	2002年6月1日
58	通信处收信台	全国交通系统通信服务先进单位	交通部	1997年9月1日
59	通信站中控台	交通通信系统先进集体	交通部通信中心	2000年3月1日
60		交通部文明示范窗口	交通部	2000年7月1日
61	宁波VTS“悦航”信息服务队	浙江省巾帼文明岗	浙江省妇女联合会	2020年6月3日
62	船舶安检集中工作组	2013年度省级“青年文明号”	浙江省“青年文明号、青年岗位能手”活动组委会	2014年6月17日
63	宁波海事局PSC工作室	全国交通运输行业文明示范窗口	交通运输部	2016年8月12日
64		直属海事系统劳模先进创新工作室	中国海员工会交通运输部海事局委员会	2019年1月17日
65	宁波海事局MARPOL/CIC履约立约团队	直属海事系统先进青年集体	中共交通运输部海事局党组	2018年5月3日
66	东海巡12	“华铜海”式先进集体	交通部	1996年1月1日
67		全国水运系统安全优秀班组	中国海员工会全国委员会 交通部交通安全委员会	1998年11月10日
68	航标区“B-231”	全国水运系统安全优秀船舶		
69	通监巡34			2000年1月
70	洛伽山灯塔	全国水运系统安全优秀班组		
71	海巡111	全国水运系统安全优秀船舶	中国海员工会全国委员会	2005年2月
72		直属海事系统船舶、班组安全竞赛“安全优秀船舶”	中国海员建设工会海事局委员会	
73	海巡1101	2011年度省级“青年文明号”	浙江省“青年文明号、青年岗位能手”活动组委会	2011年12月1日
74	海巡1106	2006年度省级“青年文明号”		2007年7月20日
75	海巡07008	2014年度省级“青年文明号”		2015年1月13日
76	海巡22	中建南项目护航保障任务集体嘉奖	中国海警局	2014年9月29日
77		2013年度全国水运系统安全优秀船舶	中国海员工会交通运输部海事局委员会	2014年12月31日
78		中建南项目护航保障任务集体嘉奖	交通运输部海事局	2015年10月23日
79		2016—2017年度省级“青年文明号”	浙江省安全生产监督管理局、浙江省“青年文明号、青年岗位能手”活动组委会	2017年9月4日
80		先进职工小家	中国海员工会交通运输部海事局委员会	2018年1月17日
81		2019年度全国公路水路行业班组、船舶安全生产竞赛先进集体	中国海员建设工会全国委员会 交通运输部安全委员会	2020年8月4日
82	海巡113	全国“安康杯”竞赛优胜班组	中华全国总工会、国家安全生产监督管理总局	2008年1月1日
83	海巡0713	2015年度省级“青年文明号”	浙江省“青年文明号、青年岗位能手”活动组委会	2016年3月11日
84	海巡07125	2016—2017年度省级“青年文明号”	浙江省安全生产监督管理局、浙江省“青年文明号、青年岗位能手”活动组委会	2017年9月4日

说明：本名录按单位行政序列排序。

1996—2021 年省部级荣誉先进个人名录 表 6-5-4

序号	姓名	荣誉名称	表彰单位	时间
1	丁敏强	浙江省劳动模范	浙江省人民政府	2011 年 4 月 26 日
2	丁涵池	2014 年度浙江省青年岗位能手	浙江省"青年文明号、青年岗位能手"活动组委会	2015 年 1 月 13 日
3	马成义	直属海事系统船舶交通管理岗位能手	交通运输部海事局、中国海员建设工会	2018 年 10 月 18 日
4	马延超	直属海事系统优秀共产党员	中共交通运输部海事局党组	2020 年 6 月 15 日
5	马春华	直属海事系统船舶交通管理系统(VTS)综合技能十佳岗位能手		2011 年 10 月 31 日
6	王军	全国交通运输行业"巾帼建功"行业标兵	交通部	2007 年 3 月 1 日
7		全国交通运输系统先进工作者	人力资源和社会保障部、交通运输部	2009 年 12 月 9 日
8	王柯	浙江金蓝领	浙江省总工会	2019 年 5 月 24 日
9	桂超英(王爱国家属)	全国交通系统优秀海员家属	交通部、中国海员工会	1999 年 9 月 1 日
10	王雪莉(张卫钢家属)	直属海事系统优秀船员家属	中国海员工会交通部海事局委员会	2007 年 10 月 11 日
11	尤亮	2018 年—2019 年度浙江省青年岗位能手	浙江省"青年文明号、青年岗位能手"活动组委会	2020 年 2 月 20 日
12	毛明坤	中建南项目护航保障任务个人嘉奖	交通运输部海事局	2015 年 10 月 23 日
13	尹潇枭	直属海事系统先进青年工作者	中共交通运输部海事局党组	2016 年 5 月 9 日
14	邓波	中建南项目护航保障任务个人嘉奖	交通运输部海事局	2015 年 10 月 23 日
15	左德华	直属海事系统危险货物管理岗位能手	中共交通运输部海事局党组	2012 年 10 月 29 日
16	石力	浙江金蓝领	浙江省总工会	2019 年 5 月 24 日
17	石世云	直属海事系统船舶交通管理系统(VTS)综合技能十佳岗位能手	中共交通运输部海事局党组	2011 年 10 月 31 日
18	叶江	第十批省优秀农村工作指导员	中共浙江省委办公厅、浙江省人民政府办公厅	2019 年 7 月 8 日
19	乐学林	浙江金蓝领	浙江省总工会	2019 年 5 月 24 日
20	毕惠德	2000 年水上统一执法行动先进个人	交通部安全委员会	2000 年 10 月 1 日
21	朱晓	直属海事系统优秀青年	中共交通运输部海事局党组	2018 年 5 月 3 日
22	任健	浙江金蓝领	浙江省总工会	2019 年 5 月 24 日
23	许晟轶			
24	孙凯	中建南项目护航保障任务个人嘉奖	交通运输部海事局	2015 年 10 月 23 日
25	李允来	2006 年度全国交通通信系统创建文明行业先进个人	交通部精神文明建设办公室、中国交通通信中心	2006 年 1 月 1 日
26	李表康	99 联合行动先进个人	交通部海事局	1999 年 10 月 1 日
27		直属海事系统 2004—2005 年度"海事风采奖"	中国海员建设工会交通部海事局委员会	2005 年 1 月 1 日
28		2004—2006 年度宁波市劳动模范	中共宁波市委、宁波市人民政府	2007 年 4 月 28 日

续上表

序号	姓名	荣誉名称	表彰单位	时间
29	李松炬	直属海事系统优秀共产党员	中共交通运输部海事局党组	2019 年 6 月 21 日
30	李瑛	直属海事系统船舶交通管理系统（VTS）综合技能十佳岗位能手		2011 年 10 月 31 日
31		直属海事系统十大杰出青年		2016 年 5 月 9 日
32	李锋	上海世博会“环沪护城河”安保工作先进个人	浙江省人民政府	2011 年 1 月 1 日
33	李鹏（通航）	2014 年度浙江省青年岗位能手	浙江省“青年文明号、青年岗位能手”活动组委会	2015 年 1 月 13 日
34	杨强	直属海事系统船舶交通管理岗位能手	交通运输部海事局、中国海员建设工会	2018 年 10 月 18 日
35		浙江金蓝领	浙江省总工会	2019 年 5 月 24 日
36	吴永昭	嘉奖	交通运输部海事局	2014 年 10 月 27 日
37	邱云龙	全国交通系统模范带头人	交通部	1999 年 9 月 1 日
38	汪三涵	中建南项目护航保障任务个人嘉奖	交通运输部海事局	2015 年 10 月 23 日
39		2016—2017 年度全国交通运输行业文明单位职工标兵	交通运输部	2018 年 11 月 26 日
40		2013—2015 年度宁波市劳动模范	中共宁波市委、宁波市人民政府	2016 年 4 月 25 日
41		全国海事系统“庆文式”标兵	中共交通运输部海事局党组、交通运输部海事局	2019 年 1 月 17 日
42		浙江省劳动模范	中共浙江省委、浙江省人民政府	2019 年 4 月 1 日
43		交通运输部系统优秀共产党员	交通运输部办公厅	2021 年 6 月 24 日
44	沈忠平	2009 年度浙江省青年岗位能手	浙江省“青年文明号、青年岗位能手”活动组委会	2010 年 12 月 29 日
45		全国海事系统行政执法标兵	交通运输部	2011 年 10 月 8 日
46	张仁初	全国交通行业抗灾保通先进个人	交通部	2008 年 1 月 1 日
47	张占东	全国海事调查工作先进个人	交通运输部海事局	2017 年 10 月 13 日
48	张宏良	交通部直属水监系统法制工作先进个人	交通部直属水监系统	1997 年 12 月 1 日
49	张忠海	上海世博会交通运输保障先进个人	交通运输部	2010 年 12 月 31 日
50	张钧浩	全国海事系统行政执法标兵	中共交通部海事局党委、交通部海事局	2004 年 2 月 16 日
51	张敬民	上海世博会“环沪护城河”安保工作先进个人	浙江省人民政府	2011 年 1 月 1 日
52	张婷婷	2015 年度浙江省青年岗位能手	浙江省“青年文明号、青年岗位能手”活动组委会	2016 年 3 月 11 日
53	陈一声	交通环境保护工作先进个人	交通部	2003 年 10 月 16 日
54	陈军	中建南项目护航保障任务个人三等功	交通运输部海事局	2015 年 10 月 23 日
55	陈贤	直属海事系统优秀党务工作者	中共交通运输部海事局党组	2019 年 6 月 21 日
56	陈贤德	上海市无偿献血白玉兰奖	上海市卫生局、上海市红十字会、中国人民解放军驻沪部队献血管理委员会	2010 年 6 月 1 日
57				2012 年 6 月 1 日

续上表

序号	姓名	荣誉名称	表彰单位	时间
58	陈和平	上海世博会“环沪护城河”安保工作先进个人	浙江省人民政府	2011年1月1日
59	陈根辛	金锚奖	中国海员工会	1996年1月1日
60		宁波市劳动模范	宁波市人民政府	1997年4月1日
61		交通系统先进工作者	交通部、人事部	1998年5月1日
62	陈晶晶	2011—2020年度港口建设费征稽成绩突出个人	交通运输部海事局	2021年10月1日
63	邵伟	浙江金蓝领	浙江省总工会办公室	2021年3月12日
64	林永根	全国交通系统优秀工会活动积极分子	中国海员工会	1997年3月2日
65	林青涛	2013年度浙江省青年岗位能手	浙江省“青年文明号、青年岗位能手”活动组委会	2014年6月17日
66	罗兆听	交通运输系统“两学一做”优秀党务工作者	交通运输部办公厅	2017年6月23日
67	周驰	金锚奖	中国海员建设工会全国委员会	2010年8月4日
68		2008—2009年度全国交通运输行业精神文明职工标兵	交通运输部	2010年9月13日
69		2009年度浙江省青年岗位能手	浙江省“青年文明号、青年岗位能手”活动组委会	2010年12月29日
70		2016年海事“三化”好形象好品牌先进个人	中共交通运输部海事局党组、交通运输部海事局	2016年12月27日
71		全国海事系统“庆文式”标兵		2016年12月30日
72	郑华兴	直属海事系统船舶交通管理系统（VTS）综合技能十佳岗位能手	中共交通运输部海事局党组	2011年10月31日
73	赵青云	《廉镜漫笔——十八大以来党风廉政建设漫画解读》在第四届全国党员教育培训展示交流活动中被评为优秀教材	中共中央组织部党员教育中心	2019年1月1日
74		2019—2020年度全国交通行业优秀思想政治工作者	中国交通职工思想政治工作研究会	2020年12月4日
75	赵烁	直属海事系统优秀青年	中共交通运输部海事局党组	2016年5月9日
76		交通运输系统“两学一做”优秀共产党员	交通运输部办公厅	2017年6月23日
77	赵海丽	交通运输政务信息工作先进个人		2011年4月13日
78	胡钢辉	2013—2015年度宁波市劳动模范	中共宁波市委、宁波市人民政府	2016年4月25日
79		2018年交通运输部系统优秀党务工作者	交通运输部办公厅	2018年6月26日
80		2021年交通运输部系统优秀党务工作者		2021年6月24日
81		浙江省优秀党务工作者	中共浙江省委	2021年7月1日
82	胡铁军	交通运输部优秀组工干部	中共交通运输部党组	2011年8月1日

续上表

序号	姓名	荣誉名称	表彰单位	时间
83	柳俊（汪三涵家属）	全国优秀船员家属	交通运输部海事局、中国海员建设工会全国委员会	2015年6月17日
84	侯建峰	交通运输政务信息工作优秀政务信息员	交通运输部办公厅	2017年3月29日
85	姜玮	直属海事系统优秀党务工作者	中共交通运输部海事局党组	2016年6月28日
86	姚誉闻	交通运输部系统优秀共产党员	交通运输部办公厅	2018年6月26日
87	姚誉闻	直属海事系统十大杰出青年	中共交通运输部海事局党组	2020年4月27日
88	袁华	浙江金蓝领	浙江省总工会办公室	2021年3月12日
89	袁华江	全国交通系统优秀工会干部	中国海员工会	1997年3月1日
90	钱仁德	中建南项目护航保障任务个人嘉奖	交通运输部海事局	2015年10月23日
91	徐建红	直属海事系统优秀共产党员	中共交通运输部海事局党组	2016年6月28日
92	徐建红	直属海事系统十大杰出青年	中共交通运输部海事局党组	2018年5月3日
93	徐建红	交通运输部系统优秀共产党员	交通运输部办公厅	2018年6月26日
94	徐建红	宁波市劳动模范	中共宁波市委	2019年4月26日
95	徐洋卫	2011—2020年度港口建设费征稽成绩突出个人	交通运输部海事局	2021年10月1日
96	徐翔	2011—2020年度港口建设费征稽成绩突出个人	交通运输部海事局	2021年10月1日
97	高洪亮	2018—2019年度平安浙江建设先进个人	中共浙江省委、浙江省人民政府	2020年3月30日
98	高铸	直属海事系统“两学一做”优秀共产党员	中共交通运输部海事局党组	2017年6月27日
99	郭国勤	2016—2017年度浙江省青年岗位能手	浙江省安全生产监督管理局、浙江省“青年文明号、青年岗位能手”活动组委会	2017年9月4日
100	唐为贵	直属海事系统优秀共产党员	中共交通运输部海事局党组	2016年6月28日
101	黄林林	直属海事系统船舶交通管理系统（VTS）综合技能十佳岗位能手	中共交通运输部海事局党组	2011年10月31日
102	黄林林	2011年度浙江省青年岗位能手	浙江省“青年文明号、青年岗位能手”活动组委会	2012年9月18日
103	黄林林	全国海事系统“庆文式”标兵	交通运输部海事局	2013年1月11日
104	黄林林	全国交通运输系统先进工作者	人力资源和社会保障部、交通运输部	2015年4月22日
105	黄林林	交通运输部系统优秀共产党员	交通运输部办公厅	2018年6月26日
106	麻亚东	浙江省基层站所（办事窗口）行风建设先进个人	中共浙江省纪委、省监察厅、省政府纠风办	2007年1月1日
107	康斌	直属海事系统优秀共产党员	中共交通运输部海事局党组	2018年6月22日
108	梁川	“千村示范、万村整治”工程和美丽浙江建设突出贡献个人	中共浙江省委、浙江省人民政府	2018年11月8日
109	董迪	2015年度浙江省青年岗位能手	浙江省“青年文明号、青年岗位能手”活动组委会	2016年3月11日
110	傅国潮	金锚奖	中国海员建设工会全国委员会	2004年1月1日

续上表

序号	姓名	荣誉名称	表彰单位	时间
111	傅俊杰	2013年度浙江省青年岗位能手	浙江省“青年文明号、青年岗位能手”活动组委会	2014年6月17日
112	鲁国钧	金锚奖	中国海员建设工会全国委员会	2002年8月1日
113	楼小栋	中建南项目护航保障任务个人嘉奖	交通运输部海事局	2015年10月23日
114	樊冰	直属海事系统优秀青年	中共交通运输部海事局党组	2020年4月27日
115	潘永亮	中建南项目护航保障任务个人三等功	交通运输部海事局	2015年10月23日
116	潘如泉	2015—2016年度工会工作优秀工会工作者	中国海员建设工会交通运输部海事局委员会	2017年6月26日
117	戴土松	直属海事系统优秀党务工作者	中共交通运输部海事局党组	2020年6月15日
118	戴东起	直属海事系统优秀共产党员		2021年6月7日

说明：本名录按姓氏笔画排列。

1996—2021年参加技能比武竞赛类荣誉名录 表6-5-5

序号	技能比武项目	荣获成绩	主办单位	时间
1	2007年海巡艇船员技术比武	团体总分第一名	浙江海事局	2007年10月24日
2	2009年浙江海事局“心系海事发展，奉献青春力量”主题演讲比赛	周驰荣获第一名，潘思思获得三等奖		2009年8月12日
3	直属海事系统职工岗位技能大赛	丁敏强、周驰、张利昌、傅毅能分获港口国监督检查技能竞赛项目个人第一名、第三名、第六名、第十三名	中国海员建设工会 中华人民共和国海事局联合举办	2009年10月9—12日
4	2009年直属海事系统海事履约论文英语演讲竞赛	周驰、潘思思分获第一名、第五名	浙江海事局	2009年11月6日
5	2010年浙江海事局海巡技能比武	40米艇组团体第一名		2010年10月29日
6	浙江省红色经典歌曲合唱大赛	省直机关专场三等奖	浙江省委组织部 浙江省直机关工委	2011年6月25日
7	2011年浙江海事局海事履约论文英语演讲竞赛	丁涵池荣获一等奖，赵烁、傅俊杰荣获二等奖	浙江海事局	2011年9月2日
8	直属海事系统第一届船舶交通管理系统职工技能比武大赛	团体项目一等奖，郑华兴、李瑛、黄林林、石世云、马春华分获个人第二名、第三名、第四名、第八名、第九名	交通运输部海事局	2011年9月17日
9	浙江海事局危防管理岗位技能竞赛	宁波海事局一队荣获一等奖，二队、三队荣获三等奖；俞红燕荣获个人一等奖，张婷婷、左德华获二等奖，叶森林、苏岑获三等奖	浙江海事局	2012年8月30—31日
10	首届直属海事系统危险货物管理岗位技能竞赛	团体第二名，左德华获得个人优胜奖	交通运输部海事局	2012年10月18—19日
11	浙江海事局公约知识竞赛	团体第一、第二名；张琨琨获得个人一等奖，俞红燕、傅俊杰、王佳获得个人二等奖，姜山、金璐、林青涛、丁涵池获得个人三等奖	浙江海事局	2013年7月8—9日

续上表

序号	技能比武项目	荣获成绩	主办单位	时间
12	直属海事系统公约知识竞赛	团体项目第一；傅俊杰获个人一等奖，林青涛获二等奖，俞红燕获三等奖，姜山获优秀奖	交通运输部海事局	2013年10月23—25日
13	浙江海事局2015年船舶安全检查技能大比武	宁波海事局二队、宁波海事局一队分获团体一等奖、二等奖；杜秉洲、马见灵获个人二等奖，樊冰、傅俊杰、邵伟获个人三等奖	浙江海事局	2015年6月29日—7月1日
14	直属海事系统船舶安全检查技能大比武	团体第二名	交通运输部海事局	2015年9月23日
15	浙江海事局2018年VTS职工技能比赛	理论与实操科目团体一、二等奖；尹阳获个人一等奖，刘青春、高洪亮、叶航舵等获个人二等奖，杨敏、张洪垒获个人三等奖	浙江海事局	2015年11月5日
16	浙江海事局综合执法知识技能比武竞赛	熊章琛获个人二等奖，曹夏琼、叶森林、张益荣获个人三等奖		2015年12月4日
17	浙江海事局“忆党史、明党情、强党性”海事青年党史党章党规知识竞赛	团体一等奖，张益获个人最佳风采奖		2016年7月15日
18	2016年度海事系统网络安全攻防对抗和应急演练	团体第二名，朱伟玲获个人二等奖	交通运输部海事局	2016年7月15日
19	浙江海事局青年综合素质大赛	才艺比拼《制服秀》荣获“海之美”环节一等奖，《我们单位人都傻》荣获“人之美”环节三等奖；谢旭、李思获个人“最佳风采奖”	浙江海事局	2016年8月12日
20	浙江海事局2016年VTS应用英语比赛	团体一等奖、团体二等奖；何乐获个人一等奖，丁海生获个人二等奖，杨强、王明源、朱相龙获个人三等奖		2016年11月3日
21	直属海事系统青年岗位创新大赛	《船舶能效规则PSC检查导则的制定和应用》获业务类一等奖	交通运输部海事局	2016年11月30日
22	浙江海事局船舶防污染和应急技能比武	团体二等奖；尤亮获个人一等奖，魏巳杰、姜恒、周才殊获个人三等奖	浙江海事局	2017年7月7日
23	浙江海事局青年演说大赛	大赛贡献奖，牟玺静、朱俐一、王鼎分获第二、三、四名		2017年9月14日
24	2017年度海事系统网络安全攻防对抗和应急演练	朱伟玲获对抗和应急演练个人三等奖	交通运输部海事局	2017年9月20—22日
25	“2018年海事职工技能竞赛”系列比武	宁波海事局代表一队、二队荣获船舶交通管理VTS技能竞赛团体一等奖、二等奖，杨强、王珂、任健、马成义、高骏、姚誉闻包揽个人总成绩前六名	浙江省总工会 浙江海事局	2018年8月1日

续上表

序号	技能比武项目	荣获成绩	主办单位	时间
26	直属海事系统财会知识竞赛	王晟盛获笔试个人一等奖	交通运输部海事局	2018年9月14日
27	直属海事系统VTS技能竞赛	荣获团体第一名,队员马成义、姚誉闻荣获个人一等奖,杨强荣获二等奖		2018年10月17—18日
28	浙江海事局“互联网+未来海事”青年创意竞赛	宁波海事局代表队获得一等奖(1个)、二等奖(1个)、三等奖(2个)、优秀奖(1个)	浙江海事局青工委	2018年10月16日
29	浙江海事局“互联网+未来海事”青年创新创意竞赛	宁波海事局代表队获得最佳创新奖(2个)、最佳创意奖(3个)		2019年11月6日
30	2020年青年海事履约英语演讲比赛	陶冶获一等奖	浙江海事局	2020年10月16日
31	2020年船舶安全检查(FSC)大比武	宁波海事局一队、宁波海事局二队分获团体一等奖、二等奖;袁华、邵伟分获个人一等奖、二等奖,张强、于飞虎获个人三等奖	浙江海事局 浙江省总工会	2020年10月21—23日
32	浙江海事局“互联网+未来海事”青年创新创意竞赛	宁波海事局代表队获得创想组一等奖(1个)、创想组和实践组二等奖(各1个)、创想组三等奖(2个)和实践组三等奖(1个),并获优秀组织奖	浙江海事局青工委	2020年10月28日
33	第四届浙江省青工创新创效大赛	作品《“深蓝智享”——智慧海事实践现代化治理新阵地》荣获银奖	共青团浙江省委	2021年6月2日
34	直属海事系统青年党史知识挑战赛	团体笔试总分第一名,现场竞答团体二等奖;邵骏、白梦秋、郑锡超、娄沁沁获个人一等奖	交通运输部海事局	2021年6月3—4日
35	“青春心向党奋进新征程”直属海事系统青年党史知识挑战赛	邵骏、白梦秋、郑锡超、娄沁沁获挑战赛个人一等奖	交通运输部海事局青年工作委员会	2021年6月21日
36	全国党史知识竞赛	邵骏获优秀选手	党史学习教育官网、人民网	2021年8月1日
37	浙江海事局“忠诚于党　执法为民”海事执法人员知识竞赛	笔试团体第一名和优秀组织奖	浙江海事局	2021年8月5—6日
38	全国党史知识竞赛	邵骏获总决赛优胜奖	党史学习教育官网	2021年9月27日
39	浙江海事局防污染和危化品安全管理技能竞赛	俞红燕获笔试第一名	浙江海事局	2021年10月28日
40	2021年直属海事系统海事履约技能竞赛	团体二等奖,金天琪、陶冶分获个人优秀辩手	交通运输部海事局	2021年11月26—29日

说明:本名录按时间顺序排列。

第七篇　处室办事机构及派出机构

宁波海事局现设有政务中心、船舶交通管理中心、海巡执法支队等3个处室办事机构，另有北仑、镇海、梅山、穿山、大榭、三江口、象山、鄞奉、宁海海事处等9个派出机构，负责各自辖区内水上安全的现场监督和管理。

第一章　处室办事机构

一、宁波海事局政务中心

（一）基本概况

宁波海事局政务中心是宁波海事局处室办事机构，负责宁波海事局承担的机关海事政务的统一受理工作，按照授权负责海事政务的审核、审批工作和证书、证件管理工作，负责海事政务协调和海事业务咨询服务工作。现设综合科、业务科2个科室。

（二）机构沿革

2001年9月7日，宁波海事局第七次党政联席会议研究决定筹建宁波海事局政务受理中心。11月16日，政务受理中心正式成立。政务受理中心是局机关业务受理窗口，主要承担局海事行政审批、注册、登记、许可、核准、认证等业务项目的受理、初步审查、催办、反馈等工作，为管理相对人提供海事行政业务咨询服务。

2008年3月25日，浙江海事局批复同意在宁波国际航运服务中心设立宁波海事局海事审验中心，负责宁波海事局授权范围内的涉外海事审批查验及相关工作，有关业务受政务受理中心领导。同年12月22日，宁波海事局海事审验中心正式进驻宁波国际航运服务中心。

2011年11月14日，随着宁波海事局政务受理中心职能的调整，政务受理中心所承接的船舶定期签证、船员注册、防污文书审批等近10项职能陆续完成交接。职能调整后，政务受理中心改变了原来单一的受理、发证职能，成为集受理、审核、审批、制证、发证于一体的综合性部门。

2013年5月13日，根据《中华人民共和国海事局关于宁波海事局有关机构主要职责机构设置和人员编制规定的通知》精神，宁波海事局设置宁波海事局政务中心，负责本局机关承担的海事政务的统一受理工作，按照授权负责海事政务的审核、审批工作和证书、证件管理工作，负责海事政务协调和海事业务咨询服务工作。另外，海事审验中心相关职能并入政务中心。政务中心内设综合科、业务科，均为副科级科室。

（三）获奖情况

宁波海事局海事审验中心获评宁波市青年文明号（2010年）、浙江省青年文明号（2012年）、宁波市“巾帼文明岗”（2012年）。政务中心获评浙江省“群众满意基层站所（服务窗口）”创建工作先进单位（2013年）、浙江省示范青年文明号集体（2014年）等。宁波海事局政务中心获评宁波市青年文明号二十周年最具影响力品牌（2014年）、浙江省“巾帼文明岗”（2015年）等，被交通运输部海事局评为海事“三化”示范建设示范点（2015年）、直属海事系统先进基层党组织（2016年）、全国“巾帼文明岗”（2017年）、宁波市巾帼文明岗创建20周年最具影响力品牌岗（2017年）、浙江海事局“精品支部”（2018年）、宁波市青年文明号（2019年）、宁波市首批公共服务窗口文明单位（2019年）、宁波市抗击新冠肺炎疫情先进集体（2020年），并获得交通运输部系统先进基层党组织（2020年）、宁波市先进基层党组织（2020年）等荣誉称号。

二、宁波海事局船舶交通管理中心

（一）基本概况

宁波海事局船舶交通管理中心是宁波海事局处室办事机构，其前身是建成于1982年的宁波港务局通信导航站宁波导航台。现设综合科、装备信息科，有交管监控室1个，雷达站15座，开设值班台6个。

（二）机构沿革

1978年，宁波港在建港过程中开始筹建宁波导航台，于1982年建成，主要用于与引航员、外轮的沟通协调。宁波导航台隶属于宁波港务局通信导航站，后划归宁波港务局港务监督管理。1987年10月，根据交通部港口管理体制改革要求，宁波港务局港务监督从宁波港务局划出，并在此基础上成立宁波海上安全监督局。

1996年4月，宁波海监局成立船舶交通管理中心，内设综合科、技术科，下设北仑分中心，办公场所位于北仑山雷达站。

2001年12月，船舶交通管理中心从北仑山雷达站搬入北仑海事大厦。

2003年10月，船舶交通管理中心值班室划归通航管理处（值班室），船舶交通管理中心负责台站管理和设备维护。

2007年12月，船舶交通管理中心值班室划归指挥中心（总值班室），简称“交管监控室”。

2013年9月9日，根据《中华人民共和国关于宁波海事局有关机构主要职责机构设置和人员编制规定的通知》，交管监控室划归船舶交通管理中心，负责对辖区水上交通动态进行监控管理，维护辖区通航秩序，参与辖区水域突发应急事件处置工作，负责船舶交通管理系统的运行管理工作，负责辖区水域有关水上安全信息服务工作。

2019年9月11日，船舶交通管理中心与局机关同步迁入新综合业务用房，与指挥中心实现同地合署办公。

（三）获奖情况

船舶交通管理中心获得全国“青年文明号”（2005年）、全国交通建设系统“工人先锋号”（2011年）、直属海事系统创先争优活动人民群众满意示范窗口（2012年）、2018—2019年度浙江省青年文明号、浙江省“巾帼文明岗”（2020年）等荣誉称号。“悦航”品牌获评第三届交通运输优秀文化品牌（2021年）。在直属海事系统第一届和第二届VTS职工技能比武大赛中，船舶交通管理中心均获团体第一名。

三、宁波海事局海巡执法支队

（一）基本概况

宁波海事局海巡执法支队是宁波海事局处室办事机构，其前身是成立于1987年的宁波海监局船队。现设巡航管理科、装备信息科、应急科、督察科和综合科。综合业务用房位于北仑区强峰路88号。辖区覆盖虾峙门航道、口外深水航槽及南北锚地，负责辖区水上巡查执法、水上通航秩序维护，承担海上抢险救助和应急突发事件处置及快速反应任务。

（二）机构沿革

1987 年 10 月，宁波海监局船队成立。

2001 年 2 月 8 日，宁波海监局船队变更为宁波海事局船队。

2001 年 7 月 12 日，宁波海事局组建成立海上执法机动大队，负责海区巡逻并对航行船舶进行检查，实施海上搜救行动，参与船舶溢油事故的应急处置，对辖区重要航路、锚地水上交通秩序实施监管等水上安全管理工作。海上执法机动大队与船队合署办公。

2003 年 10 月 13 日，海上执法机动大队与船队合并组建宁波海事局海上执法支队（船队）。

2007 年 8 月 21 日，宁波海事局海上执法支队（船队）变更为宁波海事局巡查执法支队（船队），负责辖区内的巡航巡查执法工作，承担海上救助和应急反应值班。参与海上救助和油污应急反应等突发事件、重大行动和季节性现场安全监督管理。根据授权对海上交通事故进行初步调查处理和现场协调，并承担施工警戒和护航任务。负责编报年度船舶修理计划，并组织实施。负责对船舶进行日常性维修保养和自修工作。负责本队船舶的机损、海损等事故的救助抢修。参与新建船舶的技术论证和验收。负责新建船舶监造和接船工作。

2013 年 6 月，宁波海事局海巡执法支队成立。7 月，根据《交通运输部关于中华人民共和国浙江海事局主要职责机构设置和人员编制规定的通知》和《浙江海事局关于撤销第一巡查执法支队建制的通知》，合并后的海巡执法支队负责辖区水上巡查执法，维护水上通航秩序，承担海上抢险救助、应急突发事件值班及快速反应、辖区通航环境和交通秩序监督管理、辖区内非涉外一次死亡 3 人以下（不含 3 人）水上交通事故调查处理、行政处罚实施、所属船艇管用养修、新录用公务员出海实训、溢油应急设备库管理等。

（三）获奖情况

宁波海事局海巡执法支队获得浙江海事局先进集体（2008 年、2010 年、2011 年）、上海世博会水上安保工作先进集体（2010 年）、北仑区卫生先进单位（2011 年）、浙江海事局先进基层党组织（2011 年、2012 年）、宁波市工人先锋号（2013 年）等荣誉称号。“海巡 22”获得中建南项目护航保障任务集体嘉奖（2014 年）、全国水运系统安全优秀船舶（2014 年）、全国青年文明号（2019 年）等荣誉称号。

第二章 派出机构

一、宁波北仑海事处

（一）基本概况

宁波北仑海事处于2001年12月8日在原宁波海监局北仑监督站的基础上挂牌成立，行政级别为正处级。设综合办公室、海事监管科、北仑山海巡执法大队、霞浦海巡执法大队、新碶（算山）海巡执法大队。综合业务用房位于北仑区新大路339号。

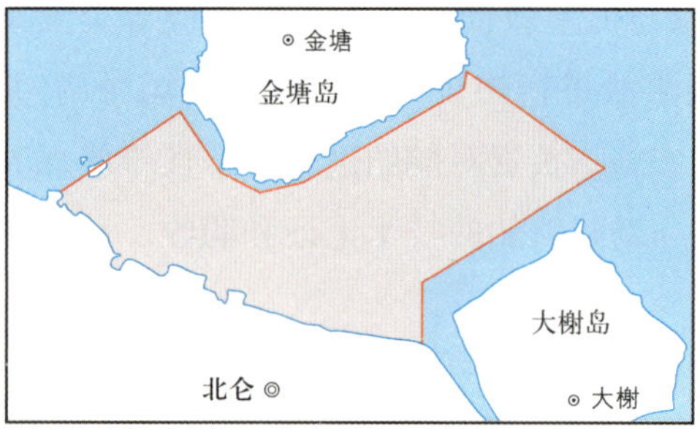

图7-2-1 北仑海事处辖区示意图

宁波北仑海事处辖区地处宁波舟山港核心区域，辖区岸线约12.78千米，海域面积约42.6平方千米（图7-2-1）。辖区拥有各类码头泊位50座，其中万吨级以上泊位38座，10万吨级以上16座，20万吨级以上4座，30万吨级以上2座。大型集装箱船、大型矿船、大型散化船、超大型油轮是进出辖区的主力船种。共有国际班轮航线43条。

（二）机构沿革

1988年1月25日，宁波海监局北仑监督站挂牌。1996年5月，宁波北仑监督站始设船舶监督科、综合科。1997年9月，成立北仑监督西区分站，承担大榭岛涂泥咀灯桩与金塘岛宫山连线以西、杨公山至长鼻嘴灯桩连线以东，金塘水道附近的港池、航道、锚地、码头、船舶的日常航政管理工作。辖区内拥有2.5万吨级以上码头18座，其中5万～25万吨级码头14座，最远的两座码头间距达26千米。

2001年5月11日，按照国家水上安全监督管理体制改革的总体部署和要求，宁波海事局设立宁波北仑海事处。8月23日，经浙江海事局核准，北仑海事处内设船舶监督科、通航管理科、综合办公室、财务会计科、西区办事处、郭巨办事处。9月，北仑区航运管理所的水上安全与防污染监督职能划转至北仑海事处。是年，办公地址由北仑区进港路宁波港务局职业学校旁迁入北仑区新大路339号北仑海事大楼。

2003年11月，经海事监管模式改革，北仑海事处增设危管防污科，原综合办公室改称综合科，成立郭巨海事处（筹）业务组，撤销郭巨办事处，成立西区签证点，撤销西区办事处。至2004年末，内设机构调整为综合科、海事管理科、执法大队、危管防污科。

2011年，为适应辖区海洋经济发展和水上交通情况变化，进一步优化宁波-舟山港核心港区等重点水域的海事监管布局，根据《关于部分海事处管辖水域及职责调整的通知》，北仑海事处管辖范围调整为北仑港区和金塘水道相关水域，西与镇海海事处在杨公山相衔接，东与大榭海事处在穿山西口、涂泥咀相衔接。

2013年，根据《中华人民共和国海事局关于宁波海事局有关机构主要职责机构设置和人员编制规定的通知》，设置宁波北仑海事处，内设综合办公室、通航管理科、船舶监督科、危管防污科、政务受理科及海巡执法大队等6个科室（大队），并明确其主要职责。

2017 年，根据《浙江海事局关于宁波海事局基层执法机构设置和人员编制调整事项的通知》精神，设置宁波北仑海事处，内设综合办公室、海事监管科，以及算山、新碶、北仑山、霞浦等 4 个海巡执法大队。根据《关于建立浙江海事局现场综合执法工作机制的指导意见》要求，宁波北仑海事处是年 4 月施行海事监管科（值班室）运作模式。

（三）获奖情况

宁波北仑海事处获得浙江省共建精神文明先进集体（1998 年）、全国海事系统文明执法示范窗口（1999 年）、全国交通系统先进集体（2001 年）、全国海事系统先进集体（2003 年）、宁波市五一文明岗（2004 年）、全国海事系统文明执法示范窗口标兵（2006 年）、全国交通行业文明示范窗口（2008 年）、浙江省文明建设单位（2008 年）、浙江省卫生先进单位（2010 年）、宁波市“文明和谐口岸示范窗口”（2011 年）、宁波市廉政文化进机关示范单位（2012 年）、宁波市创建“群众满意基层站所（服务窗口）”先进单位（2013 年）、宁波市五一劳动奖状（2016 年）、交通运输部法治政府部门建设先进集体（2020 年）、第四届海事“三化”好形象好品牌先进集体（2020 年）等荣誉称号。

二、宁波镇海海事处

（一）基本概况

宁波镇海海事处于 2001 年 12 月 18 日在原宁波海监局镇海监督站的基础上挂牌成立，行政级别为正处级。下设综合办公室、海事监管科、张鑑碶海巡执法大队、甬江口海巡执法大队、招宝山海巡执法大队、余慈海巡执法大队。综合业务用房位于镇海区沿江东路 288 号。

宁波镇海海事处辖区地处宁波舟山港北门户的镇海港区之内，通航里程 173.1 千米，海域面积 4310 平方千米（图 7-2-2）。辖区内共有镇海炼化、镇海港埠、镇海电厂等 43 家大中型航运企业，并配有码头泊位 154 个，其中 5 万吨级泊位 8 个，危险品泊位 23 个，辖区总体呈现出“点多、线长、面广”特点。

图 7-2-2　镇海海事处主要辖区示意图

（二）机构沿革

2001 年 5 月 11 日，按照国家水上安全监督管理体制改革的总体部署和要求，宁波海事局设立宁波镇海海事处。是年 7 月 27 日，浙江海事局以《关于宁波海事局派出机构设置办事处的批复》核批镇海海事处设置余姚办事处、慈溪办事处、小港办事处。是年 8 月 23 日，浙江海事局以《关于宁波海事局派出机构领导干部职数、内设机构设置和人员编制数的批复》核批镇海海事处设置通航管理科（值班室）、船舶监督科、综合办公室、财务会计科。

2002 年 12 月，宁波镇海海事处从沿江东路 503 号（现宁波市公安局港航分局）搬入沿江东路 288 号。

2003 年 11 月，经海事监管模式改革，镇海海事处增设危管防污科，原综合办公室改称综合科。至 2004 年末，内设机构调整为综合科、海事管理科、执法大队、危管防污科。

2013年根据《中华人民共和国海事局关于宁波海事局有关机构主要职责机构设置和人员编制规定的通知》，设置宁波镇海海事处，内设综合办公室、通航管理科、船舶监督科、危管防污科、政务受理科及海巡执法大队等6个科室(大队)，并明确其主要职责。

2017年根据《浙江海事局关于宁波海事局基层执法机构设置和人员编制调整事项的通知》，设置宁波镇海海事处，内设综合办公室、海事监管科，以及张鑑碶、甬江口、招宝山、余慈等4个海巡执法大队。根据《关于建立浙江海事局现场综合执法工作机制的指导意见》要求，是年4月，施行海事监管科(值班室)运作模式。

(三)获奖情况

宁波镇海海事处获得浙江省卫生先进单位(2006年)、全国海事系统文明执法示范窗口(2009年)、浙江省文明单位(2009年)、浙江省“群众满意基层站所(服务窗口)”创建工作先进单位(2009年)、浙江省青年文明号(2010年)、宁波市廉政文化进机关示范点(2011年)、全国海事系统文明执法示范窗口标兵(2011年)、宁波市公共服务窗口文明单位(2019年)、平安宁波先进集体(2019年、2020年)等荣誉称号。

三、宁波梅山海事处

(一)基本概况

宁波梅山海事处于2012年3月挂牌成立，行政级别为正处级。现设综合办公室、海事监管科和佛渡(春晓)、梅港、梅东3个海巡执法大队。综合业务用房位于北仑区梅山保税港区港城大厦B座。

宁波梅山海事处辖区地处宁波舟山港核心区域，管辖海域面积330余平方千米(图7-2-3)，辖区位于长江航线和沿海南北航线交汇处，佛渡水道是南下北上中小型船舶必经之地，呈现出航线多交叉，岛际气象多变，船舶种类多(集装箱船、滚装货船、客船、渣土船、水工船、渔船等)的特点，梅西滚装码头为全省首个专业汽车滚装码头。

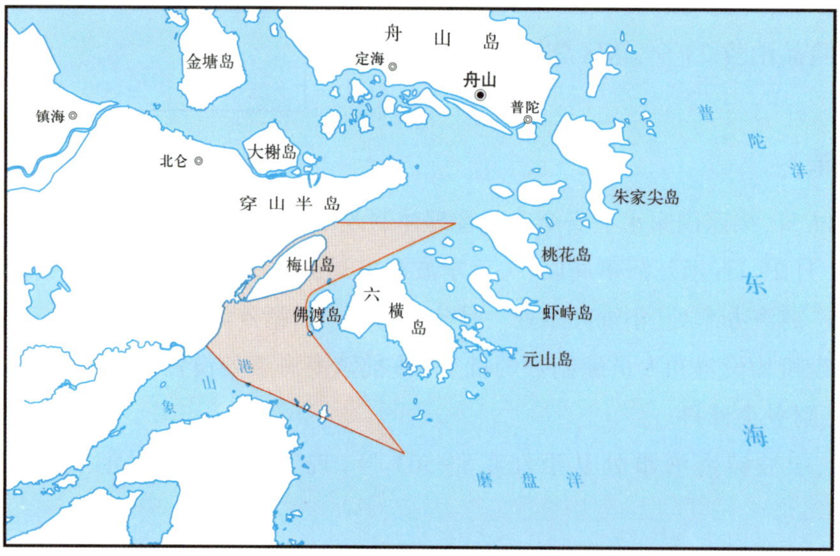

图7-2-3　梅山海事处辖区示意图

(二)机构沿革

2008 年,宁波海事局成立梅山海事处筹备组。2010 年 5 月 18 日,宁波海事局第一期 4 名执法人员入驻梅山岛开展海事监管工作。

2011 年 3 月 25 日,根据《宁波海事局关于部分海事处管辖水域及职责调整的通知》,对宁波舟山港核心港区、佛渡水道等重点水域海事监管布局予以调整,调整后梅山海事处(筹)管辖水域为梅山港区、梅山岛沿岸、佛渡水道 29°59′N 线以南和象山浦口水域,即西与鄞奉海事处在象山浦口黄牛礁附近(鄞州与北仑陆域分界点)相衔接,南与象山海事处在牛鼻山水道西磨盘礁相衔接。

2012 年 3 月 2 日,根据《国务院关于同意浙江宁波港口岸扩大开放的批复》,同意在梅山港区设立正处级海事机构。8 月 27 日,根据《转发交通运输部关于设置辽宁浙江海事机构的批复》文件,设置宁波梅山海事处,为宁波海事局派出机构。内设综合办公室、海巡执法大队、通航管理科、船舶监督科、危管防污科和政务受理科等 6 个科室。履行梅山保税港区及梅山岛沿岸海事监管工作,具体包括辖区内通航安全管理、船舶监督管理、口岸监管、事故调查、突发性水上安全事故处置等业务工作。

2017 年,根据《浙江海事局关于宁波海事局基层执法机构设置和人员编制调整事项的通知》,设置宁波梅山海事处,内设综合办公室、海事监管科,以及佛渡、春晓、梅港、梅东等海巡执法大队,其中佛渡海巡执法大队和春晓海巡执法大队合署办公。根据《关于建立浙江海事局现场综合执法工作机制的指导意见》要求,是年 4 月,施行海事监管科(值班室)运作模式。

2019 年 11 月,宁波梅山海事处从梅山管委会大厦搬入港城大厦 B 座。

(三)获奖情况

宁波梅山海事处获得浙江海事局优秀公务员集体(2016 年)、浙江海事局首批“精品支部”(2016 年)、交通运输部党组“两学一做”先进基层党组织(2017 年)、浙江海事局首批“廉政文化示范单位”(2017 年)、宁波市五一劳动奖状(2018 年)、宁波市级文明单位(2018 年)、首批宁波市公共服务窗口文明单位(2019 年)、“奋战 60 天实现新跨越”立功竞赛优胜单位(2020 年)、浙江省文明单位(2021 年)、浙江省海港“凝聚硬核力量、争创优异成绩”立功竞赛优胜单位(2021 年)等荣誉称号。

四、宁波穿山海事处

(一)基本概况

宁波穿山海事处于 2008 年对外开展工作,2012 年 8 月交通运输部批复其为正处级机构编制。下设综合办公室、海事监管科和远东、峙头、光明(郭巨)3 个海巡执法大队。综合业务用房位于宁波市北仑区白中线 66 号。

宁波穿山海事处辖区地处宁波舟山港核心区域,辖区岸线 50 千米,海域面积 121 平方千米,是宁波舟山港 9 个主要港区之一。管辖水域主要为螺头水道、佛渡水道,水域面积 121 平方千米,岸线长度 27 千米(图 7-2-4)。辖区内有各类码头泊位 38 座,其中万吨级以上泊位 21 座、10 万吨级以上 10 座、15 万吨级以上 3 座、20 万吨级以上 4 座、30 万吨级以上 1 座,共有国际班轮航线 69 条。大型集装箱船、大型

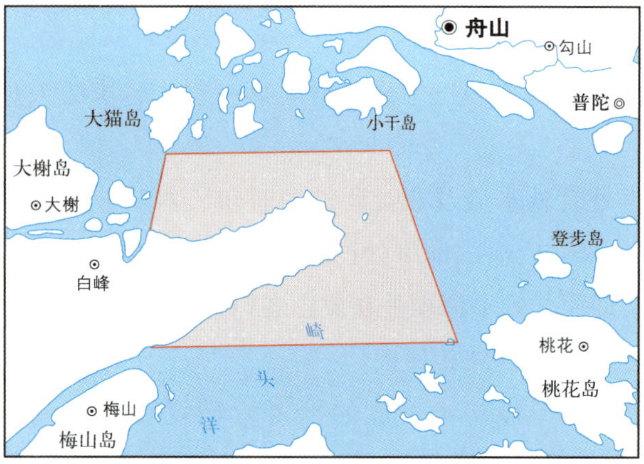

图 7-2-4　穿山海事处辖区示意图

矿船、大型散化船、大型危化品船舶是进出辖区的主力船种。

（二）机构沿革

2001 年 2 月 8 日，水监体制改革后宁波海事局成立，4—5 月原属地方港航管理的水域、码头相继划入，6 月北仑海事处新设郭巨办事处，对划入的穿山半岛（现穿山海事处辖区）、梅山岛及梅山内港（现梅山海事处辖区）沿岸码头、渡口、船厂统一实施海事管理，水域管理暂由处本部为主负责。11 月举行郭巨办事处挂牌仪式。

2003 年 11 月，宁波海事局筹备组建宁波郭巨海事处。2008 年 4 月 17 日，宁波海事局正式设立宁波郭巨海事处（筹）机构及编制。是年 8 月 25 日，开展试运行工作，内设监管科、执法大队、危防科、征稽科、办公室等机构，其中征稽科、危防科与监管科合署办公。

2011 年 3 月 24 日，根据宁波海事局《关于部分海事处管辖水域及职责调整的通知》，对穿山海事处（筹）管辖水域予以调整，穿山海事处管辖水域为穿山港区、螺头水道和佛渡水道 29°50′N 线（西至郭巨客运码头，东至上溜网重岛灯桩）以北水域，即西与大榭海事处在穿山东口接壤，南与梅山海事处在佛渡水道 29°50′N 线接壤。

2012 年 8 月 27 日，根据《转发交通运输部关于设置辽宁浙江海事机构的批复》，设置宁波穿山海事处，为宁波海事局派出机构。内设综合办公室、海巡执法大队（与通航管理科合署办公）、船舶监督科、危管防污科、政务受理科等 5 个科室，负责北仑四期集装箱码头至穿山半岛沿岸的海事监管工作。

2012 年 11 月，宁波穿山海事处从郭巨码头中国海事签证点搬入北仑区白峰镇沿海中线 66 号。

2013 年，根据《中华人民共和国海事局关于宁波海事局有关机构主要职责机构设置和人员编制规定的通知》，设置宁波穿山海事处，内设综合办公室、通航管理科、船舶监督科、危管防污科、政务受理科及海巡执法大队。

2016 年，宁波穿山海事处从北仑区白峰镇沿海中线 66 号搬入北仑区白中线 66 号。

2017 年，根据《浙江海事局关于宁波海事局基层执法机构设置和人员编制调整事项的通知》，设置宁波穿山海事处，内设综合办公室、海事监管科及光明、郭巨、远东、峙头等 4 个海巡执法大队，其中光明海巡执法大队与郭巨海巡执法大队合署办公。根据《关于建立浙江海事局现场综合执法工作机制的指导意见》要求，是年 4 月，施行海事监管科（值班室）运作模式。

（三）获奖情况

宁波穿山海事处获得宁波市治安安全合格单位（2012 年）、北仑区文明单位（2012 年）、宁波海事局先进基层党组织（2014 年）、宁波市文明单位（2014 年）、浙江海事局精品支部（2020 年）等荣誉称号。

五、宁波大榭海事处

（一）基本概况

宁波大榭海事处于 2001 年 8 月 6 日在原宁波海监局大榭办事处的基础上挂牌成立，行政级别为副处级。现设综合办公室、榭东海巡执法大队、榭南海巡执法大队、榭北海巡执法大队、白峰海巡执法大队。综合业务用房位于北仑区滨海南路126号。

宁波大榭海事处辖区地处宁波舟山港核心区域，辖区岸线约12.78千米，海域面积约42.61平方千米（图7-2-5）。目前辖区拥有各类码头泊位54座，其中万吨级以上泊位25座、10万吨级以上7座、20万吨级以上3座、30万吨级以上2座，共有国际班轮航线44条。大型集装箱船、大型散化船、超大型油轮是进出辖区的主力船种。

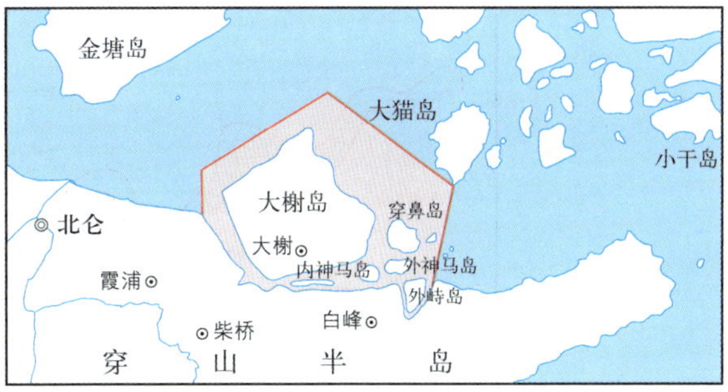

图7-2-5　大榭海事处辖区示意图

（二）机构沿革

1995年，宁波海监局设立大榭办事处。按照国家水上安全监督管理体制改革的总体部署和要求，2001年5月11日，交通部批准设立宁波大榭海事处，8月6日挂牌。8月23日，经浙江海事局核准，大榭海事处内设综合办公室、通航科、船舶科、白峰办事处、东区办事处、北区办事处。

2013年，根据《中华人民共和国海事局关于宁波海事局有关机构主要职责机构设置和人员编制规定的通知》，设置宁波大榭海事处，内设综合办公室、船舶监管科、海巡执法大队、危管防污科。

2017年根据《浙江海事局关于宁波海事局基层执法机构设置和人员编制调整事项的通知》，设置宁波大榭海事处，内设综合办公室、榭东海巡执法大队、榭南海巡执法大队、榭北海巡执法大队、白峰海巡执法大队等5个科室。

（三）获奖情况

宁波大榭海事处获得宁波市文明单位（2009年）、浙江省青年文明号（2010年）、宁波市工人先锋号（2011年）、浙江省文明单位（2013年）、宁波市巾帼文明岗（2012年）、交通运输行政执法评议考核优秀执法单位（2017年）、交通运输部系统先进基层党组织（2018年）、浙江省先进团支部（2018年）、浙江省青年文明号（2018—2019年度）、交通运输部法治政府部门建设通报表扬集体（2021年）、全国海事系统“三化”好形象好品牌先进集体（2021年）、宁波市五一劳动奖状（2021年）等荣誉称号。

六、宁波三江口海事处

（一）基本概况

宁波三江口海事处于2001年12月28日在原宁波海监局宁波监督站的基础上挂牌成立，行政级别为副处级。现设综合办公室、孔浦海巡执法大队、江厦海巡执法大队、姚江海巡执法大队，下设中马待泊区检查点、大闸检查点。综合业务用房位于江北区人民路408号。

宁波三江口海事处主要承担水上交通安全监管及防污染管理工作，具体管辖区域为甬江港区奉化江灵桥下游至王家洋水域（约8.5千米）、杭甬运河宁波段新江桥至三勤渡水域（约29千米）（图7-2-6）。辖区桥梁27座，码头20个，船公司47家。

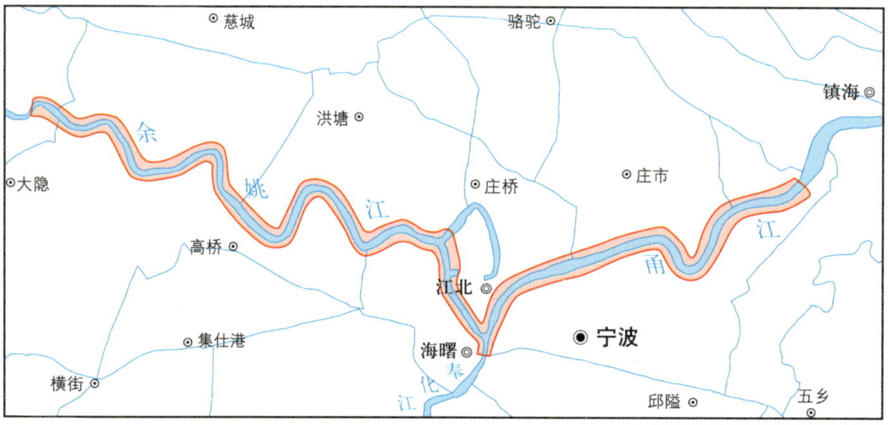

图 7-2-6　三江口海事处辖区示意图

（二）机构沿革

2001 年 5 月 11 日，按照国家水上安全监督管理体制改革的总体部署和要求，交通部批准设立宁波三江口海事处。7 月 11 日，经浙江海事局核准，三江口海事处设置姚江办事处、常洪办事处、庄市办事处。12 月 28 日，在原宁波海监局宁波监督站的基础上，整合宁波市航管所部分职能，成立宁波三江口海事处，主要负责奉化江下游、甬江中上游和姚江宁波段及市区内河的安全管理工作。

2003 年 11 月，经海事监管模式改革，宁波三江口海事处增设危管防污科，原综合办公室改称综合科。至 2004 年末，内设机构调整为综合科、海事管理科、执法大队、危管防污科。

2012 年，宁波三江口海事处调整科室职能，内设办公室、监管科和执法大队 3 个职能科室，下设庄市和姚江 2 个签证点。主要负责市区甬江、余姚江及部分内河水域船舶的现场安全监督、通航秩序管理及防止船舶污染水域管理工作。

2013 年，根据《中华人民共和国海事局关于宁波海事局有关机构主要职责机构设置和人员编制规定的通知》，设置宁波三江口海事处，内设政务受理科、危管防污科、海巡执法大队、船舶监督科、办公室等 5 个科室，并明确其主要职责。

2017 年，根据《浙江海事局关于宁波海事局基层执法机构设置和人员编制调整事项的通知》，设置宁波三江口海事处，内设综合办公室、孔浦海巡执法大队、姚江海巡执法大队、江厦海巡执法大队，下设中马待驳区检查点、大闸检查点。

（三）获奖情况

宁波三江口海事处获得宁波市园林式单位（2009 年）、宁波市文明单位（2009 年、2018 年）、浙江省文明单位（2013 年、2021 年）、宁波市工人先锋号（2013 年）、宁波市绿护贡献奖（2014 年）、浙江海事局先进基层党组织（2019 年）、浙江海事局“精品支部”（2020 年）等荣誉称号。

七、宁波象山海事处

（一）基本概况

宁波象山海事处于 2001 年 8 月 2 日在象山县石浦镇火炉头路 3 号挂牌成立，行政级别为副处级。现设综合办公室、渔山海巡执法大队、丹城海巡执法大队、石浦海巡执法大队和南田海巡执法大队。综合业务用房位于象山县起春路 21 号。

宁波象山海事处海岸线长 910 千米,是监管水域延伸至领海毗连区的基层海事处(图 7-2-7)。象山沿海水域岛礁众多,4 条南北向沿海航路与 4 条进出象山的东西向交通流多点交叉。象山籍渔船 2845 艘,全市 90% 以上渔船在象山沿海作业,商渔防碰撞是安全监管难点。除“客危桥渔”外,内河船、风电、游艇等非传统重点对象齐聚象山。辖区共有航运公司 47 家,其中体系公司 15 家,客渡运航线 13 条,客运码头 9 个,客渡船 24 艘,船舶修造厂 13 家,危险品码头 8 个,桥梁 9 座。

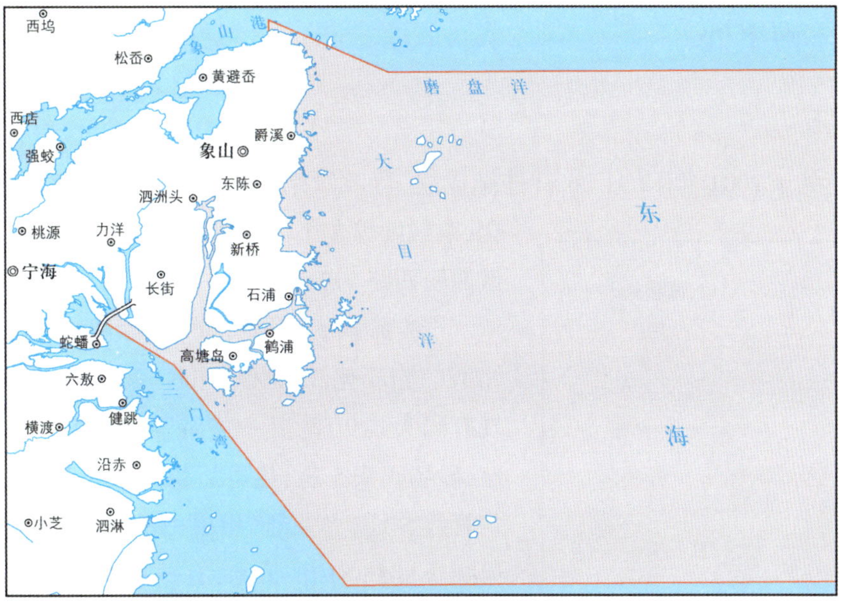

图 7-2-7 象山海事处辖区示意图

(二)机构沿革

2001 年 5 月 11 日,按照国家水上安全监督管理体制改革的总体部署和要求,交通部批准宁波海事局设立宁波象山海事处。7 月 11 日,经浙江海事局核准,宁波象山海事处设置白墩办事处、西泽办事处、鹤浦办事处。8 月 2 日,象山海事处挂牌成立。8 月 23 日,经浙江海事局核准,象山海事处设置通航管理科(值班室)、船舶监督科、综合办公室、财务会计科。

2004 年 2 月,宁波海事局发布海事监管模式改革配套文件,象山海事处撤销原核批设置的通航管理科和船舶监督科,重新调整设置海事管理科和执法大队,改象山的西泽、鹤浦办事处为签证点。

2004 年,宁波象山海事处由石浦镇火炉头路 3 号搬迁至石浦镇海宁路。

2013 年,根据《中华人民共和国海事局关于宁波海事局有关机构主要职责机构设置和人员编制规定的通知》,设置宁波象山海事处,内设综合办公室、船舶监督科、危管防污科、政务受理科及海巡执法大队。

2013 年,宁波象山海事处处本部搬迁至象山城区象山港路 216 号宏利大厦,2018 年搬迁至起春路 21 号,石浦仍设办公点。

2017 年,根据《浙江海事局关于宁波海事局基层执法机构设置和人员编制调整事项的通知》,设置宁波象山海事处,内设综合办公室及丹城、石浦、南田、渔山等 4 个海巡执法大队。

（三）获奖情况

宁波象山海事处获得宁波市五一文明岗（2004 年）、宁波海事局先进基层党组织（2005 年）、浙江海事局先进基层党组织（2007 年）、直属海事系统先进基层党组织（2007 年）、浙江省卫生先进单位（2008 年）、宁波市文明单位（2010 年）、宁波市青年文明号（2011 年）、浙江省文明单位（2013 年）、宁波市创建群众满意基层站所服务窗口（2013 年）、浙江省海港"聚力高质量、建功新发展"立功竞赛优胜单位（2021 年）等荣誉称号。

八、宁波鄞奉海事处

（一）基本概况

宁波鄞奉海事处于 2001 年 12 月 26 日挂牌成立，行政级别为副处级。现设综合办公室和鄞州、奉化、东钱湖等 3 个海巡执法大队。综合业务用房位于鄞州区四明西路 717 号。

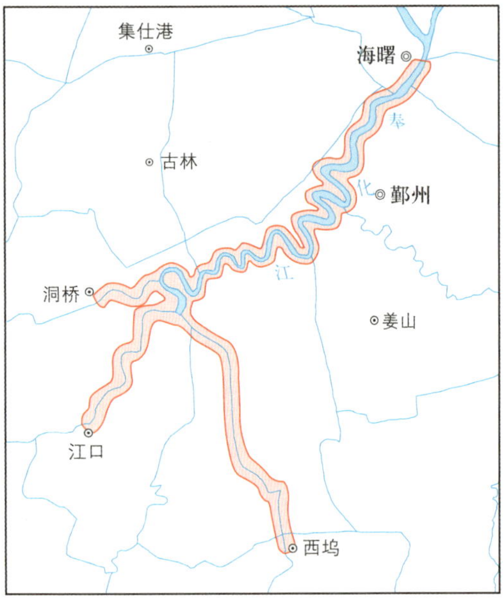

图 7-2-8　鄞奉海事处主要辖区示意图

宁波鄞奉海事处管辖水域为"四江一港一湖"（图 7-2-8）。"四江"指奉化江、剡江、东江、鄞江，总里程约 54.48 千米，现有码头共 9 座，其中旅游客船码头 1 座，渣土出运码头 2 座，砂场码头 5 座，热电厂煤码头 1 座，共有桥梁 29 座、架空管线 5 处。"一港"指象山港，象山港北岸鄞州、奉化片，岸线长度约 81.8 千米，有一座 5000 吨级货运码头。"一湖"指东钱湖，包括北湖、南湖、谷子湖等，湖面面积约为 20 平方千米，环湖 45 千米。

（二）机构沿革

2001 年 5 月 11 日，交通部以《关于浙江海事局派出机构设置的通知》批准设立宁波鄞奉海事处。

2001 年 7 月 27 日，浙江海事局以《关于宁波海事局派出机构设置办事处的批复》核批鄞奉海事处设立奉化办事处、溪口办事处、东钱湖办事处、横码办事处、三桥办事处。

2001 年 8 月 23 日，浙江海事局以《关于宁波海事局派出机构领导干部职数、内设机构设置和人员编制数的批复》核批宁波鄞奉海事处设置通航管理科（值班室）、船舶监督科、综合办公室、财务会计科。

2001 年 12 月 26 日，宁波鄞奉海事处挂牌成立。

2005 年 5 月 19 日，办公地点从宋诏桥 15 号搬迁至四明西路 717 号。

2013 年 5 月 16 日，根据《中华人民共和国海事局关于宁波海事局有关机构主要职责机构设置和人员编制规定的通知》，设置宁波鄞奉海事处，并明确其主要职责。

2017 年 9 月 21 日，根据《浙江海事局关于宁波海事局基层执法机构设置和人员编制调整事项的通知》，宁波鄞奉海事处内设机构为综合办公室以及鄞州、奉化、东钱湖等 3 个海巡执法大队。

（三）获奖情况

宁波鄞奉海事处获得浙江海事局新闻报道工作先进集体（2003 年）、宁波海事局先进基层党组织（2003 年、2005 年、2008 年）、宁波市交邮系统先进基层党组织（2003 年）、浙江海事系统文明执法窗口（2005 年）、宁波海事局先进集体（2004—2008 年）、宁波市绿化先进单位（2005 年）、宁波市五一文明岗（2006 年）、宁波市文明单位（2007 年）、浙江省卫生先进单位（2009 年）、宁波市治安先进单位（2010—2015 年）、浙江省文明单位（2018 年）、浙江省海港“凝聚‘硬核’力量，争创优异成绩”立功竞赛优胜单位（2020 年）等荣誉称号。

九、宁波宁海海事处

（一）基本概况

宁波宁海海事处于 2001 年 9 月 11 日挂牌成立，行政级别为正科级。设胡陈港、象山港 2 个海巡执法大队。综合业务用房位于宁海县正学路 87 号。

宁波宁海海事处主要管辖区域为：象山港水域，象山浦鄞州与北仑陆域分界点、铁礁灯桩连线、121°54′24″E 经线以西水域（包括西沪港）及象山侧沿岸和靠离码头船舶的安全监督管理；宁海三门湾力洋港大桥以北沿岸的安全监督管理（图 7-2-9）。辖区共有 21 个码头、29 个泊位，强蛟薛岙区域有 8 个码头、12 个泊位，象山港南岸有 10 个码头、15 个泊位，宁海南线有 3 个码头、3 个泊位，辖区 5000 吨以上泊位 10 个、1 万吨以上泊位 5 个。

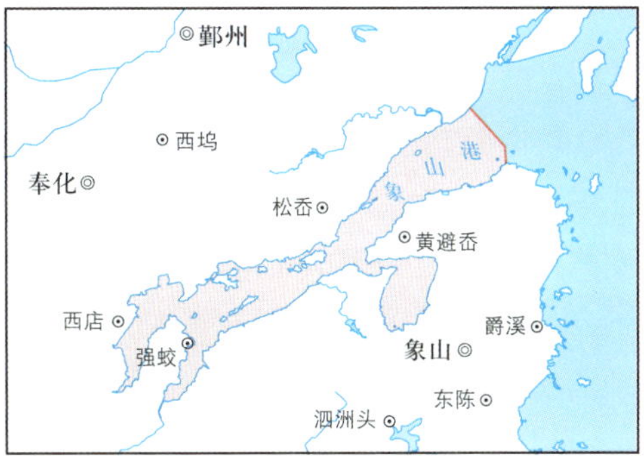

图 7-2-9　宁海海事处主要辖区示意图

（二）机构沿革

2001 年 5 月 11 日，按照国家水上安全监督管理体制改革的总体部署和要求，交通部批准设立宁波宁海海事处，内设综合办公室、通航组、船舶组，下设强蛟办事处、胡陈港办事处。是年 9 月，宁海海事处正式挂牌。

2003 年 11 月，经海事监管模式改革，宁海海事处内设综合办公室、执法大队，下设强蛟办事处，撤销胡陈港办事处。2005 年 12 月，根据《关于象山港水域监管一体化改革的实施意见》，宁海海事处负责象山港水域动态执法。

2013 年，根据《中华人民共和国海事局关于宁波海事局有关机构主要职责机构设置和人员编制规定的通知》，设置宁波宁海海事处，无内设机构，实行扁平化管理。

2017 年，根据《浙江海事局关于宁波海事局基层执法机构设置和人员编制调整事项的通知》，设置宁波宁海海事处，内设象山港海巡执法大队和胡陈港海巡执法大队。

（三）获奖情况

宁波宁海海事处获得宁海县文明单位（2003 年）、宁波市五一文明岗（2006 年）、宁波市文明单位（2009 年）、浙江海事局“五好支部”示范点（2011 年）、浙江省文明单位（2013 年）等荣誉称号，并获评浙江海事局先进基层党组织（2011 年、2013 年、2016 年）、宁波海事局先进基层党组织（2017 年、2018 年）。

附　　录

宁波水上安全监督管理规定

（交安监发〔1995〕1006号文批复）

第一章　总　　则

第一条　为了加强水上安全监督管理，保障船舶、设施和人命财产的安全，维护国家主权和尊严，根据《中华人民共和国海上交通安全法》及其他有关法律、法规，制定本规定。

第二条　本规定适用于以下水域：

（一）宁波港区水域，即：灵桥、新江桥以下，澥浦山（亭）与太平山灯塔连线以南、金塘岛东南端宫山与涂泥嘴灯桩连线以西水域。甬江口北导流堤堤头灯桩与长跳嘴灯桩的连线为内外港区的分界线，该线以西为内港区，以东为外港区。

（二）大榭岛沿岸水域。

（三）虾峙门航道及相关锚地水域。

虾峙门航道系指桃花岛灯桩与虾峙雷达站连线至上溜网重岛灯桩与点灯山连线之间的可航水域。

（四）交通部授权主管机关管辖的海区水域。

第三条　内港区水域及虾峙门航道为狭水道。

第四条　凡在本规定第二条所述水域航行、停泊和作业的船舶、设施及其所有人、经营人、代理人、船员、设施人员和其他有关单位和个人，都必须遵守本规定。

第五条　中华人民共和国宁波港务监督（交通部宁波海上安全监督局）是依据本规定实施统一监督管理的主管机关。

第二章　船舶、船员管理

第六条　船舶必须按照《中华人民共和国船舶登记条例》的规定进行登记，并具有有关证书。

第七条　船舶和船上有关航行及作业安全的设备，必须具有船舶检验部门核发的有效技术证书。

第八条　船舶必须具有船舶检验部门核发的乘客定额证书方可载客，并不得超额。未经核准的船舶，不得擅自搭客。

客渡轮应采用规定的专用信号标志。

第九条　船舶应按标准定额配足合格船员。设施应按国家规定配备掌握避碰、信号、通信、消防、救生等专业技能的人员。

第十条　船长、轮机长、驾驶员、轮机员、无线电报务员、话务员，必须持有合格的有效适任证书。

船员必须持有“船员服务簿”和相应的专业技术训练合格证书以及特殊培训证书。

第十一条　从事营运的个体或联户船舶，必须经船检部门检验合格，持有有效的船员证书和船舶执照，并按规定办理各种保险手续。

第三章　船舶进出港

第十二条　国际航行船舶，应按国家有关规定，由船舶所有人或其在港代理人办理进出港口申报手续，并接受检查，经许可后方可进出港口。

第十三条 外国籍船舶进出港、通过虾峙门航道和在港内航行、移泊时，必须由主管机关核准的相应等级的引航员引航。

第十四条 航行国内航线的中国籍船舶进出港必须办理进出口签证。

第十五条 船舶、设施使用甚高频无线电话（以下简称 VHF），必须遵守通话纪律。

船舶进出港口或在港内航行移泊或在外港区锚地锚泊，必须在 VHF6 频道（156.300 兆赫）上保持守听，向主管机关的航行控制台报告船舶动态。

第十六条 船舶应当按照规定，正确悬挂中华人民共和国国旗。外国籍船舶进入我国港口，也应按规定悬挂中华人民共和国国旗。

第十七条 机动船在进出港或在港内移泊时，应及时显示交通部《沿海港口信号规定》规定的号旗、号灯、号型。200 总吨以上机动船在进出港或在港内移泊时，还应悬挂船名旗。

第十八条 船舶在港内不得使用无线电发报机，但当遇险或发生其他意外事故时可以临时使用。事后须及时向主管机关报告。

船舶可以使用 VHF13 频道（156.650 兆赫）与主管机关通话。

第十九条 船舶有下列情况之一的，主管机关有权禁止其离港：

（一）违反中华人民共和国有关的法律、法规或规章；

（二）处于不适航或不适拖状态；

（三）发生交通事故，手续未清；

（四）未向主管机关或有关部门交付应承担的费用，也未提供适当的担保；

（五）主管机关认为有其他妨害或者可能妨害海上交通安全情况。

第四章　水上交通秩序管理

第二十条 除法律、法规和本规定另有规定的外，在港内航行的船舶应遵守国际海上避碰规则。

第二十一条 机动船在港内航行时，应在航标所指示许可通航的水域靠右航行。在安全可行情况下，应尽量靠航道的外缘行驶。情况特殊而需要从来船的右舷通过，应先鸣放声号，或用 VHF 通话，征得来船同意后，方可采取行动。200 总吨以下的机动船，在内港区航行时，应主动让出深水航槽。

非机动船应靠边行驶，并注意附近机动船的信号；夜间必须在易见处显示白光环照灯一盏。

第二十二条 机动船在港内航行时，应控制航速，备车行驶。

船舶在内港区航行时，实际速度顺流不得超过八节，逆流不得超过六节，鼓浪较大的船艇，还应适当降低速度。

慢车航行仍无法达到前款规定要求的，应以本船允许的最低速度为限。

船舶通过渡口和显示慢车信号处以及遇有干舷较低的小船时，应尽可能减速或淌航，在弯道和低潮位时，也应减速或淌航。

慢车信号只能在船舶、设施进行水上水下施工等作业时显示，并须采取相应的安全措施。

第二十三条 在内港区横越航道的船舶（含对江渡轮）有义务避让上下行驶的船舶。横越航道时，与直航船船首间距不得小于 200 米。

直航船要注意横越船动态，谨慎驾驶，及时采取必要的措施，避免造成紧迫局面。

第二十四条 1000 总吨以上的船舶或大型船队,禁止在内港区下列航段追越:

(一)正在进行水上水下施工的航道及附近水域;

(二)镇海江南三航四公司预制品码头至镇海客渡码头之间;

(三)梅墟渡口至三官堂油库码头之间。

在上述航段,1000 总吨以上的船舶之间,大型船队之间以及 1000 总吨以上的船舶和大型船队之间禁止交会;顺水船应鸣放规定的避免交会声号,要求逆水船等候和避让,并采取有助于避让的措施,逆水船应等候顺水船。

航经其他弯曲航段和水上交通环境复杂航段禁止追越。

第二十五条 船舶在港内同向航行时,应保持足够的安全距离,并尽量避免追越;如需追越,应按照规定的声号或用 VHF 联系取得一致意见后,方可行动。追越船在追越中负有避让责任,被追越船应积极协同追越船安全通过。

第二十六条 船舶装载货物应装载得当,符合稳性要求,并不得超载。舱面货物不得遮蔽驾驶员视线和航行灯光,并留足人行通道。装载货物不准伸出舷外,大件货物确需伸出,应事先申请主管机关核准,并采取相应的安全措施。

第二十七条 载重吨位小于 5 吨的农、副、渔业船,不得进入甬江航行,有关船闸、堰坝应严格管理。

港内航行的小型农、副、渔业船,应船体坚固,属具齐全,并配备固定的船员;载货不得超高、超重,浮力舱不得他用;内河船舶进入内港区还须适当减少载重量,夜航必须点灯。

第二十八条 船舶靠、离码头或系、离浮筒时,应注意来往船舶,避免妨碍他船航行安全。过往船舶应加强瞭望,协同避让。

第二十九条 200 总吨以上的船舶和拖轮船队如在港内掉头,应在掉头前 10 分钟显示掉头信号,同时加强瞭望,待周围环境允许后再行掉头。掉头完毕应即停止显示掉头信号。

船舶遇有他船显示掉头信号并掉头时,应避免驶过。如必须驶过掉头船时,应先用声号联系,征得掉头船同意方能行动,并应主动避让。

第三十条 在主管机关管辖海域内,大型设施和移动式平台的海上拖带,必须经船舶检验部门进行拖航检验,并报主管机关核准。

非拖轮拖带船舶或竹木排等物体,必须经主管机关核准,但进行海难救助的除外。

船舶拖航时应具有避让他船的控制能力,在逆流航行时,实际航速不小于 1.5 节。

在内港区,拖带长度(拖轮船尾至最后一艘被拖船船尾间的距离)不得超过 100 米;并排拖的以两艘为限。

超过本条第三款、第四款规定的应事先申请主管机关核准。

第三十一条 港内航行的机动船失去控制时,应立即显示相应信号,并就近靠边停泊,在排除故障或招请拖轮协助后,方可继续航行。

拖带失控船在港内航行或移泊,必须显示有关信号,停泊后应停止显示。

第三十二条 船舶在港内航行,遇有能见度不良情形时,必须遵守主管机关有关船舶能见度不良时航行及锚泊的规定。

第三十三条 热带气旋期间,船舶在港内航行或避风,应遵守主管机关有关水上防台风管理的规定。

第三十四条 港内禁止随意抛锚。船舶需在港内或港口附近锚泊的,应在主管机关公布的锚地范围内。锚泊期间,须保持值班瞭望,注意来往船舶和风向、潮流,防止走锚。

任何船舶不准在弯道处和航道上锚泊。

第三十五条 在设有禁止抛锚和水下管线标志处上下游各100米距离水域内禁止船舶抛锚。

第三十六条 船舶需要活车时,必须事先注意和警告船尾附近的船舶、竹木排,在不危及他船安全的情况下,方可进行。在活车期间应加强瞭望,警告来船。

第三十七条 船舶在港内停泊,应留有保证船舶安全操纵的值班人员,遇有风情警报等紧急情况时,全体船员必须在岗,并采取应急措施。

第三十八条 停航或修理的船舶,应有保证船舶安全的值班船员留守。如遇恶劣天气,必须增加值班船员,并采取措施,保障安全。

港内停泊的船舶,如需检修主机、辅机、锅炉、锚机、舵机、电台,应事先申请主管机关核准。试鸣声号的,应按照交通部《沿海港口信号规定》,使用专用声号。

第三十九条 停泊在港内码头或锚地的船舶,需进行明火作业的,必须事先向主管机关申请,经核准后,方可进行作业,并应遵守主管机关有关船舶明火作业监督管理的规定。

第五章 通航环境管理

第四十条 涉及水上交通安全的水上水下工程选址,应事先征得主管机关同意;进行水上水下施工的,还应附图申请主管机关核准,并遵守主管机关有关规定。

未经核准擅自施工的,主管机关有权责令建设单位或施工单位立即停工,补办相应手续。妨碍水上交通安全的责令限期拆除。

第四十一条 进行水上水下施工的船舶,应配备VHF等通信设施。在航道上作业时应有专人值班,保持与过往船舶联系。

第四十二条 系泊浮筒的船舶,每档应以两艘为限,并不得有碍航行;夜间按规定显示号灯。

系船浮筒在没有系带船舶时,夜间应显示白光环照灯一盏。

第四十三条 码头应设码头管理人员。凡专营货物装卸及旅客运送的500吨级以上码头,其所有人必须按规定配备合格的码头监督员或码头长,并按主管机关有关规定负责督促、检查本单位码头靠离泊条件及船舶靠离的现场安全。

靠船码头应有保障船舶安全靠离操纵的泊位。对200总吨以上的船舶,档位应不少于该船总长度的120%。码头上应显示规定的泊位信号。

未经指泊的船舶,不得在码头停靠或在他船外档并靠。船舶不得在码头横档停靠或作业。

第四十四条 在内港区码头靠泊的船舶,并靠宽度不得超过30米;在弯道处深水侧的泊位,船舶并靠宽度应不超过20米。夜间按规定显示信号。

高架设施高出主甲板15米以上的工程船,夜间还应在高架顶部显示红光环照灯一盏。

在港内停泊的竹木排,应加强管理,防止漂散。夜间应在高出排面1.5米处,显示白光环照灯一盏。

第四十五条 姚江大闸等开闸排水泄洪,应事先通知主管机关。主管机关认为将妨碍正在进行的水上水下施工作业安全时,可通知开闸管理部门调整排水时间开闸和排水量,开闸管理部门应予配合。

第四十六条 任何单位和个人不得损坏或遮挡助航标志、导航设施及航道疏浚标志。

因建设或施工确需拆建或改建航标的,必须经主管机关批准。建设单位或施工单位应承担有关拆建或改建的费用。

第四十七条 船舶发现助航标志、导航设施变异、失常，或发现有碍航行安全的沉没物、漂流物以及其他有碍航行安全的情况，应迅速向主管机关报告。

第四十八条 船舶遇有沉没危险时，应尽力驶离航道，防止碍航；如已沉没，船舶所有人、经营人要尽快设置临时标志，并立即报告主管机关。

船舶、货物、船用属具在港区内及主管机关管辖的其他水域沉没或灭失，所有人应立即向主管机关报告。如妨碍航行安全，主管机关有权责令其所有人、经营人限期打捞清除，逾期不打捞清除的，主管机关有权采取措施强制打捞清除，其全部费用由沉没物所有人或经营人承担。

第四十九条 进出船坞、上下船排的船舶，必须显示有关信号，采取切实有效的安全措施。对通航秩序有影响的，还须事先经主管机关核准。

第五十条 港内、虾峙门航道及相关锚地禁止张网及从事其他捕捞作业。

第五十一条 凡在港内及主管机关管辖海域抛放废弃泥沙、石料的，均应在主管机关规定的区域进行。

第五十二条 在港内开展水上体育活动、军事演习、船舶放艇操练等，须经主管机关同意，方能进行。

港内不准进行实弹射击。甬江内禁止游泳。

第五十三条 水下管线的所有人，必须按有关规定和主管机关的要求在两岸设置昼夜醒目的标志。

第五十四条 沿岸单位、码头和船舶射向航道的强光、弧光应予以遮蔽。

甬江两岸单位和船舶的高音喇叭只能在必要时使用，且不得播放文娱节目。

第六章 防止船舶污染管理

第五十五条 船舶应备有符合国家规定的防污设备，并持有相应的防污文书。

国际航行船舶应配备《船上油污应急计划》，150 总吨以上的油轮和 400 总吨以上的非油轮均应备有“油类记录簿”，化学品液货船应备有“货物记录簿”，进行有关作业后，应及时准确填写。

载运 2000 吨以上散装货油的船舶，应持有有效的《油污损害民事责任保险或其他财务保证证书》，或《油污损害民事责任信用证书》，或提供其他财务信用保证。

第五十六条 船舶在港内不得违反规定排放压舱水、洗舱水、舱底水、有毒害污水和油类、油性混合物、船上垃圾、废弃物，不得从事可能造成水域污染的其他作业；船舶装载有毒害货物或粉尘飞扬的散装货物的，不得冲洗甲板和舱室。确需进行上述作业的，须向主管机关申请批准，并采取相应的防污染措施。

第五十七条 在港区水域内和水上设置拆船厂(点)，应向主管机关报送有关部门的核准意见和《环境影响报告书》。经批准后方可设置。

第五十八条 建造、修理、拆解和打捞船舶单位，均应备有防止污染的器材和设备，作业时应采取有效措施，防止油类、油性混合物和废弃物污染水域。

油漆船舶必须防止油漆滴落水中造成污染，需在港内油漆船舶外舷船壳的，应事先申请主管机关批准。

第五十九条 从事油舱清洗、船舶残油(油泥)和油污水接收处理的单位，应向主管机关办理登记注册手续，经认可后，方可从事该类作业。

船舶在港内进行洗舱作业，必须采取安全和防污染措施，并事先报经主管机关批准。

第六十条 从事液态化学品和油类散装运输的码头、泊位，应设有相应的污水接收处理装置。

船舶、码头的输货管线，必须经过规定的压力试验，并处于良好状态。管路连接处应备有残液接受容器，作业时应严格遵守安全操作规程，防止发生“跑、冒、滴、漏”事故。

第六十一条 在港区及管辖水域内，禁止擅自使用化学消油剂消除油污和使用剧毒性药品进行熏蒸。如确需使用，须申请主管机关核准。

第七章 危险货物运输管理

第六十二条 载运危险货物的船舶进出港口或进行装卸作业，必须事先向主管机关办理申报手续，并应严格遵守国家和主管机关有关船舶装载危险货物监督管理的规定。

前款规定也适用于主管机关管辖海域内的港外装卸站。

第六十三条 船舶或设施储存、运输危险货物，必须具备安全可靠的设备和条件。

船舶装运危险货物，应备有相应的证书和资料。

槽管轮或其他船舶载运散装液态化学品、液化气体或散装油类物质，均须持有船舶检验部门签发的证明其布置、构造和设备符合安全以及防污染要求的相应证书或文件。

槽管轮船员必须通过槽管轮专业训练，并经主管机关签证。

第六十四条 油轮必须遵守国家有关油轮安全生产管理规定。

港内不得设置水上油库。油轮或油驳作临时性水上储油库，必须经主管机关核准，并在指定地点停泊。

第六十五条 小型船舶载运危险货物，应遵守主管机关对小型船舶装运危险货物的有关管理规定。

第六十六条 客船、客货船和客渡船，禁止装运或捎带危险货物。

第六十七条 船舶在港内装运危险货物，发货人应按规定事先向主管机关办理危险货物安全适运申报手续，并附送下列证书或资料：

（一）包装危险货物，应提交主管机关认可的包装检验合格证明；

（二）危险货物集装箱，应持有由主管机关认可的装箱现场检查人员和装箱部门签发的“集装箱装箱证明”；

（三）放射性货物，应具有省、市、自治区卫生检疫部门核发的“放射性货物剂量检查证明书”；

（四）载运《国际海上危险货物运输规则》和《危险货物运输规则》等规则中尚未列名的危险货物，应提供相应的“危险货物技术说明书”；

（五）限量内运输的危险货物，应具有“限量内运输危险货物合格证书”；

（六）主管机关规定的其他应提交的单据。

第六十八条 危险货物必须具有合适的包装和明显、正确的标志。承运单位和船舶应做好验收工作，不合格的不得装船。

对需改变《国际海上危险货物运输规则》中规定包装形式规格的，应事先征得主管机关同意。

第六十九条 船舶装运危险货物，应按其性质选择安全处所予以堆装，并进行必要的衬垫和加固。性质不相容的货物应按规定进行分隔。

第七十条 主管机关在必要时可按规定对船舶的装卸或航行实施监装（卸）及护航，其费用由被监护船舶承担。

第七十一条 港区水域内的码头、泊位及水上作业点,凡从事危险货物运输,均须经主管机关核准。有关单位应按主管机关核定的种类、数量、装卸作业方式进行作业。

船舶和作业部门应严格遵守危险货物装卸作业操作规程和安全管理规章制度。

第七十二条 拖轮拖运易燃、易爆危险货物,须在烟囱上装置火星熄灭器。被拖船驳禁止搭载旅客,并应遵守明火管理规定。

第七十三条 船舶在港内装卸或运输危险货物时,船方及作业单位应采取有效措施,防止货物破损、撒漏、入水。如发生事故或危及港口安全,应立即采取应急措施,并向主管机关报告。

第八章 海上交通事故调查处理

第七十四条 船舶、设施在进港前发生海上交通事故,应在到达本港48小时内,由船长或正驾驶填具"海上交通事故报告书"递交主管机关。船舶、设施在港内发生海上交通事故,应立即用VHF报告主管机关,并在24小时内递交书面报告。

引航员在引航过程中发生的海上交通事故,也应在事故发生后24小时内向主管机关递交"海上交通事故报告书"。

第七十五条 船舶、设施发生海上交通事故后,主管机关有权依照国家规定对其有关人员进行调查、查阅资料,被调查人应主动配合,并如实提供现场情况和事故有关资料。

第七十六条 凡要求主管机关调解由海上交通事故引起的民事纠纷,当事人各方应向主管机关提交书面申请,并提供必要的保全措施。

不愿意调解或调解不成的,当事人可以向有管辖权的海事法院起诉;涉外案件的当事人,还可以根据书面协议提交仲裁机构仲裁。

第九章 海 难 救 助

第七十七条 船舶、设施在遇险或发生海难需要救助时,除发出呼救信号外,还应以最迅速的方式将遇险原因、地点和本船船名、船舶所有人、吨位、吃水、载客、货及受损情况以及需要何种救助等报告主管机关或事故现场附近的港务监督机构。

船舶在主管机关管辖海区遇险,也可在VHF4频道(156.200兆赫)上通过主管机关下属的各灯塔、导航台、站,报告上述内容并保持联系。

第七十八条 遇险船现场附近的过往船舶,收到呼救信号或发现有人遭遇生命危险时,有义务在不危及自身安全的情况下,尽力救助遇难人员或现场监守,并迅速向主管机关报告本船名称、呼号、位置和现场情况,保持联系,续报营救工作的进展和结果。

第七十九条 在主管机关组织对遇险或发生海难船舶、人员实施救助时,有关单位和在现场附近的船舶,必须听从统一指挥。

第八十条 船舶、设施发生火灾、漏水等重大事故,应尽力自救,减少损失;发生污染事故的,应尽力回收,防止污染物扩散。

第十章 奖励与处罚

第八十一条 对积极协助维护水上交通秩序、防止水域污染、救助遇险船舶和人员、送交捞获物资的单位和个人，由主管机关给予表扬和奖励。

第八十二条 对违反本规定的行为，按照《中华人民共和国海上交通监督管理处罚规定（试行）》的规定给予处罚。

第八十三条 当事人对处罚决定不服的，可以在接到处罚通知书之日起十五日内向作出处罚决定机关的上一级机关申请复议，或者依照有关法律、法规向人民法院起诉。

期满不申请复议或提起诉讼，又不履行处罚决定的，作出处罚决定的机关可以依法申请法院强制执行。

第八十四条 对违反本规定构成犯罪的人员，由司法机关依法追究刑事责任。

第十一章 附 则

第八十五条 港内的军用船舶应遵守本规定中有关港内航行和锚泊的要求，特殊情况例外。

渔业船舶除其登记、检验、船员考试、发证等内部管理外，均应遵守本规定。

上述船舶参加营业运输时，还须持有相应的船舶证书和船员适任证书，到主管机关办理进出港签证。

第八十六条 本规定中下列用语的含义是：

（一）“拖轮船队”是指由拖轮和拖带的船舶或竹木排组成的队形。

（二）“大型船队”是指由拖轮及其拖带1艘以上1000吨或拖带2艘以上500吨船舶，或大型工程船舶所组成的队形。

（三）“渔业船舶”是指从事捕鱼的船、渔业冰鲜运销船以及为渔业服务的供应船、工程船、指挥船等。

（四）“以上”均含本数，“以下”均不含本数。

第八十七条 本规定由中华人民共和国宁波港务监督负责解释，并可根据本规定制订监督管理实施细则。

第八十八条 本规定自1996年1月1日起施行。过去有关宁波水上安全监督管理的规定与本规定不一致的，以本规定为准。

宁波海事局辖区水上防台监督管理规定

（浙海法规〔2013〕237 号）

第一条　为加强台风季节水上安全监督管理，维护水域交通秩序，保障船舶、设施和人命财产安全，根据《中华人民共和国海上交通安全法》《中华人民共和国内河交通安全管理条例》《浙江省防汛防台抗旱条例》等法律法规，制定本规定。

第二条　本规定适用于在宁波海事局辖区航行、锚泊、作业的船舶、设施（以下统称“船舶”）及其所有人、经营人、管理人、代理人和码头单位、船舶修造单位、涉水工程的业主单位、施工单位等相关单位（以下统称“水上防台单位”）及人员。

第三条　中华人民共和国宁波海事局是实施本规定的主管机关。

宁波海事局所属各海事管理机构具体实施各自辖区的水上防台监督管理。

第四条　每年台风季节前，水上防台单位应成立防台组织，制定水上防台应急预案，并向所在地海事处报告。

水上防台单位应适时组织开展防台演练，确保相关船长、船员及岸基管理人员等能熟悉预案内容并正确执行。同时要做好以下工作：

（一）船舶所有人、经营人、管理人应做好所属船舶防台物资保证、防台工作指导等工作，并督促所属船舶对防台设备和属具等至少作一次全面检查，确保其处于良好工作状况。

（二）船舶修造单位应合理安排生产计划，尽可能减少或避免无动力船舶在台风季节进行水上舾装、修理作业，并将台风季节期间水上在建、在修船舶的情况和拟采取的防台措施向所在地海事处报告。

第五条　船舶和水上防台单位应在台风季节及时收集当地气象台（站）的台风预报信息，并按照本规定和各自预案做好相应的防台工作。

主管机关应及时通过各种有效途径向船舶和水上防台单位发布台风预警，下达防抗台工作指令；船舶和水上防台单位应当听从主管机关统一指挥。

第六条　宁波海事局辖区水域以北纬 29°40′线为界分南、北两部分，南部以石浦东门岛（29°12′18″N/121°57′15″E）为参考基点，北部以北仑山（29°56′30″N/121°50′57″E）为参考基点。阶段性防台措施的实施以上海中心气象台发布的台风警报中台风中心位置距南、北两部分的距离、台风移动趋势和南、北两部分沿海水域风力大小来确定。

第七条　宁波海事局辖区水上防台工作分为四个阶段，在满足下列各款所列条件时由主管机关决定和发布相应等级的水上防台警报：

（一）Ⅳ级防台——防台戒备阶段：根据台风动态分析，预计 72 小时内宁波沿海水域可能受台风外围影响时。

（二）Ⅲ级防台——防台准备阶段：当台风中心距参考基点 580 海里并可能影响宁波沿海水域，或在未来 48 小时内宁波沿海水域平均风力将达 8 级及以上时。

（三）Ⅱ级防台——防台实施阶段：当台风中心距参考基点 320 海里并可能影响宁波沿海水域，或在未来 24 小时内宁波沿海水域平均风力将达 10 级及以上时。

（四）Ⅰ级防台——抗击台风阶段：当台风中心预计在未来12小时内进入宁波沿海水域，或在未来12小时内宁波沿海水域平均风力将达12级及以上时。

第八条 船舶和水上防台单位在Ⅳ级防台——防台戒备阶段应做好下列工作：

（一）密切关注台风动态，做好防台准备。

（二）各船舶应对防台设备和属具至少进行一次一般性检查。

（三）无动力船舶应提前联系落实防台监护拖轮。

（四）船舶代理单位和码头单位应及时将相关防台信息告知相关船舶。

第九条 船舶和水上防台单位在Ⅲ级防台——防台准备阶段应做好下列工作：

（一）实行24小时值班，密切关注台风动向，随时掌握台风动态，做好记录，并与主管机关保持联系。

（二）各船舶应以不低于船舶最低安全配员证书的要求立即召回船员，对船舶的操纵设备、系泊设备、通信设备、水密装置、货舱用具、排水设备等作一次全面检查，做好各项防台准备。其中：

1. 长期停航船舶应特别加强对船舶主机、辅机、锚机、舵机等关键设备的检测，确保其处于良好工况，提前选择合适水域避台，必要时还应落实拖轮监护等应急保障措施。

2. 无动力船舶的所有人、经营人、管理人或船长应联系监护拖轮就位，拖至安全水域避风，并将船舶情况、在船人数、安全措施等信息向所在地海事处报告。

3. 从事涉水工程施工作业的船舶应做好随时撤离施工现场的准备工作。

4. 非坞修的船舶不得检修锅炉或拆卸主机、锚机、舵机等重要机械属具，已经在检修或拆卸的应立即装配复原，尽量恢复至正常功能。

5. 危险品船舶、无法在象山港内锚泊避台的船舶、总长250米以上的其他船舶应做好随时撤离的准备。

6. 冲滩避台的船舶应选择高潮时冲滩，并做好加固工作。

（三）港口调度部门应合理安排船舶装卸，确保船舶可以随时离泊避台；对总长250米以上的船舶，需根据台风影响趋势作提前控制。

（四）引航部门应在主管机关宣布Ⅲ级防台后一小时内将申请引航员协助防台的船舶移泊计划和引航人员安排报主管机关。

（五）船舶代理单位和码头单位应立即将港口防台信息告知相关船舶，协助在港船舶做好撤离准备工作，提醒锚泊船舶注意防范锚地水域的风流影响，提醒未抵港船舶及时调整航行计划，暂缓进港。

（六）船舶修造单位应做好修造船舶的防台准备工作。

（七）涉水工程施工单位应做好施工作业船舶和人员撤离的准备工作，在台风影响较大且影响较确定的情况下，应提前撤离水中平台等部位施工作业人员。

（八）金塘大桥、象山港公路大桥等重要跨海桥梁业主单位应安排足够数量的大马力拖轮值守。

第十条 船舶和水上防台单位在Ⅱ级防台——防台实施阶段应做好下列工作：

（一）所有船舶要做好封舱、活动部件加固以及通信设备的检查等工作，准备抗台。

（二）各水上防台单位应立即通知相关船舶停止装卸作业、过驳作业，并合理安排船舶有序离泊。

1. 总长250米以上的大型船舶应立即驶离宁波港。

2. 非空载的危险品船舶应立即驶离码头；液化气船、载有一级危险货物的船舶应立即驶离甬江。

3. 从事水上水下施工作业船舶应立即停止作业，进入避风锚地。

4. 客、渡船及观光旅游船应根据风力变化情况适时停渡停航，不得冒险航行。

（三）冲滩避台的船舶必须对加固情况进行检查，防止移位。

（四）准备靠泊码头抗台的船舶应增加系缆数量，及时调整系缆，确保全部系缆受力均匀。

（五）锚泊船舶应加强锚泊值班，对主机、辅机、锚机、舵机、通信设施等关键性设备状况进行检查。

（六）北仑锚泊点不得作为避风锚地使用，所有在此待泊的船舶应立即离开。

（七）港区应急救助船舶应进入待命状态。

第十一条　船舶和水上防台单位在Ⅰ级防台——抗击台风阶段应做好下列工作：

（一）所有船舶应进入航行值班状态，船长上驾驶台指挥。

（二）锚泊船应备妥主机，掌握锚链的方向和受力情况，必要时使用车、舵以减轻锚链负荷，防止走锚、断链；一旦发现本船或他船走锚，在采取相应措施的同时，应立即报告主管机关。

（三）停靠码头船舶应备妥主机，并随时关注系缆、碰垫的情况，必要时使用车、舵以减轻系缆负荷，防止断缆。

（四）冲滩避台船舶的船员应加强巡视，防止船舶移位、下滑。

（五）客、渡船及观光旅游船必须停渡停航。

第十二条　船舶应有序抛锚，不得争抢锚位，并听从主管机关协调指挥，抛锚时应尽量让出航道。

锚泊船舶应与桥梁保持足够的安全距离。其中，与金塘大桥、象山港公路大桥应保持3000米以上的距离；与其他桥梁应保持1000米以上的距离。

第十三条　在各防台工作阶段，所有船舶应通过VHF、手机等有效手段保证与主管机关通信畅通，保持VHF设备不间断守听、AIS设备有效开启。

各船舶如遇险情或得到其他船舶的遇险信息，须立即向主管机关报告。遇险船舶要做好自救工作，附近其他船舶要在确保自身安全的同时，做好抢险救助工作。

第十四条　主管机关宣布防台警报解除后，船舶和水上防台单位应做好下列工作：

（一）立即检查遭受损失情况，特别注意检查船舶的航行操纵设备、锚泊设备、系泊设备及其他重要属具的受损情况。发现可能影响船舶安全的设施设备受损时，应立即报告主管机关，并及时进行修理。

（二）锚泊船应有秩序地撤离锚泊水域，并听从宁波海事局船舶交通管理中心和现场巡逻艇指挥，不得抢越航道。

（三）发现航标漂失、移位或灯光熄灭以及沉船、沉物、漂浮物时，应立即报告主管机关。

（四）及时总结防台经验教训，进一步完善防台措施，并做好相关善后工作。

第十五条　本规定下列用语的含义：

“台风”系指蒲氏风力8级（最大平均风速17.2米/秒）以上热带气旋，包括热带风暴、强热带风暴、台风、强台风和超强台风。

“台风季节”系指每年6月至10月期间。

“宁波沿海水域”系指我国领海基线以内的宁波海事局辖区水域。

“避风锚地”系指主管机关及其上级部门公布的具有避风功能的锚地。

“船舶防台设备和属具”系指船舶系泊设备、操纵设备、通信设备、水密装置、货舱用具、排水设备、救生设备以及其他与防台有关的船舶设备和属具。

第十六条　本规定由中华人民共和国宁波海事局负责解释。

第十七条　本规定自2013年7月15日起施行，原《宁波水上防台监督管理规定》（甬海〔2003〕146号）同时废止。

宁波舟山港核心港区深水航路船舶定线制

（中华人民共和国海事局公告2016年第2号）

1. 参考海图、坐标系

中国人民解放军海军司令部航海保证部出版海图图号：13510、13518、13521、13391、13519、13381、13359；

中华人民共和国海事局出版的海图图号：53001、52174、52141、52137、53342、53132。

本定线制各坐标点采用2000国家大地坐标系（航海用途等同WGS-84世界大地坐标系）。

2. 定线制的范围

由分道通航制、双向航路、深水航道、警戒区和沿岸通航带组成。本定线制中通航分道的走向按主交通流的方向确定：主交通流向在045°～135°之间的称为东行；主交通流向在225°～315°之间的称为西行；主交通流向在315°～045°之间的称为北上；主交通流向在135°～225°之间的称为南下。

2.1　分道通航制

分道通航制由分隔线（带）、边界线、通航分道组成。

1）第1分道通航制（虾峙门东口第〇号警戒区西边界线至下篮山灯桩东南2海里处）

（1）分隔线

第1分道通航制的分隔线为以下两点连线：

29°44′48.8″N，122°19′08.3″E；

29°47′10.8″N，122°15′59.9″E。

（2）边界线

第1分道通航制北边界线为以下两点连线：

29°44′59.7″N，122°19′12.5″E；

29°47′23.0″N，122°16′03.7″E。

第1分道通航制南边界线为以下两点连线：

29°44′36.6″N，122°19′03.6″E；

29°46′59.1″N，122°15′56.2″E。

（3）通航分道

西行船舶通航分道为分隔线与分道通航制北边界线之间的水域，宽度为0.19海里，通航分道中心线长度为3.62海里，主交通流向为310°。

东行船舶通航分道为分隔线与分道通航制南边界线之间的水域，宽度为0.19海里，通航分道中心线长度为3.62海里，主交通流向为130°。

2)第 2 分道通航制(第 1 号警戒区西边界线至洋小猫岛第 2 号警戒区东边界线)

(1)分隔带

第 2 分道通航制的分隔带由以下四点连线构成,分隔带宽 0.11 海里:

29°51′54.3″N,122°11′34.0″E;

29°51′57.2″N,122°11′40.6″E;

29°54′22.5″N,122°10′17.9″E;

29°54′19.2″N,122°10′11.4″E。

(2)边界线

第 2 分道通航制东边界线为以下两点连线:

29°52′04.9″N,122°11′57.9″E;

29°54′30.0″N,122°10′35.8″E。

第 2 分道通航制西边界线为以下两点连线:

29°51′46.7″N,122°11′16.8″E;

29°54′12.0″N,122°09′53.0″E。

(3)通航分道

北上船舶通航分道为分隔线与分道通航制东边界线之间的水域,宽度为 0.29 海里,通航分道中心线长度为 2.70 海里,主交通流向为 333°。

南下船舶通航分道为分隔线与分道通航制西边界线之间的水域,宽度为 0.29 海里,通航分道中心线长度为 2.70 海里,主交通流向为 153°。

3)第 3 分道通航制(第 2 号警戒区西边界线至凉帽山)

(1)分隔带

第 3 分道通航制的分隔带由以下四点连线构成,分隔带宽 0.11 海里:

29°55′26.0″N,122°07′12.0″E;

29°55′19.0″N,122°07′12.0″E;

29°55′19.0″N,122°01′33.5″E;

29°55′26.0″N,122°01′36.5″E。

(2)边界线

第 3 分道通航制北边界线为以下两点连线:

29°55′42.0″N,122°07′12.0″E;

29°55′42.0″N,122°01′49.0″E。

第 3 分道通航制南边界线为以下两点连线:

29°55′03.0″N,122°07′12.0″E;

29°55′03.0″N,122°01′21.5″E。

(3)通航分道

西行船舶通航分道为分隔线与分道通航制北边界线之间的水域,宽度为 0.27 海里,通航分道中心线长度为 4.70 海里,主交通流向为 270°。

东行船舶通航分道为分隔线与分道通航制南边界线之间的水域,宽度为 0.27 海里,通航分道中心线长度为4.95海里，主交通流向为090°。

4）第4分道通航制（凉帽山至第3号警戒区东边界线）

（1）分隔带

第4分道通航制的分隔带由以下四点连线构成，分隔带宽0.11海里：

29°55′26.0″N，122°01′36.5″E；

29°55′19.0″N，122°01′33.5″E；

29°55′59.5″N，122°00′49.5″E；

29°56′05.0″N，122°00′54.5″E。

（2）边界线

第4分道通航制东边界线为以下两点连线：

29°55′42.0″N，122°01′49.0″E；

29°56′18.5″N，122°01′07.0″E。

第4分道通航制西边界线为以下两点连线：

29°55′03.0″N，122°01′21.5″E；

29°55′46.0″N，122°00′37.0″E。

（3）通航分道

北上船舶通航分道为分隔线与分道通航制东边界线之间的水域，宽度为0.27海里，通航分道中心线长度为0.86海里，主交通流向为316°。

南下船舶通航分道为分隔线与分道通航制西边界线之间的水域，宽度为0.27海里，通航分道中心线长度为0.96海里，主交通流向为136°。

5）第5分道通航制（第3号警戒区西边界线至第4号警戒区）

（1）分隔带

第5分道通航制的分隔带由以下四点连线构成，分隔带宽0.11海里：

29°56′51.6″N，122°00′04.8″E；

29°56′46.4″N，122°00′00.1″E；

29°57′38.1″N，121°59′03.6″E；

29°57′42.2″N，121°59′09.5″E。

（2）边界线

第5分道通航制东边界线为以下两点连线：

29°57′05.0″N，122°00′17.0″E；

29°57′52.4″N，121°59′24.3″E。

第5分道通航制西边界线为以下两点连线：

29°56′33.0″N，121°59′48.0″E；

29°57′27.9″N，121°58′48.8″E。

（3）通航分道

北上船舶通航分道为分隔线与分道通航制东边界线之间的水域，宽度为0.27海里，通航分道中心线长度为1.12海里，主交通流向为316°。

南下船舶通航分道为分隔线与分道通航制西边界线之间的水域，宽度为 0.27 海里，通航分道中心线长度为 1.12 海里，主交通流向为 136°。

6）第 6 分道通航制（鹅礁北至金塘大桥主通航孔南）

（1）分隔带

第 6 分道通航制分隔带由以下三点连线构成，分隔带宽从 0.06 海里线性过渡到 0 海里：

29°59′47.5″N，121°48′24.5″E；

29°59′47.5″N，121°48′28.3″E；

30°02′25.8″N，121°48′19.5″E。

（2）边界线

第 6 分道通航制东边界线为以下两点连线：

29°59′47.5″N，121°48′42.0″E；

30°02′26.4″N，121°48′32.2″E。

第 6 分道通航制西边界线为以下两点连线：

29°59′47.5″N，121°48′11.0″E；

30°02′25.2″N，121°48′06.8″E。

（3）通航分道

北上船舶通航分道为分隔线与分道通航制东边界线之间的水域，宽度从 0.20 海里线性过渡到 0.18 海里，通航分道中心线长度为 2.60 海里，主交通流向为 358°。

南下船舶通航分道为分隔线与分道通航制西边界线之间的水域，宽度从 0.18 海里线性过渡到 0.20 海里，通航分道中心线长度为 2.63 海里，主交通流向为 178°。

7）第 7 分道通航制（金塘大桥主通航孔南至金塘大桥主通航孔北）

（1）分隔线

第 7 分道通航制的分隔线为以下两点连线：

30°02′25.8″N，121°48′19.5″E；

30°05′09.2″N，121°48′13.5″E。

（2）边界线

第 7 分道通航制东边界线为以下四点连线：

30°02′26.4″N，121°48′32.2″E；

30°03′09.5″N，121°48′29.2″E；

30°04′09.7″N，121°48′27.0″E；

30°05′10.0″N，121°48′26.0″E。

第 7 分道通航制西边界线为以下四点连线：

30°02′25.2″N，121°48′06.8″E；

30°03′08.6″N，121°48′06.6″E；

30°04′08.7″N，121°48′04.4″E；

30°05′08.7″N，121°48′01.0″E。

（3）通航分道

北上船舶通航分道为分隔线与分道通航制东边界线之间的水域，宽度为 0.15 海里，通航分道中心线长度为 2.70 海里，主交通流向为 358°。

南下船舶通航分道为分隔线与分道通航制西边界线之间的水域，宽度为 0.15 海里，通航分道中心线长度为 2.70 海里，主交通流向为 178°。

8）第 8 分道通航制（金塘大桥主通航孔北至本定线制北端）

（1）分隔线

第 8 分道通航制的分隔线为以下两点连线：

30°05′09.2″N，121°48′13.5″E；

30°05′36.8″N，121°48′12.4″E。

（2）边界线

第 8 分道通航制东边界线为以下两点连线：

30°05′10.0″N，121°48′26.0″E；

30°05′37.0″N，121°48′25.0″E。

第 8 分道通航制西边界线为以下两点连线：

30°05′08.7″N，121°48′01.0″E；

30°05′36.4″N，121°47′59.8″E。

（3）通航分道

北上船舶通航分道为分隔线与分道通航制东边界线之间的水域，宽度为 0.15 海里，通航分道中心线长度为 0.46 海里，主交通流向为 358°。

南下船舶通航分道为分隔线与分道通航制西边界线之间的水域，宽度为 0.15 海里，通航分道中心线长度为 0.46 海里，主交通流向为 178°。

9）第 9 分道通航制（第 4 号警戒区西北至钓礁西）

（1）分隔带

第 9 分道通航制的分隔带由以下四点连线构成，分隔带宽 0.11 海里：

29°59′33.7″N，121°57′48.3″E；

29°59′31.2″N，121°57′41.7″E；

30°02′15.0″N，121°56′18.0″E；

30°02′18.4″N，121°56′24.6″E。

（2）边界线

第 9 分道通航制东边界线为以下两点连线：

29°59′40.5″N，121°58′06.1″E；

30°02′24.5″N，121°56′42.0″E。

第 9 分道通航制西边界线为以下两点连线：

29°59′24.5″N，121°57′24.0″E；

30°02′09.0″N，121°56′00.5″E。

（3）通航分道

北上船舶通航分道为分隔线与分道通航制东边界线之间的水域，宽度为 0.27 海里，通航分道中心线长度为 3.0 海里，主交通流向为 336°。

南下船舶通航分道为分隔线与分道通航制西边界线之间的水域，宽度为0.27海里，通航分道中心线长度为3.0海里，主交通流向为156°。

10）第10分道通航制（钓礁西至西堠门大桥通航孔南）

（1）分隔带

第10分道通航制分隔带由以下三点连线构成，分隔带宽从0.11海里线性过渡到0海里：

30°02′15.0″N，121°56′18.0″E；

30°02′18.4″N，121°56′24.6″E；

30°03′22.7″N，121°55′28.0″E。

（2）边界线

第10分道通航制东边界线为以下两点连线：

30°02′24.5″N，121°56′42.0″E；

30°03′30.5″N，121°55′37.0″E。

第10分道通航制西边界线为以下两点连线：

30°02′09.0″N，121°56′00.5″E；

30°03′15.0″N，121°55′19.0″E。

（3）通航分道

北上船舶通航分道为分隔线与分道通航制东边界线之间的水域，宽度从0.27海里线性过渡到0.17海里，通航分道中心线长度为1.40海里，主交通流向为321°。

南下船舶通航分道为分隔线与分道通航制西边界线之间的水域，宽度为0.27海里线性过渡到0.17海里，通航分道中心线长度为1.32海里，主交通流向为149°。

11）第11分道通航制（西堠门大桥南至西堠门大桥北）

（1）分隔线

第11分道通航制的分隔线为以下两点连线：

30°03′22.7″N，121°55′28.0″E；

30°04′10.8″N，121°54′40.0″E。

（2）边界线

第11分道通航制东边界线为以下两点连线：

30°03′30.5″N，121°55′37.0″E；

30°04′21.0″N，121°54′49.0″E。

第11分道通航制西边界线为以下两点连线：

30°03′15.0″N，121°55′19.0″E；

30°04′00.5″N，121°54′31.0″E。

（3）通航分道

北上船舶通航分道为分隔线与分道通航制东边界线之间的水域，宽度为0.17海里，通航分道中心线长度为1.10海里，主交通流向为320°。

南下船舶通航分道为分隔线与分道通航制西边界线之间的水域，宽度为0.17海里，通航分道中心线长度为1.10海里，主交通流向为140°。

12）第 12 分道通航制（西堠门大桥北至金东嘴灯桩）

（1）分隔线

第 12 分道通航制的分隔线为以下两点连线：

30°04′10. 8″N，121°54′40. 0″E；

30°05′06. 0″N，121°53′59. 0″E。

（2）边界线

第 12 分道通航制东边界线为以下两点连线：

30°04′21. 0″N，121°54′49. 0″E；

30°05′17. 5″N，121°54′13. 0″E。

第 12 分道通航制西边界线为以下两点连线：

30°04′00. 5″N，121°54′31. 0″E；

30°04′54. 5″N，121°53′45. 0″E。

（3）通航分道

北上船舶通航分道为分隔线与分道通航制东边界线之间的水域，宽度从 0. 17 海里线性过渡到 0. 27 海里，通航分道中心线长度为 1. 07 海里，主交通流向为 326°。

南下船舶通航分道为分隔线与分道通航制西边界线之间的水域，宽度从 0. 27 海里线性过渡至 0. 17 海里，通航分道中心线长度为 1. 05 海里，主交通流向为 146°。

13）第 13 分道通航制（外礁灯桩东至横山岛向东 2000 米处）

（1）分隔线

第 13 分道通航制的分隔线为以下两点连线：

29°41′55. 9″N，122°17′34. 2″E；

29°42′54. 0″N，122°15′23. 0″E。

（2）边界线

第 13 分道通航制北边界线为以下两点连线：

29°42′11. 0″N，122°17′42. 0″E；

29°43′08. 0″N，122°15′32. 0″E。

第 13 分道通航制南边界线为以下两点连线：

29°41′40. 0″N，122°17′26. 0″E；

29°42′40. 0″N，122°15′14. 0″E。

（3）通航分道

西行船舶通航分道为分隔线与分道通航制北边界线之间的水域，宽度为 0. 27 海里，通航分道中心线长度为 2. 15 海里，主交通流向为 297°。

东行船舶通航分道为分隔线与分道通航制南边界线之间的水域，宽度为 0. 27 海里，通航分道中心线长度为 2. 15 海里，主交通流向为 117°。

14）第 14 分道通航制（横山岛向东 2000 米处至条帚门狭口东边界）

（1）分隔线

第 14 分道通航制的分隔线为以下两点连线：

29°42′54.0″N,122°15′23.0″E;

29°43′32.8″N,122°13′56.7″E。

(2)边界线

第14分道通航制北边界线为以下两点连线:

29°43′08.0″N,122°15′32.0″E;

29°43′41.3″N,122°14′01.2″E。

第14分道通航制南边界线为以下两点连线:

29°42′40.0″N,122°15′14.0″E;

29°43′24.0″N,122°13′52.0″E。

(3)通航分道

西行船舶通航分道为分隔线与分道通航制北边界线之间的水域,宽度由0.27海里线性过渡至0.16海里,通航分道中心线长度为1.42海里,主交通流向为295°。

东行船舶通航分道为分隔线与分道通航制南边界线之间的水域,宽度由0.16海里线性过渡至0.27海里,通航分道中心线长度为1.42海里,主交通流向为120°。

15)第15分道通航制(金钵盂岛南侧至狭口马足山向西2000米处)

(1)分隔线

第15分道通航制的分隔线由以下两点连线构成:

29°44′19.0″N,122°12′13.0″E;

29°45′02.4″N,122°10′42.0″E。

(2)边界线

第15分道通航制北边界线为以下两点连线:

29°44′30.0″N,122°12′19.0″E;

29°45′12.0″N,122°10′52.0″E。

第15分道通航制南边界线为以下两点连线:

29°44′08.0″N,122°12′07.0″E;

29°44′52.0″N,122°10′31.0″E。

(3)通航分道

西行船舶通航分道为分隔线与分道通航制北边界线之间的水域,宽度为0.21海里,通航分道中心线长度为1.50海里,主交通流向为298°。

东行船舶通航分道为分隔线与分道通航制南边界线之间的水域,宽度为0.21海里,通航分道中心线长度为1.50海里,主交通流向为118°。

16)第16分道通航制(条帚门狭口西边界侧至六横岛六横岬北侧)

(1)分隔线

第16分道通航制的分隔线由以下两点连线构成:

29°45′02.4″N,122°10′42.0″E;

29°47′53.2″N,122°08′27.0″E。

(2)边界线

第16分道通航制东边界线为以下两点连线:

29°45′12.0″N,122°10′52.0″E；

29°48′00.4″N,122°08′39.0″E。

第16分道通航制西边界线为以下两点连线：

29°44′52.0″N,122°10′31.0″E；

29°47′46.0″N,122°08′15.0″E。

（3）通航分道

北上船舶通航分道为分隔线与分道通航制东边界线之间的水域，宽度为0.21海里，通航分道中心线长度为3.45海里，主交通流向为325°。

南下船舶通航分道为分隔线与分道通航制西边界线之间的水域，宽度为0.21海里，通航分道中心线长度为3.45海里，主交通流向为145°。

17）第17分道通航制（第6号警戒区东边界至第7号警戒区西边界）

（1）分隔线

第17分道通航制的分隔线由以下两点连线构成：

29°48′24.2″N,122°06′41.1″E；

29°47′22.0″N,122°04′14.9″E。

（2）边界线

第17分道通航制北边界线为以下两点连线：

29°47′31.5″N,122°04′09.7″E；

29°48′33.5″N,122°06′35.9″E。

第17分道通航制南边界线为以下两点连线：

29°47′12.5″N,122°04′20.1″E；

29°48′14.5″N,122°06′46.5″E。

（3）通航分道

东行船舶通航分道为分隔线与分道通航制南边界线之间的水域，宽度为0.18海里，通航分道中心线长度为2.37海里，主交通流向为064°。

西行船舶通航分道为分隔线与分道通航制北边界线之间的水域，宽度为0.18海里，通航分道中心线长度为2.37海里，主交通流向为244°。

18）第18分道通航制（第7号警戒区东边界至第1号警戒区西边界）

（1）分隔线

第18分道通航制的分隔线由以下两点连线构成：

29°49′20.6″N,122°08′50.8″E；

29°50′26.0″N,122°10′51.7″E。

（2）边界线

第18分道通航制北边界线为以下两点连线：

29°49′29.7″N,122°08′43.6″E；

29°50′35.1″N,122°10′45.3″E。

第18分道通航制南边界线为以下两点连线：

29°49′11.7″N,122°08′57.8″E;

29°50′17.2″N,122°10′57.9″E。

(3)通航分道

东行船舶通航分道为分隔线与分道通航制南边界线之间的水域,宽度为0.18海里,通航分道中心线长度为2.06海里,主交通流向为058°。

西行船舶通航分道为分隔线与分道通航制北边界线之间的水域,宽度为0.18海里,通航分道中心线长度为2.06海里,主交通流向为238°。

2.2 双向航路

1)第1双向航路(下篮山灯桩东南向2海里处至第1号警戒区东边界线)

(1)边界线

第1双向航路北边界线为以下四点连线:

29°47′23.0″N,122°16′03.7″E;

29°48′41.5″N,122°14′20.5″E;

29°50′12.0″N,122°12′54.0″E;

29°50′45.0″N,122°12′41.0″E。

第1双向航路南边界线为以下四点连线:

29°46′59.1″N,122°15′56.2″E

29°48′24.0″N,122°14′04.6″E;

29°50′03.9″N,122°12′24.3″E;

29°50′27.5″N,122°11′59.0″E。

第1双向航路分东西两段。

东段从下篮山灯桩东南向2海里处至上溜网重岛,航道宽度为0.38海里,长为4.08海里。其中,下篮山灯桩东南向2海里处至下篮山航道走向310°(按西行方向),下篮山灯桩至上溜网重岛航道走向320°。

西段从上溜网重岛至第1号警戒区东边界线,航道宽度为0.38~0.64海里,长度为0.58海里。主交通流向为333°(按北上方向)。

2)第2双向航路(条帚门狭口段)

(1)边界线

第2双向航路北边界线为以下两点连线:

29°43′41.3″N,122°14′01.2″E;

29°44′30.0″N,122°12′19.0″E。

第2双向航路南边界线为以下三点连线:

29°43′24.0″N,122°13′52.0″E;

29°43′41.0″N,122°13′16.0″E(小黄礁灯桩);

29°44′08.0″N,122°12′07.0″E。

航道宽度约为0.31海里,航程为1.68海里,航道走向297°(按西行方向)。

2.3 深水航路

在虾峙门口外，由以下四点连线为轴线：

(1)29°41′15.9″N，122°31′21.5″E；

(2)29°41′33.3″N，122°30′15.6″E；

(3)29°43′52.7″N，122°21′26.7″E；

(4)9°44′17.6″N，122°19′52.2″E；

航槽两侧宽度各为195m，通航底标高－22.1m(理论深度基准面)，全长10.5海里。

2.4 警戒区

1)0号警戒区为多通道的梯形水域，上底长度为1730m，下底长度为3400m，高度为1430m，上下底边的中点位于相邻航道的中心线上，由以下四点连线：

29°45′14.8″N，122°19′18.4″E；

29°45′07.9″N，122°20′13.0″E；

29°43′24.0″N，122°19′30.0″E；

29°44′21.7″N，122°18′57.8″E。

2)1号警戒区为多点构成的不规则几何图形水域，由以下九点连线构成：

29°52′04.9″N，122°11′57.9″E；

29°50′45.0″N，122°12′41.0″E；

29°50′27.5″N，122°11′59.0″E；

29°50′27.0″N，122°11′28.0″E；

29°50′17.2″N，122°10′57.9″E；

29°50′35.1″N，122°10′45.3″E；

29°50′53.0″N，122°11′10.0″E；

29°51′19.0″N，122°11′22.0″E；

29°51′46.7″N，122°11′16.8″E。

3)2号警戒区为多点构成的不规则几何图形水域，由以下六点连线构成：

29°54′30.0″N，122°10′35.8″E；

29°55′42.0″N，122°09′54.0″E；

29°55′42.0″N，122°07′12.0″E；

29°55′03.0″N，122°07′12.0″E；

29°55′03.0″N，122°08′18.7″E；

29°54′12.0″N，122°09′53.0″E。

4)3号警戒区为长边1.08海里、短边0.65海里的长方形水域，由以下四点连线构成：

29°55′46.0″N，122°00′37.0″E；

29°56′18.5″N，122°01′07.0″E；

29°57′05.0″N，122°00′17.0″E；

29°56′33.0″N，121°59′48.0″E。

5)4 号警戒区为多点构成的不规则几何图形水域,由以下十点连线构成:

29°57′52.4″N,121°59′24.3″E;

29°59′40.5″N,121°58′06.1″E;

29°59′24.5″N,121°57′24.0″E;

29°58′54.5″N,121°57′28.2″E;

29°58′25.9″N,121°57′12.5″E;

29°58′08.7″N,121°56′47.8″E;

29°57′33.4″N,121°56′56.4″E;

29°57′43.0″N,121°57′32.2″E;

29°57′45.3″N,121°58′12.5″E;

29°57′27.9″N,121°58′48.8″E。

6)5 号警戒区为多点构成的不规则几何图形水域,由以下五点连线构成:

29°42′00.5″N,122°18′53.0″E;

29°41′14.0″N,122°18′26.0″E;

29°41′40.0″N,122°17′26.0″E;

29°42′11.0″N,122°17′42.0″E;

29°42′13.0″N,122°18′24.0″E。

7)6 号警戒区为由以下四点连线构成的两底边长分别为 1.17 海里和 0.35 海里,腰长分别为 0.81 海里与 0.88 海里的梯形水域:

29°47′31.5″N,122°04′09.7″E;

29°47′12.5″N,122°04′20.1″E;

29°46′26.9″N,122°03′49.3″E;

29°47′29.9″N,122°03′13.7″E。

8)7 号警戒区为多点构成的不规则几何图形水域,由以下十点连线构成:

29°48′00.4″N,122°08′39.0″E;

29°47′46.0″N,122°08′15.0″E;

29°48′10.0″N,122°07′52.0″E;

29°48′21.0″N,122°07′20.0″E

29°48′14.5″N,122°06′46.5″E;

29°48′33.5″N,122°06′35.9″E;

29°49′29.7″N,122°08′43.6″E;

29°49′11.7″N,122°08′57.8″E;

29°48′52.0″N,122°08′40.0″E;

29°48′26.0″N,122°08′32.0″E。

2.5 沿岸通航带

定线制通航分道两侧可航水域为沿岸通航带,供小型船舶航行。

3. 特别规定

1）在定线制水域航行的船舶应遵守定线制的规定。不使用船舶定线制水域的船舶应远离船舶定线制水域。

2）船舶在警戒区域内及驶入和驶出警戒区域应特别谨慎航行，并运用良好的船艺。

3）虾峙门航道下篮山灯桩前后500米航段禁止船舶追越，2万总吨及以上船舶应避免与他船交会。

4）条帚门航道横山灯桩附近狭口航段双向航路和佛渡水道各通航分道禁止船舶追越。

5）定线制水域船舶实行限速航行。高速客船顺流航速不得超过22节，逆流航速不得超过20节；其他船舶顺流航速不得超过16节，逆流航速不得超过14节。

6）警戒区、通航分道及其端部的附近水域禁止船舶锚泊、捕捞和养殖；在船舶定线制水域内从事水上水下作业，须按照相关规定经主管机关批准。

7）船舶在深水航路以及金塘大桥、西堠门大桥水域航行时还应遵守当地海事管理机构制定的与虾峙门口外深水航槽、大桥有关的通航安全管理规定。

8）对不遵守本定线制规定的船舶，由海事管理机构依据相关法律、法规进行处罚。

宁波舟山港核心港区深水航路船舶报告制

（中华人民共和国海事局公告2016年第2号）

1. 适用船舶

本报告制为强制性船舶报告制，适用于使用宁波舟山港核心港区深水航路船舶定线制，并符合以下条件的任何船舶：

1）客船；

2）外国籍船舶、设施；

3）危险品运输船舶；

4）拖带船队等操纵能力受到限制的船舶、设施；

5）300总吨及以上的其他中国籍船舶。

2. 适用的地理范围及相关海图的编号及版本

1）适用的地理范围为虾峙门口外深水航槽、虾峙门、峙头洋、螺头水道、金塘水道、横水洋、册子水道、西堠门、条帚门水道、佛渡水道等水域。

2）相关海图

中国人民解放军海军司令部航海保证部出版的海图：13510、13518、13521、13391、13519、13381、13359。

中华人民共和国海事局出版的海图：53001、52174、52141、52137、53342、53132。

3）坐标系

本报告制报告线各点坐标采用CGCS2000坐标系（WGS-84世界大地坐标系）。

3. 报告格式、报告内容、报告线地理位置、报告要求

3.1 报告格式

本船舶报告制格式采用IMO A.851（20）号大会决议附则中所规定的格式。

3.2 报告内容

1）一般报告内容：

A 船名、呼号和国际海事组织编码（若适用）；

C 或 D 位置（经纬度或相对于陆标的位置）；

E 航向；

F 航速；

G 上一停靠港；

I 目的港；

O 吃水；

Q 缺陷及限制（拖船应报告其拖带长度及被拖物名称）；

DG 危险货物；

U 总长及总吨。

2）船舶装有 AIS 设备并正常使用的，可仅报告下列内容：

A 船名、呼号；

G 上一停靠港；

I 目的港；

O 吃水；

Q 缺陷及限制；

DG 危险货物。

3.3　报告线地理位置

1）L1 报告线：桃花岛灯桩与虾峙岛东挑咀（29°44′.68N/122°18′.22E）连线。

2）L2 报告线：东挑咀（29°44′.68N/122°18′.22E）与六横岛外礁灯桩连线。

3）L3 报告线：梅山岛小担山（29°46′.11N/121°59′.34E）、汀子山灯桩、温州峙灯桩、鸦鹊礁灯桩与六横岛郭巨山西侧（29°42′.47N/122°04′.17E）连线。

4）L4 报告线：甬江口北导流堤灯桩与长跳嘴灯桩连线。

5）L5 报告线：30°05′.20N/121°35′.90E 与 30°07′.05N/121°49′.25E 连线。

6）L6 报告线：小菜花灯桩与舟山岛西端（30°10′.00N/121°56′.00E）连线。

3.4　报告要求

1）驶入核心港区的船舶，通过报告线时除应报告 3.2 项中的信息外，还应根据要求向宁波舟山 VTS 中心报告船舶动态、船舶种类、实际最大吃水。

2）驶离核心港区的船舶，通过报告线时应报告船名和下一停靠港。

3）从马峙锚地、野鸭山锚地起锚拟通过虾峙门航道、条帚门航道出口的船舶，在进入 1 号警戒区或 7 号警戒区前 15 分钟报告动态。

4）拟通过金塘大桥、西堠门大桥等沿海桥梁的船舶，应提前 30 分钟报告船舶水面以上最大高度、载重吨和要通过的通航孔名称。

5）在报告水域内发生水上交通事故或污染事故时，船舶应立即报告事故的种类、时间、地点、损害或污染的程度以及是否需要援助，并应按照主管机关的要求提供与事故有关的其他信息。

6）在报告水域内发现助航标志异常，有碍航行安全的障碍物、漂浮物及其他妨碍航行安全的异常情况，应及时向 VTS 报告。

4. 主管机关、受理报告机关

1）主管机关为中华人民共和国浙江海事局。

2）受理报告机关为宁波海事局船舶交通管理中心和舟山海事局船舶交通管理中心，统称为宁波舟山 VTS。

5. 向船舶提供的信息

宁波舟山 VTS 将为参加报告制的船舶提供船舶交通、异常天气情况及海上安全等信息。

6. 报告制要求的工作频道和报告制使用的语言

1）宁波舟山 VTS 的呼叫频道为 VHF06、VHF08、VHF11、VHF28。

2）船舶、设施通过 L1 报告线时使用 VHF08 频道向宁波舟山 VTS 中心报告。

3）船舶、设施通过 L2、L3 报告线时使用 VHF28 频道向宁波舟山 VTS 中心报告。

4）船舶、设施通过 L4、L5 报告线时使用 VHF06 频道向宁波舟山 VTS 中心报告。

5）船舶、设施通过 L6 报告线时使用 VHF11 频道向宁波舟山 VTS 中心报告。

6）报告制使用语言为汉语普通话或英语，无线电话通信应采用航海通信规定格式。

7. 支持报告制运行的岸基设施

1）宁波舟山 VTS 的系统组成有：雷达系统、VHF 通信系统、信息处理及显示系统、信息传输、记录/重放系统、气象传感系统及 AIS 系统。其功能有：数据收集、数据评估与处理、信息提供、交通组织、助航服务、支持联合行动。

2）宁波舟山 VTS 保持 24 小时不间断值班。

8. 应急通信

1）船舶遇有失控、沉没危险等紧急情况需抛锚时，应尽可能让出航道，并迅速向宁波舟山 VTS 报告。

2）船舶发生 VHF 设备故障时可通过下列电话报告：

宁波海事局船舶交通管理中心：0574-86801531

舟山海事局船舶交通管理中心：0580-2063765

9. 特别规定

1）按照规定应使用通航分道的船舶，如果仅使用沿岸通航带航行，应将航行的动态和意图报告 VTS。

2）在核心港区航行、锚泊、作业的船舶还应遵守《宁波舟山港核心港区船舶交通管理系统安全监督管理规则》等相关管理规定，服从宁波舟山 VTS 的监督管理。

3）对不遵守本报告制的船舶，由海事管理机构依据有关法律、法规进行处罚。

4）军用舰船不适用宁波舟山港核心港区深水航路船舶报告制。

宁波舟山港核心港区深水航路船舶定线制管理规定

（浙海通航〔2016〕198 号）

第一条 为维护宁波舟山港核心港区深水航路水上交通秩序，规范船舶航行行为，改善通航环境，保障船舶、设施和人命财产的安全，促进航运安全发展，根据《中华人民共和国海上交通安全法》等有关法律、法规，制定本规定。

第二条 宁波舟山港核心港区深水航路实行船舶定线制。

本规定所指定线制范围按照《宁波舟山港核心港区深水航路船舶定线制》（中华人民共和国海事局公告 2016 年第 2 号）的规定执行。

第三条 在宁波舟山港核心港区深水航路船舶定线制水域航行、停泊、作业的船舶，应当遵守本规定。但下列船舶因工作需要可不按规定的航路航行：

（一）正在执行公务的船舶、正在从事引航员登离轮作业的引航艇；

（二）在核定水域内施工的船舶；

（三）正在进行搜寻救助的船舶；

（四）经海事管理机构核准的其他船舶。

第四条 中华人民共和国浙江海事局主管本规定所指定线制水域水上交通安全的监督管理；浙江海事局下设的海事管理机构负责实施辖区内定线制水域水上交通安全的具体监督管理。

第五条 船舶在通航分道内应顺着该分道的船舶总流向靠右航行，并让开分隔带（线）。

船舶按通航分道航行时，应与航标保持足够的安全距离。

小型船舶应当在沿岸通航带航行。

第六条 船舶驶入、驶出通航分道前应向周围船舶通报本船动态，谨慎航行，在进入港池、锚地时，可使用沿岸通航带。

第七条 通过虾峙门航道的进口船，应在虾峙门大型灯浮东侧水域转向并沿深水航槽北侧驶入航道；通过虾峙门航道的出口船，应沿深水航槽南侧行驶至虾峙门大型灯浮东侧水域后转向。

通过条帚门航道的进口船，应在虾峙门大型灯浮东侧水域转向沿条帚门口外推荐航线（29°41′22.6″/122°31′03.8″与 29°41′19.5″/122°19′05.8″连线）北侧进港，其中使用条帚门口外推荐支线航线（29°44′01.9″N/122°20′48.0″E 点与 29°42′06.4″N/122°17′18.0″E 连线）的超大型船舶除外；通过条帚门航道的出口船，可在 5 号警戒区以东水域转向南下或沿着条帚门口外推荐航线南侧驶至虾峙门大型灯浮东侧水域后转向。

第八条 在定线制水域航行的船舶，航经码头前沿水域应特别谨慎驾驶。

第九条 船舶应尽可能从警戒区穿越定线制水域。在警戒区航行的船舶，应当特别谨慎驾驶。

第十条 船舶应尽可能避免穿越通航分道和双向航路，如确需穿越，应尽可能与通航分道或双向航路内的船舶总流向成直角的船首向穿越，并事先向周围船舶通报本船动态。穿越时，应避让按通航分道和双向航路航行的船舶。

第十一条 船舶在双向航路航行时应保持安全距离禁止追越，佛渡水道各通航分道禁止船舶追越。

2 万总吨及以上船舶进入双向航路时，应事先向周围船舶通报本船动态，避免在第一双向航路下篮山灯桩前后 500 米航段和第二双向航路黄礁头灯桩前后 500 米航段与他船交会。

第十二条 船舶在通航分道内追越他船时，应尽可能从他船的左舷追越。

第十三条 船舶在定线制水域内航行、停泊、作业时应遵守《宁波舟山港核心港区深水航路船舶报告制》(中华人民共和国海事局公告 2016 年第 2 号)、《宁波舟山港核心港区船舶交通管理系统安全监督管理规则》(浙海指挥〔2016〕197 号)，并服从海事管理机构监管。

第十四条 在定线制水域内，高速客船顺流航速不得超过 22 节，逆流航速不得超过 20 节；其他船舶顺流航速不得超过 16 节，逆流航速不得超过 14 节。

第十五条 船舶遇有失控、沉没危险、需紧急抛锚时，应尽可能让出航道，并迅速向当地海事管理机构和 VTS 中心报告。

船舶实施紧急抛锚，应当远离禁锚区。

第十六条 禁止在通航分道、警戒区、双向航路和深水航槽及其两侧 2 海里水域内从事船舶冲程、旋回性能测试等可能影响其他船舶航行、停泊和作业安全的各种活动。

第十七条 船舶应当在公布的锚地内锚泊。除沿岸通航带外，禁止在定线制水域内进行捕捞、采砂、锚泊等有碍其他船舶航行安全的行为。

第十八条 本规定中“小型船舶”是指 1000 载重吨及以下的船舶。

第十九条 除本规定另有规定外，船舶在宁波舟山港核心港区深水航路船舶定线制水域航行、停泊、作业，还应当遵守《1972 年国际海上避碰规则》等规定。

第二十条 船舶在虾峙门口外深水航槽和金塘大桥主通航孔、西堠门大桥水域航行，除遵守本规定外，还应遵守《虾峙门口外深水航槽通航安全管理规定》(浙海指挥〔2014〕161 号)、《金塘大桥、西堠门大桥通航安全管理规定》(浙海法规〔2009〕80 号)。

第二十一条 对违反本规定的，海事管理机构将依据有关法律、法规及规章予以处理。

第二十二条 本规定自 2016 年 8 月 1 日起施行，《宁波-舟山港核心港区深水航路船舶定线制管理规定》(浙海法规〔2010〕208 号)同时废止。

宁波舟山港核心港区船舶交通管理系统安全监督管理规则

（浙海指挥〔2016〕197 号）

第一章 总　　则

第一条 为加强船舶交通安全管理，保障船舶航行安全，维护水域交通秩序，提高船舶营运效率，防止船舶污染水域，根据《中华人民共和国海上交通安全法》《中华人民共和国船舶交通管理系统安全监督管理规则》等有关规定，制定本规则。

第二条 在宁波舟山港核心港区（以下简称“核心港区”）VTS 管理区内航行、停泊、作业的船舶、设施（以下简称“船舶”）及其所有人、经营人、代理人和其他有关单位及个人应遵守本规则。

第三条 中华人民共和国浙江海事局主管核心港区船舶交通管理工作。

宁波海事局船舶交通管理中心和舟山海事局船舶交通管理中心（以下统称“宁波舟山 VTS”）依据本规则具体实施船舶交通管理。

第二章 船 舶 报 告

第四条 下列船舶应按本规则有关规定向宁波舟山 VTS 报告：

（一）外国籍船舶；

（二）客船；

（三）危险品船舶；

（四）拖带船等操纵能力受到限制的船舶；

（五）300 总吨及以上的其他中国籍船舶。

300 总吨以下的其他中国籍船舶，如配备有甚高频无线电话（以下简称 VHF），可自愿按本规则规定的船舶报告制度执行。

第五条 在 VTS 管理区内的船舶，应在下列规定的 VHF 频道上值守和实施本章各条规定的报告、通报：

（一）1 号管理分区内，08 频道；

（二）2 号管理分区内，28 频道；

（三）3 号管理分区内，14 频道；

（四）4 号管理分区内，71 频道；

（五）5 号管理分区内，14 频道；

（六）6 号管理分区内，06 频道；

（七）7 号管理分区内，11 频道。

第六条 驶入核心港区 VTS 管理区的船舶，通过 VTS 报告线时应报告船名、动态、船舶种类、实际最大吃水。

第七条 船舶抛妥锚或靠妥码头后，应立即报告船名、抛锚或靠泊的具体位置。

第八条 驶离核心港区 VTS 管理区的船舶,通过 VTS 报告线时应报告船名和下一停靠港。

从核心港区 VTS 管理区离泊的船舶应提前报告船名和离泊计划;因故未能按时离泊的,应及时报告原因。

从马峙锚地、野鸭山锚地起锚计划通过虾峙门航道、条帚门航道出口的船舶,在进入 1 号警戒区、7 号警戒区前 15 分钟分别通过 VHF14、VHF28 频道报告船舶动态。

第九条 船舶与宁波舟山 VTS 在通信中使用的语言为汉语普通话或英语,禁止船舶使用 VHF06、VHF08、VHF11、VHF14、VHF28、VHF71 频道进行与航行安全无关的通话。

VHF26 频道为宁波舟山 VTS 安全信息发布频道,宁波舟山 VTS 将通过相应的分区频道提醒船舶注意收听。

第十条 引航员实施引航时应向宁波舟山 VTS 报告引航员姓名或代号、引航开始和结束的时间。

第十一条 进行水上水下活动的船舶,以及进行试航、测速或吊放救生艇演习等活动的船舶,应在活动开始前报告船名、活动内容、活动范围等情况并服从宁波舟山 VTS 的指令;活动结束后应立即报告结束时间和本船位置。

第十二条 从事水上过驳作业的受载船舶,应在靠妥卸驳船后立即报告本船及卸驳船的船名、过驳货物名称以及作业开始和结束的时间。

第十三条 在下列情况下,船舶应立即通过 VHF 或其他有效手段报告:

(一)发生设备故障对航行安全有影响时;

(二)发生或发现交通事故、污染事故、走锚,以及船员或旅客发生意外等紧急情况时;

(三)发现助航标志异常,有碍航行安全的障碍物、漂浮物及其他妨碍航行安全的异常情况时。

第三章 船舶交通管理

第十四条 在核心港区 VTS 管理区内航行、停泊、作业的船舶应服从宁波舟山 VTS 的监督管理。

配备 AIS 的船舶,应确保 AIS 设备正常工作及录入数据及时、准确。

第十五条 宁波舟山 VTS 在虾峙门、条帚门东口外设置交通组织区域。

第十六条 能见度小于 1000 米时,禁止船舶从虾峙门航道东口、条帚门航道东口及双屿门航道南口进入,禁止船舶驶入金塘大桥桥区航道和西堠门大桥桥区航道。

能见度下降到 500 米至 1000 米时,确需从东口驶入虾峙门航道的船舶,按照《宁波海事局辖区能见度不良时船舶航行、锚泊和作业管理规定》(浙海法规〔2012〕251 号)的规定执行。

能见度小于 500 米时,禁止船舶靠离泊作业,航行船舶须择地抛锚。

第十七条 核心港区 VTS 管理区内的航行船舶不得穿越锚地。

第十八条 船舶通过正在进行水上过驳、水上水下施工、沉船沉物打捞等作业区域时,应慢速通过并保持安全距离。

第十九条 在核心港区 VTS 管理区公布的锚地、锚泊点,以及在 1 号管理分区内锚泊或起锚的船舶,应提前 30 分钟向宁波舟山 VTS 报告并服从指令。

除虾峙门南锚地外,禁止船舶在交通组织区内锚泊。

航行船与锚泊船以及锚泊船相互之间应保持足够的安全距离。

第二十条 除船舶遭遇恶劣气象海况影响或发生事故险情等紧急情况外,船舶不得在航道、港池及禁锚区锚泊。船舶在紧急情况下锚泊时，应立即向宁波舟山 VTS 报告。

第二十一条 船舶在锚泊期间应在规定频道保持值守。大潮汛或大风等恶劣天气海况影响期间，大型船舶需备车、值航行班。

第二十二条 船舶在锚泊期间检修对船舶操纵性能有影响的重要部件和属具时，应及时报告检修项目、开始和结束的时间等。

第二十三条 发现船舶走锚时，宁波舟山 VTS 有权指令走锚船舶和附近的船舶采取一切适当有效的避险措施。

第二十四条 遇恶劣气象海况、重大水上交通事故及其他突发性事件，宁波舟山 VTS 可采取交通管制措施。

第二十五条 宁波舟山 VTS 接收到关于船舶碰撞、触礁、搁浅、船舶失控等事故或险情报告后，有权组织、指挥附近的船舶进行海上人命救助。船舶在不严重危及自身安全的情况下，应听从宁波舟山 VTS 指挥。

第四章　船舶交通服务

第二十六条 应船舶请求，宁波舟山 VTS 可向其提供他船动态、助航标志、水文气象、航行警（通）告和其他相关信息服务。

当船舶不再需要上述服务时，应及时报告宁波舟山 VTS。

第二十七条 为保障船舶航行、停泊和作业安全，宁波舟山 VTS 可向船舶、设施提出建议、劝告或警告。

第五章　附　　则

第二十八条 本规则中的核心港区 VTS 管理区由以下 7 个管理分区组成：

（一）1 号管理分区：由虾峙门航道小老虎礁灯桩与桃花岛东南侧（29°47′.50N/122°16′.30E）连线以东以及以下几点连线组成的区域：（a）29°46′.51N/122°19′.32E；（b）29°46′.51N/122°34′.90E；（c）29°34′.50N/122°34′.90E；（d）29°34′.50N/122°18′.47E；（e）29°37′.54N/122°13′.97E；（f）六横岛外礁灯桩；（g）虾峙岛东挑嘴（29°44′.68N/122°18′.22E）。

其中，虾峙门、条帚门东口外交通组织区由以下几点连线组成：（h）29°45′.13N/122°20′.22E；（i）29°45′.33N/122°20′.30E；（j）29°42′.00N/122°33′.01E；（k）29°40′.23N/122°33′.01E；（l）29°40′.23N/122°18′.43E；（m）29°41′.23N/122°18′.43E。

（二）2 号管理分区：由东白莲岛新牙咀与升螺圆山岛连线、L2 报告线、L3 报告线组成的水域。

（三）3 号管理分区：由虾峙门航道小老虎礁灯桩与桃花岛东南侧（29°47′.50N/122°16′.30E）连线、东白莲山新牙咀与升螺圆山岛连线、29°56′.00N/122°05′.95E 与涨水潮岛连线、29°56′.00N/122°05′.95E 与 29°56′.00N/122°10′.00E 连线、29°56′.00N/122°10′.00E 与桃花岛桃花咀连线组成的水域。

（四）4 号管理分区：由 29°56′.00N/122°10′.00E 与桃花岛桃花咀连线以东马峙 1 号、2 号锚地及岙山联检锚地组成的水域。

（五）5 号管理分区：由 29°56′.00N/122°05′.95E 与涨水潮岛连线、29°56′.00N/122°05′.95E 与螺头角灯桩连线、金塘岛宫山灯桩与螺头角灯桩连线、大浦口咀（29°59′.50N/121°50′.30E）与杨公山咀（29°

58′.08N/121°47′.70E）连线组成的水域。

（六）6 号管理分区：由大浦口咀（29°59′.50N/121°50′.30E）与杨公山咀（29°58′.08N/121°47′.70E）连线、L4、L5 报告线组成的水域。

（七）7 号管理分区：由下述各点连线及舟山岛、外钓山岛、册子岛、金塘岛、大猫岛沿岸围成的水域：

舟山岛西端（30°10′.00N/121°56′.00E）、小菜花灯桩（30°07′.09N/121°52′.09E）、金塘岛北端（30°05′.20N/121°52′.40E）、金塘岛宫山灯桩（30°00′.00N/121°55′.80E）、螺头角灯桩（29°55′.96N/122°02′.07E）、大猫岛西端（29°57′.20N/122°01′.40E）、螺头（30°00′.00N/122°01′.40E）、老塘山（30°03′.07N/121°59′.07E）、外钓山南端（30°03′.13N/121°57′.90E）、外钓山北端（30°03′.93N/121°58′.03E）、册子岛东侧（30°05′.43N/121°56′.83E）、册子西灯桩（30°05′.42N/121°54′.40E）。

第二十九条 本规则中的核心港区 VTS 报告线包含以下 6 条报告线：

（一）L1 报告线：桃花岛灯桩与虾峙岛东挑咀（29°44′.68N/122°18′.22E）连线；

（二）L2 报告线：东挑咀（29°44′.68N/122°18′.22E）与六横岛外礁灯桩连线；

（三）L3 报告线：梅山岛小担山（29°46′.11N/121°59′.34E）、汀子山灯桩、温州峙灯桩、鸦鹊礁灯桩与六横岛郭巨山西侧（29°42′.47N/122°04′.17E）连线；

（四）L4 报告线：甬江口北导流堤灯桩与长跳嘴灯桩连线；

（五）L5 报告线：30°05′.20N/121°35′.90E 与 30°07′.05N/121°49′.25E 连线；

（六）L6 报告线：小菜花灯桩与舟山岛西端（30°10′.00N/121°56′.00E）连线。

第三十条 大型船舶是指 8 万载重吨或总长 250 米及以上的船舶。

第三十一条 对违反本规则规定的，海事管理机构将依据有关法律、法规及规章予以处理。

第三十二条 本规则的实施，在任何情况下都不免除船长对本船安全航行的责任，也不妨碍引航员和船长之间的职责关系。

第三十三条 本规则自 2016 年 8 月 1 日起施行，《宁波船舶交通管理系统安全监督管理规则》（浙海法规〔2005〕87 号）同时废止。

金塘大桥、西堠门大桥通航安全管理规定

（浙海法规〔2009〕80号）

第一章　总　　则

第一条　为维护金塘大桥、西堠门大桥水域交通秩序，保障大桥和过往船舶、设施的安全，依据《中华人民共和国海上交通安全法》等法律、法规，制定本规定。

第二条　凡在金塘大桥、西堠门大桥水域内航行、停泊、作业的船舶和设施及其所有人、经营人、船长、船员以及大桥所有人、经营人、管理人，均应遵守本规定。

第三条　中华人民共和国浙江海事局是实施本规定的主管机关，宁波海事局、舟山海事局（以下统称为“辖区海事管理机构”）依据本规定分工负责大桥水域通航安全的具体监督管理。

宁波海事局依据本规定具体负责大鹏山西岸与岛杵山西岸连线以西的金塘大桥水域通航安全监督管理，舟山海事局依据本规定具体负责大鹏山西岸与岛杵山西岸连线以东的金塘大桥水域和西堠门大桥水域的通航安全监督管理。

第二章　航　　行

第四条　金塘大桥通航孔和航道按下列规定划分：

（一）主通航孔及其对应的桥区航道允许50000载重吨及以下船舶双向通行。

（二）西通航孔及其对应的桥区航道允许500载重吨以下船舶双向通行。

（三）东通航孔及其对应的桥区航道允许500载重吨以下船舶双向通行，或500载重吨及以上至3000载重吨以下船舶单向通行。

除前款所列通航孔和桥区航道外，金塘大桥其余桥孔禁止船舶通行。

除从事桥梁、航标维护保养的船舶外，任何船舶，未经海事机构同意，不得进入大桥禁航水域。

第五条　西堠门大桥及其对应的桥区航道允许30000载重吨及以下船舶双向通行。

第六条　通过大桥的船舶，应当保持足够的富余高度，根据本船的吨位和当时水面以上的最大高度，按照桥区航道及通航孔的通航技术标准，选择适合本船安全通过的桥区航道及通航孔，并尽可能选择缓流时段通过大桥。

禁止超大桥通航尺度的船舶通过大桥。

第七条　船舶进入大桥水域前，应对舵、锚、主辅机、航行设备、通信导航设备等重要设备进行再检查，确认其处于良好的工作状态，落实相关安全措施，确保安全通过。

第八条　船舶通过大桥水域时，应当采取下列措施：

（一）备车航行，加强瞭望，船长在驾驶台指挥、轮机长在机舱值班。

（二）提前与过往船舶取得联系，相互通报船舶动态，协调通过顺序。

500载重吨及以上至3000载重吨以下船舶应当经联系确认对向无船舶通过时，方可通过金塘大桥东通航孔及其对应的桥区航道。不论何种原因，当500载重吨及以上至3000载重吨以下船舶与任何其他

船舶在金塘大桥东通航孔及其对应桥区航道相向航行时,逆水船应当等候顺水船,确保单向通过。当船舶对流向有怀疑时,应当假设本船为逆流船,主动等候和联系对方,待协调一致后,安全通过。

(三)在进入大桥水域前,通过金塘大桥主通航孔、西通航孔的船舶,应向宁波 VTS 中心报告船舶动态;通过金塘大桥东通航孔、西堠门大桥的船舶,应向舟山 VTS 中心报告船舶动态。

(四)顺流船速不得超过 12 节,逆流船速不得超过 10 节。

第九条 船舶通过大桥通航孔及其对应的桥区航道时,应按照相应桥涵标的引导航行。

船舶在单向通航的通航孔及其对应的桥区航道内航行时,应当尽可能在通航孔和航道中间行驶;船舶在双向通航的通航孔及其对应的桥区航道内航行时,应当尽可能靠近其右舷的航道一侧行驶,并与大桥桥墩保持适当的安全距离。

第十条 船舶在桥区航道及其通航孔内航行,禁止下列行为:

(一)追越;

(二)调头;

(三)横越;

(四)长度超过 100 米的拖带船组从金塘大桥东通航孔、西通航孔通过;长度超过 300 米的拖带船组从金塘大桥主通航孔通过;

(五)10000 载重吨及以上的危险品船舶和 20000 载重吨及以上的其他船舶、长度超过 250 米的拖带船组夜间通过大桥;

(六)妨碍其他船舶安全的行为。

第十一条 大桥水域预报风力达到 8 级及以上时,禁止船舶通过金塘大桥西通航孔;大桥水域预报风力达到 9 级及以上时,禁止船舶通过金塘大桥。

能见距离小于 1000 米时,禁止船舶驶入桥区航道。

能见距离小于 500 米时,禁止船舶在大桥水域航行和靠离泊作业。

执行公务或救助任务的船舶可不受本条规定的天气条件限制。

第十二条 通过大桥的下列船舶,必要时应当申请引航:

(一)船长首次来港的外国籍船舶;

(二)操纵能力受限制船舶;

(三)通过金塘大桥主通航孔 10000 载重吨及以上的危险品船舶和 20000 载重吨及以上的其他船舶;

(四)其他有特殊要求的船舶。

第十三条 长度超过 250 米的拖带船组通过大桥,应提前 24 小时申请辖区海事管理机构实施现场交通管制。

第三章 停泊、作业

第十四条 船舶在大桥水域进行靠、离泊作业,应选择合适时机进行,并及时向过往船舶通报船舶动态,避免妨碍他船航行。

第十五条 在大桥水域码头停靠船舶,应落实各项安全措施,防止发生断缆,危及大桥安全。

第十六条 除主管机关公布的锚地外,大桥其他水域禁止船舶锚泊。

在大桥水域锚地锚泊的船舶,应保持备车状态,按规定值班,防止发生走锚,危及大桥安全。

非自航船舶在大桥水域锚地锚泊时，必须保持足够的安全距离并配备足够数量和功率的拖轮值守。

第十七条 禁止船舶在大桥水域试航、校正罗经、捕捞、采掘及其他有碍大桥安全的作业。

第十八条 未经辖区海事管理机构许可，任何单位、个人及船舶不得在大桥水域进行测量、打捞等作业及从事水上大型群众性活动或者体育比赛。

第十九条 大桥所有人、经营人、管理人对大桥通航孔的桥梁结构、防撞设施、助航标志等进行有碍通航安全的维修、作业，应提前15天向辖区海事管理机构申请，经许可后方可进行。突击性或临时、零星施工作业，须征得辖区海事管理机构同意后进行。

第四章 安全保障

第二十条 大桥所有人、经营人、管理人应当加强对大桥的安全管理，建立、健全相应的安全管理制度，对大桥的安全负责，并落实下列措施：

（一）建立大桥安全管理机制，落实大桥水域日常巡视、维护和安全管理责任。

（二）按规定设置和维护大桥防撞、监控设施、助航标志等安全设施，确保其效能完好，标识清晰。

（三）制订相关应急预案，对桥区航道水深、水文进行定期测量，并将相关资料及时向海事、引航机构提供。

第二十一条 船舶应当配备大桥水域的最新航海图书资料。

第二十二条 船舶在金塘大桥、西堠门大桥水域航行、停泊时，应保持有效通信值守。配备AIS的船舶应当正确使用，并保持其处于正常工作状态。

第二十三条 航标等助航设施维护单位，应经常组织巡查和维护，确保航标等助航设施处于良好的技术状态。

第二十四条 任何单位、船舶和个人发现大桥水域内的航标移位、损坏、灭失及其他有碍大桥通航安全的异常情况，应立即向辖区海事管理机构报告。

第二十五条 船舶在大桥水域发生水上交通事故或险情，应采取一切有效措施组织自救、互救，最大程度地避免或减轻可能对大桥造成的危害，并立即向辖区海事管理机构报告。

第五章 附　　则

第二十六条 按本规定实施通信值守、报告船舶动态、船舶间通信联系时，在金塘大桥水域的船舶应使用VHF06频道，在西堠门大桥水域的船舶应使用VHF11频道。

第二十七条 对违反本规定者，按国家有关法律、法规、规章予以处罚。

第二十八条 本规定下列用语的含义：

（一）金塘大桥通航孔及对应的桥区航道：

东通航孔：通航净空高度28.5米（设计最高通航水位为当地历史最高潮位，下同），桥梁通航净空宽度121米，其对应的桥区航道为以30°03′24″N/121°50′12″E、30°03′35″N/121°50′25″E和30°03′45″N/121°50′36″E三点连线为中心线，两侧各宽60.5米，航道走向为044°—224°。

主通航孔：通航净空高度51米，桥梁通航净空宽度544米，其对应的桥区航道为以30°05′00″N/121°48′11″E、30°03′39″N/121°48′14″E和30°02′39″N/121°48′16″E三点连线为中心线，两侧各宽272米，航道走向178°—358°。

西通航孔：通航净空高度17米，桥梁通航净空宽度126米，其对应的桥区航道为以30°01′20″N/121°42′59″E、30°01′46″N/121°42′42″E和30°02′13″N/121°42′24″E三点连线为中心线，两侧各宽63米，航道走向150°—330°。

（二）西堠门大桥通航孔及对应的桥区航道：通航净空高度49.5米，通航净空宽度630米，其对应的桥区航道为以30°03′27″N/121°55′28″E、30°03′52″N/121°55′03″E和30°04′15″N/121°54′40″E三点连线为中心线，两侧各宽315米，航道走向139°—319°。

（三）大桥水域：系指大桥轴线两侧各3000米范围内的水域，其中沥港段为大桥轴线两侧各500米范围内的水域。

（四）大桥禁航水域：系指金塘大桥除通航孔及桥区航道外，大桥轴线两侧各1000米范围内的水域，其中沥港段为大桥轴线两侧各200米范围内的水域。

第二十九条 本规定未尽事宜，依照《中华人民共和国海上交通安全法》《1972年国际海上避碰规则》等有关规定执行。

第三十条 本规定自二〇〇九年四月一日起施行。

宁波金塘七里锚地定点锚泊管理规定

（浙海法规〔2016〕82 号）

第一条 为维护宁波金塘、七里锚地水上交通秩序，改善港口水域通航环境，保障船舶、设施和人命财产安全，依据《中华人民共和国海上交通安全法》《宁波水上安全监督管理规定》等相关法律法规，制定本规定。

第二条 本规定适用于在宁波金塘、七里锚地水域内航行、锚泊和作业的船舶、设施及相关单位和人员。

第三条 中华人民共和国宁波海事局主管宁波金塘、七里锚地定点锚泊的监督管理，宁波船舶交通管理中心（以下简称 VTS 中心）负责定点锚泊监督管理的具体实施工作。

第四条 定点锚泊管理应遵循“安全有序、规范高效”的原则，合理利用锚地资源，充分考虑应急需要，保障港口安全生产。

第五条 金塘锚地共设置船舶锚泊点 11 个，其中危险品锚泊点 5 个，编号为 J1—J5，非危险品锚泊点 6 个，编号为 J6—J11。

各锚泊点位置如下：

J1：30°02′09″N，121°48′53″E；

J2：30°02′09″N，121°49′35″E；

J3：30°01′36″N，121°48′53″E；

J4：30°01′36″N，121°49′24″E；

J5：30°01′36″N，121°49′55″E；

J6：30°01′06″N，121°48′53″E；

J7：30°01′06″N，121°49′24″E；

J8：30°01′06″N，121°49′55″E；

J9：30°00′33″N，121°48′53″E；

J10：30°00′33″N，121°49′49″E；

J11：30°00′06″N，121°49′21″E。

第六条 七里锚地共设置船舶锚泊点 23 个，其中危险品锚地 11 个，编号为 Q1—Q11，非危险品锚地 12 个，编号为 Q12—Q23。

各锚泊点位置如下：

Q1：30°02′15″N，121°46′14″E；

Q2：30°02′15″N，121°46′49″E；

Q3：30°02′15″N，121°47′17″E；

Q4：30°01′51″N，121°45′46″E；

Q5：30°01′51″N，121°46′14″E；

Q6：30°01′51″N，121°46′49″E；

Q7:30°01′51″N,121°47′17″E;

Q8:30°01′27″N,121°45′46″E;

Q9:30°01′27″N,121°46′14″E;

Q10:30°01′27″N,121°46′49″E;

Q11:30°01′27″N,121°47′17″E;

Q12:30°01′03″N,121°45′46″E;

Q13:30°01′03″N,121°46′14″E;

Q14:30°01′03″N,121°46′49″E;

Q15:30°01′03″N,121°47′17″E;

Q16:30°00′39″N,121°45′46″E;

Q17:30°00′39″N,121°46′14″E;

Q18:30°00′39″N,121°46′49″E;

Q19:30°00′39″N,121°47′17″E;

Q20:30°00′15″N,121°46′49″E;

Q21:30°00′15″N,121°47′17″E;

Q22:29°59′45″N,121°46′49″E;

Q23:29°59′45″N,121°47′17″E。

第七条 编号为 J1—J2、J9—J11 的锚泊点可供载重吨介于 15001 至 25000 吨的船舶锚泊;编号为 J3—J8 的锚泊点可供载重吨介于 7501 至 15000 吨的船舶锚泊。

编号为 Q20—Q23 的锚泊点可供载重吨介于 4501 至 7500 吨的船舶锚泊;编号为 Q1—Q19 的锚泊点可供载重吨不大于 4500 吨的船舶锚泊。

第八条 船舶需到金塘锚地、七里锚地锚泊的,应提前 2 小时通过 VHF 向 VTS 中心报告,并服从 VTS 中心的安排。航程不足 2 小时的,应在驶离码头前报告。

第九条 报告内容应包括船舶国籍、船舶种类、船舶吨位、船舶尺度、所载货物、预计抵达锚地时间、抵港吃水、拟靠泊码头及靠泊时间等。

工程船、拖带船组等船舶报告时还应包括锚泊方式、计划出链长度等内容。

第十条 船舶应运用良好船艺到指定锚泊点锚泊。船舶锚泊作业完成后,应立即向 VTS 中心报告锚位。当船舶锚位与指定的锚泊点位置相距较远时,船舶应及时调整锚位。

第十一条 船舶在金塘锚地单锚锚泊时,出链长度不得小于 6 节。

船舶在七里锚地单锚锚泊时,出链长度不得小于 5 节。

第十二条 船舶达不到第十一条的要求或一舷出链长度超过 8 节时,应向 VTS 中心报告,并说明原因。

第十三条 船舶在金塘、七里锚地锚泊期间,须加强值班瞭望,密切关注周边船舶和风向、潮流变化,发现本船或他船走锚应立即向 VTS 中心报告,并采取相应措施。

第十四条 船舶因紧急情况,需背离本规定的,应立即报告 VTS 中心。

第十五条 本规定所指的锚位系指船舶落锚点位置。

第十六条 本规定自公布之日起施行。

虾峙门口外深水航槽通航安全管理规定

（浙海指挥〔2014〕161 号）

第一条 为加强虾峙门口外深水航槽（以下简称“深水航槽”）通航安全管理，保障船舶、设施和人命安全及深水航槽畅通，防止船舶污染海域，依据《中华人民共和国海上交通安全法》等法律、法规、规章，制定本规定。

第二条 本规定适用于在深水航槽及其相邻水域内航行、停泊、作业的船舶、设施及相关单位和个人。

第三条 中华人民共和国浙江海事局主管深水航槽通航安全管理工作。浙江海事局所属宁波海事局和舟山海事局按照分工对深水航槽通航安全实施具体监督管理，宁波海事局负责深水航槽水域的巡航执法。

第四条 拟使用深水航槽的进港超大型船舶，其船舶所有人、经营人或代理人应在船舶抵达港口 72 小时前（航程不足 72 小时的在船舶开航时），填写《深水航槽使用报告》报宁波船舶交通管理中心（简称宁波 VTS 中心）。

拟使用深水航槽的离港超大型船舶，其船舶所有人、经营人或代理人应在船舶离泊前一日 1200 时前，填写《深水航槽使用报告》报宁波 VTS 中心。

使用深水航槽的计划发生改变时，应注明原因并于过槽前一日 1500 时前续报。

第五条 宁波海事局应根据船舶抵离港时间、靠离泊计划、引航计划、船舶吃水及天气海况等，于使用深水航槽前一日 1700 时前确定超大型船舶通过深水航槽计划，书面通知船舶所有人、经营人或代理人，并发布航行警告等相关安全信息。

第六条 从虾峙门口外油轮、矿石船锚地起锚拟使用深水航槽的超大型船舶，起锚前应向宁波 VTS 中心报告并确认使用深水航槽计划；其他拟使用深水航槽的超大型船舶，应在抵达深水航槽前 30 分钟向宁波 VTS 中心报告并确认使用深水航槽计划。

第七条 超大型船舶按本规定使用深水航槽时，深水航槽水域实施临时交通管制。

交通管制期间，深水航槽限超大型船舶单向通行，其他船舶禁止驶入。在深水航槽及相邻水域内的船舶应在 VHF08 频道和 VHF16 频道守听。

第八条 超大型船舶使用深水航槽时应遵守下列规定：

（一）配备经最新改正的航海图书资料。

（二）船长在驾驶台值班，轮机长在机舱值班。

（三）在白天且能见度 2 海里及以上，风力不超过 8 级（风力参照上海中心气象台预报）的情况下使用深水航槽。

（四）船舶富余水深不小于船舶最大吃水的 10%，且最小不少于 2 米。

（五）编队航行时，按顺序依次通行，前后两船的间距不少于 4 海里。

第九条 在深水航槽及相邻水域内航行、作业的其他船舶不应妨碍只能在深水航槽内航行的超大型船舶通行。

第十条 使用深水航槽的超大型船舶,应落实安全保障措施,确保"四机一炉"、应急拖带设施等处于良好状态,必要时向目的港引航机构申请引航并安排拖轮助航。

第十一条 深水航槽建设单位应定期测量和疏浚以保持深水航槽水深符合设计要求,并及时将航槽水深测量情况及水深扫测图报送舟山海事局。

深水航槽维护作业应依法报经舟山海事局审批同意后实施,作业船舶进出深水航槽及开始、结束作业时向宁波 VTS 中心报告船舶动态。

深水航槽疏浚船舶应在核定的区域内进行抛泥作业。

第十二条 禁止在深水航槽及其相邻水域内从事船舶冲程、旋回性能测试等可能影响其他船舶安全航行的试航活动。

第十三条 禁止在深水航槽及其相邻水域内进行捕捞和设置渔业网具。

第十四条 船舶、设施触碰深水航槽助航标志或发现深水航槽助航标志损坏、移位、漂失、灯光失常或发现深水航槽及其相邻水域内有碍航物后,立即向宁波 VTS 中心报告。

第十五条 违反本规定的,由海事管理机构依法处理。

第十六条 本规定下列用语的含义:

(一)超大型船舶:特指载重吨大于 25 万吨,且实际最大吃水大于 19.0 米的船舶。

(二)深水航槽:是指虾峙门口外以(1)29°41′15.77″N,122°31′18.45″E;(2)29°41′33.16″N,122°30′12.51″E;(3)29°43′52.54″N,122°21′23.63″E;(4)29°44′16.75″N,122°19′51.79″E;(5)29°45′17.88″N;122°18′30.00″E 五点连线为轴线,两侧各宽 195 米,通航底标高 -22.1 米(理论深度基准面),全长 12 海里的航槽。

(三)白天:指航海晨光始至航海昏影终的时间。

(四)深水航槽相邻水域:指深水航槽两侧各 2 海里水域及虾峙门口外油轮、矿石船锚地。

第十七条 本规定自 2014 年 6 月 1 日起施行,原《虾峙门口外深水航槽通航安全管理规定(试行)》(浙海通航〔2008〕386 号)同时废止。

宁波象山港公路大桥通航安全管理规定（试行）

（浙海法规〔2012〕393 号）

第一章　总　　则

第一条　为维护宁波象山港公路大桥（以下简称“大桥”）水域交通秩序，保障大桥及过往船舶、设施的安全，依据《中华人民共和国海上交通安全法》等法律、法规，制定本规定。

第二条　大桥水域内船舶和设施（以下简称“船舶”）的航行、停泊、作业行为，船舶和设施的所有人、经营人、船员以及大桥所有人、经营人、管理人从事的与水上交通安全有关的活动，适用本规定。

第三条　中华人民共和国宁波海事局是实施本规定的主管机关。

第二章　航　　行

第四条　船舶应当配备大桥水域最新航海图书资料，保持有效通信值守。配备 AIS 的船舶应当正确使用，并保持其处于正常工作状态。

第五条　船舶进入大桥水域前，应当采取下列措施：

（一）向宁波船舶交通管理中心（VTS 中心）报告船舶动态；

（二）对舵、锚、主辅机、航行设备、通信导航设备等重要设备进行再检查，确认其处于良好的工作状态，并落实相关安全措施。

第六条　船舶通过大桥水域时，应当采取下列措施：

（一）备车、备锚航行，加强瞭望，船长在驾驶台指挥、轮机长在机舱值班；

（二）提前与过往船舶取得联系，相互通报船舶动态，协调通过顺序；

（三）顺流航行不得超过 12 节，逆流航行不得超过 10 节。

第七条　大桥主通航孔和桥区航道允许船舶双向通行，大桥主通航孔以外的其他桥孔禁止船舶通行。

第八条　通过大桥的船舶应根据本船当时水面以上最大高度，按照主通航孔和桥区航道的通航技术标准，保持足够的安全富余高度，并尽可能选择在缓流时段通过大桥。

第九条　禁止下列船舶通过大桥：

（一）超大桥通航净空高度的船舶；

（二）长度超过 300 米的拖带船组。

禁止下列船舶夜间通过大桥：

（一）20000 载重吨及以上船舶；

（二）型宽超过 32.3 米的船舶；

（三）长度超过 250 米的拖带船组。

第十条　20000 载重吨及以上船舶、10000 总吨及以上试航船舶、拖带长度超过 250 米的拖带船组、船舶型宽超过 32.3 米、操纵能力受限制船舶以及其他有特殊要求的船舶通过大桥前，应在过桥前 24 小时将船舶技术参数和航次计划报主管机关,落实安全保障措施;航程不足 24 小时的,应在驶离上一港时报告。

安全保障措施包括下列内容:

(一)申请引航;

(二)申请拖轮助航;

(三)申请交通管制;

(四)其他必要的安全措施。

第十一条 船舶通过桥区航道时,应按照相应的桥涵标志和水上助航标志引导航行,尽可能靠近其右舷的航道一侧航行,并与大桥桥墩保持足够的安全距离。

第十二条 船舶在主通航孔和桥区航道内航行,禁止下列行为:

(一)追越;

(二)调头;

(三)横越桥区航道,西泽至横码客运航线客渡船除外;

(四)妨碍其他船舶安全的行为。

第十三条 当宁波北部海域预报风力达到阵风 9 级及以上时,禁止船舶通过大桥。

能见距离小于 1000 米时,禁止船舶驶入桥区航道;能见距离小于 500 米时,禁止船舶在大桥水域航行和靠离泊作业。

执行公务或救助任务的船舶可不受本条规定的天气条件限制。

第十四条 任何船舶未经主管机关同意,不得进入大桥禁航水域。

第三章 停泊、作业

第十五条 船舶在大桥水域内进行靠离泊作业,应选择合适时机进行,并及时向过往船舶通报船舶动态,避免妨碍他船航行。

第十六条 在大桥水域码头停靠的船舶,应落实安全措施,防止发生断缆,危及大桥安全。

第十七条 大桥水域禁止船舶锚泊。

第十八条 禁止船舶在大桥水域进行试航、校正罗经、捕捞、采掘以及其他有碍大桥水域通航安全的作业。

第十九条 未经主管机关许可,任何单位、个人及船舶不得在大桥水域进行测量、打捞、海洋开发等作业及从事水上大型群众性活动或者体育比赛。

第二十条 大桥所有人、经营人、管理人对大桥结构、防撞设施、助航标志等进行有碍通航安全的维修、作业,应按有关规定向主管机关申请,经许可后方可进行。

第四章 安全保障

第二十一条 大桥所有人、经营人、管理人应当加强对大桥的安全管理,建立健全相应的安全管理制度,并落实下列措施:

(一)建立大桥安全管理机制,落实大桥水域日常巡视、维护和安全管理责任。

(二)按规定设置和维护大桥防撞、监控设施、助航标志等安全设施,确保其标识清晰,效能完好;在大桥安全设施有效设置前，应配备足够数量的警戒船艇实施现场警戒；遭遇台风等恶劣天气影响时应安排足够数量的大马力拖轮值守。

（三）制订相关应急预案，对桥区航道水深、水文进行定期测量，并将相关资料及时向主管机关和引航机构提供。

第二十二条 航标等助航设施维护单位，应经常性组织巡查，确保航标等助航设施处于良好工作状态。

第二十三条 任何单位、船舶和个人发现大桥水域内的航标移位、损坏、灭失及其他有碍通航安全的异常情况，应立即向主管机关报告。

第二十四条 船舶、设施在大桥水域发生水上交通事故或险情，应采取一切有效措施组织自救、互救，最大程度地避免或减轻可能对大桥造成的危害，并立即向主管机关报告。

第五章 附 则

第二十五条 对违反本规定的行为，按有关法律、法规、规章的规定予以处罚。

第二十六条 本规定下列用语的含义：

（一）主通航孔位于 73 号桥墩与 74 号桥墩之间，通航净空高度 53 米，通航净空宽度 448 米。

（二）桥区航道，系指通航孔上下游由大桥水上侧面标志和桥梁助航标志所标示的通航水域。

（三）大桥水域：系指大桥轴线两侧各 3000 米范围内的水域。

（四）大桥禁航水域：系指桥区航道以外，由大桥轴线两侧禁航标志所标示范围内的水域。

第二十七条 本规则由中华人民共和国宁波海事局负责解释。

第二十八条 本规定自 2012 年 12 月 28 日起施行。

宁波穿白水域通航安全监督管理规定

（浙江海事局公告2021第4号）

第一章 总 则

第一条 为维护宁波穿白水域通航秩序，保障船舶、设施和人命财产安全，依据《中华人民共和国海上交通安全法》和《宁波水上安全监督管理规定》等相关法律、法规和规章，制定本规定。

第二条 本规定适用于在宁波穿白水域航行、停泊和作业的船舶、设施及其所有人、经营人、船员，以及大桥所有人、经营人、管理人等从事的与通航安全有关的活动。

第三条 中华人民共和国宁波海事局依据本规定负责宁波穿白水域通航安全监督管理工作。

第二章 航行、停泊和作业

第四条 宁波穿白水域为狭水道，除本规定另有规定外，适用狭水道航行的相关规定。

第五条 航行于穿白水域内的船舶，应特别注意航经水域的水上水下构筑物通航技术要素，并留有足够的富余尺度。

第六条 船舶航行时实际速度顺流不得超过10节，逆流不得超过8节。

第七条 船舶航经渡口、弯道、客船码头、显示慢车信号处、施工作业区或遇有渡船时，应注意周围船舶动态并特别谨慎驾驶。

航行于岛间的渡船应避免妨碍顺航道航行船舶通行，需要横越顺航道航行船舶的船艏时，应与顺航道航行船舶协商一致，并从距顺航道航行船舶的船艏200米外通过。

第八条 船舶航行于西口航道时应遵守以下规定：

（一）3000总吨以上船舶应保持安全距离，避免相互间追越和交会；

（二）500总吨以下船舶应不妨碍只能在航道以内安全航行的船舶通行；

（三）在能见距离小于1000米或当地海事管理机构发布能见度不良黄色预警时，禁止交会。

第九条 船舶在北口航道和泗礁门航道航行时，应遵守以下规定：

（一）船舶在北口航道与泗礁门航道交汇水域航行时应避免交会，并加强瞭望，不得追越；

（二）3000载重吨以上重载船舶靠泊北口航道大榭岛侧码头时，应选择缓流时段涨水右舷靠泊，并落实安全保障措施；

（三）船舶从长腰剑岛南侧航道经白峰车客渡码头附近水域出北口或航经埯头沿岸油库附近水域时，应通过VHF14频道发布航行信息。

第十条 3000总吨以上船舶在东口航道航行时应尽量避免与他船交会，并不得追越他船。

第十一条 航行、停泊于南航道的船舶应遵守以下规定：

（一）避免在急涨急落时段靠离泊作业；

（二）2000总吨及以上船舶应避免夜间进行靠离泊作业；

（三）禁止在码头内档靠泊。

第十二条 除助泊作业外，在宁波穿白水域内实施傍拖作业的船组最大宽度超过40米的，拖带作业单位需制定拖带方案，落实安全保障措施，并提前24小时向当地海事管理机构报告。

第十三条 船舶在码头并靠的，总宽度不得超过30米；船舶系泊浮筒的，每档不得超过2艘。

第十四条 除遇险和避台等紧急情况外，船舶不得在宁波穿白水域锚泊。

第十五条 船舶需在宁波穿白水域锚泊避台的，应当在收到宁波海事局北部辖区三级防台警报后有序进入。船舶进入宁波穿白水域内锚泊避台的，相互之间应保持足够的安全距离，并应保持航行值班状态，必要时备妥主机。

除已采取有效防范措施的空载油船外，其他油船以及液化气船、危险化学品船不得进入穿白水域锚泊避台。

第十六条 船舶在穿白水域内锚泊应避开以下水域：

（一）设有禁锚标志的水域；

（二）西口海底过江管线至太狮山灯桩（29°53′31″N/121°57′02″E）水域；

（三）白峰客滚船码头至东口水域、白峰客滚船码头至北口水域；

（四）大桥水域。

第十七条 船舶上下排或进出坞时，应落实安全保障措施，并提前24小时向当地海事管理机构报告作业计划，必要时应向当地海事管理机构申请交通管制。

修造船舶经营单位应合理调度船舶进出坞或上下排，并尽可能缩短船舶在航道等候时间。

第十八条 船舶应提前搜集和掌握预靠码头航道水深、限高、碍航物、码头前沿以及调头水域水文情况等通航信息。

第三章 大桥水域安全管理

第十九条 除本规定另有规定外，在大桥水域航行、停泊、作业的船舶、设施，以及从事与通航安全有关活动的公民、法人和其他组织应遵守《浙江海事局桥区水域通航安全管理规定》的相关规定。

第二十条 通过大桥的船舶，应当保持足够的富余高度，根据本船的吨位和当时水面以上的最大高度，按照大桥水域航道及通航孔的通航技术标准，尽可能选择缓流时段通过大桥。

禁止超大桥通航尺度或通航等级的船舶通过大桥。

第二十一条 大榭公铁两用大桥中跨为通航孔，允许3000载重吨以下且水面以上高度不超过18米的船舶通行。

第二十二条 大榭第二大桥主跨为通航孔，允许水面以上高度不超过33米的下列船舶通行：

（一）3000载重吨以下载运危险货物的船舶；

（二）7500载重吨以下的其他船舶。

第二十三条 船舶在大桥水域航行，禁止下列行为：

（一）追越；

（二）调头，靠离位于大桥水域内码头的船舶除外；

（三）横越；

（四）其他妨碍船舶或大桥安全的行为。

第二十四条 靠泊大桥水域内码头的船舶，应按照相关码头船舶靠离泊和稳泊安全保障方案的要求，落实安全措施，防止危及大桥安全，并避免妨碍其他船舶安全航行。

第二十五条 大桥水域风力达到 8 级及以上或能见距离小于 1000 米时，禁止除公务船艇、救助船艇和港作船艇以外的船舶进入大桥水域。

第二十六条 大桥所有人、经营人和管理人应当加强对大桥的安全管理，维护大桥水域通航环境，并督促和协助相关码头单位落实大桥水域通航安全保障措施。

第四章 安全保障

第二十七条 船舶、码头和沿岸单位射向航道的强光、弧光应予遮蔽。

第二十八条 禁止在宁波穿白水域内倾倒泥沙、石料、煤渣、垃圾等废弃物，或者实施影响航道畅通的其他行为。

第二十九条 航标等助航设施维护单位，应经常组织巡查和维护，确保航标等助航设施处于良好的技术状态。

任何单位、船舶和个人发现航标移位、损坏、灭失或发现有碍航行安全的沉没物、漂流物，及其他有碍通航安全的异常情况，应立即向当地海事管理机构报告。

第三十条 船舶遇有沉没危险时，应尽可能驶离航道。船舶、货物、船用属具在宁波穿白水域漂浮、沉没或灭失，其所有人、经营人应立即向当地海事管理机构报告；如有碍他船航行安全，其所有人、经营人应尽快设置临时标志，并在海事管理机构限定的时间内打捞清除。

第三十一条 码头所有人或经营人应定期进行疏浚和扫测，保持码头前沿设计水深，并向当地海事管理机构报告扫测结果。

架空电缆、海底管线所有人和管理单位应定期测量和维护净空高度或埋深，并向当地海事管理机构报告测量结果。

第三十二条 本规定各条提及的应当采取的安全保障措施是指：

（一）申请引航；

（二）申请拖轮助航或监护；

（三）申请交通管制；

（四）其他必要的安全措施。

第五章 附　　则

第三十三条 本规定中下列用语的含义是：

（一）“宁波穿白水域”：是指由第 1、第 2 下两条连线与周边岸线之间围成的水域，其中涉及海上军事管辖区管理不适用本规定：

1. 协和 1 号灯桩（29°56.1′N/121°54.5′E）与招商国际码头（29°55.9′N/121°55.2′E）连线；

2. 实华原油码头灯桩（29°55.2′N/121°59.9′E）、凉帽山灯桩（29°54.7′N/122°01.5′E）、牛轭港东北端（29°53.5′N/122°01.4′E）三点依次连线。

（二）“西口”：是指自信业码头 1 号泊位以北水域。

（三）“东口”：是指外神马岛与外峙岛之间水域。

（四）“北口”：是指大榭岛与穿鼻岛之间水域。

（五）“泗礁门”：是指穿鼻岛与外神马岛之间水域。

（六）“南航道”：是指太狮山、长腰剑岛、小铜盘礁、大铜盘礁、内神马岛、外神马岛连线与周边岸线之间围成的水域：

1. 29°53′30.70″N/121°57′0.00″E；

2. 29°53′44.90″N/122°00′35.00″E；

3. 29°53′35.00″N/122°00′35.00″E；

4. 29°53′22.00″N/121°59′40.00″E；

5. 29°53′15.60″N/121°57′20.60″E；

6. 29°53′23.00″N/121°57′0.00″E。

（七）“大桥水域”：是指 29°53.6′N/121°56.2′E、29°53.7′N/121°56.6′E、29°54.9′N/121°55.5′E、29°54.9′N/121°55.0′E、29°53.8′N/121°55.9′E 五点依次连线围成的水域。

（八）“预报风力”：是指宁波市气象台发布的北仑港预报蒲式风力。

（九）“夜间”：是指天文日落以后至天文日出之前。

第三十四条　本规定所称“以上”“以下”，均包含本数。

第三十五条　本规定自 2021 年 8 月 1 日起施行，有效期 5 年。浙江海事局 2017 年 12 月 28 日颁布的《宁波穿白水域通航安全监督管理规定》（浙海法规〔2017〕349 号）同时废止。

专业术语中英文对照表

序号	中文名称	英文缩写
1	自动识别系统	AIS
2	非对称数字用户线路	ADSL
3	闭路电视监控系统	CCTV
4	港口国监督集中检查会战	CIC
5	差分全球定位系统	DGPS
6	挪威船级社	DNV GL
7	数字选择性呼叫	DSC
8	船旗国监督检查	FSC
9	全球海上遇险和安全系统	GMDSS
10	国际船级社联盟	IACS
11	国际航标协会	IALA
12	国际劳工组织	ILO
13	国际海事组织	IMO
14	液化天然气	LNG
15	国际油轮船东防污染联合会	ITOPF
16	新加坡海事及港务管理局	MPA
17	港口国监督检查	PSC
18	标准箱	TEU
19	甚高频	VHF
20	船舶交通管理系统	VTS

编　后　记

《宁波海事志（1996—2021）》（以下简称《宁波海事志》）由中华人民共和国宁波海事局编著。

2022年，《宁波海事志》编纂工作被写入年度工作报告，同年2月21日，宁波海事局召开《宁波海事志》编写座谈会，与会人员根据述、记、传、图、表、录等志书编写传统惯例，对《宁波海事志》编写相关框架、内容、体裁、断限等事项进行深入交流，初步明确了编写方向和编写原则。3月1日，宁波海事局成立《宁波海事志》编审委员会和编纂办公室，由党组书记、局长李表康担任编审委员会主任，下设编纂办公室，编纂工作正式启动。4月6日，编纂办公室按照国务院《地方志工作条例》《地方志书质量规定》等规定，积极吸纳借鉴，多方座谈论证，反复斟酌筛选，初步形成《宁波海事志》大纲和大事记，并在全局范围内征求意见建议。4月15日，宁波海事局各部门对《宁波海事志》的编纂原则、编纂方案、结构体例、篇目大纲进行了审定。

《宁波海事志》编纂工作分为搜集资料、编写资料长编、撰写初稿、修改统稿、评议定稿等步骤。为全方位记录1996—2021年单位发展历程，立体化展现单位发展过程中取得的成果，宁波海事局于2022年4月7日开始在全局范围内搜集整理入志资料，全面挖掘、收集散存于社会、有关单位、个人的宁波海事发展相关资料，同时编纂办公室充分挖掘档案室、图书馆、参考书目等现有资源，梳理形成共享库、核心库、全息库等三级资料库，为后续编写工作铺开提供丰富的素材支撑和清晰的索引路径，共征集到各类资料2000余份。针对《宁波海事志》编纂过程中存在的困难、疑惑，7月7日，编纂办公室举办《宁波海事志》编纂业务培训，邀请前《宁波市交通志》编审委员会办公室副主任胡本志讲授修志要点，进一步提升全局关于《宁波海事志》的编纂理论知识水平，提高干部职工编纂工作认识。4—7月编纂办公室同步开始编写资料长编和初稿，并组织内部交叉审阅和开展多次交流研讨，7月22日完成资料长编和初稿，并将初稿印发各部门征求意见。7月25日—8月10日，编纂办公室深入各部门开展调研访谈，解决编写过程中资料搜集工作遇到的难题，根据各部门意见对初稿进行修改，推进资料搜集和编写工作向深度和广度扩展。8月18日，编纂办公室实地走访调研宁波航标处、中国港口博物馆等单位，有效提升志书资料的全面性。

8月12日，编纂办公室召开会议对各篇初稿进行集中讨论，并筹备统稿事宜，各编纂人员对初稿进行修改后，交由专人负责统稿。11月3日—12月2日，在全局范围内开展两轮征求意见，编纂办公室结合意见建议对征求意见稿进行修改完善。12月5日，召开《宁波海事志》编纂办公室内部评议会，对《宁波海事志》进行内容审查、保密审查并通过内部评议，形成《宁波海事志》评议稿。12月8日，组织召开专家评审会，邀请10位专家对《宁波海事志》评议稿进行审查修改。会后，根据专家评审会的评审意见，结合高军、周荣祥、梁永铭等曾在宁波海事局任职的老领导的指导建议，编纂办公室进行内容修改和补充，于12月19日形成《宁波海事志》评审稿。12月23日，召开编审委员会议，对《宁波海事志》评审稿进行了评审，并根据会议评审意见补充完善后定稿。2023年2月28日，《宁波海事志》送审稿完成，约86万字，交人民交通出版社股份有限公司审校。

本志书资料来源于历史档案、史志文献、图书报刊、知情人士口述及提供的有关资料。由于历史久远，诸多资料残缺不全，在搜集资料过程中得到宁波市交通运输局、宁波航标处、中国港口博物馆以及宁波海事局各单位、部门的大力协助，曾经在海事部门工作过的诸多老同志也提供了宝贵的资料，给予了大力支持，在此一并致以诚挚的谢意。

编修海事志是一项繁杂的系统工程，尽管在编写过程中克服了知识贫乏、专业不熟、史料缺乏、时间紧迫等困难，但由于时间跨度大，内容涉及广，各个历史时期所存资料散缺，加之我们水平有限，修志经验不足，其中的疏漏、讹误仍在所难免，恳请各界读者、专家不吝赐教。

《宁波海事志(1996—2021)》编纂委员会办公室

2022 年 12 月